좋은 사진을 만드는 **김주원**의

포토샵 사진 강의

지은이 **김주원**

사진을 정말 사랑하고 사진으로 살아가는 사진가다. 사진 잡지 월간 〈포토넷〉 기자를 거쳐, 현재는 사진 에이전시 ZAKO에서 활동하고 있다. 2004~2005 Nikon International Photo Contest에서 이머징 탤런트 어워드(Emerging Talent Award)를 수상했고, '2011 동강국제사진제 포트폴리오 부문'에 선정된 바 있다. 2012년에는 스페인 현대 미술 비엔날레(4th Biennale of Contemporary Art of ONCE Foundation)에 초대되었다. 지은 책으로는 《김주원의 사진가를 위한 포토샵》(영진닷컴, 2005), 《WHITE》(봄갤러리, 2010), 《좋은 사진을 만드는 김주원의 DSLR 사진 강의》(한빛미디어, 2011), 《좋은 사진을 만드는 김주원의 DSLR 사진 입문》(한빛미디어, 2013)이 있다.

blog joowon77.blog.me **mail** joowon77@naver.com **facebook** joowon77@naver.com **twitter** joowon77

좋은 사진을 만드는 김주원의 포토샵 사진 강의

초판발행 2012년 5월 30일
5쇄발행 2016년 2월 29일

지은이 김주원 / **펴낸이** 김태헌
펴낸곳 한빛미디어(주) / **주소** 서울시 마포구 양화로 7길 83 한빛미디어(주) 실용출판부
전화 02-336-7129 / **팩스** 02-336-7124
등록 1999년 6월 24일 제10-1779호 / **ISBN** 978-89-7914-926-5 13000

책임편집 임규근 / **편집** 김병희
디자인 표지 천승훈, 내지 김연정
영업 김형진, 김진불, 조유미 / **마케팅** 박상용, 송경석, 박지영

이 책에 대한 의견이나 오탈자 및 잘못된 내용에 대한 수정 정보는 한빛미디어(주)의 홈페이지나 아래 이메일로 알려주십시오. 잘못된 책은 구입하신 서점에서 교환해 드립니다. 책값은 뒤표지에 표시되어 있습니다.

한빛미디어 홈페이지 www.hanbit.co.kr / 이메일 ask@hanbit.co.kr

자주 쓰는 포토샵 단축키

• 메뉴 단축키

File 메뉴	새 파일 만들기 : Ctrl + N 파일 열기 : Ctrl + O 파일 닫기 : Ctrl + W 저장하기 : Ctrl + S 다른 이름으로 저장하기 : Shift + Ctrl + S 프린트하기 : Ctrl + P
Edit 메뉴	이전 단계로 되돌리기 : Ctrl + Z 한 단계씩 앞으로 : Shift + Ctrl + Z 한 단계씩 뒤로 : Alt + Ctrl + Z 잘라내기 : Ctrl + X 복사하기 : Ctrl + C 붙여넣기 : Ctrl + V 자유 변형하기 : Ctrl + T 컬러 세팅 : Shift + Ctrl + K 환경 설정 : Ctrl + K
Image 메뉴	레벨 : Ctrl + L 커브 : Ctrl + M 색조/채도 : Ctrl + U 컬러 밸런스 : Ctrl + B 이미지 반전 : Ctrl + I 채도 보정 : Shift + Ctrl + U
Layer 메뉴	새 레이어 : Shift + Ctrl + N 레이어 복제 : Ctrl + J
Select 메뉴	모두 선택 : Ctrl + A 선택 영역 해제 : Ctrl + D 선택 영역 반전 : Shift + Ctrl + I
View 메뉴	컬러 증명 : Ctrl + Y 색상 영역 경고 : Shift + Ctrl + Y 줌 인 : Ctrl + + 줌 아웃 : Ctrl + − 화면에 맞추기 : Ctrl + 0 실제 픽셀 : Ctrl + 1
Window 메뉴	액션 : Alt + F9 레이어 : F7

• 툴 박스 단축키

Move Tool : 이동 툴(V)
Marquee Tool : 선택 툴(M)
Lasso Tool : 올가미 툴(L)
Quick Selection Tool : 빠른 선택 툴(W)
Crop Tool : 자르기 툴(C)
Eyedropper Tool : 스포이트 툴(I)

Spot Healing Brush Tool : 힐링 브러시 툴(J)
Brush Tool : 브러시 툴(B)
Clone Stamp Tool : 도장 툴(S)
History Brush Tool : 히스토리 브러시 툴(Y)
Eraser Tool : 지우개 툴(E)
Gradient Tool : 그레이디언트 툴(G)
Blur Tool : 블러 툴
Dodge Tool : 닷지 툴(O)

Pen Tool : 펜 툴(P)
Type Tool : 문자 툴(T)
Path Selction Tool : 패스 툴(A)
Rectangle Tool : 사각형 툴(U)

Hand Tool : 손바닥 툴(H)
Zoom Tool : 돋보기 툴(Z)
Switch Foreground and Background Color : 전경색과 배경색 바꾸기(X)
Default Foreground Color And Background Color : 기본색(D)
Edit in Quick Mask Mode : 빠른 마스크 모드(Q)

* 맥 사용자는 Ctrl 키를 Command 키로 바꾸어 사용하면 됩니다.

좋은 사진을 만드는 **김주원**의

포토샵 사진 강의

김주원 지음

한빛미디어
Hanbit Media, Inc.

Prologue

《좋은 사진을 만드는 김주원의 포토샵 사진 강의》는 한빛미디어와 함께한 두 번째 책이자 제 네 번째 책이기도 합니다. 2005년에 냈던 《김주원의 사진가를 위한 포토샵》이란 책이 제가 처음으로 집필한 책이었는데 그 책을 출판한 이후로 세상에 조금씩 알려지게 되었습니다. 《김주원의 사진가를 위한 포토샵》이 출간된 2005년 무렵은 필름과 디지털이 혼재된 시대였고 그 책은 디지털 사진을 접하는 이들에게 적지 않은 반향을 일으켰습니다. 2011년까지 20만 부 이상 팔린 사진 분야의 스테디 셀러이기도 합니다. 그 책 이후로 약 7년간 책을 쓰지 않고 작품 활동만 열심히 했습니다. 좀 더 내공을 쌓은 뒤에 세상에 나가고 싶었습니다. 촬영뿐 아니라 글에 대한 갈증으로 〈포토넷〉이란 사진 잡지에서 기자로 일하며 다양한 글과 사진을 접하고, 기고와 강의를 통해 다양한 사람들을 만나면서 사진가로 독립할 수 있는 계기를 얻었습니다. 《좋은 사진을 만드는 김주원의 DSLR 사진 강의》를 2011년에 내고 《좋은 사진을 만드는 김주원의 포토샵 사진 강의》를 2012년에 내게 되었으니 만 1년 만에 새로운 책을 독자들께 선보이는 셈입니다.

디지털 사진을 접하면서 많이들 어려워하는 문제가 바로 현상 기법에 대한 내용입니다. 필름 카메라를 쓸 때는 컬러 사진, 흑백 사진, 슬라이드 필름, 네거티브 필름 등 필름의 종류에 따라 많은 현상 기법과 프린트 기법이 있었습니다. 하지만 디지털 이미지를 다루는 방법은 정해진 것이 없기 때문에 단순히 각자의 느낌에 의존하는 보정과 현상 기법들이 인터넷에 난립하기도 합니다. 그리고 어떤 툴을 사용할 때 그 이유를 정확히 알지 못하고 적용하는 경우가 대부분입니다. 《좋은 사진을 만드는 김주원의 포토샵 사진 강의》에서 중요 포인트로 잡고자 한 것은 단순히 사진 보정 기법만이 아닙니다. 사진가가 촬영하고 사진을 백업하고 모니터로 관찰하고 포토샵에서 수정하고 프린트하는 일련의 과정을 사진 작업의 워크플로우라고 합니다. 단순히 촬영법만 알아서도 안 되고 리터칭하는 방법만 알아서도 안 됩니다. 촬영하고 리터칭하고 프린트하는 과정을 모두 이해해야 진정한 디지털 사진의 흐름을 꿰뚫게 되는 것이죠.

이 책은 크게 사진가의 작업실(Part 01), 사진 보정 프로그램 익히기(Part 02), 사진 보정 기법 익히기(Part 03), 리터칭 시크릿(Part 04), 프로페셔널 리터칭 워크플로우(Part 05), 작품 프린트의 즐거움(Part 06)으로 구성되어 있습니다. 사진가의 작업실에서는 실제로 작업실을 어떻게 꾸미고 어떤 환경에서 작품을 관찰하고 프린트해야 하는지에 대한 내용을 담았습니다. 그리고 이어지는 4개 파트에서는 포토샵, 브릿지, Camera Raw, 라이트룸의 다양한 툴과 기능을 익히고 예제를 통해 이 기능들을 실제 사진 작업에 응용할 수 있는 방법을 전합니다. 마지막 파트에서는 실제 작업된 이미지를 프린트하기까지의 과정과 프린트 전 필수 점검 사항을 담았습니다.

책 전체의 구성으로 보자면 '촬영〉관찰〉리터칭〉프린트'의 순으로, 진지하게 사진 작업을 하는 사진가의 프로세스를 명확하게 익힐 수 있도록 하는 데 목적이 있습니다. 물론 사진을 처음 공부하는 분들이나 포토샵 리터칭에 대한 정보를 얻고자 하는 분들께도 도움이 되는 정보를 담았습니다. 포토샵을 어느 정도 다룰 줄 아는 분들은 원하는 부분을 찾아 예제와 함께 보셔도 좋고, 좀 더 진지하게 작업의 흐름을 익히고 싶은 분들은 처음부터 차근차근 작업을 따라해보길 권합니다.

불과 몇 년 전만 하더라도 데이터 용량이나 속도 때문에 사용을 꺼려 하던 RAW 파일로 보정하는 방법이 책에서 많은 부분을 차지합니다. 포토샵의 자체 플러그인인 Camera Raw와 그것을 기반으로 한 소프트웨어인 라이트룸, 사진을 관리하고 분류하는 역할을 하는 어도비 브릿지 등은 모두 유기적인 연관 관계에 있기 때문에 하나의 프로그램만 알아서는 작업의 흐름을 원활하게 할 수 없습니다. 따라서 포토샵뿐 아니라 어도비 브릿지, Camera Raw, 라이트룸의 사용법까지 익혀두면 사진 작업을 하는 데 많은 도움이 될 것입니다.

이 책을 집필할 당시가 2011년에서 2012년 사이였으므로 포토샵 버전은 5.5, 라이트룸 버전은 3을 기준으로 이미지 캡쳐를 했습니다. 책이 출간되는 시점 이후로 포토샵 6가 출시될 것이고 라이트룸 역시 버전이 업그레이드될 것입니다. 그러나 사진 보정에 있어 포토샵은 버전에 크게 상관 없이 작업이 가능합니다. 커브, 레벨, 샤픈, 레이어, 마스크 등의 핵심 기능은 모든 버전에 동일하게 적용됩니다. 또한 이 책에서 다루는 내용은 포토샵의 신기술에 대한 정보가 아니라 좋은 사진을 만들기 위한 프로세스로 포토샵 툴을 사용하는 방법에 대해 설명하고 있기 때문에 새로운 버전을 설치하여 공부해도, 구버전을 사용해도 무방합니다. 다만 새로운 버전이 나올 때마다 프로그램의 모양새가 약간씩 달라지기 때문에 그것만 감안하여 공부하시면 됩니다.

본문을 읽기 전에 각 파트와 챕터의 도입부를 보시면 해당 프로세스의 Why에 대한 글들이 있습니다. 이것은 특정 툴이나 기법을 사용했을 때 단순히 따라하기 식의 방법을 피하고 왜 그 툴을 사용해야 하는지, 어떨 때 이 방법을 사용해야 하는지 궁금증을 풀어주기 위해 넣은 글들입니다. 사진을 공부하는 분들께도 도움될 만한 글을 담았으니 눈여겨보면 좋으리라 생각합니다.

사진은 아무리 공부해도 끝이 없습니다. 사진을 시작한 지 15년이 지났지만 아직도 배워야 할 것이 태산 같습니다. 그중 리터칭은 자신의 사진을 분석하고 해석해 자신만의 느낌을 표현하는 데 가장 핵심이 되는 작업입니다. 포토샵 리터칭이 국내에는 "뽀샵"이라는 말로 비하되어 사용되기도 합니다. "뽀샵"이라는 말에는 사진을 '조작한다'는 의미도 있겠죠. 그러나 제 생각은 조금 다릅니다. 리터칭은 '제 2의 사진 찍기'라고 할 만큼 중요한 과정입니다. 잘 찍는 것뿐 아니라 잘 해석하는 것도 중요합니다. 이 책을 통해 여러분이 사진을 '잘 해석'할 수 있도록 도움을 드리고자 합니다. 그리고 제가 알고 있는 노하우를 아낌 없이 공개하려고 노력했습니다.

책을 쓰는 일은 고통도 따르지만 독자들과 만나 소통할 수 있다는 점에서 제겐 무척이나 설레고 기쁜 일입니다. 공부하다 막히거나 궁금한 점이 있다면 언제든 제 메일과 블로그, 페이스북, 트위터로 질문을 주세요.

감사합니다.

사진가 **김 주 원**

예제 소스를 다운로드하는 방법

본문에서 쓰인 예제 소스는 한빛미디어 웹사이트의 자료실에서 쉽게 다운로드할 수 있습니다. 내 컴퓨터에 예제 소스를 저장해두고 쓰면 편리합니다. 예제 소스를 다운로드하는 방법을 알아보겠습니다.

01 한빛미디어 웹사이트(www.hanbit.co.kr)로 접속합니다. 화면 오른쪽 아래에 있는 [부록/학습자료] 단추를 누릅니다.

02 부록/학습자료 화면에 있는 검색 창에 도서명(좋은 사진을 만드는 김주원의 포토샵 사진 강의)을 입력합니다. 입력한 도서가 나타나면 오른쪽에 있는 [다운받기] 단추를 누릅니다.

03 회원이라면 아이디와 비밀번호를 입력하고 [로그인] 단추를 누릅니다. 비회원은 [비회원 인증] 항목에 이메일주소를 입력하고 [확인] 단추를 누릅니다.

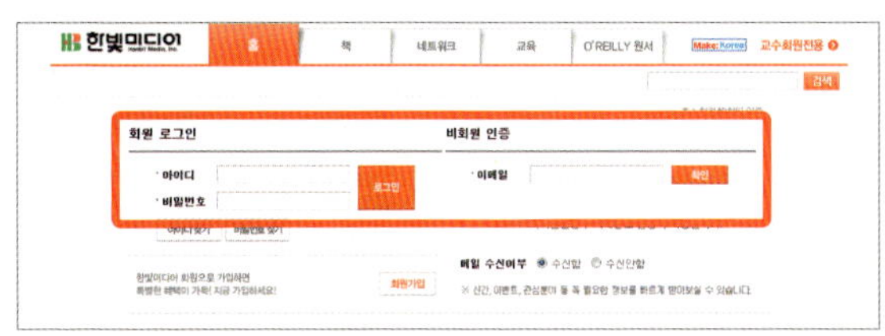

04 자료 다운로드 화면에서 책 표지 아래 있는 [다운받기] 단추를 누르면 본문 예제 소스가 다운로드됩니다.

Contents

142

148

Contents

159

185

205

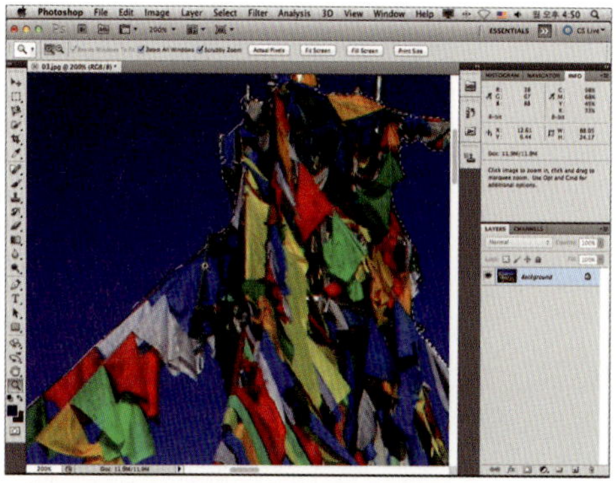

219

Contents

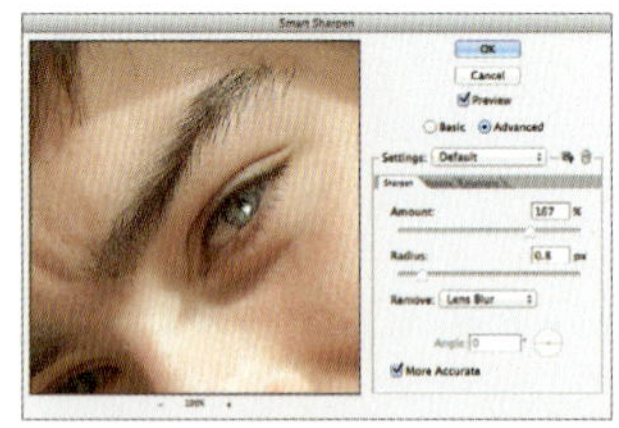

242

250

278

296

Part 04 리터칭 시크릿

(Chapter 01) 인물 사진 성형 기법

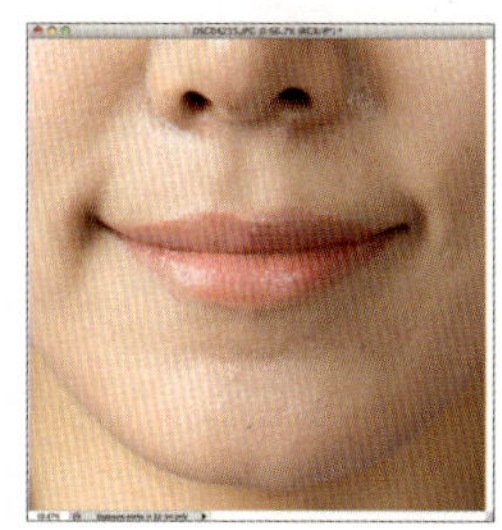

313

(Chapter 02) 인물 사진 고급 수정법

377

Contents

405

443

463

Part 06 작품 프린트의 즐거움

480

493

(P a r t)

01

사진가의/작업실

@강원도 **대관령**, 2012

촬영 정보

소니 A900 _
85mm 렌즈 _
조리개 14 _
셔터 속도 1/30초 _
ISO 100 _

촬영 & 보정 포인트

눈 내리는 한국의 겨울 풍경을 담은 화이트 시리즈 중 하나다. 화이트 작업을 할 때는 전체적인 노출을 밝게 하여 촬영하기 때문에 하이라이트의 노출에 주의하며 작업한다. 눈이 올 때 촬영하면 사진에 푸른 색조가 돌아 차갑게 보이게 마련이다. 포토샵에서 옐로우 계열을 조금 더해 따뜻한 느낌을 주고 섀도우 부분의 노출을 좀 더 밝게 해서 부드러운 느낌으로 표현한다.

사진가들이 디지털 이미지를 다룰 때 두 가지 경향이 있는데 하나는 기술적인 면에 너무 심취하는 것이고 다른 하나는 감성적인 면에 심취하는 것이다. 나는 두 가지 방식이 적절히 조화될 때 좋은 이미지가 탄생할 수 있다고 본다. 기술적인 면에 빠진 사진가들은 주로 기계적인 완성도를 추구하다보니 이미지의 내용이 빈약한 경우가 많고, 감성적인 면에 치중한 사진가들은 이미지의 품질이나 완성도가 좋지 않다. 그래서 사진가들은 좋은 사진을 찍기 위해서는 이성과 감성이 적절히 조화되어야 한다고 말한다.

이 책의 첫 번째 파트인 '사진가의 작업실'에서는 디지털 이미지를 다룰 때 알고 있어야 할 기본 상식을 다룬다. 촬영 전에 꼭 알아두어야 할 사항과 촬영 후에 이미지를 완성하는 데 필요한 사항들을 정리했다. 다소 어렵거나 지루하게 느껴질 수도 있지만 사진을 다루는 데 있어 반드시 익히고 가야 할 부분이라 책의 가장 처음에 다뤘다. 여러분의 이성적 경험을 좀 더 충만하게 할 수 있는 파트가 될 것이다.

암실 vs 명실, 디지털 시대의 작업실

누구나 사진을 찍는다. 찍는 것뿐만 아니라 포토샵으로 수정하고 인터넷 블로그에 올리는 일은 디지털 사진 작업을 하는 사람이라면 너무나 일상적인 일이 되었다. 우리가 찍은 사진을 컴퓨터의 하드디스크에 저장하고 포토샵에 띄워 간단한 수정을 한 뒤, 웹상의 많은 이들과 공유할 수 있게 된 것은 모두 디지털 이미지 덕분이다. 필름 카메라를 사용하던 시절에는 사진관에 필름을 맡기거나, 흑백 필름의 경우 암실과 장비를 갖추고 직접 현상과 인화를 하기도 했다. 그만큼 이미지를 확인하기까지의 과정이 번거로웠고 속도도 빠르지 않았다.

사진가들 중 어떤 이들은 이런 이야기를 한다. "흑백 필름을 사용할 땐 손맛이 있었어. 그리고 암실에서 이미지가 서서히 떠오를 때의 그 느낌. 그런데 그 감성이 디지털 사진에는 없어." 아마도 아날로그의 투박함을 잊지 못하는 사진가들의 아쉬움일 테다. 하지만 지금은 동네에 그 흔하던 사진관도, 필름도 쉽게 찾아볼 수 없는 시대가 되었다. 바야흐로 디지털 이미지 시대. 이 책을 읽는 여러분은 사진을 통해 표현하고자 하는 의도를 반영하기 위해 포토샵이라는 툴을 배우려고 한다.

그런데 가끔 이런 사람을 만날 때가 있다. "난 찍는 것만 알지, 포토샵이나 후작업에는 관심이 없어. 촬영하기도 바쁜데 그걸 언제 다 해?" 포토샵과 프린트에 대해 배우지 않을 사람이라면 전문가에게 맡겨 자신의 의도대로 이미지를 만들게 하면 된다. 그리고 원하는 결과가 나오지 않으면 몇 번이고 재작업을 진행시켜 원하는 이미지를 얻으면 된다. 그러나 염두에 둘 것은 이 모든 것에 결국 돈이 든다는 사실!

나는 사진가들이 반드시 디지털 작업을 배워야 한다고 주장하는 사람이다. 사진을 찍는 데 50%를 할애했다면 좋은 사진을 골라내고 수정하고 프린트하는 일에 50%의 노력을 쏟아야 한다. 좋은 사진을 찍는 것도 중요하지만 최종 결과물을 전시하거나 출판할 때 자신이 원하는 퀄리티를 낼 수 있어야 진정한 사진가다. 그래서 디지털 암실에서 이뤄지는 작업이 바로 자신의 사진 작업의 마무리 단계가 된다.

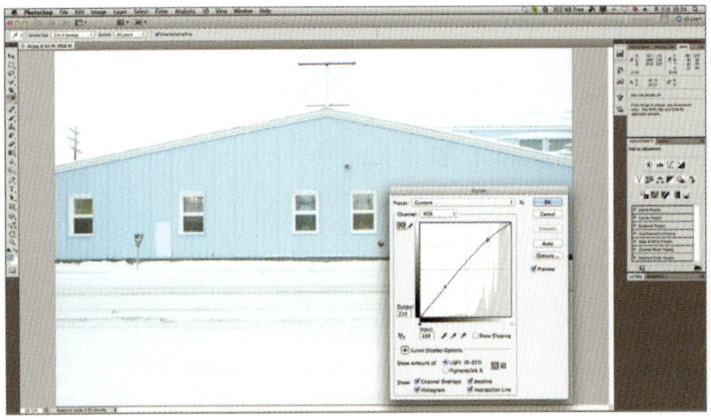
어도비 포토샵(Adobe Photoshop)

어도비 브릿지(Adobe Bridge)

Camera Raw 플러그인(Camera Raw plug-in)

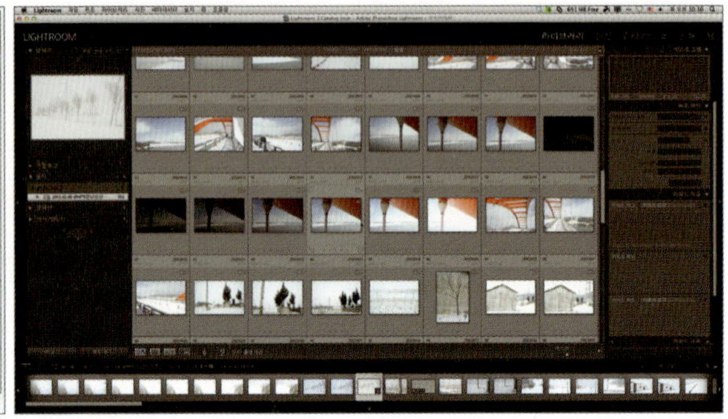
라이트룸(Lightroom)

필름 시절에는 현상 작업을 하는 어두운 방을 암실(暗室)이라고 불렀다. 디지털 사진은 모니터라는 빛나는 밝은 방에서 작업한다고 하여 명실(明室)이라고 부른다. 하지만 암실에 비해 명실이라는 말이 익숙하게 들리진 않을 것이다. 그리고 라이트룸(Lightroom)이라는 소프트웨어도 있기에 편의상 우리가 작업하는 환경을 디지털 암실(Digital darkroom)이라는 용어로 부르기도 한다.

디지털 암실 작업에 필요한 소프트웨어는 크게 네 가지다. 세계적으로 가장 많이 사용되는 이미지 보정용 프로그램인 어도비 포토샵, 이미지 관리와 뷰어의 역할을 하는 어도비 브릿지, RAW 파일을 수정하고 보정할 수 있는 Camera Raw 플러그인, 대량 사진의 분류와 수정을 담당하는 라이트룸. 포토샵 하나만 배우기도 벅찬데 이 모든 것을 다 배우자니 머리가 아파올지도 모르겠다. 하지만 이 프로그램들은 유기적으로 이어져 있고 서로 연계해서 사용할 때 효과적으로 작업할 수 있다.

이 책에서는 여러분의 디지털 암실 작업이 사진 촬영처럼 재미있게 느껴지고 효과적으로 진행될 수 있도록 사진가의 입장에서 그동안의 노하우와 생각들을 풀어보고자 한다. 디지털 암실 작업을 통해 이미지를 해석하고 주제를 효과적으로 나타내기 위한 방법, 이미지를 제대로 된 워크플로우를 거쳐 자신 있게 선보이는 방법 등을 전달하고자 하는 것이 이 책의 목적이다. 이 책에는 단순히 사진을 보정하는 법만 나와 있지 않다. 이미지를 관찰하고 선택하는 방법에는 무엇이 있는지, 사진가로서 이미지를 어떻게 해석하고 포토샵 보정에 적용해야 하는지, 또 좋은 사진을 프린트 결과물로 만들어내기까지 어떤 과정을 거쳐야 하는지 등, 사진가가 만날 수 있는 다양한 작업 환경에 대한 내용도 포함시켰다. 이제부터 본격적인 디지털 암실의 세계로 여행을 떠나보자.

(사진가의 작업실 꾸미기 노하우)

이런 경험을 해보았을 것이다. 촬영한 사진을 카메라 LCD로 봤을 때는 굉장히 멋지고 좋았는데, 모니터에 띄워보면 뭔가 칙칙하고 보잘것없어 보이는 경험. 또는 이미지를 실컷 보정하고 인화를 했는데 색감이나 밝기가 틀어져 보이는 경험. 디지털카메라를 사용하는 사진가들은 항상 세 가지 기기의 특성을 염두에 두고 작업을 해야 한다. 첫 번째는 디지털카메라, 두 번째는 작업에 사용되는 모니터, 세 번째는 사진을 출력하는 프린터. 사진을 찍는 사람들은 촬영한 이미지가 카메라 LCD에서 보던 것처럼 모니터든 프린터에서든, 똑같이 멋지게 나오길 원하지만 그건 이상적인 이야기다. 요즘 디지털카메라를 사용하는 아마추어 사진가들은 대부분 사진을 찍고 웹에 올리는 두 단계에서 끝내는 경우가 많다. 하지만 전문 사진가들은 항상 프린트를 염두에 두고 작업을 하게 된다. 작품을 전시하거나 출판을 할 때와 같이 최종 결과물이 종이에 출력될 경우가 많기 때문이다. 그래서 우리의 디지털 암실 역시 프린트를 염두에 둔 작업 환경이어야 한다.

카메라 LCD와 컴퓨터 모니터는 RGB의 세 가지 빛을 화면에 쏘아 색을 표현하는 발광체다. 반면 프린트는 CMYK의 잉크 혼합에 의해 종이에 뿌려지며 빛에 따라 반사율이 달라지는 반사체다. 발광체인 모니터는 주변 조도(照度)에 따라 밝기가 다르게 느껴진다. 어두운 밤에 보는 휴대폰 액정 화면과 대낮의 햇빛 아래서 보는 화면의 밝기는 차이가 난다. 그리고 반사체인 프린트는 빛의 반사율, 색온도 등에 따라 매우 다른 느낌이 든다. 사진을 노란색 텅스텐 불빛 아래에서 보는 것과 형광등 아래에서 보는 것은 전혀 다른 느낌이다.

그렇다면 이 지점에서 우리는, 어떤 표준을 지향해야 모니터에서 제대로 된 색상과 톤의 사진을 볼 수 있고 제대로 된 인쇄물을 판별할 수 있다는 것을 알 수 있다. 이 부분은 컬러 매니지먼트와 관련된 부분으로, 실제로는 모니터 이외의 많은 기기들이 필요하고 컬러 매니지먼트가 이루어지는 과정도 상당히 복잡하다.

대부분 전문적인 서적에서 제시하는 이상적인 디지털 암실의 조건은 다음과 같다. 소음이 완전히 차단되고 빛이 차단되는 방, 중간 회색 톤의 페인트로 칠한 벽, 모니터에 반사되는 조명이 없도록 천장으로 반사되는 주광 스탠드, 정확히 색상 교정이 된 모니터와 프린터 등.

우리의 현실은 어떨까? 한국의 특성상 대부분의 집이 벽지로 도배되어 있고 외부와 소음이 차단되기는커녕 가족이나 아이들 때문에 제대로 된 환경을 만들지 못하는 경우도 많다. 조명 역시 천장에 달린 형광등 하나에 의존하는 방이 많아 이상적인 작업실과는 거리가 멀지도 모른다. 아주 전문적인 스튜디오를 운영하는 몇몇 사진가와 컬러 매니지먼트 시스템에 투자한 사진가를 제외하고는 이상적인 디지털 암실을 구축하기는 어렵다는 뜻이다.

하지만 내가 본 많은 훌륭한 사진가들은 멋진 작업실을 가지지 않고서도 훌륭한 작품을 많이 만들어냈다. 작업을 하다보면 열악한 상황이 많다. 현장에서 노트북으로 바로 편집하여 메일로 보내거나 출장지의 호텔이나 여관방에서도 좋은 사진 작업 결과물을 낸다. 결국 기술이 문제가 아니라 어떻게 풀어갈 것인지에 대한 문제다. 또 사진의 내용이 좋으면 색이 조금 틀어지거나 밝기가 약간 달라도 내용에는 거의 영향을 미치지 않는다. 좋은 사진을 찍고자 노력하는 것이 먼저이지, 외부의 여건에 스트레스 받으며 사진 작업할 필요는 없다는 말이다.

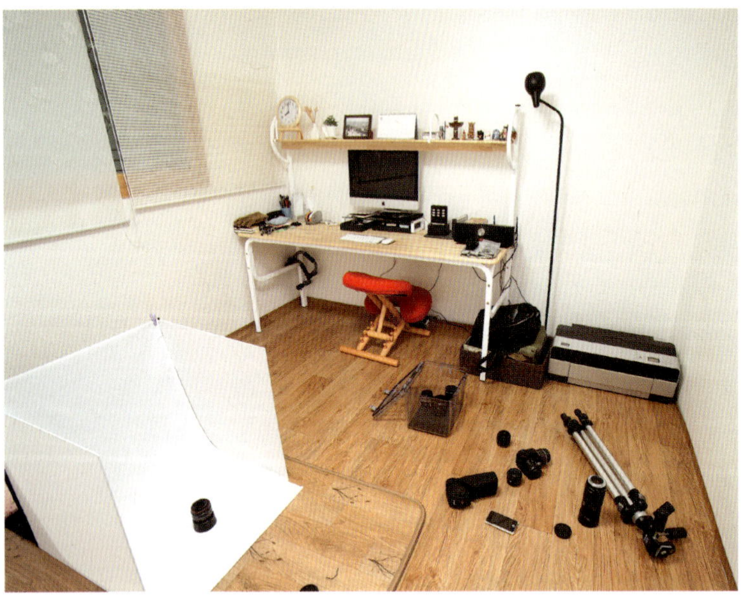

그래서 이상적이지는 못하더라도 일반적인 여건에서 비용을 최소화할 수 있는 방향으로 작업실을 꾸밀 수 있는 노하우 열두 가지를 공유하고자 한다.

1) 창의 빛을 차단할 수 있는 커튼이나 블라인드를 활용한다.

2) 항상 앉고 싶고 오래 앉아 있어도 피로하지 않은 책상과 의자를 선택한다.

3) 외부의 소음이나 직사광선이 바로 들어오지 않는 조용한 공간을 선택한다.

4) 작업을 할 때 가능하면 반사를 일으킬 수 있는 컬러풀한 옷보다는 검은색 옷을 입는다.

5) 조명의 색온도에 따라 모니터에서 보는 색이 다르게 느껴지므로 가능하면 형광등이나 텅스텐 조명보다 색온도 5500K의 주광등을 천장에 반사시켜 은은한 환경에서 작업한다.

6) 노트북은 시야각과 좁은 화면 때문에 사진 작업에는 적합하지 않다.

7) 쾌적한 포토샵 작업을 하려면 메모리를 4G 이상 확보하는 것이 좋다.

8) 메인 컴퓨터의 LCD 모니터(보통 수명이 3~5년)가 너무 오래되었다면 바꿔주거나 모니터 캘리브레이션 장치로 색상 교정을 하는 것이 좋다.

9) 모니터는 시선과 수평을 이루거나 약간 낮게 둔다.

10) 카메라 LCD와 모니터에 같은 이미지를 띄워놓고 모니터 밝기나 콘트라스트가 너무 강하게 설정되어 있지 않은지 확인한 후 모니터를 조정한다.

11) 카메라 LCD와 모니터에 같은 이미지를 띄워놓고 모니터에서 보는 색이 전혀 다를 경우 모니터 색온도를 조절한다. 보통 6500K로 설정하면 무난하다.

12) 모니터를 켜고 나서 바로 작업하지 않는다. 모니터에 제대로 된 색상이 표현되려면 한두 시간 정도의 예열 시간이 필요하다.

(촬영할 때 고려해야 할 문제들)

포토샵은 만능 도구가 아니다. 사진을 변형하고 왜곡한다는 의미에서 '뽀샵'이라는 말로 비하되기도 하지만 포토샵 수정은 사진을 완전히 변형하는 것이 아니라 사진을 해석하고 느낌을 더하는 양념 같은 존재라고 하겠다. 또 사진 촬영에 조금만 신경 쓰면 후작업에서 해야 할 일들이 줄어든다. 사진을 찍을 때 염두에 두어야 할 사항에 대해 짚고 넘어가자.

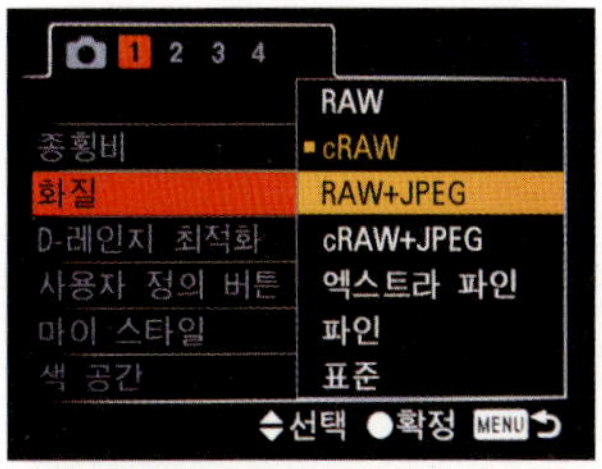

1) 파일 형식은 RAW+JPG로 선택한다.

RAW 파일로 촬영하면 좀 더 훌륭한 프린트 결과물을 만들어낼 수 있다. JPG 파일을 동시에 저장하는 것은 일종의 백업이다. RAW 파일이 열리지 않을 경우를 대비해 남겨두거나 썸네일 이미지를 빠르게 보기 위해서 사용한다.

2) 카메라에서 메모리 카드를 뺄 때는 먼저 카메라 전원을 끈다.

예전에 필자가 스튜디오에서 세 시간 동안 촬영한 사진이 카메라에서 메모리 카드를 분리하는 순간 사라진 사건이 있었다. 물론 스튜디오 측에 양해를 구하고 다시 촬영하기는 했다. 손에서 튀는 정전기, 카메라 전원을 켠 채로 메모리 카드를 빼는 실수 등 예상치 못한 상황으로 순식간에 사라져버린 디지털 이미지는 살릴 수 없다는 점을 명심한다.

3) 촬영 후 바로 백업하고, 촬영 전 메모리 카드를 포맷한다.

아마추어 사진가 중에는 몇 개월 전 찍은 사진을 메모리 카드에 마냥 넣어두고 다니는 경우도 있다. 그날 찍은 사진은 그날 백업하는 습관을 들이고, 촬영 전 꼭 카메라 안에서 메모리 카드를 한번 포맷해서 깨끗한 상태로 촬영하도록 한다.

4) 하드디스크에 두 번 백업하는 습관을 들인다.

가장 훌륭한 백업 매체는 현재로선 하드디스크다. 1TB 이상의 대용량 하드디스크의 가격이 저렴한 편이므로 이를 활용해 촬영 원본을 두 번 백업하는 습관을 기른다. 만약 용량이 부담된다면 촬영한 날 A컷 사진들만 다시 백업하는 것도 한 방법이다.

5) 카메라 세팅이 올바른지 점검한다.

촬영에 들어가기 전 카메라 기본 세팅을 확인한다. ISO를 높였다면 저(低) ISO로 설정하고, 파일 형식을 RAW+JPG로 변경했는지, 화이트 밸런스는 잘 맞추었는지 등을 확인한 후 촬영하면 후작업을 최소화할 수 있다. 촬영을 마친 뒤에도 항상 기본 카메라 세팅으로 변경해두고 배터리를 충전해둔다.

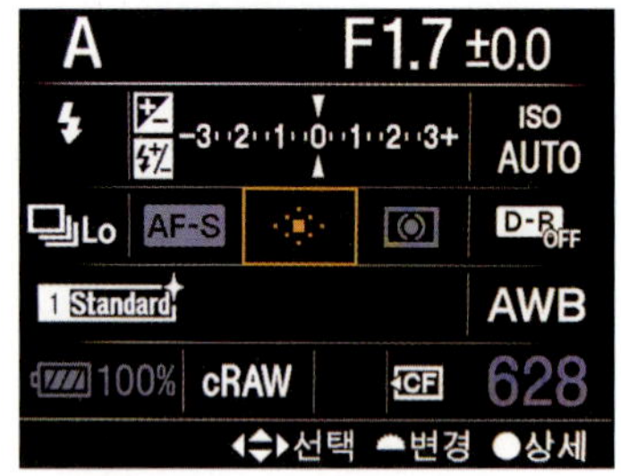

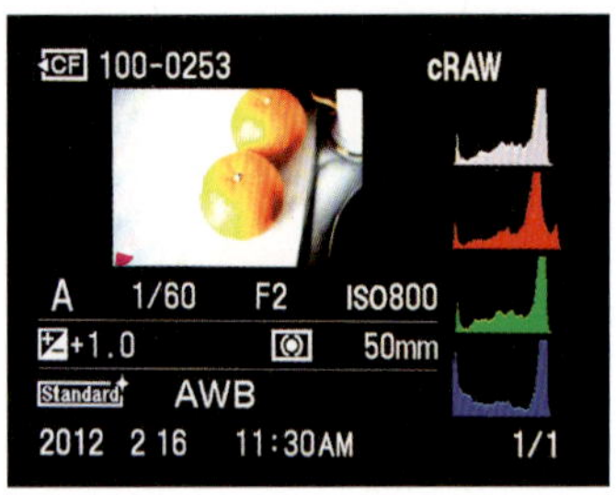

6) 올바른 노출로 촬영하고 있는가?

디지털 이미지는 노출 부족이 되었을 때 노이즈가 발생하기 쉽다. 항상 올바른 노출로 촬영하는 습관을 기르고 하이라이트가 날아간 사진은 복구가 어려운 편이니 적정 노출로 촬영하는 습관을 기른다. 다만 RAW 파일로 촬영했다면 그나마 노이즈와 하이라이트 복구가 어느 정도 가능하다.

7) 이미지의 선명도를 향상시키기 위해 바른 자세를 취하고 삼각대를 사용한다.

요즘 카메라들이 워낙 고화소이기에 카메라 LCD로 확인했을 땐 선명하더라도 실제 포토샵에서 열거나 프린트를 해보면 선명도가 떨어지는 경우가 많다. 촬영할 때의 바른 자세는 필수이며, 셔터 속도가 1/80초 이하로 떨어지는 경우라면 반드시 삼각대를 활용해 촬영하는 것이 좋다. 미세한 차이지만 사진의 질을 바꿔놓는 것이 바로 선명도다.

8) 적당한 조리개 수치로 촬영했는가?

조리개를 너무 개방하거나 너무 조이면 이미지 품질이 나빠진다. 보통 DSLR용 렌즈의 최대 해상력을 사용하려면 조리개를 f4~f11 구간으로 맞춘다. 그러면 가장 훌륭한 품질의 사진을 만들 수 있다. 또 일반적으로 줌렌즈보다 단렌즈의 화질이 뛰어나다.

9) 항상 프린트를 염두에 둔다.

웹에서만 활동하는 사진가는 자신의 사진 품질을 잘 모른다. 사진을 프린트했을 때 사진의 진면목이 나타난다. 프린트하는 습관, 그리고 프린트를 염두에 둔 촬영과 리터칭은 더 좋은 사진으로 가는 지름길이다.

RAW 파일, 최적의 파일 형식

RAW는 '날것'이라는 말로 카메라의 센서에서 전혀 가공되지 않은 이미지의 원본 상태라 할 수 있다. 몇 년 전만 하더라도 메모리와 하드디스크의 가격이 비싼 편이었고 저장 속도 등의 문제로 RAW 파일로 촬영하는 것을 권하지 않았다. 하지만 요즘은 더 좋은 사진을 원한다면 반드시 RAW 파일로 촬영할 것을 권한다. JPG 파일은 압축률이 높기 때문에 용량을 획기적으로 줄일 수 있는 반면 카메라에서 한번 가공되어 나온 이미지이기에 수정을 가할수록 파일이 급속도로 손상된다. RAW 파일은 원본에 수정을 가해도 손상되지 않으며, 관용도가 높아 촬영할 때 노출이 부족하거나 색 공간 등을 잘못 선택했을 때도 변경이 가능하고, Camera RAW 플러그인, 라이트룸 등에서 다양하게 수정할 수 있다.

RAW 파일로 촬영했다면 후작업을 통해 촬영자의 느낌을 반영하도록 한다.

여러분이 사용하는 디지털카메라에는 대부분 RAW 파일과 JPG 파일을 선택할 수 있는 옵션이 있다. 먼저, 용량이 작고 전달하기도 편리한 JPG 파일은 노출과 촬영에 자신이 있거나 대량의 사진을 수정 없이 전달해야 하는 행사 사진이나 기록 사진에 알맞다. RAW 파일을 선택해야 하는 경우는 중요한 작품 촬영, 프린트의 품질을 높이거나 수정을 해야 하는 작업, 노출이나 화이트 밸런스가 민감하게 작용하는 촬영에서다. 그만큼 RAW 파일은 수정의 여지가 있기 때문에 촬영 시 기술적인 문제로 스트레스 받을 필요가 없다.

8비트 vs 16비트

디지털 이미지를 확대해서 보면 작은 픽셀(Pixel) 하나하나가 모여 전체를 구성하고 있음을 알 수 있다. 각 픽셀은 컴퓨터의 메모리에서 0과 1로 된 비트(bit)에 대응하는데 JPG, GIF, TIFF, BMP 같은 이미지 파일 형식을 비트맵 이미지라고 부른다. 8비트는 RGB 각 채널 당 표현하는 색의 범위, 즉 톤 레벨 수가 256개이며, JPG는 8비트 파일이다. RAW 파일은 이보다 높은 단계인 채널 당 12비트나 14비트의 톤 레벨을 가지고 있다(현재 대부분의 DSLR 카메라는 12비트를 지원함). 12비트 파일인 RAW 파일은 채널 당 4,096개의 톤 레벨을 가지고 있어 JPG 파일보다 훨씬 더 많은 정보를 가지고 있다.

8비트 이미지(좌)와 16비트 이미지(우)의 800% 확대 비교 : 16비트 이미지가 훨씬 더 정교하다.

포토샵 수정을 하는 과정을 '이미지 때리기'라고도 하는데 수정을 가할수록 데이터가 파괴되기 때문이다. 채널 당 톤 레벨이 256개인 JPG 파일과 채널 당 4,096개의 톤 레벨을 가지고 있는 RAW 파일의 차이는 여기서 극명하게 나타난다. 숫자만 봐도 알 수 있듯이 수정을 가해도 데이터의 파괴 정도가 덜하고 더 많은 색 정보를 가지고 있어 더욱 깊이 있는 색조와 부드러운 질감을 표현할 수 있는 파일이 RAW 파일이다.

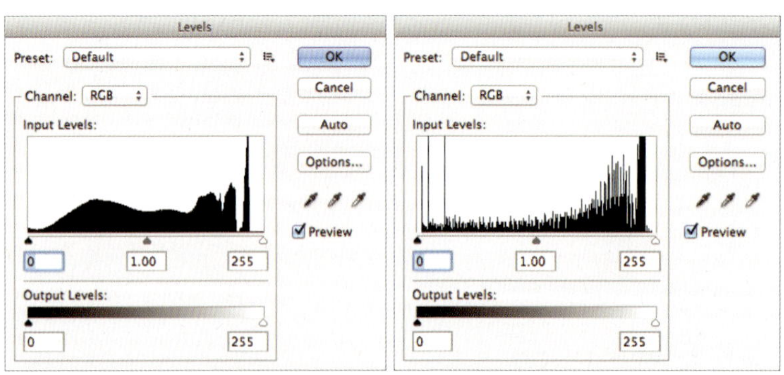

16비트(좌)와 8비트(우) 모드에서의 톤 레벨 비교 : 오른쪽 8비트 모드에서 편집했을 때의 톤 그래프가 중간중간 손실이 있고 불안정함을 알 수 있다.

다만 JPG 파일은 포토샵에서 바로 편집할 수 있지만 RAW 파일은 Camera RAW 플러그인을 반드시 거쳐야만 한다. JPG 파일을 수정할 때는 포토샵의 8비트 모드에서 하게 되고 RAW 파일은 8비트와 16비트 모드에서 모두 수정이 가능하나 좀 더 깊은 톤 레벨을 얻기 위해서는 16비트 모드로 설정해야 한다. 현재는 12비트 RAW 파일을 16비트 모드에서 편집하고 있지만 앞으로 DSLR 카메라가 16비트 RAW 파일을 지원하게 된다면 톤 레벨은 65,536개가 된다. 그럼 지금과는 또 다른 더욱 풍부한 톤과 컬러의 사진을 경험할 수 있을 것이다.

채널 당 비트 수	톤 레벨
8비트	256
12비트	4,096
14비트	16,384
16비트	65,536

비트 수에 따른 톤 레벨

RAW에서 JPG로

RAW 파일을 아무런 수정 없이 JPG로 변환하는 것은 큰 의미가 없다. RAW 파일의 작업 과정은 다음에 설명하겠지만 촬영한 'RAW 파일〉Camera RAW 플러그인에서 기본 보정〉포토샵 16비트 모드에서 수정과 편집〉TIFF 또는 JPG 압축 품질 12 저장'의 단계를 거치면 JPG 파일이라도 아주 단단한 톤 레벨을 가진 이미지가 된다. 잘 수정된 JPG 이미지는 용량이 작을 뿐만 아니라 좋은 프린트를 할 수도 있다. 물론 한번 변환된 JPG 파일을 또 수정하는 것은 어리석은 일이므로 저장할 때는 신중을 기해야 한다.

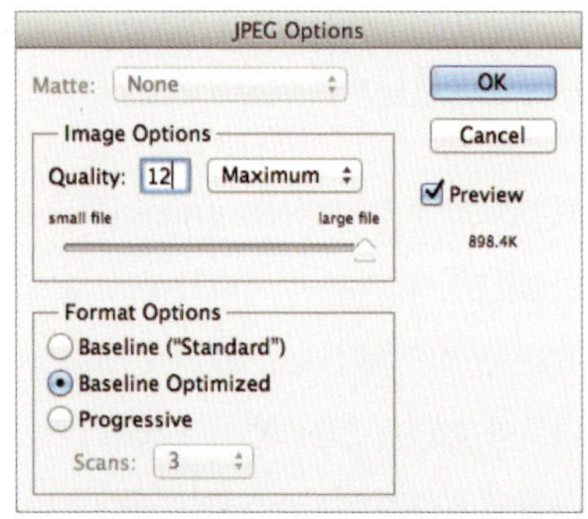

RAW 파일을 포토샵에서 수정하고 최고 품질의 JPG로 저장할 때는 항상 압축 품질을 12로 한다.

(해상도, PPI, DPI)

디지털 이미지를 다루다보면 해상도, 화소, PPI, DPI 같은 낯선 용어들이 많이 등장한다. 물론 이런 용어를 몰라도 사진 작업을 하는 데는 전혀 문제가 없다. 그러나 프린트를 염두에 둔 수정 작업을 할 때 이 용어들을 모르면 상황이 달라진다. 사진을 어떤 크기로 뽑아야 하는지, 어떻게 하면 내 카메라의 최대 성능을 살리는 작품을 만들어내는지를 모르게 된다. 이 부분은 디지털 암실 작업에서 반드시 알고 가야 할 내용들이니 꼭 참고하길 바란다.

카메라를 구입하면 "이 카메라가 1000만 화소다", "2000만 화소다" 같은 이야기를 한다. 화소는 영어로 픽셀(Pixel)이라 하며, 이는 Picture Element를 줄인 말이다. 디지털 이미지는 이 화소로 구성되어 있는데 화소 수가 높을수록 해상도가 높다고 표현한다. 이미지가 4000×3000 픽셀로 이루어져 있다면 총 화소 수는 12,000,000개로 1200만 화소로 부른다. 해상도가 높을수록 좋은 점은 더 큰 프린트를 할 수 있다는 점이다. 그러나 해상도가 높다고 해서 프린트 화질까지 좋은 것은 아니다. 즉 화소와 해상도는 밀접한 관련이 있지만 화소와 해상도가 높다고 꼭 화질이 좋은 것은 아니라는 말이다.

해상도는 Camera Raw 플러그인의 옵션 창(좌)이나 포토샵의 Image Size(우)에서 지정할 수 있다.

요즘은 휴대폰 카메라도 1000만 화소는 기본이다. 그렇다고 휴대폰 카메라로 촬영한 사진이 1000만 화소의 휴대용 디지털카메라 사진보다 좋진 않다. 2000만 화소의 휴대용 디지털카메라보다 1000만 화소의 DSLR 화질이 더 좋을 수 있고 2000만 화소의 보급형 크롭 센서를 쓴 DSLR 카메라보다 1200만 화소의 풀 프레임 DSLR 카메라의 화질이 훨씬 좋을 수 있다.

화질에 결정적 영향을 미치는 것 중 하나가 바로 이미지 센서의 크기와 카메라의 이미지 처리 능력이다. '휴대용 디지털카메라〈미러리스 디지털카메라〈보급형 DSLR 카메라〈풀 프레임 DSLR 카메라〈디지털 백' 순으로 센서의 크기가 커지며 센서가 클수록 사진의 화질은 좋아진다. 그만큼 단위 면적 당 받아들이는 정보의 양이 많다는 이야기다. 또 촬영할 때 RAW 파일의 사용 여부, 후반 작업의 정교함, 렌즈의 성능 등에 따라 이미지 품질은 천차만별로 차이가 난다.

이미지 센서의 크기가 클수록 받아들이는 정보의 양이 많고 화질이 좋아진다.

프린트를 할 때는 해상도(Resolution)의 단위인 PPI와 DPI의 개념을 알아두어야 한다. 1인치(1inch=2.54cm) 당 몇 개의 픽셀로 이루어졌는지를 나타내는 것이 PPI(pixels per inch), 1인치 당 몇 개의 점으로 이루어졌는지를 나타내는 것이 DPI(dots per inch)다. PPI는 픽셀의 단위이므로 컴퓨터에서 쓰는 단위, DPI는 점의 단위이므로 출력물에서 쓰는 단위다. 우리는 컴퓨터에서 디지털 이미지를 다루므로 PPI만 생각하도록 한다. 포토샵에서 PPI를 입력하여 출력하면 DPI는 프린터 드라이버에서 설정한다.

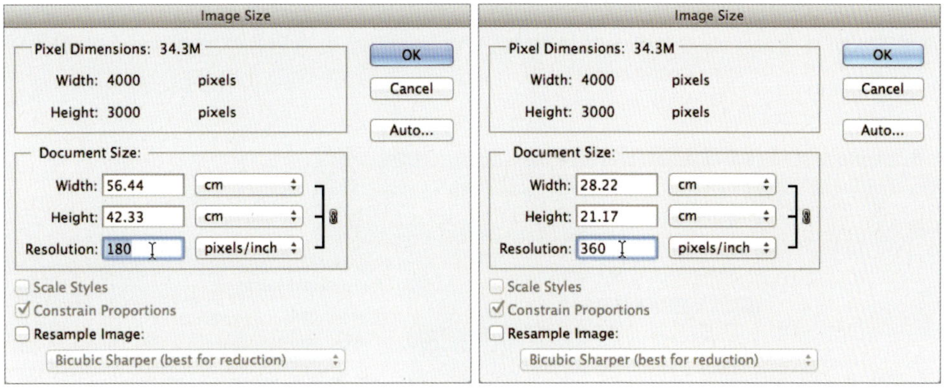

PPI를 180(좌)과 360(우)으로 했을 때의 비교 : 해상도가 낮을수록 더 크게 프린트할 수 있지만 출력물의 화질은 떨어진다.

일반적인 모니터 또는 인터넷용 사진은 해상도가 72PPI 정도이고, 고품질 잉크젯 프린트에 사용하는 해상도는 180~360PPI 정도다. 1200만 화소의 DSLR 카메라로 촬영한 이미지의 가로×세로 크기는 4000×3000 픽셀로 만약 포토샵에서 해상도를 180PPI로 설정하면 56×42cm의 대형 사진을 출력할 수 있고 360PPI로 설정하면 28×21cm의 사진을 출력할 수 있다. 물론 단위 면적당 많은 픽셀 수를 가진 360PPI의 사진이 더 훌륭한 품질을 보여줄 것이다. 하지만 사진이 커질수록 가까이서 보지 않고 멀리 떨어져서 감상하기 때문에 180PPI로 출력한 대형 사진도 좋은 품질의 사진처럼 보이게 된다. 보통 고품질의 인쇄에서 권장하는 해상도는 300PPI로 이 이상이 넘어가면 인간의 눈으로 그 품질의 차이를 거의 느끼지 못하게 된다.

작품을 볼 때는 어느 정도 거리를 두고 보기 때문에 자신의 작품이 어떤 해상도와 크기일 때 가장 좋은 품질을 나타내는지 확인해야 한다(사진은 제주 두모악갤러리에 전시된 김영갑 작가의 작품).

사진을 프린트하기 전 출력물의 크기를 알아보려면 이미지를 포토샵에 띄워놓고 메뉴에서 [image]〉[image Size]를 실행한다. 이때 Resample Image 옵션을 끄고 작업해야 해상도가 마음대로 변경되는 일이 없고 이미지의 품질이 떨어지지 않는다. Resolution 항목에 200, 300의 값을 입력해보자. 사진을 출력할 때 무작정 크게 하는 것도 너무 작게 하는 것도 카메라의 성능을 제대로 활용하지 못하는 것이다. 자신이 출력하고자 하는 목적에 맞게 활용하는 것이 좋은 사진을 만드는 방법이다.

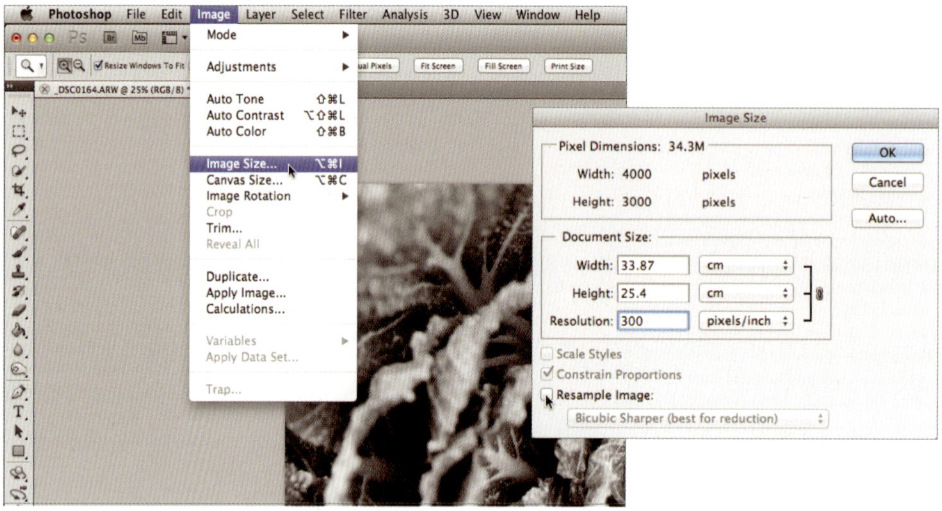

프린트하기 전 출력물의 크기를 알아보려면 [Image]〉[Image Size]를 실행한다.
[Image Size] 대화상자가 뜨면 Resample Image 옵션을 끄고 PPI를 변경한다.

(색공간)

자연계의 색을 총천연색이라 부른다. 디지털 이미지 기술이 아무리 발전해도 자연의 그 미묘하고 아름다운 색을 완벽하게 옮기거나 복사하는 것은 불가능하다. 여러분 앞에 그림을 그릴 수 있는 캔버스가 있고 물감을 짜놓은 팔레트가 있다고 생각해보자. 만약 8색이 있는 팔레트와 12색이 있는 팔레트가 있다면 어느 쪽을 써야 더 풍부한 색감으로 그림을 그릴 수 있을까? 색이 많은 팔레트로 더 풍부한 색감을 표현할 수 있다는 것은 자명한 일이다. 자연계의 색을 디지털 이미지로 옮길 때 팔레트의 역할

색 공간은 실제 자연의 색을 얼만큼 풍부한 컬러의 결과물로 나타낼지를 결정한다.

을 하는 것이 바로 색 공간(Color Space)이다. 색 공간의 종류는 굉장히 다양한데 현재 디지털 사진에서 사용하는 것은 세 가지 정도로 압축된다.

(sRGB, Adobe RGB, ProPhoto RGB)

• **sRGB** : 마이크로소프트 사와 휴렛팩커드 사가 명명한 색 공간으로 그동안 일반적인 모니터, 인터넷 환경, 텔레비전, 가전 기기 등에서 가장 많이 사용해왔고 지금도 사용하고 있는 색 공간이다. 웹용 이미지와 전자 기기 등에서 사진을 보여줄 때는 대부분 이 색 공간을 사용해도 큰 문제가 없었다. 그러나 디지털 이미지를 인쇄하거나 인화할 때는 좁은 색 공간으로 인해 컬러 표현의 한계를 보이게 된다.

• **Adobe RGB** : 어도비 사에서 만든 색 공간으로 많은 사진가들이 사용하고 있는 색 공간이다. Adobe RGB는 인쇄와 잉크젯 프린트에서 그 실력을 발휘하는데 sRGB보다 Green, Red 등의 색을 더 표현할 수 있기 때문에 일반적인 풍경 사진, 인물 사진과 같은 미묘한 색조가 포함된 사진에 알맞다. 프린트를 염두에 둔 사용자라면 반드시 선택해야 할 색 공간이다.

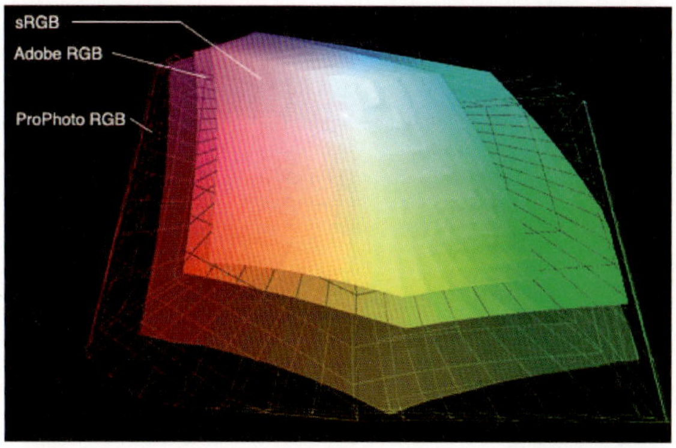

sRGB, Adobe RGB, ProPhoto RGB의 색 공간 그래프 비교

• **ProPhoto RGB** : 디지털카메라 초창기에는 권장되지 않던 색 공간이었으나 RAW 파일과 고급 잉크젯 프린터를 사용하는 개인 사용자가 많이 나타나면서 추천되는 색 공간이다. ProPhoto RGB의 장점은 잉크젯 프린터의 넓은 색 재현 범위를 거의 그대로 표현할 수 있다는 점이고, 단점은 반드시 RAW 파일을 변환할 때 16비트 모드로 편집해야 한다는 것이다. 8비트 모드에서 편집을 하면 색상의 경계가 끊어지는 포스터리제이션(posterization) 현상이 나타날 수 있고 16비트 모드에서의 편집은 아무래도 메모리나 시스템에 부하가 많이 걸리기에 디지털 이미지에 익숙하지 않은 사용자들에게 혼란을 줄 수도 있다.

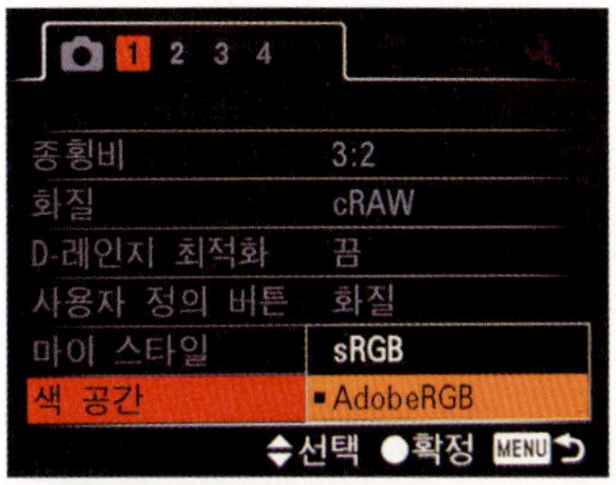

카메라에서 sRGB, Adobe RGB 색 공간을 선택할 수 있다.

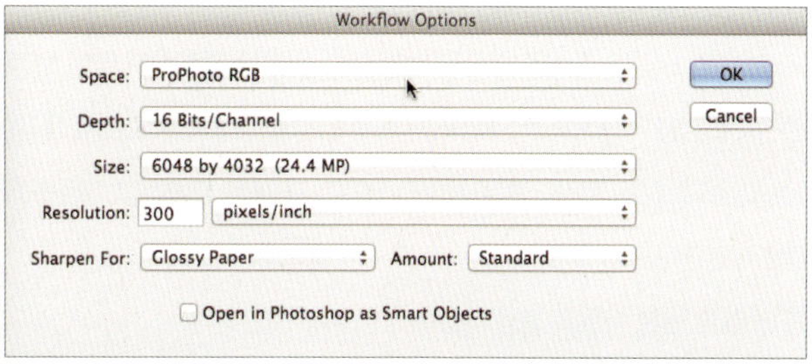

ProPhoto RGB는 Camera Raw 플러그인의 [Workflow Options]에서 설정할 수 있다.

sRGB는 일반적인 웹 게시용 사진이나 인터넷 인화 업체에서 인화할 때 적당한 방식이고, Adobe RGB는 잡지 등에 게재될 인쇄용 이미지와 잉크젯 프린트에 적합하다. ProPhoto RGB는 디지털 이미지와 편집에 전문적인 지식이 있고 고급 잉크젯 프린트를 즐기는 이들에게 알맞은 방식이다. 색 공간은 용도에 맞게 사용하는 것이 좋다. 'sRGB〈Adobe RGB〈ProPhoto RGB'의 색 공간 순으로 색 표현력이 커지지만 웹용으로 사용할 이미지를 편집하는 데 ProPhoto RGB 같은 넓은 색 공간에서 편집할 필요는 없다는 말이다. 현재 일반적인 모니터는 대부분 sRGB의 색 공간밖에 표현하지 못한다. 더 넓은 Adobe RGB 색 공간을 지원하는 모니터가 있긴 하지만 상당히 비싼데다 웹에서는 대부분 sRGB로 보기 때문에 굳이 인터넷에 Adobe RGB의 사진을 올릴 필요는 없다. 그리고 작업을 할 때 아래의 사항들을 꼭 눈여겨보자.

(더 좋은 프린트를 위하여)

여러분이 가지고 있는 DSLR 카메라의 표현력은 생각보다 훨씬 뛰어나다. 수백만 원짜리 DSLR 카메라를 구입하고도 웹 갤러리용 이미지로만 사용하는 것은 그만큼 표현력을 제한하고 있다는 이야기다. 정교하고 아름다운 프린트를 할 수 있는 방법, 프린트를 하기 전 포토샵에서 반드시 짚고 가야 할 사항들을 알아보자.

1) 좋은 프린트를 바란다면 올바른 노출, 정확한 초점은 기본이다. 사진의 기본에 충실해야만 프린트도 좋아진다.

2) RAW 파일로 촬영하고 포토샵의 16비트 모드로 편집하는 습관을 기르자. 훨씬 더 좋은 색과 계조를 얻을 수 있을 것이다.

3) 원본이 훌륭하다면 아주 기본적인 보정 방법으로 '콘트라스트 조절〉색 조절〉샤프니스'의 방법이 있다. 이 세 가지만 잘해도 훌륭한 프린트를 얻을 수 있다.

4) 항상 원본 자체에 리터칭하는 습관을 기르자. 앞서 이미지를 편집하는 것을 '이미지 때리기'라고 했는데 작은 이미지일수록 때리면 금방 손상된다.

5) 원본의 느낌에 충실한 수정을 해야 하고 원본을 훼손하지 않는 보정을 해야 한다. 포토샵은 만능 툴이 아니다. 원본의 느낌을 극대화하기 위해 어떤 툴과 방법을 사용해야 하는지 생각한다.

6) 고감도보다는 저감도를 사용하면 프린트가 훨씬 좋아진다. 고감도에서 발생하는 노이즈와 색 손실은 메꿀 수 없는 부분이다.

7) 수정한 원본 파일과 웹용 사진을 항상 따로 보관한다.

8) JPG 파일을 저장할 때 프린트할 사진은 압축 품질을 12로, 웹용으로 사용할 파일은 압축 품질을 9~10으로 한다.

9) 카메라의 색 공간과 포토샵의 색 공간을 일치시켜야 포토샵 작업을 할 때 제대로 된 색상을 볼 수 있다.

10) 인터넷 인화 업체를 이용할 이들은 Adobe RGB 색 공간에서 편집한 뒤 sRGB 색 공간으로 변환하여 전송한다. 대부분의 인터넷 인화 업체(전문 잉크젯 프린트 랩은 제외)는 sRGB 색 공간의 프린터를 사용한다.

11) 웹 갤러리에 올릴 이미지라면 sRGB 색 공간으로 변환해야 한다.

12) 잡지 인쇄에 사용할 사진이라면 Adobe RGB 색 공간이 효과적이다.

13) 고급 잉크젯 프린트에는 Adobe RGB 또는 ProPhoto RGB로 편집한다.

14) ProPhoto RGB로 편집할 땐 16비트 모드에서 편집하고 프린트 옵션에서 16비트 전송을 해야 한다. 자신의 프린터가 16비트 프린트 지원이 되는지 확인한다.

15) 넓은 색 공간에서 좁은 색 공간으로 변환하는 것은 가능하나 좁은 색 공간에서 넓은 색 공간으로 변환하는 것은 불가능하다. 즉 Adobe RGB를 sRGB로 변환할 수 있지만 sRGB를 Adobe RGB로 변환할 수는 없다.

(Color Management System 구축)

내 앞에 빨간색 사과가 있다. 빛을 관찰하여 적정 노출로 촬영한다. 촬영한 사진을 모니터에 띄운다. 모니터 속 사과의 빨간색이 약간 칙칙한 붉은색으로 보인다. 모니터의 밝기가 문제인가 싶어 밝기를 올리고 포토샵에서 리터칭을 한다. 작업을 끝낸 사진을 잉크젯 프린터로 출력했더니 어둡고 칙칙한 빨간색에 사진이 누렇기까지 하다. 좋은 카메라, 좋은 모니터, 좋은 프린터를 구입했다고 생각했는데 왜 이런 현상이 발생할까? 문제는 바로 컬러 매니지먼트 시스템(Color Management System, 이하 CMS)에 있다.

컬러 매니지먼트의 목적은 사용하는 모든 기기에서 같은 결과물을 나타내려는 것이다.

카메라와 스캐너 같은 장비가 이미지를 입력하는(생산하는) 장비라면 모니터와 프린터는 이미지를 출력하는(보여주는) 장치다. 아무리 정교하게 색을 구성하려 해도 각 장치들이 소통할 수 있도록 하나의 언어를 제시하지 못하면 내가 촬영한 붉은 사과가 모니터에서는 분홍빛 사과로 보일지도 모른다. 그래서 빛과 조명 분야에서 과학과 기술에 관한 모든 사항을 국제적으로 규정하는 국제 조명 위원회(CIE : Commission Internationale de l'Eclairage)에서는 색에 관한 표준 규정인 색 공간(Color Space)을 만들게 된다. 색 공간이란 인간의 눈으로 보는 모든 색을 X축과 Y축 선상의 삼각형 그래프로 표현한 것으로, 장치들이 이 언어를 통해 색을 인식하도록 하는 규약이다.

앞서 나온 sRGB, Adobe RGB가 바로 이런 색 공간이며 이것을 파일 형태로 만든 것이 ICC 프로파일이다. 이 ICC 프로파일이 이미지에 항상 붙어 다니기 때문에 만약 sRGB ICC 프로파일이 첨부된 이미지 파일을 연다면 컴퓨터 모니터에서도 제대로 된 색을 인식할 수 있게 되는 것이다. 하지만 사진가들은 더욱 정교하게(내가 촬영한 것을 모니터와 프린터에서도 구현할 수 있게) 작업할 필요가 있고 이것은 결국 이미지에 대한 신뢰의 문제이므로 CMS에 의존하게 된다.

가장 기본적인 CMS는 앞에서 말한 카메라의 색 공간과 포토샵의 색 공간을 일치시키는 것이다. 다음 단계로는 모니터 색상 교정을 해야 한다. 색상 교정을 통해 모니터 프로파일을 만들게 되는데 모니터 프로파일을 만들려면 '스파이더' 같은 모니터 캘리브레이션 장비가 필요하다. 모니터 캘리브레이션 장비를 마련하려면 결국 추가 지출이 필요하지만 한번 구입해두면 지속적으로 사용할 수 있고, 모니터 역시 소모품이라 사용 기간에 따라 밝기, 콘트라스트가 변하게 되므로 정기적으로 교정해주는 것이 좋다.

eye-one Display2로 모니터 색상 교정을 진행하는 모습이다.

잉크젯 프린터로 프린팅을 즐기는 사용자들은 모니터 색상 교정 이외에 프린터 프로파일링이 필요하다. 모니터에서 보는 색감을 프린터에서 정확히 구현하는 것이 바로 프린터 프로파일링이다. 이 역시 '스파이더 프린트, X-Rite ColorMunki Photo' 같은 제품의 도움을 받아 원하는 용지의 프로파일을 제작해 정확한 색상의 프린트를 구현하는 것이 목적이다.

컬러 매니지먼트는 이처럼 원하는 색을 정확하게 촬영하고 정확하게 보고 정확하게 출력하기 위한 인간의 노력이다. 컬러 매니지먼트에 대한 이해 없이는 왜 촬영한 빨간 사과와 출력한 사과 사이에 차이가 생기는지 이해하지 못한다. 캘리브레이션 장비를 갖추기 위해 추가로 지출해야 하는 부담이 있지만 요즘은 수년 전에 비해서 아주 저렴한 가격으로 이런 시스템을 구축할 수 있다. 전문적인 사진 작업을 하는 이들에게 있어 CMS에 대한 이해는 반드시 거쳐가야 할 과정이다.

사진 관리와 파일 관리

이런 생각을 해본 적이 있는가? 만약 집에 큰불이 난다면 카메라와 사진 파일이 들어 있는 하드 디스크 중 무엇을 챙길 것인가? 둘 다 챙겨야 하겠지만 만약 어쩔 수 없는 상황이라면 하드디스크를 챙길 것이다. 카메라는 돈을 주고 다시 구입하면 되지만 사라진 사진은 다시 살릴 수가 없다.

현재 사진 파일을 장기적으로 가장 안전하게 보관할 수 있는 시스템은 바로 하드디스크다. CD, DVD, BlueRay 같은 장치도 있지만 대량의 사진을 차곡차곡 쌓아두고 빠르게 찾아보기에는 하드디스크만 한 것이 없다.

현재 가장 안전한 백업 수단은 하드디스크다.

사진을 정리할 때는 다음의 두 가지 원칙을 세워두면 좋다.

첫째, 항상 원본을 소중히 하라. 둘째, 중요한 사진은 여러 번 백업하는 것을 잊지 말라.

원본이라 하면 카메라에서 촬영된 JPG나 RAW 파일을 말하는 것이다. 여러분이 지금 포토샵 리터칭을 배우는 단계이거나 아직 CMS에 대해 모르는 상태에서는 리터칭 숙련도에 따라서 훗날 다시 리터칭해야 하는 일이 발생할 수 있다. 원본 파일을 지우지 않으면 언제든지 다시 작업할 수 있기에 원본을 잘 보관하는 습관을 기르는 것이 좋다.

또 아주 중요하다 싶은 사진은 여러 번 백업하는 습관을 길러야 한다. 요즘은 인터넷 웹하드 또는 클라우드 서비스 등을 무료로 사용할 수 있으니, 중요하다 싶은 사진은 인터넷 백업 서비스를 이용하여 이중으로 백업한다. 또 컴퓨터 본체의 하드디스크에 백업을 하면 바이러스나 시스템 오류 등의 위험으로 사라질 수도 있으니 유의해야 한다.

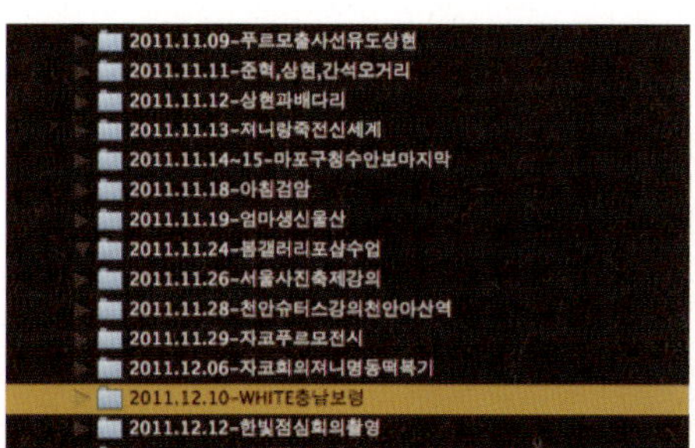

그날 촬영한 사진은 그날 백업하는 습관을 들인다.

보통 파일을 보관할 때 그날 촬영한 사진은 그날 백업해 두는 것이 훗날 사진을 관리하기 좋다. 또 파일을 백업할 때 폴더 이름을 [년도.월.날짜-장소, 날씨, 느낌, 감정, 중요 포인트] 등으로 지정해두면 후에 폴더만 보고 사진을 찾기 좋다. 1년 전 자신이 촬영한 사진의 느낌을 기억하기란 어려운 일이며, 사진 파일 이름으로 찾는 일도 만만치 않기 때문이다.

백업 폴더를 위와 같이 만들었다면 하위에 [EDIT]란 폴더를 만들어 리터칭된 사진을 TIFF나 JPG 형태로 보관한다. 또 [WEB]이란 폴더를 만들어 웹용으로 줄인 JPG 이미지를 보관하면 웹에 올리기도 좋고 후에 프레젠테이션용으로 사용하기 좋다.

하위 폴더에 [EDIT], [WEB] 폴더를 만들어 수정본과 웹용을 따로 보관한다.

자신만의 사진을 올려둘 수 있는 블로그 서비스를 이용하는 것도 한 방법이다. 블로그에 촬영한 사진에 대한 느낌이나 생각을 글로 써둔다면 나중에 원하는 사진 파일을 찾기 위해 하드디스크를 일일이 뒤지지 않아도 된다. 원하는 사진이 있다면 블로그에 올린 날짜를 확인한 후, 하드디스크를 검색하면 사진 파일을 쉽게 찾을 수 있다.

가끔 "좋지 않은 사진은 지워야 하나?"라는 질문을 받을 때도 있는데 사진 파일을 지우는 것은 결국 기억의 단편을 지우는 것과 같은 행위다. 사진 파일 하나의 용량이 그리 크지 않고, 지금은 별로라고 생각되는 사진도 훗날 보면 소소한 기억이 될 수 있으므로 잘 보관해두고 관리한다. '그래, 그땐 이런 사진을 찍었지' 하며 좋은 추억을 떠올릴 수 있을 것이다. 게다가 요즘 하드디스크 가격이 무척 저렴해졌기 때문에 용량이 부족하다면 추가 구입을 해도 큰 부담이 되지 않는다.

블로그 서비스를 이용하면 사진을 찾기 쉽다.

절대 일어나지 않을 것 같은 일들이 디지털 기기에서는 많이 일어난다. 개인의 단순한 실수, 시스템 오류, 바이러스, 정전, 전기적 충격 등 갖가지 이유로 중요한 사진 파일이 한순간에 사라질 수 있다. 따라서 백업의 중요성은 두말할 필요조차 없다.

모든 것은 습관들이기 나름이다. 필자에게는 그날 촬영한 사진을 그날 백업하고 키워드로 분리하고 좋은 사진을 골라내고 리터칭한 후 블로그에 올리는 것이 하루의 일상이 되었다. 미루고 미루면 결국 이런 작업에 재미를 느끼기보다는 일처럼 느껴질지도 모른다.

촬영하고 백업하고 보고 느끼고 고르고 리터칭하고 정리하고 프린트하고 백업하는 모든 과정이 곧 디지털 사진 작업이다. 이 모든 행위가 자연스럽게 연결되도록 습관을 들이고, 재미를 느끼면서 하는 것이 중요하다.

(Part)

02

사진 보정/프로그램 익히기

촬영 정보

소니 A900 _
200mm 렌즈 _
조리개 4 _
셔터 속도 1/50초 _
ISO 400 _

촬영 & 보정 포인트

인천 대공원의 식물원에서 촬영한 사진으로 역광의 강한 빛에 의해 풀잎의 싱그러움이 더욱 부각되어 표현되었다. 녹색의 싱그러움과 빛의 따스함을 표현하기 위해 Camera Raw의 색온도 조절 슬라이더로 옐로우와 그린 계열을 섞고 Fill Light로 섀도우 노출을 더 밝게 하여 부드러운 느낌을 표현했다.

(Chapter) 01

Adobe Photoshop 프로그램 익히기

무엇이든 기본이 가장 중요하다. 포토샵 역시 기본이 탄탄하다면 수많은 툴과 기법을 일일이 외우지 않아도 자신이 하고 싶은 작업을 할 수 있다. 이번 챕터에서는 포토샵에서 가장 기본이 되는 환경 설정과 조작 방법, 사진 이미지의 문제점들을 각 툴을 이용해서 수정하는 방법, 레이어 · 커브 · 마스크 등을 이해하고 그것을 사용하는 방법까지 공부한다. 즉 사진 보정에 사용되는 포토샵의 각종 툴과 팔레트 등을 이해하고 익히는 단계다. 이해가 잘 되지 않는다면 반복 학습을 통해 작동 원리를 몸으로 익히는 것도 좋은 방법이다.

Adobe Photoshop 이해하기

포토샵에서 사진 작업을 하려면 기본적으로 자신의 작업 환경에 맞게 세팅하고 자주 사용하는 단축키와 툴이 어떻게 사용되는지 알아둘 필요가 있다. 기본적인 설정 및 가장 많이 사용하는 툴의 사용법을 알아보자.

(편리한 작업을 위한 포토샵 환경 설정)

포토샵을 좀 더 편리하게 사용하기 위해서 몇 가지 환경 설정을 해두자. 포토샵을 사용하다가 시스템이 다운되었을 때 간혹 이 환경 설정이 초기화되는 경우가 있으므로 기억해두었다가 다시 반영하도록 하자. 환경 설정은 PC용의 경우 [Edit]〉[Preference]〉[General](Ctrl+K), 맥용의 경우 [Photoshop]〉[Preference]〉[General](CMD+K)로 실행한다.

General 항목

General 항목에서 특별히 선택할 것은 없고 Export Clipboard와 Use Shift Key for Tool Switch 항목을 해제하면 된다. Export Clipboard를 해제해야 이미지를 붙여 넣거나 복사할 때 클립보드에 이미지를 복사해두어 불필요하게 메모리를 차지하는 것을 방지할 수 있다. Use Shift Key for Tool Switch를 해제하면 툴을 전환할 때 매번 Shift를 눌러야 하는 불편함을 없앨 수 있다.

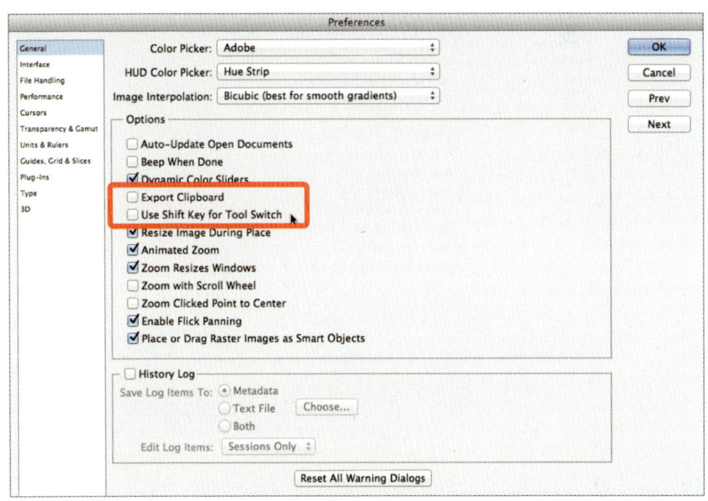

Performance 항목

포토샵은 메모리를 많이 사용하는 프로그램이다. 보통 4G 이상의 메모리가 시스템에 있어야 원활한 작업이 가능하며 전체 메모리의 70% 정도를 할당하면 쾌적하게 작업할 수 있다. 또 작업의 전 단계나 다음 단계로 이동할 수 있는 History States의 크기도 40으로 늘려준다. History States의 크기가 너무 커지면 메모리를 많이 차지해 시스템이 느려지므로 주의한다.

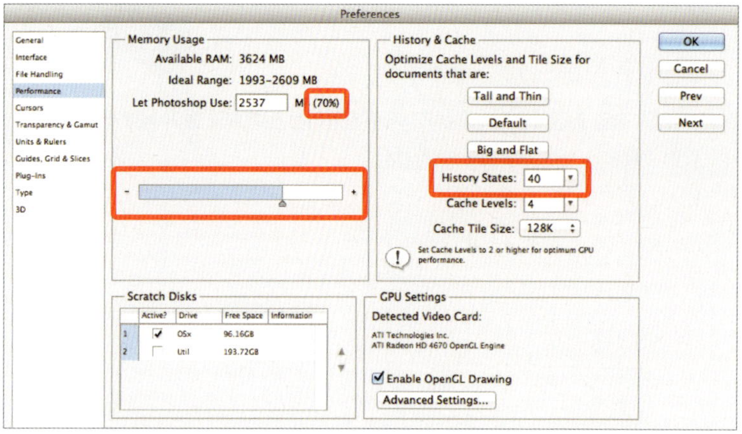

다른 항목은 특별히 건드리지 않아도 활용하는 데는 전혀 지장이 없다. 초기 설정으로 돌아가고 싶을 때는 Alt 를 누른다. 그러면 Cancel 버튼이 Reset 버튼으로 바뀌는데, 이 Reset 버튼을 클릭하면 원 상태로 복귀된다. 환경 설정을 반영하고 싶다면 OK 버튼을 누른다.

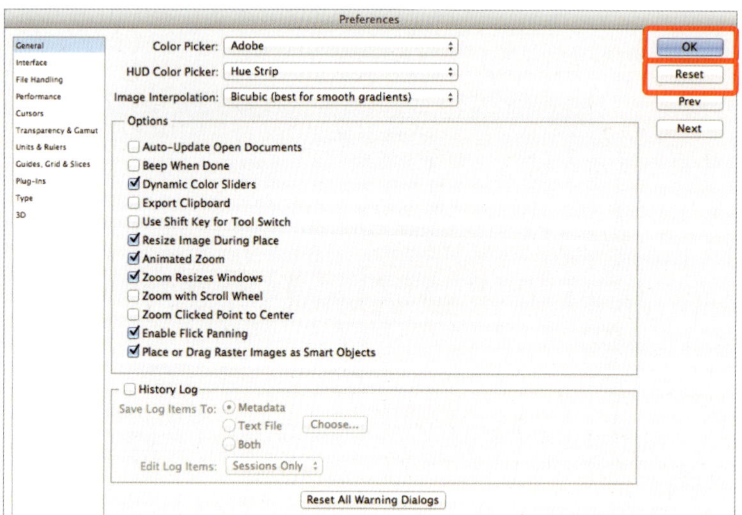

자주 쓰는 단축키 지정하기

메뉴의 [Edit]〉[Keyboard Shortcuts]에서는 자주 사용하는 단축키를 지정할 수 있다. 우리가 한글 문서를 작성할 때 자주 사용하는 키가 바로 Ctrl + Z(되돌리기)인데 포토샵에서도 이 키를 지정해두면 실수를 했을 경우 이전 단계로 빠르게 이동할 수 있다. [Keyboard Shortcuts]를 실행한 후 [Edit]〉[Step Backward]를 한 번 클릭한 뒤 Ctrl + Z 를 입력한다. 이어서 Accept 버튼을 누르고 OK 버튼을 클릭한다. 다른 키는 편의에 따라 변경할 수 있지만 대부분 포토샵의 기본 키를 익혀두면 편하다.

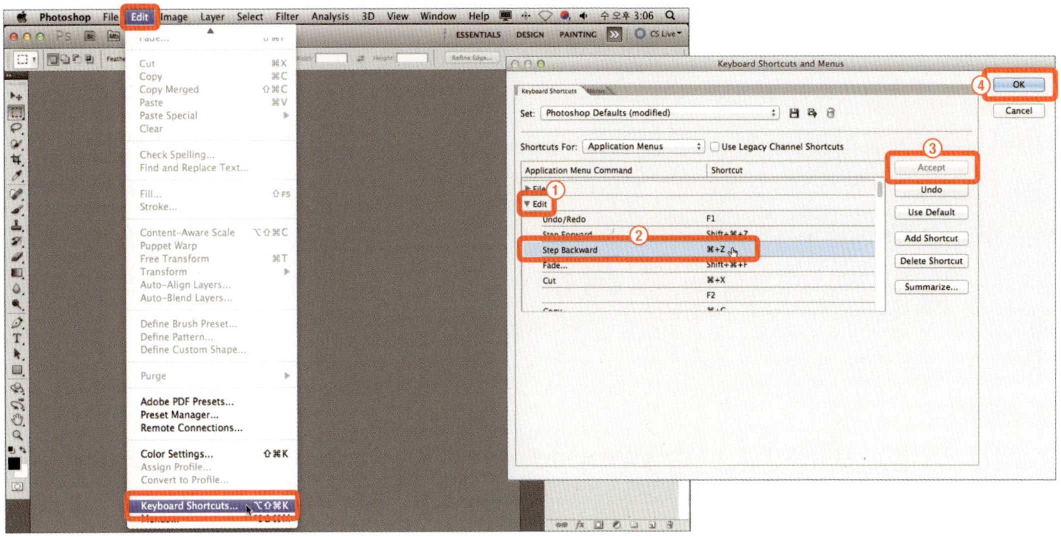

■ **포토샵 색 공간 설정하기**

1부에서 색 공간에 대한 이야기를 할 때 자신이 촬영한 이미지의 색 공간과 포토샵의 색 공간을 일치시켜야 제대로 된 색에서 수정을 할 수 있다고 했다. 카메라의 색 공간을 Adobe RGB로 설정해서 촬영했다면 [Edit]〉[Color Settings]에서 RGB 색 공간을 Adobe RGB로 설정해야 한다.

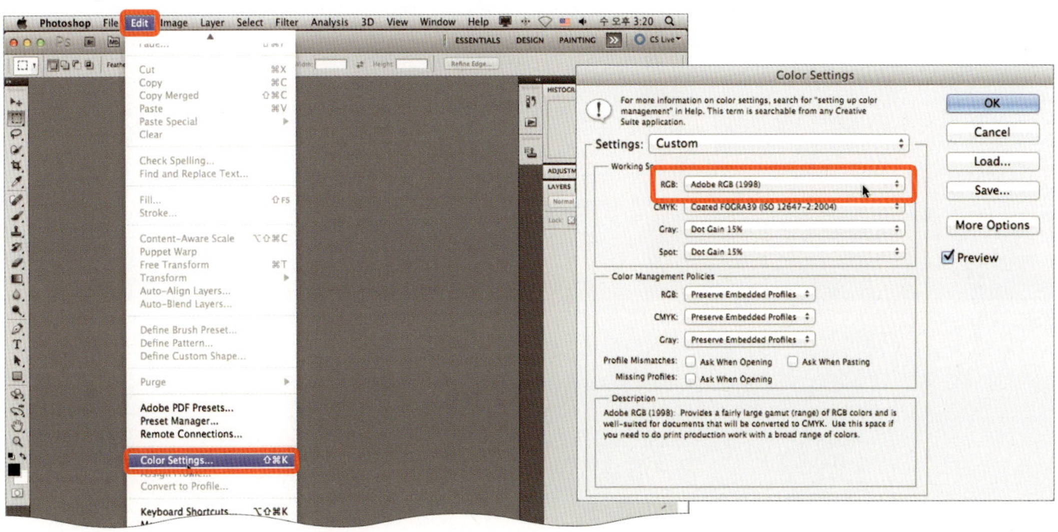

가장 기본적인 포토샵 조작하기

먼저 말하고 싶은 것은 이 책은 포토샵에 대한 모든 것을 배우는 책이 아니라는 점이다. 포토샵에 대한 모든 것을 배우고 싶으면 600페이지가 넘는 두꺼운 책이 시중에 많이 나와 있으니 그 책들을 사 읽으면 된다. 아니면 인터넷으로도 충분히 공부할 수 있다.

이 책의 목적은 여러분이 원하는 사진 보정을 좀 더 쉽고 빠르게 할 수 있도록 도움을 주는 것이다. 따라서 사진 보정에 필요한 툴 사용법, 목적에 맞는 툴 활용법에 초점을 맞췄다. 포토샵으로 사진 보정을 하기 위해서는 그다지 많은 툴이 필요치 않다. 핵심적인 툴 몇 가지만으로도 훌륭한 보정을 할 수 있다. 여러분이 원하는 수정 방향에 맞춰 필요한 툴을 제대로 활용하는 법을 배우기만 하면 된다. 그리고 포토샵의 다양한 기능은 보정 작업을 차근차근 익혀가면 되기에 한번에 되지 않는다고 걱정할 필요가 없다. 보정 작업을 하다 이 툴을 어떻게 활용해야 하는지 기억이 나지 않는다면 책을 펼쳐 원하는 기능에 대해 설명한 페이지를 읽고 작업을 수행하면 된다.

인터페이스

포토샵은 크게 툴, 옵션, 메뉴, 팔레트로 이루어져 있다. 이는 수년 동안 지속된, 포토샵의 전통적인 인터페이스이므로 버전이 업그레이드된다고 해서 크게 바뀌지 않는다. 각 툴과 팔레트는 크기 변경과 이동이 가능하며 작업 형태에 따라 ESSENTIALS, DESIGN, PAINTING, PHOTOGRAPHY, 3D, MOTION 등의 작업 공간으로 변경할 수 있다. 그리고 특별히 자주 사용하는 작업 공간 형태로 저장해둘 수 있다. 우리는 포토샵에서 사진 보정에 관해 주로 사용할 것이기에 PHOTOGRAPHY 작업 공간으로 사용하면 편리하다.

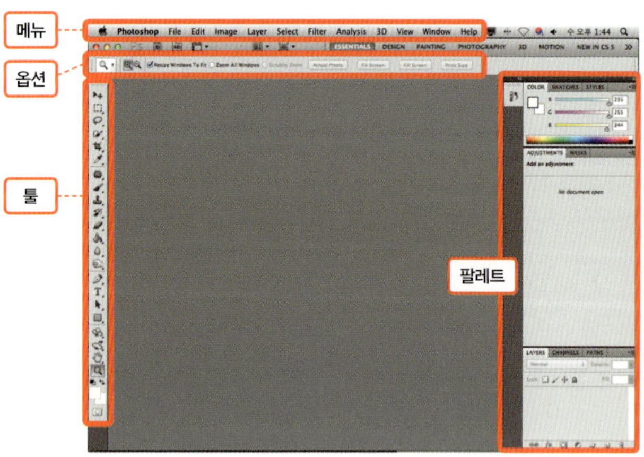

ESSENTIALS 작업 공간

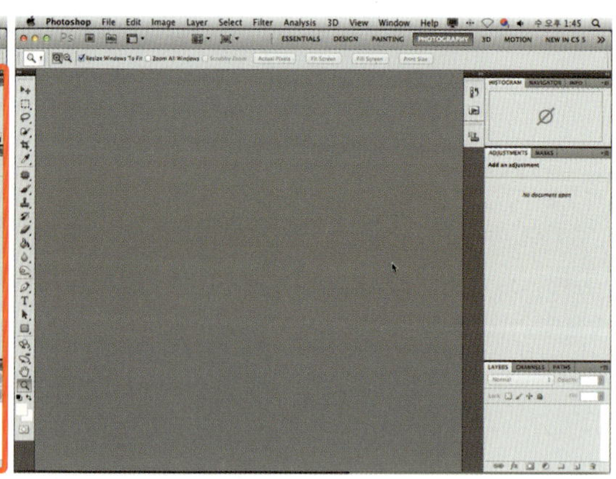

PHOTOGRAPHY 작업 공간

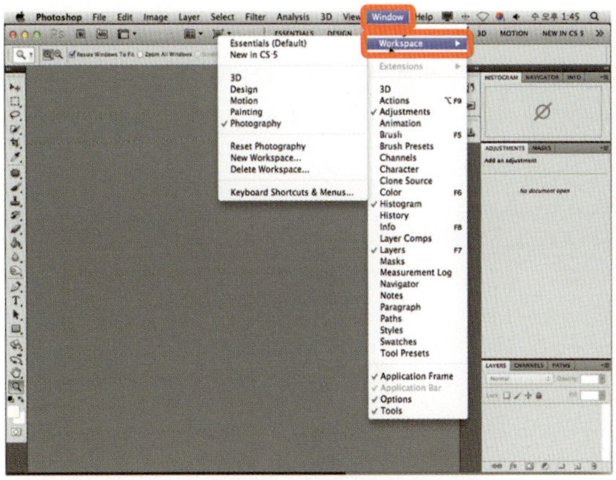

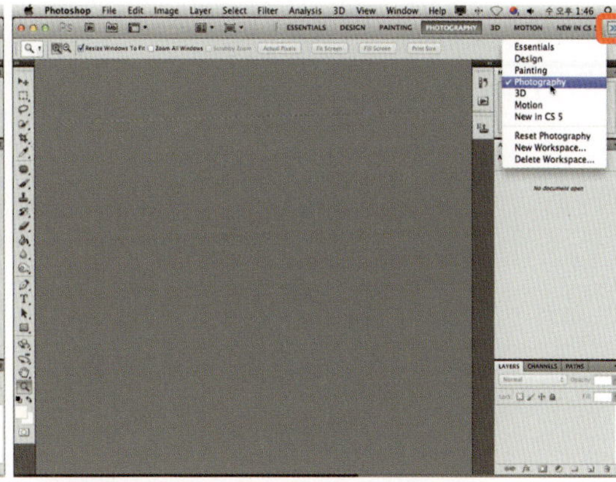

메뉴의 [Window]〉[Workspace]에서 작업 공간의 형태를 변경할 수 있다.

오른쪽 상단에 있는 옵션의 화살표를 눌러서 원하는 작업 공간으로 변경할 수 있다.

PHOTOGRAPHY 작업 환경에서 눈여겨봐야 할 것은 오른쪽의 HISTOGRAM, ADJUSTMENTS, LAYERS 팔레트다. 사진 보정을 할 때 가장 많이 활용하는 팔레트들이며 편의에 따라 원하는 위치에 두고 작업해도 무방하다.

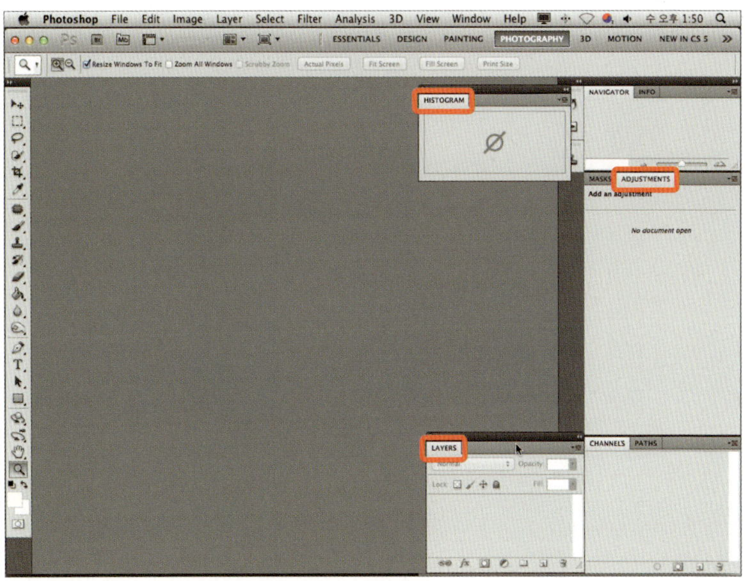

각 팔레트의 이름을 클릭하여 드래그하면 원하는 위치에 둘 수 있다. 다시 원위치로 하고 싶을 때는 메뉴의 [Window]〉[Workspace]〉[Reset Photography]를 실행하면 된다.

사진 파일 열기와 닫기

사진 파일을 열 때는 메뉴의 [File]〉[Open] 명령을 실행하면 된다. 바탕 화면(작업 화면)을 두 번 클릭해서 [Open] 대화 상자를 불러와 사진 파일을 열어도 된다.

01 [File]〉[Open] 명령으로 사진 파일을 연다.

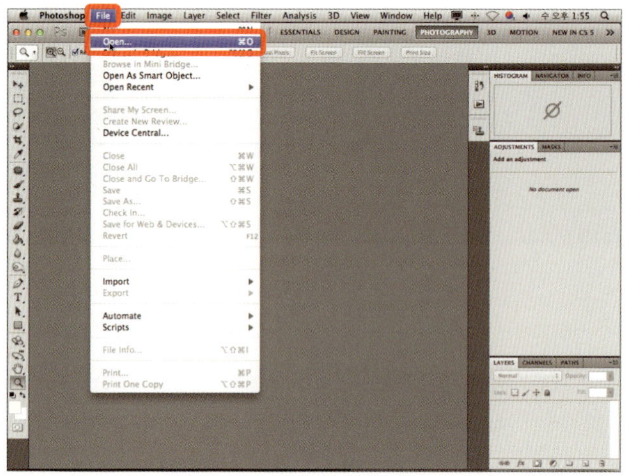

02 작업 공간 중간의 회색 화면을 두 번 클릭해서 [Open] 대화 상자를 띄워 사진 파일을 열어도 된다.

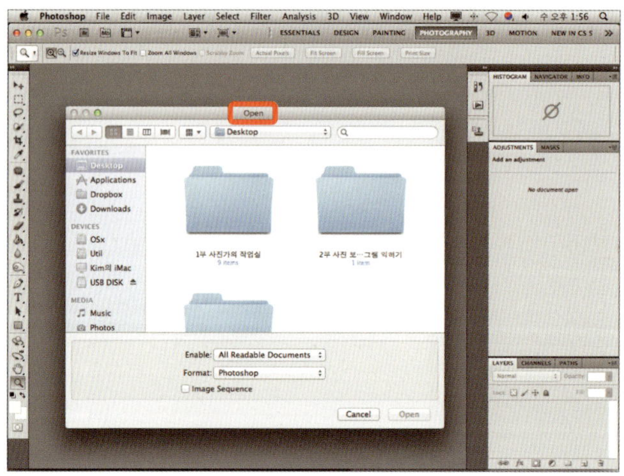

03 수정한 파일을 닫게 되면 "닫기 전에 수정한 파일을 저장하겠습니까?"라고 묻는 메시지가 나온다.

04 예제 사진 'cd-part2〉ch1-1〉예제파일〉01.jpg'를 포토샵에서 열어본다.

사진 확대/축소하기 : Zoom Tool(Z) 활용

포토샵에서 가장 많이 사용하는 툴 중 하나가 Zoom Tool이다. Zoom Tool을 사용하면 빠른 속도로 사진을 크게 보거나 작게 볼 수 있다. 자주 사용하는 툴이므로 단축키 Z를 외워두자. Zoom Tool을 비롯해 먼지 제거, 샤픈 작업 등에 많이 사용되는 Alt, Space, 마우스 오른쪽 버튼이 하는 역할에 대해서 알아보겠다.

01 Zoom Tool로 사진을 크게 보고 싶을 경우 사진에 마우스를 대고 클릭한다. 작게 보고 싶은 경우 Alt를 누른 채 클릭한다.

02 사진 위에서 마우스 오른쪽 버튼을 클릭하면 Fit on Screen(화면에 맞춰 보기), Actual Pixels(실제 픽셀), Print Size(프린트 크기), Zoom In(크게 보기), Zoom Out(작게 보기)의 명령을 실행할 수 있다.

03 사진을 크게 한 상태에서 화면의 구석구석을 보고 싶다면 Space 를 누른 채 마우스로 드래그한다.

04 상단의 옵션 바에서도 대부분의 명령을 실행할 수 있다.

스크린 모드 변경

작업을 하다보면 주변의 팔레트나 옵션 메뉴들이 사진을 보는 데 방해가 될 수 있다. 간단하게 Tab 을 누르면 왼쪽 툴 박스와 오른쪽 팔레트가 사라지며 Tab 을 한 번 더 누르면 복귀된다. F 를 번갈아 누르면 Standard Screen Mode, Full Screen Mode With Menu Bar, Full Screen Mode로 스크린 모드를 변경할 수 있다. 만약 F 가 작동하지 않으면 한영 전환 키를 눌러 시스템 언어를 영어로 변경해야 한다. 포토샵을 사용하다보면 단축키를 활용하는 것이 편리한데, 좀 더 숙달되면 사진만 보며 작업할 수 있는 Full Screen Mode의 활용도가 높아진다.

01 포토샵 상단의 메뉴 바에서 Screen Mode 아이콘을 누른다. 하위 메뉴를 통해 스크린 모드를 변경할 수 있다. 또는 F 를 눌러 변경할 수도 있다.

02 Tab 을 눌러 툴 박스와 팔레트를 간단히 사라지게 할 수 있다.

03 Full Screen Mode With Menu Bar와 Full Screen Mode는 작업의 숙달도에 따라서 활용할 수 있다.

(이미지를 빠르게 수정, 보완하기)

원본 사진이 좋으면 사실 사진에 특별한 수정을 가할 필요가 없다. 또 한두 가지 문제점만 고치면 사진이 훨씬 좋아질 수 있다. 이번에는 포토샵에서 많이 사용하는 툴을 이용해 이미지의 문제점을 빠르게 수정하고 보완하는 방법에 대해 알아보자.

카메라 센서의 먼지 제거하기

카메라 센서에 붙은 먼지들은 조리개를 조여 촬영할 때 두드러지게 나타난다. 최근에는 센서 클리닝 기능을 지원하는 카메라가 많이 늘었지만 그렇다 해도 완벽하지는 않다. 센서 청소를 먼저 하고 나서 촬영하면 포토샵에서 해야 할 일을 줄일 수 있다.

• **예제 사진** : cd-part2 〉 ch1-1 〉 예제파일 〉 02.jpg • **완성 사진** : cd-part2 〉 ch1-1 〉 완성파일 〉 02-완성.jpg

01 예제 파일을 열고 Zoom Tool(Z)로 사진을 확대한다. 구석구석 확인하기 위해 Space 를 누른 채 마우스를 드래그한다. 원본 사진에 있는 먼지들을 확인한다.

02 먼지를 가장 빠르고 효과적으로 제거할 수 있는 툴은 Spot Healing Brush Tool(J)이다.

03]를 눌러 먼지보다 브러시를 크게 하여 클릭하면 먼지가 제거된다.

Before After

수평 왜곡 바로 잡기

아무리 정확하게 수평을 잡고 촬영해도 모니터로 확인하면 건물 등의 구조물이 조금 비뚤어지게 촬영된 경우가 종종 있다. 이땐 수평 왜곡을 빠르게 잡을 수 있는 Ruler Tool(I)을 사용해보자.

• **예제 사진 :** cd-part2 〉ch1-1 〉예제파일 〉03.jpg • **완성 사진 :** cd-part2 〉ch1-1 〉완성파일 〉03-완성.jpg

01 툴 박스에서 Ruler Tool(I)을 선택한다.

02 마우스를 드래그하여 수평선이나 건물의 수평선에 선을 그어준다. 선을 그을 때 실수해서 다시 그어야 한다면 옵션 바에 있는 Clear 버튼을 눌러 선을 없앤 뒤 다시 그어준다.

03 옵션 바의 Straighten 버튼을 누르면 자동으로 수평을 맞춰준다.

Before

After

거슬리는 부분 지우기

완벽하게 촬영하면 좋겠지만 촬영할 때 어쩔 수 없이 프레임 안에 걸려드는 부분이 있다. 이런 부분을 제거하는 방법은 다양하지만 스탬프 툴이 제격이다.

- **예제 사진** : cd-part2 〉ch1-1 〉예제파일 〉04.jpg
- **완성 사진** : cd-part2 〉ch1-1 〉완성파일 〉04-완성.jpg

01 사진 전체에서 보면 아래 왼쪽 부분이 눈에 거슬린다. Clone Stamp Tool(S)은 주변 픽셀을 복제하여 이런 부분을 메워주기 좋다.

02 Clone Stamp Tool(S)을 사용할 때는 복제하려는 주변 픽셀의 밝기와 톤이 중요하다. [와] 를 사용해 브러시의 크기를 적당히 조절한다.

03 경계선에 걸리지 않도록 마우스 크기를 설정한 후 Alt 를 눌러 주변 픽셀을 복제한다.

04 지우고자 하는 부분을 클릭해나가면 주변 픽셀이 복제된다. 실수했을 경우 Ctrl + Z 를 누르면 이전으로 돌아간다.

05 여러 번 주변 픽셀을 붙여 넣어 거의 완성 단계에 이르렀다.

Before

After

노출 조정하기

노출이 맞지 않은 사진은 칙칙하게 보일 뿐 아니라 색상도 제대로 표현하지 못한다. 또 노출이 부족한 사진은 포토샵으로 수정할 때 이미지의 품질을 떨어뜨리는 노이즈가 발생하므로 올바른 노출로 촬영하는 것이 좋다.

• **예제 사진 :** cd-part2 〉ch1-1 〉예제파일 〉05.jpg • **완성 사진 :** cd-part2 〉ch1-1 〉완성파일 〉05-완성.jpg

01 [Image]〉[Adjustments]〉[Exposure]를 실행하여 대화상자를 띄운다. 오른쪽의 작은 스포이드 세 가지 중 맨 오른쪽 스포이드는 이미지에서 가장 밝은 곳을 클릭하면 자동으로 노출을 맞춘다. 중간에 있는 스포이드는 중성 톤으로 노출을 맞추고, 왼쪽에 있는 스포이드는 가장 어두운 부분을 클릭했을 때 자동으로 노출을 맞춘다.

02 오른쪽 남산 타워 옆의 흰색 구름 중 가장 밝은 부분을 클릭하자 Exposure가 +0.63으로 수정되고 전체 이미지도 약간 밝아졌다. 이 스포이드는 절대적인 기준은 될 수 없으나 이미지의 느낌을 파악하는 지표로 활용할 수 있다.

03 노출을 +1.12로 올려주자 색상이 좀 더 확연히 드러나고 적당한 노출이 되었다. 만약 다음에 이런 상황에서 촬영한다면 카메라에서 노출을 +1 정도 해주어야 좀 더 적절한 노출이 된다는 것을 알 수 있다.

Before

After

색상 맞추기

화이트 밸런스를 맞춘다는 것은 흰색의 밸런스를 맞춘다는 것이다. 그리고 흰색의 밸런스가 맞으면 다른 색도 맞게 촬영된다는 의미이다. 화이트 밸런스는 정확한 색 재현을 해야 할 때 반드시 필요하다. 지금부터 빠르게 화이트 밸런스를 맞추는 방법을 알아보자.

• **예제 사진** : cd-part2 〉ch1-1 〉예제파일 〉06.jpg • **완성 사진** : cd-part2 〉ch1-1 〉완성파일 〉06-완성.jpg

01 메뉴에서 [Image]〉[Auto Color]를 실행한다. Auto Color는 자동으로 색상을 맞춘다. 즉 사진에서 흰색의 밸런스를 분석하여 자동으로 컬러를 조정한다. Auto Color를 적용하면 색상이 제대로 표현될 때도 있지만 때로 지나치게 보정될 때도 있다. [Edit]〉[Fade Auto Color]를 실행하여 이전의 이미지와 색을 혼합하면 자연스러운 사진이 된다.

02 사진을 보면서 Opacity를 59%로 설정하였다.

Before

After

색상 강조하기

전반적인 색상 보정에 대해서는 뒤에서 또 다루겠지만 사진 속에서 특정 부분의 색상만 조정하고자 한다면 Selective Color 툴이 유용하다. 사진을 수정하기 전에는 항상 촬영할 때 봤던 그때의 상황을 떠올리면 좋다. 화이트 밸런스, 노출, 카메라 센서의 색감 표현에 따라 사진의 색은 전혀 달라지는데, 촬영할 때의 느낌과 색상을 표현하는 것이 바로 색상 보정 과정이다. 보색 관계에 대한 이해를 바탕으로 어떻게 해야 자신이 원하는 색의 느낌에 이를 수 있는지 파악하는 시각 훈련이 중요하다. 이것은 마치 내가 원하는 색을 만들기 위해 여러 가지 물감을 섞는 것과 같다.

• **예제 사진** : cd-part2 〉ch1-1 〉예제파일 〉07.jpg • **완성 사진** : cd-part2 〉ch1-1 〉완성파일 〉07-완성.jpg

01 전반적으로 노란 톤이 강해 단풍의 컬러가 칙칙하게 표현되었다. 좀 더 강렬한 붉은색으로 수정하기 위해 [Image]〉[Adjustments]〉[Selective Color]를 실행한다. [Selective Color]는 다양한 컬러를 Cyan, Magenta, Yellow, Black의 CMYK 형태로 분리해두었는데 각 컬러를 세밀하게 조정하기 좋다.

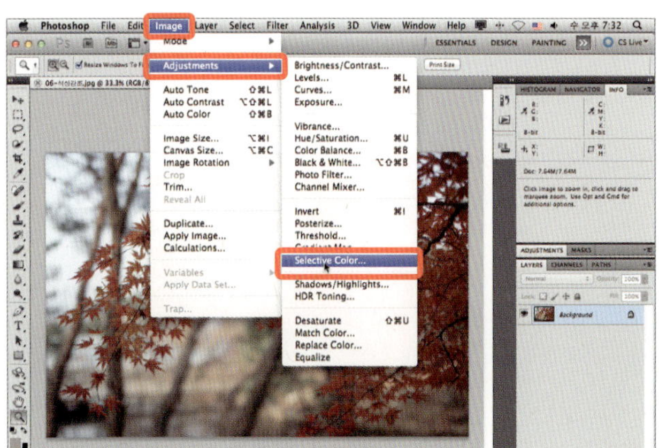

02 먼저 Colors에서 Reds를 선택하고 칙칙한 노란색을 없애기 위해 Yellow 슬라이더를 왼쪽으로 밀어 Yellow를 제거한다.

03 Magenta 슬라이더를 오른쪽으로 밀어 보라색 계열을 강조해서 붉은색을 더해나간다.

04 Cyan을 조금 제거해 붉은색을 더 강조한다.

05 앞서 '노출 조정하기'에서 나온 [Image]>[Adjustments]>[Exposure]를 실행하여 Offset 슬라이더를 왼쪽으로 약간 이동한다. 검은색이 더해지며 단풍의 붉은색이 한층 강렬하게 표현된다.

Before

After

콘트라스트 강조하기

사진을 볼 때 밝음과 어두움의 차이로 콘트라스트, 즉 강약을 느낀다. 이 밝음과 어두움의 차이가 클수록 콘트라스트가 강한 사진, 차이가 작을수록 콘트라스트가 약한 사진이라 한다. [Brightness/Contrast] 메뉴를 실행하여 손쉽게 콘트라스트를 조절할 수 있다.

• 예제 사진 : cd-part2 〉ch1-1 〉예제파일 〉08.jpg **• 완성 사진 :** cd-part2 〉ch1-1 〉완성파일 〉08-완성.jpg

01 콘트라스트를 강하게 하려면 [Image]〉[Adjustments]〉[Brightness/Contrast]를 실행한다. Contrast 항목의 수치를 올리면 콘트라스트가 강해진다.

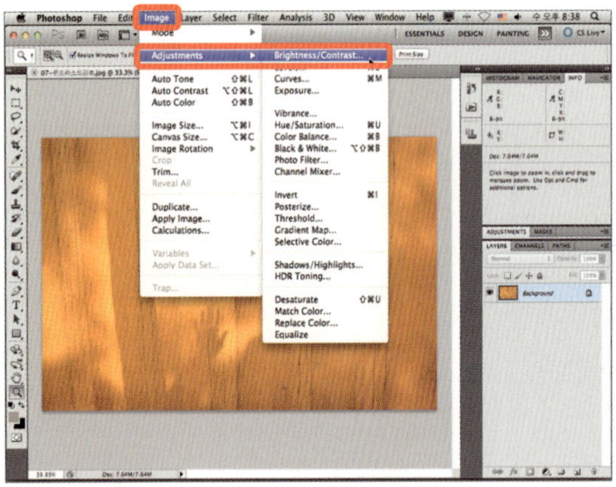

Before

After

섀도우와 하이라이트 살리기

사진의 밝은 부분에 노출을 맞추면 어두운 부분이 더 짙어지고 어두운 부분에 노출을 맞추면 밝은 부분이 하얗게 날아간다. 특히 역광에서 이런 현상이 잘 나타난다. 인간의 눈은 밝은 부분과 어두운 부분에 대해 모든 디테일을 감지하고 분별할 수 있지만 카메라의 센서는 표현할 수 있는 한계가 있기 때문에 이런 현상이 생긴다. 포토샵의 Shadows/Highlights는 이런 현상을 쉽게 해결할 수 있는 방법이다.

• **예제 사진** : cd-part2 〉ch1-1 〉예제파일 〉09.jpg　• **완성 사진** : cd-part2 〉ch1-1 〉완성파일 〉09-완성.jpg

01 [Image]〉[Adjustments]〉[Shadows/Highlights]를 실행하여 대화상자를 띄운다. 하단에 있는 Show More Options를 체크한다.

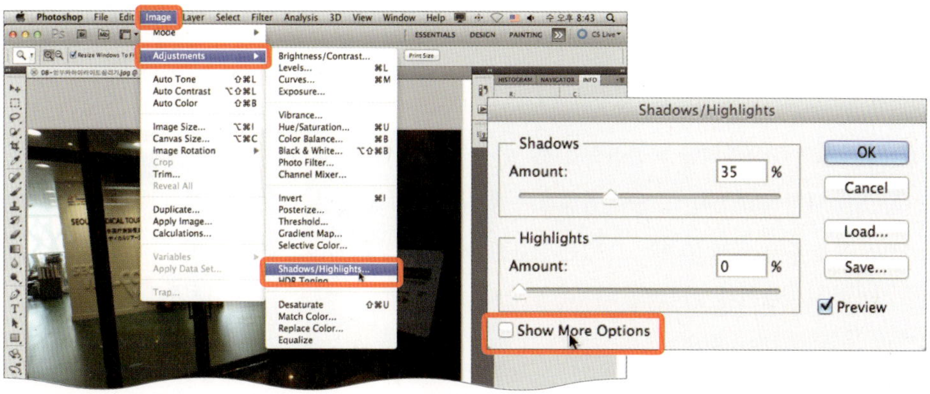

02 대화상자가 펼쳐지면서 Shadows와 Highlights를 따로 조절할 수 있는 옵션이 나타난다. 각 항목에서 Amount는 보정의 양, Tonal Width는 보정의 범위, Radius는 샘플이 추출되는 영역의 범위를 결정한다. 제시하는 각각의 기본값에서 슬라이더를 움직이며 자신이 원하는 만큼 값을 적용하는 것이 중요하다. 언제나 포인트는 자연스럽게 보정하는 것이다.

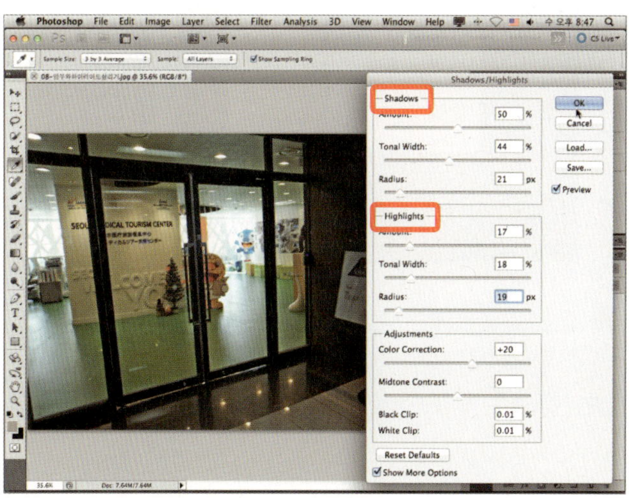

Before

After

색상 수정하기

정확한 색을 재현하는 것도 중요하지만 자신만의 느낌 있는 색을 표현하는 것도 중요하다. 색은 감정과 심리 상태에 따라, 보는 이에 따라 달라진다. 꾸준한 촬영과 수정 작업을 통해 사진의 주제에 맞는 색감과 자신만의 색감을 찾도록 한다. 색을 가장 쉽게 보정할 수 있는 툴은 [Image]〉[Adjustments]〉[Color Balance](Ctrl+B)이다. 자주 사용하는 메뉴이니 단축키를 외워두면 좋다.

• **예제 사진 :** cd–part2 〉ch1–1 〉예제파일 〉10.jpg • **완성 사진 :** cd–part2 〉ch1–1 〉완성파일 〉10–완성.jpg

01 [Image]〉[Adjustments]〉[Color Balance]를 실행하여 대화상자를 띄운다.

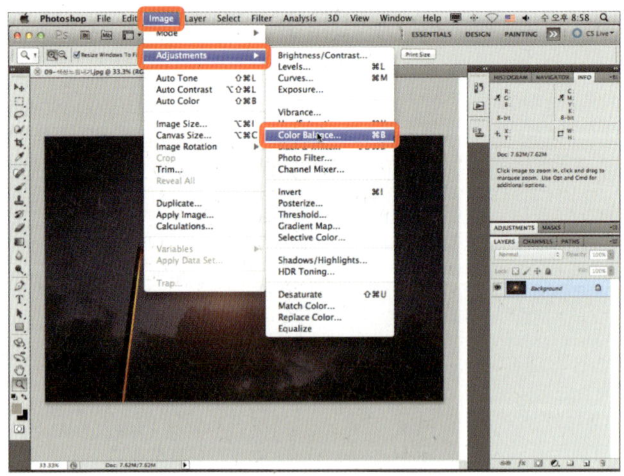

02 CMY-RGB의 보색 관계에 있는 색이 슬라이더 형태로 자리 잡고 있다. 원하는 색상의 방향으로 슬라이더를 움직이면 색이 추가된다. 이 사진에서는 해가 진 뒤 코발트 빛 블루의 강렬함을 표현하기 위해 Cyan을 먼저 추가한다.

03 Blue를 추가해 코발트 블루의 색감을 낸다. 노란 가로등과 대비되는 느낌이다. Cyan과 Blue의 조합으로 색을 표현한 점에 주목하자.

Before

After

렌즈의 왜곡 교정하기

대형 카메라의 경우 틸트/시프트 기능으로 렌즈에 의한 왜곡을 해결할 수 있지만 35mm DSLR에서는 틸트/시프트 기능을 지원하는 렌즈가 다양하지 않다. 게다가 이런 렌즈는 고가여서 구하기도 쉽지 않다. 건축물을 촬영할 때 생기는 렌즈의 왜곡을 [Filter]〉[Lens Correction]으로 간단히 교정해보자.

• **예제 사진** : cd-part2 〉ch1-1 〉예제파일 〉11.jpg • **완성 사진** : cd-part2 〉ch1-1 〉완성파일 〉11-완성.jpg

01 렌즈의 문제점을 수정할 수 있는 [Filter]〉[Lens Correction]을 실행한다.

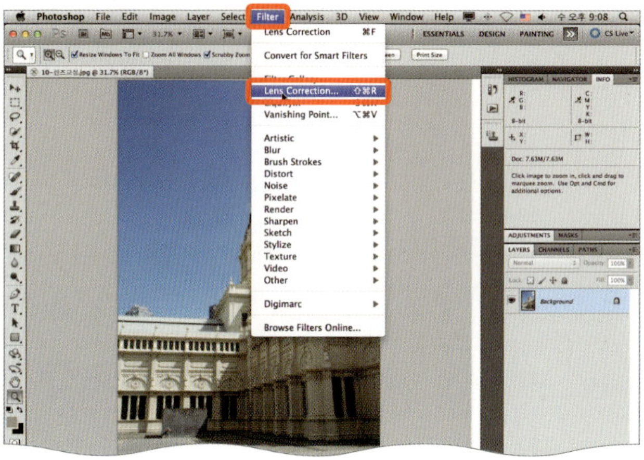

02 대화상자가 열리면 왼쪽 도구상자에 있는 Move Grid Tool(M)을 클릭한다.

03 화면에 수평/수직을 맞출 수 있는 선이 생긴다. 원근감 때문에 생기는 수직 왜곡은 Custom 탭에 있는 Vertical Perspective로 조절한다. 화면의 선을 보며 수직을 맞춘 뒤 OK 버튼을 누른다.

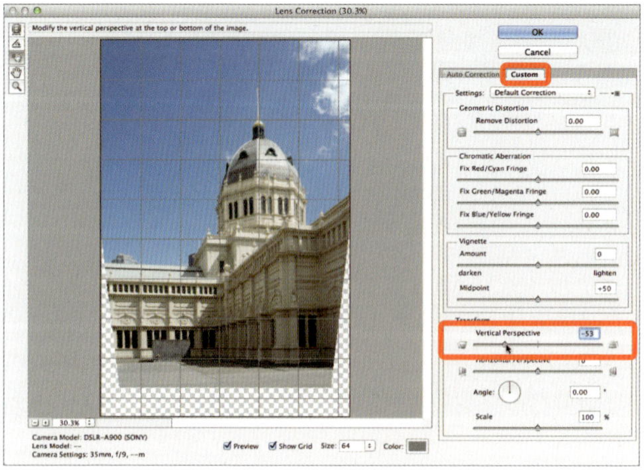

04 조정된 사진이 포토샵으로 다시 열리면 툴 박스에서 Crop Tool(C)을 선택한다.

05 상단의 옵션에서 Front Image를 선택하면 화면을 자를 때 원본의 비율대로 자를 수 있다.

06 이때 주의할 점은 Resolution 값을 지워야 한다는 것이다. 그래야 사진 사이즈가 바뀌지 않으며 화질 손상이 생기지 않는다.

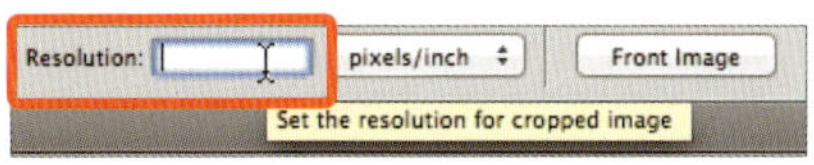

07 이미지 아래에 생기는 격자무늬는 렌즈의 왜곡 때문에 생긴 문제를 교정하면서 이미지가 비었다는 것을 뜻한다. Crop Tool(C)로 빈 공간이 보이지 않게 과감하게 잘라낸다. 한 가지 팁을 주자면, 어차피 렌즈의 왜곡을 피할 수 없을 경우 촬영할 때 조금 여유 있게 담는 것이 좋다.

Before

After

웹용으로 이미지 줄이고 저장하기

사진을 웹 갤러리나 블로그에 올릴 목적이라면 일단 JPG 파일로 바꾸어야 한다. 또 이미지의 색 공간을 sRGB로 변환해야 한다는 점도 잊어서는 안 된다.

• **예제 사진** : cd-part2 〉ch1-1 〉예제파일 〉12.jpg

01 이미지 크기를 줄이려면 [Image]〉[Image Size]를 실행한다.

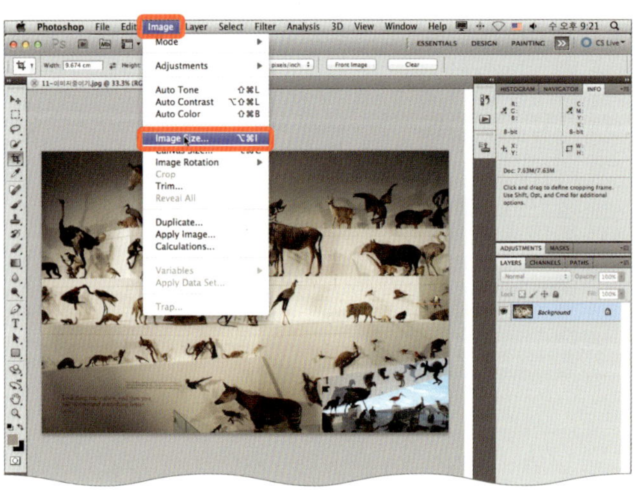

02 웹용 이미지 크기는 보통 700~1000픽셀로 줄이면 좋다. 너무 크면 일반적인 모니터 환경을 벗어나고 용량도 커지며 원본을 다운로드하여 누군가 프린트할 수 있다는 문제도 생긴다. 하단에 있는 Bicubic Sharper(best for reduction)을 선택하면 이미지를 줄이면서 샤픈을 같이 실행하기에 좀 더 선명한 이미지를 얻을 수 있다.

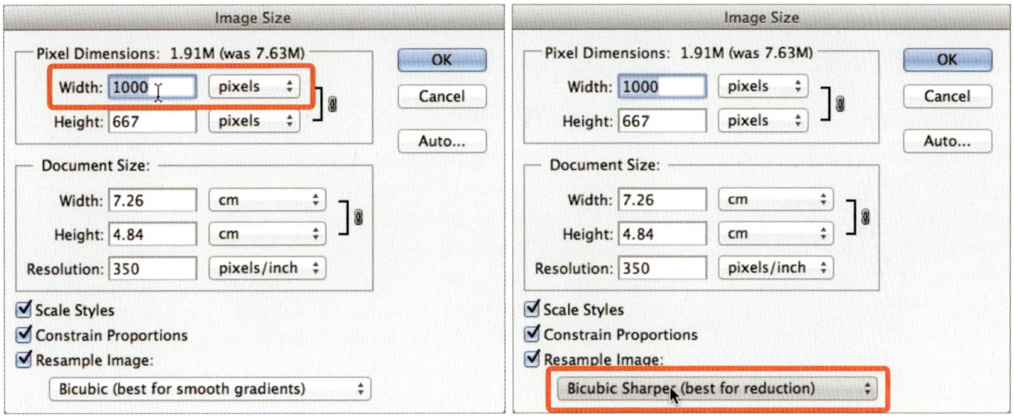

03 저장할 때 주의해야 할 것은 [Save]가 아니라 [Save As]로 해야 한다는 것이다. [Save As]는 수정한 이미지를 다른 이름으로 저장한다는 뜻이다. 만약 [Save]를 선택해 저장한다면 원본을 웹용으로 저장하는 실수를 하게 되는 것이다. 혹시 [Save] 메뉴를 잘못 눌렀을 경우 [Edit]〉[Step Backward]를 연속 실행해 원본으로 복귀한 뒤 다시 원본을 저장하도록 한다.

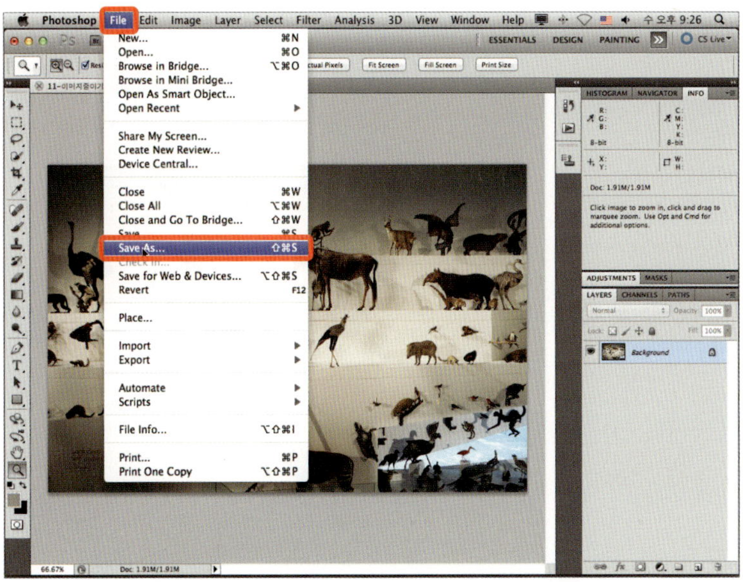

04 [Save As] 대화상자가 나타나면, 파일 형식을 지정하는 Format은 JPEG 파일로 설정하고 Color 항목에서 Embed Color Profile: sRGB IEC61966-2.1에 체크한다. 이렇게 하면 JPEG 파일 형식의 sRGB 컬러 프로파일을 가진 웹용 이미지로 저장된다.

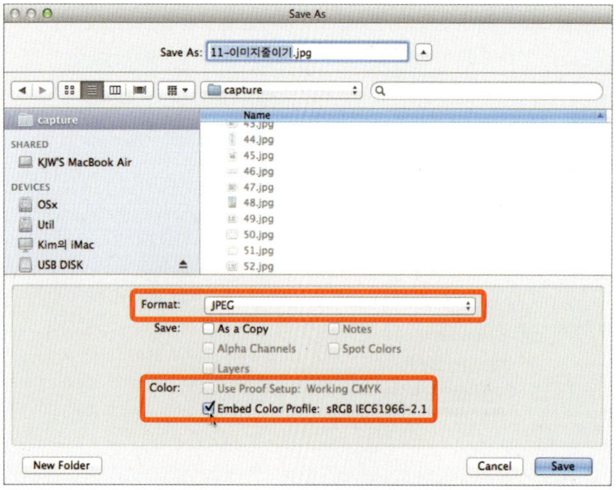

05 JPEG 파일로 Save As를 할 경우 마지막에 항상 [JPEG Options]를 묻는 대화 상자가 나타난다. 이미지의 품질을 결정하는 항목이 바로 Quality이며 숫자가 높아질수록 용량이 커지고 화질도 좋아진다. 보통 웹용 이미지의 경우 9~11 정도, 원본 이미지를 프린트용으로 저장할 경우 12로 한다.

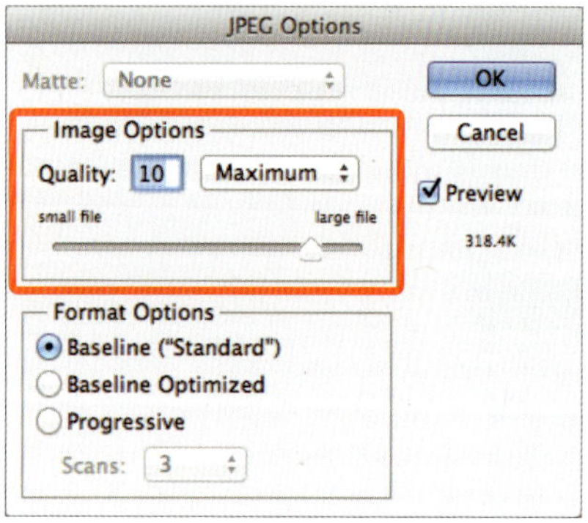

Adobe Photoshop 핵심 기능 익히기

이미지를 객관적으로 판단하려면 히스토그램(Histogram)에 대한 이해가 꼭 필요하다. 그리고 레이어(Layers), 레벨(Levels), 커브(Curves), 마스크(Mask)의 기능을 이해하고 활용하는 것은 포토샵에서 사진을 보정할 때 기본이자 가장 핵심이 되는 내용이다. 포토샵 사진 수정의 기본과 핵심을 다루는 부분이므로 반드시 익혀두길 바란다.

(Histogram 파악하기)

이미지를 분석하고 판단할 수 있는 객관적인 기준이 바로 히스토그램(Histogram)이다. 히스토그램은 블랙부터 화이트에 이르기까지 다양한 톤을 그래프 형태로 만들어놓은 것이다. 즉 블랙은 0단계, 화이트는 255단계로 총 256단계의 톤 레벨을 형성하고 있다.

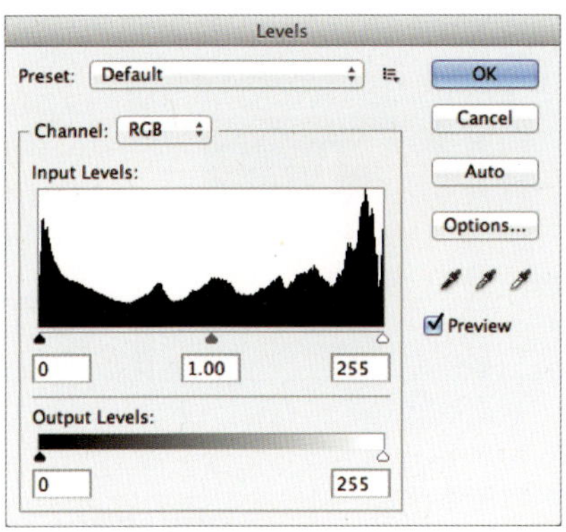

로우키, 중성 톤, 하이키

디지털 이미지는 작은 픽셀의 조합이다. 정사각형의 픽셀 하나하나가 조합을 이루어 이미지 하나를 만들어낸다. 그러나 우리의 눈으로 판단하는 이미지는 단순히 밝다 또는 어둡다 정도이기에 이것을 컴퓨터에서 객관적으로 보기 위해서는 판단 근거가 필요하다.

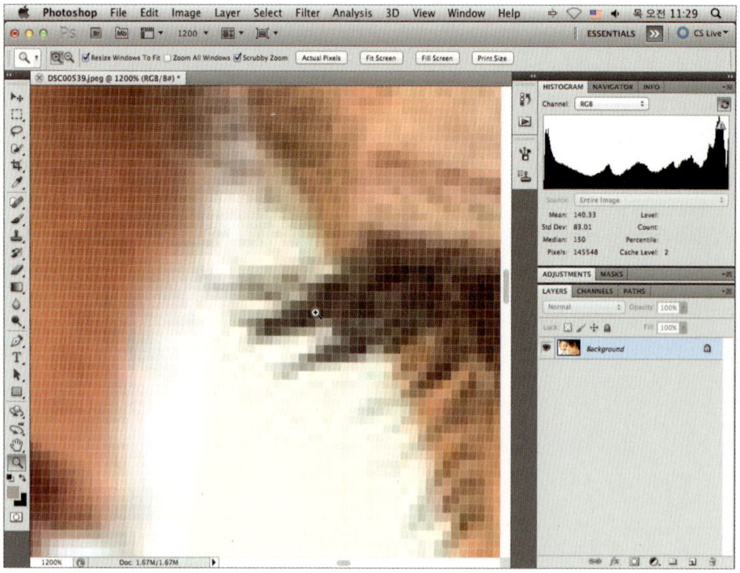

만약 어떤 이미지가 0~96단계에 히스토그램이 분포되어 있다면 로우키의 사진, 160~255단계에 히스토그램이 치우친다면 하이키의 사진으로 판단할 수 있다. 히스토그램은 이미지를 수정하는 순간 변하기 시작하므로 사진을 보정하는 중간중간 히스토그램을 보면서 톤 레벨을 확인하는 습관을 기르자.

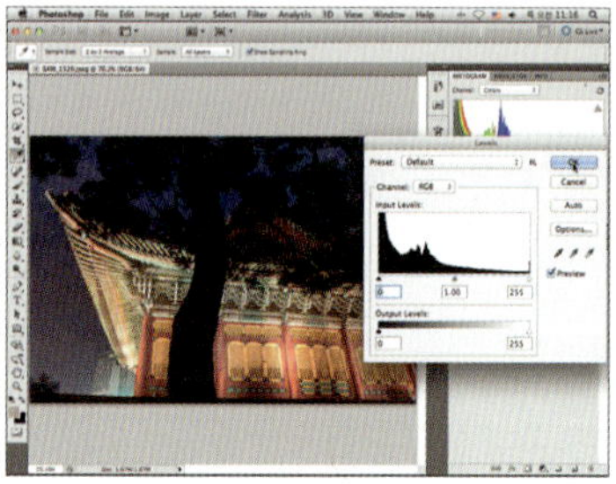

로우키

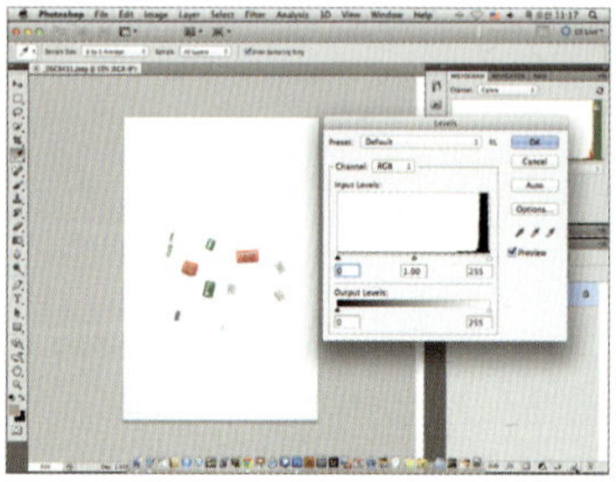

하이키

중성 톤

히스토그램은 크게 두 가지 방법으로 파악한다. 하나는 [Image]〉[Adjustments]〉[Levels](Ctrl+L)로 파악하는 방법이고, 다른 하나는 오른쪽의 히스토그램 팔레트에서 파악하는 방법이다. [Levels]는 직접 열어야 하고 Level을 조정하면서 볼 수 있다. 히스토그램 팔레트에서는 보정 작업을 하며 실시간으로 톤 레벨을 파악할 수 있다.

히스토그램 팔레트에서 볼 때는 RGB 각 채널의 히스토그램이 동시에 보이므로 파악하기 힘들 수 있다. 이럴 때는 오른쪽 확장버튼을 눌러 Expanded View로 변경한 뒤, Channel 항목에서 RGB 채널을 선택하면 전체 이미지에 대한 히스토그램을 파악할 수 있다.

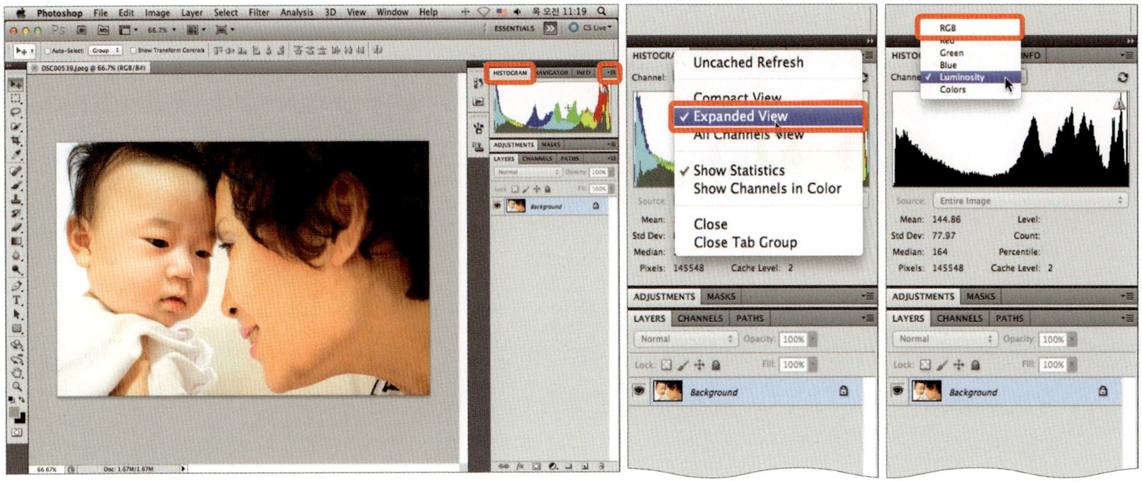

만약 수정을 했는데 히스토그램에 빗살 모양의 세로 줄이 생기기 시작했다면 이미지를 수정하는 과정에서 픽셀이 그만큼 손실되었다는 뜻이므로 주의하면서 수정을 진행해야 한다.

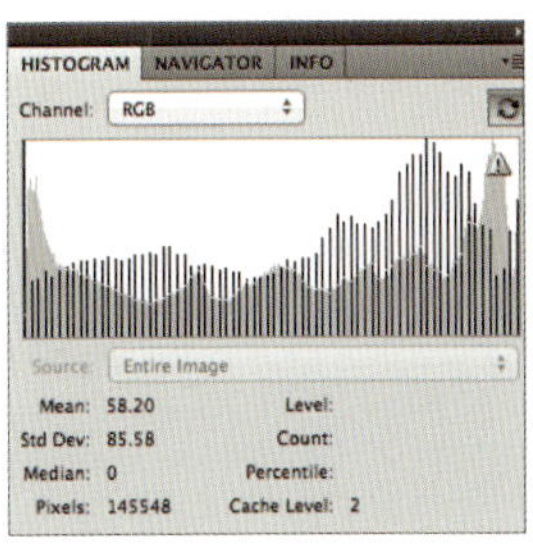

히스토그램은 포토샵에서만 파악할 수 있는 것이 아니라 카메라 안에서도 파악할 수 있다. 자신은 밝은 톤으로 촬영했다고 생각했는데 카메라의 히스토그램을 봤을 때 왼쪽으로 치우쳐 있다면 카메라 LCD의 밝기를 잘못 설정했거나 노출 설정에서 실수했을 확률이 높기 때문에 다시 노출을 확인하고 촬영해야 한다.

카메라 LCD에서 확인한 히스토그램 : 전반적으로 왼쪽으로 치우쳐 있어 노출 부족의 이미지라는 것을 알 수 있다.

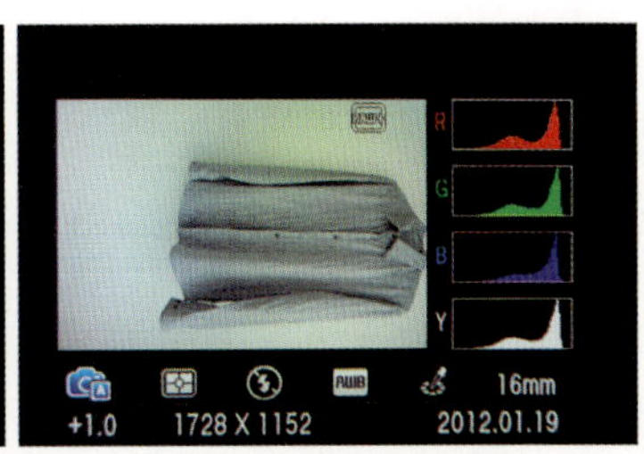

카메라 LCD에서 재확인한 히스토그램 : 노출 +1로 보정해서 재촬영한 이미지. 히스토그램이 오른쪽으로 이동하며 원하는 노출이 되었다.

포토샵의 [Levels]로 확인한 히스토그램 : 재촬영한 이미지를 포토샵에서 열어보았다. 정상적인 노출의 이미지로 확인되었다.

강한 햇빛 아래에서 촬영할 경우에는 카메라 LCD로 이미지를 보면 실제보다 어두워 보이고 빛이 없는 깜깜한 밤에 LCD로 확인을 하면 실제보다 밝아 보일 수 있다. 또 LCD에서 봤을 때는 화사했는데 컴퓨터 모니터로 확인하면 칙칙해 보일 수도 있다. 이런 실수를 막을 수 있는 방법이 히스토그램을 확인하는 것이다. 히스토그램을 보는 방법을 알면 좋은 사진을 촬영하는 데 도움이 되는 것은 두말할 필요가 없다.

(Layers의 이해와 활용)

포토샵을 이용해서 사진을 수정할 때 가장 큰 장점 하나를 꼽으라면 바로 레이어(Layers) 기능이다. 레이어는 '층'이라는 의미로, 여러 층을 만들어 원본 손상 없이 이미지를 수정할 수 있게 한다. 여러분은 지금부터 모든 수정 작업에서 레이어를 활용한다고 생각하면 좋겠다. 레이어 팔레트는 단축키 F7 으로 활성화시킬 수 있으며 화면에서 항상 오른쪽 아래에 위치하고 있다. 물론 필요에 따라 레이어 팔레트를 떼어내서 보고 싶은 위치에 두어도 좋다. 레이어 팔레트는 사진을 여는 순간 활성화되며 관련된 모든 아이콘과 버튼들이 작동하기 시작한다.

• **예제 사진 :** cd-part2 〉ch1-2 〉예제파일 〉04.jpg

빈 레이어 만들기

빈 레이어는 한 마디로 사진 위에 투명 셀로판지를 올렸다고 생각하면 된다. 빈 레이어는 스탬프 작업을 하거나 브러시로 덧칠을 할 때 사용한다.

01 예제 파일을 연 뒤 레이어 팔레트의 Create a new layer 를 누르면 격자 모양의 레이어, 즉 빈 레이어(Layer 1)가 만들어진다. Layer 1이라는 레이어 아래에 Background라는 레이어가 있다는 뜻이다. Background 레이어 오른쪽에 자물쇠 표시가 있는 것은 원본 레이어이니 손상되지 않게 주의하라는 뜻이다.

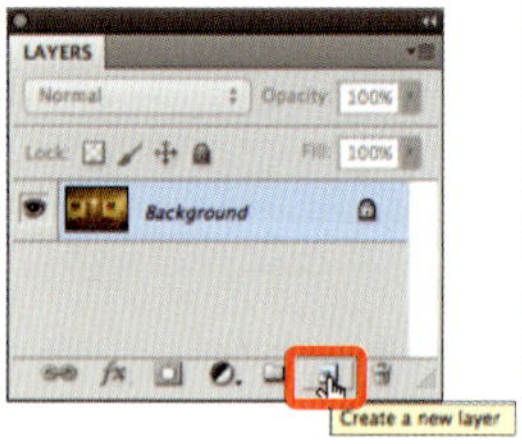

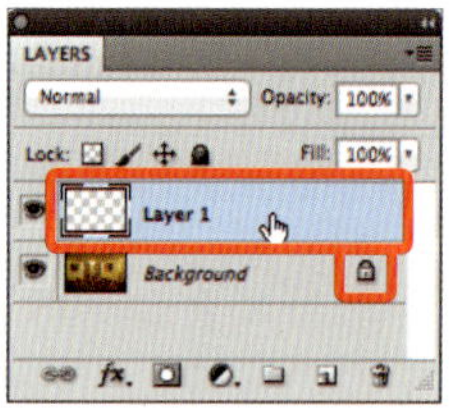

02 각 레이어는 해당 위치에 마우스를 대고 클릭하면 파란색으로 활성화된다. 레이어를 지우려면 원하는 레이어를 클릭하여 오른쪽 아래에 있는 Delete layer 위로 드래그한다. 빈 레이어를 만드는 단축키는 Ctrl + Shift + N 이다.

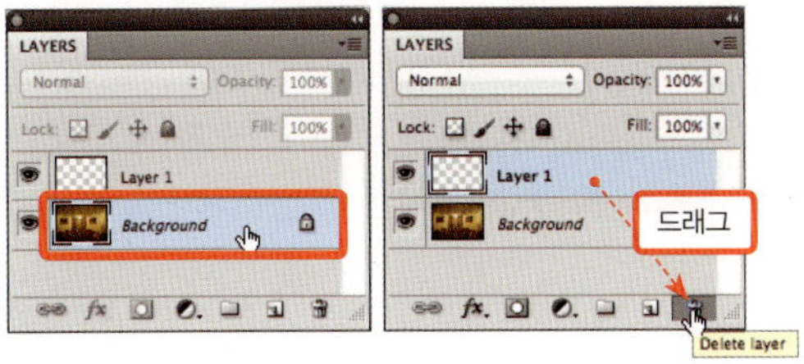

복제 레이어 만들기

이미지를 수정할 때는 원본 손상을 방지하기 위해 복제 레이어를 사용한다.

01 원본인 Background 레이어를 Create a new layer 로 드래그하면 복제 레이어가 만들어진다. 복제된 레이어에는 Background copy라는 이름이 붙는다. 즉 원본의 복제라는 의미다. 복제 레이어를 만드는 단축키는 Ctrl + J 이다.

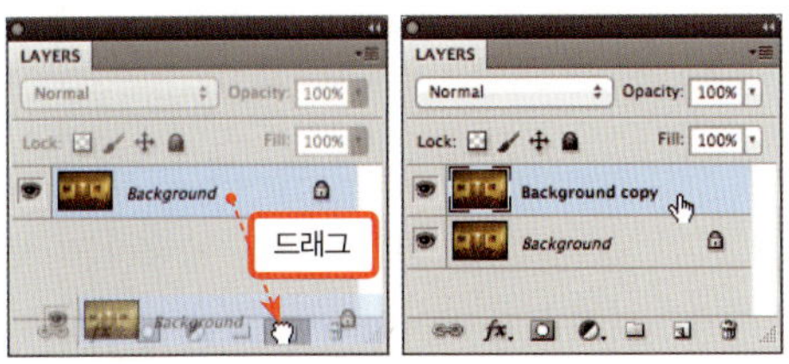

블렌딩 모드 변경하기

복제 레이어를 만든 뒤 레이어 팔레트 좌측 상단에 있는 모드 메뉴를 누르면 25개의 블렌딩 모드를 활용할 수 있다. 각 모드는 그룹별로 모여 있으며 맨 위부터 어둡게 조절하는 그룹, 밝게 조절하는 그룹, 대비 조절 그룹, 톤 비교 조절 그룹으로 구성되어 있다.

레이어 모드만으로도 훌륭한 사진 수정이 가능한데, 레이어 모드를 활용하여 수정을 하려면 사용자들이 먼저 익혀야 할 것이 있다. 바로 각 모드를 적용하면 어떤 느낌으로 변하는지 알아보는 것이다. 제일 좋은 방법은 레이어를 복제(Ctrl + J)하고 각 모드를 변경시켜 보면서 모드의 특성을 익히는 것이다. 사진 수정에 대표적으로 많이 사용되는 모드는 Darken, Multiply, Overlay, Soft Light, Hard Light, Color, Luminosity 등이다.

레이어 블렌딩 모드

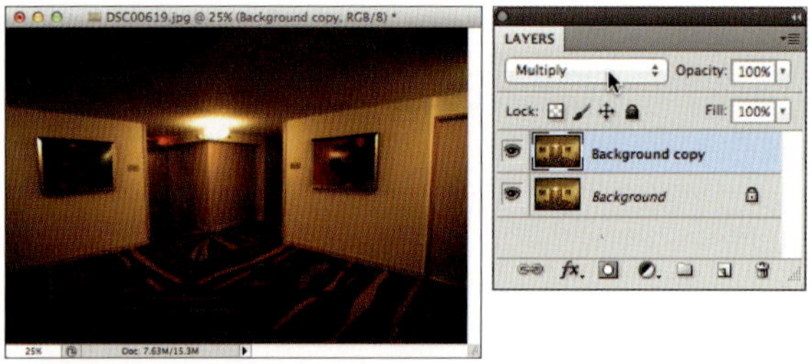

Multiply 모드

Screen 모드

Overlay 모드

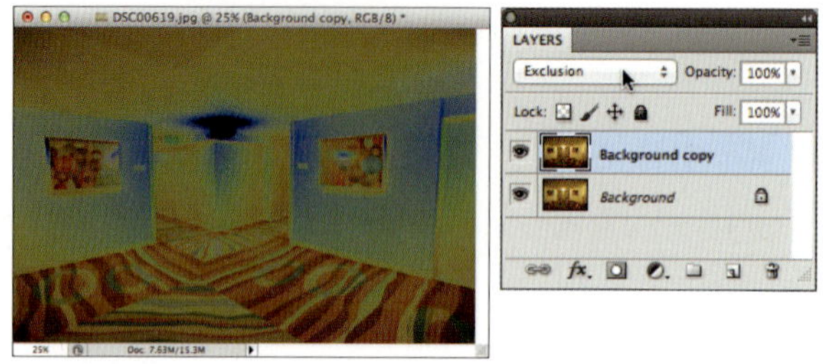

Exclusion 모드

레이어 블렌딩 모드와 Opacity 활용하기

레이어의 블렌딩 모드는 각 모드에 따라 아래 레이어에 효과를 적용시킨다. 그리고 그 효과를 부드럽게 적용시킬 수 있는 옵션이 바로 레이어 팔레트의 Opacity다. Opacity는 '불투명도'란 말로, 적용된 레이어의 효과를 줄여 자연스러운 효과를 얻을 수 있게 한다. 만약 예제 사진을 좀 더 밝게 하고 싶다면 복제 레이어를 만든 뒤, 레이어 모드는 Screen으로 변경하고 Opacity를 원하는 만큼 줄인다. 이렇게 하면 노출을 향상시킨 효과를 낼 수 있다.

원본 레이어 복제하기

복제 레이어의 모드를 Screen으로 변경하기

Opacity를조절하여 자연스러운 노출 향상 효과 만들기

레이어 합치기

레이어의 장점은 원본에 손상을 주지 않고 수정할 수 있다는 점이다. 하지만 레이어가 많아질수록 시스템 메모리를 많이 차지하기 때문에 포토샵이 점점 느려진다. 어느 정도 작업이 완성되었다면 레이어를 합쳐 후반 작업을 하는 것이 좋다. 이렇게 하면 작업 진행이 빨라진다. 레이어를 합치려면 레이어 팔레트 오른쪽 상단의 Setting 메뉴를 클릭하여 Merge Down을 선택한다. 단축키 Ctrl+E를 외워두면 편리하다.

01 Background copy 레이어를 선택한 상태에서 오른쪽 상단의 Setting 메뉴를 클릭한다. 메뉴 중 Merge Down을 클릭하면 바로 아래에 있는 Background 레이어와 합쳐진다.

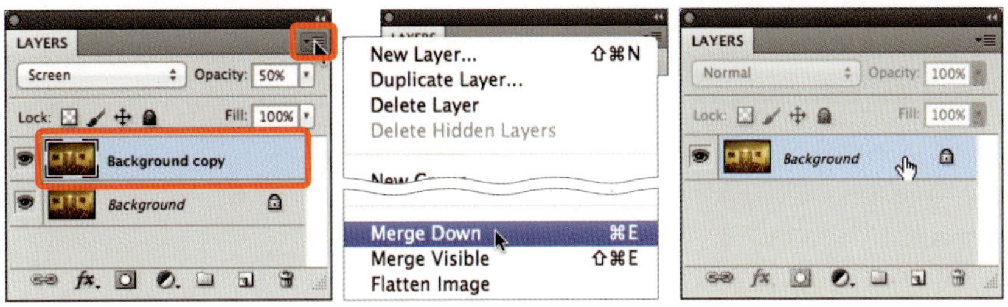

(Levels의 이해와 활용)

이제 본격적으로 이미지를 수정하는 단계다. 레벨(Levels)은 전통적으로 이미지 수정에 가장 많이 사용된 도구로 이미지의 톤을 향상시키거나 색상을 수정하는 등 많은 기능을 가지고 있다. 레벨 대화상자는 [Image]〉[Adjustments]〉[Levels](Ctrl+L)로 활성화할 수 있으며 크게 입력 레벨(Input Levels), 출력 레벨(Output Levels), 히스토그램으로 이루어져 있다. 입력 레벨에는 검은색, 회색, 흰색의 작은 삼각형이 있는데, 이 삼각형들을 움직여 어두운 부분(섀도우), 전체의 밝기, 가장 밝은 부분(하이라이트)을 따로 조정할 수 있다.

이미지의 톤 향상시키기

레벨을 사용할 때 히스토그램을 활용하면 객관적인 지표가 된다. 보통 히스토그램의 양 끝단이 시작되는 지점까지 섀도우와 하이라이트 슬라이더를 이동하면 콘트라스트가 향상된다.

• **예제 사진** : cd-part2 〉ch1-2 〉예제파일 〉05.jpg

01 예제 파일을 연 다음 [Levels](Ctrl+L) 대화상자를 불러온다. 전체적으로 히스토그램이 왼쪽으로 치우쳐 있다. 오른쪽 밝은 부분의 톤이 부족한 것을 알 수 있다.

02 히스토그램의 오른쪽 아래에 있는 하이라이트 슬라이더를 그래프의 시작 지점까지 이동하면 밝은 톤이 향상되며 칙칙한 느낌이 사라진다.

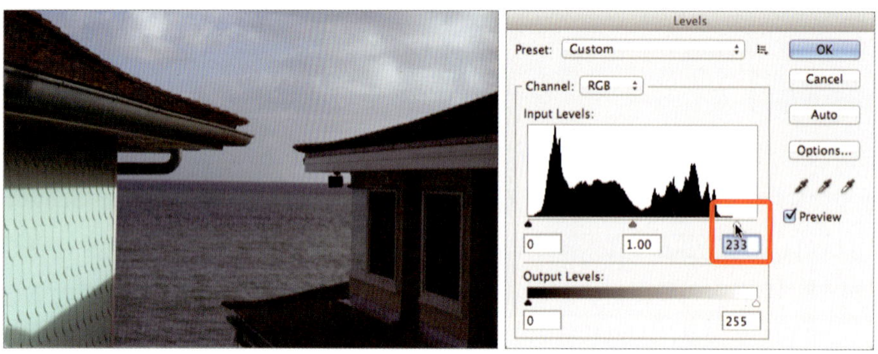

03 중간에 있는 회색의 감마 슬라이더를 왼쪽으로 이동하면 전체적인 밝기가 향상된다.

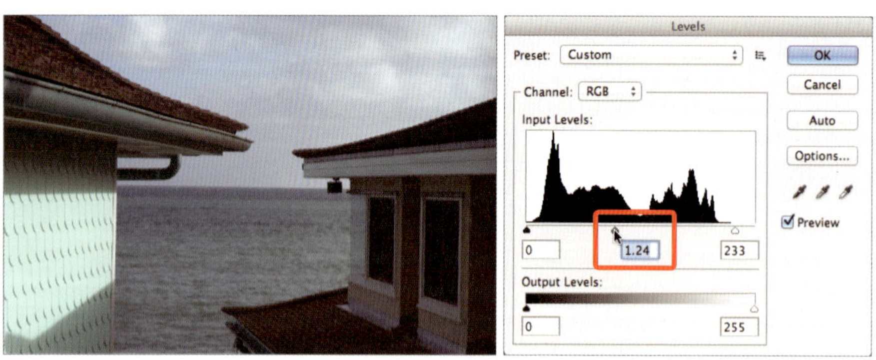

04 감마 슬라이더를 이용해 이미지를 밝게 하면 상대적으로 어두운 부분의 톤이 밝아져 밋밋한 느낌이 든다. 왼쪽의 섀도우 슬라이더를 오른쪽으로 이동하면 사진에 검은색이 더해지며 콘트라스트가 향상된다.

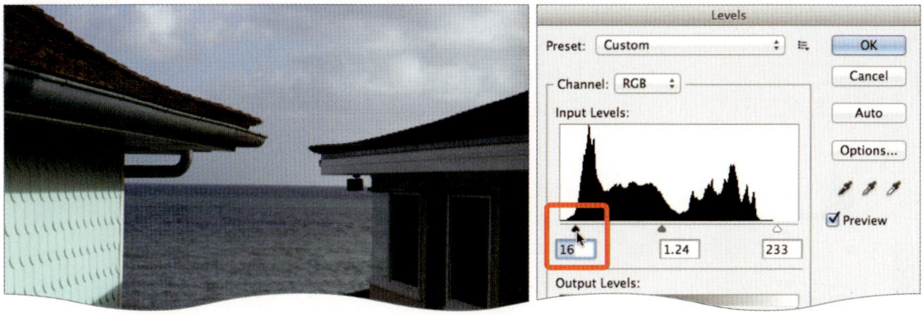

이미지의 색상과 톤을 동시에 향상시키기

• **예제 사진** : cd-part2 〉 ch1-2 〉 예제파일 〉 06.jpg

01 앞의 예제에서는 RGB 하나의 채널로만 색상을 향상시켰다면 이번에는 R, G, B 각 채널을 향상시키는 것과 더불어 톤을 향상시키는 방법을 알아보자. 예제 파일을 열고 [Levels](Ctrl+L) 대화상자를 띄운다.

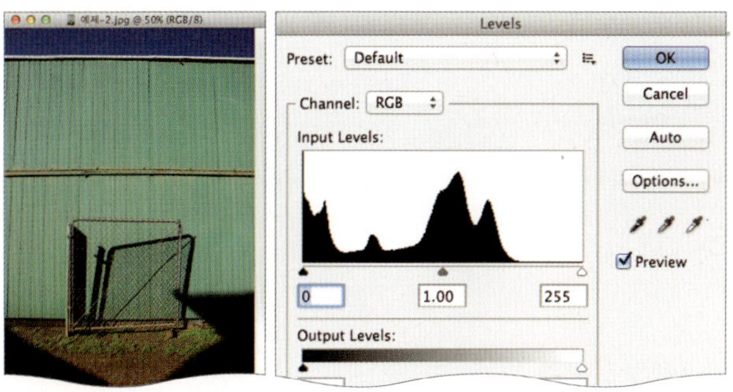

02 Red 채널을 선택해 하이라이트 슬라이더를 히스토그램이 시작되는 지점까지 왼쪽으로 이동한다. 전체 이미지에 붉은색이 더해진다.

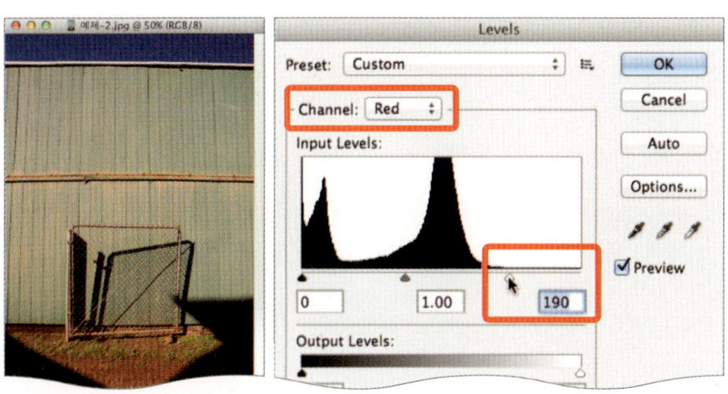

03 Green 채널을 선택해 하이라이트 슬라이더를 히스토그램이 시작되는 지점까지 왼쪽으로 이동한다. 전체 이미지에 녹색이 더해진다.

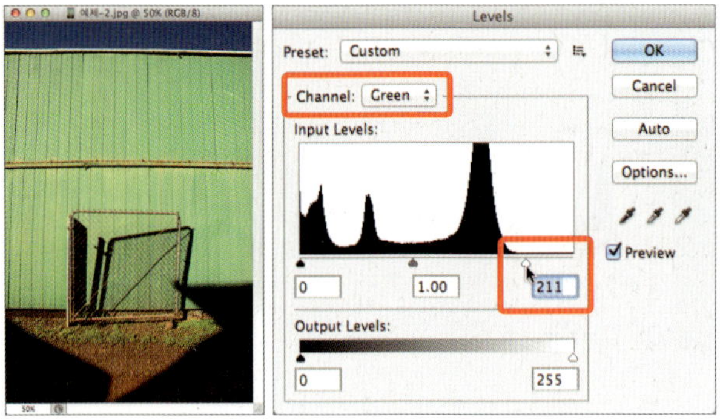

04 Blue 채널을 선택해 하이라이트 슬라이더를 히스토그램이 시작되는 지점까지 왼쪽으로 이동한다. 전체 이미지에 파란색이 더해진다.

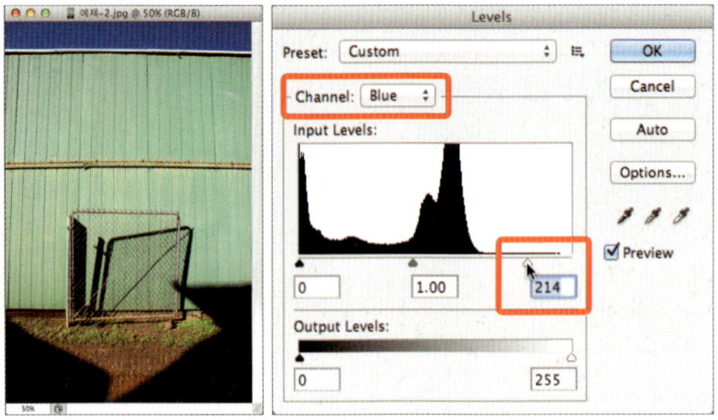

05 RGB 채널을 선택해 감마 슬라이더를 왼쪽으로 이동해 전체적인 밝기를 향상시킨다. 색상과 톤이 동시에 향상된 이미지가 되었다.

06 RGB 채널만 향상시킨 경우 R, G, B 각 채널을 향상시킨 사진에 비해서 전반적으로 푸른 기운이 많이 도는 것을 알 수 있다.

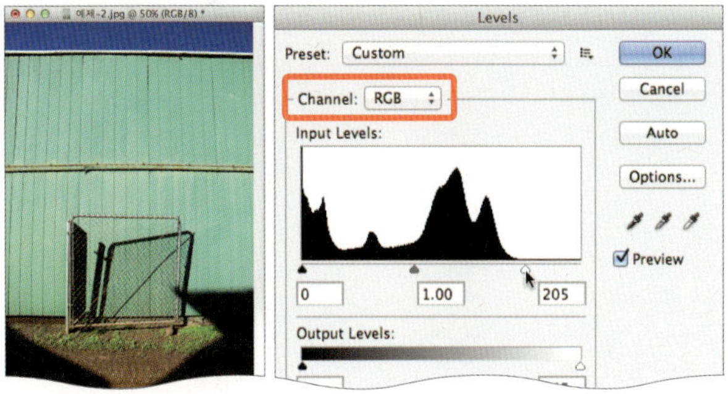

특정 색만 강조하기

• **예제 사진** : cd–part2 〉ch1–2 〉예제파일 〉07.jpg

01 예제 파일을 열고 [Levels](Ctrl+L) 대화상자를 띄워 Green 채널을 선택한다.

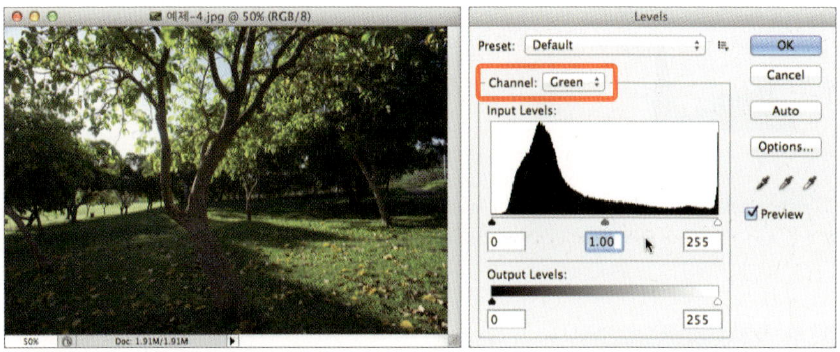

02 Green 채널 중간의 감마 슬라이더를 왼쪽으로 이동한다. 녹색의 푸르름이 강조되었다.

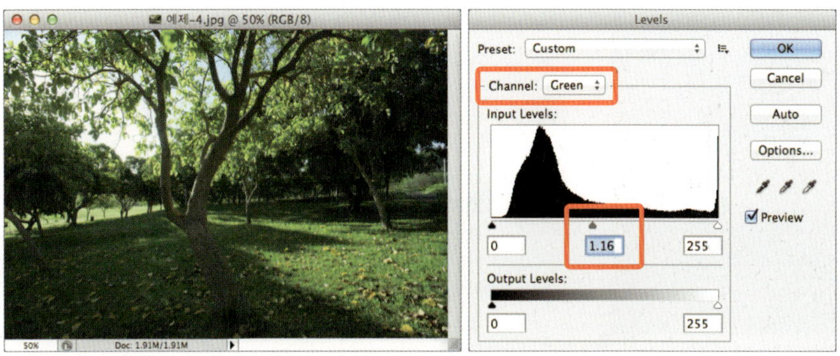

• **예제 사진** : cd–part2 〉ch1–2 〉예제파일 〉08.jpg

01 예제 파일을 열고 [Levels](Ctrl + L) 대화상자를 띄워 Red 채널을 선택한다.

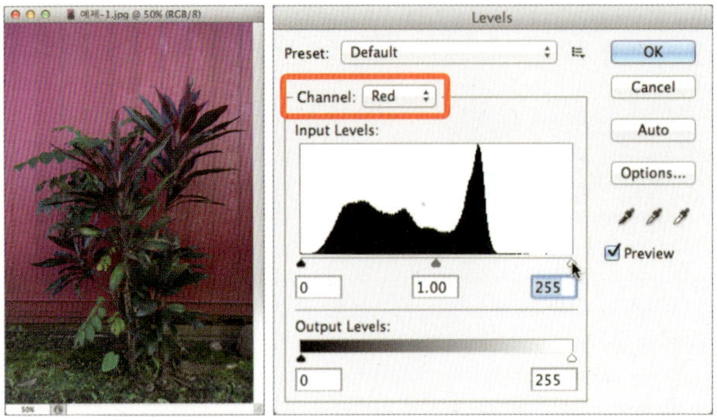

02 Red 채널을 선택해 하이라이트 슬라이더를 왼쪽으로 이동한다. 붉은색 벽의 느낌이 강조되었다.

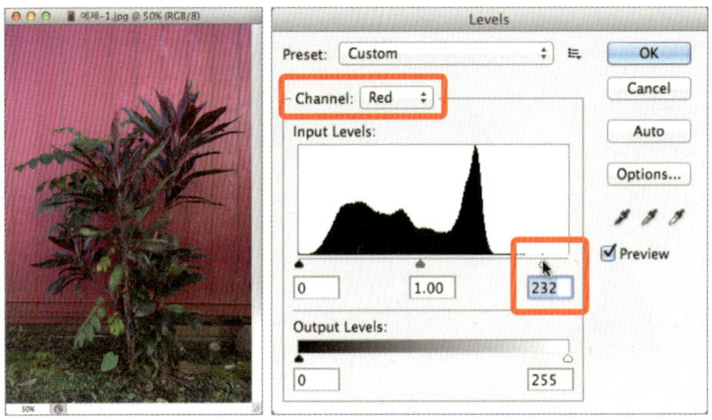

• **예제 사진** : cd–part2 〉ch1–2 〉예제파일 〉09.jpg

01 예제 파일을 열고 [Levels](Ctrl + L) 대화상자를 띄워 Blue 채널을 선택한다.

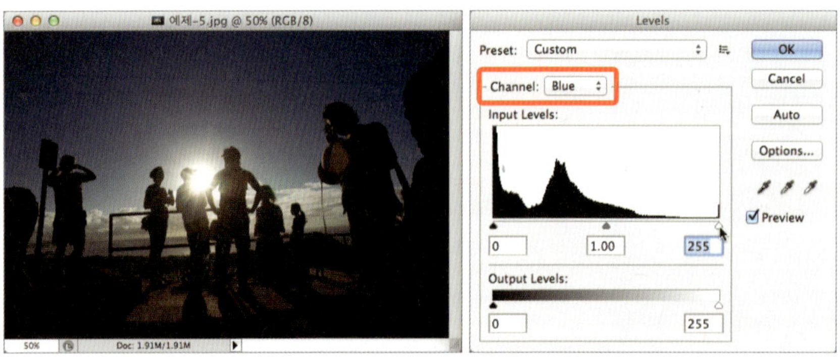

02 Blue 채널을 선택해 하이라이트 슬라이더를 왼쪽으로 이동한다. 푸른 하늘의 느낌이 더 강조되었다.

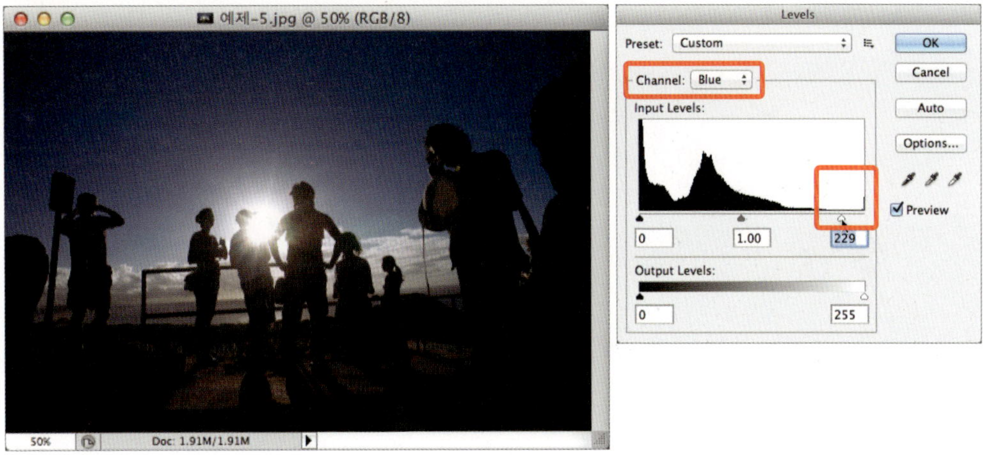

톤과 밝기는 적당한데 사진에 어떤 느낌을 더하기 위해 특정한 색만 강조하는 방법도 있다. 색을 더하고 빼는 것은 순전히 작가의 느낌에 달려 있다. 특정 색을 강조해서 어떤 느낌을 전달하고 싶다는 의도가 있어야 하고, 사진을 보는 독자들에게 무엇을 전달할 것인지에 대한 목적이 있어야 가능한 일이다.

보통, 사진에 많이 분포된 색의 느낌을 더하면 사진의 분위기를 더욱 증폭시킬 수 있다. 물론 이 반대의 경우도 있다. 우리가 앞에서 실습한 예제들은 레벨이 이렇게 색을 더하고 빼는 역할을 할 수 있다는 것을 알기 위한 예제이다.

콘트라스트 증가시키기와 감소시키기

레벨을 주로 콘트라스트를 증가시키는 데만 사용하는 이들이 많지만, 레벨의 출력 레벨(Output Levels)을 사용하면 콘트라스트를 감소시킬 수도 있다. 인간의 눈은 밝음과 어두움의 차이로 콘트라스트를 인식하는데 흰색과 어두움이 극명할수록 콘트라스트가 강하다고 느낀다. 출력 레벨은 인쇄나 프린트를 염두에 두고 하이라이트와 섀도우 영역의 디테일을 살리거나 부드러운 느낌의 이미지를 만들 때 사용하기도 한다.

• **예제 사진** : cd-part2 〉ch1-2 〉예제파일 〉10.jpg

01 출력 레벨의 섀도우 슬라이더를 오른쪽으로 이동하면 어두운 부분이 밝아지며 하이라이트 슬라이더를 왼쪽으로 움직이면 밝은 부분이 어두워진다.

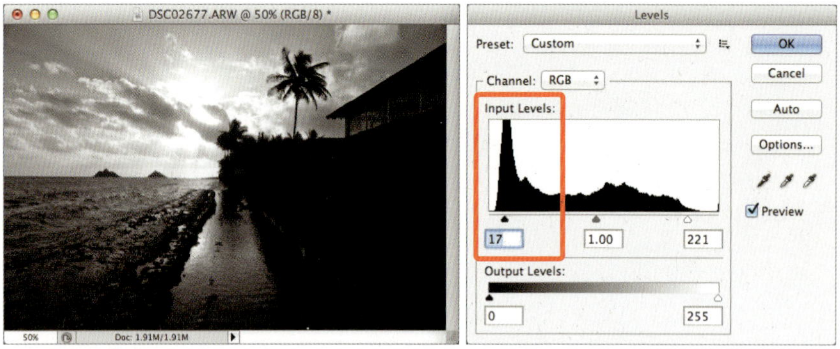

Input Levels로 콘트라스트를 증가시킨 사진

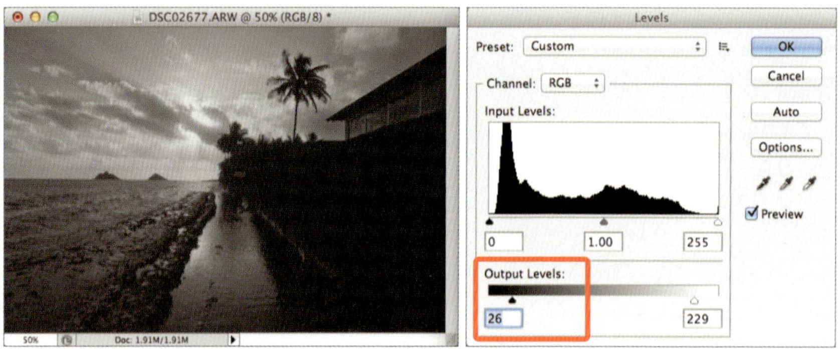

Output Levels로 콘트라스트를 감소시킨 사진

레벨을 사용할 때 유의할 사항

• **예제 사진** : cd-part2 〉ch1-2 〉예제파일 〉11.jpg

01 하이라이트 슬라이더를 너무 많이 움직여 밝은 부분의 디테일이 사라지기 시작했다.

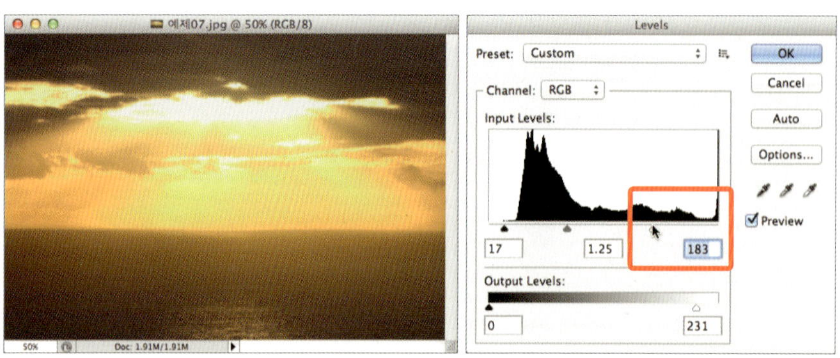

02 중간 톤 슬라이더를 너무 많이 사용해 어두운 부분의 디테일이 부족하다.

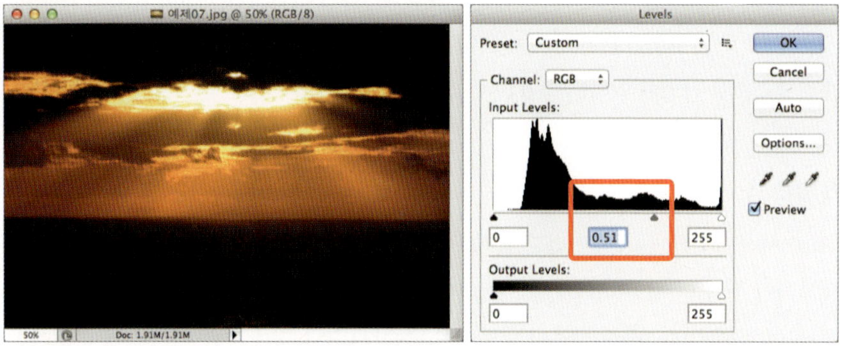

03 레벨을 이용해서 지나치게 보정을 하면 히스토그램에 줄이 생기는 밴딩 현상이 발생해 프린트 품질이 나빠진다.

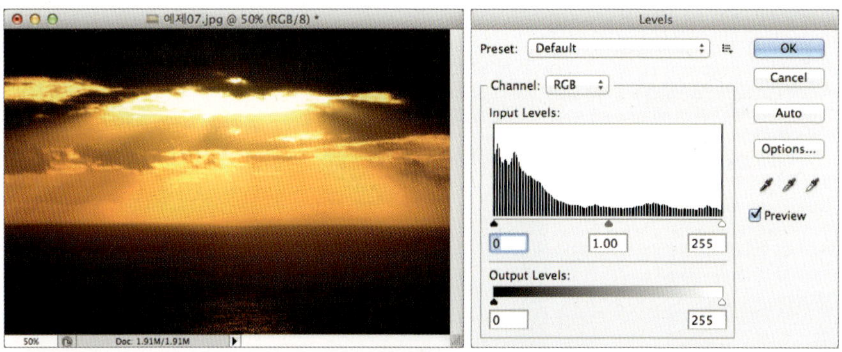

04 촬영 당시의 느낌을 충실히 살리며 작업한 이미지다. 레벨도 적당히 사용해 이미지의 손상을 최소화했다.

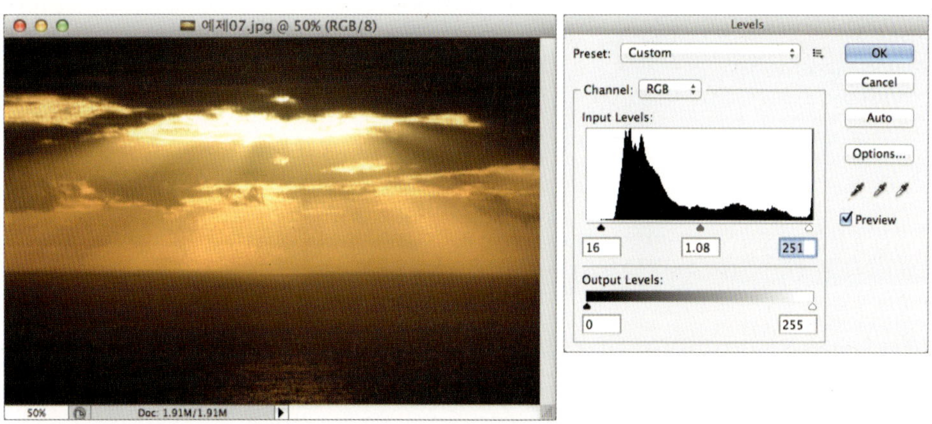

레벨을 사용할 때는 하이라이트나 섀도우의 디테일이 완전히 사라질 때까지 적용해서는 안 된다. 지나치게 보정할 경우 프린트했을 때 이미지 품질이 떨어지는 문제가 생길 수 있다. 포토샵을 적절하게 이용한 이미지란 촬영 당시의 느낌에 충실하게 수정한 이미지다. 너무 과하거나 무리하지 않게, 촬영 당시 보았던 느낌을 더하는 것이 포토샵 수정이라는 생각으로 작업에 임하면 좋겠다.

(Curves의 이해와 활용)

레벨(Levels)과 함께 포토샵 사진 수정의 최고 툴이라고 할 수 있는 커브(Curves)에 대해 알아보자. 커브는 레벨과 비슷한 원리로 작동하지만 훨씬 더 정밀하고 다양하게 이미지를 편집·수정할 수 있다. 커브는 [Image] 〉[Adjustments]〉[Curves]로 열 수 있다. 자주 사용하는 툴이니 단축키 Ctrl + M을 꼭 외워두자. 기본적으로 커브를 사용해 곡선형 보정을 할 수 있다. 레벨은 직선형 보정 툴이기 때문에 다양하게 보정하는 것이 어려운 반면, 곡선형 보정 툴인 커브를 사용하면 무궁무진한 방법으로 편집할 수 있다. 심지어 어떤 리터칭 전문가는 오직 커브만을 사용하여 이미지를 보정하기도 한다.

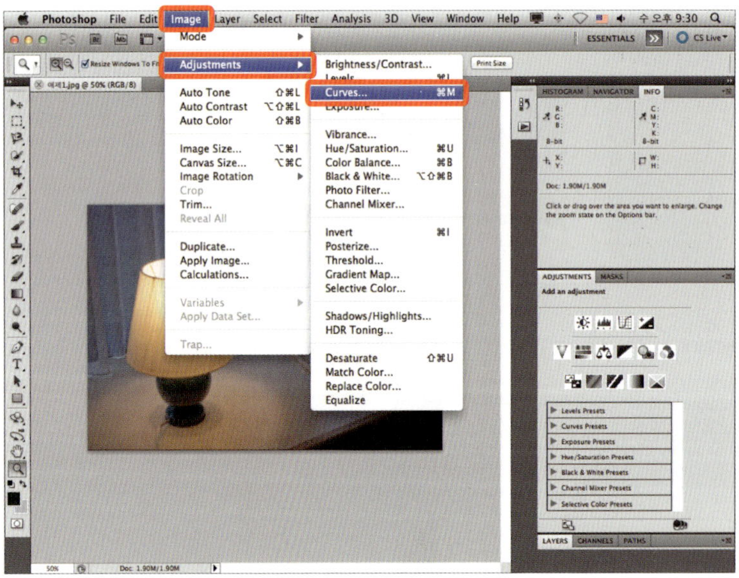

• **예제 사진** : cd-part2 〉ch1-2 〉예제파일 〉12.jpg

01 사진을 열고 커브를 실행시킨 뒤 이미지에 마우스를 대고 클릭하면 커브의 대각선에 점이 생기는 것을 볼 수 있다. 이 점은 이미지의 한 지점에 대응하는 커브의 타깃이며 이 점을 이용하여 원하는 지점의 톤을 밝게 하거나 어둡게 할 수 있다. 만약 그 점을 커브 곡선에 추가하고자 한다면 Ctrl 을 누른 채 이미지 위에서 마우스를 클릭하면 된다.

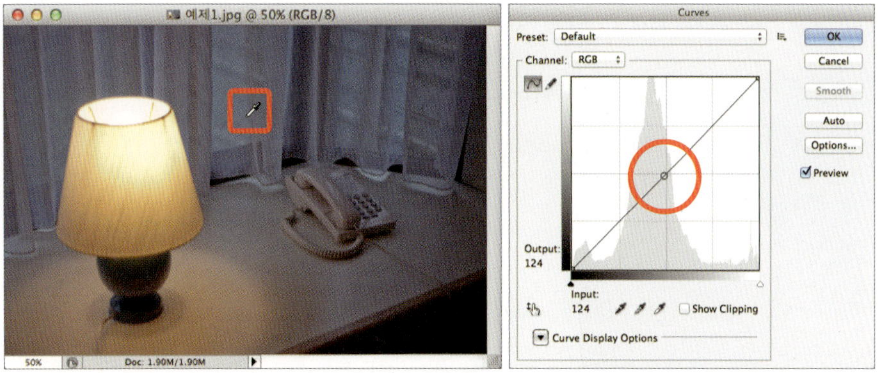

02 점을 추가하고 마우스를 위로 드래그하거나 [↑]를 누르면 이미지를 밝게 하겠다는 의미다. 이때 점 주변의 곡선도 같이 올라가 주변 밝기도 동시에 증가한다는 점에 주의해야 한다. 반대로 아래로 드래그하면 이미지가 어두워진다.

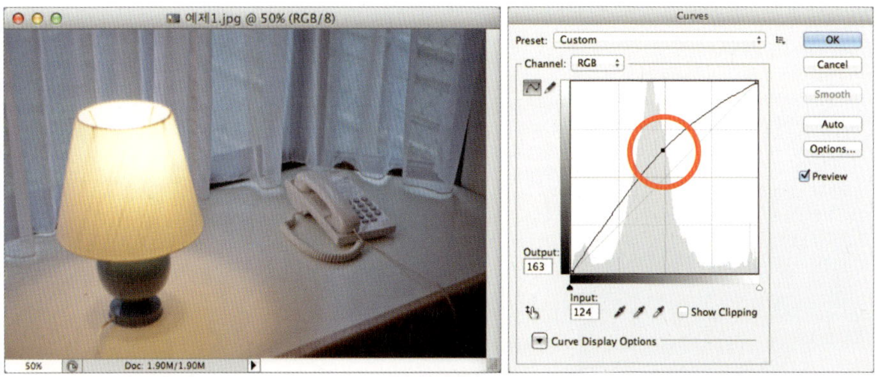

03 주변부 밝기가 동시에 증가하는 것을 막기 위해서는 올라간 점 주변에 점을 추가하여 같이 올라가는 현상을 막아야 한다. 하지만 이 곡선이 급격하게 꺾이면 색상이 뒤틀리는 포스터리제이션 현상이 발생해 톤이 손상된다. 이미지를 보면서 점을 추가하도록 한다.

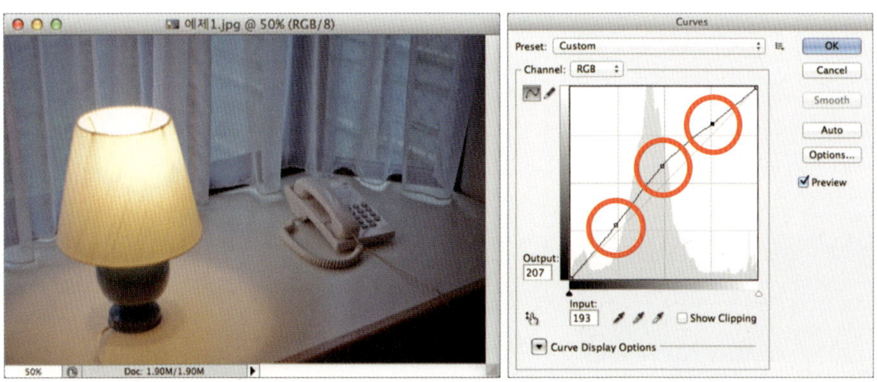

04 대각선의 오른쪽 위를 상단으로 끌어올리면 이미지의 밝은 톤들을 더 밝게 하겠다는 의미다.

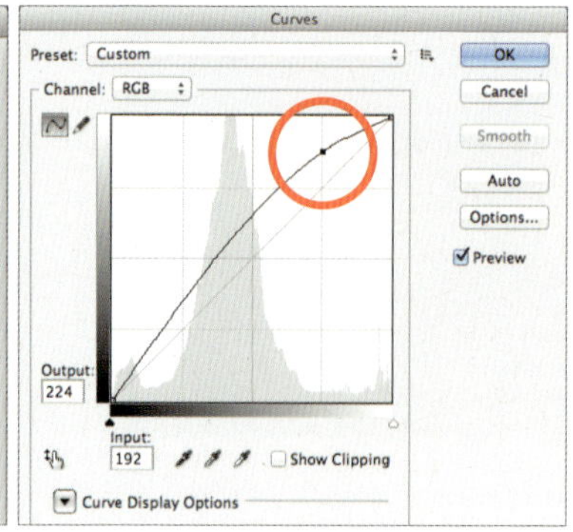

05 대각선의 왼쪽 아래를 하단으로 끌어내리면 이미지의 어두운 톤들을 더 어둡게 하겠다는 의미다. 이 모양이 영어의 S자와 비슷하고 밝은 쪽은 더 밝게, 어두운 쪽은 더 어둡게 하여 콘트라스트를 증가시키는 커브라 해서 'S자 커브'라고 부른다. 즉, S자 커브는 콘트라스트를 증가시키는 커브다.

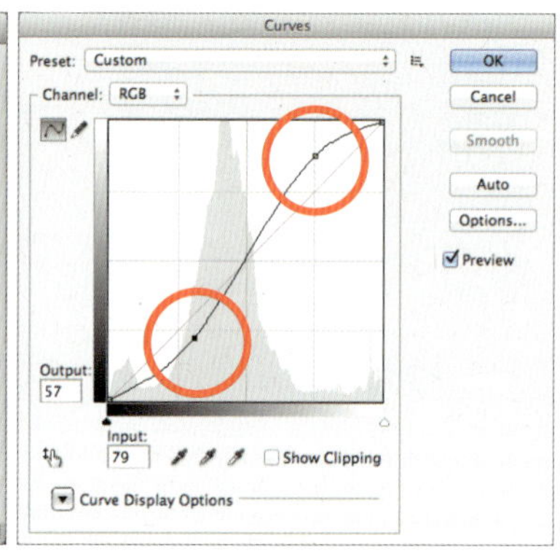

06 반대로 역 S자 커브는 콘트라스트를 약화시키는 커브다.

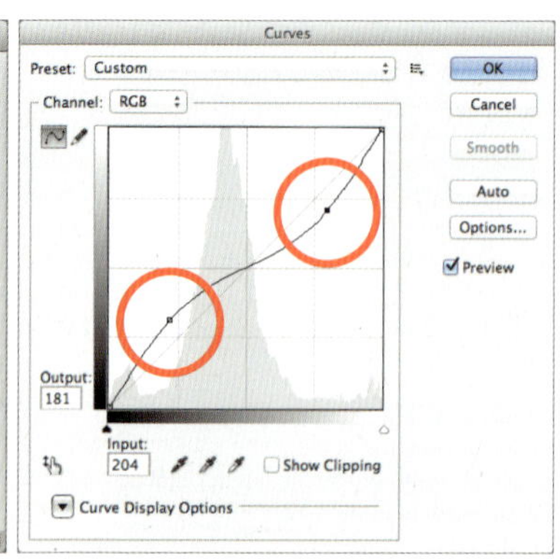

07 [Curves] 대화상자 상단에 Preset 항목이 있다. 항목 오른쪽에 있는 펼침 버튼을 클릭하면 다양한 효과를 적용할 수 있는 커브 프리셋을 활용할 수 있다.

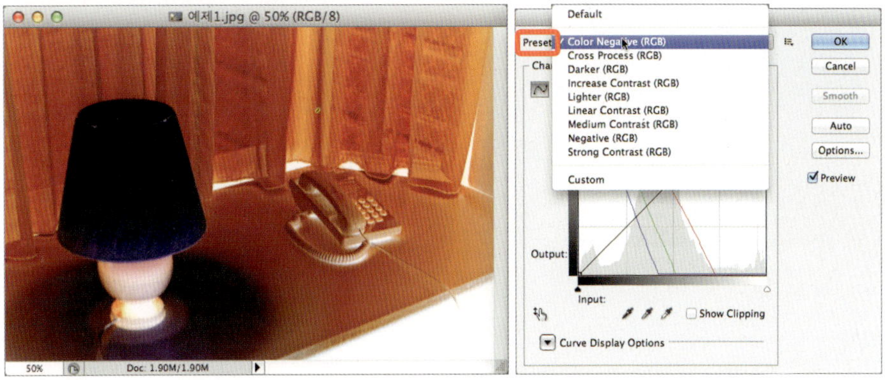

08 Channel 항목에서 Red, Green, Blue로 채널을 변경해 채널 별 색상과 톤 수정도 가능하다.

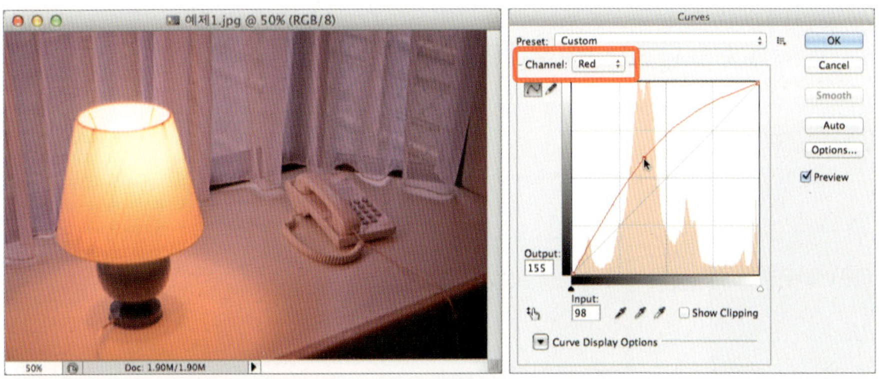

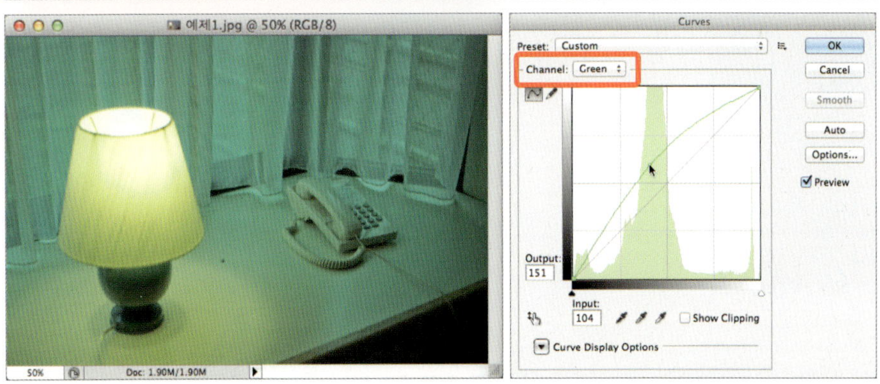

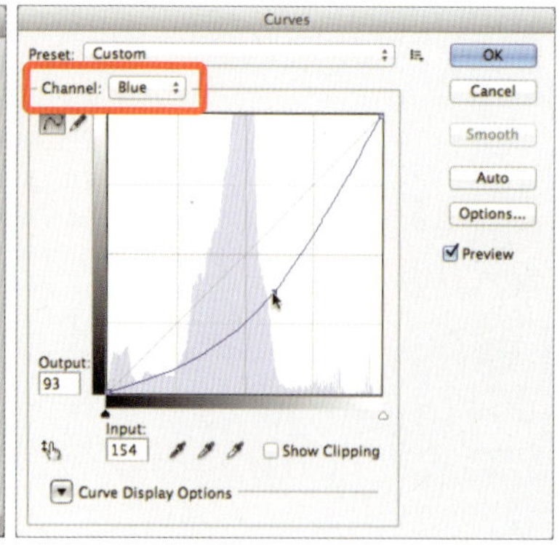

원하는 색상 강조하기

• **예제 사진 :** cd-part2 〉ch1-2 〉예제파일 〉13.jpg

01 커브의 각 RGB 채널을 이용하면 원하는 색상을 더하거나 뺄 수 있다. 예제 사진의 자동차 뒤에 있는 녹색 나무 숲의 색상을 강조해보자. Green 채널로 변경한 뒤, Ctrl 을 누른 채 마우스를 나무의 녹색 부분에 대고 클릭한다.

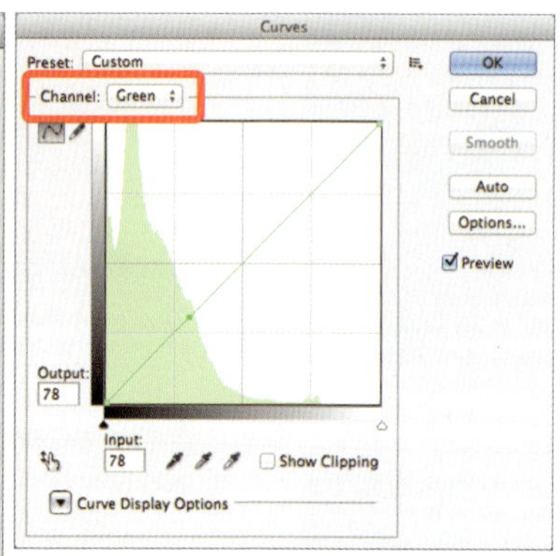

02 주변의 변화를 막기 위해 대각선에서 포인트가 되는 점 주변에 점을 클릭한다. 포인트가 되는 점을 위로 올리고 다른 점들을 아래로 끌어당겨주면 전체 색조가 변하는 것을 막을 수 있다.

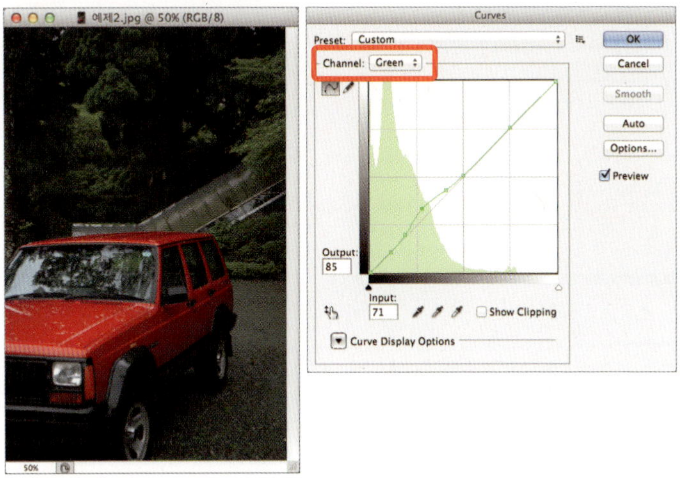

03 같은 방법으로 Red 채널을 선택해서 빨간 자동차의 붉은색을 좀 더 강조해준다.

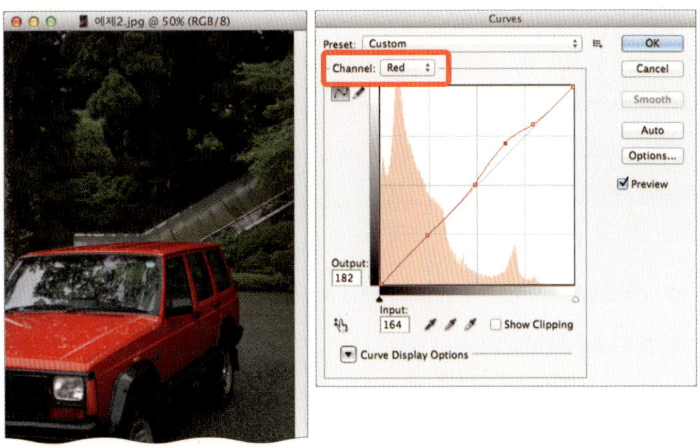

일본 영화의 묘한 느낌 내기

일본 영화를 보다보면 묽은 물감을 탄 듯 묘한 느낌의 색감을 만날 때가 있다. 그런 톤은 부드러운 콘트라스트에 기인하는데 커브로 부드럽고 묘한 느낌을 표현할 수 있다.
색감은 언제나 주관적일 수밖에 없다. 느낌이란 공식화된 것이 아니기에 평소 따라 해보고 싶은 색감의 화보나 영화를 보면서 커브를 연구하는 것도 색과 톤을 공부하는 한 방법이다.

• **예제 사진** : cd-part2 〉 ch1-2 〉 예제파일 〉 14.jpg

01 예제 사진을 열고 [Curves] 대화상자를 띄운다(Ctrl + M). 전체적으로 밝은 느낌을 주기 위해 섀도우(어두운 톤), 중간 톤, 하이라이트(밝은 톤)를 위쪽으로 끌어올린다.

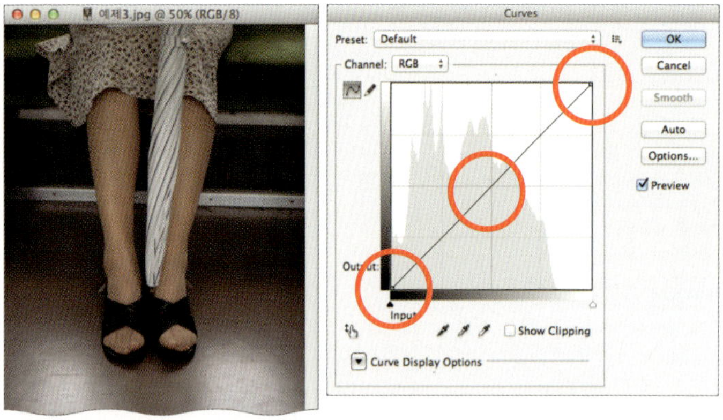

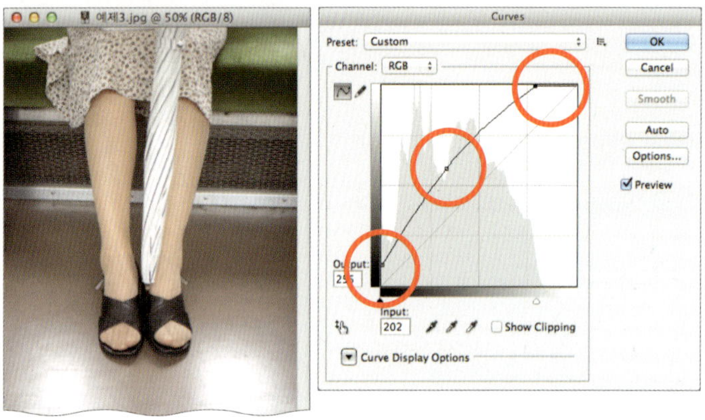

02 Red 채널을 선택한 다음 섀도우에 Red, 중간 톤에 Red, 하이라이트에는 Cyan을 추가한다.

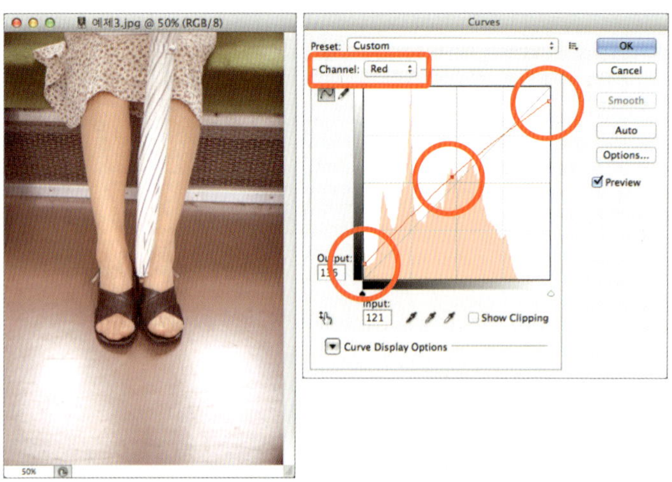

03 Green 채널을 선택한 다음 섀도우에는 Green, 중간 톤에는 Green, 하이라이트에는 Magenta를 추가한다.

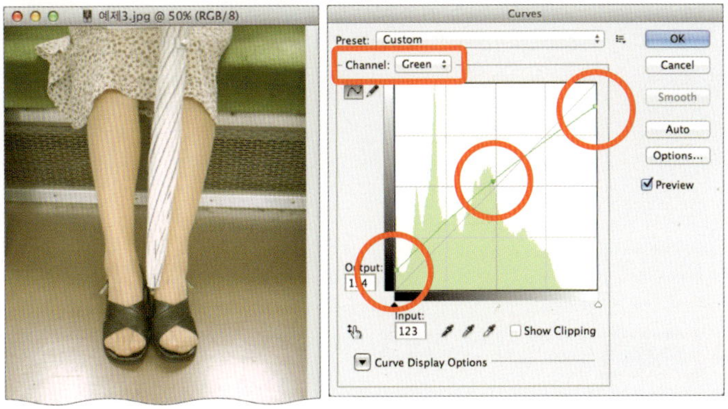

04 Blue 채널을 선택한 다음 섀도우에 Blue, 중간 톤에는 Blue, 하이라이트에는 Yellow를 추가한다.

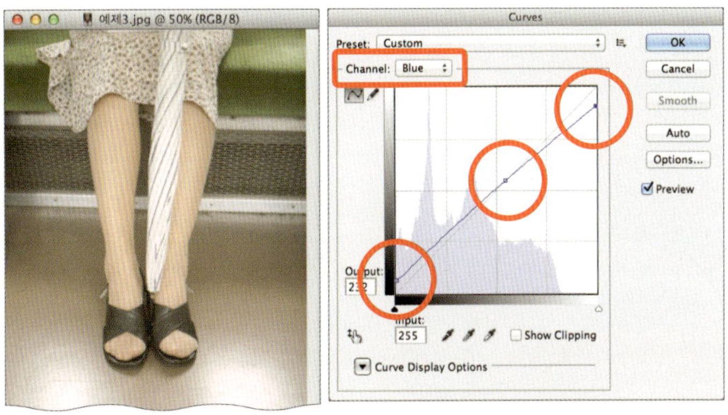

05 어렵게 만든 커브는 저장하지 않으면 이번 한 번밖에 적용할 수 없다. Preset 항목 오른쪽에 있는 펼침 메뉴를 클릭해 Save Preset을 실행하면 만들어놓은 커브를 다음에도 적용할 수 있다. 저장한 커브를 다른 이미지에서 실행시키고 싶을 때는 이미지를 연 다음 Load Preset을 실행해 불러오면 된다.

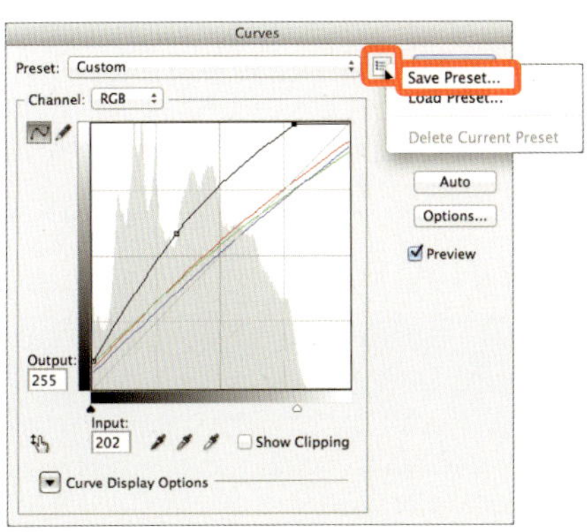

06 [Save] 대화상자가 열리면 원하는 이름으로 지정해 저장한다. 여기서는 Japan_Movie라는 이름으로 저장한다.

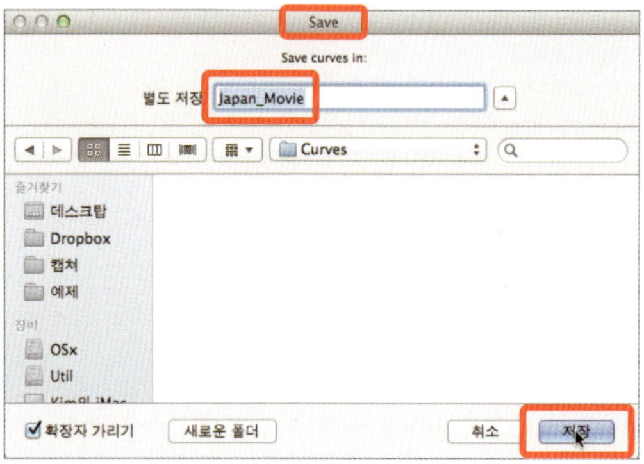

07 프리셋에 저장한 Japan_Movie를 불러와 다른 사진에도 그대로 적용해봤다.

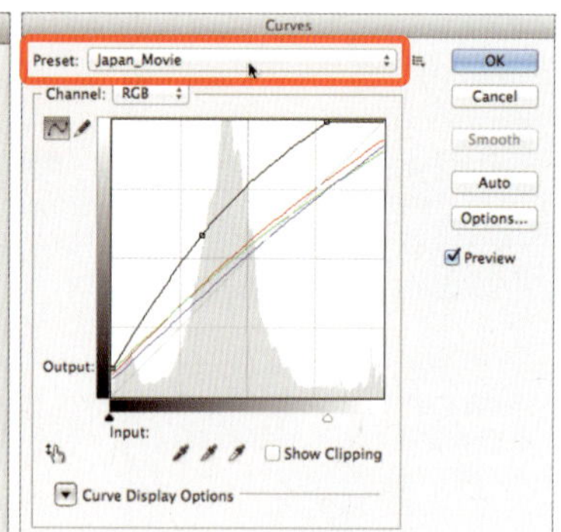

세피아 톤 추가하기와 암부 살리기

흑백 사진의 경우 프린트했을 때 어두운 부분의 톤도 염두에 두어야 한다. 모니터와 달라서 프린트에서 보는 톤은 어느 정도의 흑백 톤도 완전한 검은색으로 표현되기도 한다. 은은한 세피아 톤을 추가하면서 어두운 부분을 동시에 살려보자.

• **예제 사진** : cd-part2 〉 ch1-2 〉 예제파일 〉 15.jpg

01 예제 사진을 열고 [Curves] 대화상자를 띄운다(Ctrl + M).

02 Red 채널을 선택해 붉은색을 추가한다.

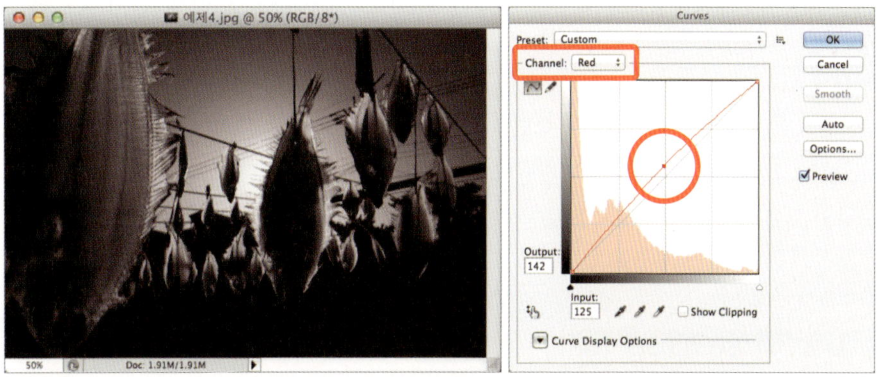

03 Green 채널을 선택해 녹색을 추가하면 Red+Green으로 세피아 톤이 된다. 이런 색에 대한 느낌은 커브를 직접 움직여봐야 알 수 있다. 생각만 해서는 절대로 얻을 수 없다. 물감을 혼합해 다른 색을 만들듯 커브에서도 동일한 방법으로 색을 혼합한다.

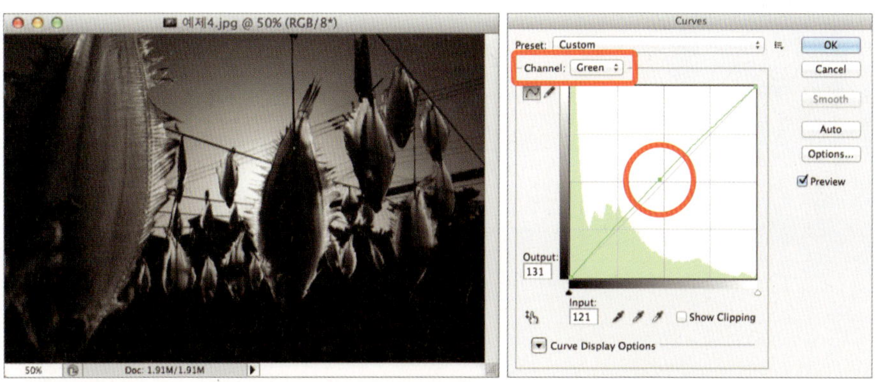

04 RGB 채널로 돌아와 섀도우의 디테일을 좀 더 살리고 하이라이트도 같이 살려준다. 전체 톤이 고르게 분포되면서 세피아 톤의 흑백 사진이 되었다.

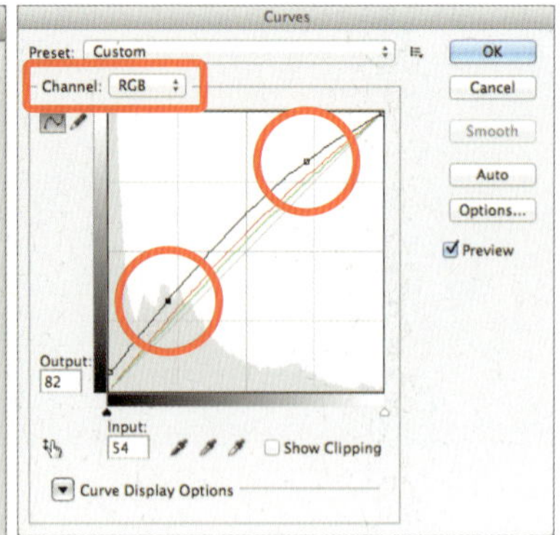

따뜻한 필름 색감 내기

이제 필름 사용자들은 많이 줄었지만 아직도 필름을 쓰던 그때의 기억을 잊을 수 없다. 포토샵 수정 작업을 통해 디지털과는 다른 필름의 느낌을 낼 수 없을까? 디지털의 색과 필름 색의 다른 점은 RGB 각 채널 별 입체감에 있다. 디지털은 하나의 색에 막이 씌워진 것처럼 보인다면 필름은 각 채널 별로 색이 분리되어 좀 더 입체적인 느낌이 든다.

• **예제 사진** : cd-part2 〉ch1-2 〉예제파일 〉16.jpg

01 예제 사진을 열고 [Curves] 대화상자를 띄운다(Ctrl + M).

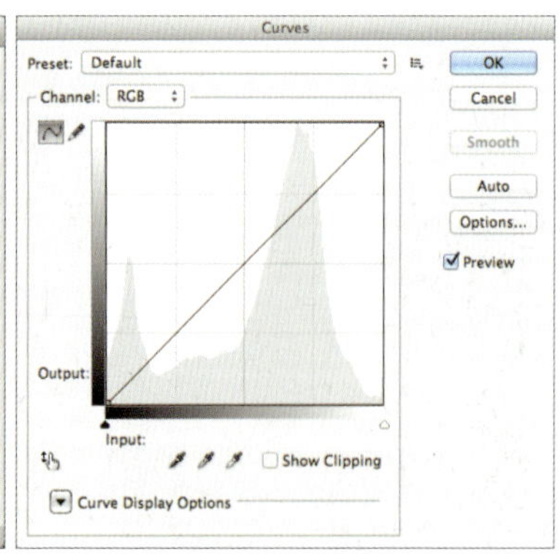

02 각 채널 별로 S자 콘트라스트를 적용하면 하이라이트와 섀도우에 다른 색이 섞이고 콘트라스트도 향상되는 효과가 있다. 사진의 느낌을 보면서 적용하도록 한다. 먼저 Red 채널에 S자 콘트라스트를 적용한다.

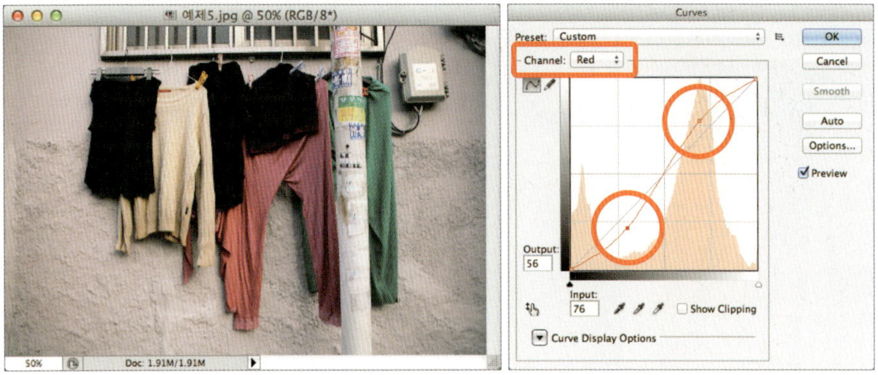

03 Green 채널에도 S자 콘트라스트를 약하게 적용했다.

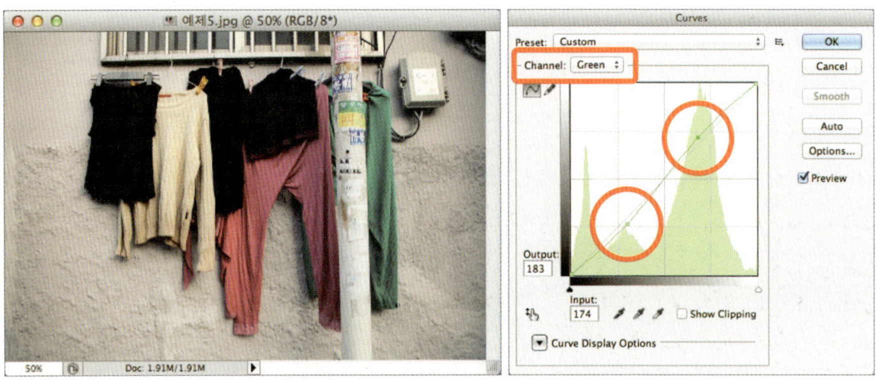

04 Blue 채널을 약하게 적용하고 섀도우 부분에 Yellow를 살짝 추가하였다.

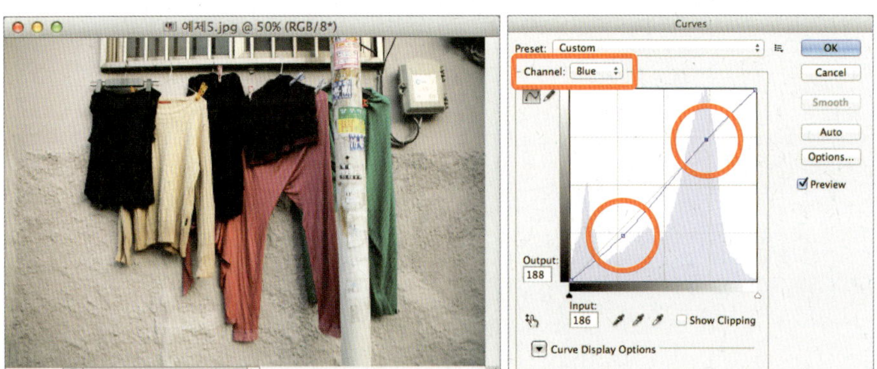

05 최종적으로 RGB 채널에서 섀도우 부분을 조금 더 살려주고 하이라이트를 약화시켜 부드러운 네거티브 필름의 색감을 만들었다.

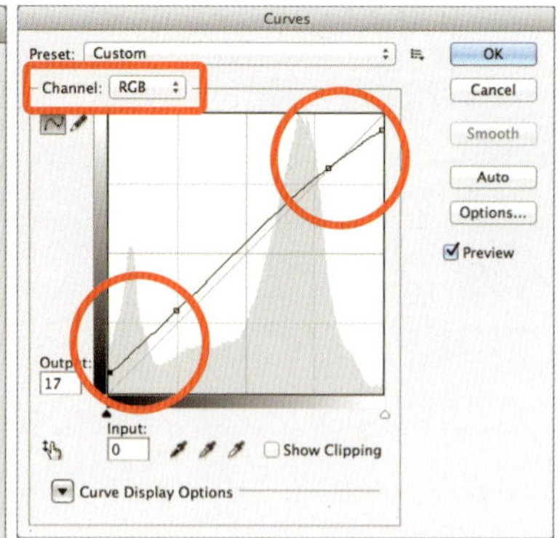

이미지 손상을 최소화하면서 커브 사용하기

이미지 수정을 한번에 해결하려고 하거나 급격하게 수정을 진행할 경우 이미지의 계조가 손상되거나 과도하게 보정될 가능성이 있다. 또 장시간 사진 작업을 하다보면 모니터로 보는 이미지에 빠져 원본과 얼마나 달라졌는지 가늠하기 어렵다. 작업 중간중간 레벨(Ctrl+L)을 실행하여 히스토그램을 확인하는 습관을 갖는 것이 좋다.

• **예제 사진 :** cd-part2 〉ch1-2 〉예제파일 〉17.jpg

01 커브 곡선을 급격하게 수정한 경우, 히스토그램에 밴딩 현상이 심해지고 중간 톤 레벨이 매우 낮아진 것을 볼 수 있다.

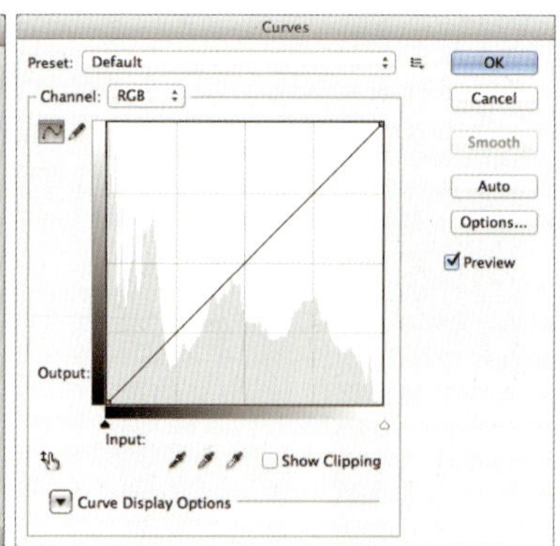

수정 전 이미지

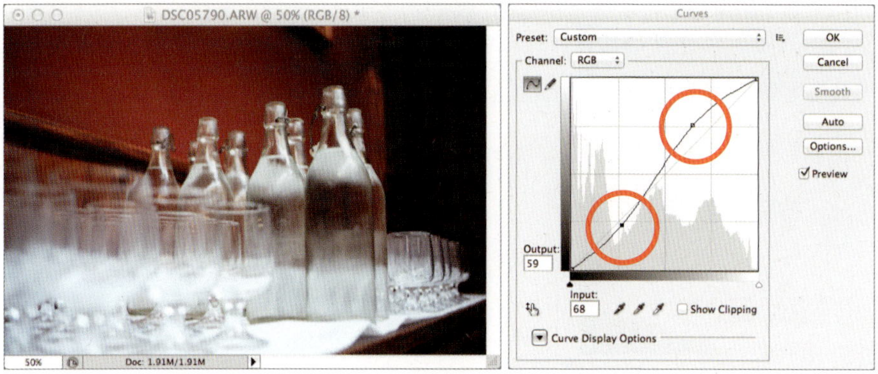

커브 곡선을 급격하게 수정한 이미지

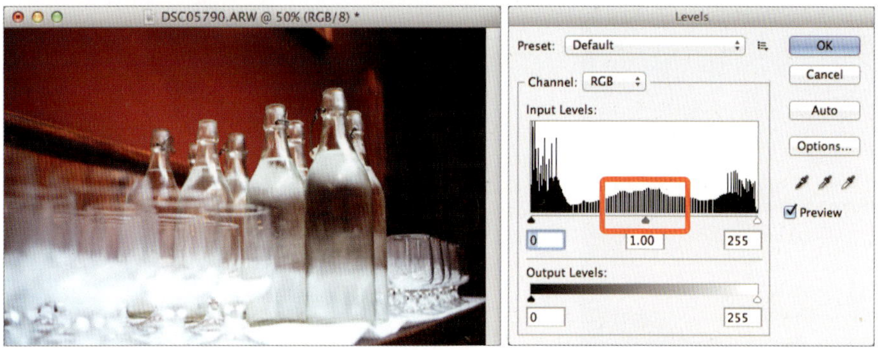

밴딩 현상이 심하게 나타나고 중간 톤 레벨이 매우 낮아졌다.

커브의 특성이자 단점 중 하나가 곡선을 이용하기 때문에 어떤 톤을 향상시키고자 하면 주변부의 톤까지 같이 변하면서 이미지 전체가 급격하게 변하는 것이다. 필자는 중요한 이미지의 톤을 향상시키고자 할 때 커브를 조금씩 여러 번에 걸쳐 적용하는 방법을 사용한다. 그만큼 효과는 미미하지만 이미지 손상은 적은 편이다.

02 이미지 손상을 최소화하기 위해 3단계에 걸쳐 조금씩 커브를 적용했다.

1단계 수정

2단계 수정

3단계 수정

03 레벨로 확인한 결과 밴딩 현상이 보이긴 하지만 중간 톤 레벨이 많이 살아 있는 것을 알 수 있다.

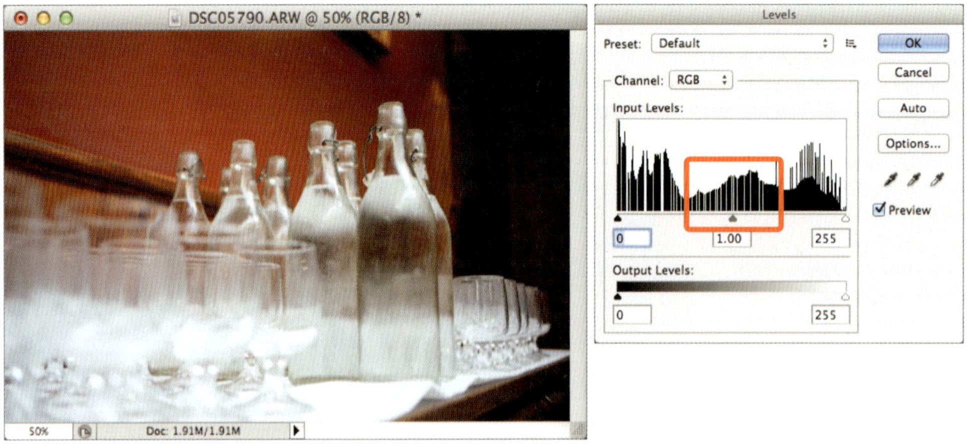

Mask의 이해와 활용

마스크(Mask)는 포토샵 보정 작업에서 가장 중요한 부분을 차지한다. 마스크를 이해하지 못하면 더 높은 보정 단계로 넘어가지 못한다.

포토샵의 마스크는 흰색의 마스크 팩을 떠올리면 이해하기 쉽다.

마스크는 마트에서 판매하는 하얀색의 마스크 팩을 떠올리면 이해하기 쉽다. 여기 흰색의 마스크 팩이 있다. 마스크 팩에는 눈과 코와 입 부분이 뚫려 있다. 얼굴에 팩을 올려도 그 뚫려 있는 부분을 통해 숨을 쉴 수 있고 앞을 볼 수 있다.

흰색의 마스크 팩을 상위의 레이어, 그 아래에 있는 얼굴을 하위의 레이어라고 생각해보자. 포토샵에서도 이와 유사한 원리로 상위의 레이어에 마스크를 씌우면 마스크의 색이 흰색일 때는 상위 레이어만 보이고, 검은색일 때는 하위 레이어가 보인다. 현실에서는 마스크에 구멍을 뚫었다가 다시 메울 수 없지만 포토샵에서는 검은색과 흰색을 자유롭게 넘나들 수 있게 해두었다. 다시 말해, 수정을 하다 마음에 들지 않으면 마스크를 이용해 얼마든지 재수정할 수 있다.

마스크의 기본 원리 숙지하기

'노란색 자동차의 색만 남겨두고 주변 색은 모두 흑백으로 바꾸고 싶다'라고 생각했다면 포토샵의 커브나 레벨로만 해결할 수 없다. 레벨이나 커브로는 전체 보정은 가능하지만 부분 보정은 불가능하기 때문이다. 이와 같이 전체가 아닌 '부분'에 대한 보정을 해야 한다는 생각이 든다면 마스크를 사용해야 한다. 마스크는 흰색과 검은색의 약속으로 효과를 보여주거나 감추어준다.

이번 예제를 통해 마스크의 원리를 완전히 이해하고 가면 앞으로 모든 이미지 보정이 가능하다. 이해가 되지 않는다면 예제의 순서를 수십 번 반복해서 순서를 외우는 것도 한 방법이다. 또 여기서 나오는 단축키를 외워두면 작업의 흐름을 빠르게 할 수 있으니 아래의 단축키들을 꼭 외워두도록 하자.

마스크에서 자주 쓰는 단축키

툴/기능	단축키	툴/기능	단축키
브러시 툴	B	브러시 투명도 설정	1(10%), 2(20%), 3(30%)~9(90%), 0(100%)
그레이디언트 툴	G		
브러시 사이즈 작게/크게	[/]	전경색과 배경색 변경	X
브러시 테두리 부드럽게/강하게	Shift+[/ Shift+]	전경색과 배경색 검은색/흰색으로 변경	D

• **예제 사진** : cd-part2 〉ch1-2 〉예제파일 〉18.jpg

01 예제 사진을 연다. 레이어 팔레트를 보면 원본 이미지가 잠겨 있다. 이는 원본에 수정하지 말고 레이어를 복제해 작업하라는 의미이다.

02 원본 레이어를 복제(Ctrl + J)한다. 마스크는 기본적으로 레이어와 같이 생성할 수 있기 때문에 원본 레이어를 복제해야만 작동 가능하다.

03 복제한 레이어를 흑백으로 바꾸기 위해 [Image]〉[Adjustments]〉[Hue/Saturation]을 실행한다. Saturation을 –100으로 지정하여 복제 레이어를 흑백으로 바꾼다.

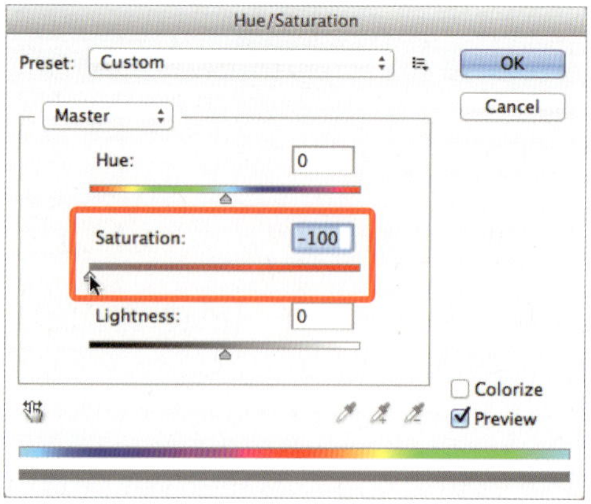

04 레이어 팔레트 하단에 있는 Add layer mask 를 눌러 마스크를 추가한다. 기본적으로 마스크는 흰색으로 생성되며 흰색일 때는 흑백 적용된 레이어만 보이게 된다. 만약 검은색 마스크로 추가하고 싶다면 [Alt]를 누른 채 마스크 버튼을 누르면 되는데, 이때 검은색 마스크가 연결된 레이어의 효과는 보이지 않는다.

05 우리가 원하는 것은 흑백 레이어 아래에 있는 노란색 자동차를 드러내는 일이다. 부분적으로 드러내기 위해서는 마스크에 검은색을 입혀서 윗 레이어의 효과를 숨겨둬야 한다. 부분적으로 칠할 때는 Brush Tool(B)을 사용한다.

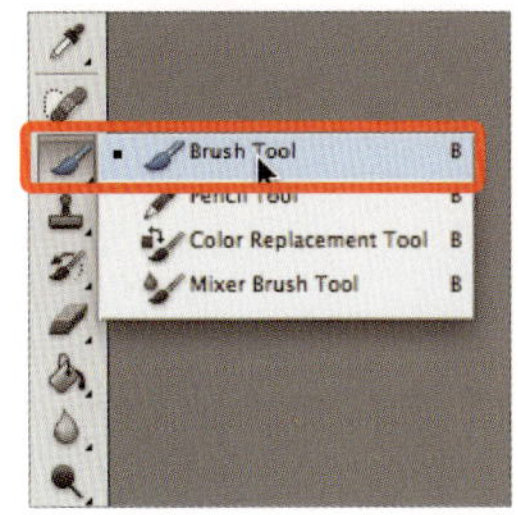

06 브러시 툴로 칠할 때 전경색과 배경색을 잘 봐야 한다. 흰색 마스크에 흰색으로 칠해봐야 아무런 효과가 나타나지 않으므로 단축키 [X]를 눌러 전경색을 검은색으로 바꿔준다.

07 브러시를 사용할 때 브러시의 Opacity(숫자 키 [1]~[0])를 지정해 자연스럽게 칠해주는 것이 좋다.

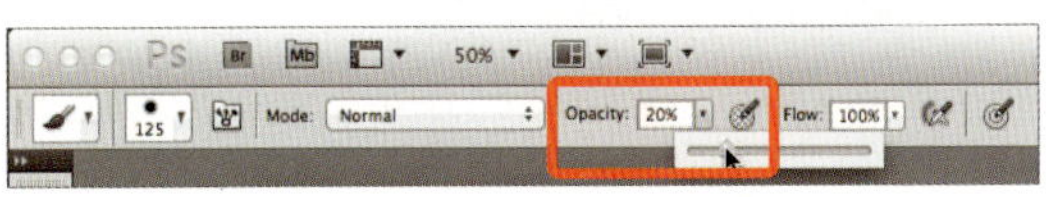

08 브러시 테두리가 너무 강하면 어색한 효과가 난다. 테두리를 부드럽게 해주기 위해 브러시 옵션에서 테두리를 부드러운 모양으로 선택하거나 [Shift]+[[](부드럽게), [Shift]+[]](강하게)로 조절한다.

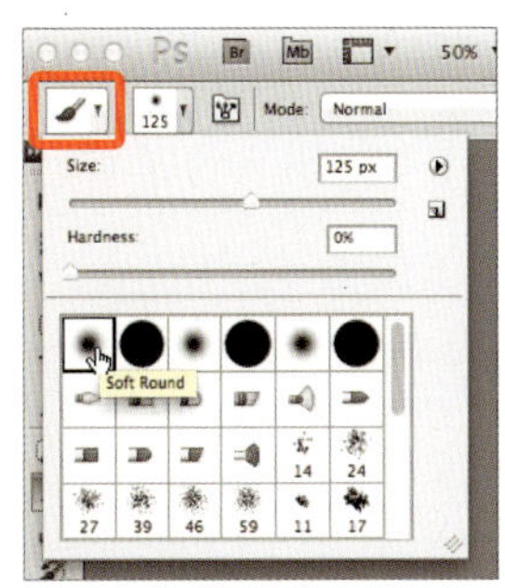

09 작업을 하기 위해서 먼저 브러시 크기를 결정해야 한다. [,] 로 브러시 크기를 적당히 조절해 작업하기 편리한 크기로 설정한다.

10 마우스 왼쪽 버튼을 클릭한 채 마우스를 이동해도 되고 한 번씩 클릭해도 효과가 적용된다. 이 부분에서 효과가 전혀 나타나지 않는다면 전경색이 검은색인지 확인하고, 만약 검은색이 아니라면 X 를 눌러 검은색으로 변경한다. 명심할 것은 전경색과 마스크의 색은 항상 반대가 되어야 한다는 것이다.

11 마스크의 장점은 흰색/검은색으로 얼마든지 잘못된 작업을 수정할 수 있다는 점이다. 경계선 부분의 세세한 디테일은 Zoom Tool(Z)로 확대하여 브러시로 수정한다.

12 마스크 작업으로 주변 배경은 흑백으로 바꾼 뒤, 노란색 자동차만 강조했다.

13 레이어 팔레트를 자세히 보자. 원본 Background 레이어 위에 Background copy 흑백 레이어를 만들어 흰색 마스크를 씌웠다. 그리고 검은색 마스크로 아래에 있는 Background 레이어의 효과(자동차 부분)를 드러냈다. 이 부분이 이해되지 않으면 앞으로 나올 모든 강의가 어렵게 느껴질 수 있다. 따라서 이해가 되지 않는다면 반복적으로 작업하여 익히고 넘어가길 바란다.

마스크 활용해 수정하기

01 힘들게 만든 마스크를 다시 제작해야 한다면 난감할 것이다. 레이어 팔레트에서는 각 레이어 및 마스크를 선택함으로써 효과가 어디에 적용될지를 지정할 수 있다. 보통 마스크를 만들고 작업하면 레이어 팔레트의 마스크 주변에 사각형의 테두리가 생기는 것을 볼 수 있다. 이것은 이 마스크에 효과가 적용되고 있다는 의미다.

02 만약 흑백으로 만든 레이어를 좀 더 어둡게 하거나 밝게 하고 싶다면 어떻게 해야 할까. 이미 마스크에 의해 배경 부분만 선택된 상태이므로 먼저 흑백 레이어를 클릭해 선택한다.

03 [Levels](Ctrl+L)를 열어 중간 톤 레벨을 이동해보자. 노란색 자동차에는 변화가 없고 주변부만 어두워지거나 밝아진다. 이는 마스크가 씌워진 상태이기 때문에 가능한 것이다.

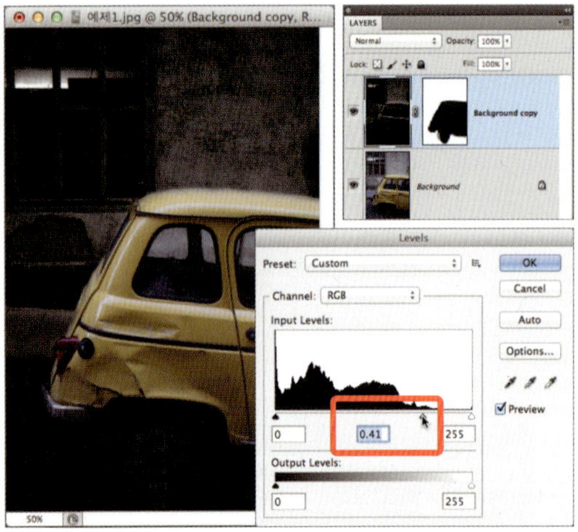

04 만약 노란색 자동차만 따로 수정하고 싶다면? 이미 마스크가 씌워진 상태이고 마스크의 검은색 부분이 뚫려 있는 상태이므로 Background 레이어를 선택해 수정을 진행하면 된다. Background 레이어를 선택하면 레이어가 선택된 상태인 파란색으로 변하고 주변에 작은 사각형이 생기는 것을 볼 수 있다.

05 Color Balance(Ctrl+B)를 이용해 색상을 수정하면 주변에는 영향이 없고 자동차만 색깔이 변하는 것을 볼 수 있다. 이는 위에 있는 검은색 마스크의 영향 때문이다.

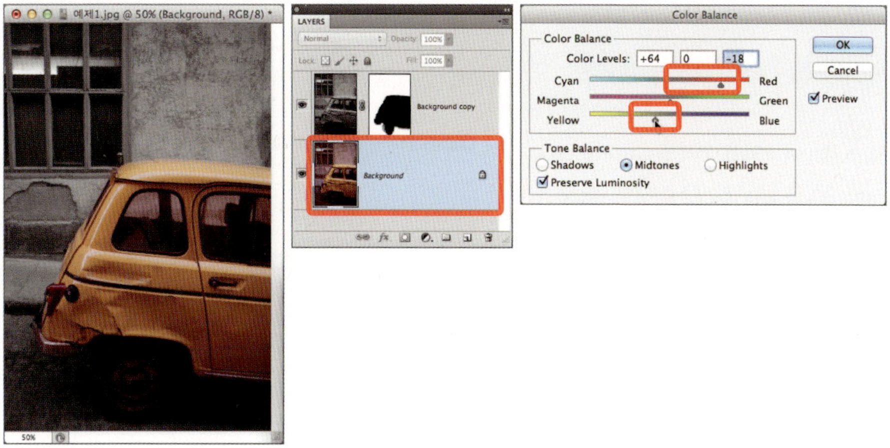

06 만약 마스크를 다시 선택해 레벨로 수정해보면 어떨까? 마스크 자체는 흰색/검은색으로 이루어져 있기 때문에 레벨로 수정해도 이미지에는 변화가 없고 마스크의 흰색/검은색의 고대비가 강해질 뿐이다.

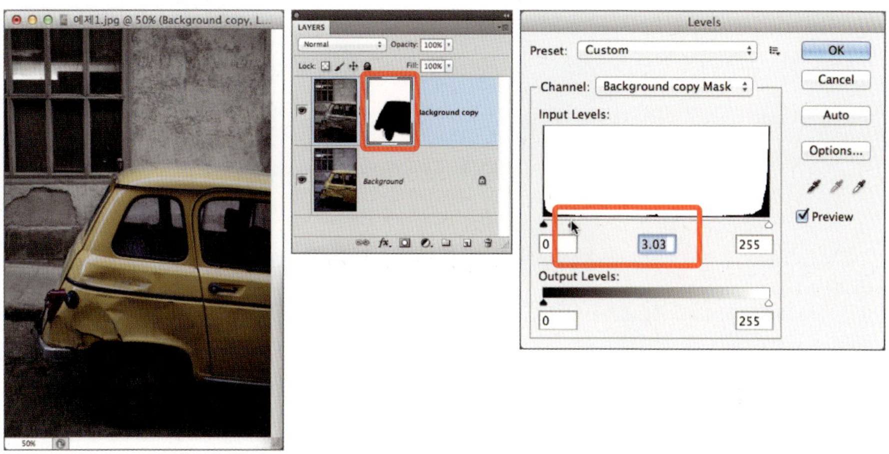

보정 레이어 마스크 활용하기

앞에서는 레이어를 복제해 마스크를 만드는 방법을 배웠다면 이번에는 레이어 팔레트에서 보정 레이어 마스크를 만들어 작업하는 방법을 배워보자.

• **예제 사진** : cd-part2 〉ch1-2 〉예제파일 〉19.jpg

01 보정 레이어는 레이어 팔레트 아래의 Create new fill or adjustment layer를 눌러 추가할 수 있다. 를 누르면 메뉴가 펼쳐지는데, 대부분 [Image]〉[Adjustments] 메뉴에 있는 것들이며 이미지 수정에 관련된 메뉴이다. Curves를 선택하면 자동으로 마스크가 추가되며 ADJUSTMENTS 팔레트에서 커브, 레벨과 동일하게 작업할 수 있다.

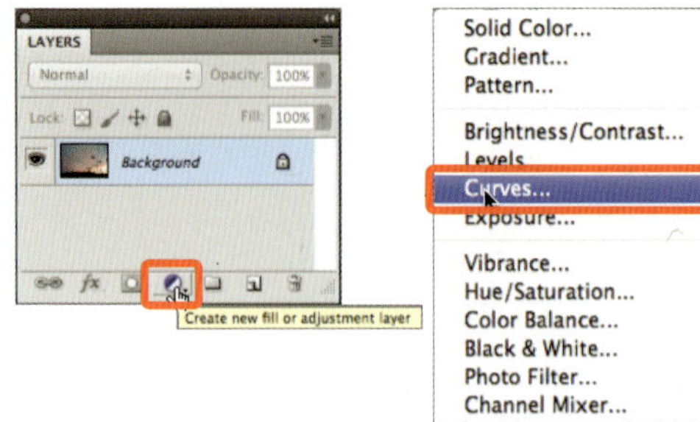

02 커브 레이어를 추가하면 생기는 마스크가 기본적으로 흰색임을 볼 수 있다. 마스크가 흰색이라는 것은 커브로 수정했을 때 보정 레이어의 효과가 적용된다는 의미다.

03 노을의 모습을 강조하고 싶어 커브에서 전체적인 톤을 어둡게 만들었다.

04 마스크를 사용해 하늘 부분만 강조하고 싶다면? 그런데 하늘처럼 넓은 면적을 브러시로 일일이 칠하기는 어렵다. 이때 사용할 수 있는 툴이 바로 Gradient Tool(G)이다.

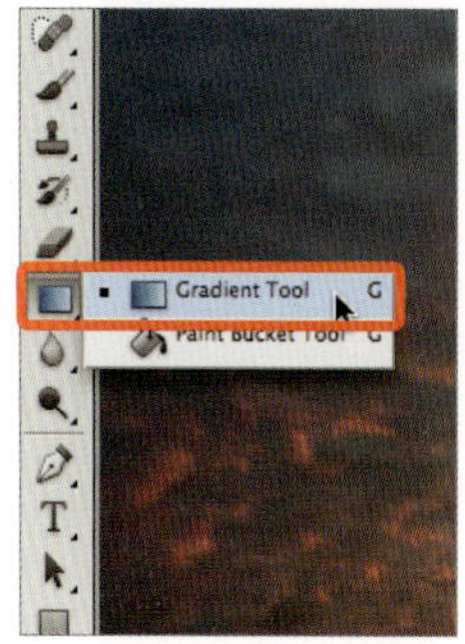

05 전경색은 단축키 X 를 눌러 흰색 마스크와 반대되는 검은색을 선택한다.

06 그레이디언트 툴을 사용하려면 사진 위에서 마우스 오른쪽 버튼을 클릭해 Foreground to Transparent(전경색만 사용하는 옵션)를 선택해야 한다. 보통 한 번 선택해두면 다음부터는 그대로 적용된다.

07 브러시와 같이 자연스러운 효과를 내기 위해 상단에 있는 그레이디언트 옵션에서 Opacity를 조절해준다. 역시 키보드의 숫자 키로도 조정할 수 있다.

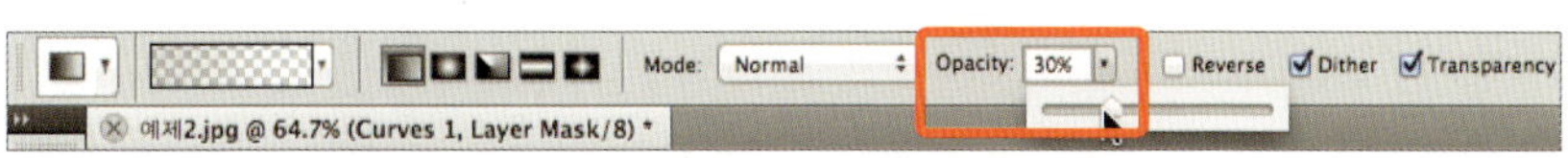

08 앞서 커브를 적용해 하늘이 어둡게 강조되었으나 아래쪽 디테일도 어둡게 묻혀버렸다. 아래쪽 디테일이 Background 레이어에 의해 드러나도록 하기 위해서 아래에서 위로 검은색 그레이디언트 툴로 그어준다. 이때 Shift 를 누른 채 그으면 정확한 90도 방향으로 그을 수 있다.

09 보정 레이어와 마스크를 이용하면 얼마든지 재수정이 가능하다. Red 채널을 선택해 붉은색을 더 강조해보았다.

10 보정 레이어는 얼마든지 추가해 작업할 수 있다. 레벨 보정 레이어를 추가해본다.

11 만약 아래의 커브 보정 레이어에 적용된 마스크를 그대로 사용하고 싶다면, Alt 를 누른 채 커브 마스크를 레벨 레이어의 마스크 위에 올린다. "레이어 마스크를 교체하겠습니까?"라고 묻는 메시지 창이 뜨면 Yes를 클릭한다.

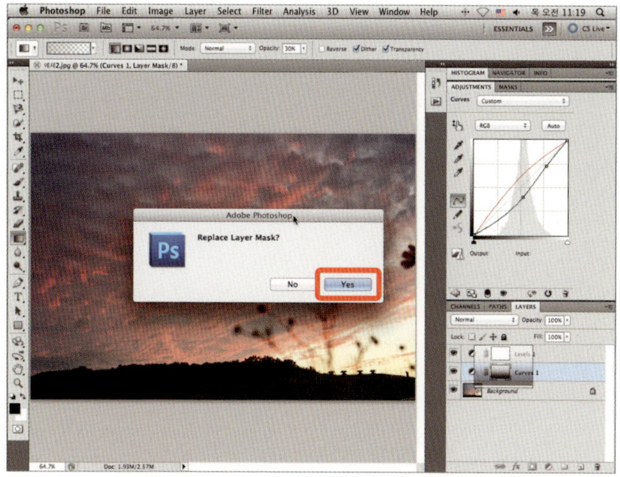

12 레벨과 커브 레이어의 마스크가 동일한 것을 알 수 있다. 레벨로 수정하면 마스크의 흰색 부분에만 효과가 적용된다.

레이어, 레벨, 커브, 마스크의 작동 원리를 완벽하게 꿰뚫고 있다면 포토샵 수정의 80% 이상을 배운 것이나 마찬가지다. 만약 이 장의 내용이 전혀 이해가 가지 않거나 알 듯 말 듯 모호하다면 반복 작업을 통해 몸과 마음으로 익히는 방법밖에 없다. 무엇보다 이 기능들이 작동하는 '원리'를 이해할 수 있을 때까지 반복하고 반복해서 외워두자! 지금까지 학습한 내용이 이 책에서 가장 핵심이 되는 부분이요, 포토샵 수정의 전체를 아우르는 부분이다.

(Chapter) 02

Adobe Bridge 프로그램 익히기

어떤 이가 사진을 관찰한다고 할 때 아마추어와 프로를 확인할 수 있는 방법이 '어떤 뷰어로 사진 이미지를 관찰하느냐'이다. 일반적으로 인터넷에서 쉽게 구할 수 있는 무료 뷰어나 윈도우 자체 뷰어 프로그램 같은 경우 색 관리를 지원하지 않고 이미지의 품질도 떨어지게 보여준다. 포토샵과 함께 제공되는 어도비 브릿지는 사진을 그야말로 '제대로' 볼 수 있게 하는 프로그램이다. 보는 것뿐 아니라 사진을 선택하고 순서를 정하고 키워드를 입력하는 기능들은 다른 뷰어에는 없는 브릿지만의 핵심 기능들이다. 제대로 된 관찰에서 제대로 된 수정이 시작된다. 어도비 브릿지의 세계에 빠져보자.

Adobe Bridge 이해하기

어도비 브릿지(Adobe Bridge)는 포토샵을 사용하면서 같이 사용해야 할 툴 중의 하나다. 브릿지는 포토샵 이외에 어도비 일러스트레이터 · 플래시 · 드림위버 등의 프로그램을 설치해도 같이 설치되며 각 프로그램 간의 파일을 보거나 관리할 수 있는 다리 같은 프로그램이다. 브릿지가 단순히 파일 뷰어의 역할을 한다고 오해하는 이들이 많다. 그러나 브릿지는 파일 정리와 관리, 색 공간 지원, RAW 파일 지원, 사진 순서 변경, 메타데이터 보기, 사진에 별점을 주거나 이름을 바꾸는 기능 등 포토샵이나 일반적인 사진 뷰어가 하지 못하는 많은 일들을 수행한다.

(포토샵과 브릿지의 연동)

여러분이 촬영을 나가서 1,000장의 사진을 담아 왔다고 치자. 그중에 10장을 선택하여 포토샵 보정을 해야 한다. 하지만 포토샵으로 한 장 한 장 열어 이미지를 확인하기는 불가능하다.

사진을 찍는 과정 이외에 골라내고 선택하고 보정하는 과정은 제2의 사진 찍기라고 부를 수 있을 만큼 중요하다. 아무리 좋은 곳에 가서 사진을 담아 와도 제대로 사진을 선택하지 못한다면 헛수고이기 때문이다. 사진을 관리하고 선택하는 과정에서는 사진가가 고도의 집중력을 발휘해야 한다. 한 컷 한 컷 담긴 의미를 생각하고 세세한 디테일, 손 떨림, 색감, 사진 속의 내용 등을 고려하며 작업해야 한다. 이런 모든 점을 염두에 둔다면 브릿지는 최고의 프로그램 중 하나인 것이다.

(브릿지 세팅과 환경 설정)

브릿지는 포토샵을 설치하면 Br이라는 아이콘과 함께 생성된다. 포토샵을 실행 중일 때는 상단의 Br 아이콘을 눌러 실행할 수 있다. 포토샵 작업을 할 때는 항상 브릿지를 켜두면 좋다. 포토샵과 두 프로그램 사이의 이동은 Ctrl + Tab 으로 하면 편리하다.

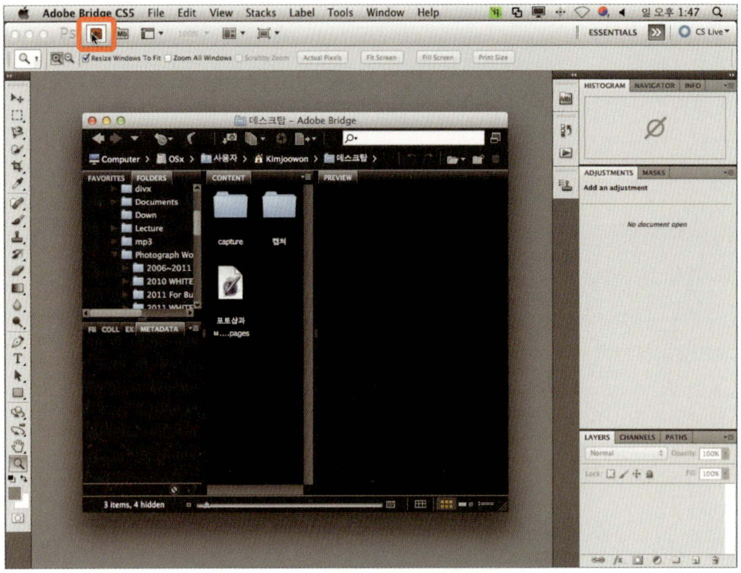

원하는 사진을 더블클릭하면 RAW 파일인 경우 Camera RAW 플러그인이 실행되며 JPG 파일인 경우 포토샵에서 바로 열린다.

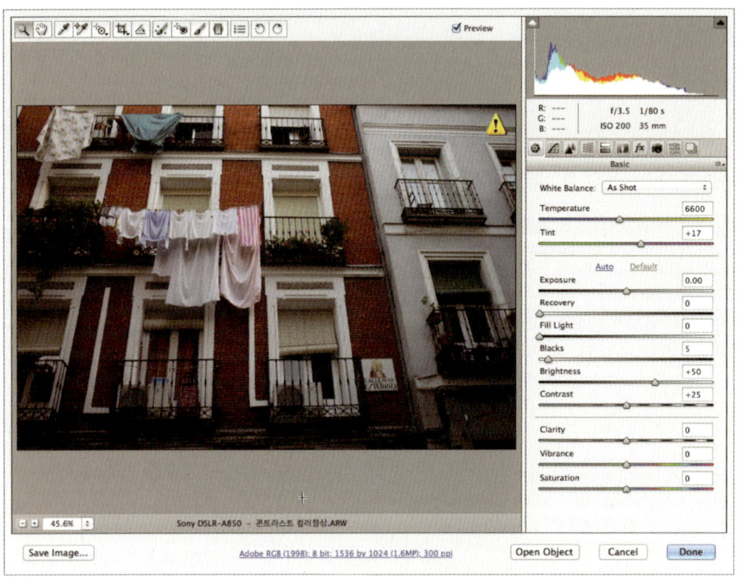

브릿지에서 가장 기본이 되는 것은 FOLDERS, CONTENT, PREVIEW, METADATA 등의 패널로 구성된 ESSENTIALS 작업 공간이다.

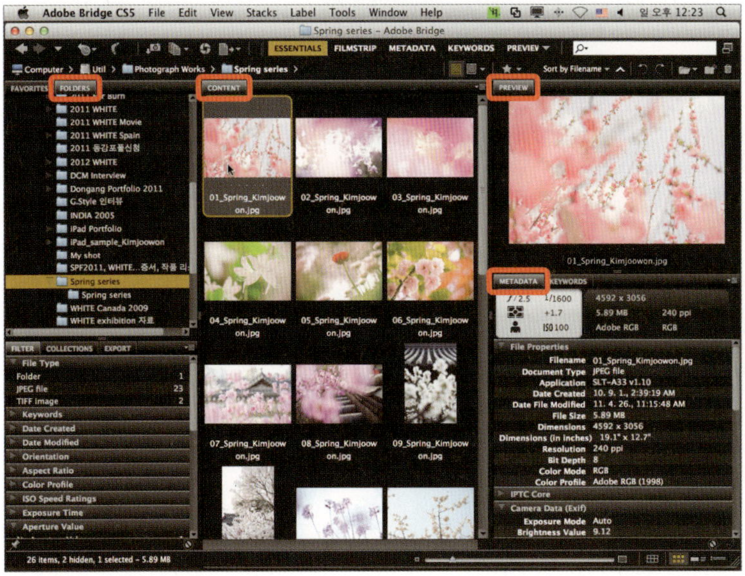

그야말로 가장 기본적이고 필수적인 항목으로 구성되어 있는 작업 공간의 예이다. 각 패널 사이에 있는 세로 바를 마우스로 드래그하여 크기를 줄이거나 늘려서 재구성할 수 있다.

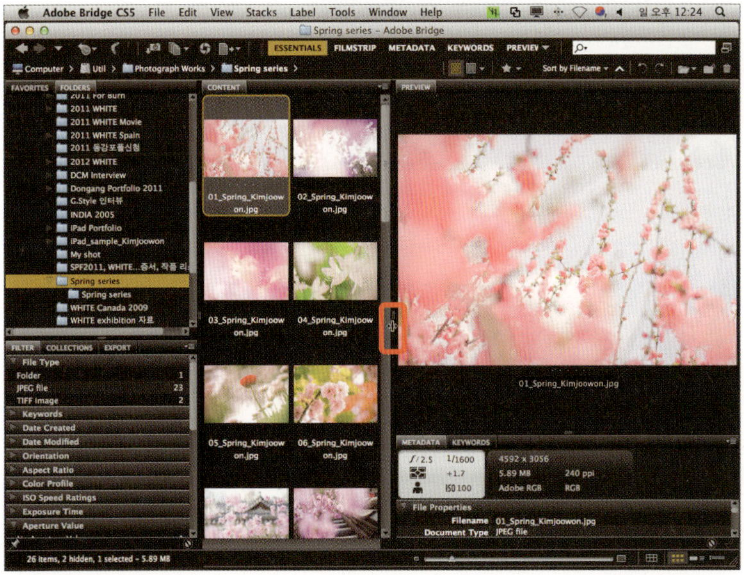

오른쪽 아래의 슬라이드를 좌우로 밀어 CONTENT 속의 미리 보기 이미지를 작게 또는 크게 볼 수 있다.

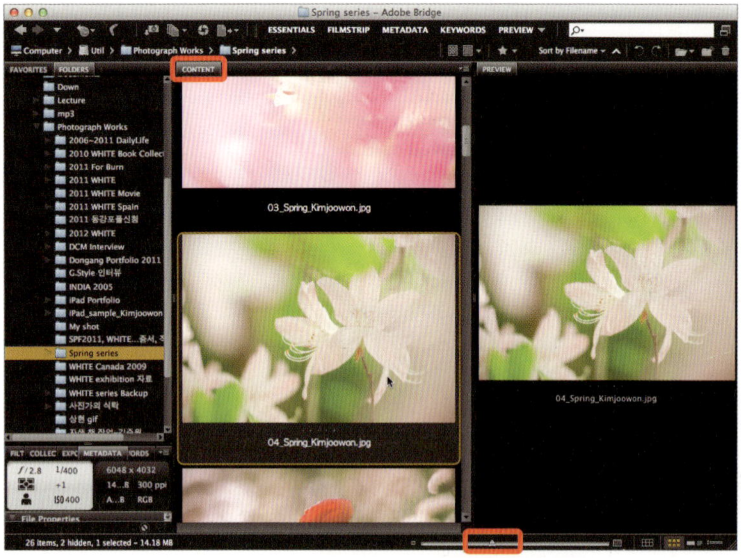

각 패널은 이름 부분을 클릭한 채 원하는 부분으로 드래그하면 쉽게 옮길 수 있다. METADATA 항목을 오른쪽 하단에서 왼쪽 하단으로 옮겨보았다.

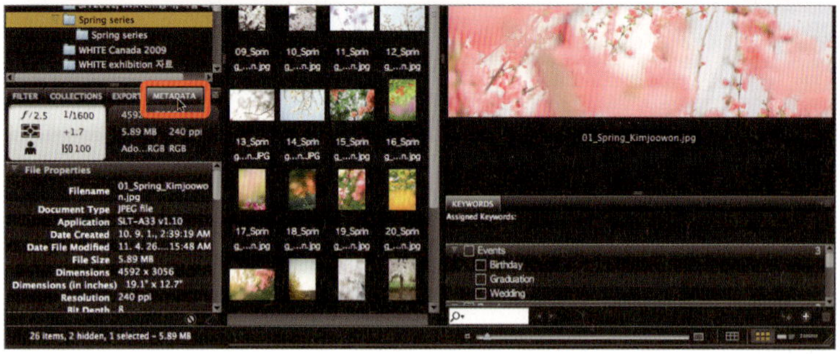

필요 없는 패널은 제목 위에 마우스를 대고 오른쪽 마우스를 클릭해서 닫아주면 된다.

어도비에서 제공하는 기본 작업 공간을 선택하면 무엇을 중점적으로 보여줄지 결정할 수 있다.

FILMSTRIP을 중심으로 설정된 작업 공간

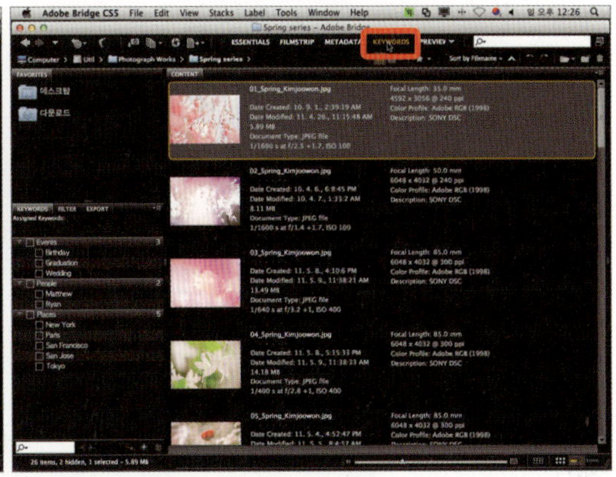
KEYWORDS를 중심으로 설정된 작업 공간

본인이 선호하는 작업 공간으로 만든 뒤 [Window]〉[Workspace]〉[New Workspace]를 실행한다. 대화상자가 뜨면 Name에 새로운 이름을 쓰고 Save 버튼을 누른다.

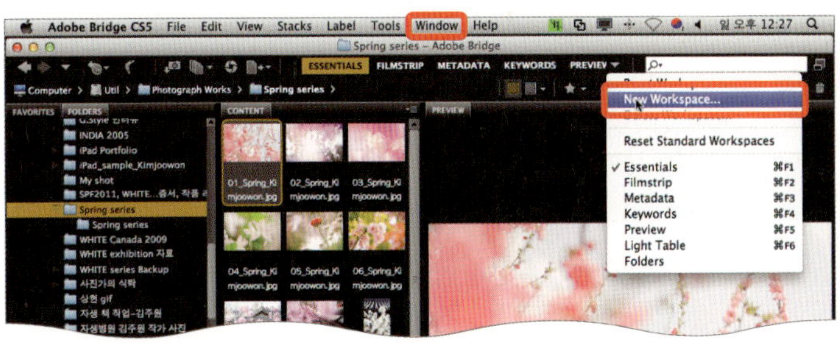

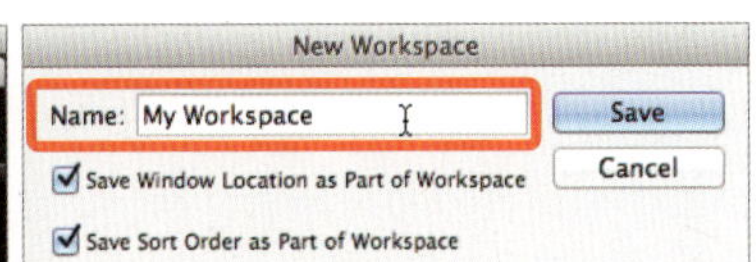

필자가 선호하는 작업 공간은 왼쪽에 폴더, 아래쪽에 메타데이터, 중간에 이미지 썸네일, 오른쪽에 프리뷰를 크게 보는 환경이다.

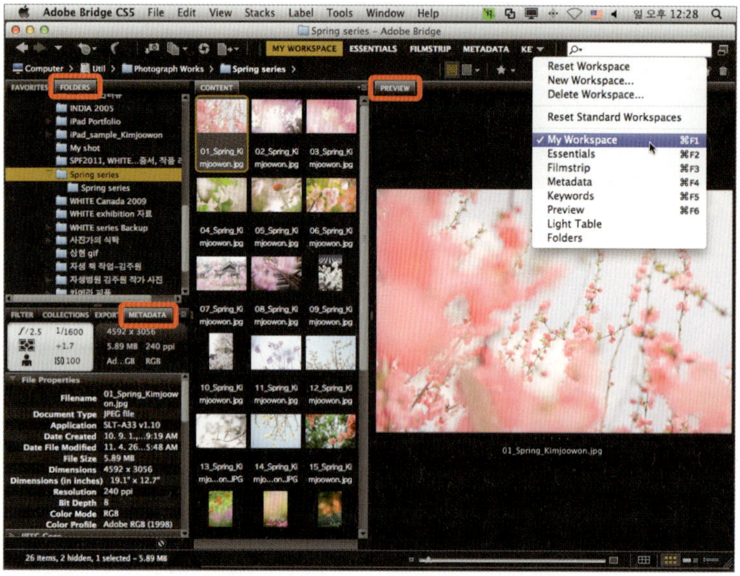

기본 세팅이 끝났다면 Ctrl + K 를 실행하여 환경설정을 해보자.

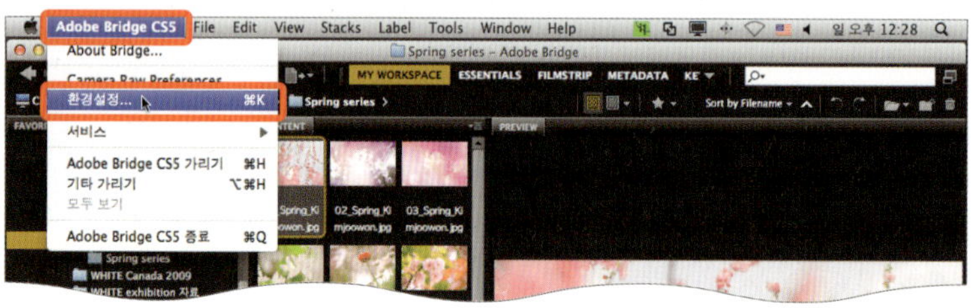

General 항목의 User Interface Brightness와 Image Backdrop의 Black, White 슬라이더를 이동함에 따라 브릿지의 색상이 변한다. 기본은 중성 회색으로 세팅되어 있지만 Black이 가미된 짙은 색의 브릿지가 이미지를 확인할 때 집중도가 높다.

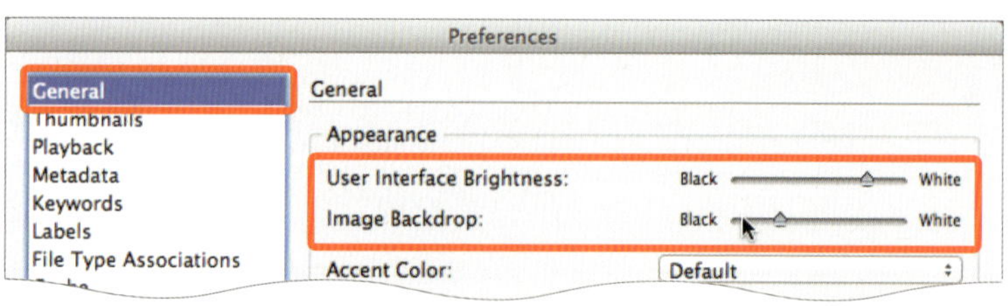

만약 메모리 카드를 리더기에 꽂거나 카메라를 USB 커넥터에 꽂을 때도 브릿지가 실행된다면 When a Camera is Connected, Launch Adobe Photo Downloader 항목이 켜져 있기 때문이다. Adobe Photo Downloader는 자동으로 메모리 카드와 카메라를 감지하여 이미지를 컴퓨터로 전송하는 기능이다. 보통은 사용하지 않기를 권한다.

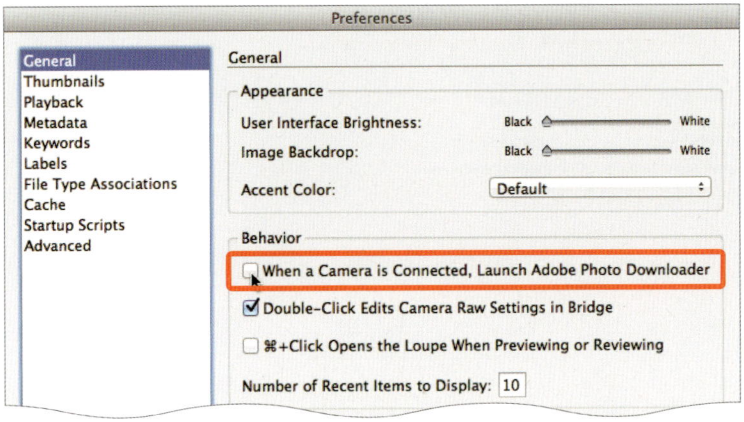

브릿지는 이미지를 작은 미리 보기 파일 형태로 저장해 일정 부분 컴퓨터의 공간을 차지하는 캐시 형태로 저장한다. 오랜 시간 브릿지를 사용하다가 느려지면 Cache 항목의 Purge Cache(캐시 제거) 항목을 눌러 캐시 파일을 제거해준다.

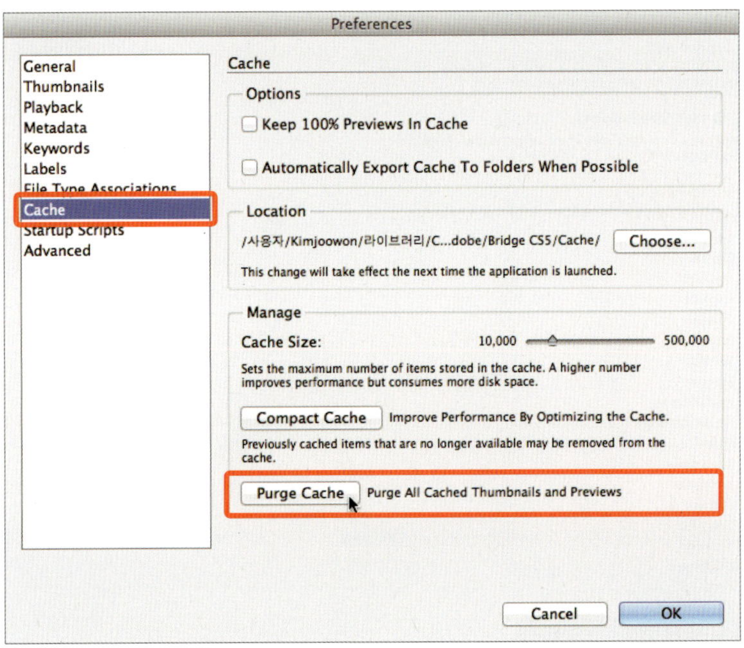

Advanced 항목에 Start Bridge At Login 항목을 끄면 시스템을 실행할 때마다 브릿지가 실행되는 것을 방지해준다. 이미지 보기와 수정이 목적인 컴퓨터라면 켜두어도 상관없다.

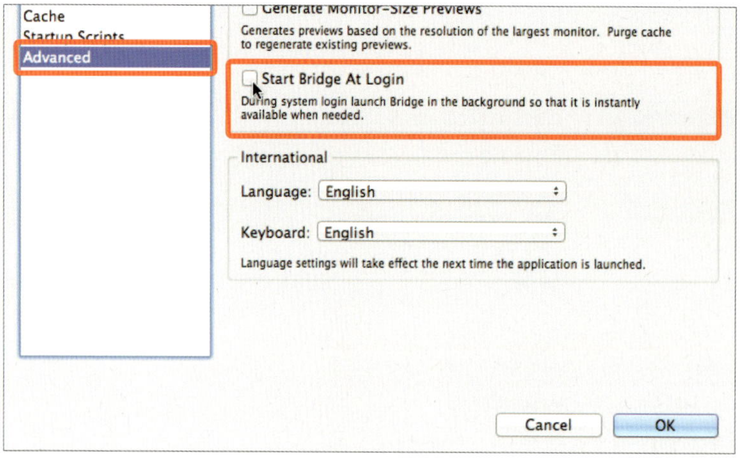

만약 브릿지의 언어를 바꾸고 싶다면 Advanced 항목에서 Language 항목을 바꿔주면 된다. 보통은 영문 버전을 사용하길 권한다.

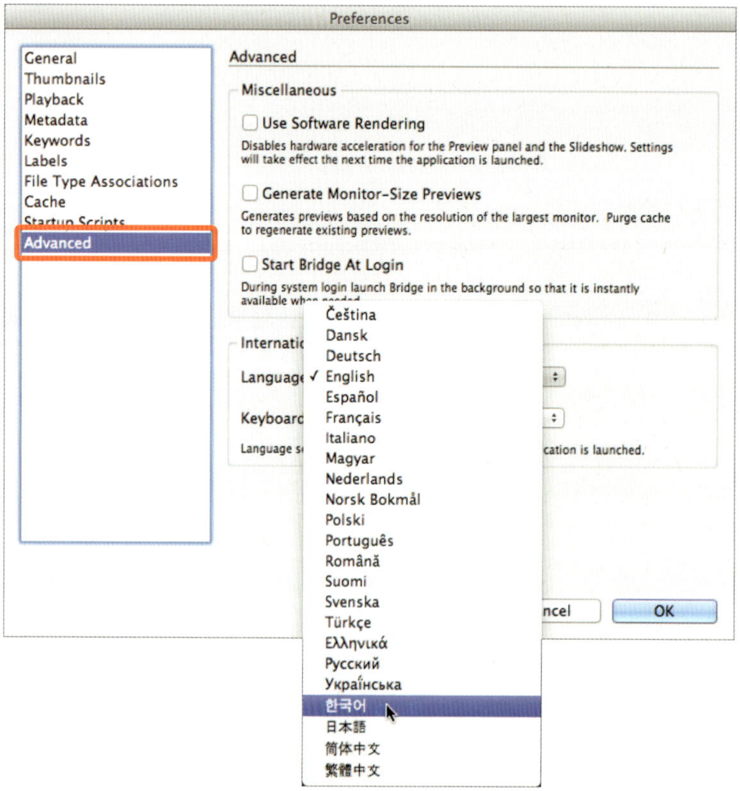

브릿지에서 파일 보기

브릿지에서 하나의 파일을 선택하면 PREVIEW 패널에 보이게 된다. METADATA 패널에서는 촬영 데이터, 날짜 등의 이미지에 대한 정보를 볼 수 있다.

Ctrl 을 누른 채 마우스로 여러 이미지를 클릭하면 동시에 파일을 비교해볼 수 있다. 이 기능은 여러 장의 시리즈 사진을 비교하거나 순서를 지정할 때도 유용하다.

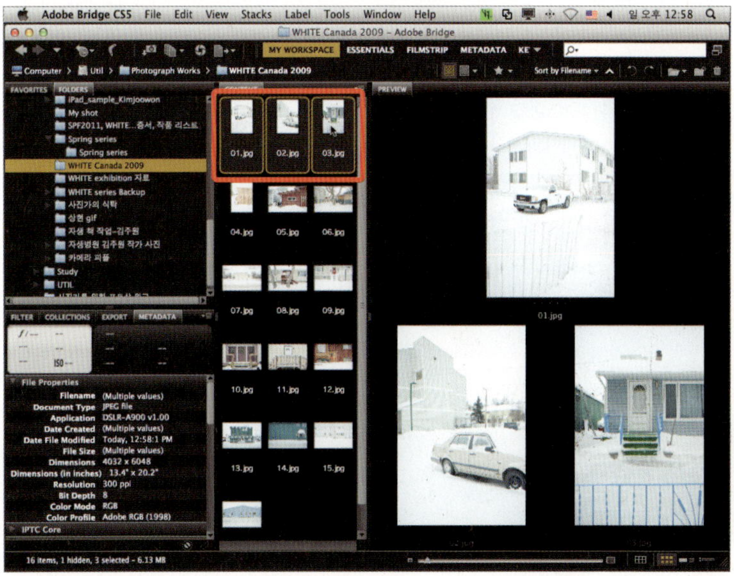

사진의 초점이 명확한지 보려면 PREVIEW 패널에서 사진 위에 마우스를 갖다 댄다. 그러면 마우스 포인터가 돋보기 모양으로 바뀌는 것을 볼 수 있다. 원하는 부위에서 마우스를 클릭하면 사진이 확대되어 보인다. 마우스 휠을 스크롤하면 확대 비율을 지정할 수 있다.

METADATA 항목에서 중요하게 봐야 할 것은 조리개, 셔터 스피드, 노출, ISO 등의 데이터이며 색 공간, ppi, 카메라 기종, 촬영 날짜 등의 항목이다. 촬영 시 흔들림이 있었다면 촬영 데이터를 보고 파악할 수 있을 것이며 다음 촬영에 반영할 수 있을 것이다. 또 Camera Data (Exif) 항목에서는 촬영한 렌즈, 초점 거리, 카메라 기종들도 파악할 수 있다. 브릿지에서는 메타데이터를 활용해 항목별로 이미지를 검색하거나 분류할 수 있다.

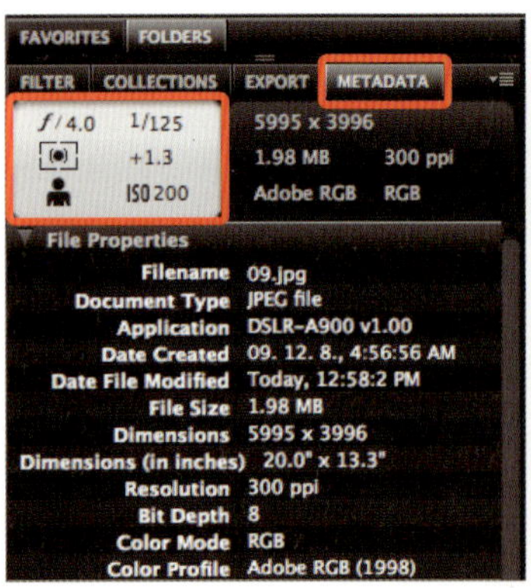

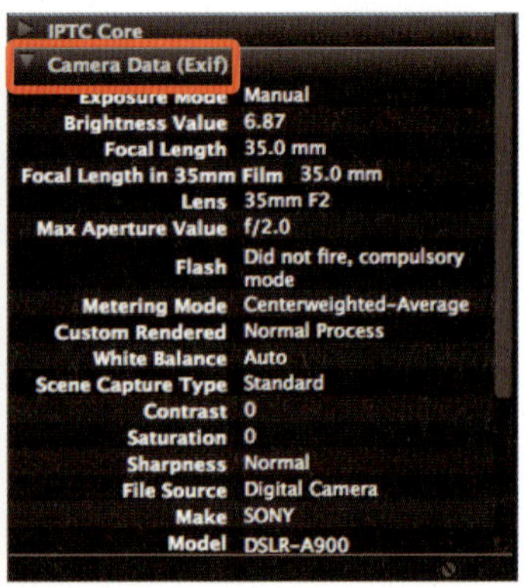

이미지를 선택하고 Space 를 누르면 전체 화면으로 이미지를 보여준다. 이미지를 크게 그리고 세세하게 파악하기 좋은 방법이다.

Ctrl 을 누른 채 여러 장의 사진을 선택한 뒤 리뷰 모드(Ctrl + B)로 진입하면 전체 화면으로 여러 장의 사진을 비교해준다. 화면 왼쪽 하단에 있는 좌우 화살표나 키보드의 좌우 화살표를 사용하여 다음 사진을 볼 수 있으며 아래로 향하는 화살표를 누르면 선택된 항목을 리뷰 모드에서 제거할 수 있다.

메뉴에서 [View]〉[Sort]를 실행하면 파일 이름, 파일 형식, 촬영 날짜, 사이즈, 키워드 등으로 순서를 분류할 수 있다. RAW 파일과 JPG 파일을 따로 보고 싶다면 By Type을 선택한다. 만약 카메라의 파일 이름이 리셋되어 엉켜버렸다면 By Date Created를 선택한다. 그러면 촬영 순서대로 이미지를 보여준다.

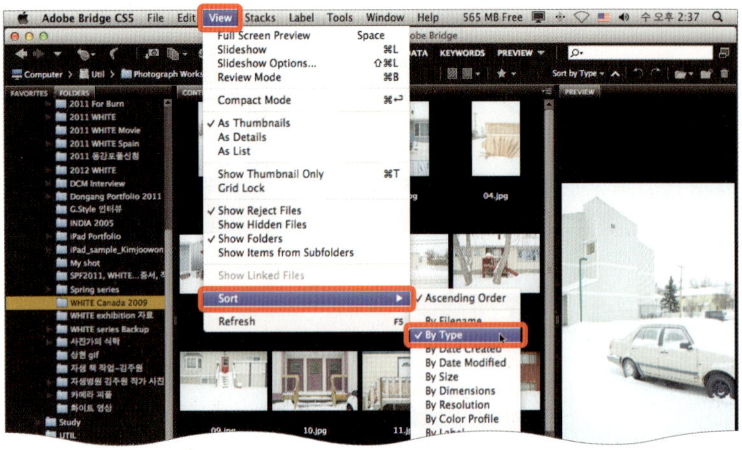

[View]〉[Compact Mode]로 브릿지를 작게 보거나 크게 볼 수 있다.

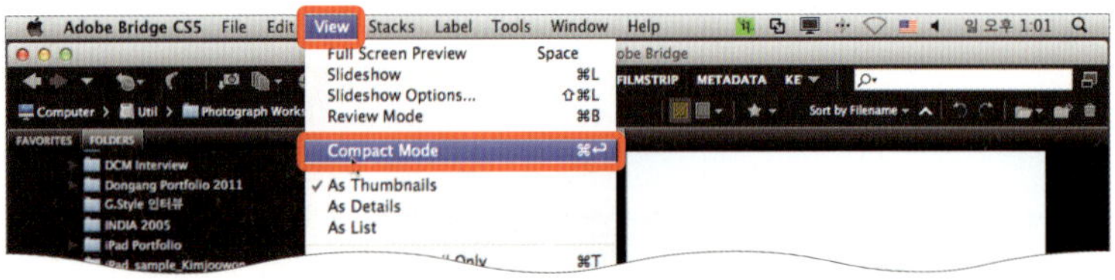

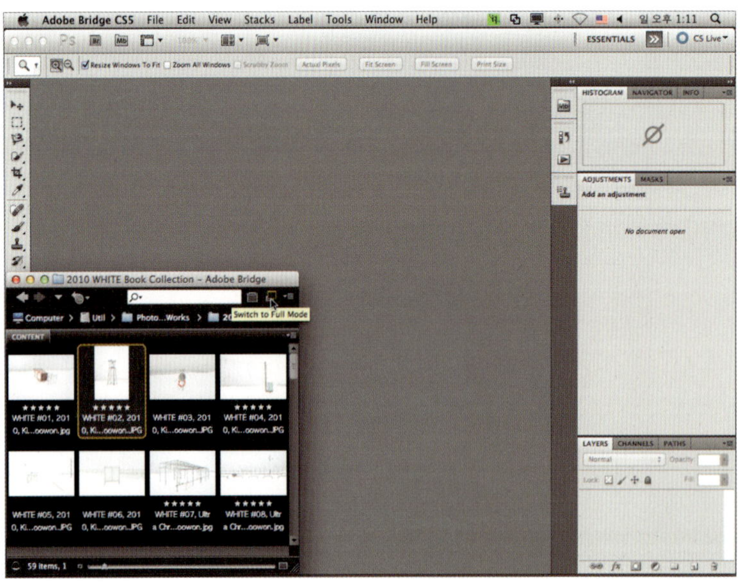

가로 사진이나 세로 사진을 왼쪽이나 오른쪽으로 회전하고자 한다면 Ctrl+[또는]를 이용한다. 만약 여러 장의 사진을 동시에 회전하고 싶다면 Ctrl로 여러 장을 선택한 뒤 Ctrl+[또는]를 이용해 동시에 돌려준다. 일반적인 이미지 뷰어 프로그램에도 이미지 회전 기능이 있지만 원본 JPG 이미지를 돌리는 과정에서 화질 손상이 발생하는데 브릿지에서라면 그런 일은 없다. 또 RAW 파일도 회전해서 볼 수 있는 것이 장점이다.

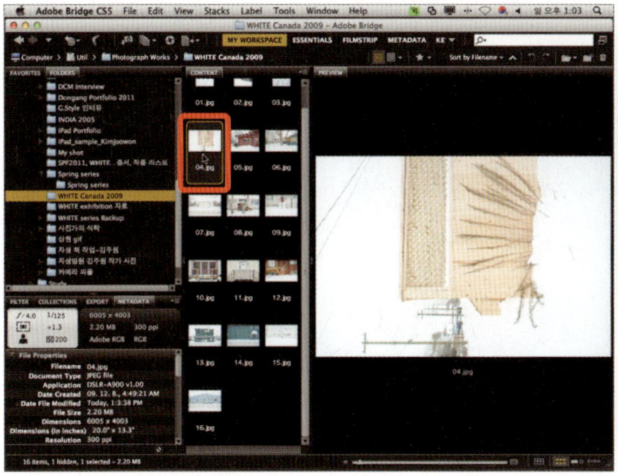

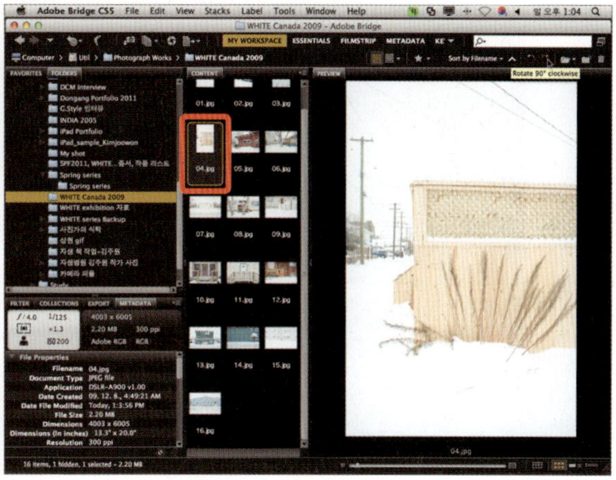

하드 디스크 내에서 자주 사용하거나 열어보는 폴더가 있다면 FOLDERS 패널에서 원하는 폴더를 선택한 뒤 마우스 오른쪽 버튼을 눌러 Add to Favorites를 클릭해 즐겨찾기에 폴더를 추가한다. FAVORITES 패널에서 원하는 폴더를 빠르게 선택할 수 있다.

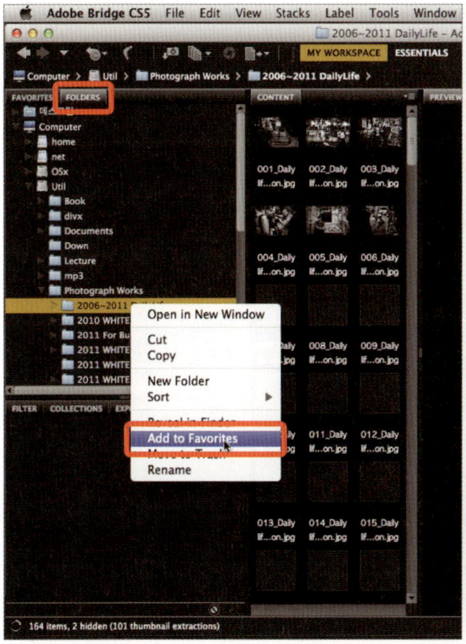

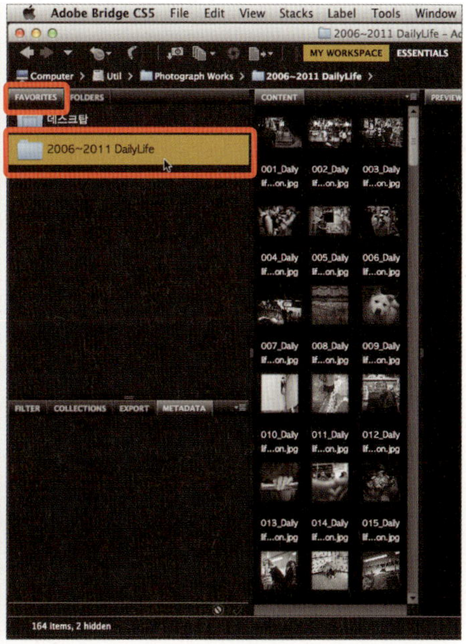

원본 이미지를 브릿지에서 볼 때 시스템 성능이 낮은 컴퓨터에서는 이미지 로딩 속도가 느릴 수 있다. 오른쪽 상단의 작은 네모 아이콘 중 오른쪽 네모 아이콘을 클릭해 Prefer Embedded(Faster)(로딩 속도는 빠르지만 보기 품질은 떨어짐)〈High Quality On Demand(로딩 속도는 느리지만 보기 품질이 뛰어남)〈Always High Quality(항상 높은 보기 품질로 보여주기) 순으로 자신의 컴퓨터 성능에 맞게 보기 화질을 지정한다.

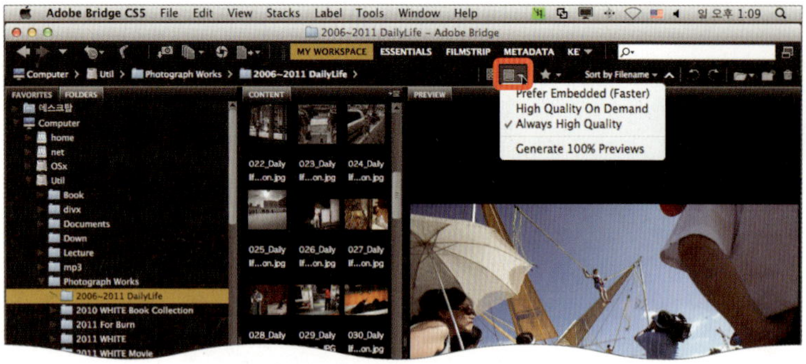

만약 이미지를 볼 때 화질은 약간 떨어지지만 로딩 속도는 빠르게 하여 보고 싶다면 Browse quickly by perferring embeded image 옵션을 켜두면 된다.

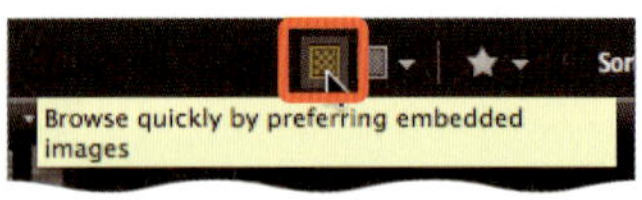

(포토샵 미니 브릿지)

포토샵과 브릿지가 따로 실행되어야 하는 단점을 극복하기 위해 포토샵 자체에서 브릿지를 지원하기 시작했는데 이것을 미니 브릿지(Mini Bridge)라고 한다. 포토샵 상단에 있는 아이콘을 클릭하면 미니 브릿지를 실행할 수 있다. 기본적으로 미니 브릿지는 브릿지의 축소판이며 기능은 거의 비슷하다. 처음 실행하면 활성화되는 작은 창에서 Browse Files을 누르면 브릿지 프로그램을 실행하지 않고도 원하는 이미지를 포토샵 내에서 볼 수 있다.

단출하지만 브릿지의 썸네일 형태로 이미지를 보여주고 있다.

오른쪽 상단에서 Panel View 아이콘을 눌러 Preview Pod를 선택하면 프리뷰 패널이 나온다.

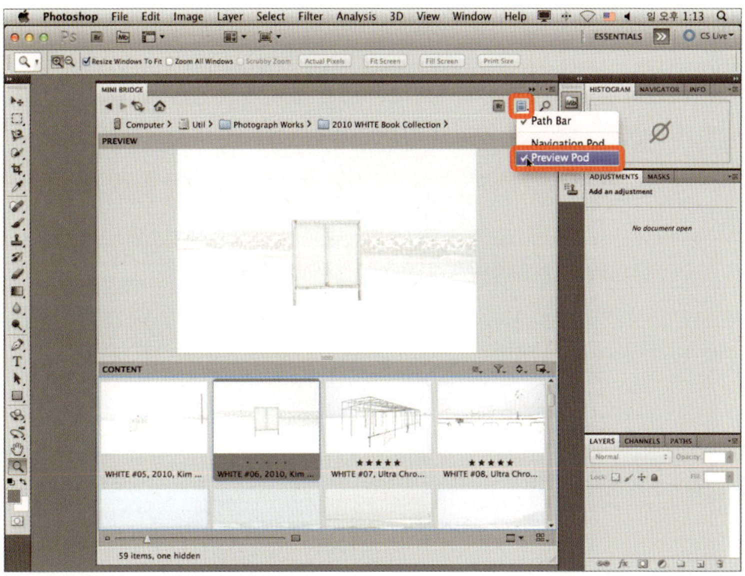

Panel View 아이콘을 눌러 Navigation Pod를 선택하면 브릿지와 거의 비슷한 모양의 미니 브릿지로 변한다. 미니 브릿지는 포토샵을 이용해 작업할 때 브릿지 프로그램을 실행하지 않고도 빠르게 이미지에 액세스하기에 편리한 기능이다.

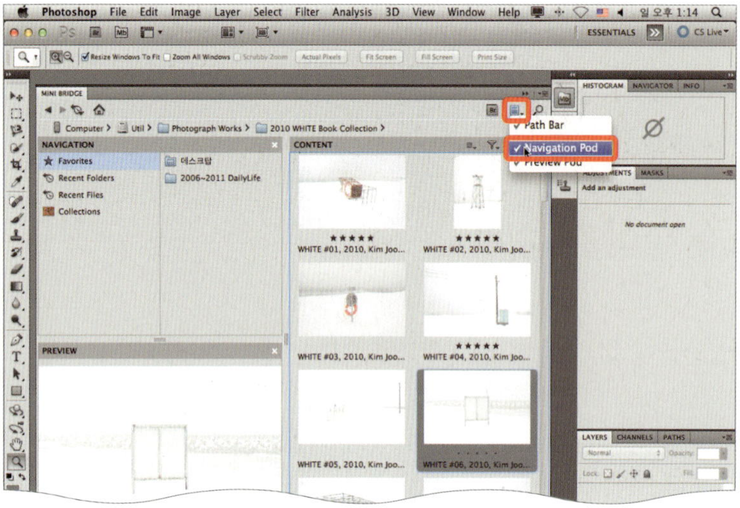

● (브릿지를 이용한 사진 관리)

사진 데이터의 양이 쌓이면 언제 어떤 사진을 촬영했는지 기억해내기란 쉽지 않다. 또 카메라나 렌즈의 종류, 촬영 데이터 등을 확인해보고 싶어도 도저히 찾지 못하는 상황이 발생할 수도 있다. 사진 데이터를 미리미리 정리해두는 습관과 분류하는 습관이 사진가에겐 꼭 필요하다. 자신의 사진을 분류하고 빠르게 찾을 수 있는 방법을 알아보자.

사진 이미지의 블랙박스 같은 역할을 하는 메타데이터를 활용하면 이런 작업이 쉬워지는데, 브릿지의 FILTER 패널은 메타데이터 속의 촬영 날짜, 수정 날짜, 색 공간, 감도, 조리개, 노출, 셔터 스피드, 초점 거리, 렌즈, 카메라, 화이트 밸런스 등을 분석해 빠르게 분류할 수 있게 도와준다.

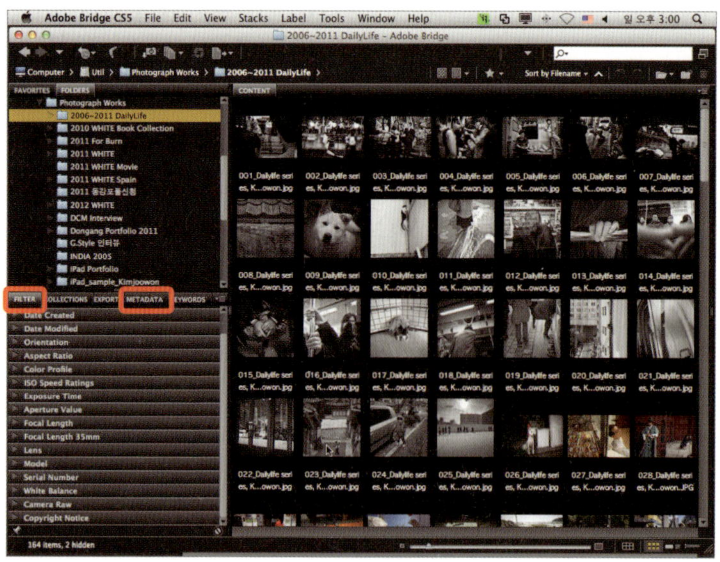

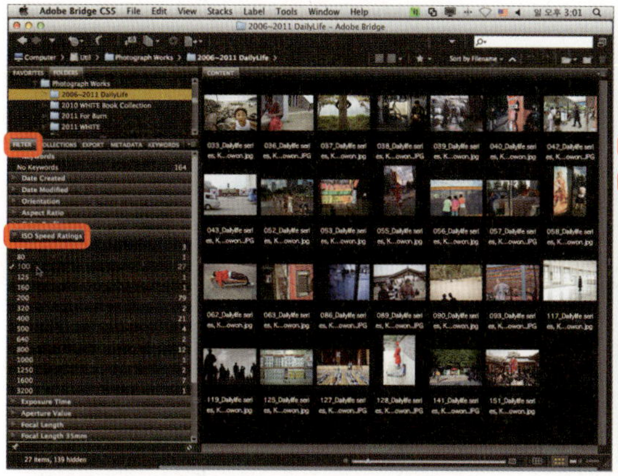

폴더 속의 다양한 이미지들 중 감도에 따라 분류한 화면

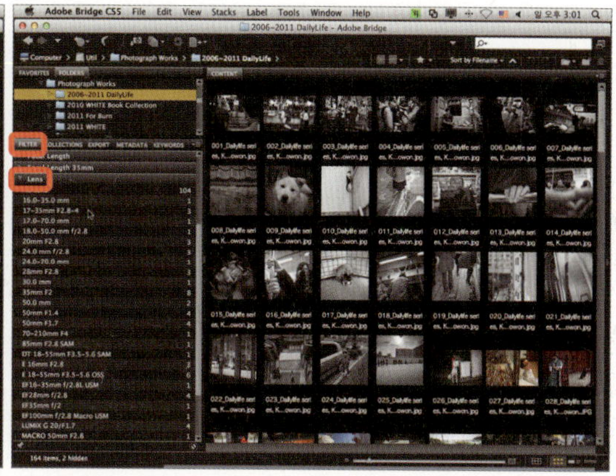

폴더 속의 다양한 이미지들 중 렌즈 종류에 따라 분류한 화면

분류를 할 때 좀 더 세밀하고 세련된 작업을 하고 싶다면 키워드 작업을 해두면 좋다. 키워드에는 사진을 찍을 때의 감정, 촬영법, 날씨, 사람의 이름, 지역명, 기타 자신의 생각 등을 넣으면 된다. 이렇게 해두면 훗날 찾기가 수월해진다.

사진 속에 키워드를 입력하려면 사진 파일을 선택한 후 오른쪽 마우스 버튼을 눌러 File Info를 선택한다. 만약 여러 사진에 동시에 키워드를 입력하고자 한다면 Ctrl 을 누른 채 여러 사진을 선택하고 마우스 오른쪽 버튼을 누른다.

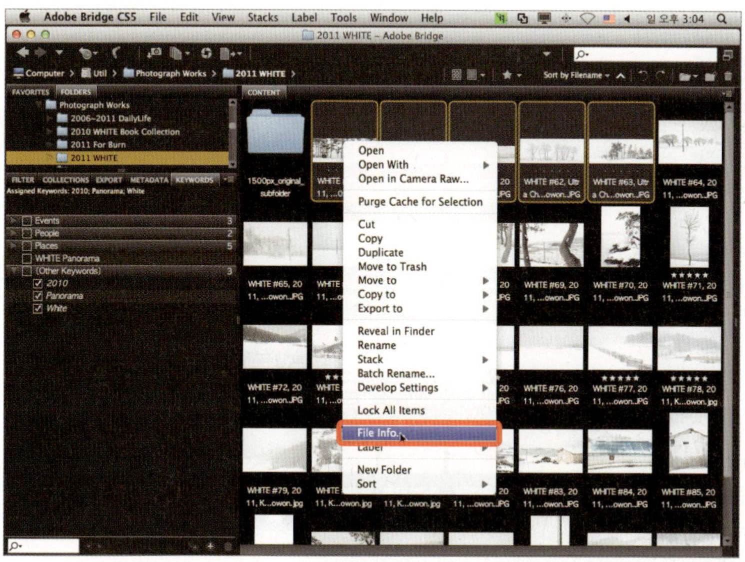

메타데이터를 편집할 수 있는 대화상자가 나타난다. Keywords 항목에 키워드를 입력할 수 있는데 여러 키워드를 동시에 입력하려면 단어 중간에 세미콜론(;)을 붙이면 된다. 예를 들어, [White; Panorama, 2010]

(2010년 파노라마를 한 화이트 작업들)과 같이 해두면 된다. 또 Copyright 항목에 저작권 관련 정보를 설정해 자신의 사진을 보호할 수 있다.

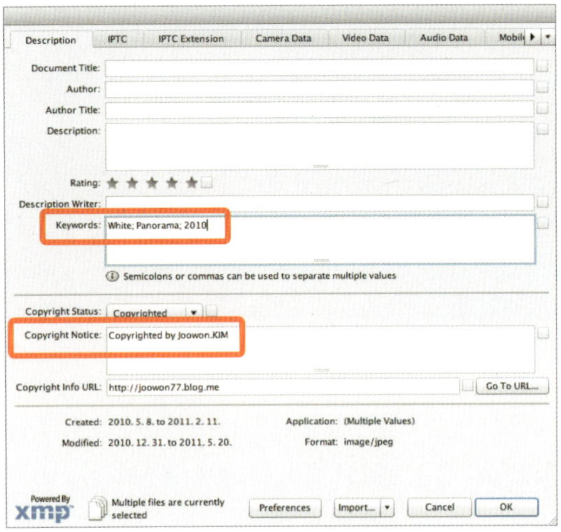

키워드를 입력하면 KEYWORDS 패널에 새로운 키워드가 생성된다.

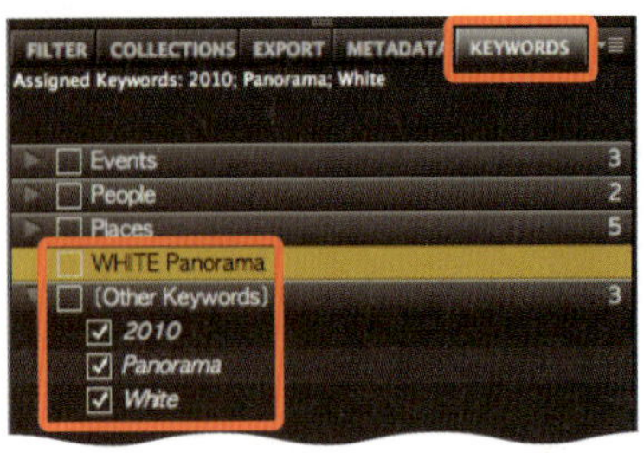

FILTER 패널에서 키워드를 선택하면 앞서 키워드를 입력했던 사진들을 볼 수 있다.

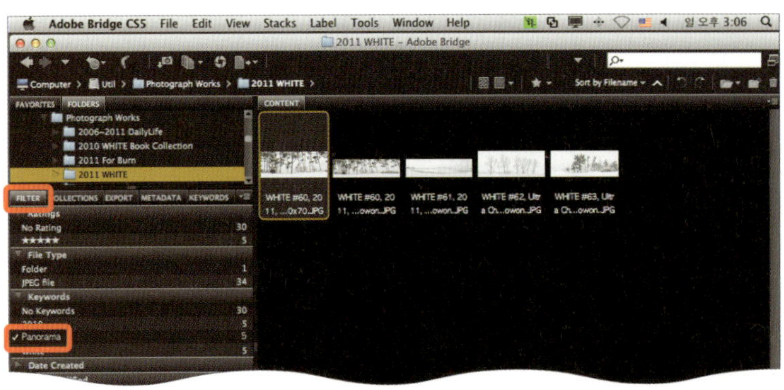

키워드 분류 작업을 해두면 후에 하드디스크에서 사진을 찾기도 편리하다.

브릿지의 오른쪽 위에 있는 Search에서 panorama라고 검색하자 키워드를 입력한 사진들을 하드디스크에서 찾아내 보여준다.

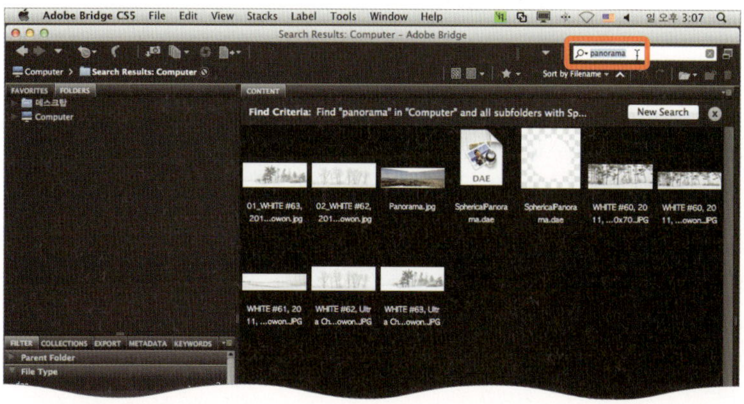

만약 키워드를 입력한 사진이 있는 폴더로 이동하고 싶다면 사진을 선택한 후 마우스 오른쪽 버튼을 눌러 Reveal in Bridge를 실행한다.

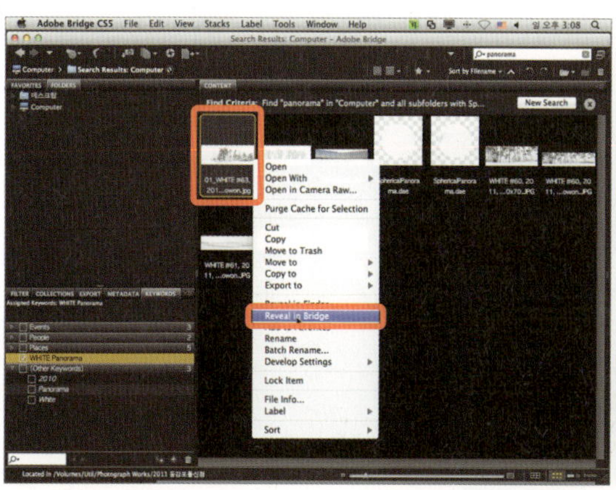

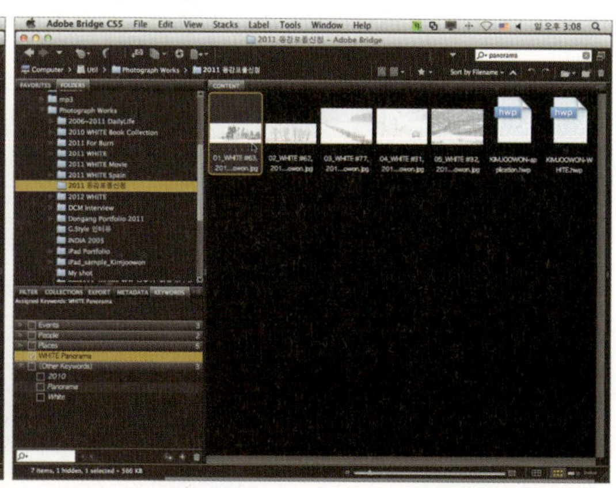

Adobe Bridge 핵심 기능 익히기

사진 작업은 언제나 선택의 연속이다. 촬영할 때는 어떤 피사체를 선택하고 어떤 렌즈를 사용할지 고민한다. 또 조리개와 셔터 스피드, 감도는 어떻게 할 것인지도 선택해야 한다. 그리고 촬영한 사진을 고를 때도 어떤 사진이 더 나은지, 초점은 맞았는지, 내용은 무엇이 더 좋은지 고민해야 한다. 이처럼 최종 사진을 결정하기까지 매 순간 선택의 문제에 놓이게 되는데, 브릿지는 그 절반의 해답을 제시한다.

앞서 키워드를 입력하고 사진을 분류하고 정리하는 과정이 촬영 이후에 이루어지는 선택 과정의 첫 번째라면 두 번째 과정은 그중 최고의 작품을 골라내는 단계이다. 물론 조금 의심스럽거나 아쉬운 사진도 선택 범위에 넣어 훗날 다시 사진을 봤을 때 재검토의 여지를 둘 수 있게 하는 것도 브릿지에서 할 수 있는 일이다. 브릿지의 Stacks, Rating, Label 기능이 바로 그런 일들을 수행한다.

(행사 사진 빠르게 선택하기_Stacks 기능)

결혼식이나 뛰노는 아이들 사진, 스포츠 사진 등을 촬영할 때 카메라의 연사 기능을 활용해서 여러 장을 찍은 후 고르는 경우가 많다. 하지만 연속 컷을 너무 많이 찍게 되면 일일이 확인하며 고르는 일이 굉장히 어려워진다. 브릿지의 스택(Stacks) 기능은 이처럼 연속 촬영에서 발생하는 선택의 문제를 해결해준다. 스택 기능을 활용할 때 FOLDERS, PREVIEW 패널을 사라지게 하고 썸네일만 보고 싶다면 Tab 을 눌러준다.

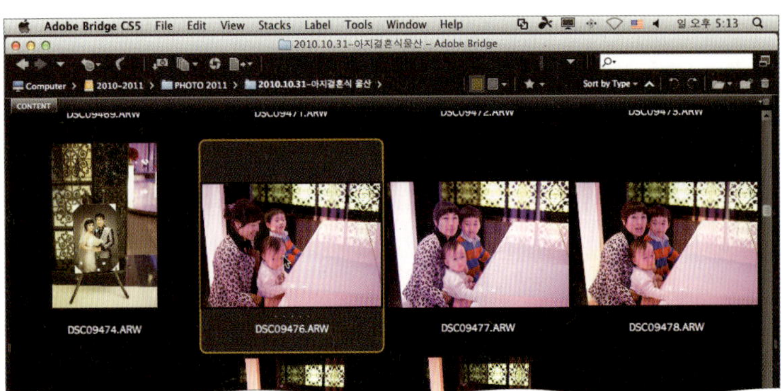

01 비슷한 포즈를 찍은 사진들 가운데 한 장을 고르고자 할 때 이렇게 연속 컷으로 찍게 된다. 비슷한 류의 사진을 빠르게 선택하는 방법은 가장 첫 번째 사진을 마우스 왼쪽 클릭으로 선택한 후 가장 마지막 컷을 Shift 를 누른 채 클릭하면 된다. 만약 한 장씩 선택하고자 한다면 Ctrl 을 누른 채 하나씩 클릭하면 된다.

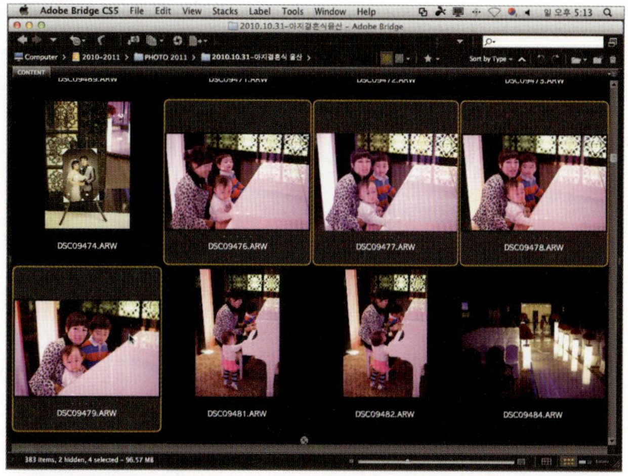

02 [Stacks]>[Group as Stack](Ctrl + G)를 실행하여 여러 사진을 한 묶음으로 스택한다. 여기서는 네 장을 그룹화했다.

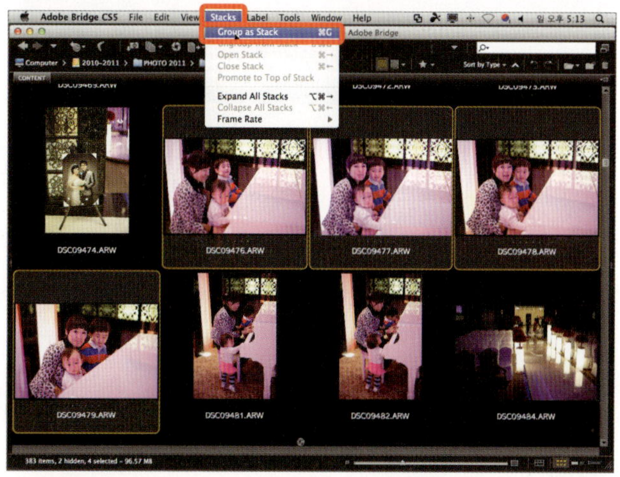

03 리뷰 모드(Ctrl + B)로 들어가면 그룹화한 사진들을 비교해 보여준다. 오른쪽 하단에 있는 화살표의 왼쪽, 오른쪽 키로 사진을 선택할 수 있으며 선택된 사진은 파일 이름이 흰색, 선택되지 않은 사진은 회색으로 보인다.

04 사진의 초점이나 표정을 자세히 확인하고 싶을 때는 원하는 부분에 마우스를 대고 클릭해 돋보기로 확인한다.

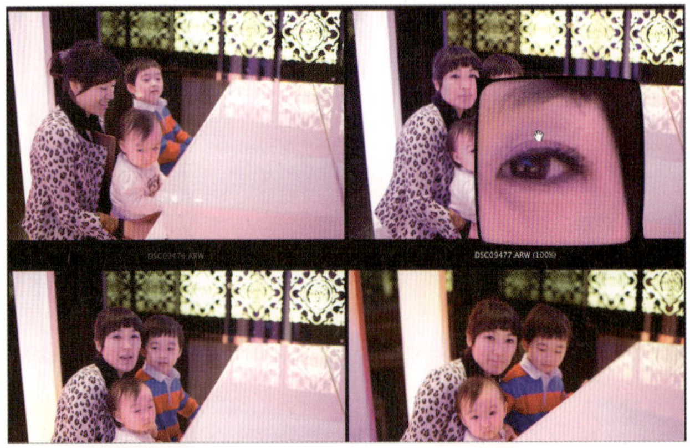

05 잘 찍은 사진이라고 생각되면 Ctrl + 5 를 눌러 Rating(별점)을 준다. 별점은 선택을 빠르게 하기 위한 수단이라고 생각하면 좋겠다. Ctrl + 1 ~ 5 로 별점을 1개에서 5개까지 주는 것이 가능하지만 실제 사진에는 전혀 영향을 미치지 않는다. 그럭저럭 괜찮은 사진이라면 별점 1점, 최고의 사진이라면 별점 5점을 주면 된다.

06 esc 를 눌러 리뷰 모드에서 빠져 나온다. [Stacks]〉[Open Stack]을 실행하면 그룹화되었던 사진이 펼쳐진다. 썸네일 왼쪽 위에 붙은 4라는 숫자는 네 장의 사진이 그룹화되었다는 뜻이다.

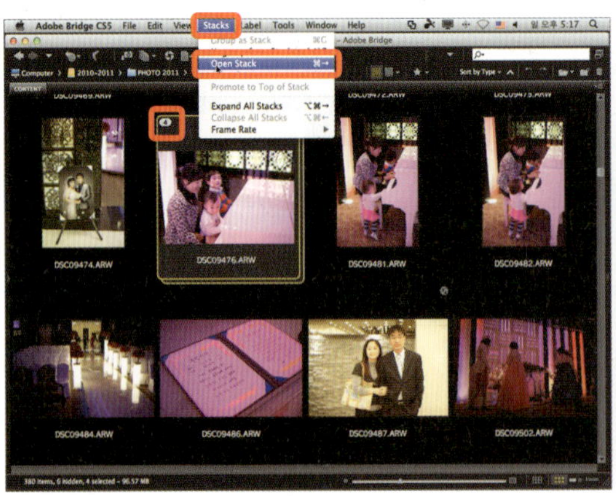

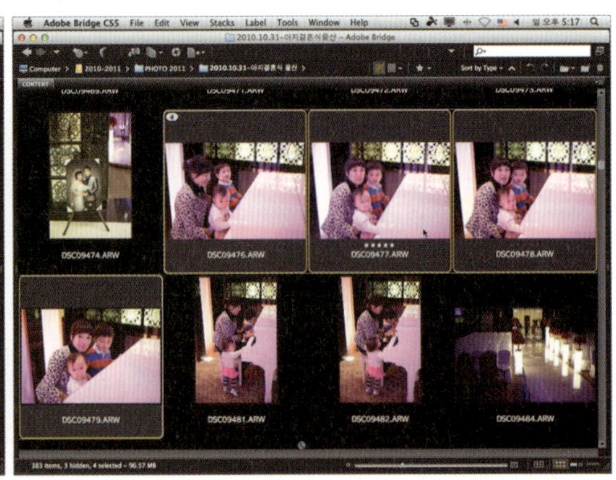

07 Stacks로 그룹화된 사진들 중 좋은 사진에 별점 5점씩을 주었다면 별점을 준 이미지 위에서 마우스 오른쪽 버튼을 눌러 [Stacks]〉[Promote to Top of Stack]을 실행한다. 이렇게 하면 별점을 준 이미지가 그룹화된 이미지 중 대표 이미지로 보여진다. 오른쪽 상단의 별표 아이콘을 클릭한 후, Show 5 Stars(Alt+Ctrl+5)를 누르면 별점을 준 사진들만 따로 확인할 때 Stacks로 묶인 사진들을 볼 수 있다. [Promote to Top of Stack]을 실행하지 않으면 별점을 준 사진이 보이지 않는 현상이 발생하니 주의해야 한다.

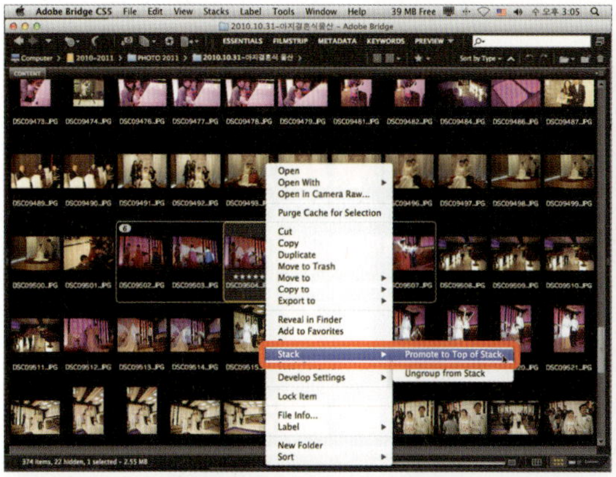

(베스트 컷 뽑기_ Rating+Label 기능)

행사 사진이 아닌 작품 촬영의 경우 연속 촬영이 그렇게 많지 않을 수 있다. 하루 동안 촬영한 다양한 사진 중 베스트 컷을 선택해 작업을 해야 한다면 어떨까? 브릿지에서 한 장 한 장 진지하게 리뷰를 해가며 좋은 사진은 Rating(Ctrl+1~5, 제거는 Ctrl+0) 기능을 이용하여 별점을 준다. 별점은 1개를 주든 5개를 주든 상관 없다. 필자는 보통 편의를 위해서 5개를 많이 사용하는 편이다. 물론 별점을 1~5개까지 나누어 작업할 수도 있지만 별점을 다양하게 쓸수록 고르는 것도 어렵게 느껴진다.

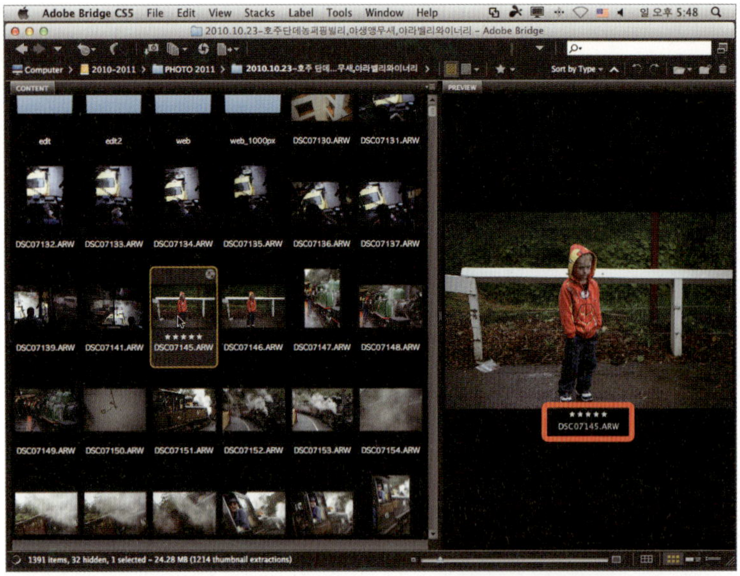

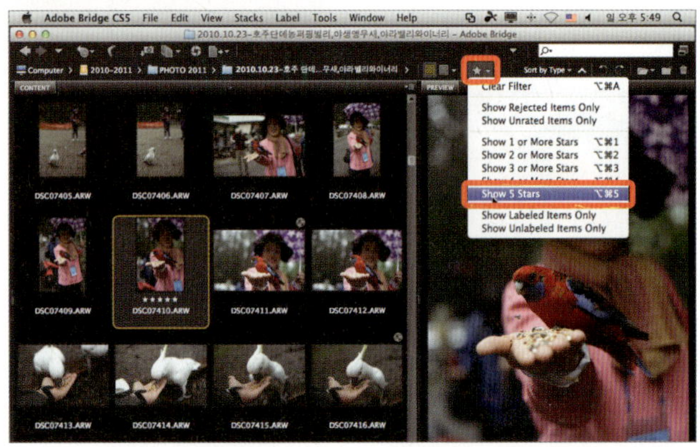

01 신중하게 5개의 별점을 주었다면 브릿지 오른쪽 상단의 별표 아이콘을 클릭한다. Show 5 Star(Alt+Ctrl+5)를 선택하면 별점 5개를 준 이미지만 보이게 된다.

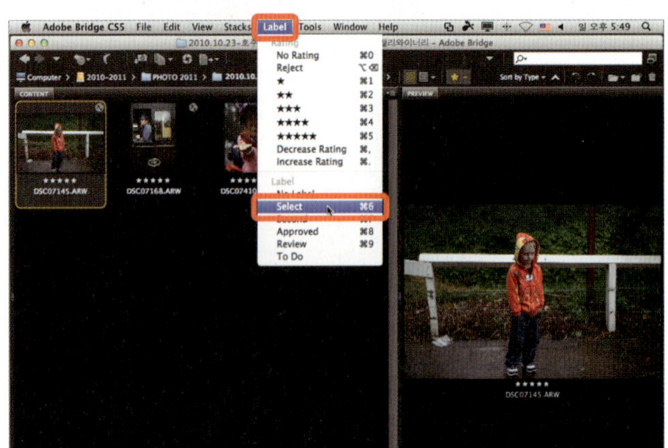

02 만약 별점을 준 최종 세 장의 이미지 중에서 마지막으로 두 장을 선택해야 한다면? 더 이상 별점을 줄 수 없으므로 Label 기능을 활용한다. [Label]>[Select, Second, Approved, Review, To Do] 등의 이름이 있으나 이름만 다르게 구분해놓은 것이니 원하는 것을 선택한다. 선택이라는 뜻의 [Select](Ctrl+6)가 별점 이후의 최종 선택 기능과 어울린다.

03 [Select](Ctrl+6)를 선택하면 붉은색 띠 모양의 라벨이 붙는다. 별표 아이콘을 눌러 Show Labeled Items Only를 선택하면 Select 라벨을 적용한 두 장의 사진만 남게 된다.

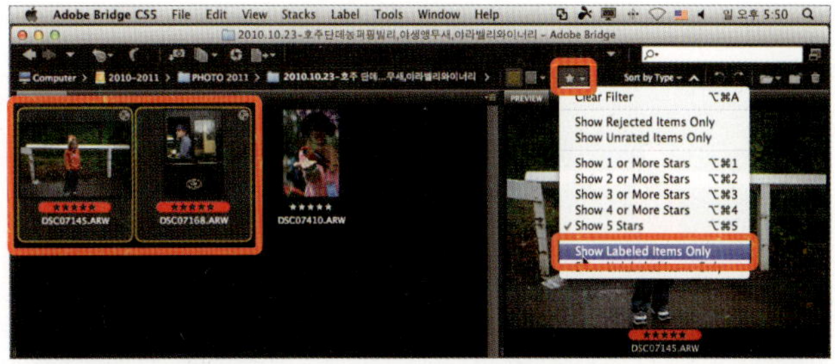

04 다시 전체 이미지를 보려면 Clear Filter(Alt+Ctrl+A)를 선택한다. Rating, Label 등은 언제든 다시 지정하거나 제거할 수 있다. 실제 이미지 파일에 영향을 미치는 것이 아니라 브릿지에서만 가상으로 제공하는 기능이므로 혹시 실수로 별점을 줘도 걱정할 필요가 없다. 만약 별점 5개를 적용하고 싶다면 Ctrl+5, 별점 5개를 제거하려면 Ctrl+0을 눌러주면 된다.

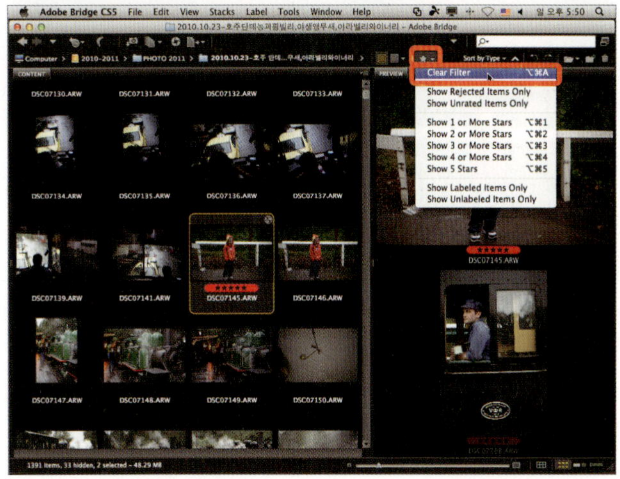

(연작 사진 순서 변경과 일괄 이름 변경하기_Batch Rename 기능)

한두 장의 사진에서 순서를 변경하거나 이름을 변경하는 일은 쉽다. 하지만 여러 장의 사진을 동시에 블로그에 올리거나 연작 사진의 순서를 정해 이름을 하나씩 바꾸기란 어려운 일이다. 브릿지를 활용하면 사진의 순서를 간단하게 바꿀 수 있다. 원하는 사진을 선택한 뒤 원하는 곳으로 드래그하기만 하면 된다.

01 순서를 바꾸었다고 윈도우 탐색기 등에서 실제 순서가 바뀌는 것은 아니므로 이름을 변경해주어야 한다. 한꺼번에 이름을 변경하려면 이름을 변경하고자 하는 파일을 먼저 선택해야 한다. 전체를 선택하고 싶으면 Ctrl + A 를, 하나씩 선택하고 싶다면 Ctrl 을 누른 채 마우스로 사진들을 클릭하면 된다. 일괄 이름 변경은 [Tools]〉[Batch Rename](Shift + Ctrl + R)을 실행한다.

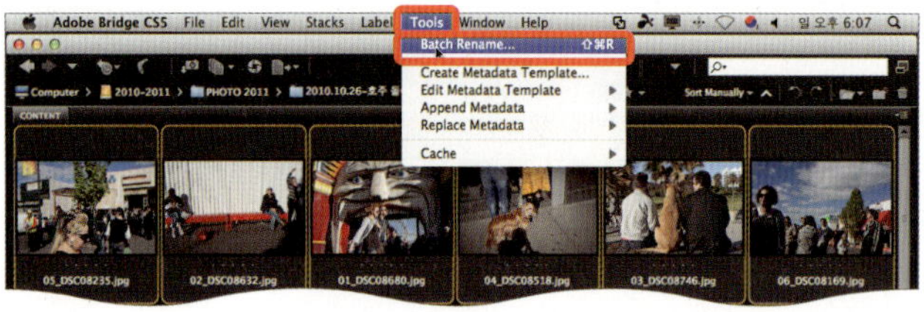

02 [Batch Rename] 대화상자의 Destination Folder 항목에는 Rename in same folder(같은 폴더에서 이름 바꾸기), Move to other folder(다른 폴더로 이동하며 이름 바꾸기), Copy to other folder(다른 폴더에 복사하며 이름 바꾸기)의 세 가지 옵션이 있다. 파일 관리에 숙련된 전문가라면 Rename in same folder를 선택하여 원본 이름을 바꿔주겠지만 아직 익숙하지 않은 사용자라면 다른 폴더에 복사하는 Copy to other folder를 선택하자.

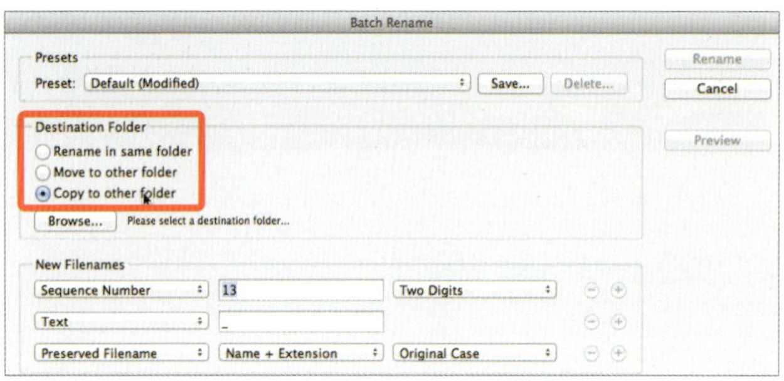

03 Copy to other folder를 선택했다면 이 파일들이 복사될 위치를 지정해야 한다. 새로운 폴더를 만들어 복사하는 것이 좋다.

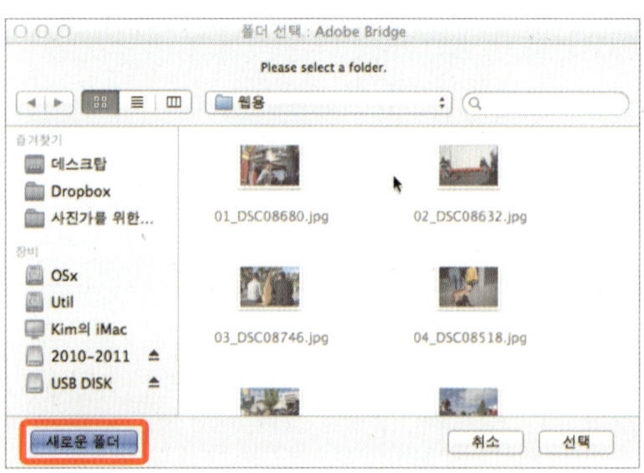

04 파일만 복사하는 것이 아니라 이름을 바꾸면서 복사할 예정이므로 New Filenames 항목에서 첫 번째는 Sequence Number를 지정하고 두 번째는 Text를 지정해 이름을 복사한다. Text는 시리즈의 제목을 자신이 알아보기 쉽게 정하면 된다. 여기서는 Aus_2010_Street로 입력한다.

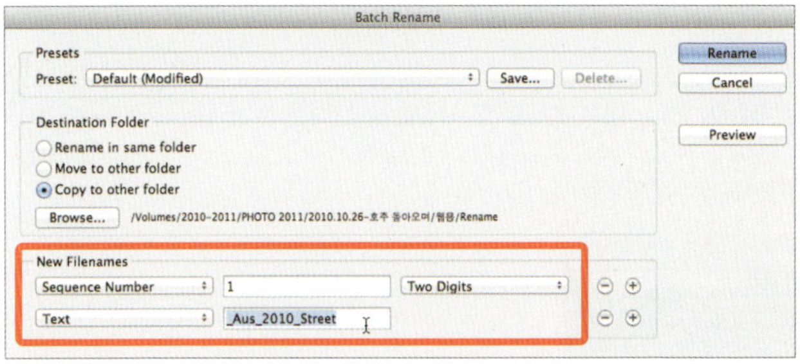

05 보통 윈도우 탐색기에서 이름순으로 정렬하면 숫자가 가장 앞에 오기 때문에 아래와 같은 형식으로 이름을 바꾸는 것이 좋다. 만약 100장이 넘는 사진의 이름을 바꾼다면 Sequence Number를 Two Digits가 아닌 Three Digits의 세 자리 수로 바꾸어준다. Sequence Number의 첫 숫자를 지정할 때 가장 앞자리 수가 01이면 02, 03, 04 순의 파일 이름이 생기게 되며 만약 50으로 지정한다면 50, 51, 52의 순으로 이름이 변경된다.

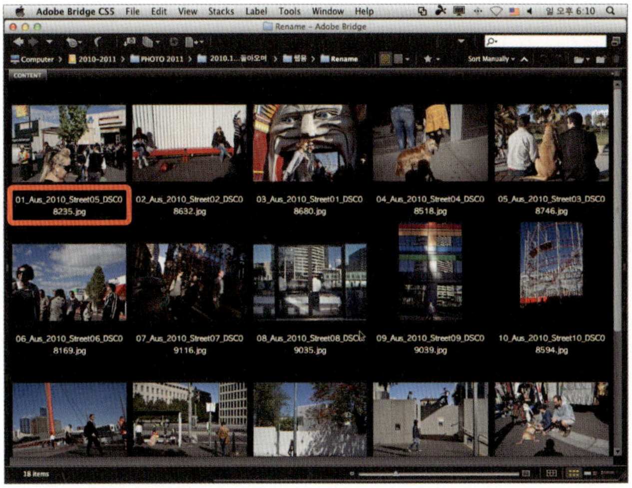

01_Aus_2010_Street, 02_Aus_2010_Street, 03_Aus_2010_Street와 같은 이름으로 파일이 생성되었다. 연작이나 시리즈 사진의 경우 사진 순서가 매우 중요하다. 앞뒤의 사진에 따라 사진 전체의 내용이 바뀌기 때문이다. 브릿지의 사진 순서 변경과 Batch Rename은 사진가가 이런 일을 효과적으로 할 수 있도록 도와주는 훌륭한 기능이다.

● (사진 사이즈 한꺼번에 변경하기_ Export to 기능)

이런 경험을 해본 적이 있을 것이다. 친구 결혼식 사진을 찍었는데 수백 장의 사진을 한꺼번에 메일로 보내줘야 한다든가, 미니 홈피나 블로그에 올릴 사진을 한꺼번에 리사이즈해야 하는 포토샵에서 한 장 한 장 수정하고 리사이즈하는 일은 번거롭다. 브릿지의 Export(내보내기) 기능을 활용해보자.

01 Export 기능을 사용하려면 먼저 파일을 선택해야 한다. 내보내기를 할 사진들을 선택한 후 [File]〉[Export to]〉[Hard Drive]를 실행한다.

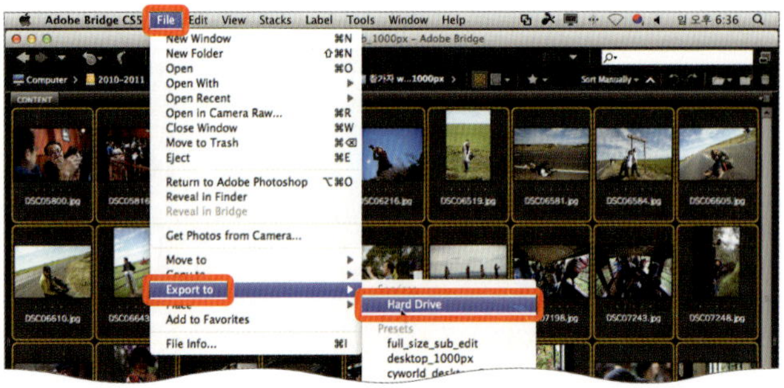

02 [Export] 대화상자에서 Destination은 보낼 곳을 설정하는 단계다. Location 항목에서 Export to Specific Folder를 선택한 후 Browse에서 자신이 원하는 폴더를 지정한다. 만약 폴더 안의 하위 폴더에 파일을 복사하고 싶다면 Save to Subfolder Named를 선택한 후 원하는 폴더 이름을 지정한다.

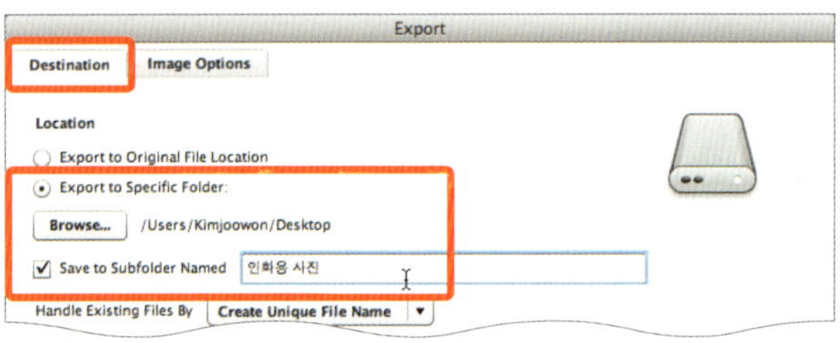

03 Image Options에서는 Image Size and Quality 항목이 중요하다. 만약 이미지 크기를 바꾸지 않고 보내겠다면 Don't Resize를 선택하고, 이미지 크기를 바꿔서 보내고 싶다면 Manual Size를 선택해 크기를 정해줘야 한다.

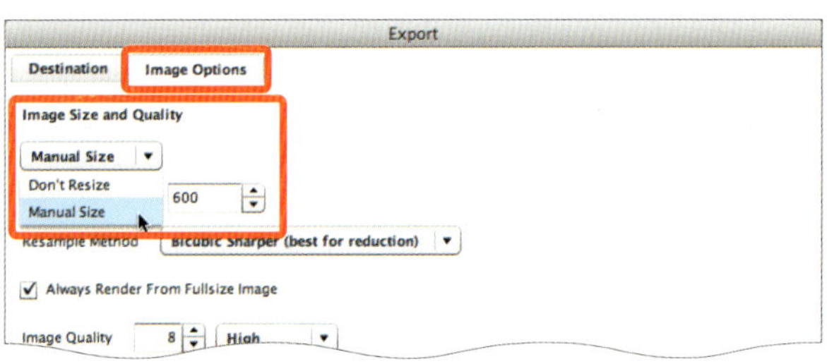

04 Constrain To Fit에 숫자를 지정하면 가로, 세로 중 긴 변의 크기를 지정할 수 있다. 예를 들어 싸이월드 미니홈피에 올릴 사진이라면 550픽셀, 네이버 블로그라면 900픽셀 정도로 지정한다. 이때 Resample Method를 Bicubic Sharper (best for reduction)로 지정하면 이미지를 줄이면서 샤픈을 주므로 작아진 사진이 흐려지는 문제를 방지해준다. Image Quality 부분은 웹용이라면 9~11, 인화용이라면 12로 지정한다. 숫자가 높을수록 화질이 뛰어나지만 용량이 커진다.

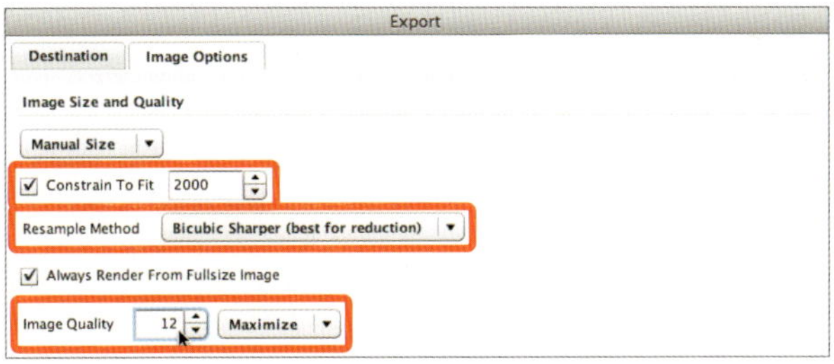

05 이렇게 Export 옵션을 프리셋으로 지정해두면 빠르게 메일이나 웹용 이미지를 만들 수 있다. Preset Name에 자신이 원하는 프리셋 이름을 지정하고 Save 버튼을 누르면 프리셋이 지정된다.

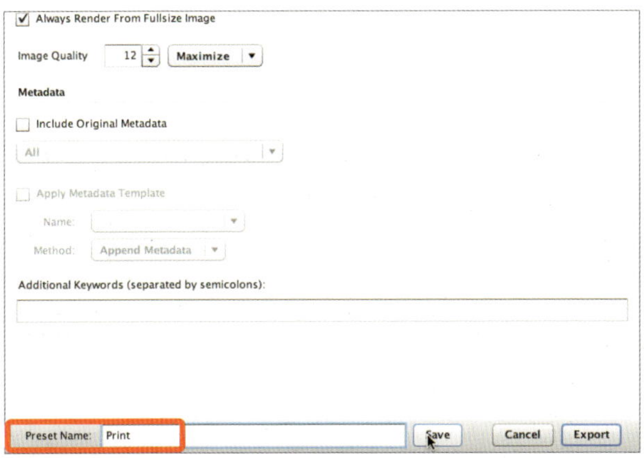

06 다음부터는 자주 사용하는 프리셋을 클릭만 하면 자동으로 리사이즈하고 내보내기를 실행한다.

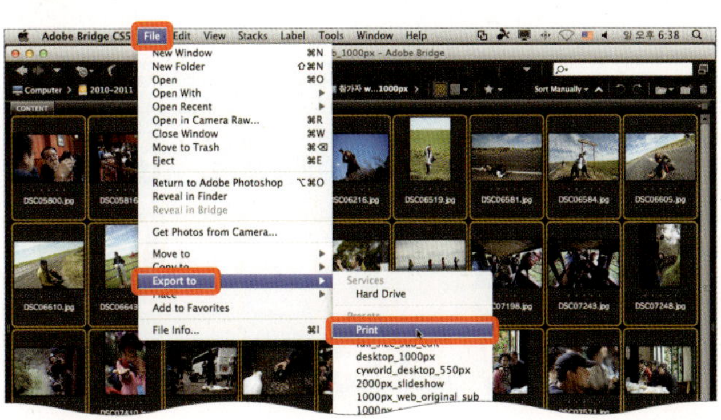

탁월한 사진 리뷰어, 어도비 브릿지

필자는 여러 사진 강의와 사진 워크숍 강사로 활동하면서 거의 브릿지로 학생들의 사진을 리뷰하고 비평한다. 포토샵 버전이 계속 업그레이드되면서 브릿지 역시 속도와 기능이 많이 향상되었다. 브릿지는 각종 이미지 파일을 지원하는데 사진을 보여줄 때 아름다운 인터페이스로 사진에 더 집중하게 만든다. 특히 사진의 순서를 변경해 연작 사진의 흐름을 파악하고 리뷰 모드에서 여러 사진을 비교할 수 있게 하는 기능은 사진 작업을 하는 이에게는 반드시 필요한 기능이다.

보통 사진 워크숍에 강사로 참여하면 학생들이 촬영한 사진을 하드디스크로 백업 받고 학생 이름 별로 폴더 작업을 한다. 그리고 브릿지에서 사진을 보여주며 사진 전체의 맥락과 주제, 시각적 흐름과 내용의 전개 등을 리뷰하는 방식으로 한 장 한 장 비평을 진행한다. 또 워크숍 마지막에는 슬라이드 쇼 기능을 이용해 그동안 촬영한 사진들을 음악과 함께 보여준다.

많은 이들에게 브릿지가 단순한 뷰어의 역할로만 인식되는 것이 안타깝다. 여러분 스스로 자신의 사진을 진지하게 리뷰하고 선택하고 관리하는 시간, 사진에 대해 집중력을 가지고 생각할 시간을 가질 수 있도록 브릿지의 다양한 기능을 익히고 활용해보자.

01 메뉴에서 [File]>[New Windows](Ctrl+N)를 실행하면 두 개 이상의 브릿지를 동시에 실행할 수 있다.

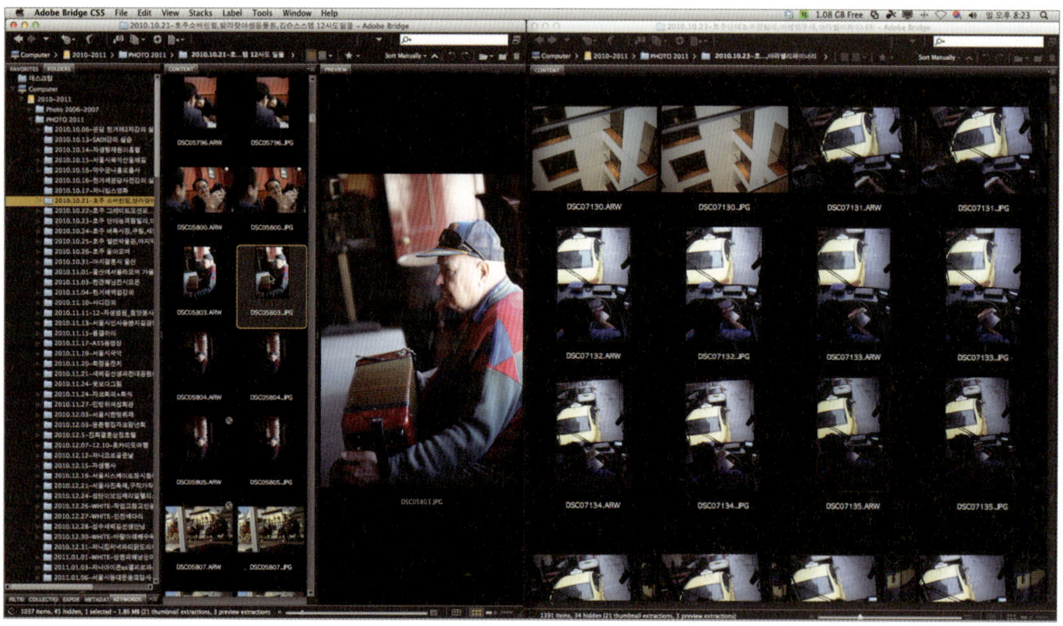

02 여러 장의 사진을 선택한 후 메뉴에서 [View]>[Review Mode](Ctrl + B) 기능을 이용해 사진을 리뷰하고 비평한다. 미려한 인터페이스가 사진에 집중하게 한다.

03 여러 장의 사진을 선택한 후 [View]>[Slideshow Option](Shift + Ctrl + L)을 실행하고 슬라이드 쇼의 시간, 효과, 속도 등을 지정하면 아름다운 사진 슬라이드 쇼를 감상할 수 있다.

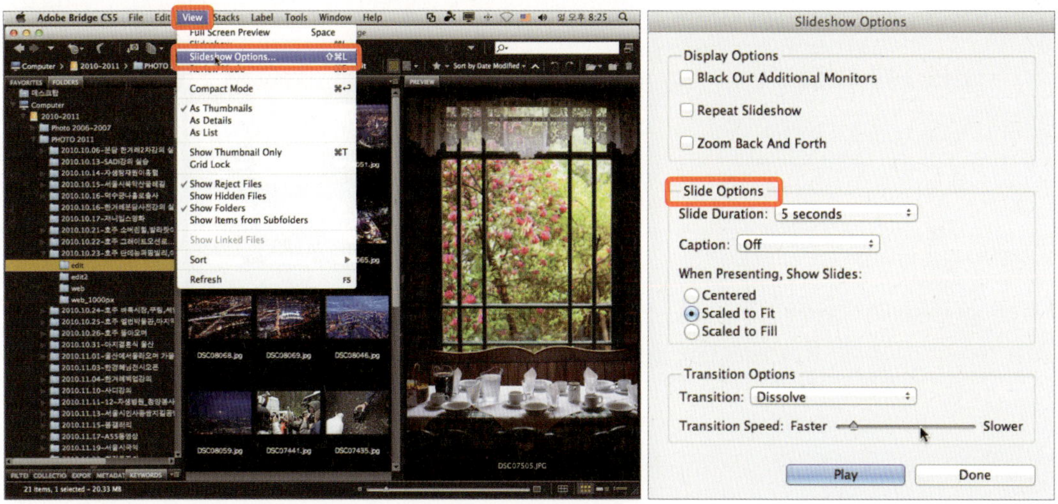

(Chapter) 03

Adobe Photoshop Camera Raw 프로그램 익히기

디지털 이미지 수정이 어렵게 느껴지는가? 아직도 포토샵의 수많은 툴을 외운다고 고군분투하고 있는가? 이미지를 가장 빠르고 쉽게 그리고 확실하게 편집할 수 있는 방법이 있다. 바로 RAW 파일로 촬영하고 Camera Raw에서 이미지를 보정하는 것이다. 포토샵에서 기본으로 제공되는 Camera Raw 플러그인은 포토샵의 광범위한 기능들을 축약해놓았다고 해도 과언이 아니다. 심지어 이것만 있으면 포토샵을 열지 않고도 훌륭한 이미지 편집이 가능하다. Camera Raw 플러그인의 핵심 기능을 익혀 자신의 사진에 반영해보자.

Camera Raw 플러그인 이해하기

아날로그 필름을 사용할 때는 필름의 종류에 따라, 현상소에서 어떤 방식으로 현상하고 인화했는지에 따라 사진의 품질이 달라졌다. 반면 디지털 시대에는 사진가가 촬영〉선별 작업〉리터칭 작업〉프린팅 작업에 이르기까지 '사진을 만드는 대부분의 과정'에 참여하게 되므로 모든 이미지는 작가의 주관적 통제 아래 놓이게 된다.

주관적 통제라는 말이 딱딱하게 들릴 수도 있지만 사실은 디지털 사진 시대에 이르러 이미지를 표현하는 완전한 자유에 이르렀다고 할 수 있다. 여러분은 이제 디지털카메라로 멋진 풍경을 촬영한 뒤 포토샵에서 원하는 색감을 더할 수 있다. 그리고 독특한 질감의 종이에 아름다운 프린팅을 하거나 웹 갤러리에 사진을 올려 전 세계에 있는 많은 친구들과 내 작품을 공유할 수 있다. 게다가 어두운 암실에서 화학 약품의 독한 냄새를 견뎌가며 현상하지 않아도 된다. 즉 훨씬 자연 친화적인 사진 작업이 가능해졌다.

여전히 필름 시절의 그 독특한 입자감과 색감을 그리워하는 이도 많지만 수요에 의해 공급이 결정되는 시장의 원리로 볼 때 결국 디지털 이미지로 완전히 이동하게 될 것이다. 필름이든 디지털 이미지든 본질적으로 사진 속에 담긴 내용, 사진가가 보고자 했던 대상이나 풍경은 같다. 이제 여러분이 집중해야 할 것은 '디지털 이미지를 어떤 방식으로 현상하고 이미지에 어떤 느낌을 더할 것인가'이다. 디지털 이미지를 쉽게 생각하는 이도 있지만 필자는 훨씬 더 장인정신이 요구되는 분야라고 생각한다. 이 모든 과정에 디지털카메라의 RAW 파일이 있다.

디지털 시대에는 사진 결과물을 만드는 모든 과정에 참여하는 능동적인 사진가가 살아남는다.

카메라의 색감 vs 작가의 감성

인터넷 사진 클럽의 게시판에 들어가면 캐논의 색감은 어떻고 니콘의 색감은 어떻다는 식으로 자신이 갖고 있는 카메라 기종에 대한 자부심과 타 기종에 대한 험담을 흔히 볼 수 있다. 필자는 이런 글들을 보면서 늘 궁금했다. 왜 이런 소모성 논란이 항상 생기는가? 모든 카메라가 표준이 되는 색을 지향하면 안 되는 것인가? 사진 자체에 대한, 사진 내용에 대한 진지한 이야기를 할 수는 없는 걸까?

카메라 기종에 따른 색감 이슈는 제조사에서 추구하는 색감에 따르는 일이다.

디지털카메라의 메뉴에는 풍경, 인물, 흑백 등 제조사에서 미리 설정한 세팅이 있다. 이를 프리셋이라 하며, 변경할 때마다 조금씩 다른 세팅으로 촬영된다. 프리셋은 보통 JPG 파일에 적용되므로 사람들은 대부분 JPG 파일의 색감 등을 기준으로 사진의 퀄리티를 판단한다. 하지만 전문가(디지털 이미징 전문가, 사진작가) 입장에서는 RAW 파일이라는 훌륭한 대안이 있기 때문에 이런 소모성 논란은 의미가 없다.

RAW 파일로 촬영한다면 카메라 자체의 프리셋은 크게 의미가 없다.

대부분의 디지털카메라는 RAW 파일을 지원하며 RAW 파일은 제조사의 데이터가 아닌 사용자의 데이터에 의존한다. 따라서 RAW 파일은 주관적이지만 그만큼 작가의 주도 아래 이미지에 느낌을 더할 수 있는 파일이다. 물론 JPG 파일로도 가능한 일이지만 최종 결과물의 품질을 따진다면 RAW 파일이 정답이다. 또 여러분이 사진을 촬영하는 목적이 캐논이나 니콘의 색감을 그대로 내는 것이 아니라면 RAW 파일로 촬영하고 후작업하는 습관을 길러 자신만의 주관적인 데이터를 갖는 게 중요하다. RAW 파일을 다루는 툴은 크게 네 가지다. 제조사에서 제공하는 RAW 파일 컨버팅 프로그램, 상용 프로그램인 포토샵과 라이트룸, 애플의 어퍼쳐 같은 툴이다. 여기서는 포토샵 내장 플러그인인 Camera Raw를 통해 RAW 파일을 수정하고 변환하는 방법에 대해 배우게 될 것이다.

(RAW 파일과 Camera Raw 플러그인의 장점)

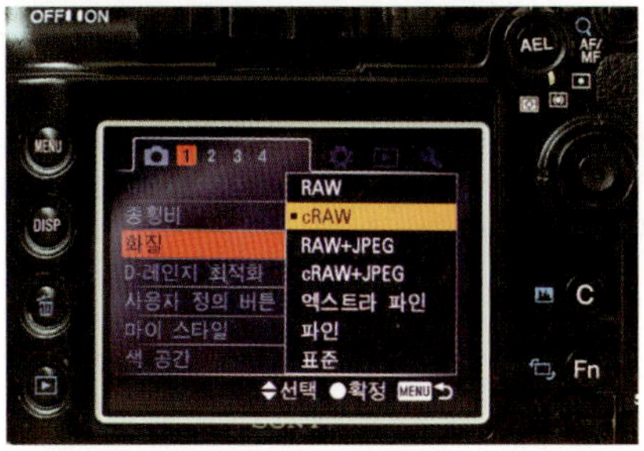

대부분의 DSLR에서는 RAW 파일과 JPEG 파일을 선택할 수 있다.

RAW 파일은 수정하다가 실수를 해도 다시 원상태로 되돌릴 수 있으며 색 공간, 비트 심도, 해상도 등을 자유롭게 바꿀 수 있다. 특히 촬영한 후에 노출과 화이트 밸런스, 노이즈 등을 수정할 수 있다는 점은 JPG 파일 수정에 비해 훨씬 더 효율적이다. 또 수정한 내용을 다른 사진에도 그대로 적용할 수 있으므로 여러 사진을 한꺼번에 편집하기에도 좋다.

카메라의 JPEG 모드에서는 파일 자체를 압축하는 방식으로 저장하게 되는데 우리 눈에 보이지 않는 미세한 정보를 제거하고 저장한다. 이와 다르게 RAW 파일은 데이터를 압축하지 않고 가공하지 않은, 그야말로 '날것'이기 때문에 Camera Raw 플러그인에서 입맛대로 수정할 수 있다.

RAW 파일의 유일한 단점은 용량이 크다는 점인데 지금은 메모리나 하드디스크의 가격이 무척 저렴해졌기 때문에 RAW 파일을 안전한 사진 보험이라 생각하고 이용하면 좋겠다.

포토샵 내장 플러그인인 Camera Raw의 장점은 매우 쉽고 직관적이라는 점이다. 포토샵으로 JPG 파일을 수정하려면 툴 사용법을 일일이 익힌 뒤에 작업을 해야 한다. 반면 Camera Raw 플러그인은 조정 툴의 색깔만 보면서 사진을 어떤 방향으로 수정할 것인지 결정할 수 있다.

Preview에 수정 효과가 실시간으로 반영된다. 수정 툴 역시 직관적이고 다루기도 쉽다.

Camera Raw 플러그인 설치하기

포토샵을 설치하면 Camera Raw 플러그인이 함께 설치되기는 하나 카메라 신기종이 나오거나 새로운 기술이 적용되면 항상 업데이트를 해줘야 한다. 또 포토샵에서 자동 업데이트를 지원하기도 하지만 작동이 되지 않을 때는 수동으로 해야 한다. 수동으로 업데이트할 때는 www.adobe.com에 접속하여 Downloads에서 새로운 버전을 확인하고 다운로드하여 설치하면 된다.

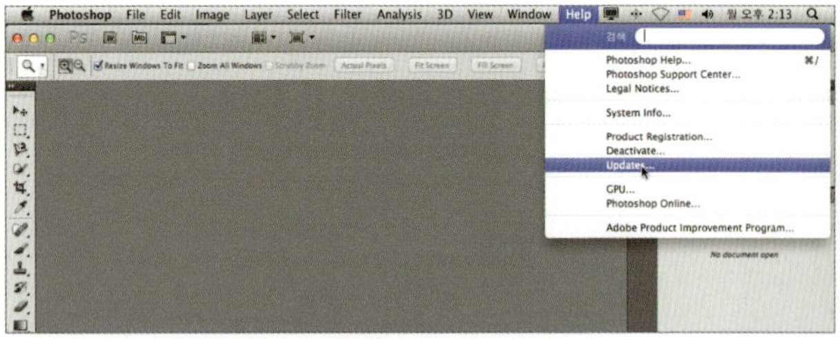

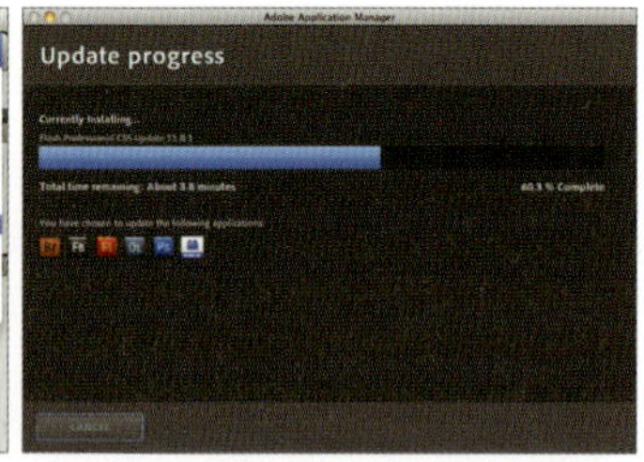

Camera Raw 플러그인 자동 업데이트 : [Help]〉[Updates]를 실행하면 포토샵과 브릿지의 업데이트도 자동으로 실행된다.

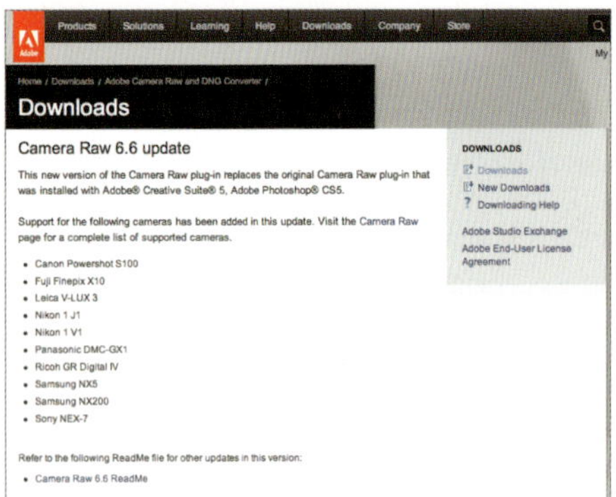

Camera Raw 플러그인 수동 업데이트 : 자동 업데이트가 되지 않는다면 어도비 홈페이지에서 다운로드하여 설치하도록 한다.

무엇을 수정하나?_ 사진에 말 걸기

사진 수정에 앞서 생각해야 할 것은 '도대체 무엇을 수정할 것인가?'이다. 다시 말하면 사진을 수정하고자 하는 목적이 있어야 한다는 것이다. 단순히 더 뛰어나게 수정한다거나 더 좋게 수정한다는 말은 너무 모호해서 목적이 만들어질 수 없다. 노출을 향상시켜 좀 더 밝은 느낌으로 만든다든지, 색감을 따뜻하게 해서 보는 이들에게 따뜻함을 전달한다든지, 콘트라스트를 높여 강한 이미지를 만든다든지와 같은 뚜렷한 목적이 있어야 한다. 사진 수정 작업은 모두 촬영자의 주관에 따르기 때문이다. 이러한 목적이 있으면 몇 가지 수정만으로 작업은 끝난다. 그러나 목적이 없다면? 툴도 이것저것 건드려보고 색감도 이리저리 자꾸만 바꿔보게 된다. 이 사진도 좋은 것 같고 저 사진도 좋은 것 같다. 먼저 사진이 말하고자 하는 것, 내가 전달하고자 하는 메시지를 생각해보자. 이것을 '사진에 말을 거는 과정'이라고 한다. 먼저 할 일은 사진을 있는 그대로 뚫어져라 보는 것이다. 그리고 수정 후의 이미지를 상상해본다. 이 단계가 가장 처음이다. 물론 말을 걸지 않는 이미지도 있다. 계속 봐도 아무 느낌이 없다면 사진 자체에 내용이 없을 확률이 높으므로 다시 나가 새롭게 촬영하는 수밖에 없다.

사진에 어떤 효과를 적용할까? 수정에 앞서 사진에 말 걸기 작업이 우선이다.

(대상과 배경, 사진 속에서 주제 찾기)

사진 속에서 말하고자 하는 것을 찾았다면 말을 건네는 주체나 대상이 무엇인지 파악해야 한다. 사진 속에는 주제가 되는 대상이 있고 배경이 있다. 생각해보자. 대상이 중요한가? 배경이 중요한가? 가끔 이런 사진을 본다. 대상이 먼저인지 배경이 먼저인지 알 수 없는 사진. 연극 무대로 친다면 배우보다 배경이 돋보이는 환경이다. 항상 주제가 되는 대상이 중요하다. 배경의 색감이나 톤은 주제를 뒷받침해야 한다. 대상을 돋보이게 하는 수정 방법이 올바른 수정 방법이다. 이것을 인식한다면 목적성이 확실해진다. 여러분이 찍은 사진 속에서 가장 돋보여야 할 주인공을 먼저 찾는 것이다. 그리고 그 주인공의 느낌과 전체에서 말하고자 하는 의미를 되새기며 사진 수정 작업에 들어간다. 이것이 사진 이미지로의 여행, 그 첫걸음이다.

항상 주인공을 돋보이게 하는 수정이 중요하다. 사진에서 말하는 주제, 보여주고자 하는 것이 무엇인지 파악한 후 수정 작업에 들어간다.

Camera Raw 플러그인 핵심 기능 익히기

처음 Camera Raw 플러그인을 접하면 너무 많은 수정 메뉴 때문에 당황할 수도 있다. 하지만 차근차근 시작해나가다 보면 익숙해질 것이고 편리함을 느낄 것이다. RAW 파일의 장점은 아무리 수정해도 원본 이미지가 손상되지 않는다는 점이며 포토샵 기능을 몰라도 대부분의 수정을 Camera Raw 플러그인에서 쉽게 할 수 있다는 점이다. 그럼, 작은 포토샵이라 불리는 Camera Raw 플러그인의 핵심 기능을 살펴보자.

(작은 포토샵 Camera Raw 플러그인)

• **예제 사진** : cd–part2 〉 ch3–2 〉 예제파일 〉 01.ERF

01 RAW 파일을 어도비 브릿지에서 확인한 후 더블클릭하면 Camera Raw 플러그인에서 열린다. 기본적으로 수정하지 않은 상태의 파일을 볼 수 있다.

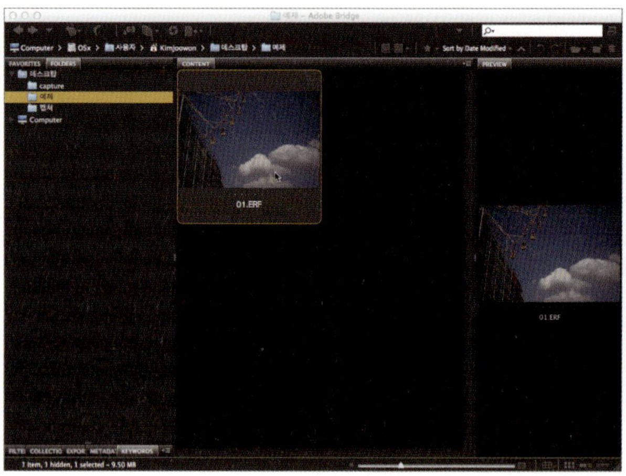

02 F를 누르면 풀 스크린 모드로 수정 작업을 할 수 있다.

03 작동 방식과 단축키가 포토샵과 비슷하다. 이미지를 확대해 보려면 Zoom Tool(Z)을 쓴다. Zoom Tool(Z)을 선택한 뒤 화면 위에서 마우스 오른쪽을 클릭하면 화면 확대/축소 비율을 조절할 수 있다. 또 이미지를 확대한 상태에서 Space 를 누른 채 마우스를 드래그하면 화면 이곳 저곳으로 이동할 수 있다. 가장 먼저 할 일은 제일 아래에 있는 'Adobe RGB~'를 클릭해 [Workflow Options] 설정을 바꿔주는 일이다.

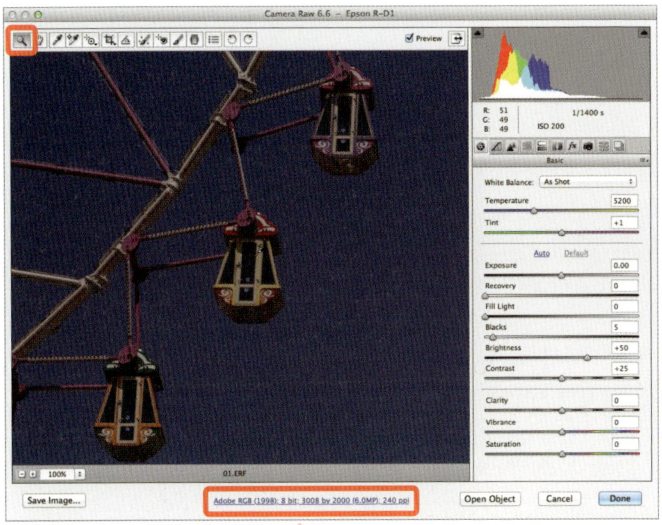

04 [Workflow Options] 대화상자가 열리면 색 공간은 Adobe RGB(1998), Depth는 16Bits/Channel로 바꾸고 Size는 그대로 둔다. 인쇄용이라면 Resolution을 300으로 바꿔준다.

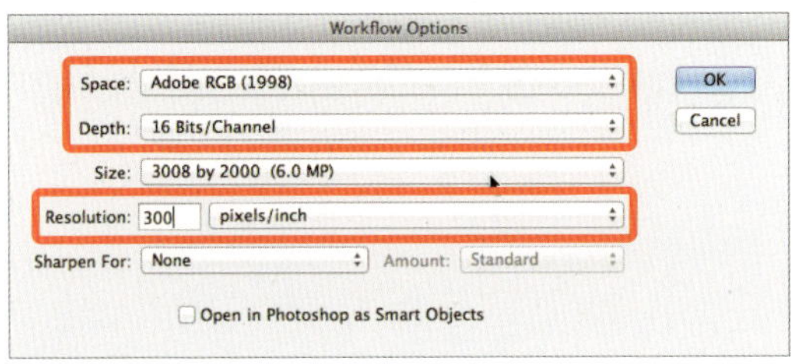

05 화면 오른쪽 상단에 히스토그램 바가 있다. 여기서는 마우스 포인터가 위치한 지점의 각 픽셀에 대응하는 RGB 값과 카메라 촬영 정보를 볼 수 있다.

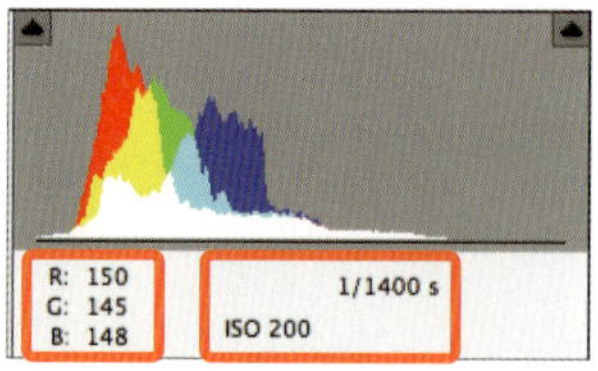

(Tip)

Camera Raw 플러그인 상단에는 툴 바가 있다. 각각의 단축키를 외워두면 편리하게 작업할 수 있다.

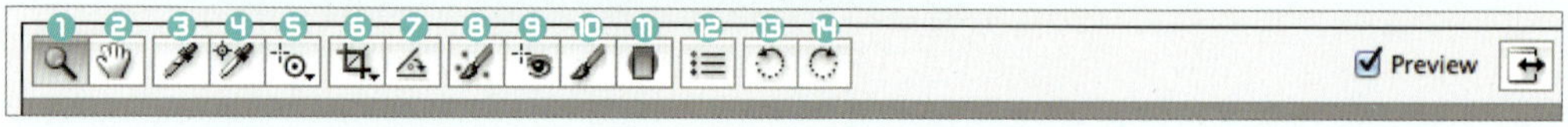

❶ **Zoom Tool**(Z) : 확대/축소 툴. 이미지 위에서 마우스 오른쪽 버튼을 누르면 확대 · 축소율을 선택할 수 있는 메뉴가 나타난다.

❷ **Hand Tool**(H) : 화면을 확대한 상태에서 이미지의 구석구석을 살펴볼 때 사용한다. Space 도 같은 역할을 한다.

❸ **White Balance Tool**(I) : 자동 화이트 밸런스 툴. 스포이드로 이미지 상의 중성 회색을 클릭하면 화이트 밸런스가 자동으로 맞춰진다. 스포이드를 다른 색에 찍으면 독특한 색감을 만들 수 있다.

❹ **Color Sampler Tool**(S) : 화면에 점을 추가하여 RGB 정보를 확인할 수 있다. Alt 를 누른 채 점을 다시 클릭하면 점이 사라진다.

❺ **Targeted Adjustment Tool**(T) : 원하는 부분의 색상이나 콘트라스트 등을 변경하는 툴. 마우스 오른쪽 버튼을 눌러 Parametric Curve, Hue, Saturation, Luminance, Grayscale Mix를 변경하고 원하는 부분에서 드래그하는 것만으로 수정이 가능하다. 이 도구를 사용할 때 오른쪽 조정 항목에 있는 HSL/Grayscale 탭이 활성화된다.

❻ **Crop Tool**(C) : 이미지를 자를 때 사용한다. 마우스 오른쪽 버튼을 눌러 비율을 설정할 수 있다. RAW 파일은 실제로는 크롭되지 않기 때문에 재수정할 수 있다.

❼ **Straighten Tool**(A) : 사진의 수평을 맞출 때 사용한다. 수평선이 되는 부분에 드래그해주면 된다.

❽ **Spot Removal**(B) : 센서에 의해 생기는 먼지 등을 제거하기 좋다. 먼지의 크기만큼 드래그한 다음 원하는 픽셀을 주변에서 클릭해주면 먼지가 제거된다.

❾ **Red Eye Removal**(E) : 플래시에 의해 생기는 적목 현상을 제거해준다.

❿ **Adjustment Brush**(K) : 부분적인 수정이 필요할 때 사용한다. 노출, 밝기, 콘트라스트 등 Basic 탭에 있는 항목들을 이용할 수 있다.

⓫ **Graduated Filter**(G) : 큰 면적을 한번에 수정할 때 사용한다. 노출, 밝기, 콘트라스트 등 Basic 탭에 있는 항목들을 이용할 수 있다.

⓬ **Open preferences dialog**(Ctrl+K) : Camera Raw 플러그인의 세팅을 설정할 수 있다.

⓭ **Rotate image 90° counter clockwise**(L) : 클릭하면 이미지가 왼쪽으로 회전한다.

⓮ **Rotate image 90° clockwise**(R) : 클릭하면 이미지가 오른쪽으로 회전한다.

(열 개의 조절 탭)

Camera Raw 플러그인에서는 총 열 개의 조절 탭을 통해 이미지를 보정한다. 이미지를 보정하기 위해 모든 탭을 사용해야 하는 것은 아니며 몇 가지 탭만으로도 훌륭한 보정이 된다. 가장 많이 사용하는 기능은 맨 앞에 놓인 [Basic] 탭에 있다.

❶_ Basic

화이트 밸런스, 노출, 콘트라스트, 하이라이트와 섀도우, 손상 복구 등 이미지 수정에 필요한 가장 기본이 되는 툴들을 모아두었다.

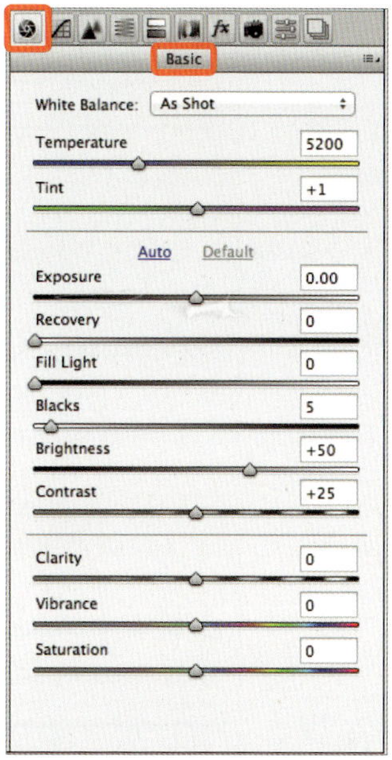

❷_ Tone Curve

포토샵의 커브와 비슷한 기능을 한다. 곡선형 보정이 가능하다.

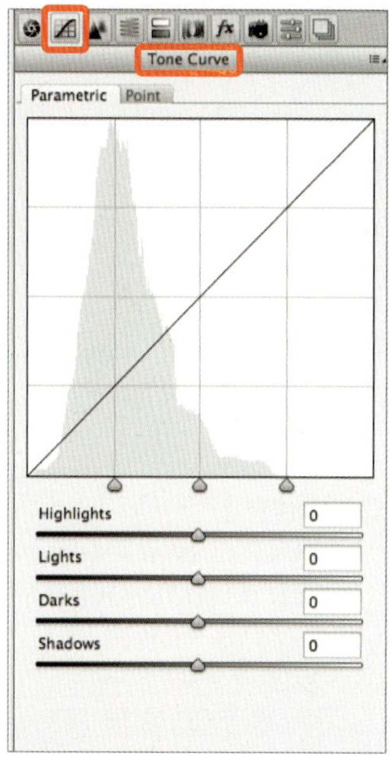

❸_ Detail

선명도를 조절하거나 노이즈 제거 등의 역할을 한다.

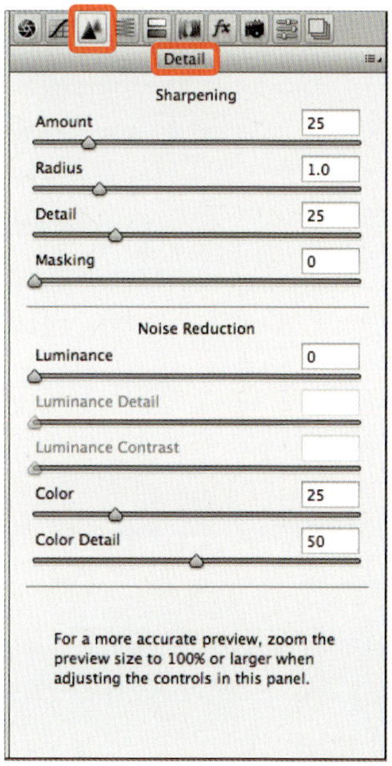

❹_ HSL / Grayscale

색조, 채도, 색상의 밝기를 조절하며 흑백 변환을 통해 톤의 밝기를 조절할 수 있다.

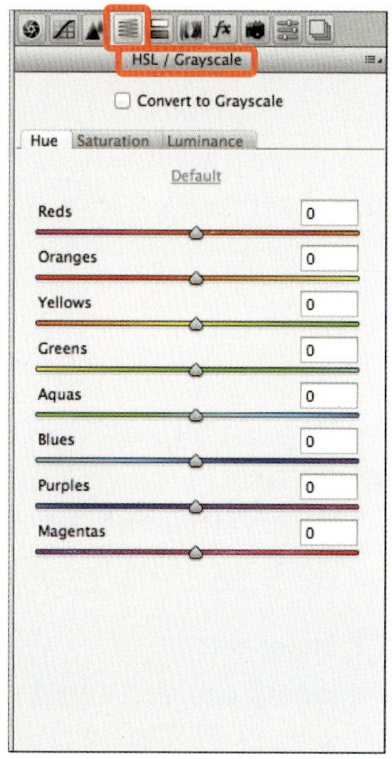

⑤_ Split Toning

듀오톤으로 하이라이트와 섀도우에 다른 색상을 적용하거나 컬러 사진에서 독특한 컬러감을 주고자 할 때 사용한다.

⑥_ Lens Corrections

렌즈에 의해 생기는 왜곡, 기울기, 색 수차, 비네팅 등의 문제를 제거할 수 있다.

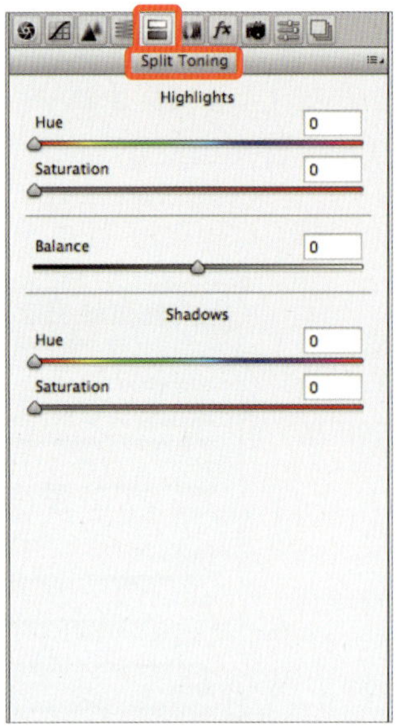

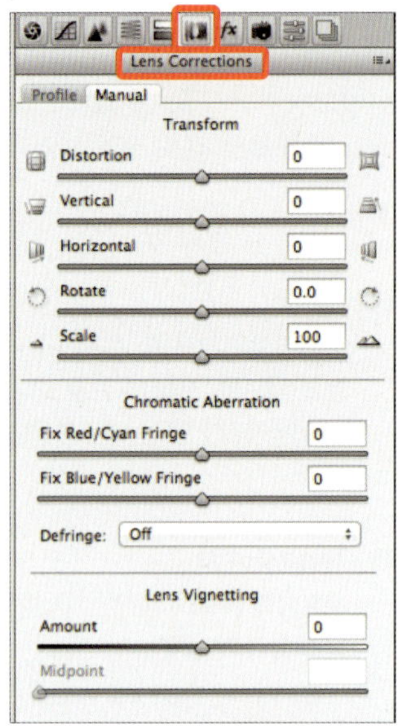

⑦_ Effects

필름의 거친 입자감을 주거나 이미지의 주변부를 밝거나 어둡게 조절할 수 있다.

⑧_ Camera Calibration

카메라의 RGB 색조와 채도, 섀도우 부분의 색상 등을 조절할 수 있다.

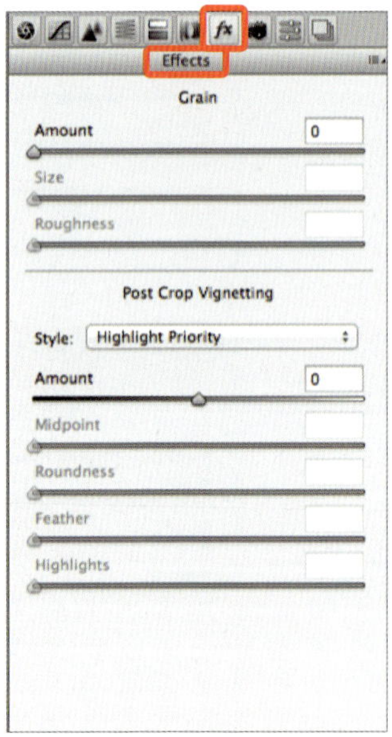

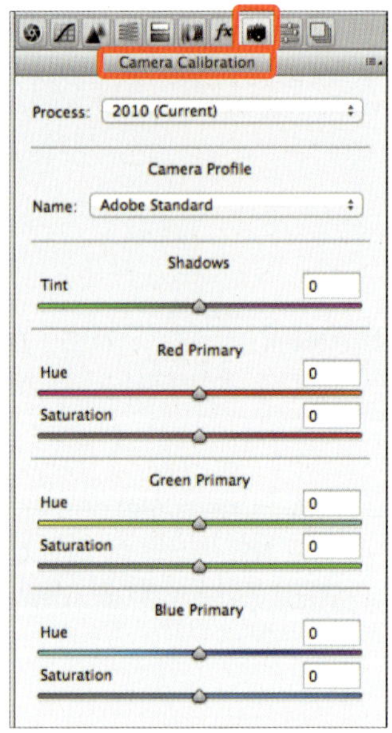

⑨_ Presets

자신만의 보정 프리셋을 만들어 다음에 작업할 때 빠르게 적용시킬 수 있다.

⑩_ Snapshots

스냅샷을 찍는 기능으로 포토샵의 히스토리와 비슷한 역할을 한다. 이전 단계의 작업으로 돌아가고 싶을 때 유용하다.

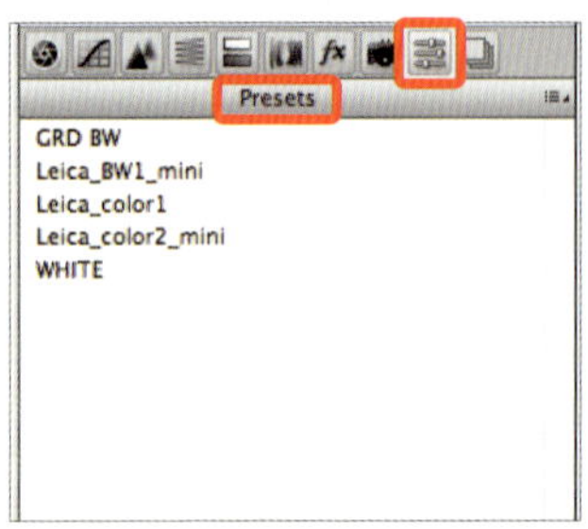

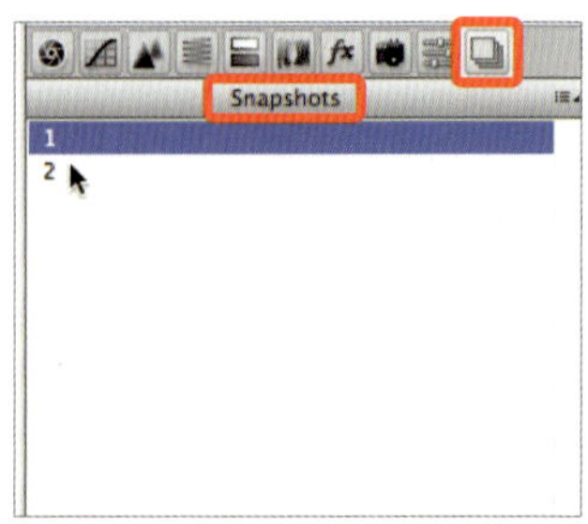

Camera Raw 플러그인 작업을 마치면

작업을 하다 실수하면 언제든지 Setting 버튼을 눌러 Camera Raw Defaults를 실행하여 RAW 파일 원본으로 돌아갈 수 있다.

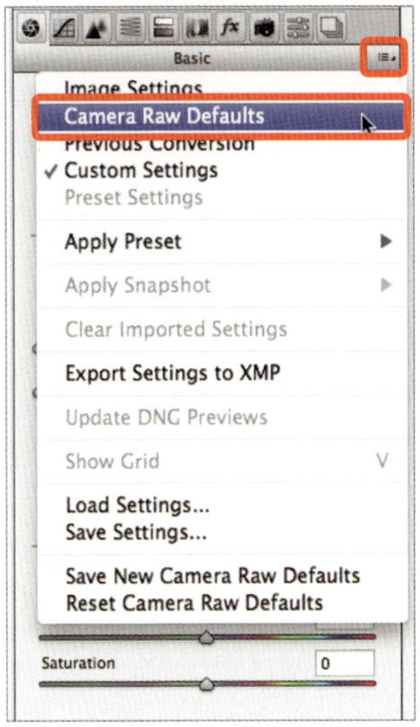

모든 작업을 마치면 Open Image 버튼을 눌러 포토샵에서 이미지 파일로 열고 좀 더 세밀하게 수정한다. 만약 이미지를 바로 저장하고 싶다면 Save Image 버튼을 눌러 [Save Options] 대화상자를 연다. 파일 포맷을 선택한 뒤 원하는 경로에 바로 저장할 수 있다.

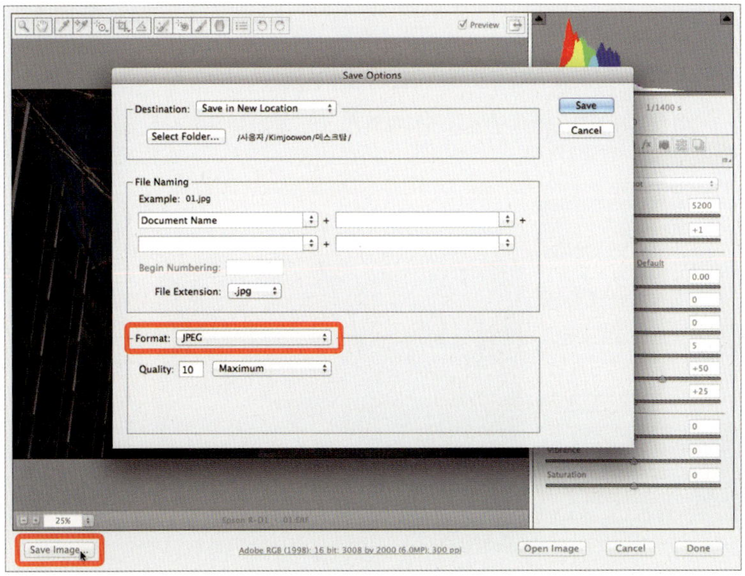

Camera Raw 플러그인을 이용한 상황별 수정 방법

사진을 찍게 되면 풍경, 인물, 흑백 사진 등 다양한 이미지를 수정해야 하는 상황을 접하게 된다. 사진 수정의 핵심은 각종 툴을 상황에 맞고 적절하게 사용하는 방법을 알고 적용하는 것이다. 예제 파일을 Camera Raw 플러그인에서 열어 직접 따라 해보며 상황별 수정 방법을 익혀보자.

Basic 탭의 기본 조정을 통한 빈티지한 색감 만들기

촬영할 때 기본적으로 가장 신경 써야 하는 부분이 노출과 화이트 밸런스다. [Basic] 탭에서 가장 먼저 만나는 메뉴도 바로 화이트 밸런스와 노출이다. 보통 노출이 적절한 사진일 때는 화이트 밸런스를 먼저 조절하고, 노출이 부족한 사진이라면 노출을 조정한 후에 화이트 밸런스를 조절한다. 노출을 조정한 후에는 미세하게 색이 변할 수 있기 때문이다.

• **예제 사진** : cd-part2 〉 ch3-3 〉 예제파일 〉 01.ERF

01 먼저 노출을 조정하기에 앞서 히스토그램을 파악한다. 사진의 전체 히스토그램이 어두운 쪽으로 치우쳐 있으므로 Exposure 항목을 조절하여 노출을 향상시킨다. Preview를 보면서 히스토그램 그래프의 오른쪽 부분이 더 오른쪽으로 치우치도록 노출을 +2 향상시켰다. 전체 히스토그램이 고르게 분포되었다. 원본과 조정 후의 히스토그램을 비교해본다.

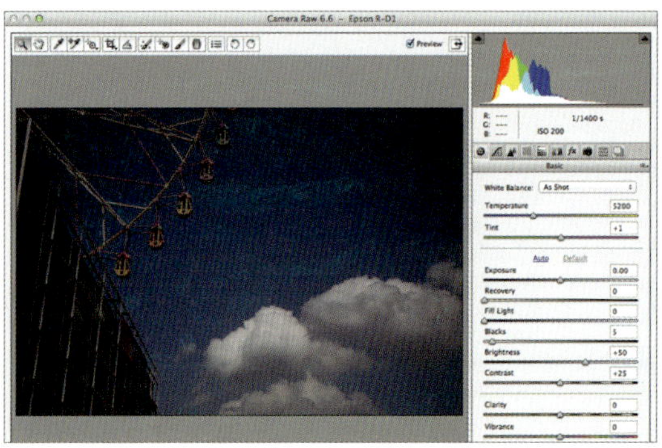
원본

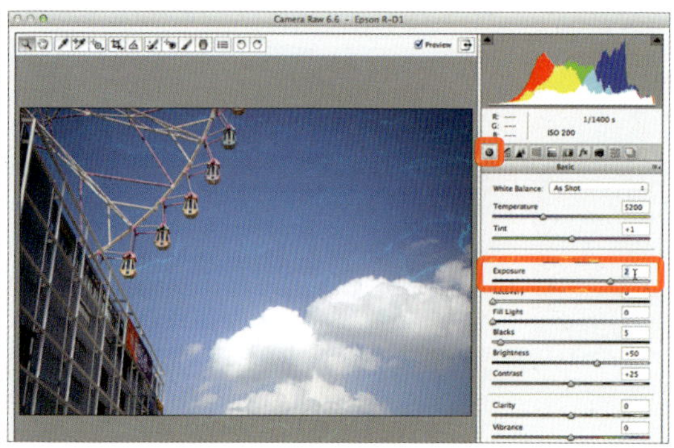
노출 향상 후

02 노출을 향상시킨 다음, 화이트 밸런스를 잡아준다. 상단의 White Balance Tool(I)을 선택하여 중성 회색이나 흰색에 클릭한다. 오른쪽 구름 부분에 회색과 흰색이 섞여 있으므로 클릭해본다. 만약 클릭했는데 이미지에 변화가 없다면 화이트 밸런스가 적절한 것이다.

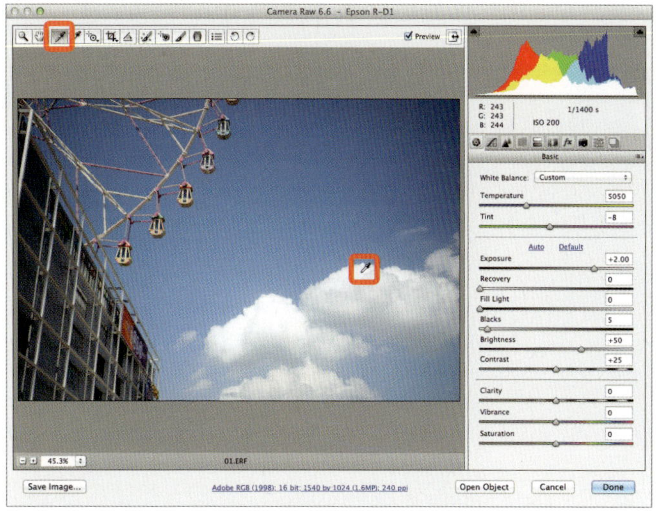

03 스포이드를 다른 곳에 찍어주면 오히려 독특한 색감의 이미지를 얻을 수 있다.

작품 도록류를 만들기 위한 촬영이 아니라면 촬영할 때 '정확한'이라는 말은 오히려 방해가 될 수 있다. 오히려 자신의 느낌에 '충실한'이라는 말이 사진에 감성을 담는 데 더 어울린다.

[Basic] 탭의 Temperature(색온도), Tint(색조)는 감성적인 표현을 하는 데 있어 중요한 도구다. 색온도는 왼쪽으로 갈수록 푸른색을 더해 차가운 느낌을, 오른쪽으로 갈수록 노란색을 더해 따뜻한 느낌을 준다. 색조의 경우 왼쪽으로 갈수록 녹색을, 오른쪽으로 갈수록 자주색을 더해 색상을 수정할 수 있다.

04 색온도는 6900K, 색조는 −33으로 조정해 빈티지한 느낌의 사진으로 수정해보았다.

05 히스토그램 오른쪽 상단의 Highlight clipping warning(O)을 켜면 하이라이트 부분의 손상을 화면에 빨간색으로 표시해준다. 구름 부분의 하이라이트가 손상되었음을 알 수 있다.

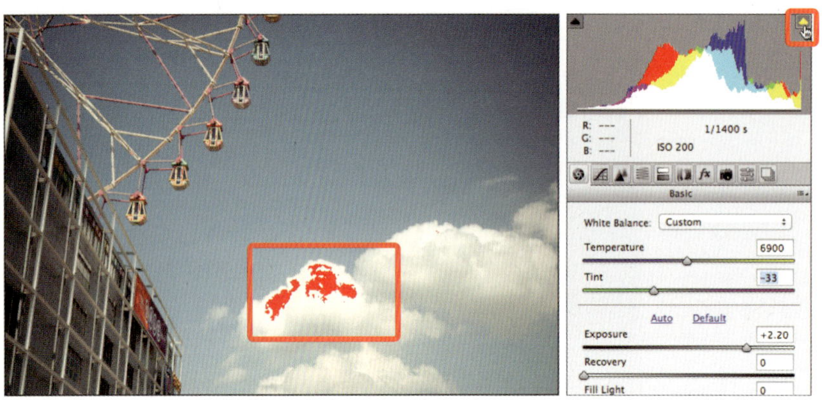

06 Recovery 항목은 하이라이트의 손상을 복구해준다. 빨간색이 없어질 때까지 슬라이더를 오른쪽으로 이동한다.

07 강한 콘트라스트를 부드럽게 하기 위해 어두운 부분의 디테일을 살리는 Fill Light를 사용하였다. 화면을 보면서 슬라이더를 조금씩 이동해 섀도우 부분의 디테일을 살려 부드러운 느낌의 사진으로 만들었다.

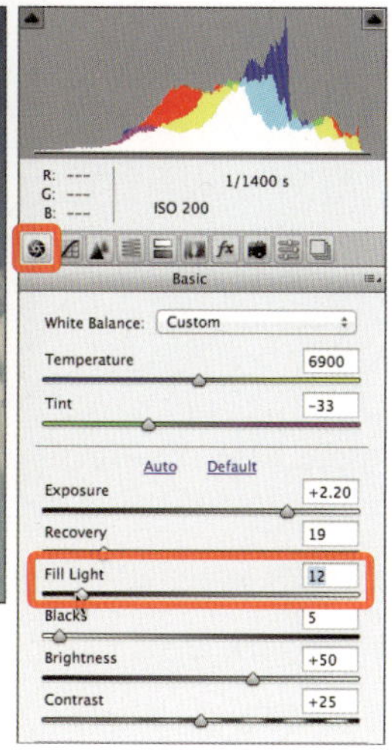

(실내와 외부, 안과 밖의 강한 노출 차이 극복하기)

촬영을 하다보면 강한 노출 차이 때문에 어두운 부분의 디테일이 사라진다. 이런 경우 프린트를 해도 섀도우의 미묘한 디테일이 짙은 색 잉크에 묻혀버린다. 아래 사진은 티베트 라싸에서 촬영했다. 아침의 강한 햇살이 비추는 입구에서 음식을 준비하는 여인과 식당 안쪽의 디테일을 표현하려 했으나 햇살 때문에 안쪽 디테일이 잘 표현되지 않았다. 보통 이런 극명한 노출 환경일 때는 밝은 톤이 잘 표현되도록 노출을 해서 촬영하면 좋다. 디지털 이미지는 어두운 부분의 디테일을 살리기는 쉽지만 밝은 부분의 디테일은 어느 정도 이상으로 손상되면 살릴 수가 없기 때문이다.
예제를 통해 디테일을 살리는 적당한 보정 방법을 익혀보자.

• **예제 사진** : cd-part2 〉 ch3-3 〉 예제파일 〉 02.CR2

01 히스토그램의 Shadow clipping warning(U)을 켠다. 디테일이 묻힌 어두운 부분이 파란색으로 표시된다.

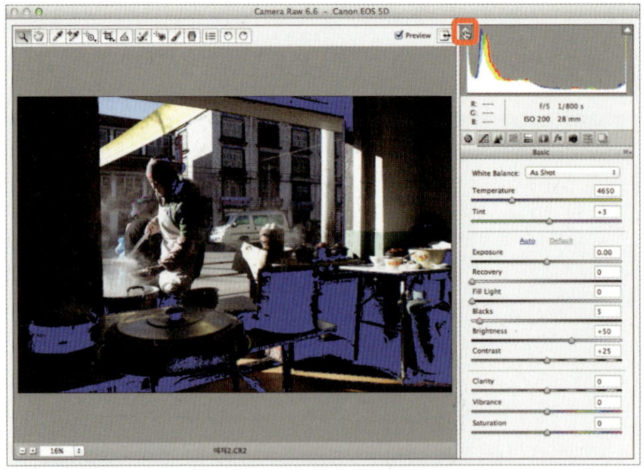

02 어두운 부분의 디테일을 살리기 위해서는 Fill Light를 사용한다. 파란색이 화면에서 사라질 때까지 슬라이더를 움직인다.

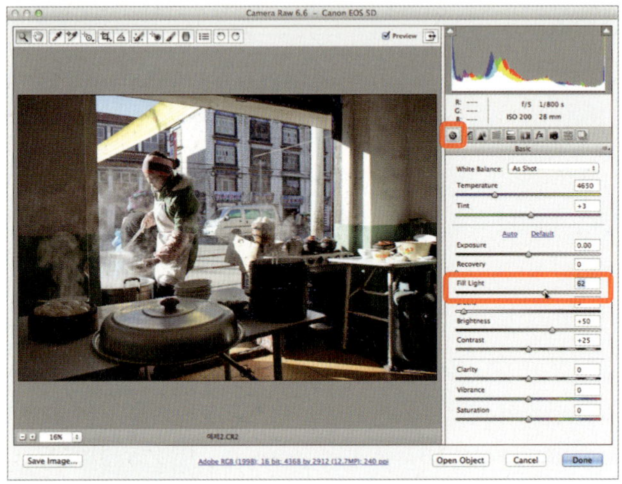

03 그늘에는 보통 푸른색이 돌지만 어두운 부분에 따뜻한 느낌을 더해보려고 한다. [Split Toning] 탭을 연다. Shadows 항목의 Hue에 붉은 색조를 넣고, Highlights 항목에는 오히려 아침의 차가운 빛을 표현하기 위해서 차가운 색조를 넣었다.

04 어두운 부분의 디테일을 살리면 입자가 거칠어지는 노이즈가 발생한다. [Detail] 탭의 Noise Reduction 항목에서 Luminance 슬라이더를 오른쪽으로 움직이면 노이즈를 줄일 수 있다.

05 [Basic] 탭에서 Clarity를 조정해 입체감을 주었다. Clarity는 중간 톤에만 영향을 주는 콘트라스트 툴로 사진에 입체감을 더하기 좋다. 왼쪽으로 갈수록 부드러워지고 오른쪽으로 갈수록 중간 톤의 선들이 강해진다.

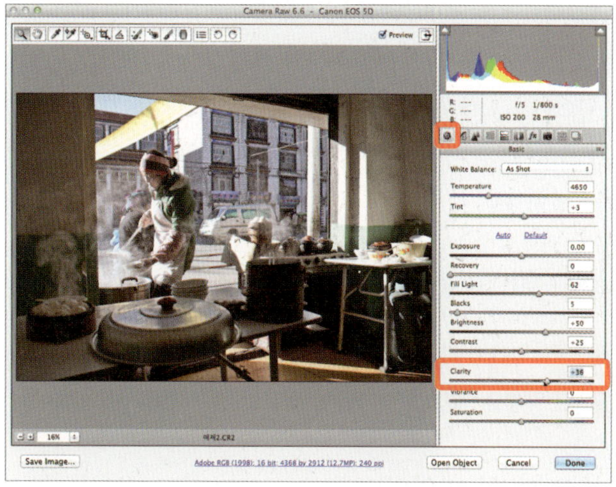

06 Blacks의 슬라이더를 왼쪽으로 이동해 사진 속에서 검은색을 약간 빼는 작업을 했다.

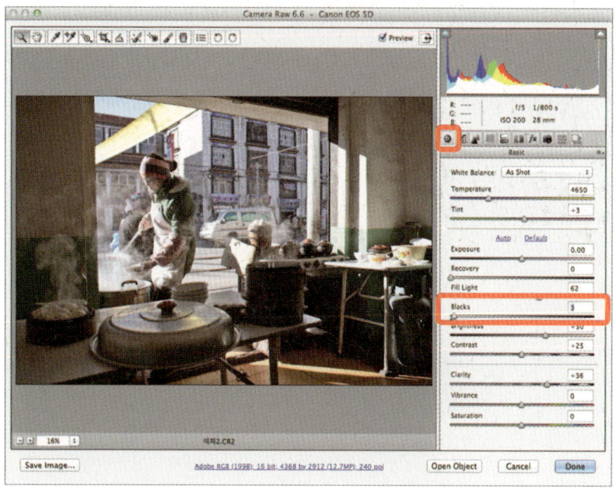

07 [Basic] 탭으로 이동하여 전반적인 노출을 향상시켜 조금 밝게 수정했다. 사진 수정에서 중요한 것은 이미지의 최종 방향이다. 그리고 이미지 전체에서 어떤 디테일이 드러났을 때 이야기가 더 효과적으로 전달되는지 그 느낌을 읽는 것이 중요하다.

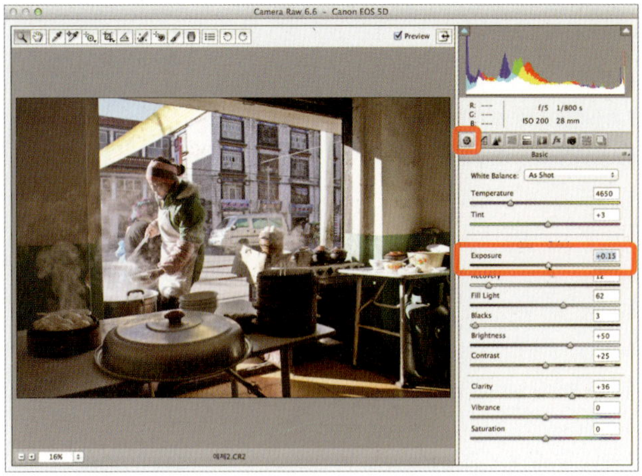

(부드러운 느낌의 피부 톤 보정하기)

갓난아이들을 사진에 담으면 피부 톤이 워낙 투명하기 때문에 조명이 가까이 닿을 경우 핏줄까지 보이기도 한다. 그래서 오히려 피부 톤이 칙칙하게 촬영되는 경우가 있다. 부드럽고 따뜻한 느낌의 사진으로 수정하는 방법을 알아보자.

• **예제 사진** : cd-part2 〉 ch3-3 〉 예제파일 〉 03.CR2

01 이미지를 전반적으로 분석하고 어떤 방향으로 수정할지를 생각한다. 이미지를 분석할 때는 전체에서 가장 눈에 띄거나 거슬리는 부분을 먼저 찾는 것이 좋다. 얼굴의 핏줄, 역광에서 노출 차로 생기는 하이라이트 디테일, 왼쪽 어깨의 주사 자국 등이 눈에 띈다.

02 하이라이트가 날아가는 것을 방지하기 위해 [Basic] 탭의 Recovery 슬라이더를 오른쪽으로 이동했다.

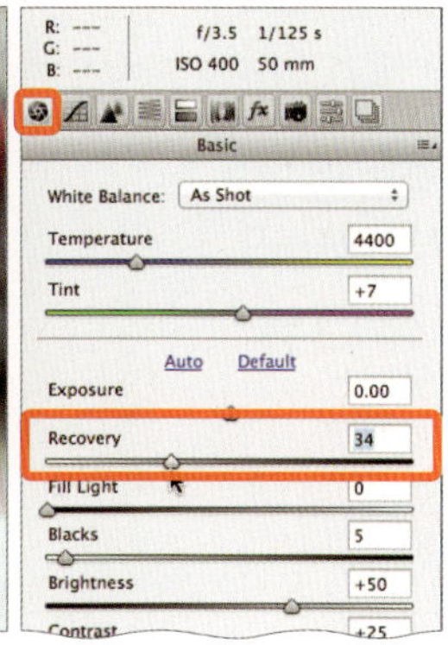

03 보통 노출 부족일 때는 피부가 칙칙하게 보인다. 전체적으로 노출 부족 상태인 피부 톤을 살리기 위해 Fill Light 슬라이더를 오른쪽으로 이동했다.

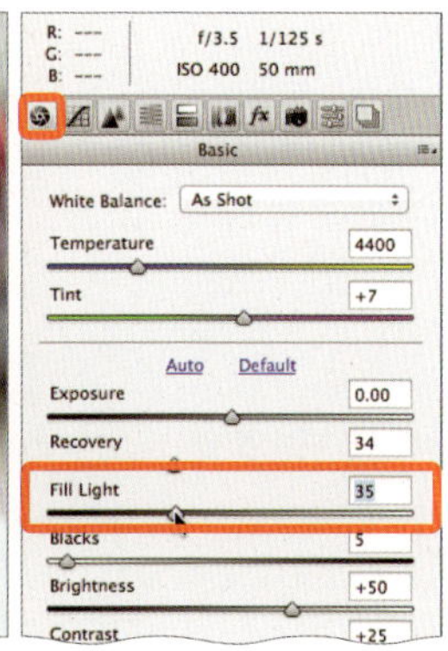

04 하이라이트 디테일을 살리면서 전체적으로 밝게 수정하기 위해서는 Exposure보다는 Brightness를 사용하는 것이 좋다. Brightness 슬라이더를 오른쪽으로 이동해 화면 전체의 밝기를 수정하면 부드러운 느낌의 사진이 된다.

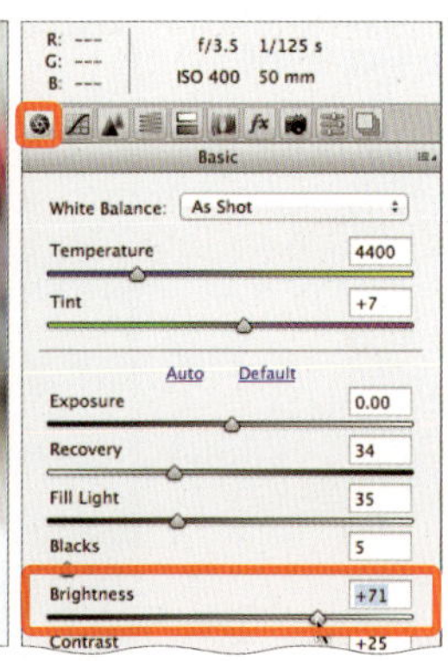

05 피부의 울긋불긋한 자국들은 Spot Removal(B) 툴로 제거한다. 붉은 반점의 크기만큼 마우스를 드래그하면 붉은색 원이 생기고 가져올 픽셀 부분에 녹색의 원이 생긴다. 녹색의 원을 드래그하여 이동하면 붉은색 원 안에 복사할 픽셀을 선택할 수 있다. 원의 크기는 [또는] 로 조정한다.

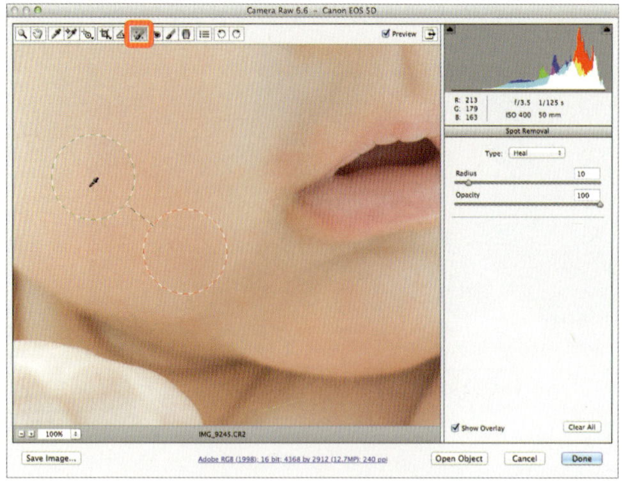

06 Zoom Tool(Z)을 활용해 이미지를 확대하거나 줄여서 보면 더 효과적으로 제거할 수 있다.

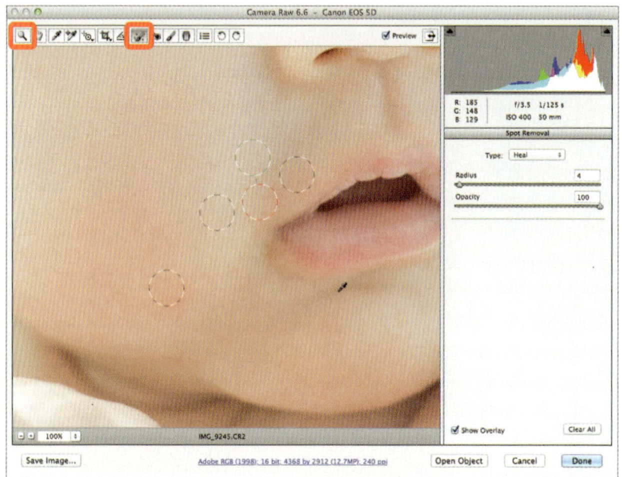

07 작업을 하는 사이사이 전체적으로 확인해보는 습관이 필요하다. Zoom Tool(Z)로 화면에 이미지를 꽉 채워 보면서 문제가 발생한 부분이 없는지 확인한다.

08 Adjustment Brush(K)는 노출, 밝기, 콘트라스트, 채도, 선명도 등을 따로 지정하여 부분적으로 수정할 수 있다. 즉 사용자가 어떻게 활용하느냐에 따라 다양한 수정이 가능하다. Adjustment Brush(K)를 사용해 얼굴 톤만 부드럽게 보정해보자. Clarity 슬라이더를 왼쪽으로 이동하면 중간 톤의 콘트라스트를 부드럽게 할 수 있다. [또는] 로 브러시 크기를 조절한 후 얼굴 위에 브러시를 올리고 왼쪽 마우스로 클릭한 후 드래그해나간다. 피부 톤이 점점 부드러워지는 것을 볼 수 있다.

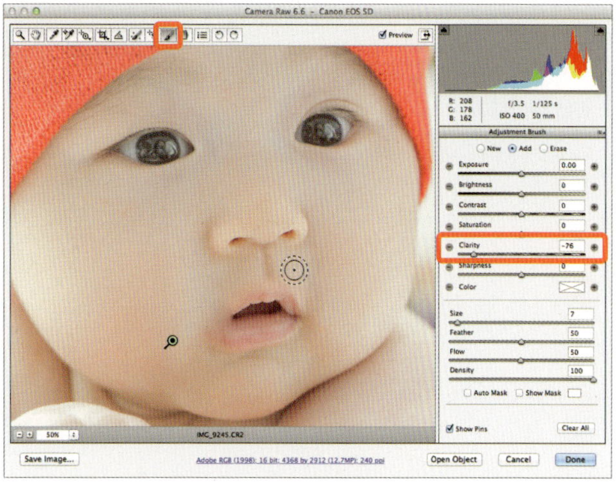

09 어깨와 팔 부분도 Adjustment Brush(K)의 Clarity를 적용해 수정한다.

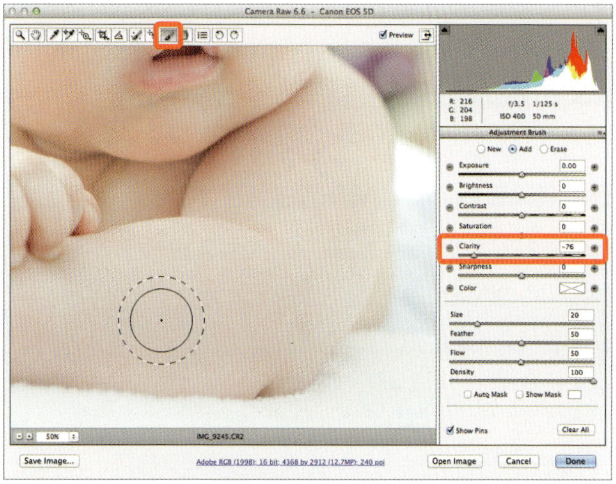

10 다시 전체 화면으로 이미지를 확인한다.

11 [Basic] 탭의 Vibrance 슬라이더를 오른쪽으로 이동하면 색상을 좀 더 생생하게 수정할 수 있다.

Camera Raw 플러그인에서 진행하는 인물 수정은 포토샵에서 하는 것만큼 전문적이지는 않다. 간단한 수정에 효과적인데, 포토샵의 마스크나 레이어 작업이 익숙지 않은 사람들이 사진을 쉽게 수정할 수 있도록 도와준다. 또 Camera Raw 플러그인은 작업 과정을 고스란히 담고 있으므로 재수정이 가능하고 혹시 잘못 수정했을 때도 언제든 Reset하여 다시 수정할 수 있다. 이런 장점들이 바로 Camera Raw 플러그인을 이용하는 이유다.

(아날로그 흑백 암실의 느낌 살리기)

아날로그 흑백 암실에서는 필름을 현상하고 종이에 인화하는 과정에서 닷징과 버닝 작업을 통해 작가의 의도를 살리는 방향으로 수정을 진행한다. 포토샵에서 이루어지는 닷징, 버닝 작업 역시 암실의 테크닉을 그대로 살린 것이다. Camera Raw 플러그인을 활용하여 예제 사진을 아날로그 흑백 프린트의 느낌으로 수정하는 법을 알아보자.

• **예제 사진 :** cd-part2 〉 ch3-3 〉 예제파일 〉 04.CR2

01 카메라의 RAW 파일을 Camera Raw 플러그인에서 열면 언제나 컬러로 열리게 된다. 카메라 자체의 프리셋이 적용되지 않기 때문이다. 흑백 이미지를 원한다면 컬러 이미지가 흑백 이미지로 어떻게 바뀔지 염두에 두고 촬영하는 것이 좋다.

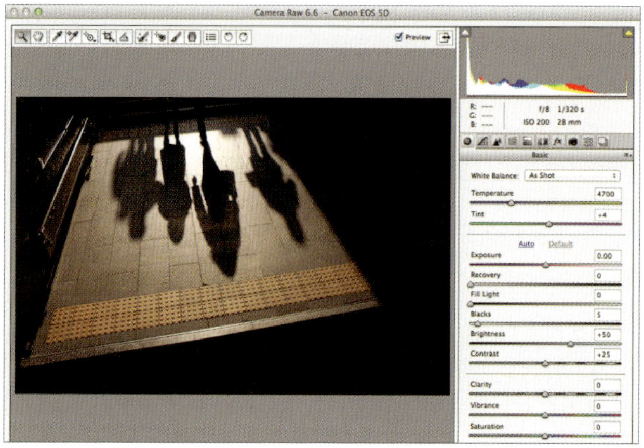

02 [Basic] 탭의 Saturation에 –100을 적용해 흑백 이미지로 만든다.

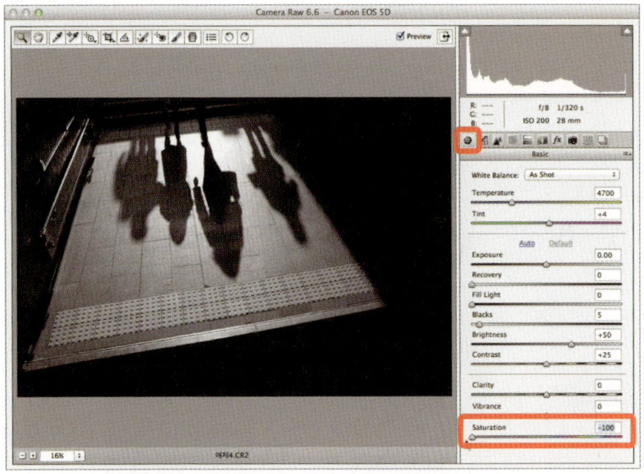

03 Clarity에 +83을 적용해 중간 톤에 입체감을 더한다.

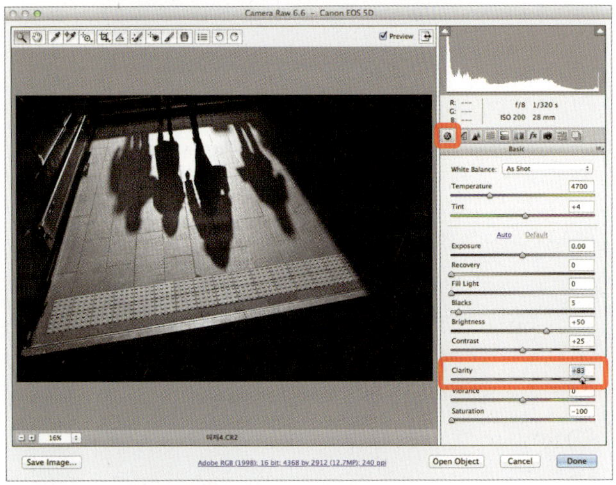

04 하이라이트가 날아간 부분은 확대해서 Adjustment Brush(K)로 Exposure를 낮추어 수정한다. 수정하면서 너무 어둡게 보이면 다시 Exposure를 조정해주면 된다.

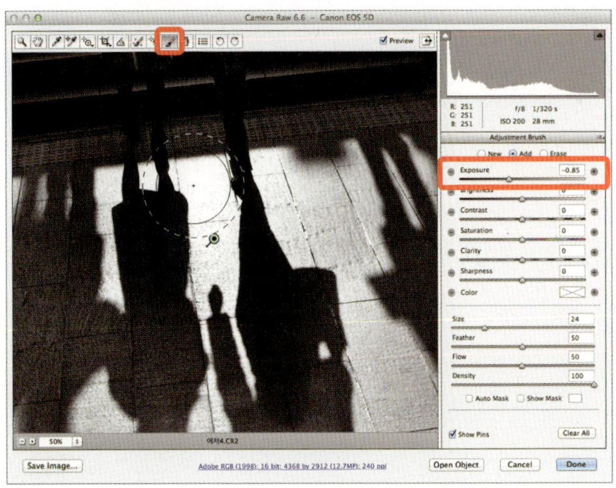

05 Graduated Filter(G)를 이용하면 넓은 면적을 한번에 수정할 수 있다. 주변부를 어둡게 하기 위해서 Exposure를 낮춘 뒤 마우스를 이미지의 바깥쪽에서 안쪽으로 드래그했다.

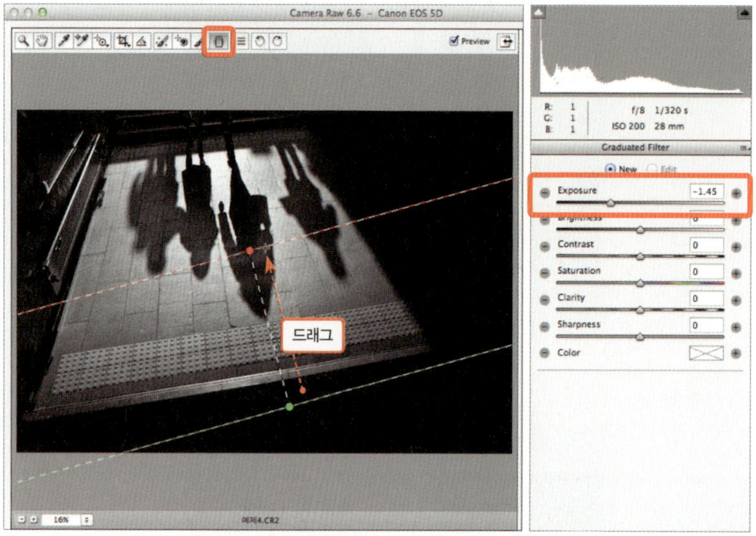

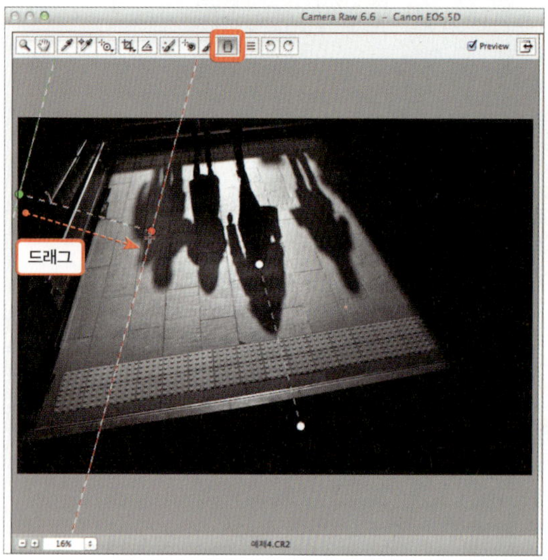

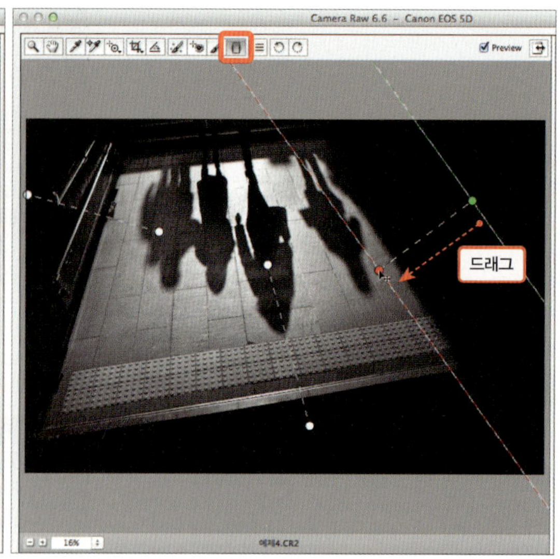

06 필름의 입자감을 주기 위해 [Effects] 탭으로 이동하여 Grain을 더한다. Grain은 화면을 확대해 보면서 더하면 되는데 이미지에 어울리는 입자감을 주는 것이 좋다. Amount는 입자의 양, Size는 입자의 크기, Roughness는 거칠기의 정도를 설정한다.

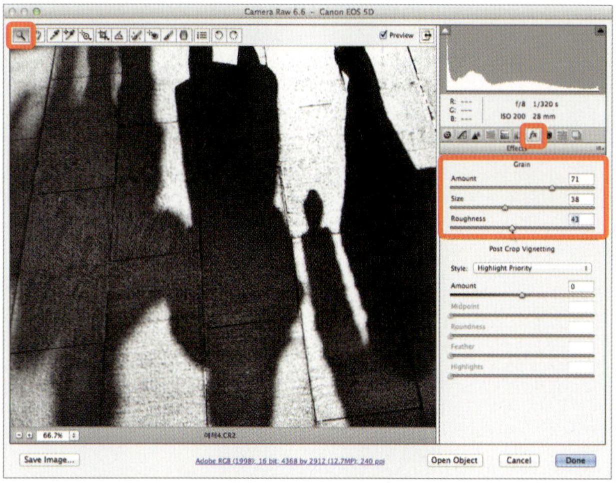

07 오른쪽 이미지가 수정된 이미지다. 수정을 마친 뒤에는 분위기에 따라서 노출을 약간씩 조정해준다.

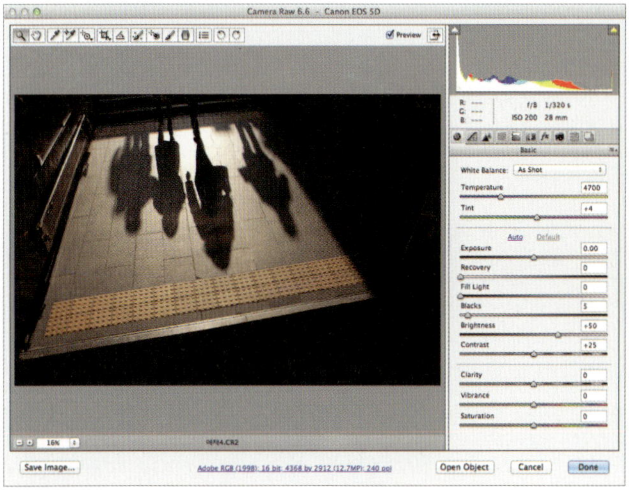

Before

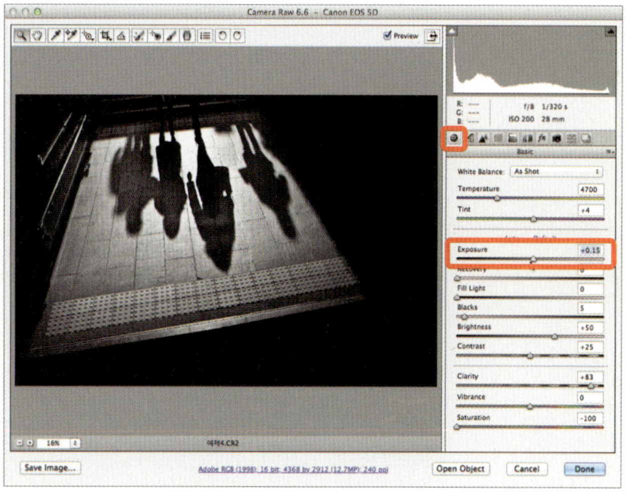

After

(Chapter) 04 Adobe Photoshop Lightroom 프로그램 익히기

라이트룸은 이제 사진가에게 필수적인 프로그램이 되었다. 포토샵을 어려워하던 사진가들도 라이트룸의 프리셋 클릭 한 번으로 멋진 이미지를 만들 수 있다. '포토샵+브릿지+Camera Raw'를 합쳐놓은 이 멋진 프로그램은 당신이 좀 더 작품에 집중할 수 있게 하고 원본 이미지가 손상되거나 손실될 위험을 줄여준다.
또 새로운 프로그램 사용법을 배워야 한다는 데 부담이 되는가? 앞서 포토샵과 브릿지, Camera Raw 사용법을 배운 이 책의 독자들에게는 그야말로 식은 죽 먹기다.

Lightroom 이해하기

라이트룸은 말 그대로 밝은 방, 암실(暗室)이 아니라 명실(明室)이라는 뜻이다. 달리 말하면 과거의 암실 작업을 컴퓨터에서 모두 수행할 수 있는 보정 프로그램이라는 의미다.

포토샵은 그동안 사진가뿐 아니라 디자이너, 일러스트레이터 등 여러 그래픽 분야의 종사자들이 사용해왔다. 그만큼 편리하고 뛰어난 기능을 많이 가지고 있다. 라이트룸은 포토샵의 강력한 리터칭 기능, 브릿지의 편리한 파일 관리 시스템, Camera Raw 플러그인의 직관적인 보정 방법 등, 기존 프로그램의 장점을 모두 수용해 오직 사진을 편집하고 관리하기 위해 태어난 프로그램이라고 할 수 있다. 라이트룸을 가장 빠르게 이해할 수 있는 도식이 바로 Lightroom=Photoshop+Bridge+Camera Raw이다.

포토샵과 라이트룸을 연동해서 배워야 하는 이유는 무엇일까? 포토샵이 한 장씩 편집하기에 좋은 툴이라면 라이트룸은 한번에 많은 양의 사진을 처리하는 데 매우 효율적이다. 또 포토샵처럼 각종 툴 사용법과 보정 기법을 일일이 배워야 하는 어려움이 없고, 초심자의 경우 이미지를 잘못 수정해서 원본에 저장하는 등의 실수를 방지할 수 있다. 앞서 포토샵의 간단한 기능, 브릿지에서의 사진 관리 방법, Camera Raw 플러그인에서의 수정 방법을 익힌 독자라면 라이트룸을 통해 빠르게 원하는 이미지를 얻을 수 있을 것이다.

Lightroom=Photoshop+Bridge+Camera Raw

Import와 Export 시스템

01 사진을 불러오려면 Import, 사진을 내보내려면 Export를 선택한다.

02 사진을 Import했다면, 어디서 불러올 것인지 먼저 경로를 지정해야 한다.

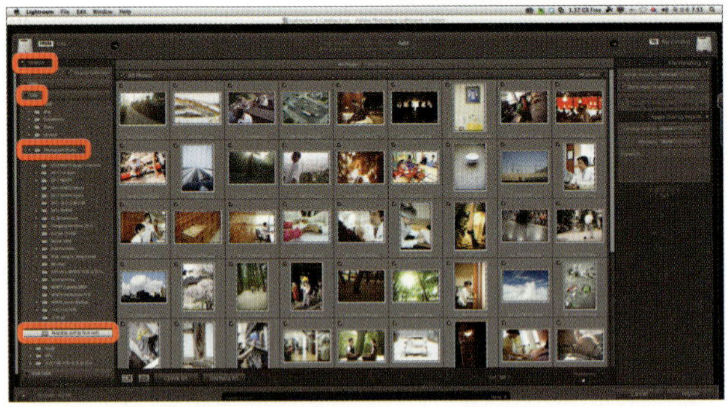

03 수정한 후 Export를 선택하면 원하는 경로를 설정하거나 파일 형식, 크기 등을 지정해서 저장할 수 있다.

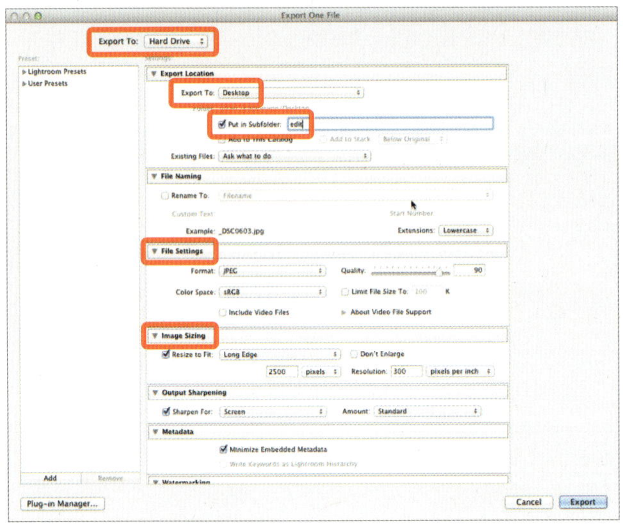

포토샵에 익숙했던 필자는 처음 라이트룸을 접했을 때 상당히 당황스러웠다. 도대체 파일을 불러오는 메뉴는 어디에 있는지, 또 수정한 파일은 어떻게 저장하라는 건지. 이 물음에 대한 해답은 Import(불러오기)와 Export(내보내기)에 있다.

Import는 사진을 한꺼번에 불러오는 기능이다. '포토샵에서도 한꺼번에 불러 올 수 있지 않나?' 하고 생각할 수도 있지만, 포토샵에서는 한 장을 열 때와 1,000장을 열 때 시스템에 걸리는 부하의 차이가 엄청나다. 라이트룸은 파일을 불러올 때 RAW 파일과 JPG 파일의 원본을 불러오지 않는다. 원본 썸네일을 작은 파일로 추출해 카탈로그 파일에 저장하는 방식이기 때문에 시스템에 걸리는 부하가 적다. 또 수정한 이미지를 저장할 때 원본에 저장하는 것이 아니라 썸네일 이미지에 미리 수정 내역을 저장하고 그것을 Export해야만 저장할 수 있다. 그러므로 혹시 파일을 지우거나 잘못 수정했을 경우에도 다시 Import한 다음 Export하면 되기에 이미지에 전혀 손상을 주지 않는다. 즉 '비파괴 수정법'을 사용한다. 또 불러온 파일을 수정하다가 갑자기 급한 일이 생겨 컴퓨터를 꺼버렸다 해도 걱정할 필요가 없다. 언제라도 다시 라이트룸을 실행하면 마지막으로 수정된 모습 그대로 시작할 수 있기 때문이다.

(라이트룸 인터페이스 이해하기)

• **Library** : 브릿지와 비슷한 기능을 제공한다. 즉 사진을 관리하고 정리하는 기능을 한다. 오른쪽에는 가볍게 사진을 수정할 수 있는 Quick Develop 패널을 제공한다.

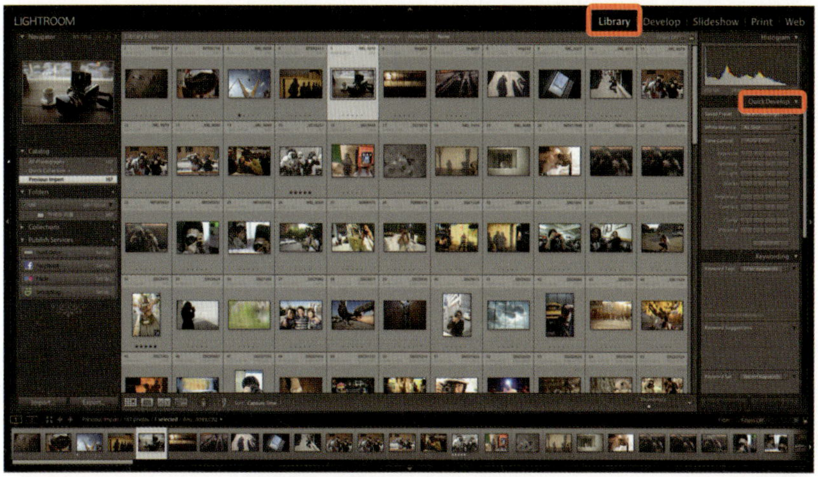

• **Develop** : Library에서 사진을 먼저 Import한 후 사진을 선택하고 Develop 모듈을 클릭하면 Camera Raw 플러그인을 기반으로 한 전문적인 이미지 수정을 할 수 있다.

• **Slideshow** : 여러 장의 사진으로 슬라이드 쇼를 만들 수 있다. 각종 효과와 음악으로 꾸밀 수 있어 포트폴리오 리뷰 등을 할 때 유용하다.

• **Print** : 간단하게 프린트할 수 있는 템플릿이 제공되고, 여러 장의 사진을 한 장에 담아 프린트하는 기능도 있다. 만약 전문적인 프린트를 하고자 한다면 라이트룸보다는 포토샵에서 하길 권한다.

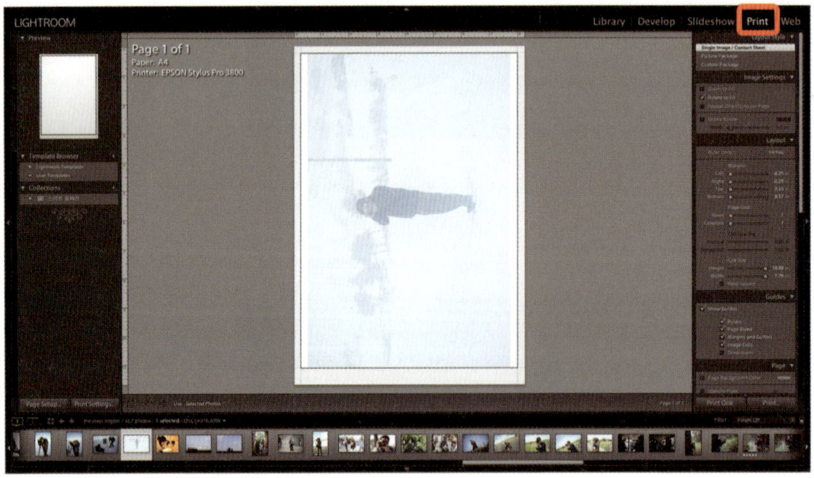

• **Web** : 개인 홈페이지를 만들 때 유용하다. 여러 장의 사진을 선택한 후 프리셋을 클릭만 하면 원하는 모양의 홈페이지를 만들 수 있다. 사진 전용 개인 홈페이지를 제작할 때 쓸 만한 기능이다.

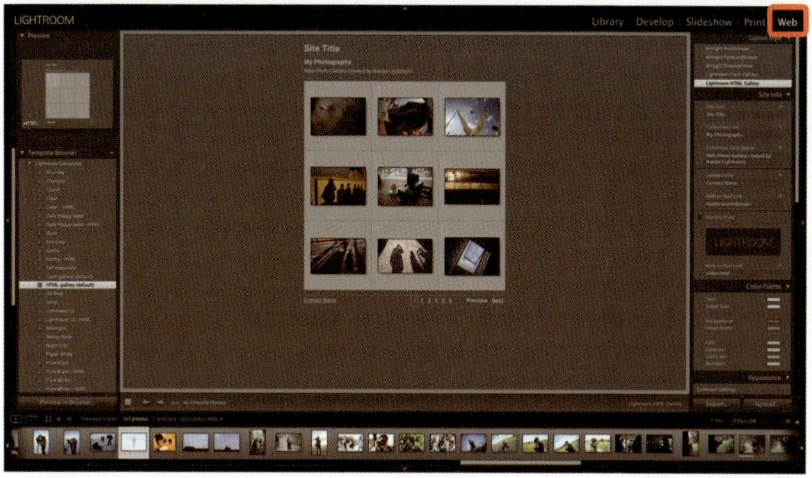

라이트룸은 크게 Library, Develop, Slideshow, Print, Web의 다섯 개 모듈로 이루어져 있다. 가장 많이 사용하는 모듈은 Library와 Develop이다. Library는 이미지를 분류하고 관리하는 역할을 하는데 브릿지 기능과 비슷하다. Develop 모듈은 Camera Raw 플러그인 시스템을 기반으로 하기 때문에 이미지를 쉽고 빠르게 수정할 수 있다. 나머지 Slideshow, Print, Web 등의 기능은 이미지 보정보다는 부가적인 기능이기 때문에 여기서는 다루지 않겠다.

(이미지 보기 방식)

Library 모듈 상태에서 이미지 썸네일을 좀 더 넓게 보고 싶다면 Tab 을 눌러 주변에 있는 패널들을 안 보이게 한다.

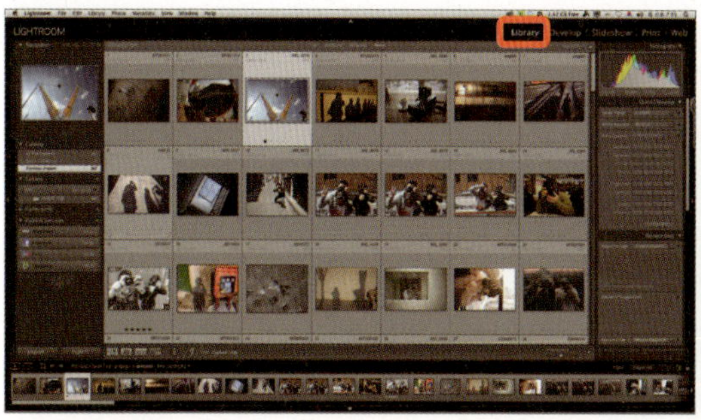

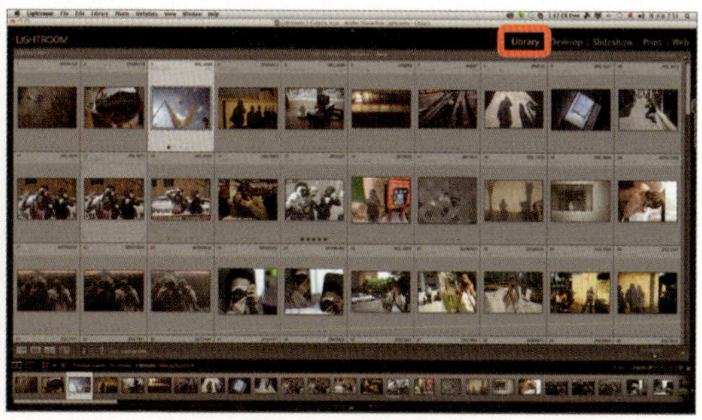

F를 누르면 풀 스크린 모드로 전환된다. 다시 F를 누르면 원래의 상태로 돌아간다.

화면에서 원하는 부분에 마우스를 대고 클릭하면 이미지를 확대해서 보여준다.

L를 누르면 이미지 주변을 검게 만들어주는 Light out 상태로 바뀌어 이미지에 집중하기 좋다.

이미지 보기 방식은 Grid View(G), Loupe View(E), Compare View(C), Survey View(N)의 네 가지를 선택할 수 있다. 단축키 G, E, C, N을 외워두면 편리하다. 가장 많이 사용하는 모드가 Grid 썸네일 방식과 Loupe 싱글 뷰 방식이다. Compare는 연속 사진에서 한 장의 사진을 고를 때 사용하면 좋다. Survey는 여러 사진을 동시에 선택해서 비교하기 좋다. 시리즈 사진의 컬러나 노출을 비교하기 좋은 방식이다.

Grid View(G)

Loupe View(E)

Compare View(C)

Survey View(N)

(라이트룸에서 불러온 사진 제거하기)

라이트룸의 Library로 불러온 사진들이 쌓이기 시작하면 라이트룸이 느려진다. 만약 불러온 사진들을 라이트룸에서 지우고 싶다면 왼쪽 패널에서 폴더를 선택한 후 – 버튼을 눌러주면 된다.

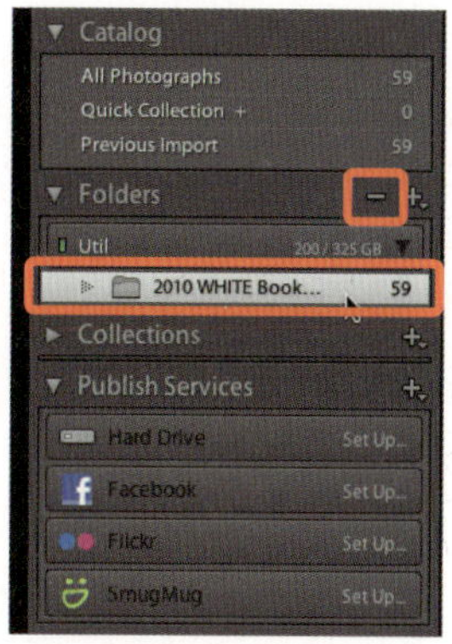

버튼을 누르면 다음과 같은 메시지 창이 뜬다. 실제로 파일을 제거하는 것이 아니므로 걱정할 필요가 없다. 앞서 설명했듯이 라이트룸에서는 이미지 자체를 불러오는 것이 아니라 썸네일을 불러오기 때문에 실제로 제거되는 것은 이미지의 썸네일이다.

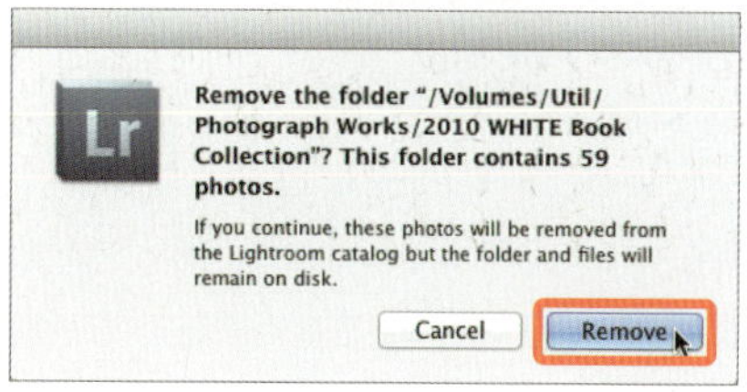

아래와 같은 화면이라면 라이트룸에 사진을 한 장도 불러오지 않은 상태다.

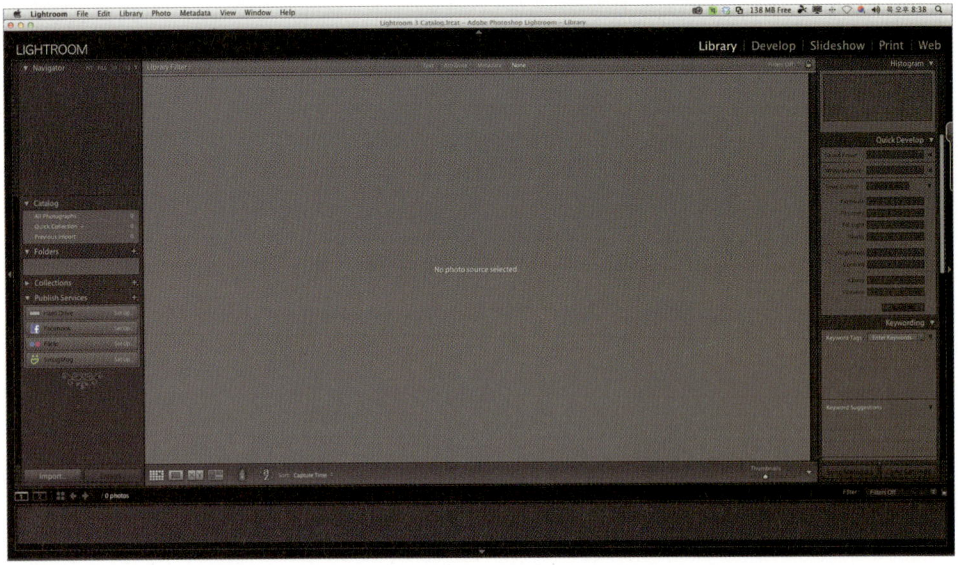

컴퓨터 자체의 하드디스크 안에 저장된 파일이라면 라이트룸에서 여는 데 아무 문제가 없다. 그러나 외장하드에 보관된 파일은 컴퓨터가 인식하는 과정에서 경로를 읽지 못하는 경우가 있는데, 썸네일에 '?' 표시가 뜨게 된다. 물음표 표시가 뜬 이미지는 보정해도 소용이 없다. 이미지의 껍데기이기 때문이다. 보통 이런 경우에는 외장 하드를 잠시 껐다 켠 후 라이트룸에서 Import를 다시 해보면 정상적으로 읽힌다.

Lightroom 핵심 기능 익히기

라이트룸의 모든 수정은 Develop 모듈에서 이루어진다. Develop 모듈은 Camera Raw 플러그인을 길게 펼쳐놓은 것과 거의 같기 때문에 Camera Raw 플러그인을 다뤄봤다면 쉽게 수정 작업을 진행할 수 있다. Camera Raw 플러그인과 다른 점이라면 라이트룸 자체에서 제공하는 여러 프리셋과 인터넷에서 사용자들이 공유하는 프리셋을 사용해 다양하고 독특한 효과를 낼 수 있다는 점이다. 라이트룸에서 핵심적으로 알아야 할 사항들을 정리했다.

(라이트룸 기본)

• **예제 사진** : cd-part2 〉ch4-2 〉예제파일 〉01.ARW

01 라이트룸을 익히는 가장 빠른 방법은 여러분이 직접 예제 파일을 불러와서 편집해보는 것이다. 라이트룸은 RAW 포맷을 기반으로 하는 프로그램이므로 라이트룸 기능을 제대로 활용하려면 RAW 파일로 찍는 습관을 길러야 한다. JPG 파일도 편집이 가능하지만 몇 가지 제약이 있으며, 무엇보다 JPG 파일은 수정을 할수록 손상된다는 단점이 있다.

02 Develop 모듈로 들어가 오른쪽 상단의 히스토그램에서 마우스를 좌우로 드래그하면 Black, Fill Light, Exposure, Recovery 등의 메뉴를 조정할 수 있다.

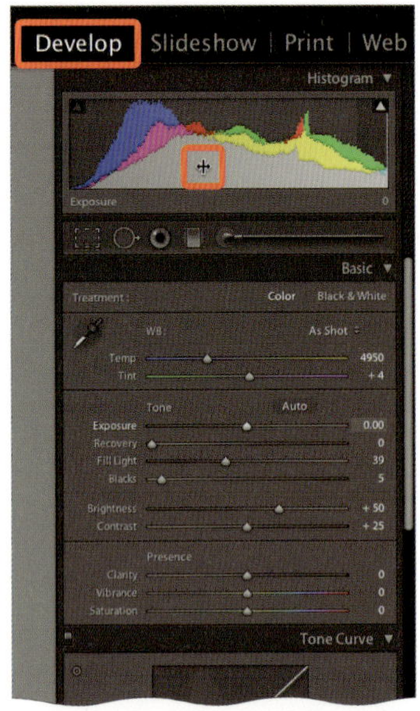

03 라이트룸은 Export를 하기 전까지 이미지에 전혀 손상을 주지 않는 방식으로 수정이 진행되기 때문에 어떤 수정을 하든지 상관 없다. 수정을 하다가 마음에 들지 않거나 실수했을 경우 Reset 버튼을 누르면 원본으로 돌아온다.

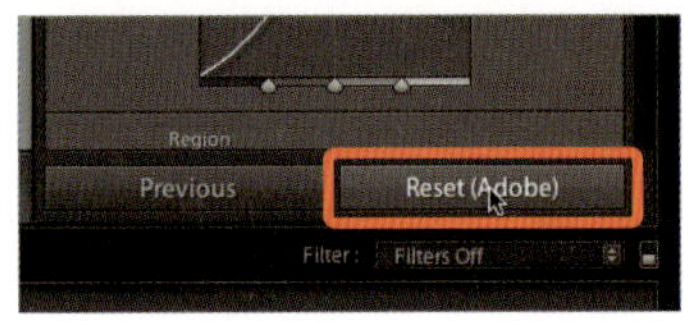

04 왼쪽 패널에서 Lightroom Presets를 선택하면 다양한 흑백과 컬러 필터를 볼 수 있다. 이미지 보정에 어려움을 느끼는 사용자라도 클릭 한 번으로 수정이 가능하다. 원한다면 사용자가 필터를 만들 수도 있다.

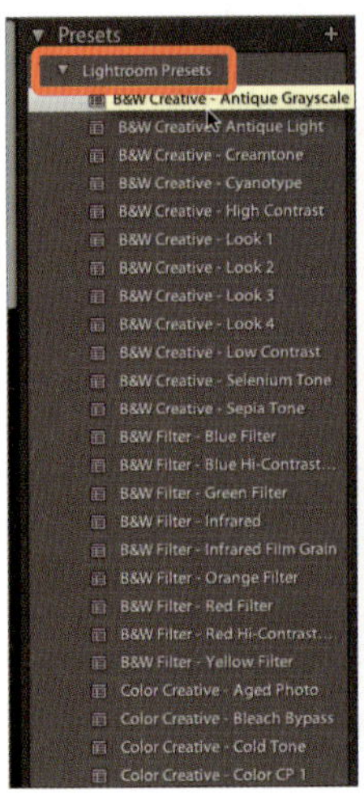

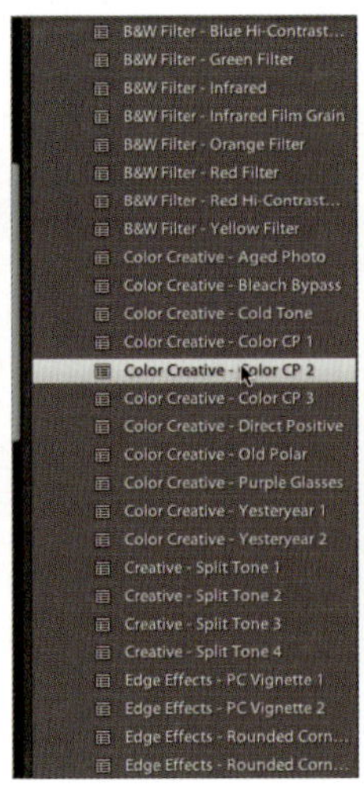

05 Tone Curve, HSL 등 사용자들이 어렵게 느끼는 수정은 탭의 왼쪽 상단에 있는 작은 동그라미 모양의 Target Adjustment tool을 이용한다. 이 툴로 원하는 부분을 선택하여 드래그하면 색상을 추가하거나 콘트라스트를 부분적으로 적용하는 등의 작업을 수행할 수 있다.

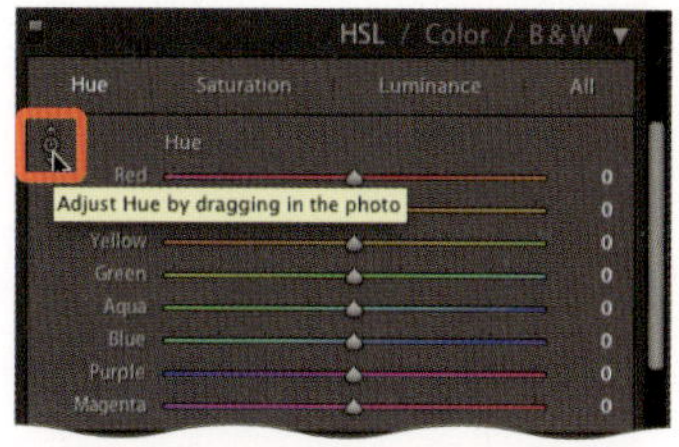

06 Target Adjustment tool을 이용할 때는 [Z]를 눌러 화면을 확대한 뒤 정확한 지점을 드래그하면 더 정밀한 작업을 할 수 있다. 왼쪽 상단의 Navigator에서 네모 박스를 드래그하면 원하는 위치로 움직일 수 있다.

(Crop 툴과 Sharpening 작업)

• **예제 사진** : cd-part2 〉ch4-2 〉예제파일 〉02.ARW

01 이미지를 자르거나 수평을 맞추어야 할 때는 상단에 있는 Crop Overlay(R)를 이용해 작업할 수 있다.

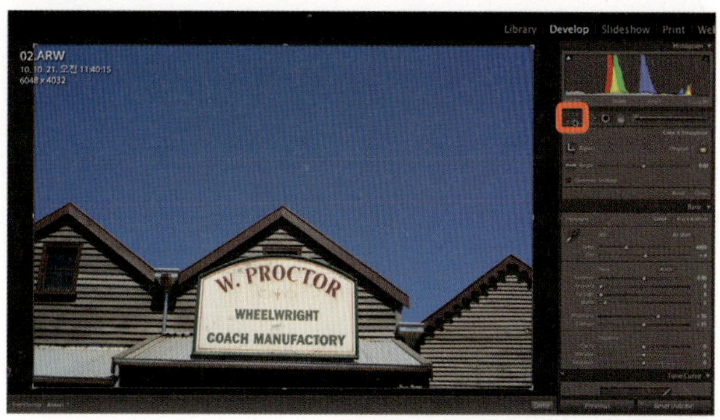

02 Crop Overlay(R)를 이용할 때 Original 오른쪽에 있는 자물쇠를 잠가주면 원본 비율 그대로 자르기가 가능하다. Angle을 화면 수직선에 그어주면 수평을 자동으로 맞춘다.

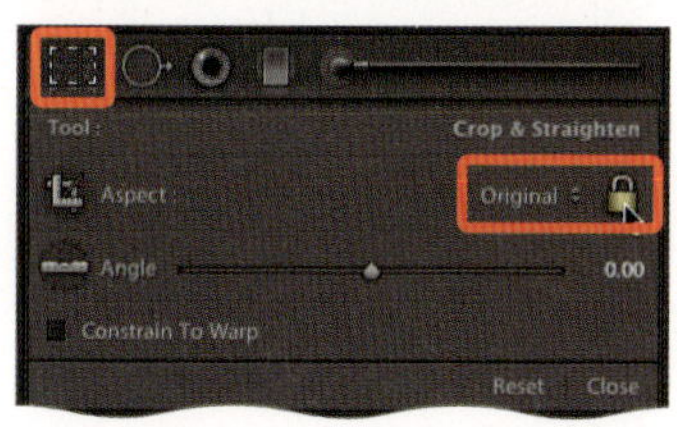

03 화면을 드래그한 후 원하는 크기만큼 잘라준다.

04 샤픈 작업은 [Detail] 탭에서 진행한다. 샤픈을 줄 때는 이미지를 확대(Z)한 후 원본 이미지의 변화를 보면서 작업하는 것이 좋다.

05 Sharpening에서 Amount는 샤픈의 양, Radius는 샤픈을 줄 픽셀의 반경을 말한다. Detail은 샤픈을 주면서 생기는 디테일을 향상시키는 역할을 하고, Masking은 밝은 부분에 생기는 노이즈를 마스크 작업으로 줄여준다. 샤픈을 줄 때 확대해서 작업하면 샤픈으로 인해 발생하는 노이즈 등을 감지하며 작업할 수 있다.

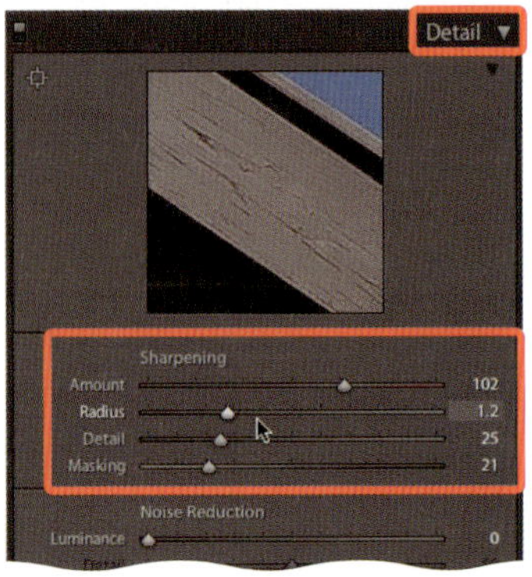

(Graduated Filter 적용하기)

• **예제 사진** : cd-part2 〉ch4-2 〉예제파일 〉03.ARW

01 역광에서 노출 차이 때문에 생기는 문제들을 라이트룸으로 쉽게 수정할 수 있다. 그레이디언트 필터나 CPL 필터를 사용한 것처럼 하늘을 좀 더 진하게 만들고자 한다면 상단의 Graduated Filter(M)를 선택한다.

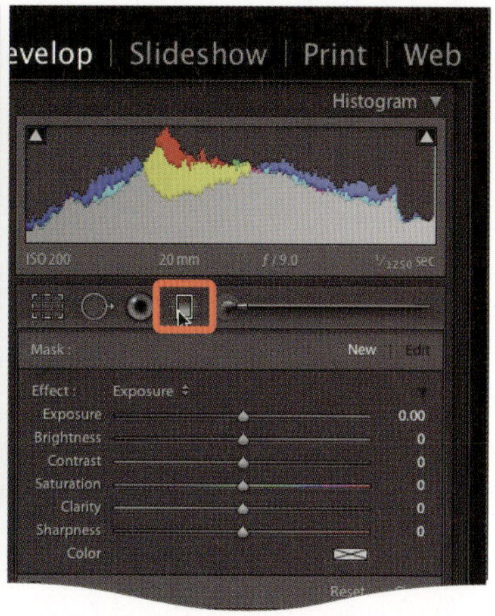

02 이 필터에서는 다양한 효과를 적용하는 것이 가능하다. 예제 사진의 하늘 부분을 진하게 만들 것이므로 Exposure를 줄여준다.

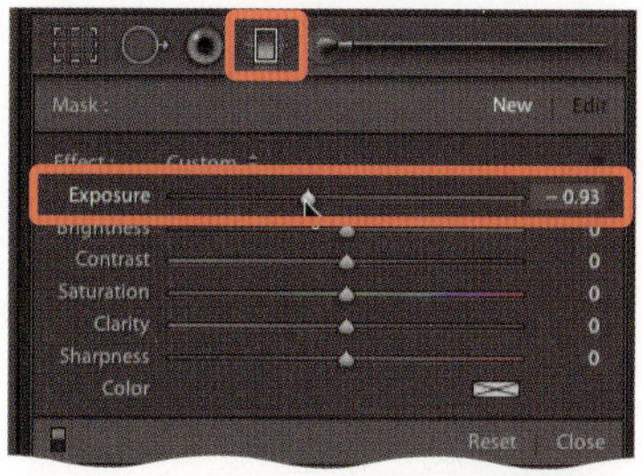

03 하늘 위쪽에서 아래쪽으로 마우스를 드래그하면 간단하게 노출을 줄여 어둡게 만들어준다.

04 색상을 좀 더 진하게 만들고 싶다면 Color 박스를 클릭하여 원하는 색을 추가한다.

05 화면 위에 생기는 작은 동그라미를 움직여서 위치를 다시 변경할 수 있고 수정 양도 조절할 수 있다.

세밀하게 조정하기

• **예제 사진** : cd-part2 〉ch4-2 〉예제파일 〉04.ARW

01 Graduated Filter(M)가 큰 면적을 수정하기에 알맞다면 Adjustment Brush(K)는 부분적인 수정을 하기에 알맞다. 그늘 때문에 어둡게 나온 얼굴, 모자의 디테일 등을 세밀하게 살려보자.

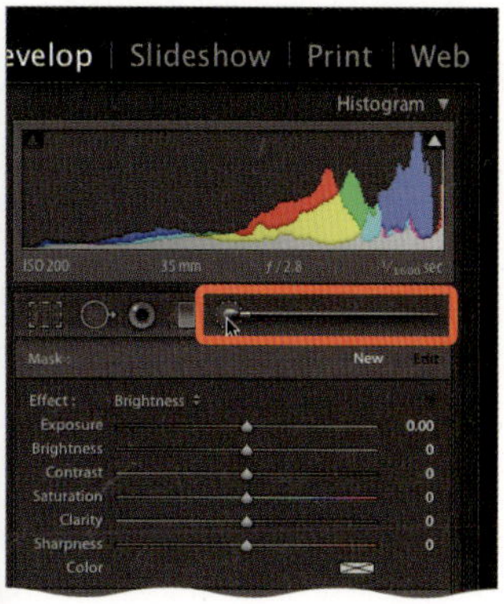

02 얼굴 부분을 밝게 하기 위해서 Adjustment Brush(K)를 선택하고 Exposure를 높여준 뒤 얼굴 부분을 붓으로 칠하듯 드래그한다. 좀 더 정밀하게 수정하기 위해 확대(Z)한다.

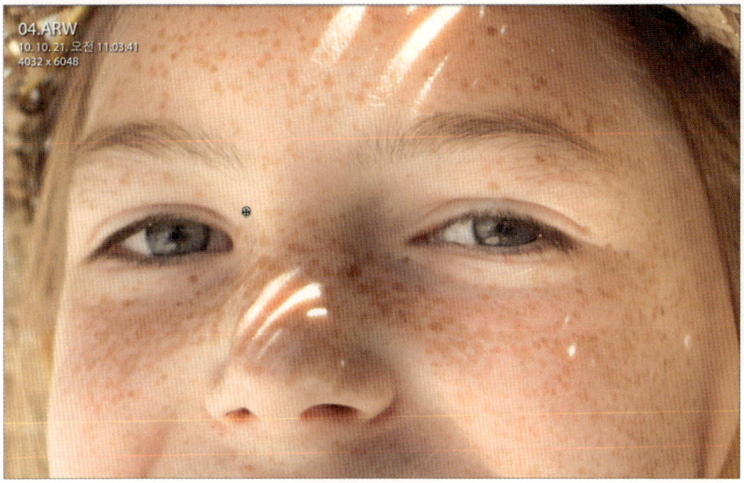

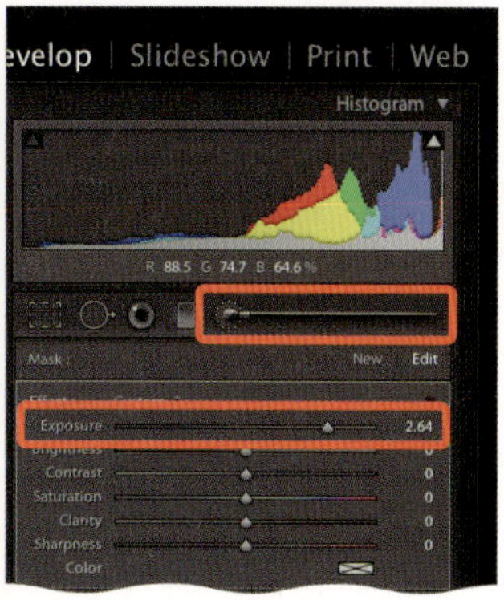

03 수정을 하다 실수를 했다면 Alt 를 누른다. 브러시가 +에서 – 모양으로 변한다. Eraser 브러시가 작동하는 것이므로 실수한 곳을 지워줄 수 있다.

04 새로운 수정을 하고자 한다면 Adjustment Brush(K)를 더 추가해야 한다. New 버튼을 누르면 추가된다.

05 Adjustment Brush(K)로 수정한 부분에는 회색의 점이 생긴다. 화면에서 밝기의 양 등 다른 수정 작업을 할 때는 반드시 New를 눌러 새로운 수정을 해야 한다. 이 점은 다시 선택하여 재수정할 수 있다.

06 Effect 오른쪽에 있는 펼침 버튼을 눌러 라이트룸의 Adjustment Brush(K) 프리셋을 이용할 수 있다. Soften Skin을 이용해 피부를 부드럽게 만들었다.

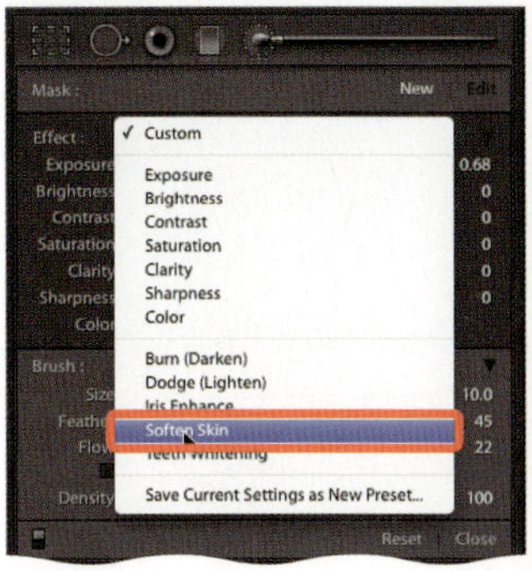

07 Teeth Whitening을 이용해 치아를 밝게 만들었다.

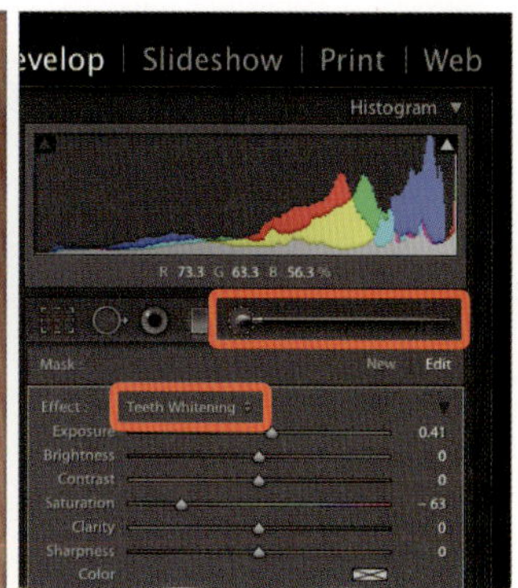

08 수정 전 상황으로 돌아가고 싶다면 왼쪽 패널에 있는 [History] 탭에서 선택할 수 있다.

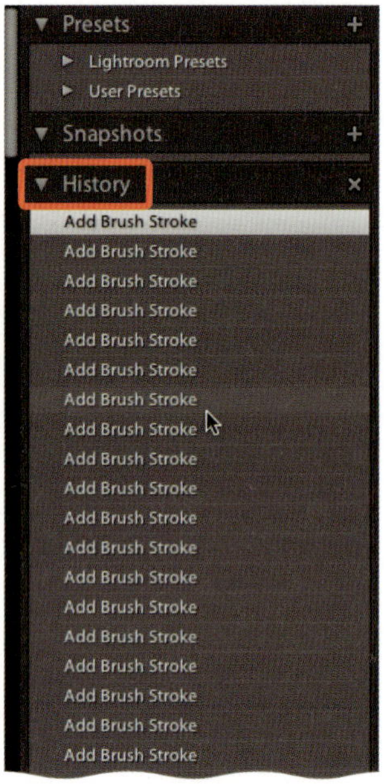

09 수정 전과 후의 작업을 비교했다. 오른쪽 모자 부분의 디테일에 주목하라.

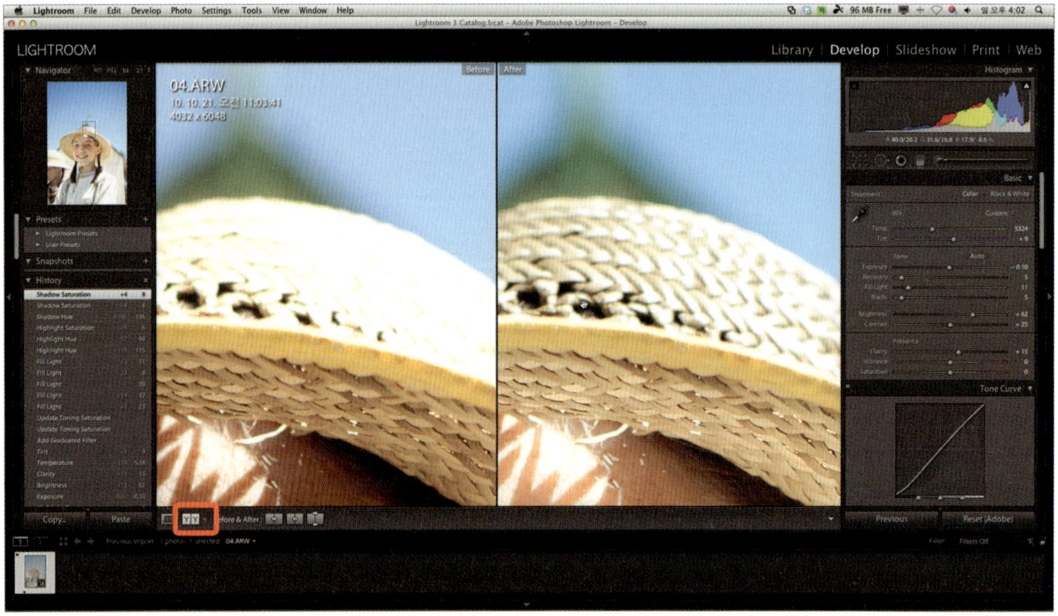

얼굴 부분의 디테일뿐 아니라 하늘의 색, 전체적인 색감 등을 변화시켜 원하는 느낌의 사진을 만들었다. 이렇게 부분적인 수정은 사진 전체에 영향을 끼치지 않기 때문에 원본 이미지의 훼손도 거의 없을 뿐더러 RAW 파일의 장점을 충분히 활용해 날아간 하이라이트 디테일까지 복원할 수 있다. 라이트룸 수정 방법은 사용자가 어떻게 활용하느냐에 따라 무궁무진해서 이 책에서 다 다루기는 어렵다. 제공되는 예제 파일로 여러분의 색감과 수정 방법을 개발해보는 것도 좋은 방법이다.

Lightroom 사진 작업에 응용하기

라이트룸은 선택 작업과 수정 작업을 동시에 할 수 있으며 여러 장의 사진을 동시에 편집하기에 좋다. 단순히 한 장의 사진을 두고 편집한다면 Camera Raw 플러그인에서 작업하는 것이 빠르겠지만 여러 사진을 선택하고 수정한 뒤 내보내기 작업을 하는 데에는 라이트룸이 제격이다.

(여러 사진 한꺼번에 수정하고 내보내기)

작품 사진이라면 한 장 한 장의 퀄리티가 중요하다. 그러나 상업 스튜디오의 인물 사진, 각종 행사 사진, 스포츠 사진, 현장 사진 등 촬영에서 편집까지 빠르게 이루어져야 하는 경우 라이트룸의 일괄 수정 편집 기능은 큰 힘을 발휘한다. 브릿지와 Camera Raw 플러그인의 장점을 동시에 가지고 있는 라이트룸으로 일괄 수정 편집을 해보자.

01 라이트룸의 일괄 수정 편집 기능을 활용할 때는 비슷한 촬영 환경에서 찍은 사진에 적용하는 것이 좋다. 아래 사진은 조카의 백일 사진으로, 같은 노출로 촬영하고 표정과 포즈만 다른 사진들이다. 옆으로 누워 있는 사진은 Ctrl 을 누른 채 한 장씩 선택한다.

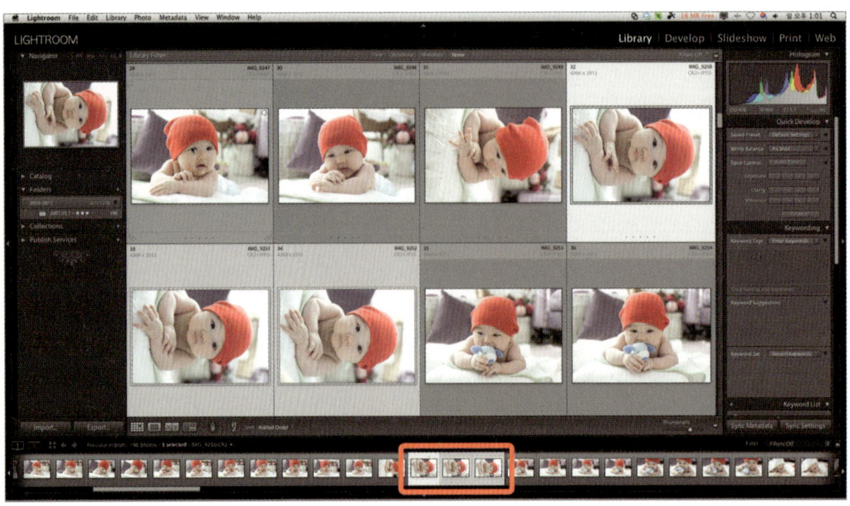

02 선택한 사진은 Ctrl+[또는 Ctrl+]로 회전할 수 있다.

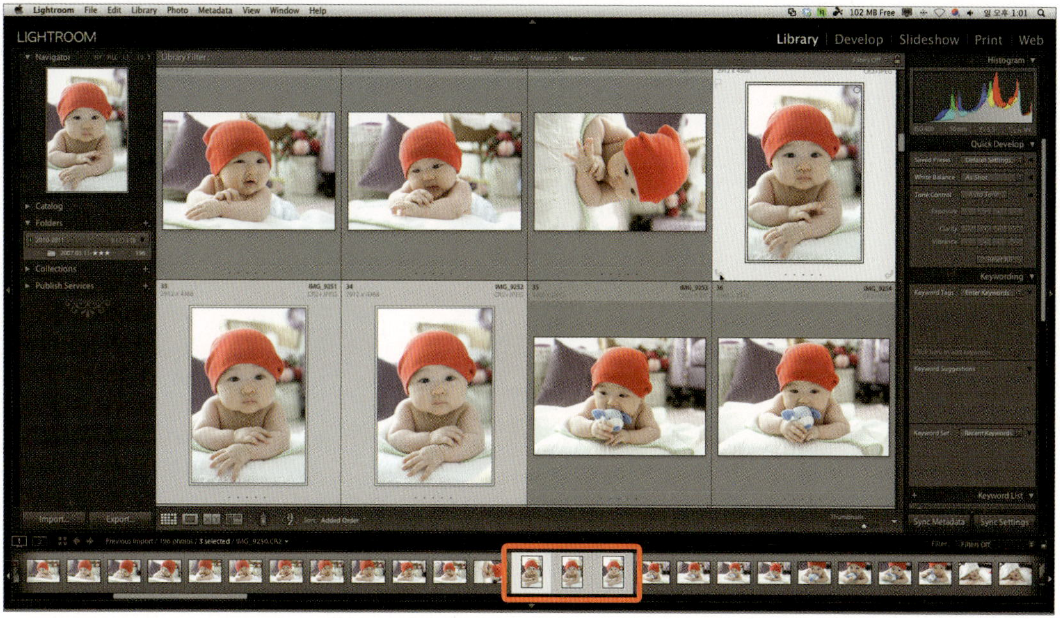

03 여러 장의 연속된 사진을 동시에 선택하려면 Shift를 누른 채 제일 첫 사진과 마지막 사진을 선택하면 된다. 오른쪽의 Keyword Tags에 키워드를 입력해두면 나중에 키워드로만 사진을 찾을 수 있어 편리하다.

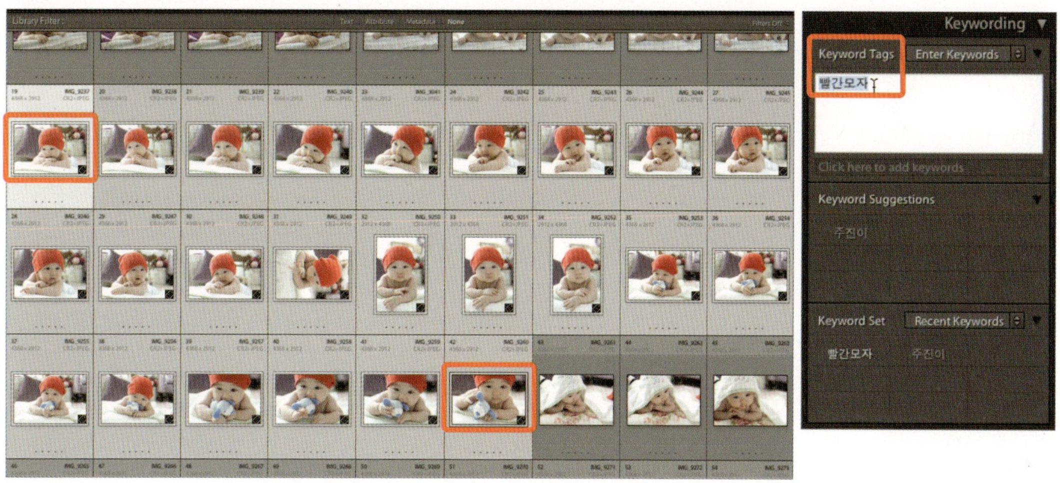

04 우선 사진 한 장을 Develop 모듈로 불러온다.

05 사진을 원하는 느낌으로 편집한다.

06 편집이 끝났으면 화면 위에서 마우스 오른쪽 버튼을 눌러 [Settings]〉[Copy Settings]를 클릭한다.

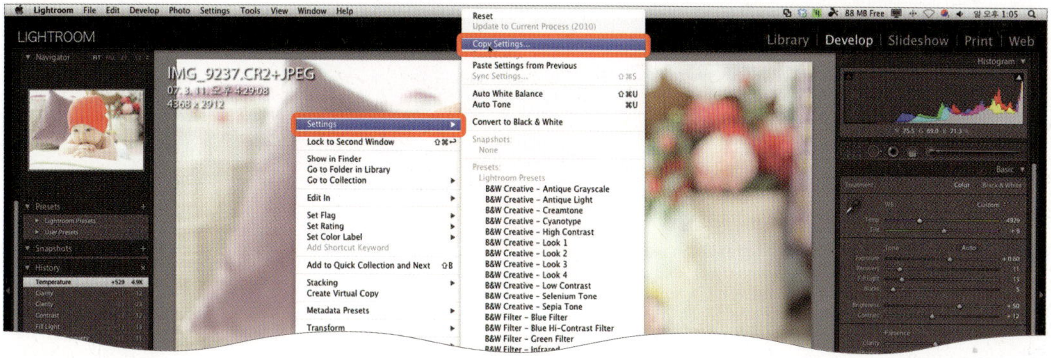

07 [Copy Settings] 대화상자에서 원하는 항목을 선택할 수 있다. 보통은 기본 선택된 항목을 그대로 적용해도 무방하다.

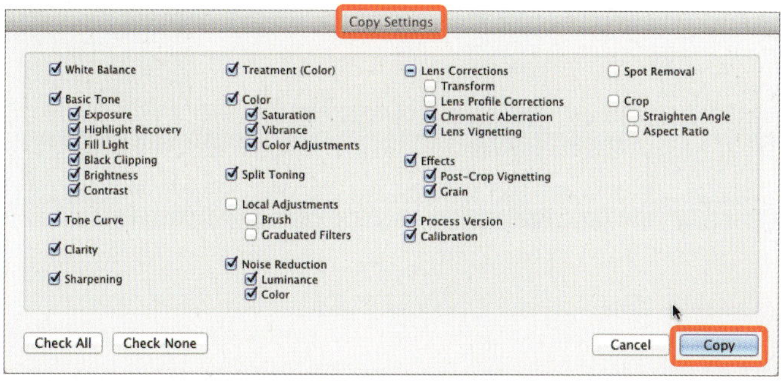

08 Library 모듈로 돌아온 다음, 같은 환경에서 촬영한 사진들을 한꺼번에 선택한다. [Photo]〉[Develop Settings]〉[Paste Settings](Shift+Ctrl+V) 메뉴를 실행하면 앞서 수정한 항목들이 붙여넣기 되면서 동시에 수정 사항이 반영된다.

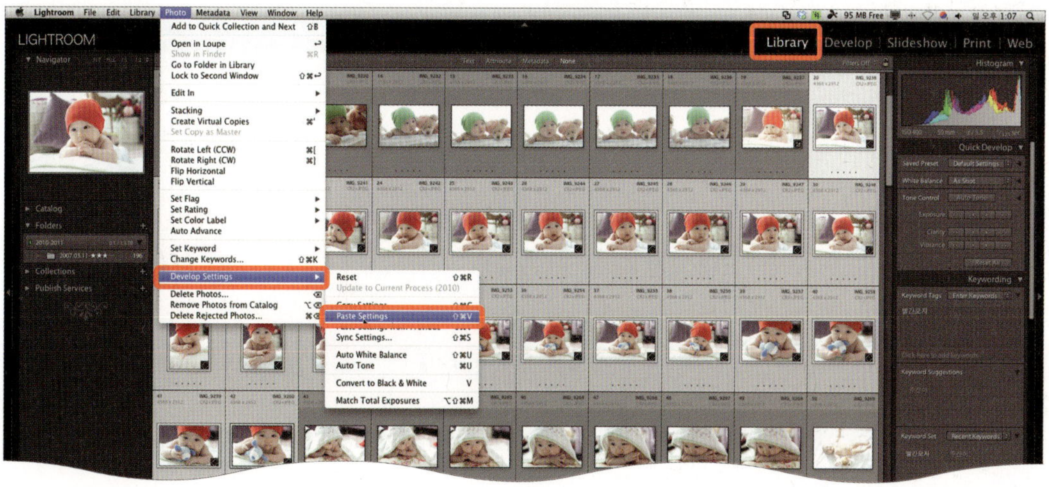

09 일일이 수정하지 않고 세팅 값만 반영하여 여러 장의 사진을 수정했다. 수정한 사진 오른쪽 하단에 있는 +/– 표시는 사진을 수정했다는 뜻이다.

10 수정한 사진을 한꺼번에 내보내려면 먼저 사진을 선택한 다음 Export 버튼을 누른다.

11 [Export] 대화상자가 나오면 원하는 경로로 사진을 내보낼 수 있다. 만약 이메일용이라면 Image Sizing 부분에서 리사이즈한 뒤 내보내야 할 것이다.

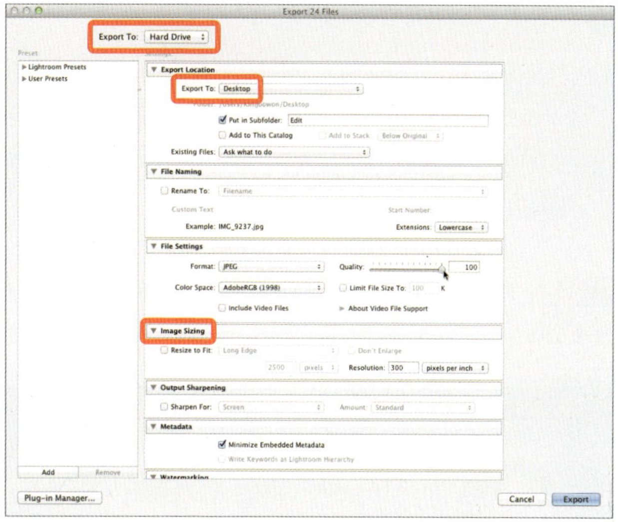

12 Export하는 동안 라이트룸 상단에 진행 상황을 보여준다. 백그라운드로 작업을 진행하는 동안 다른 작업을 할 수 있다.

13 빨간 모자를 쓴 조카의 사진들이 저장되었다. 이처럼, 다량으로 촬영한 사진은 포토샵에서 한 장씩 수정하는 것보다 라이트룸에서 한번에 수정하여 내보내기하는 방법이 시간이나 효율 면에서 훨씬 유리하다는 것을 알 수 있다.

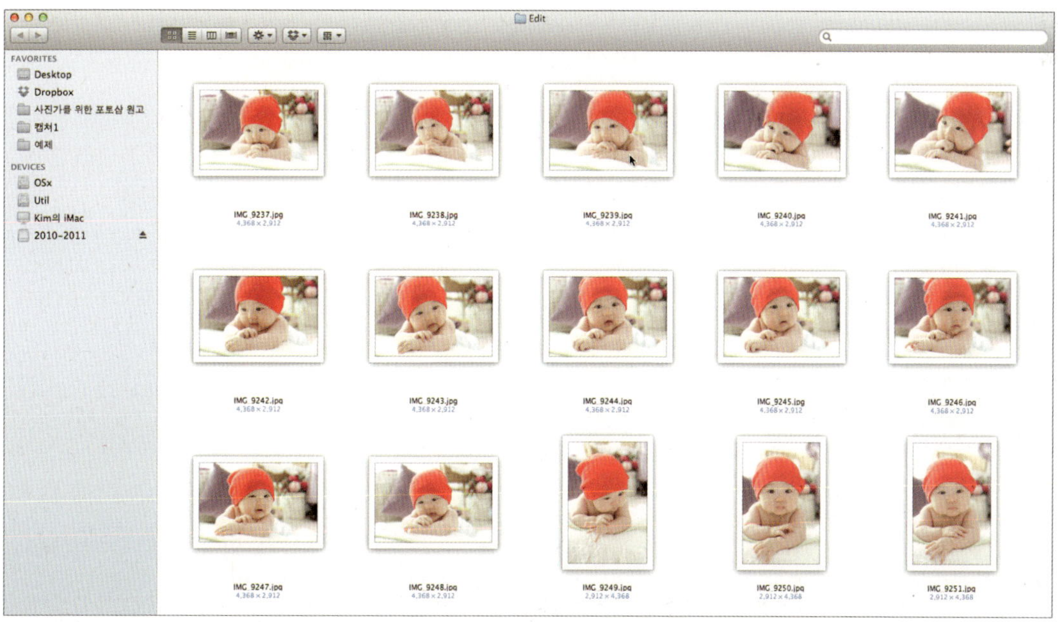

(작품 선택에서 프린트까지)

라이트룸은 아날로그 암실에서 진행하던 '필름 현상〉필름 컷 선택〉닷징과 버닝 작업〉작품 인화' 단계를 그대로 수용하고 있는데, 그 과정을 Library–Develop–Print 모듈에서 수행한다. 이 모든 과정은 아주 쉽고 직관적으로 진행된다. 라이트룸의 인터페이스는 초보자라도 쉽게 이미지 수정에 빠져들 수 있을 만큼 다루기 쉽고 직관적이다.

01 보통 인물 사진을 촬영할 때는 두 장 이상 찍어두는 게 좋다. 그래야 나중에 골라내는 작업을 할 때 좀 더 여유롭게 선택할 수 있다.

02 두 장의 사진을 선택하고 비교하는 작업을 진행한다. 선택된 사진을 Compare View(C)로 보면 자세하게 비교할 수 있다. 노출, 초점, 구도 등을 꼼꼼히 살피며 사진을 선택하는 과정이다.

03 이미지 아래에 있는 Zoom 슬라이더를 오른쪽으로 이동하면 두 사진을 같은 배율로 확대해서 보여준다. 이 기능은 초점, 흔들림 등을 확인하기 좋은 방법이다. 왼쪽 패널 상단에 있는 Navigator의 사각형을 움직여 원하는 부분을 확대해 볼 수도 있다.

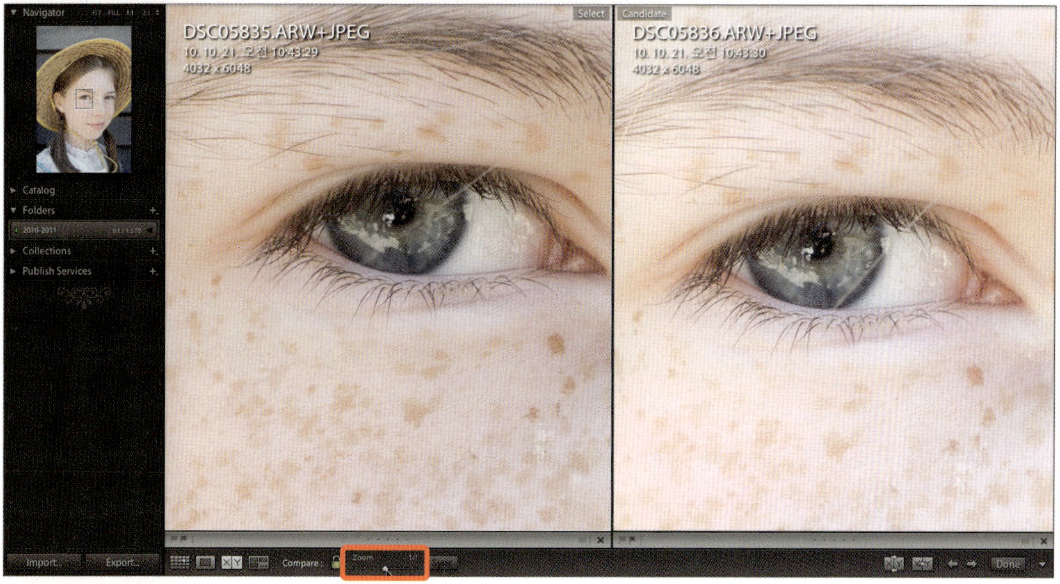

04 선택한 사진은 구분해두기 위해 별점 5점(5)을 주었다.

05 이런 식으로 여러 장의 사진 중 최종적으로 고를 사진들을 선별하는 작업을 진행한다.

06 프린트하기 위해 세 장의 사진을 선택했다. 이 사진들만 따로 보려면 상단의 Library Filter에서 Attribute를 선택하고 Rating을 별 다섯 개로 선택한다. 그러면 별점 5점을 준 사진들만 보여준다.

07 Develop 모듈로 들어가 수정을 진행한다.

08 수정을 하다가 원본 사진과 비교해보려면 Y 를 누른다. 그러면 Before/After 상태로 보여준다. 어느 정도 수정을 했는지 원본 사진과 비교하기 좋은 방법이다.

09 수정이 끝나면 Print 모듈로 들어가 오른쪽 패널에서 종이 종류와 크기, 이미지 크기 등을 선택해 프린트를 진행한다.

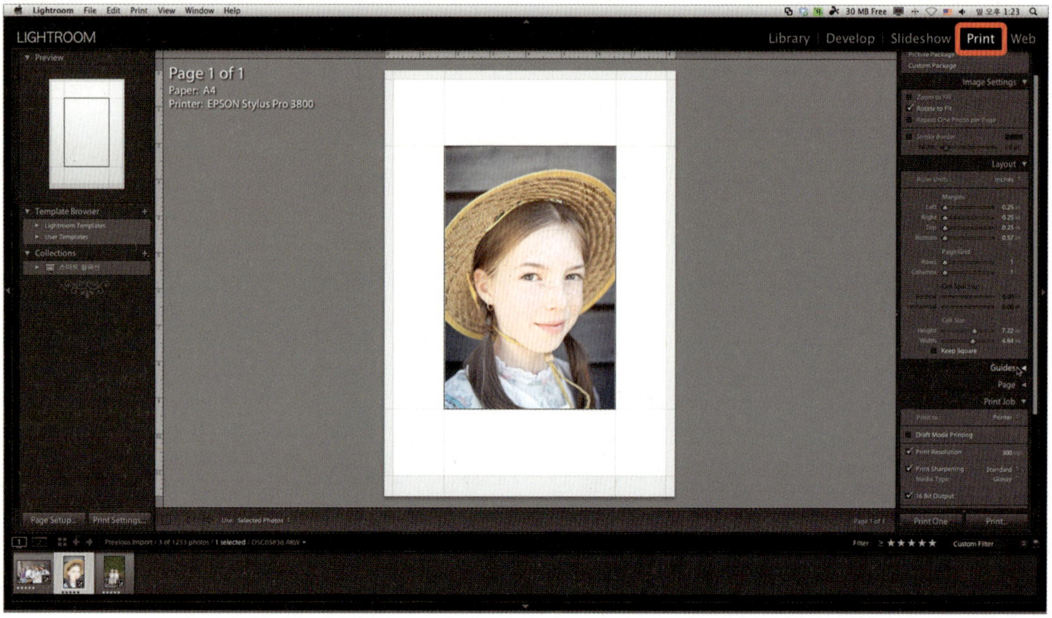

10 왼쪽 패널에 있는 [Template Browser] 탭의 Lightroom Templates를 활용하는 것도 좋다. 사진 한 장을 다양한 사이즈로 뽑을 수 있는 템플릿이 마련되어 있다. 밀착 인화와 비슷한 Contact Sheet 템플릿이나 사진 한 장을 명함 크기로 프린트할 수 있는 템플릿도 유용하다.

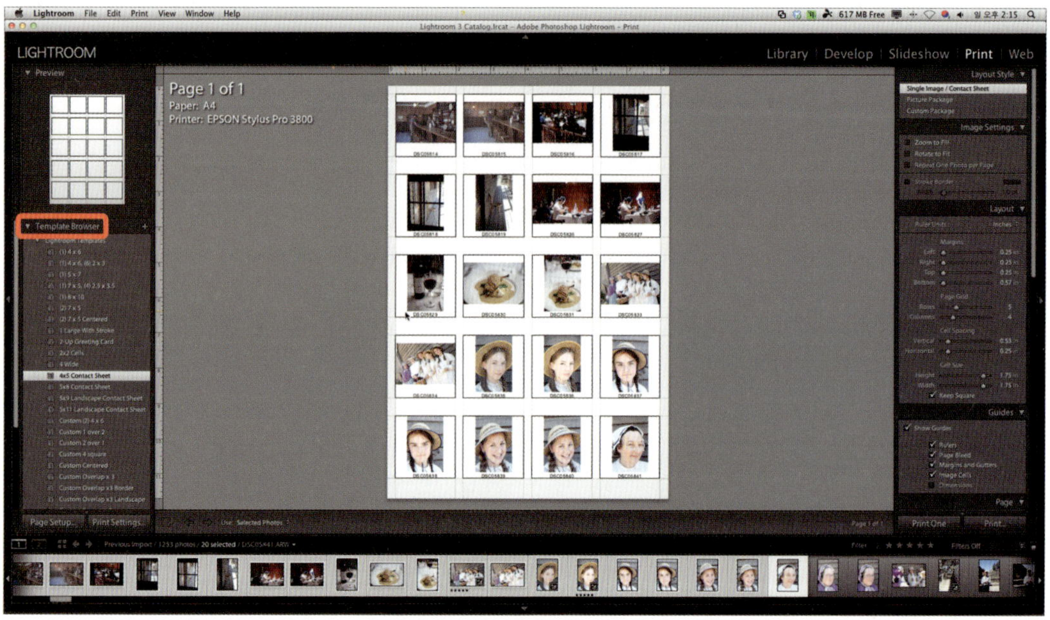

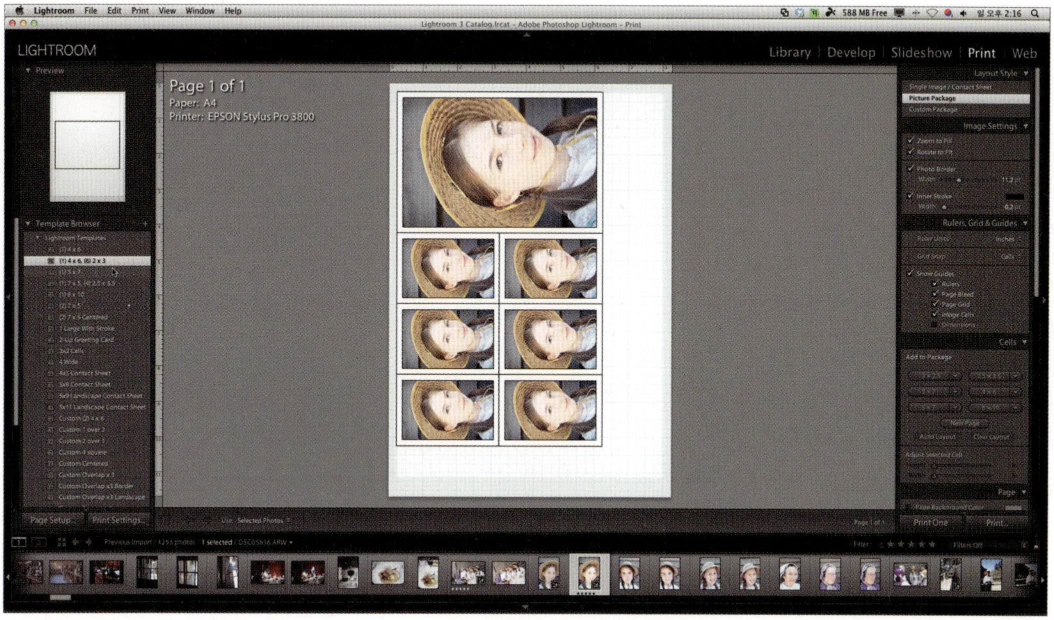

11 잉크젯 프린터가 있다면 이렇게 사진을 직접 프린트하는 기쁨을 맛볼 수 있다.

(Part)

03

사진 보정/기법 익히기

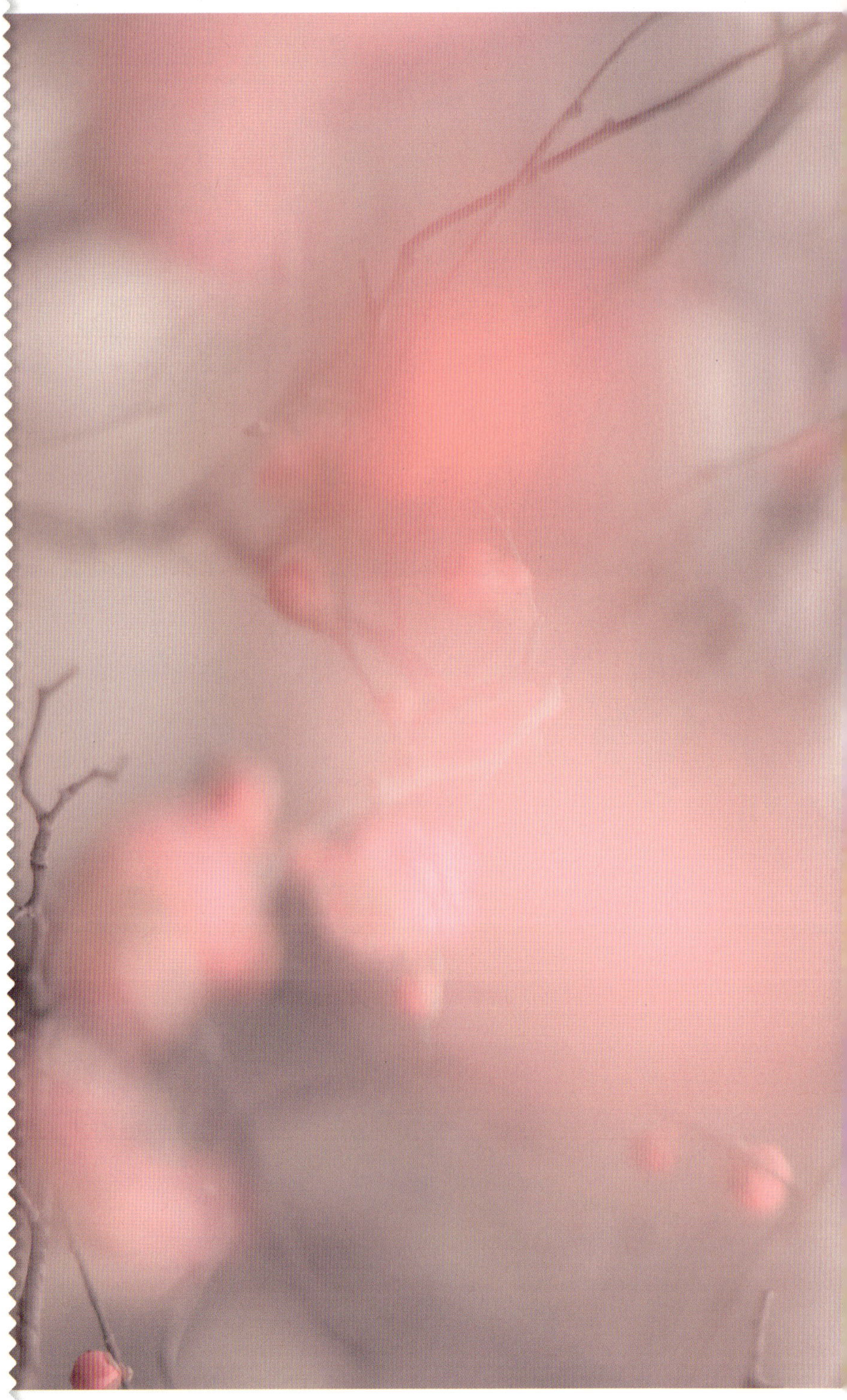

@ 서울 **광진구**, 2012

촬영 정보

소니 A900 _

50mm 렌즈 _

조리개 2 _

셔터 속도 1/1600초 _

ISO 400 _

촬영 & 보정 포인트

초봄에 피는 홍매화의 모습을 담은 작품이다. 분홍빛을 강조하기 위해 홍매화에 렌즈를 바짝 붙이고 조리개를 개방하여 촬영했다. 보정 시 Camera Raw의 Split Toning 탭에서 마젠타와 레드 계열을 섞어 꽃의 분홍빛을 더욱 강조했다.

(Chapter) 01

사진을 보정하기 전에

가끔 글을 쓰려고 모니터에 워드를 띄워놓으면 도대체 한 글자 시작하기가 쉽지 않다. 이미지 수정을 할 때도 마찬가지다. 포토샵에 이미지를 띄워놓고 도대체 어떻게 수정해야 할지 막막하다. 문자와 음성 언어로 말하는 법은 많이 배웠지만 이미지로 말하는 경험을 우린 하지 못했기 때문이다. 사진을 통해 마음의 이야기와 감성을 끌어내기란 그만큼 어려운 일이다. 당신의 사진에서 무엇을 전달할 것인가? 그리고 얼만큼 수정할 것인가? 작업의 흐름을 어떻게 잡아야 할 것인가? 사진 이미지가 스스로 말을 할 수 있도록 이미지 수정을 통해 스스로의 감성을 키워보자.

사진에서 무엇을 전달할 것인가?

어떤 목적을 가지고 촬영을 한다면, 그 사진은 반드시 목적에 맞는 쓰임이 있다. 만약 아무에게도 보여주지 않을 사진이라면 리터칭을 할 필요가 있을까? 그냥 하드디스크에 고이 모셔둘 사진이라면 왜 사진을 찍는가에 대해 진지하게 고민해봐야 할 것이다. 전시회를 하든, 브로슈어를 만들든, 웹 갤러리에 올리든, 자료용으로 보관하든 결국 누군가가 보거나 감상한다는 전제 하에 사진을 찍는다. 리터칭을 할 때도 일단 내가 만족스러워야 한다. 그리고 내 사진을 보는 사람이 어떤 감정을 느꼈으면 하는 바람이 있다.

촬영과 리터칭은 각각 카메라와 보정 프로그램 기술을 기반으로 한다. 그러나 그 행위의 목적은 인간의 감정이라는 주관적인 부분과 매우 밀접한 관계가 있다. 생각해보면 참 아이러니한 일이다.

아무튼 결론은 이것이다. 여러분이 리터칭을 하겠다면 반드시 '내 사진을 이렇게 봐주었으면' 하는 의도가 선행되어야 한다.

• **사례 1** : 여기 파스타와 연어 샐러드를 담은 사진이 있다. 촬영자는 이 음식을 먹기 전, 맛있는 음식을 기록하고자 하는 목적과 미니홈피에 사진을 올려 친구들과 공유하고자 하는 마음으로 열심히 찍었다. 하지만 집에 와서 사진을 확인하니 맛있게 먹었던 그 음식의 느낌이 아니다. 무엇이 이 사진의 문제이며 어떻게 수정하면 되는가?

• **사례 2** : 낯선 여행지의 풍경을 카메라에 담기 위해 길을 나섰다. 오후의 골목길을 걷다 빨간색 벽돌 건물의 작은 창들과 널어둔 빨래의 소박한 느낌이 마음에 들어 촬영했다. 그런데 집에 돌아와 사진을 보니 어딘가 차가운 느낌이다. 그때 느꼈던 그 따뜻함을 살리려면 어떻게 수정해야 할까?

• **사례 3** : 가을날, 산들거리는 코스모스 너머의 붉은 노을이 아름답다. 조리개를 개방해 코스모스는 흐리게, 노을은 선명하게 촬영했다. 그런데 집에 돌아와 포토샵에서 파일을 열어보니 노을의 붉고 화려한 모습은 찾을 수 없고 어딘지 모르게 뿌연 느낌마저 든다. 내가 느낀 노을의 모습은 어떻게 표현할 수 있을까?

사례 1, 2, 3에서 보듯이 사진가가 촬영 당시의 어떤 느낌을 전제로 사진을 다시 확인했는데 그때의 느낌이 아닐 때가 있다. 그렇다면 원하는 느낌을 표현하기 위한 수정 작업에 들어가야 한다. 수정을 할 때 굉장히 복잡한 여러 가지 툴을 사용해야 할 것 같지만 그렇지 않다. 사진에서 무엇이 문제인지, 전달하고자 하는 의도가 무엇인지 명확하다면 많은 작업을 하지 않고 간단한 보정만으로 훌륭한 사진을 만들 수 있다. 다시 말해, 프로그램의 수많은 툴을 다 익히려고 노력하는 것보다 자신의 사진에서 말하고자 하는 것, 보는 이들에게 전달하고자 하는 것을 정확히 파악하려는 노력이 중요하다. 그 다음으로 내가 원하는 느낌이 드러나게 하려면 어떤 툴로 어떤 기능을 써야 하는지 생각하는 일이 중요하다.
하지만 안타깝게도 이 책에서는 툴의 사용법을 알려줄 수는 있어도 여러분 사진의 느낌까지 알려주지는 못한다. 자신의 사진에 대한 느낌은 자신이 제일 잘 알기 때문이다. 따라서 끊임없이 사진을 촬영하고 수정하는 작업을 반복하며 느낌을 표현하는 감각을 익히는 것이 중요하다.
사례 1, 2, 3에 대한 해답은 Camera Raw 플러그인에서 간단한 보정을 통해 찾기로 한다. 아래에서 확인하도록 하자.

사례 1–보정

촬영할 때의 노출 부족으로 생생한 느낌이 사라진 상태다. 전체적인 밝기를 향상시키기 위해 [Basic] 탭의 Exposure를 +1.30으로 보정했다. 그리고 Fill Light로 음식의 디테일을 좀 더 살린 뒤, 접시 부분의 하이라이트를 보존하기 위해서 Recovery를 사용했다.

사례 2–보정

햇빛이 들지 않는 그늘에서 촬영한 사진은 푸른색이 돌아 차갑게 느껴진다. Temperature 슬라이더를 오른쪽으로 움직여 전체적으로 따뜻한 느낌을 주었다. Exposure와 Fill Light 슬라이더를 오른쪽으로 조금 이동하여 어두운 부분의 디테일도 드러냈다.

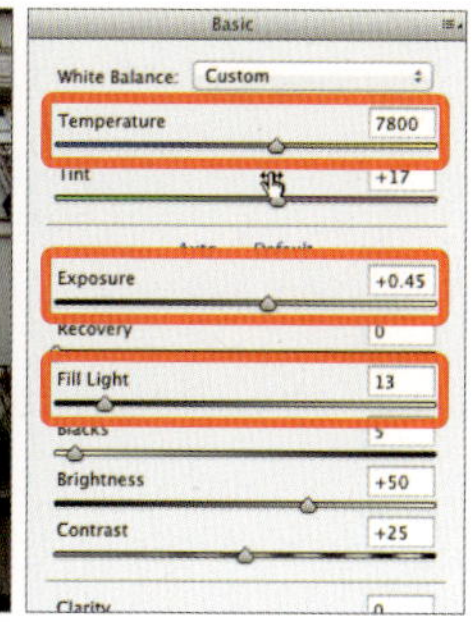

사례3-보정

노을의 붉은 느낌을 더하기 위해 Tint에서 붉은 색조를 더한 뒤, Temperature에서 노란색을 더했다. Recovery로 오른쪽 하이라이트 디테일을 보존했으며 Fill Light로 어두운 부분의 디테일을 살렸다. Contrast와 Clarity를 추가해 구름에 입체적인 느낌을 더했다.

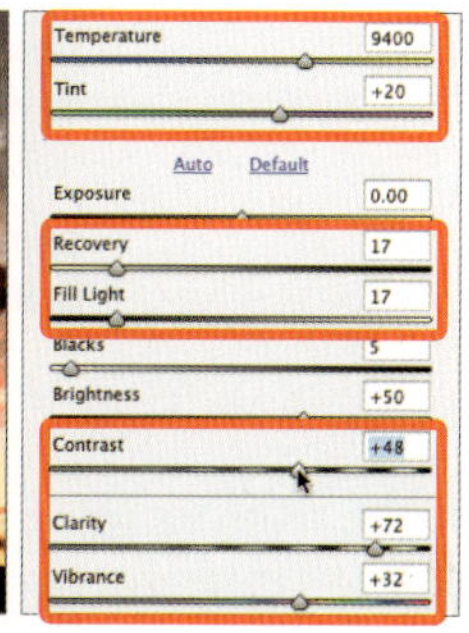

(얼마만큼 수정할 것인가?)

촬영할 때도 그렇지만 리터칭할 때도 개인의 주관적인 판단에 따른다. 작업을 하다보면 과연 얼마만큼 수정해야 잘한 것인지, 어디쯤에서 수정을 끝내야 할지 고민스러울 때가 있다. 또 이런 의문도 든다. 무조건 강한 콘트라스트를 주는 것이 좋을까? 반드시 정확한 화이트 밸런스와 노출을 추구해야 할까? 이 질문에 대해서는 여러 의견이 있겠지만, 개인적인 견해로는 리터칭을 잘한 사진이란 리터칭을 했는지 안 했는지 알 수 없는 사진이라고 생각한다.

사진을 요리의 재료, 리터칭을 요리의 과정이라고 생각해보자. 질 나쁜 재료로 아무리 솜씨 좋게 요리를 한다 해도 그 맛은 떨어진다. 질 좋은 재료라도 조미료를 지나치게 사용하면 몸에 나쁜 음식이 될 것이다. 약간은 밋밋하지만 담백하고 은은한 맛이 나는 음식이나 사진을 좋아하는 필자의 취향일수도 있겠다. 이 취향의 기준은 사람마다 조금씩 다르며 변하기도 하기 때문에 자신의 주관과 사진에 대한 철학을 갖는 일은 매우 중요하다. 하지만 너무 걱정할 필요는 없다. 넘어지고 깨어지며 배워왔듯이, 다양한 시도 속에서 여러분의 눈과 취향이 방향을 잡고 생각과 철학이 정립될 것이기 때문이다. 무엇보다 좋은 사진을 찍겠다는 자세, 내 감성과 마음에 충실한 사진을 찍겠다는 자세가 중요하다. 이렇게 찍은 사진이라면 리터칭이 조금 잘못되어도 훗날 다시 조정할 여지가 있기 때문에 걱정할 필요가 없다.

사진을 처음 배울 때는 강한 콘트라스트와 어두운 톤을 좋아했다.

과도기의 사진인 〈Daydream〉 시리즈다. 풍경 속에서 따뜻한 느낌을 찾고 싶었다.

〈Daydream〉 시리즈의 영향으로 밝은 이미지를 선호하게 되었다. 현재까지 꾸준히 작업하고 있는 〈WHITE〉 시리즈의 일부다.

효과적인 사진 수정과 방법

사진을 수정하다보면 이런 의문이 든다. 중요하지 않은 사진인데 꼭 RAW 파일로 촬영해야 하는 건지, 아니면 JPG 파일로 촬영하는 것이 좋은지? 라이트룸이나 Camera Raw 플러그인에서 수정하고 바로 저장해야 하는지, 아니면 포토샵에서 다시 열어 재보정을 해야 하는지?
포토샵, 브릿지, 라이트룸, Camera Raw 플러그인은 모두 연계되어 있으며 이 모든 작업의 마무리는 포토샵이다. 그 어느 하나 소홀히 할 수 없는 툴들이니 각 프로그램과의 연동 관계를 인식하길 바란다.

- **JPG 파일로 촬영한다면** : JPG 파일로 촬영하는 사용자일수록 원본 데이터에 충실해야 한다. 최대한 수정을 하지 않겠다는 자세로 노출, 화이트 밸런스, 흔들림 등에 주의하며 촬영한다. JPG 파일은 수정을 시작하는 순간부터 이미지 데이터가 파괴되기 때문이다. 물론 웹용으로 쓰거나 단순히 기록용으로 쓸 사진이라면 JPG 파일도 훌륭하다. 그러나 더 좋은 작품을 만들고 싶다면 RAW 파일로 촬영하길 권한다.
- **RAW 파일로 촬영한다면** : JPG 파일보다는 여유가 있는 편이나 노출에 주의하며 촬영하는 것이 좋다. 노이즈를 줄이기 위해서는 하이라이트가 날아가지 않을 정도로 약간 밝게 촬영한 다음 보정할 때 노출 값을 내린다. 이렇게 하면 섀도우 부분의 노이즈를 줄일 수 있다. Camera Raw 플러그인, 라이트룸 모두 RAW 데이터를 기반으로 하는 수정 방법이다. 그만큼 RAW 데이터가 다루기 편리하고 디지털 이미징에 있어 중요하다는 뜻이다.

포토샵에서 연 JPG 파일

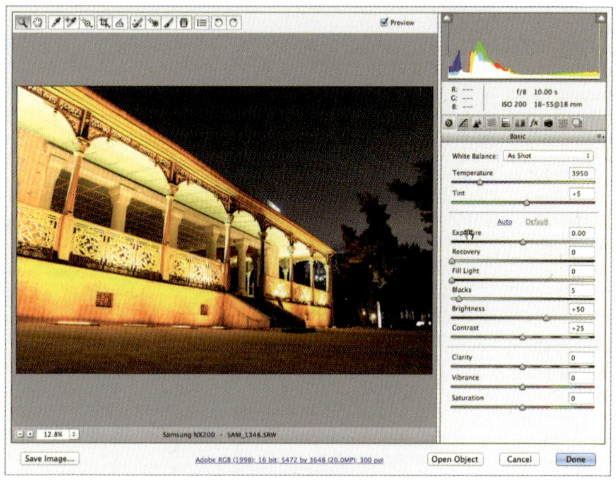

Camera Raw 플러그인에서 연 RAW 파일

브릿지에서 선택 과정을 거친 RAW 파일을 Camera Raw 플러그인에서 열어 기본적인 보정(노출, 화이트 밸런스, 콘트라스트 등)을 하고 포토샵에서 닷징과 버닝, 샤픈 작업, 미세한 콘트라스트 작업을 진행한다. 보통 포토샵에서는 레이어와 마스크를 이용해 작업하기 때문에 이미지의 손실도 줄일 수 있으며, 정교한 컨트롤이 가능하다. 잉크젯으로 직접 프린트하는 사용자들 역시 포토샵을 거쳐야 하므로 '어도비 브릿지〉Camera Raw 플러그인〉포토샵'의 과정을 거쳐 사진을 수정하고 저장한다.

Adobe Bridge

Camera Raw 플러그인

Photoshop

라이트룸은 많은 양의 사진을 한꺼번에 수정하거나 여러 사진의 전체적인 밸런스(색감, 노출, 콘트라스트 등)를 동시에 조절하기 좋다. 라이트룸의 인터페이스가 Camera Raw 플러그인을 기반으로 하고 있는데다 각 수정 슬라이더들이 수치화되어 있어 일괄적인 보정에서 아주 편리한 컨트롤이 가능하다. 라이트룸에도 Adjustment Brush가 있어 부분적인 보정이 가능하지만 세밀함은 포토샵에 있는 레이어와 마스크를 따라가지 못한다. 전체적인 밸런스를 조절한 후 세밀한 작업은 역시 포토샵에서 진행한다.

Lightroom

Photoshop

(Chapter) 02 사진 보정을 위한 핵심 비법

포토샵의 각종 툴을 어떻게 연동시킬 것인지 그 흐름을 이해하는 것이 중요하다. 이번 챕터는 이 책에서 가장 방대한 분량을 차지하고 있으며 포토샵에서 각 툴이 어떤 유기적인 관계로 연동되는지 익힐 수 있는 내용으로 구성되어 있다. 각종 기법을 외우고 이해하는 데 그치지 말고 자신만의 수정 방법을 개발해보는 것도 흥미로운 일이 될 것이다. 포토샵의 다양한 수정 방법은 그 순서와 방법이 정석처럼 정해져 있는 것이 아니라 여러 사용자들의 경험과 노하우가 축적된 결과물이다. 다만 더 좋은 방향, 더 좋은 이미지를 향하여 계속 진화해가고 있을 뿐이다.

상황에 따른 노이즈 제거 방법

디지털 사진의 노이즈는 주로 밝은 곳보다 어두운 곳에서 많이 나타난다. 최근에는 고감도에서도 노이즈가 적은 디지털카메라가 많이 나오고 있지만, 특정한 영역에서 나타나는 노이즈는 여전히 골칫거리다. 노이즈를 줄이기 위한 가장 좋은 방법은 RAW 파일로 촬영하는 것이다. 그리고 적정 노출로 촬영해야 한다. 중요한 사진이라면 삼각대를 사용하고 저감도로 촬영한다.
그럼 몇 가지 예제를 통해 노이즈를 제거하는 방법을 알아보자.

(노이즈 제거의 강력한 툴, Reduce Noise)

• **예제 사진 :** cd-part3 〉ch2-1 〉예제파일 〉01.jpg

01 일반적인 JPG 파일의 노이즈는 포토샵의 Reduce Noise라는 강력한 필터로 제거할 수 있다. 노이즈를 제거하기 전에 사진을 확대하여 크게 보도록 한다.

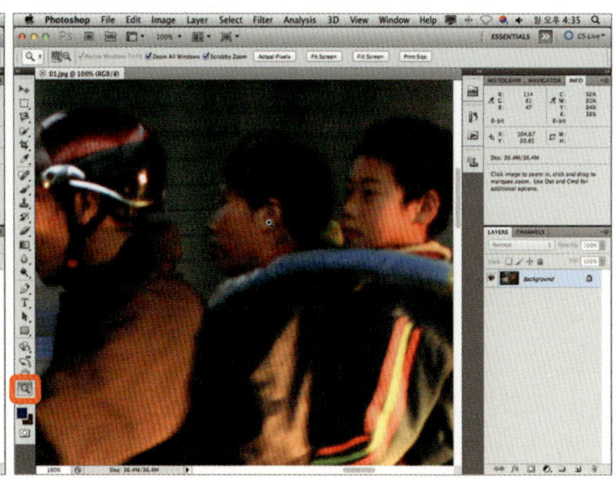

02 메뉴에서 [Filter]〉[Noise]〉[Reduce Noise]를 실행한다.

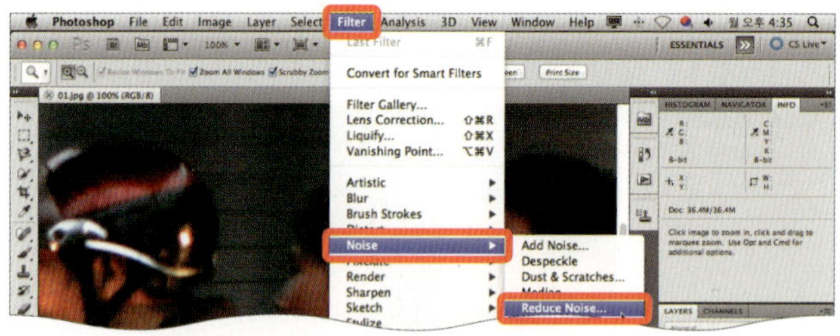

03 [Reduce Noise] 대화상자에서 네 개의 슬라이더를 볼 수 있다. Strength는 일반적인 고감도에서 생기는 픽셀 노이즈를 제거한다. Preserve Details는 노이즈를 제거하면서 발생하는 디테일을 살려준다. Reduce Color Noise는 여러 컬러가 섞여 나오는 컬러 노이즈를 제거한다. Sharpen Details는 노이즈를 제거할 때 저하되는 디테일을 살려준다. 맨 아래에 있는 Remove JPEG Artifact를 체크하면 핸드폰 사진 등에서 발생하는 픽셀 모양의 큰 노이즈를 제거한다.

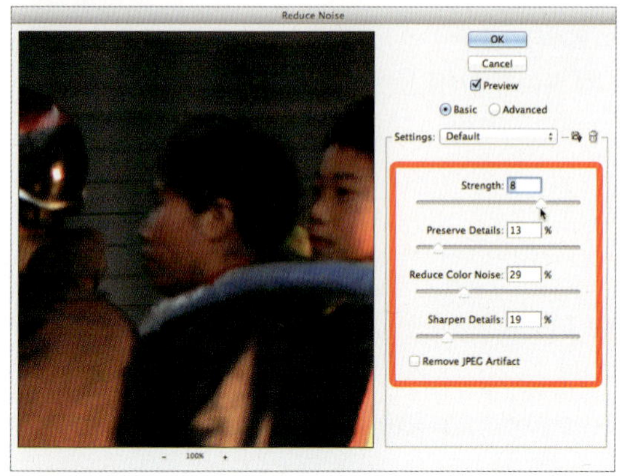

04 무엇보다 자신의 사진에 맞는 노이즈 제거가 중요하다. 미리 보기 창에서 노이즈 제거에 따른 변화를 보면서 각 슬라이더를 움직여본다.

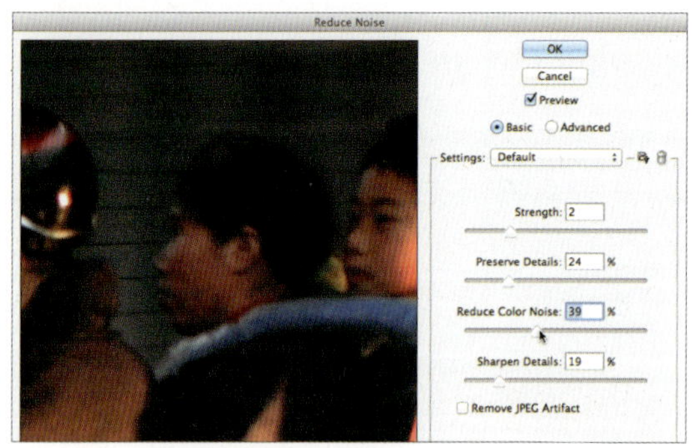

05 Advanced 항목을 체크하면 R, G, B 각 채널별 노이즈를 제거할 수 있다.

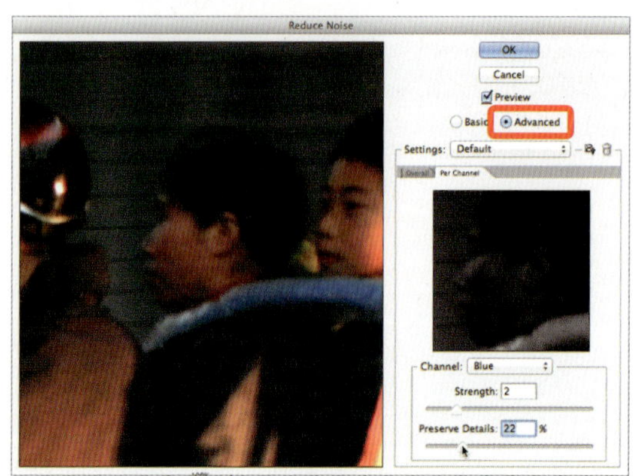

간단한 컬러 노이즈 제거하기

• **예제 사진** : cd-part3 〉 ch2-1 〉 예제파일 〉 01.jpg

01 컬러 노이즈를 제거하려면 우선 레이어를 복제(Ctrl + J)한다.

02 복제한 레이어의 블렌딩 모드를 Col-or 로 바꾼다. 레이어 블렌딩 모드를 Color로 바꿔 Blur 효과를 주면 컬러가 흐려지며 주변 색상과 섞이게 된다.

03 [Filter]〉[Blur]〉[Gaussian Blur] 메뉴를 실행하여 대화상자를 띄운다. Radius를 3~10 사이로 준다. 너무 많이 사용하면 컬러가 흐려지는 현상이 발생하니 주의한다.

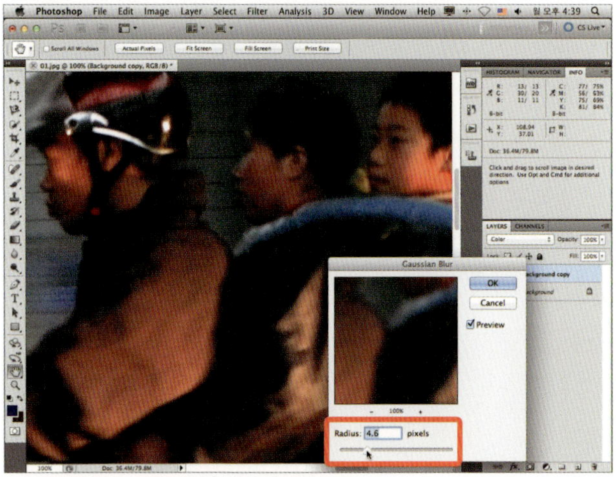

(섀도우에 나타난 노이즈 따로 제거하기)

• **예제 사진 :** cd-part3 〉ch2-1 〉예제파일 〉02.jpg

01 카메라 제조사의 Landscape 모드 등 각종 프리셋은 강하게 세팅되어 있는 경우가 많다. Landscape 모드로 촬영한 아래 사진은 콘트라스트가 강해 나무와 비석들의 디테일이 부족하다.

02 나무와 비석들은 주로 어두운 부분에 있다. 어두운 부분을 따로 선택하기 위해 [Select]〉[Color Range] 메뉴를 실행한다. [Color Range] 대화상자가 뜨면 Select에서 Shadows를 선택한다.

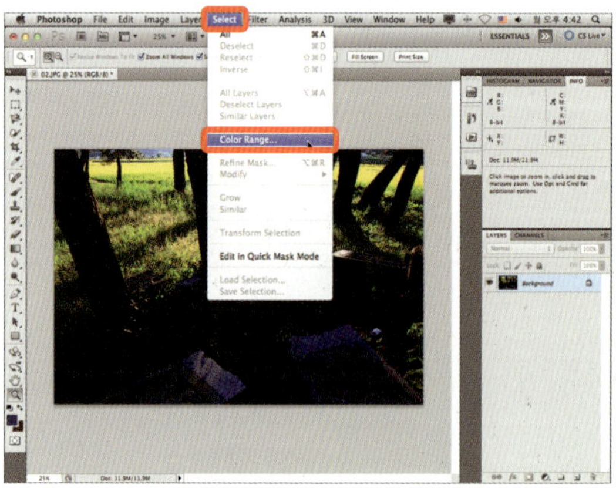

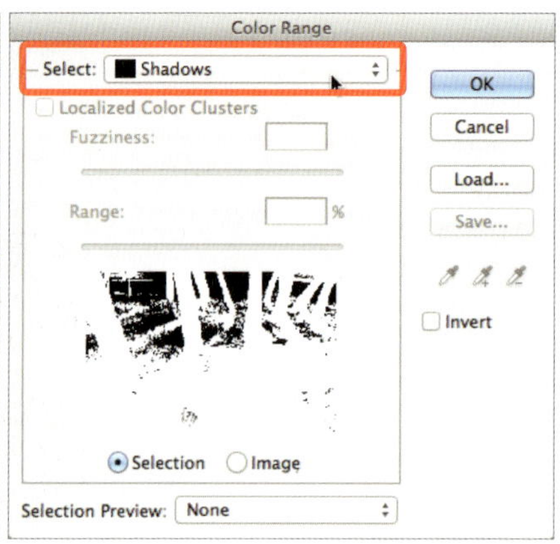

03 선택 부분을 부드럽게 하기 위해 [Select]>[Modify]>[Feather] 메뉴를 실행한다. [Feather Selection] 대화상자가 뜨면 Feather Radius를 1 정도 지정하여 경계선을 부드럽게 한다. 선택된 어두운 부분을 레이어로 복제(Ctrl+J)한다.

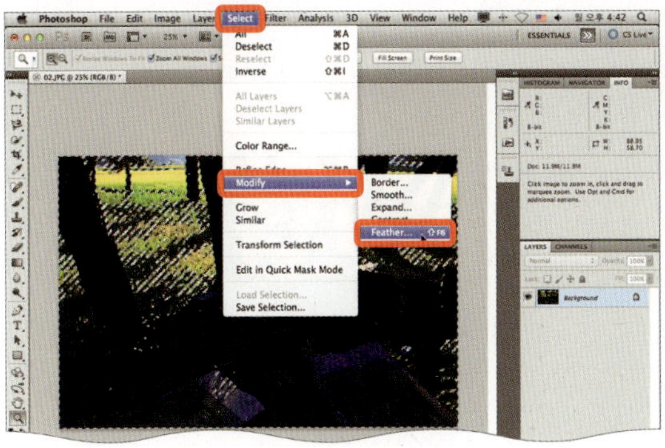

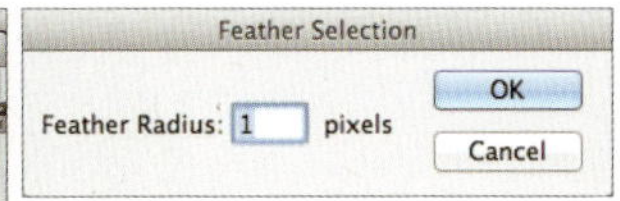

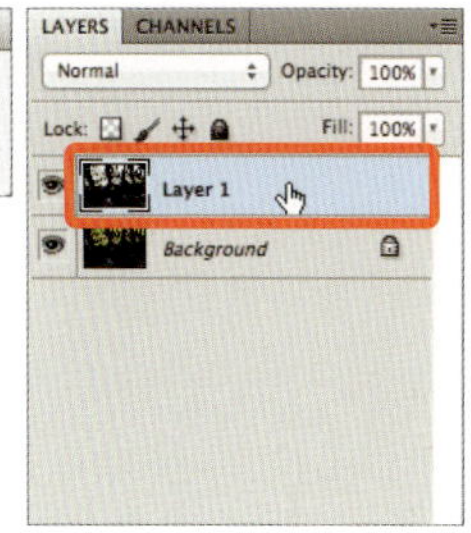

04 [Curves](Ctrl+M)를 이용하여 어두운 부분의 디테일을 살리는 작업을 한다.

05 이렇게 어두운 부분의 디테일을 억지로 끌어올리면 주로 거친 컬러 노이즈가 발생한다. 사진을 확대해 확인한다.

06 [Filter]〉[Noise]〉[Reduce Noise] 메뉴를 실행한다.

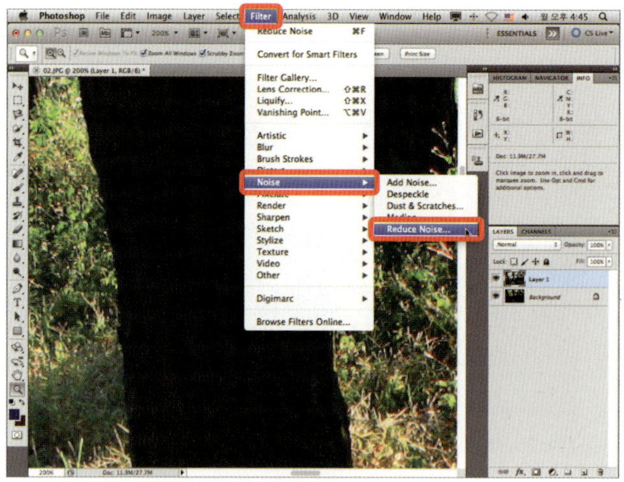

07 컬러 노이즈만 제거하고자 한다면 Strength를 0으로 바꾸고 Reduce Color Noise 슬라이더를 오른쪽으로 이동하면 된다.

08 노이즈 제거를 끝내고 어두운 부분의 디테일과 노이즈 상태를 확인한다. 만족스럽지 못하다면 위의 과정을 반복해서 실행한다.

파란 하늘 그라데이션에 나타난 노이즈 제거하기

• **예제 사진** : cd-part3 〉ch2-1 〉예제파일 〉03.jpg

01 이런 사진을 보면 '왜 RAW 파일로 찍지 않았을까' 하고 꼭 후회하게 된다. JPG 파일은 눈에 보이지 않는 미묘한 디테일을 제거하고 압축하는 방식이다. 따라서 복잡한 디테일에 나타나는 노이즈는 쉽게 지울 수 있지만 파란 하늘처럼 부드러운 그라데이션의 노이즈는 잘 제거하지 못한다.

02 전체적인 노출을 향상시키기 위해 [Curves](Ctrl+M)를 사용한다.

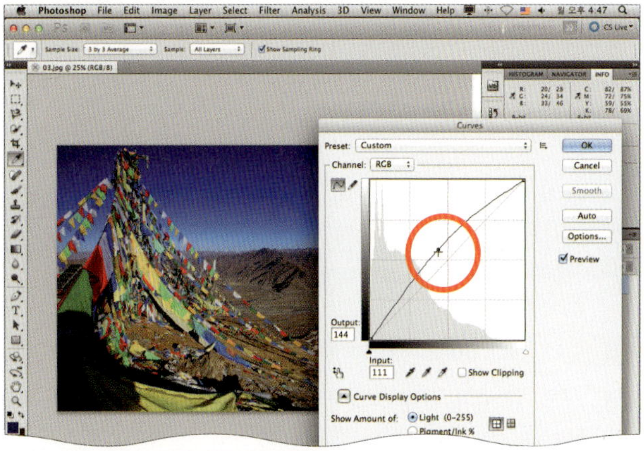

03 파란 하늘을 확대해보니 다양한 노이즈들이 한꺼번에 생겼다.

04 이럴 땐 파란 하늘만 따로 선택하여 그라데이션을 부드럽게 만들도록 한다. 이런 작업을 하기에는 Quick Selection Tool(W)이 제격이다.

05 옵션 바에서 Auto-Enhance를 체크하면 더욱 정밀한 선택이 가능하다. [또는] 로 원의 크기를 조절한 후 파란 하늘 부분을 선택해나간다.

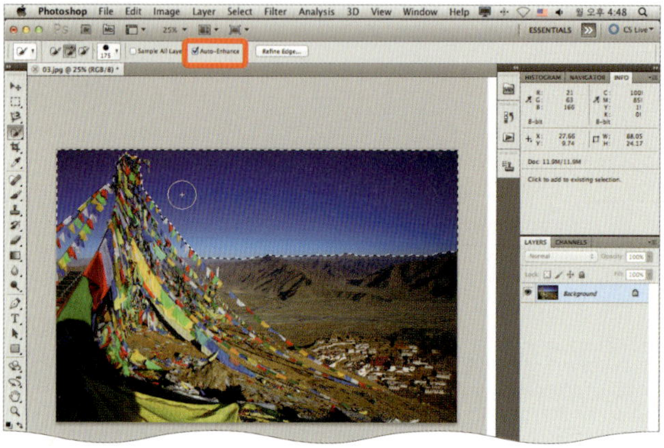

06 Quick Selection Tool(W)로 선택해나가다가 원치 않는 부분을 선택하게 되었다면? 우선 사진을 확대한 다음 잘못 선택한 부분 위에서 그 크기만큼 원의 크기를 조절한다. Alt 를 누른 채 클릭하면 선택된 부분을 수정할 수 있다.

07 [Select]〉[Modify]〉[Feather] 메뉴를 실행한다. [Feather Selection] 대화상자가 뜨면 Feather Radius를 1 정도 지정하여 선택 부분의 경계선을 부드럽게 한다.

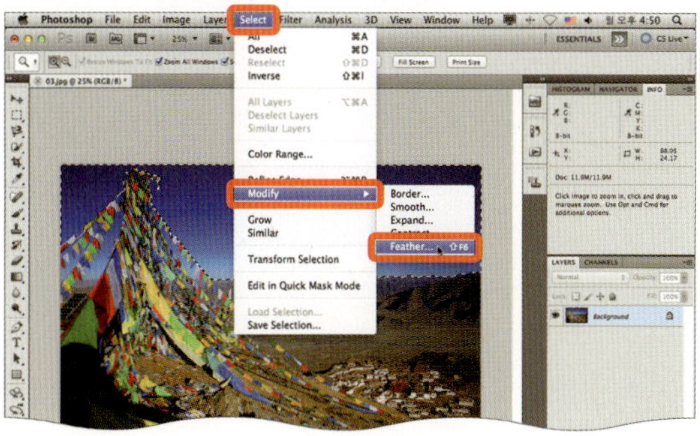

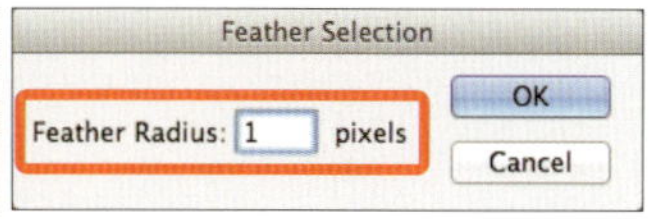

08 선택된 하늘 부분만 레이어를 복제(Ctrl + J)한다.

09 Surface Blur는 경계가 명료한 부분의 디테일은 그대로 두고 Blur 효과를 주기 좋다. [Filter]〉[Blur]〉[Surface Blur] 메뉴를 실행한다.

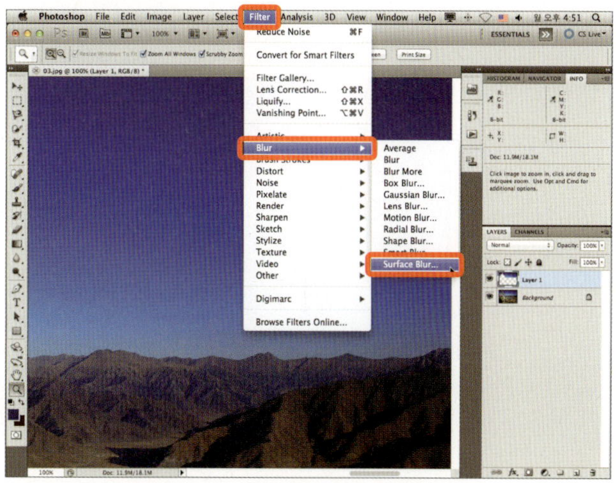

10 Radius는 블러의 양, Threshold는 블러가 적용되는 톤 값의 범위를 지정할 수 있다. 미리 보기를 확인하면서 파란색 부분의 노이즈가 제거되도록 값을 조정한다.

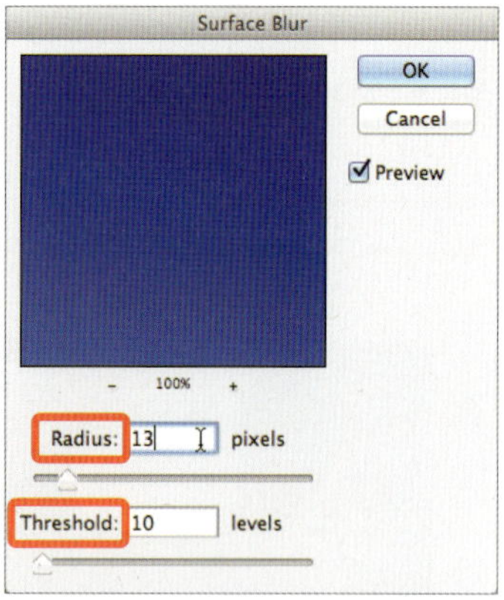

11 Surface Blur를 적용하자 하늘의 그라데이션이 부드럽게 만들어졌다.

12 만약 부족한 부분이 있다면 Quick Selection Tool(W)로 다시 그 부분만 선택하여 재작업한다.

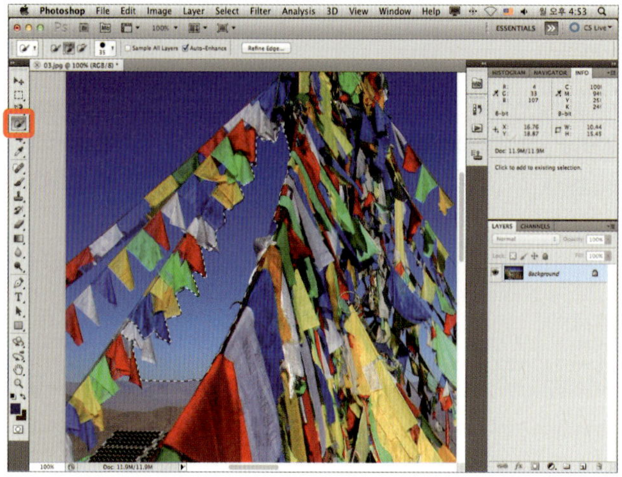

Camera Raw 플러그인의 강력한 노이즈 제거 기능

• **예제 사진** : cd-part3 〉 ch2-1 〉 예제파일 〉 04.dng

01 RAW 파일로 촬영하면 Camera Raw 플러그인의 강력한 노이즈 제거 기능을 활용할 수 있다.

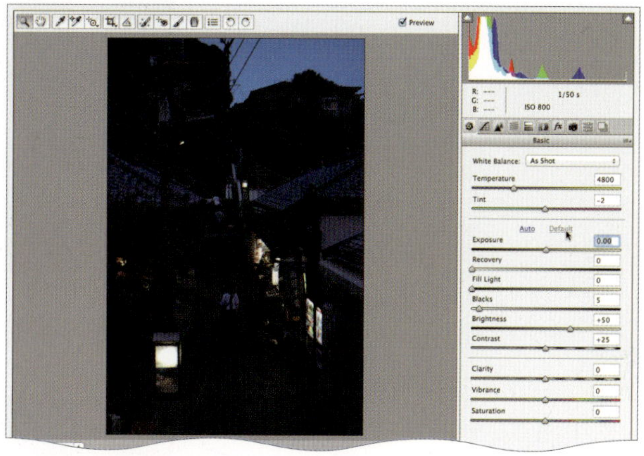

02 예제 사진은 전체적으로 노출이 부족하다. [Basic] 탭의 Exposure와 Fill Light를 이용해 노출을 향상시키고 색온도를 조금 따뜻하게 만들었다.

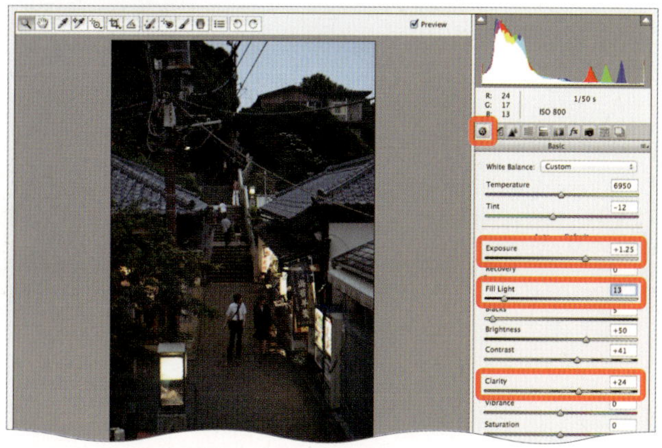

03 노이즈를 제거하기 전에 사진을 확대(Z)하고 [Detail] 탭으로 이동한다.

04 적용 방법은 Reduce Noise 필터와 비슷하지만 훨씬 더 정교한 컨트롤이 가능하다. 미리 보기 화면을 보면서 자신의 사진에 맞는 적당한 값을 적용한다.

05 이렇게 저녁 무렵에 촬영한 사진에서는 어두운 부분에 푸른색이 남아 있는 경우가 많다. [Split Toning] 탭으로 이동하여 섀도우 부분에 노란색을 더했다.

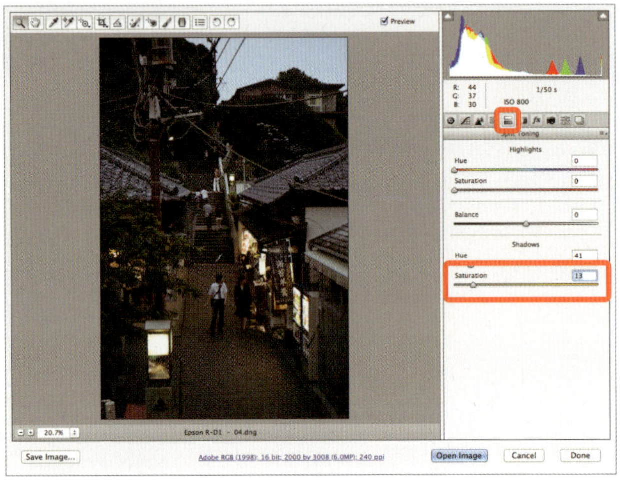

(Camera Raw와 Smart Object를 이용해 노이즈 제거하기)

• **예제 사진** : cd-part3 〉ch2-1 〉예제파일 〉05.dng

01 RAW 파일로 촬영하면 포토샵의 Smart Object라는 강력한 기능을 활용할 수 있다. Smart Object를 활용해서 어두운 부분의 디테일을 살리고 노이즈를 제거해보자. Camera Raw 플러그인 하단에 있는 'Adobe RGB~'를 클릭하면 [Workflow Options] 대화상자가 뜬다. Open in Photoshop as Smart Objects를 체크하면 포토샵에서 스마트 오브젝트로 불러올 수 있다.

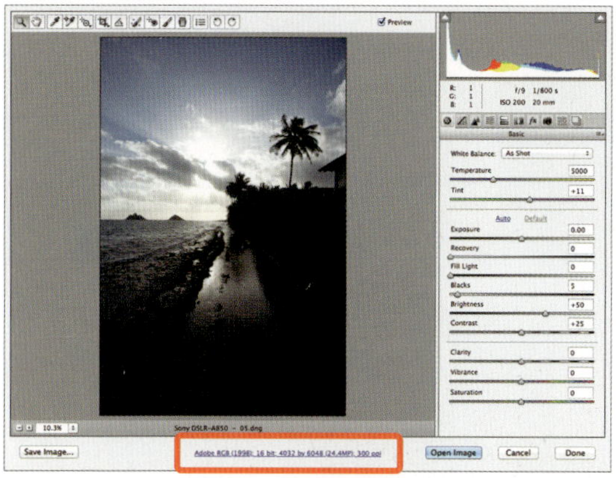

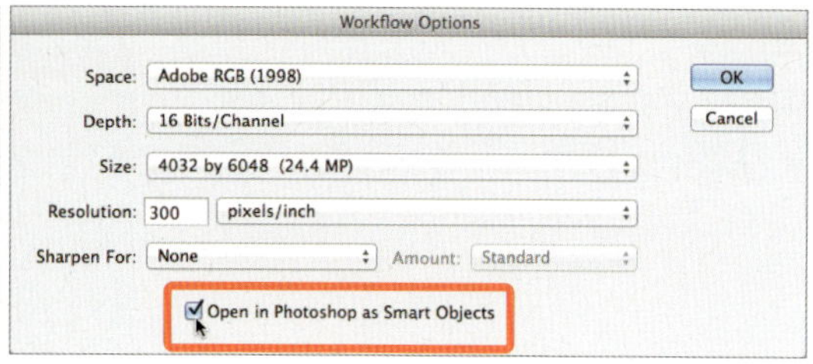

02 일단 보정을 전혀 하지 않고 Smart Object 상태로 포토샵에서 열었다.

03 [Image]〉[Duplicate] 메뉴를 실행해 사진을 복제한다.

04 복제한 사진이 원본에 가려 보이지 않으므로 [Windows]〉[Arrange]〉[Tile] 메뉴를 선택해 정렬한다.

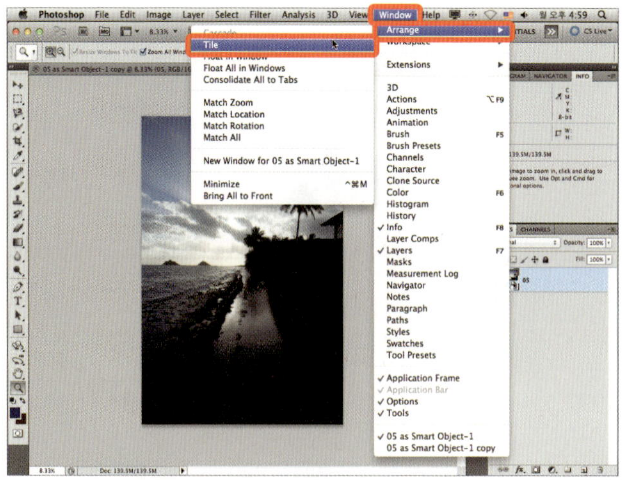

05 정렬 방향이 다를 경우 옵션 바에 있는 Arrange Documents에서 사진 정렬 상태를 선택할 수 있다. Smart Object 상태의 사진 두 장이 나란히 정렬되었다.

06 오른쪽 사진의 레이어 썸네일을 더블클릭한다.

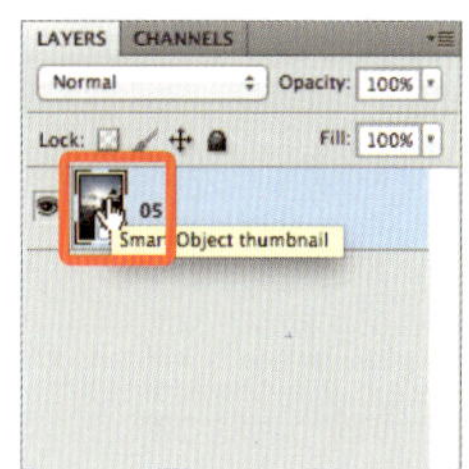

07 Smart Object는 이렇게 레이어 상태에서 더블클릭하면 Camera Raw 플러그인을 띄워 재보정할 수 있다. 어두운 부분의 디테일을 살리기 위해 [Basic] 탭의 Fill Light를 이용한다.

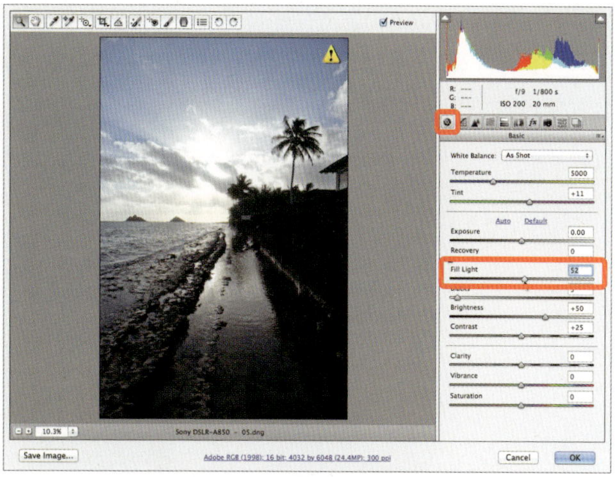

08 [Detail] 탭에서 Noise Reduction을 이용해 노이즈를 제거한다.

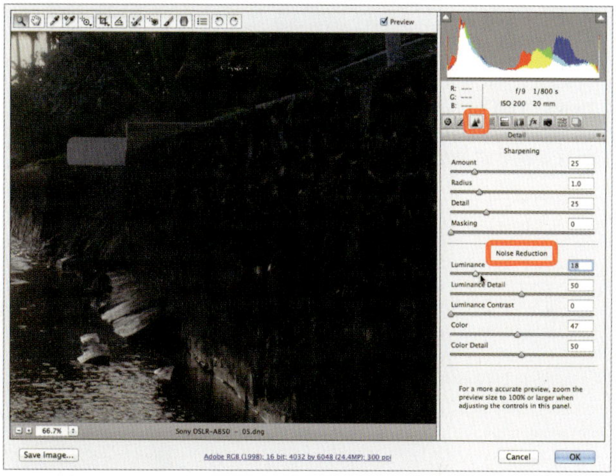

09 왼쪽의 원본 사진과 Smart Object로 보정한 오른쪽 사진을 비교해본다.

10 Move Tool(V)을 선택한 다음 Shift 를 누른 상태로 보정한 사진을 왼쪽으로 드래그한다.

11 왼쪽 사진의 레이어 팔레트를 보면 두 개의 레이어가 있음을 알 수 있다. 아래쪽 레이어에는 기본 이미지가 있고 위쪽 레이어에는 어두운 부분을 보정한 이미지가 있다.

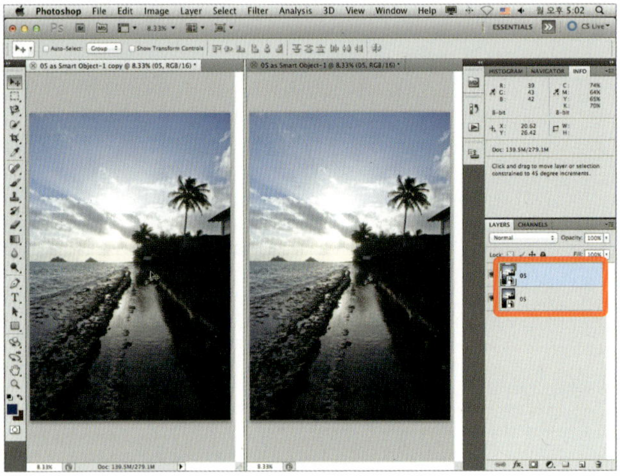

12 위쪽 레이어를 선택한 상태에서 Add layer mask를 클릭하면 흰색의 마스크가 추가된다. Gradient Tool(G)을 클릭하고 전경색을 검은색으로 선택한 뒤 하늘 위쪽에서 아래까지 그어준다. 이렇게 하면 노이즈를 제거한 어두운 부분의 디테일은 그대로 살리고 하늘 부분의 디테일만 복원하게 된다.

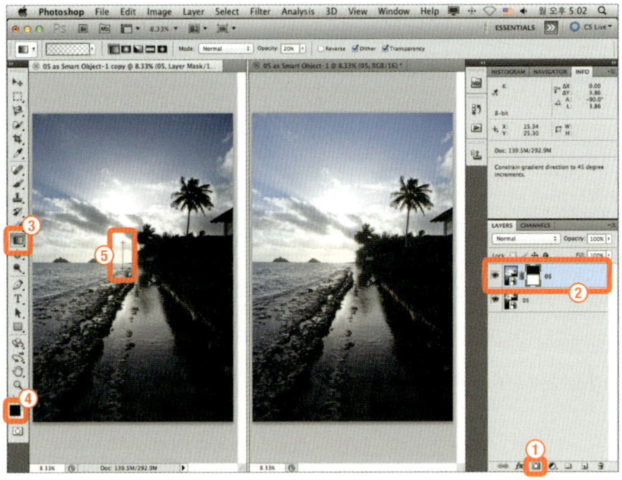

13 Smart Object를 사용해 보정한 섀도우 부분의 디테일이다. 노이즈 없이 깨끗한 것을 확인할 수 있다.

14 하늘의 디테일을 그대로 살리면서 어두운 부분의 디테일도 노이즈 없이 끌어 올렸다. 이 수정 방법은 RAW 파일로 촬영된 이미지를 바탕으로 Smart Object 변환 방법, 레이어와 마스크 기능을 알아야만 사용할 수 있다.

이미지를 선명하게 하는 샤프닝 기법

일명 쨍한 사진이라고 부르는 이미지들의 특징에는 노출, 색감, 콘트라스트 등 여러 요소가 있겠지만 가장 큰 요인 중 하나는 바로 이미지의 선명도가 좋다는 것이다. 선명도를 높이기 위한 샤프닝 작업을 하기 전 가장 중요한 것은 촬영된 원본의 상태다. 원본 사진이 흔들린 경우, 조리개를 너무 개방하거나 조여서 촬영해 렌즈의 해상력을 충분히 반영하지 못한 경우, 또는 초점이 명확하지 못한 경우에 생기는 선명도의 저하는 포토샵 샤프닝으로도 충분히 효과를 내지 못할 수 있다. 즉 촬영할 때 신중하게 조리개, 초점, 셔터 스피드 등을 고려하며 작업해야 포토샵에서 샤프닝 효과가 극대화된다.

포토샵의 샤프닝 작업은 대개 모든 작업의 마무리 작업으로 진행된다. 어떤 클라이언트들은 샤프닝을 하지 않은 이미지를 요구할 때도 있다. 인쇄 해상도나 인쇄 방식에 맞춰 샤프닝을 해야 할 때도 있기 때문에 자신의 작업에 맞는 적절한 방법을 아는 것이 중요하다.

(가장 기본적인 샤프닝, Unsharp Mask)

전통적으로 가장 많이 사용하는 샤프닝 필터는 언샤프 마스크(Unsharp Mask)이다. 언샤프 마스크는 이미지의 경계선에 샤프닝을 하는 방식이지만 너무 많은 샤픈을 줄 경우 불필요한 노이즈를 발생시킨다. 언샤프 마스크로 샤프닝 효과를 줄 때는 미리 보기 화면을 보며 이미지가 손상되지 않는 선에서 적용하는 것이 중요하다.

• **예제 사진** : cd–part3 〉 ch2–2 〉 예제파일 〉 01.jpg

01 언샤프 마스크는 [Filter]〉[Sharpen]〉[Unsharp Mask]로 실행한다.

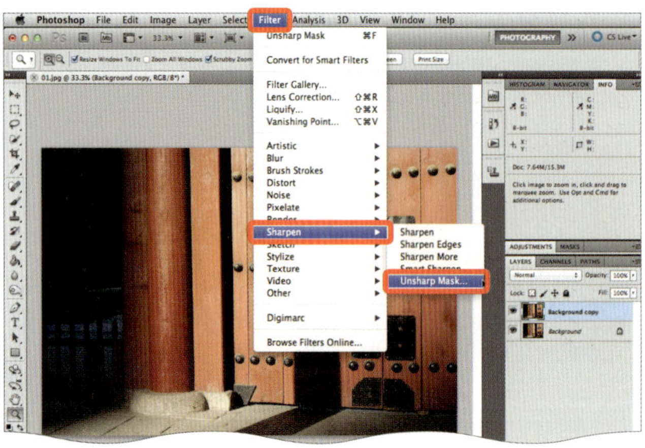

02 [Unsharp Mask] 대화상자가 뜨면 미리 보기 창과 Amount, Radius, Threshold라는 항목이 보인다. 미리 보기 창을 보며 이 세 가지 값의 조합으로 샤픈을 조절할 수 있다. 처음 실행하면 기본 값은 100, 1, 21이다.

03 Amount는 샤프닝의 양, 즉 강도를 조절하는 항목이다. 퍼센트를 높일수록 더 강력한 샤프닝 효과를 줄 수 있지만 너무 많이 높일 경우 다음과 같이 불필요한 후광 효과가 생긴다. 보통 권장되는 값은 50~150 사이이다.

04 Radius로는 선명하게 할 영역, 즉 샤프닝이 적용될 픽셀의 반경을 지정할 수 있다. 다음과 같이 너무 많은 값을 줄 경우 오히려 이미지가 뭉개지는 효과가 발생하기 때문에 적당한 양을 주는 것이 좋다. 보통 권장되는 값은 0.5~2.0 사이이다.

05 Threshold는 주변 픽셀의 밝기 정보를 비교하여 선명하게 할 영역을 선택할 수 있는데 샤픈에 의해 발생하는 노이즈를 줄이는 역할로 많이 쓰인다. Threshold가 0일 때는 강한 샤픈 효과를 나타내지만 대신 사진에 노이즈가 발생한다. 보통 많이 쓰이는 값은 2~20 사이이다.

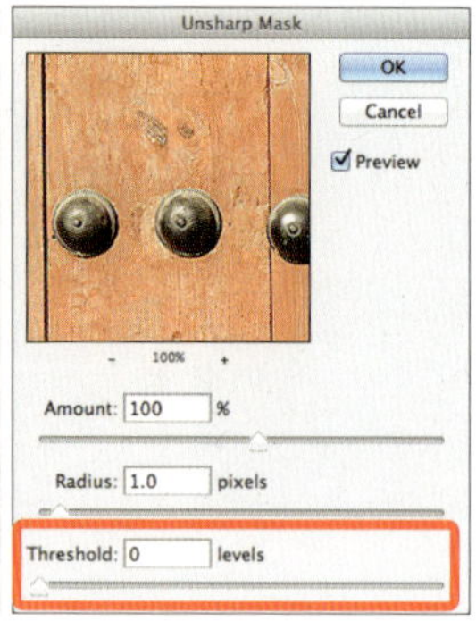

06 언샤프 마스크의 양은 절대적인 수치는 아니며 경험치에 의존하는 경우가 많다. 그리고 너무 강한 샤픈을 줄 경우 오히려 사진 품질에 좋지 않은 영향을 미친다. 필자는 보통 클라이언트 측에서 샤픈을 처리할 수 있도록 하기 위한 약한 샤픈, 일반적인 사진 인화에 많이 사용되는 중간 샤픈, 인쇄 영역에서 사용하는 강한 샤픈으로 구분해 사용한다. 필자가 많이 사용하는 약<중<강 언샤프 마스크의 조합이니 참조하기 바란다.

약한 샤픈

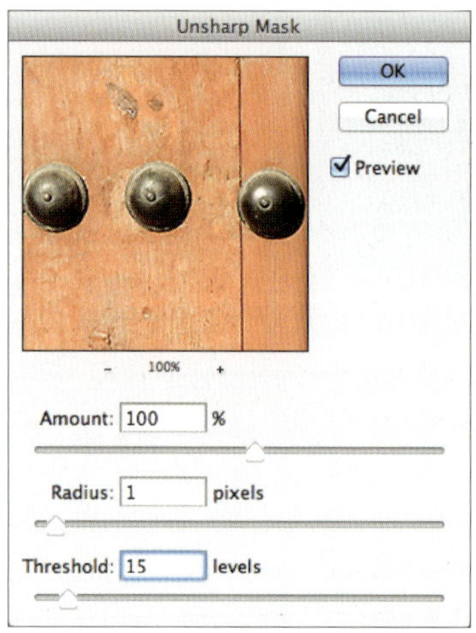

중간 샤픈

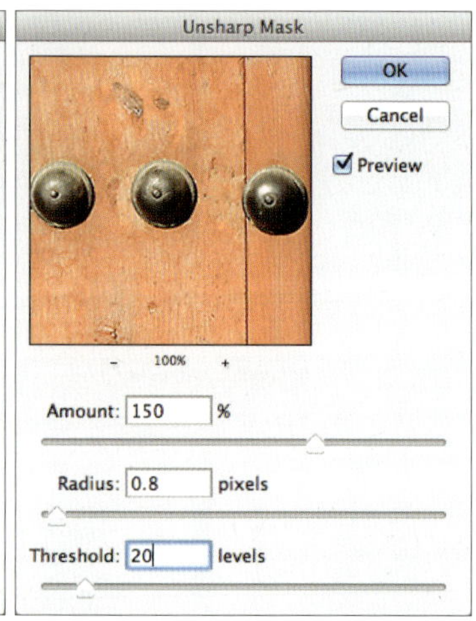

강한 샤픈

07 언샤프 마스크 작업을 한 뒤에는 항상 100% 상태에서 확인해보는 것이 중요하다.

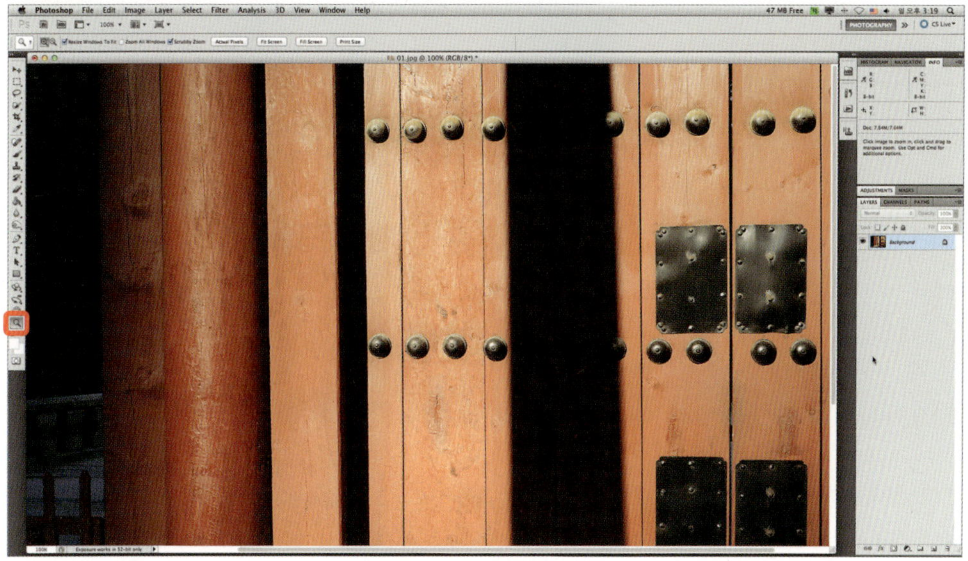

08 만약 샤픈이 너무 강한 느낌이 들면 [Edit]〉[Fade Unsharp Mask](Shift + Ctrl + F)를 실행하여 Opacity를 조절해준다.

(똑똑한 샤프닝, Smart Sharpen 필터)

전통적으로 많이 사용하는 언샤프 마스크는 사진 전체에 샤프닝을 함으로써 불필요한 노이즈를 발생시키는 단점이 있다. 반면 스마트 샤픈(Smart Sharpen) 필터는 섀도우와 하이라이트 영역에 어느 정도 샤프닝 효과를 적용할 것인지 사용자가 직접 결정할 수 있다.

• **예제 사진** : cd–part3 〉 ch2–2 〉 예제파일 〉 02.jpg

01 [Filter]>[Sharpen]>[Smart Sharpen]으로 스마트 샤픈 필터를 실행한다. 스마트 샤픈은 피부 톤을 거칠어지지 않게 하면서 어두운 부분의 노이즈를 드러내지 않고 샤프닝 효과를 주고 싶을 때 유용하다.

02 먼저 샤픈의 효과가 정확하게 적용되는지 확인하기 위해 초점이 맞은 눈을 클릭해 미리 보기로 확인한다. 스마트 샤픈 역시 언샤프 마스크와 실행 방법은 유사하나 좀 더 전문적인 옵션이 마련되어 있다. Amount는 샤프닝의 정도를 설정하며, Radius는 샤프닝 효과를 줄 픽셀의 반경을 지정한다.

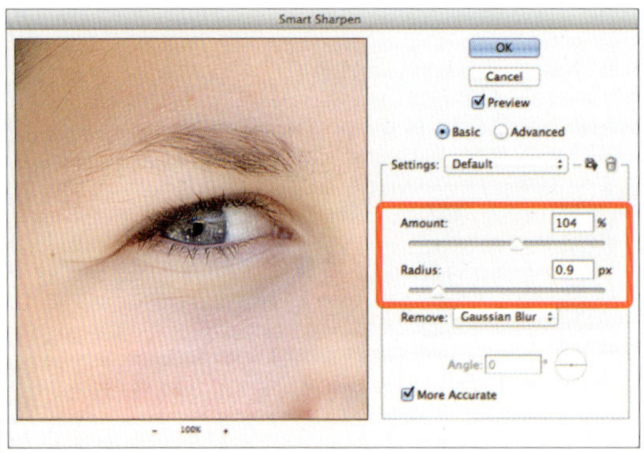

03 Remove는 이미지를 선명하게 할 때 샤프닝 알고리즘을 선택하는 항목이다. Gaussian Blur는 포토샵에서 기본으로 제공하는 알고리즘이다. Lens Blur는 렌즈의 해상력에 따라 생기는 화질 저하로 인한 흐려짐을 감지해서 샤프닝을 한다. Motion Blur는 카메라나 피사체의 흔들림으로 인한 이미지의 흐려짐을 감소시켜주는 역할을 한다. Motion Blur를 사용할 때는 흔들리는 방향으로 Angle 각도를 입력해줘야 한다. More Accurate는 이미지에 샤프닝 프로세싱을 두 번 적용하여 좀 더 정교한 샤프닝 효과를 준다. More Accurate 옵션을 켜두고 Remove 옵션을 Lens Blur로 설정하면 좋다.

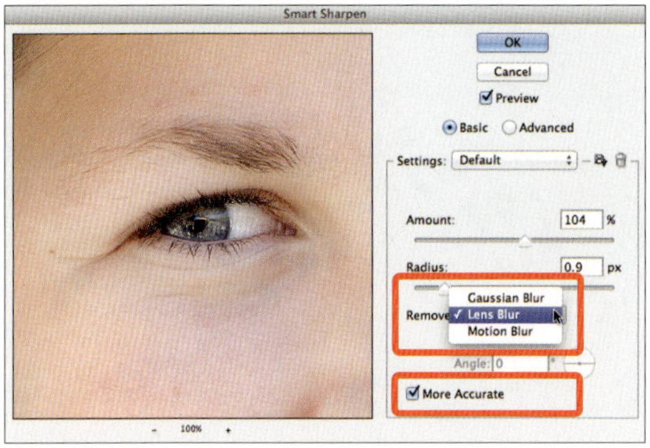

04 Advanced 모드에서는 하이라이트와 섀도우 영역의 샤프닝 효과를 지정할 수 있다. 보통 인물 사진의 경우 피부 톤에 지나친 샤프닝을 줄 경우 피부가 거칠어지므로 Highlight를 선택하여 미리 보기를 보면서 Fade Amount(100%로 설정하면 하이라이트의 샤프닝 효과가 완전히 사라진다)를 조절한다. Tonal Width로는 샤프닝 효과가 적용될 하이라이트 영역의 톤 범위를 설정한다. 역시 미리 보기를 보면서 범위를 지정한다. Radius로는 샤프닝 효과가 적용될 영역의 크기를 지정한다. px 값이 커질수록 더 넓은 영역에 샤프닝이 적용된다.

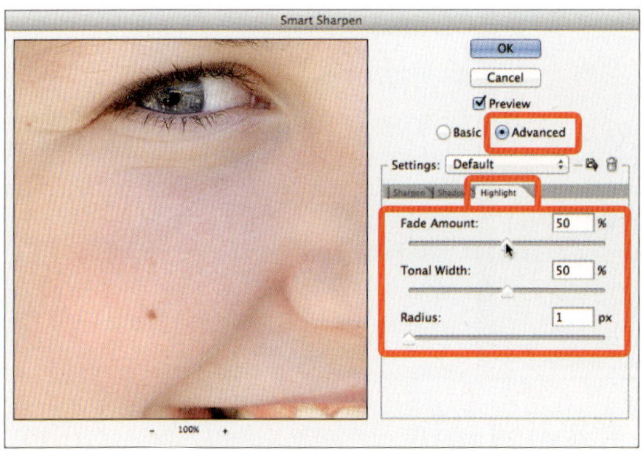

05 Shadow를 선택해 섀도우 부분의 샤프닝을 지정한다. 보통 Highlight와 Shadow에서 샤프닝 양을 지정할 때는 이미지에서 하이라이트와 섀도우 부분을 선택한 후 그 부분의 노이즈 정도나 샤프닝 양을 보면서 값을 조절한다. 이미지에 따라 값이 다르므로 꼭 미리 보기를 보면서 적용해야 한다.

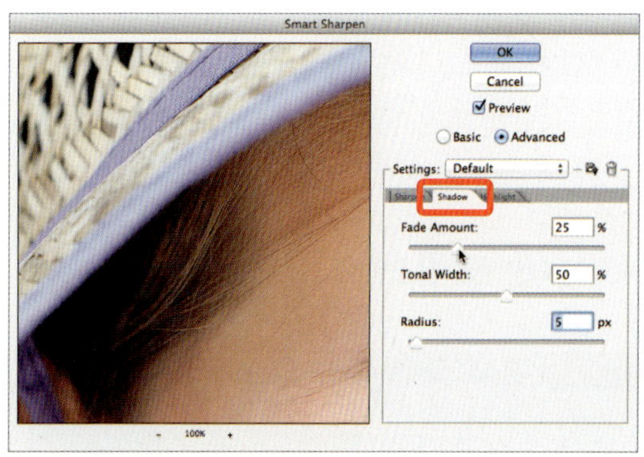

06 Advanced 모드에서 Shadow와 Highlight의 샤프닝 양을 지정한 후에는 Sharpen 탭에서 전체적인 샤프닝 값을 좀 더 조절해도 노이즈 없이 선명한 결과물을 얻을 수 있다. 하이라이트와 섀도우 영역에 미치는 샤프닝 양을 미리 적용해놓았기 때문이다.

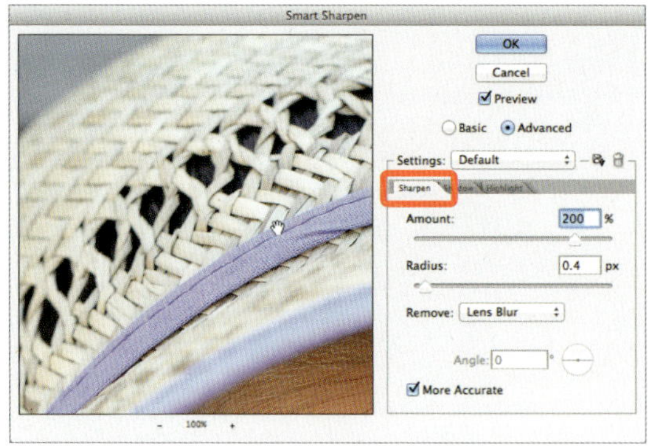

07 스마트 샤프닝을 마친 뒤에도 100%로 사진을 확인하는 습관이 필요하다. 인물의 피부 톤을 거칠게 하거나 어두운 부분의 노이즈를 드러내지 않으면서 훌륭한 샤프닝 효과를 얻었다.

(강력한 샤프닝 효과, Custom 필터)

커스텀(Custom) 필터는 원래 샤프닝 효과에 사용되는 기능은 아니지만 잘 사용하면 아주 강력한 샤프닝 효과를 얻을 수 있어 필자는 풍경 사진에서 선명도를 높이는 목적으로 많이 사용한다. 풍경 사진에서 세밀한 선을 조절하기 좋기 때문이다. 하지만 지나치게 선명한 감이 있으므로 항상 Opacity를 조절해줘야 한다.

• **예제 사진** : cd-part3 〉ch2-2 〉예제파일 〉03.jpg

01 커스텀 필터를 사용하기 전에 원본 레이어를 복제(Ctrl + J)한다.

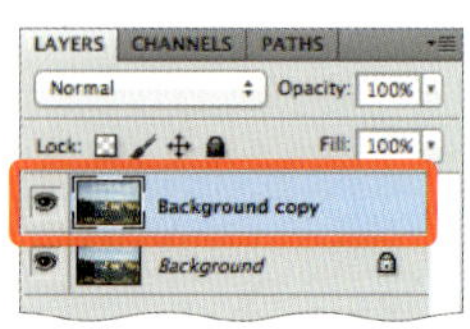

02 [Filter]〉[Other]〉[Custom]을 실행한다.

03 [Custom] 대화상자가 열린다. 기본 수치가 다음과 같이 입력되어 있을 것이다. OK 버튼을 누른다.

04 아주 강력한 샤프닝 효과를 얻을 수 있지만 이 필터를 사용하면 너무 선명해지는 느낌이 있으므로 레이어의 Opacity를 줄여 효과를 조절한다.

선을 입체감 있게, High Pass 필터

하이 패스(High Pass) 필터의 효과는 Camera Raw 플러그인의 Clarity 효과와 비슷한데, 중간 톤의 콘트라스트를 높여 사진에 입체감을 주는 용도로 사용한다. 마스크 작업으로 원하는 부분에만 효과를 주어 사진에서 강조하고 싶은 곳을 눈에 띄게 할 수도 있다.

• **예제 사진** : cd–part3 〉ch2–2 〉예제파일 〉04.jpg

01 필터 효과를 주기 전에 원본 레이어를 복제(Ctrl+J)한다.

02 [Filter]〉[Other]〉[High Pass] 필터를 실행한다.

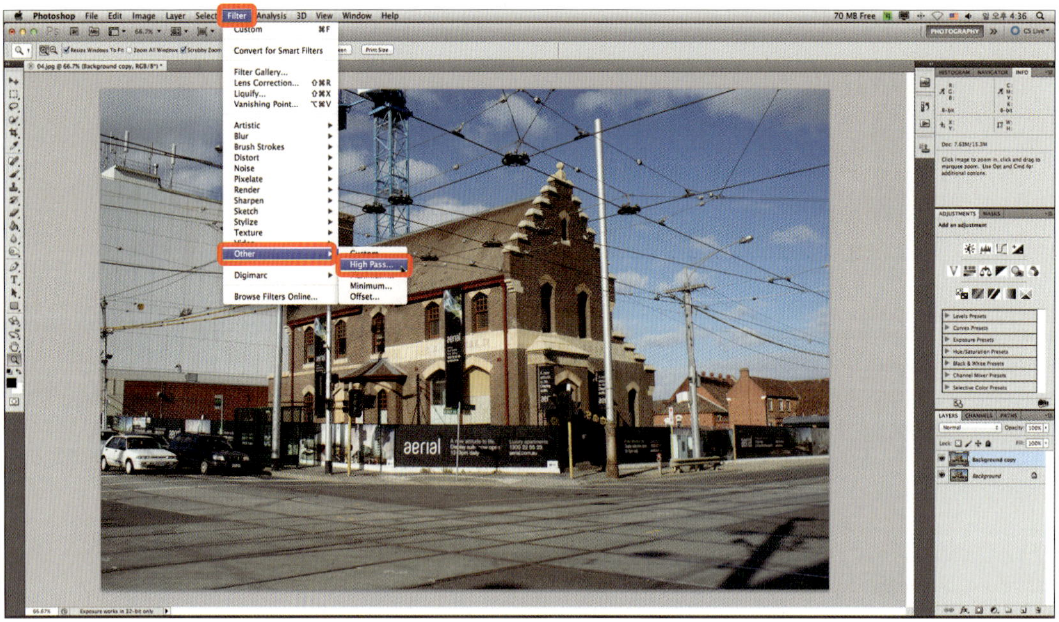

03 [High Pass] 대화상자가 열린다. Radius 값을 어떻게 주느냐에 따라 효과는 전혀 달라진다. 일반적으로 사용하는 값은 1이다.

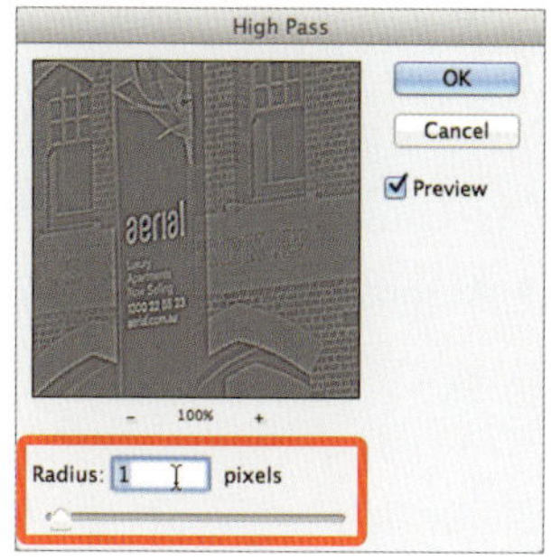

04 하이 패스 필터 효과를 준 뒤 레이어의 블렌딩 모드를 Overlay로 변경한다.

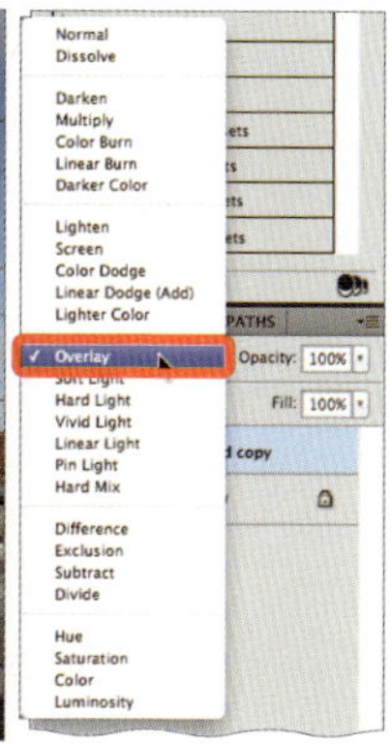

05 Radius를 높일수록 경계선이 더 뚜렷해지지만 후광 효과가 나타난다. 사용자에 따라 부분적인 마스크 작업으로 더욱 입체감 있는 이미지를 만들 수도 있을 것이다.

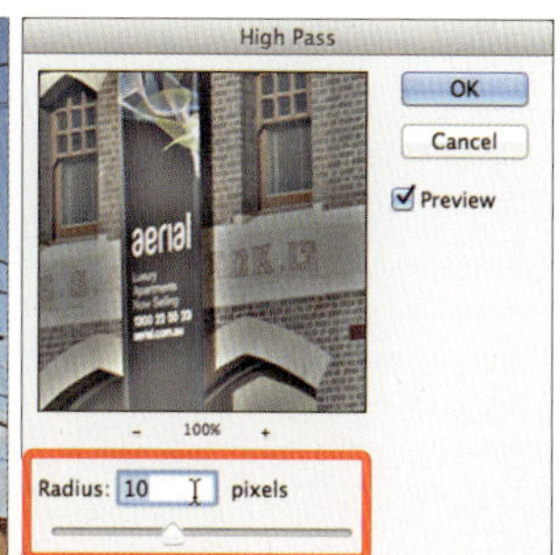

Camera Raw 플러그인에서의 샤프닝

RAW 파일일 경우 샤프닝을 실시간으로 확인하면서 좀 더 세밀하게 조절할 수 있다. RAW 파일의 샤프닝 작업은 Camera Raw 플러그인에서 이루어지며 샤프닝으로 인해 발생하는 노이즈를 줄이면서 작업할 수 있기에 효과적이다. 물론 Camera Raw 플러그인에서 샤프닝 작업을 하고 포토샵에서 샤프닝 작업을 한 번 더 수행하는 것도 한 방법이다.

• **예제 사진** : cd-part3 〉ch2-2 〉예제파일 〉05.ARW

01 Camera Raw 플러그인에서 사진을 연다.

02 [Detail] 탭으로 이동한다. 이미지를 100%로 확대한 뒤 샤프닝 작업에 들어간다.

03 기본적인 샤프닝 방법은 언샤프 마스크와 비슷하다. Amount는 샤프닝의 양, Radius는 샤프닝을 적용할 픽셀의 반경을 정한다. Detail은 이미지를 얼마나 선명하게 할 것인지 정하는 옵션이고 Masking은 샤프닝 효과로 발생하는 노이즈를 제거할 수 있는 옵션이다. 각 슬라이더를 조정할 때 항상 원본 이미지가 훼손되지 않도록 확인하면서 작업하는 것이 중요하다.

04 효과가 어떻게 적용되는지 확인하고 싶다면 Alt 를 누른 채 각 슬라이더를 움직인다. 그러면 흑백 이미지를 통해 샤프닝의 적용 범위와 위치 등을 알 수 있다.

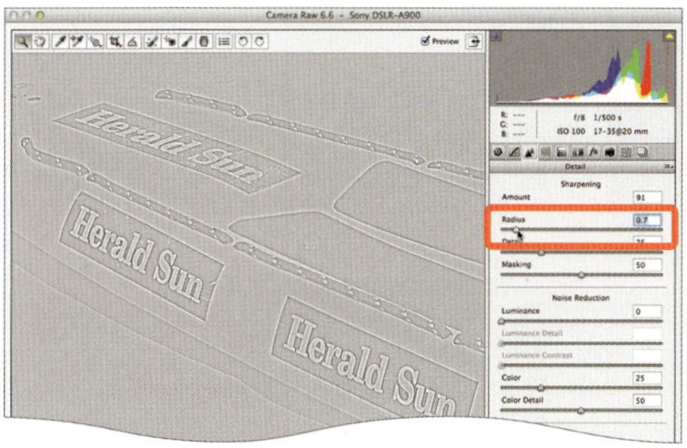

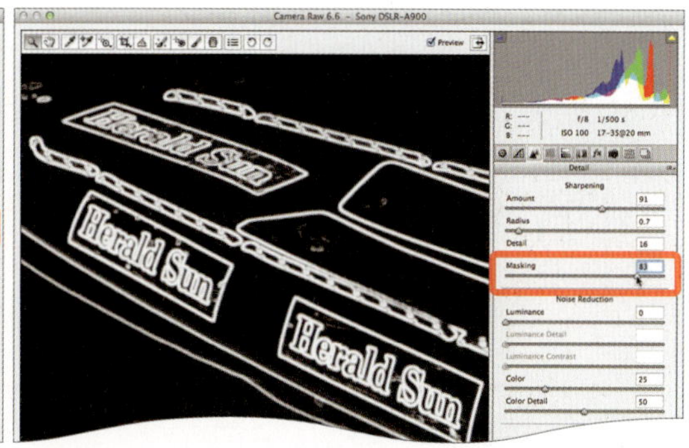

[Tip] JPG 파일을 Camera Raw에서 편집하기

기본적으로 포토샵에서는 RAW 파일만 Camera Raw 플러그인에서 열어볼 수 있다. 만약 JPG 파일을 Camera Raw 플러그인에서 열어 편집하고 싶다면 어도비 브릿지에서 JPG 파일을 선택하고 마우스 오른쪽 버튼을 눌러 [Open in Camera Raw]를 실행하면 된다.

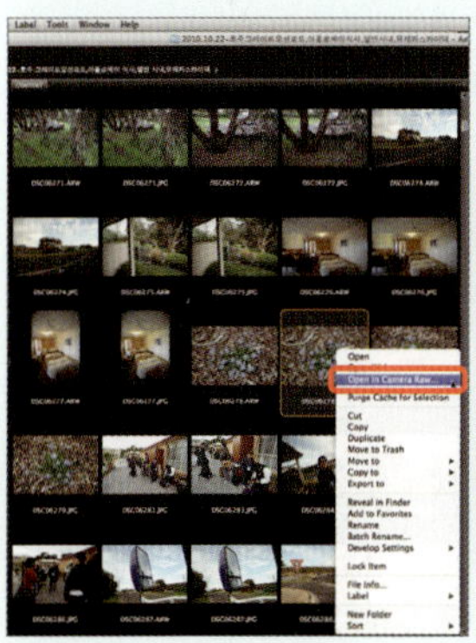

(아웃라인만 선명하게, Edge Sharpening)

엣지 샤프닝(Edge Sharpening)은 전문가들이 많이 사용하는 샤프닝 기법으로, 주로 이미지 윤곽의 선명도를 높이고 인물의 피부 톤처럼 민감한 부분은 거칠어지지 않도록 하는 데에 사용한다. 엣지 샤프닝은 포토샵의 여러 기능을 이용한 하나의 방식으로 원리를 이해하고 순서를 외워서 작업해야 한다. 전체적인 순서는 이미지에서 대비가 강한 채널을 선택해 알파 마스크로 만든 뒤 외곽선을 선택해 샤프닝을 주는 순서로 이루어진다.

• **예제 사진** : cd-part3 〉 ch2-2 〉 예제파일 〉 06.jpg • **완성 사진** : cd-part3 〉 ch2-2 〉 완성파일 〉 06-완성.jpg

01 인물의 경우 보통 Red 채널이 가장 대비가 강한 편이다. 채널 팔레트에서 Red 채널을 선택해 Create new channel 로 드래그한다. Red copy라는 알파 채널이 만들어졌다. 알파 채널은 실재하는 채널이 아니며 보통 톤 선택 작업 등에 많이 쓰인다.

02 [Filter]〉[Stylize]〉[Find Edges] 메뉴로 외곽선을 잉크로 그린 것처럼 단순하게 한다.

03 [Image]〉[Adjustments]〉[Invert](Ctrl+I)를 실행해 알파 채널을 반전시킨다. 흰색과 검은색의 대비가 극대화된다.

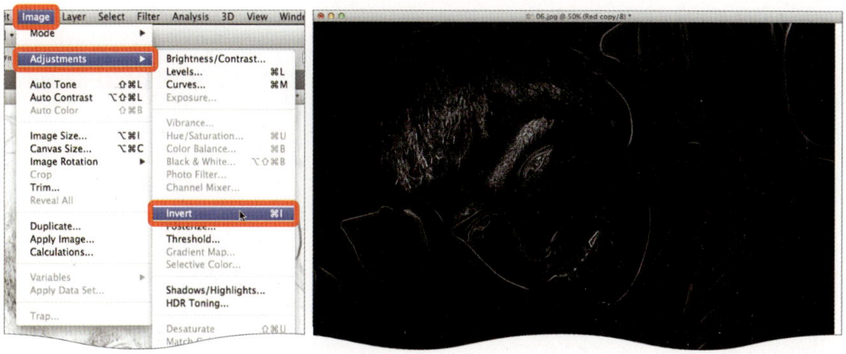

04 [Filter]〉[Blur]〉[Gaussian Blur] 메뉴를 실행하여 대화상자를 불러온다. Radius를 1 픽셀 정도 지정하여 외각선을 부드럽게 한다. 이는 샤픈 효과를 줄 때 너무 선명해지는 것을 막아준다.

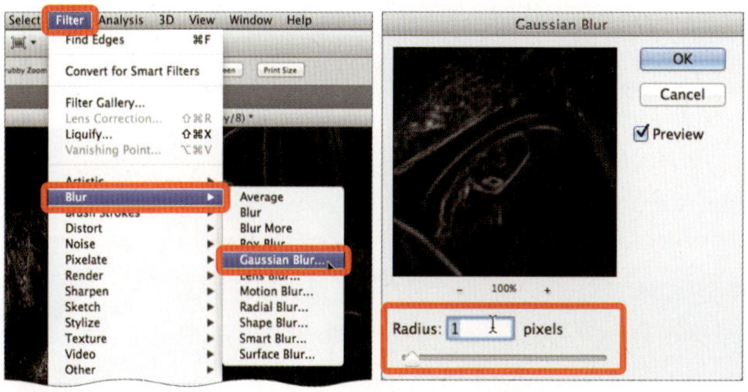

05 [Image]〉[Adjustments]〉[Levels](Ctrl+L)를 실행하여 대화상자를 불러온다. Input Levels의 슬라이더를 움직여 콘트라스트를 증가시킨다. 채널의 흰색과 검은색이 더욱 강하게 대비된다.

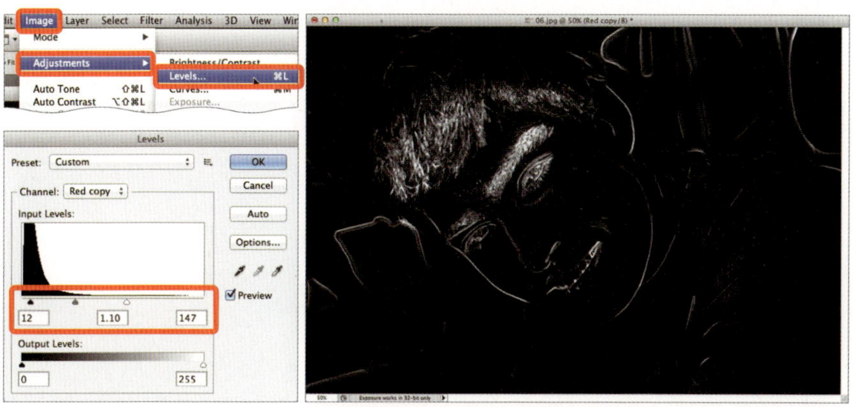

06 Ctrl 을 누른 채 Red copy 알파 채널을 선택하면 흰색 외곽선만 선택된다(Ctrl 을 누른 채 각 채널을 선택하면 밝기 정보를 선택할 수 있다).

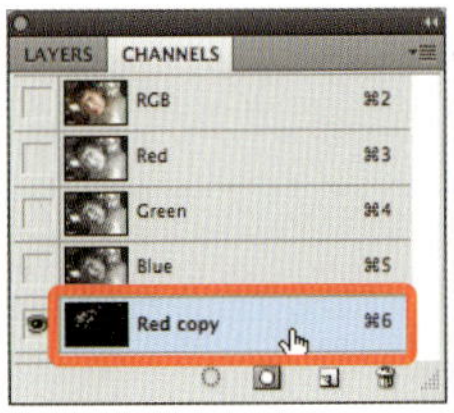

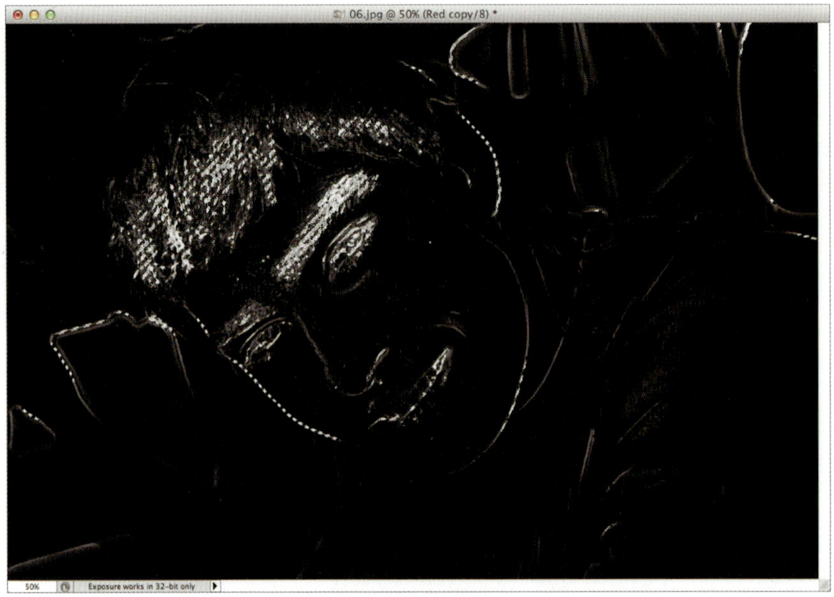

07 채널 팔레트에서 RGB 채널을 선택한다. 선택된 부분은 대부분 피부를 제외한 외곽선이란 것을 알 수 있다.

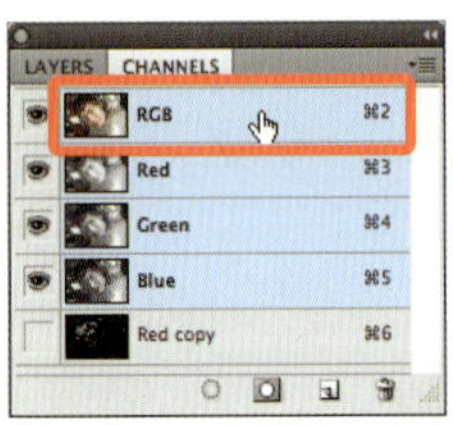

08 [Filter]〉[Sharpen]〉[Smart Sharpen] 메뉴를 실행한다. [Smart Sharpen] 대화상자가 열리면 미리 보기 창을 보면서 샤픈을 실행한다. 알파 채널에 의해 외곽선만 선택된 상태이므로 샤픈의 양을 늘려도 피부 톤에는 거의 영향을 미치지 않는다.

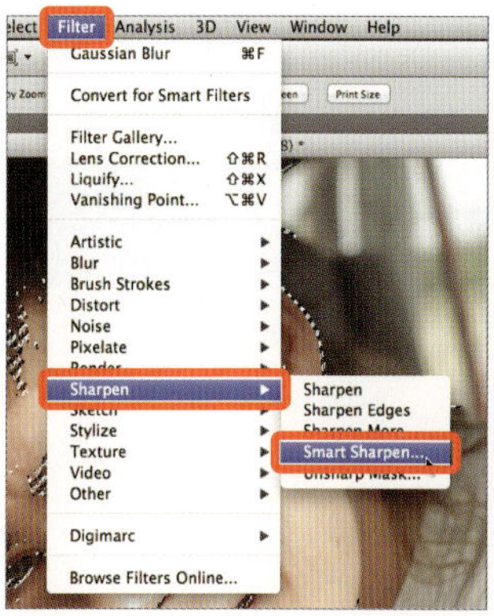

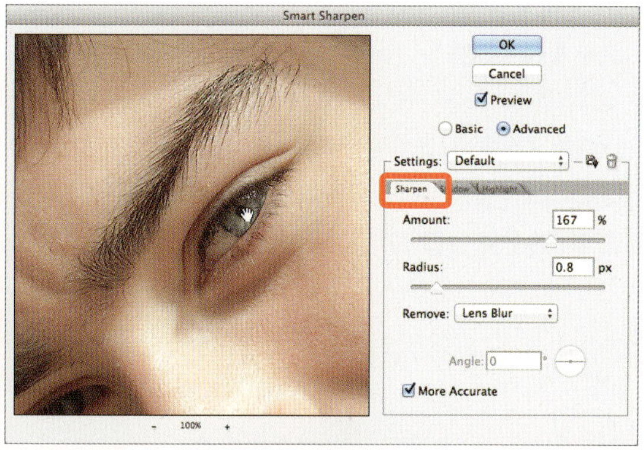

원본 이미지

엣지 샤프닝을 적용하여 수정한 이미지

다양한 색상 수정 방법

포토샵에서 색상을 수정하는 방법은 다양하다. 크게 두 부류로 나누자면 사진의 전체적인 색을 조정하는 법과 원하는 부분만 선택하여 수정하는 법이 있다. 물감을 섞으면 다른 색이 나오듯 색을 수정하기 위해서는 색의 조합 원리를 알아야 하고 전체나 부분을 조정할 때 필요한 포토샵 툴을 익혀야 한다. 무엇보다 자신의 사진에 맞는 개성 있는 컬러를 표현하는 법을 다양한 색 수정 방법을 통해 익히는 것이 중요하다.

(RGB vs CMY)

'RGB'나 'CMYK'란 단어를 많이 듣긴 했어도 이 몇 가지 색상만으로 거의 모든 색을 표현한다고 말하면 사람들은 놀란다.

색을 표현하는 방식은 크게 가색법(Additive Col-ors)과 감색법(Subtractive Colors)으로 나눈다.

가색법은 RGB 세 가지 빛을 더해 색을 만들어가는 방법으로 카메라, 텔레비전, 모니터 등의 광학 기계가 색을 만드는 방식이다. Red, Green, Blue의 조합을 통해 다양한 색을 만들어내며 RGB가 동일한 비율로 섞였을 때 순수한 흰색이 만들어진다.

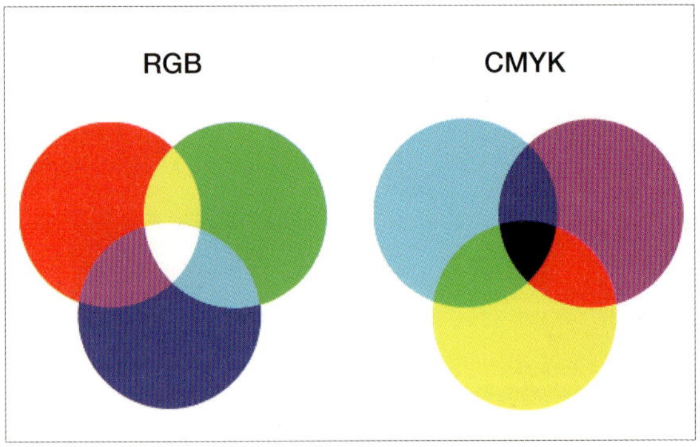

RGB vs CMYK

감색법은 Cyan, Magenta, Yellow의 세 가지 잉크로 색을 만들어내는 방식이다. 감색법은 보통 RGB 디지털 데이터로 생성된 색을 프린팅할 목적으로 변환할 때 사용된다. 쉽게 생각하면 그림을 그릴 때 물감을 섞어 다른 색을 만들어내는 원리와 같다. CMY의 경우 세 가지 색상이 혼합되었을 때 흑갈색이 되는데, 순수한 검은색을 표현하기 위해 K(검은색)를 추가하기 때문에 CMYK로 많이 불린다.

RGB와 CMY는 보색 관계에 있으므로 서로의 상관 관계를 알아야 컬러 보정이 가능하다.

포토샵 메뉴 중 [Image]〉[Adjustments]〉[Color Balance](Ctrl+B)에서 색상 관계를 가장 빠르게 익힐 수 있다. Cyan–Red, Magenta–Green, Yellow–Blue는 CMY–RGB의 보색 관계에 있는 색을 시각적으로 가장 잘 보여준다. 보색 관계를 익히려면 먼저 색을 파악하는 눈이 필요하다. 사진에 어떤 색이 드리웠는지 알지 못한다면 색 수정은 불가능하다. 색에 관한 인지 능력은 우리의 시각 경험에 의존한다. '하늘은 파랗다', '사과는 빨갛다'와 같이, 오랜 시간 눈으로 경험해오고 머릿속에 저장된 색에 대한 데이터를 토대로 색 수정을 하게 된다. 색상 수정을 위한 가장 빠른 방법은 당장 자신의 사진을 열어놓고 [Color Balance]로 수정을 시작해보는 것이다. 자신만의 데이터가 생기기까지 부단히 연습해 보는 방법 밖에 없다.

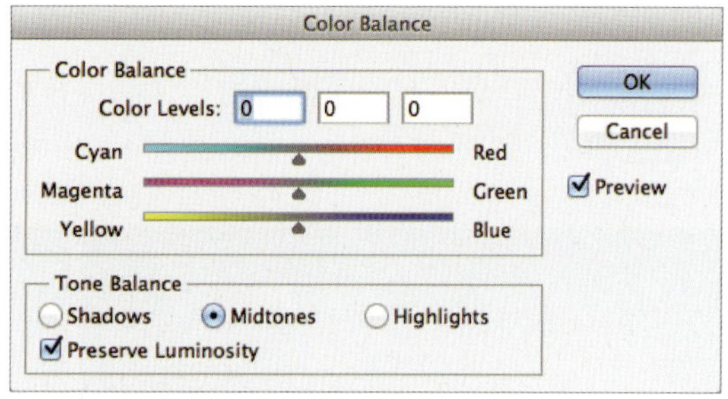

[Color Balance] 대화상자

색상 수정의 객관적 기준 vs 주관적 기준

보통 사진의 색을 수정할 때는 두 가지 기준을 둔다. 정확한 정보를 전달하기 위한 사진은 객관적 기준으로 색을 보정하고, 자신의 느낌이나 색에 의한 감정을 드러내는 사진은 주관적인 기준을 토대로 색을 보정한다.

아래 왼쪽에 있는 사진은 갤러리에서 권오철 작가의 작품 '오로라'를 촬영한 것이다. 이 사진의 목적은 작가의 오로라 작품을 독자들에게 제대로 전달하는 데 있다. 따라서 오른쪽 사진처럼 주관적인 기준으로 사진을 수정하면 안 된다. 이때 기준으로 삼을 수 있는 것이 바로 화이트 밸런스다. 화이트의 밸런스를 맞추면 모든 색들이 올바른 색으로 조정되기 때문이다. 정보 전달을 위한 사진에는 정보(액자 안의 오로라 작품)가 올바른 컬러로 전달되어야만 독자들이 작품의 정확한 색을 읽을 수 있다.

갤러리에 전시된 작품을 찍은 사진으로, 작품을 제대로 전달하는 데 목적이 있다.

정보 전달을 목적으로 하는 사진이라면 이처럼 주관적인 기준으로 사진을 보정해서는 안 된다.

아래에 있는 사진은 김포공항에서 제주로 떠나기 전 촬영한 사진이다. 정확한 화이트 밸런스를 기준으로 한다면 왼쪽 사진이 맞겠으나 새벽 공기의 차가운 느낌과 해가 뜨기 전의 푸른 빛을 표현하기에는 오른쪽 사진이 더 어울린다. 이 사진은 작가가 느끼고 표현하고자 하는 주관적 기준이 적용되었다.

작가의 느낌이나 표현 의도가 담기지 않았다.

작가의 주관적 기준을 바탕으로 보정하였다.

(색에 대한 취향과 느낌)

RAW 파일로 촬영했다면 Camera Raw 플러그인에서 화이트 밸런스를 조절하면서 색에 대한 느낌을 알 수 있다. 색을 보는 관점이나 기준은 다 다르기 때문에 자신만의 주관과 기준을 찾는 것이 중요하다. 색에 대한 취향을 알기까지는 시간이 조금 걸린다. 자신의 사진에 대한 느낌과 말하고자 하는 생각이 정립되어야 가능한 일이므로 시간이 걸리더라도 처음에는 다양한 방법으로 색을 수정해봐야 한다. 이렇게 해서 자신만의 색을 찾는 과정이 매우 중요하다.

필자는 보통 촬영 당시 풍경에서 느꼈던 감정과 상황을 토대로 색을 수정하는 편이다. 만약 붉은 노을을 촬영했는데 파란색으로 수정한다면 그 당시에 느꼈던 붉은색의 강렬함은 사진 속에서 사라지고 말 것이다. 포토샵이란 도구는 현실을 쉽게 왜곡할 수 있기 때문에 과연 어디까지 사용해 수정할지는 바로 여러분의 몫이다.

색을 판단하는 기준, Info 팔레트

인간이 색을 본다는 것은 언제나 주관적일 수밖에 없다. 색을 판단하는 기준은 시시각각 달라질 수 있으므로 색을 객관적으로 판단할 수 있는 기준이 필요하다. 포토샵의 Info 팔레트는 색을 수치 정보로 표현하기 때문에 객관적 판단의 기준이 된다. RGB, CMYK, LAB 모드에서 정보를 읽어 색이나 밝기, 콘트라스트 등을 알 수 있으며 출력 결과물에 미칠 영향도 파악할 수 있다.

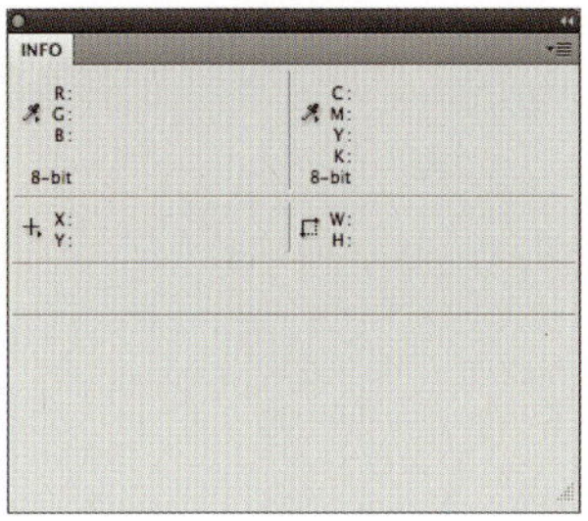
Info 팔레트

디지털 사진의 색을 판별하는 가장 쉬운 모드는 RGB 모드이며 R, G, B 각 채널 당 0~255 수치로 색을 읽을 수 있다. RGB 정보가 (0, 0, 0)이면 검은색, (128, 128, 128)이면 중성 회색, (255, 255, 255)이면 흰색이다. 예를 들어 사진 속에서 측정한 RGB 정보가 (255, 180, 175)라면 측정 지점엔 빨간색이 포화되었다고 판단할 수 있으며, (150, 165, 240)이라면 파란색이 많다고 판단할 수 있다.

Info 팔레트를 보려면 Eyedropper Tool(I)을 선택하여 측정하고 싶은 지점에 마우스를 가져가면 된다. 그러면 Info 팔레트에 정보가 나타난다. 만약 Info 팔레트가 보이지 않는다면 F8 를 눌러 활성화시킨다.

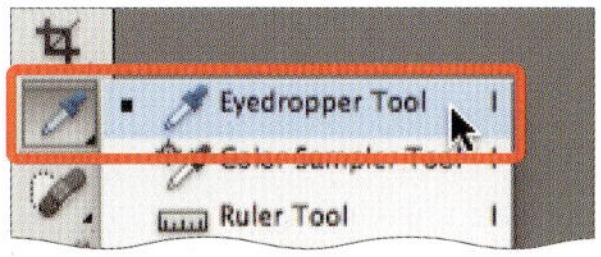

파란 하늘 부분을 측정했더니 RGB가 (36, 149, 211)로 측정된다.

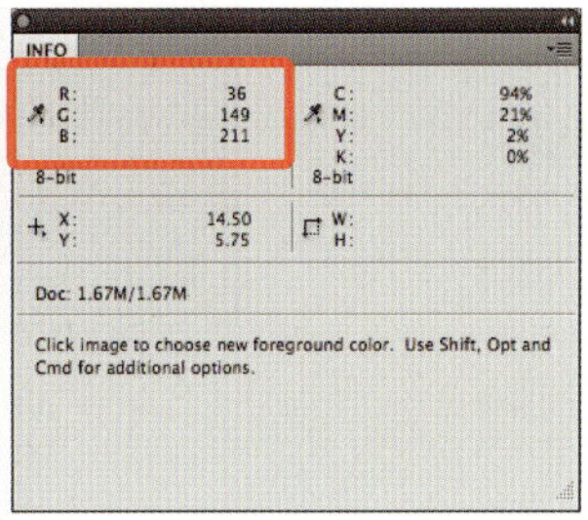

붉은색 부분을 측정했더니 RGB가 (155, 36, 22)로 측정된다.

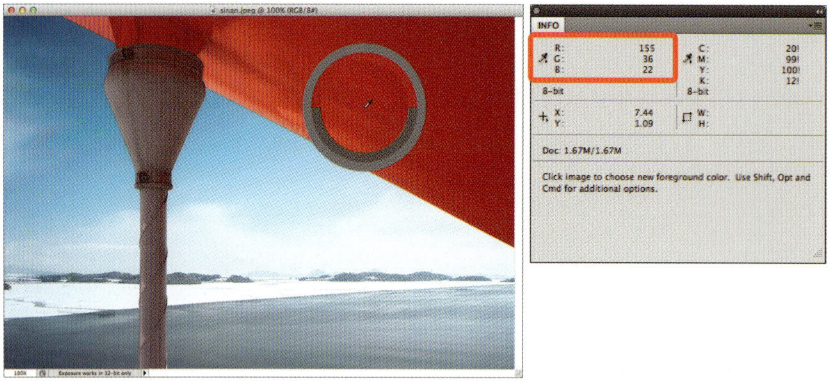

Color Sampler Tool(I)을 이용하면 화면에 측정점을 4개까지 찍을 수 있으며 색상 수정을 할 때 Info 팔레트에서 변화를 감지할 수 있다. 옵션 바에서 Clear 를 누르면 측정점이 사라지며, 측정점을 새로 찍을 수 있다.

Info 팔레트+QPCARD를 이용하여 화이트 밸런스 정밀하게 맞추기

제품 촬영, 스튜디오 상품 촬영, 정밀한 색상이 요구되는 도록 제작 등에는 정확한 색상과 노출이 필수 요소다. 시중에서 쉽게 구할 수 있는 QPCARD는 가격이 저렴할 뿐 아니라 그 크기도 작으며 형광 물질이 섞이지 않은 재질로, 모든 광선 조건에서 동일한 색 특성을 나타내므로 정밀한 컬러 조절을 위한 지표가 될 수 있다.

QPCARD를 사용할 때는 동일한 광원 아래서 피사체가 빛을 받는 방향과 같은 방향으로 세팅하여 촬영해야 한다. 한번 QPCARD를 사용하여 촬영했다면 다음부터는 QPCARD를 제거하고 촬영하면 된다. QPCARD를 이용하여 색상 보정을 할 때는 흰색, 회색, 검은색의 RGB 값이 각각 동일한 값을 가질 때 전체 색상 균형이 맞게 된다.

• **예제 사진** : cd-part3 〉ch2-3 〉예제파일 〉01.jpg

01 Info 팔레트를 사용하기 전에 주의해야 할 점이 바로 색 공간을 맞추는 일이다. 예제 사진은 Adobe RGB 프로파일을 가지고 있으므로 [Color Settings](Shift + Ctrl + K)에서 색 공간을 맞춘다.

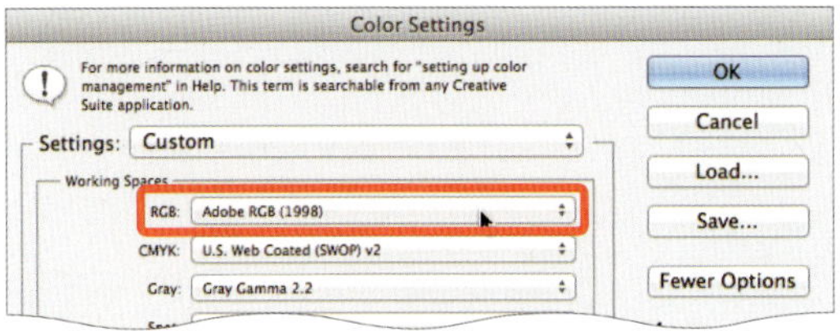

02 먼저 Color Sampler Tool(I)을 이용하여 촬영된 사진의 QPCARD에 화이트, 그레이, 블랙 포인트를 추가한다. Info 팔레트에 측정된 값을 토대로 각 포인트의 평균을 구해서 대입해야 어느 색에도 치우치지 않는 색을 얻을 수 있다. 화이트 포인트 #1은 (223+223+225)/3=223, 그레이 포인트 #2는 (108+110+116)/3=111, 블랙 포인트 #3는 (44+43+46)/3=44이다. 223, 111, 44를 메모해둔다.

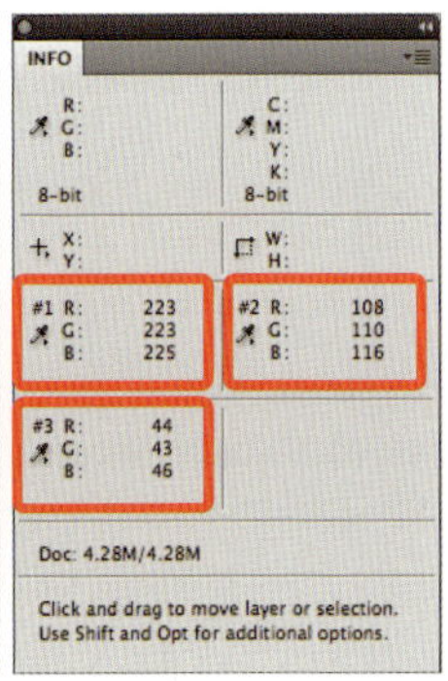

03 [Curves](Ctrl + M)를 열고 화이트 포인트 #1을 Shift + Ctrl + 클릭하면 화이트 포인트 #1에 대응하는 지점의 R, G, B 각 채널에 점이 추가된다.

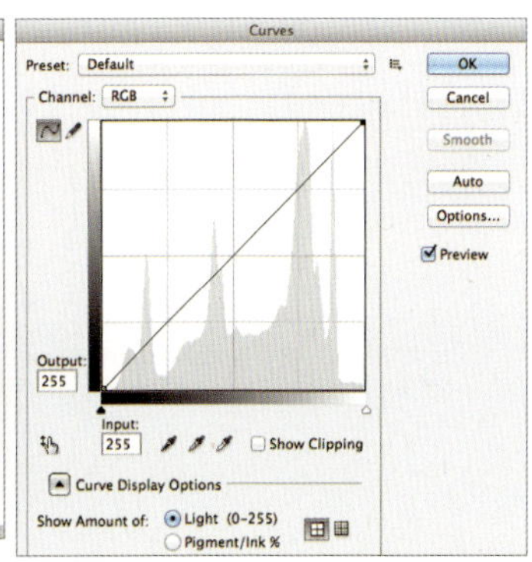

04 화이트 포인트 #1의 RGB 정보는 (223, 223, 225)로 Blue 채널의 색만 평균값인 223으로 수정하면 된다. Blue 채널을 선택하고 Output 값에 223을 입력한다.

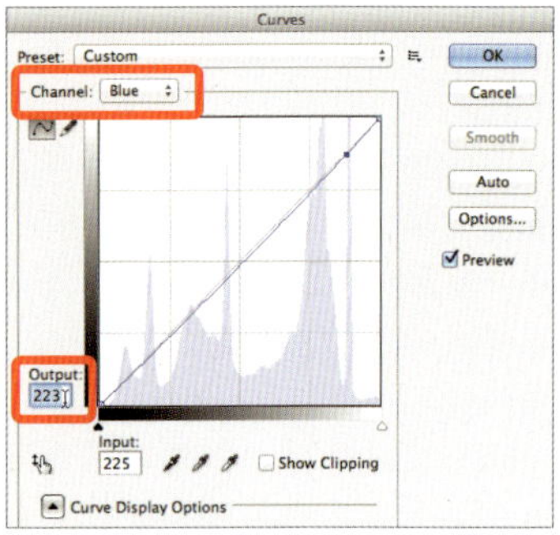

05 이번에는 그레이 포인트 #2 지점에 Shift + Ctrl + 클릭하여 RGB 채널에 점을 추가한다. 그레이 포인트의 평균값 111을 각 채널별 Output 값에 입력한다.

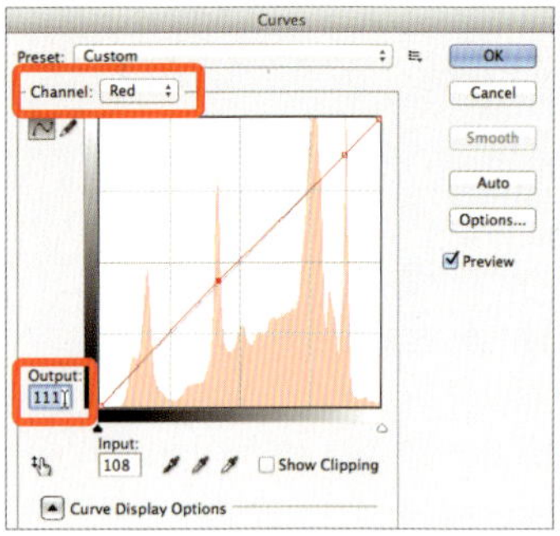

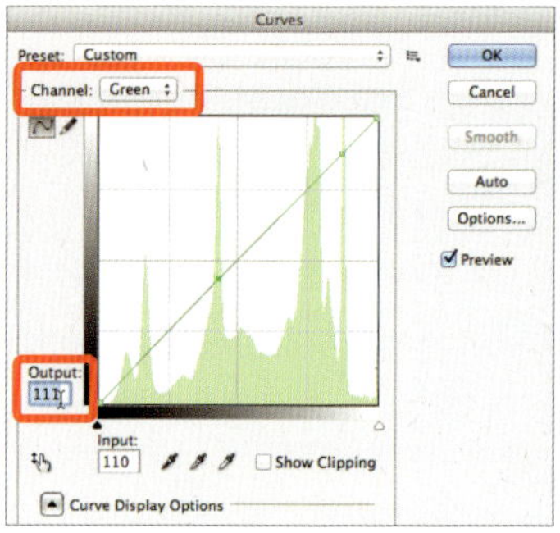

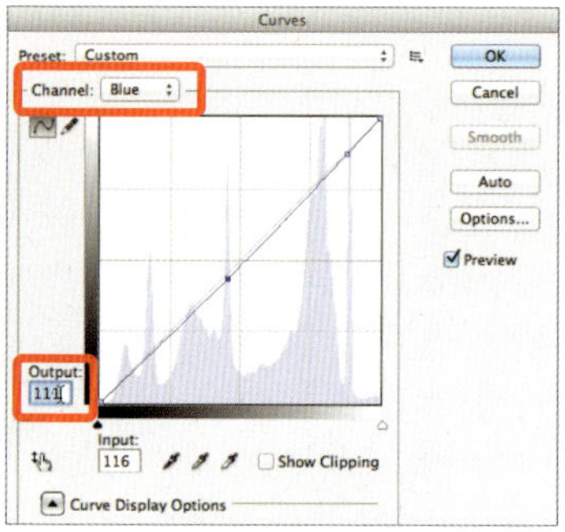

06 마지막으로 블랙 포인트 #3 지점에 Shift + Ctrl + 클릭하여 RGB 채널에 점을 추가한다. 블랙 포인트의 평균값 44를 Green 채널과 Blue 채널의 Output에 입력한다.

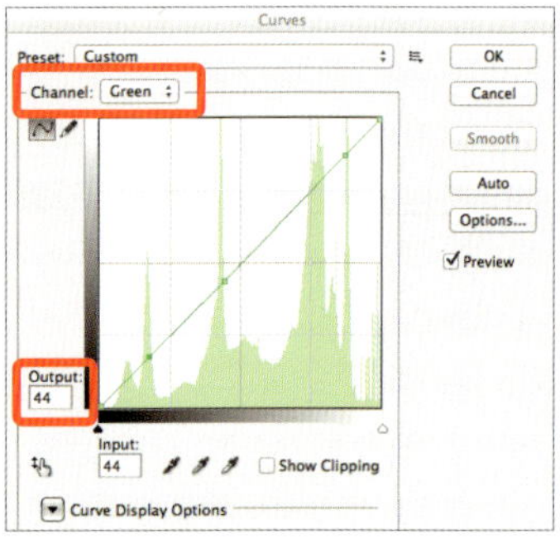

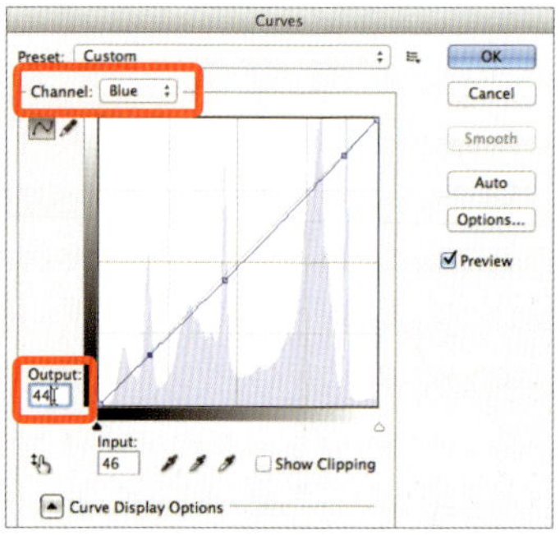

07 최종적으로 노출을 조정하기 위해 RGB 채널을 선택한다. 화이트 포인트와 그레이 포인트를 기준으로 정확한 노출을 조정할 수도 있는데, 인쇄나 인화를 할 때 완벽한 화이트 255나 완벽한 검은색 0이 나와서는 안 된다. 보통 인쇄물인 경우에는 가장 밝은 영역이 245~250 사이, 가장 어두운 영역은 10~15 사이가 되어야 연속적인 계조를 표현하는 데에 문제가 생기지 않는다. 이 이상을 넘어가면 색이 끊기는 현상인 포스터리제이션(Posterization)이 나타나니 주의해서 노출을 조정한다.

화이트 포인트의 지표로 볼 수 있는 #1과 중성 회색의 지표인 #2를 보면서 RGB 곡선에서 노출 보정을 실시한다. Info 팔레트를 보면서 RGB 곡선을 조정한다. #1의 평균이 250이 되도록 상단 부분을 조정했고 #2의 평균이 127이 되도록 중간 부분을 조정해 적정 노출로 보정했다.

08 이처럼 각 채널 별 색상 교정과 노출 조정이 끝난 커브 곡선을 Save Preset으로 저장해두고 같은 환경에서 촬영한 다른 사진에 적용하면 동일한 노출과 색상의 사진을 얻을 수 있다.

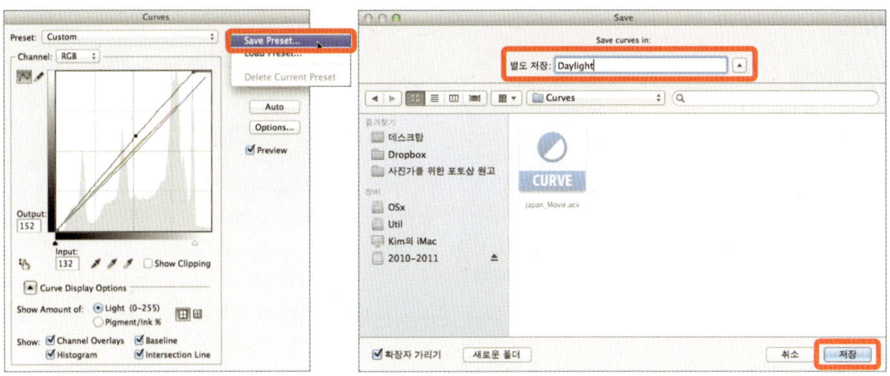

• 예제 사진 : cd-part3 〉 ch2-3 〉 예제파일 〉 02.jpg

01 예제 파일을 열어 앞에서 Preset으로 저장한 daylight라는 커브를 적용해본다. 동일한 노출과 색상의 사진으로 수정되는 것을 확인할 수 있다.

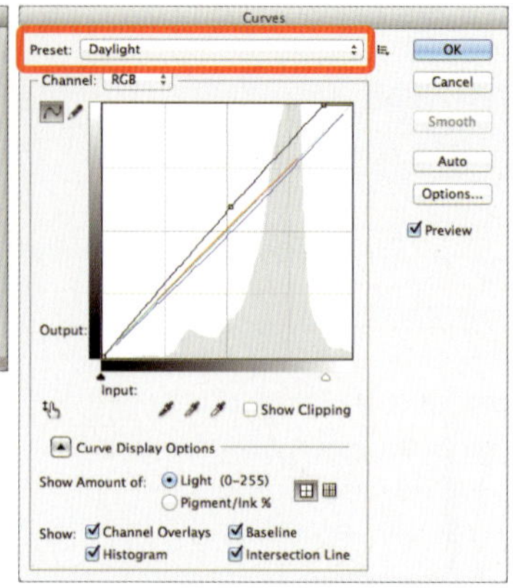

QPCARD와 더불어 xrite의 COLORCHECKER PASSPORT 등을 이용하면 인물, 상품, 풍경 사진 등 카메라 프로파일 제작 및 정밀한 색이 요구되는 사진에 도움이 된다. QPCARD 같은 제품을 이용하면 촬영 전 한 장만 같이 촬영해두어도 여러 사진의 색 보정에 소요되는 시간을 줄일 수 있다. 만약 이런 제품을 구할 수 없는 상황인 경우 대안으로 흰색 A4 용지 한 장이라도 들고 찍어두면 훌륭한 지표가 될 수 있다.

Levels를 활용하여 컬러 캐스트 보정하기

앞의 예와 같이 광량이 일정한 스튜디오 촬영 등에서는 QPCARD를 사용하여 정밀하게 색을 보정하는 것이 가능하지만 일반적인 촬영에서는 모두 동일한 결과를 얻긴 어려울 것이다. 촬영한 이미지가 희뿌옇게 보이는 현상을 컬러 캐스트(Color Cast)라고 하는데 이는 특정 색이 화면에 과도하게 나타날 때 생기는 현상이다. 특히 빛이 부족하거나 어두운 곳에서 자주 나타난다. 이런 사진이라면 중성 회색이 되는 부분의 컬러를 보정함으로써 전체 색을 수정하는 것이 가능하다.

- **예제 사진** : cd-part3 〉 ch2-3 〉 예제파일 〉 03.jpg

01 아래 사진은 일본의 한 호텔에서 아침에 촬영한 사진이다. 그늘에 나타난 블루 캐스트로 사진이 차갑게 느껴진다. Color Sampler Tool(I)을 이용하여 중성 회색이어야 하는 오른쪽 아래 지점에 포인트를 추가한다. Info 팔레트에서 측정한 결과 RGB 값이 (190, 195, 212)로 이 세 값의 평균인 199를 메모해둔다.

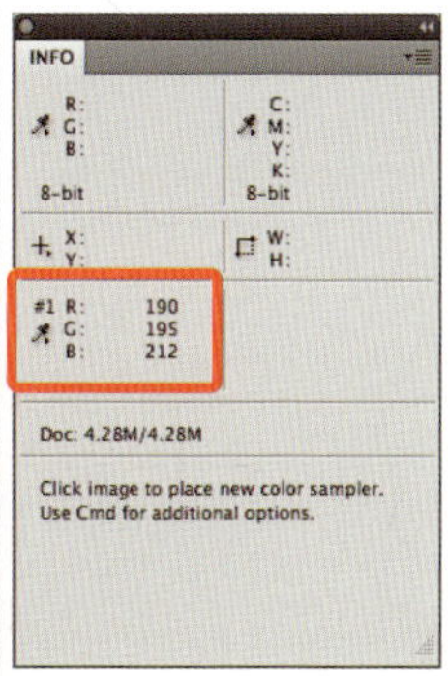

02 [Levels](Ctrl+L)로 컬러 캐스트를 쉽게 보정할 수 있다. 중성 톤을 기준으로 할 때는 가장 과도하게 나타나는 색의 채널을 먼저 수정한다. 이 사진에서는 Blue가 많이 포화되었으므로 Blue 채널을 선택하고 회색 슬라이더를 움직여 Info 팔레트의 #1 B 값을 199로 만든다. 레벨에서 중간 숫자 부분을 ↑, ↓로 조작하면 좀 더 세밀한 조정이 가능하다.

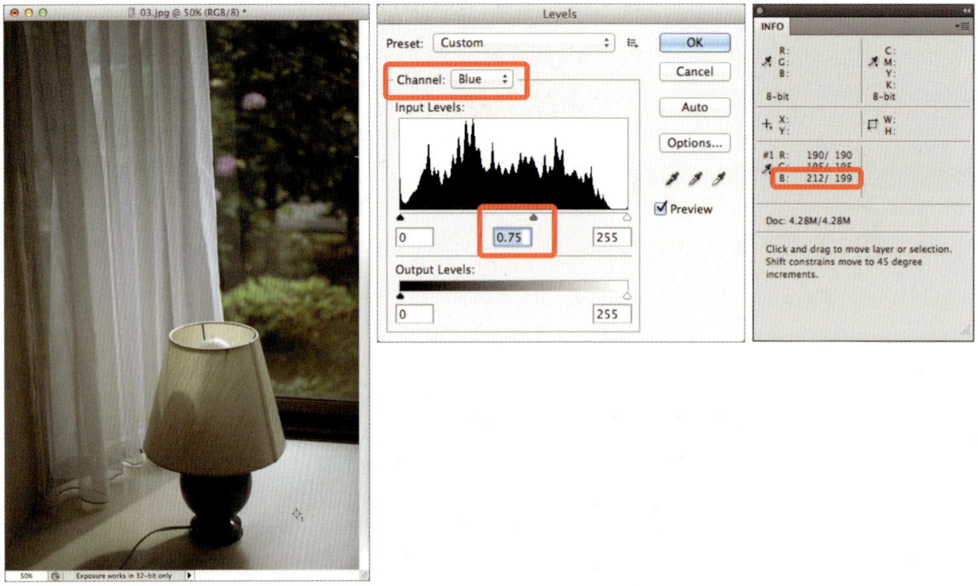

03 Green 채널을 선택해 Info 팔레트의 #1 G 값이199가 될 때까지 회색 슬라이더를 움직인다.

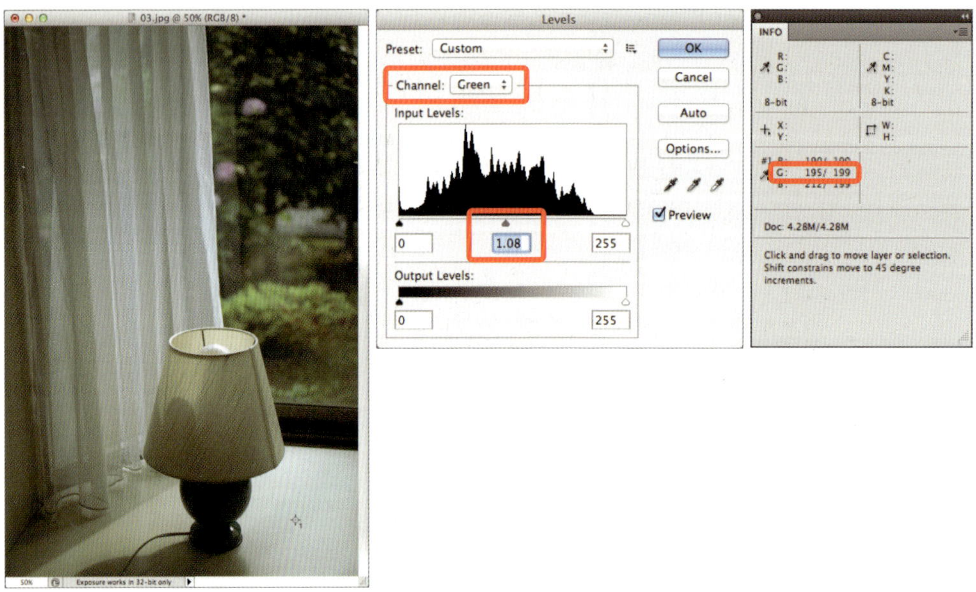

04 마지막으로 Red 채널을 선택해 Info 팔레트의 #1 R 값이 199가 될 때까지 회색 슬라이더를 움직인다.

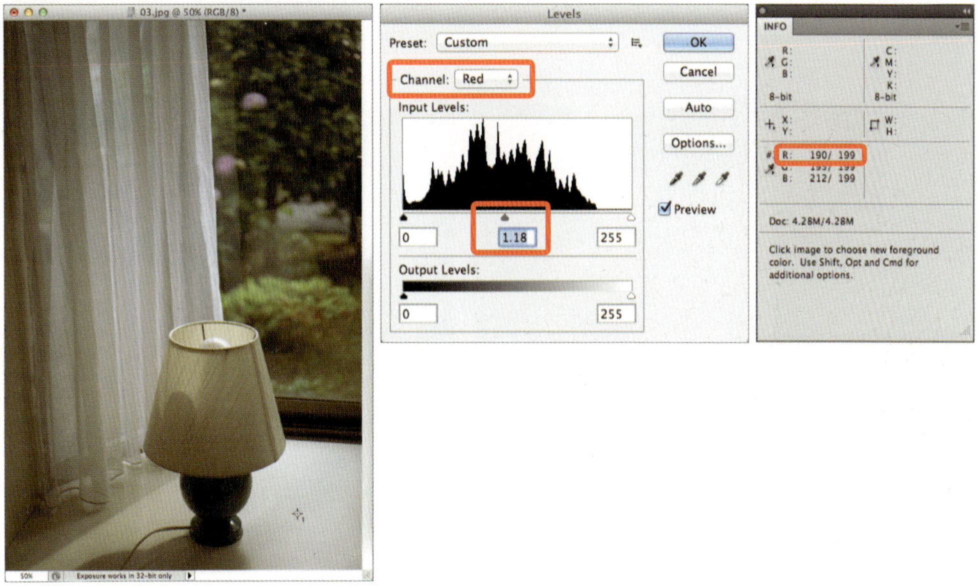

05 전체적으로 약간 희뿌연 느낌을 없애기 위해 레벨의 RGB 하이라이트 슬라이더를 왼쪽으로 당겨 콘트라스트를 높인다. #1의 RGB 값이 (212, 211, 211)로 변했지만 밝기를 수정하면서 값이 변했을 뿐, 전체 값의 평균은 같은 수치임을 알 수 있다.

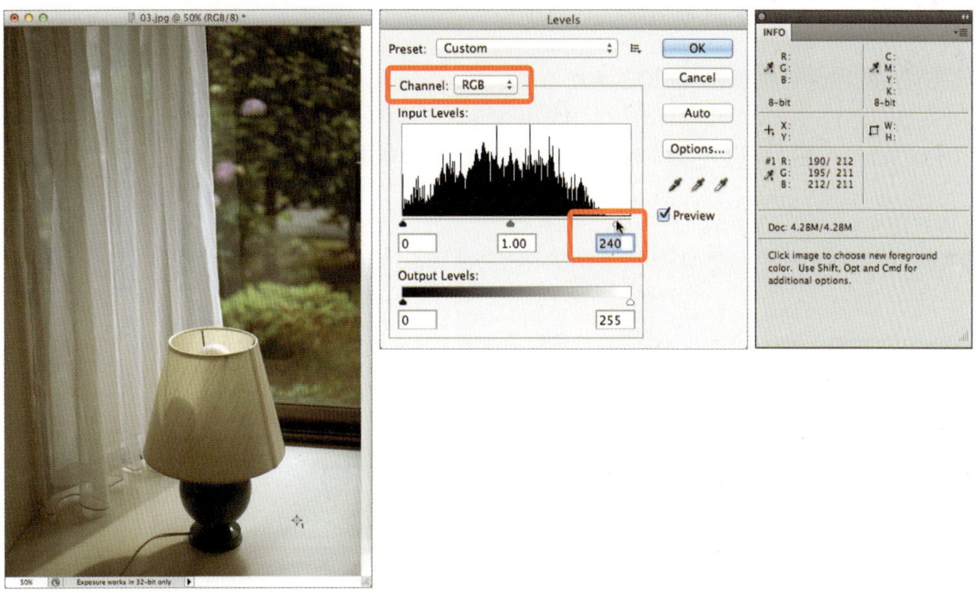

06 이 방법이 어렵다면 레벨의 회색 스포이드 툴로 원하는 지점을 클릭하여 보정해도 되는데, 색이 자동으로 보정되므로 마음에 드는 색을 고르면 된다. 사실 이렇게 감성적인 이미지에서는 정확한 색보다 작가가 원하는 느낌에 맞는 색을 일부러 추가하는 경우도 많다.

(원색을 더 생생하게, Vibrance)

색을 강조할 때 많이 사용하는 Saturation이 색을 부자연스럽게 강조하는 경향이 있기 때문에 이런 문제를 보완하고자 나온 것이 바로 Vibrance이다. Vibrance는 색을 생생하게 수정해주면서 채도가 높은 영역에 영향을 덜 미치기 때문에 색이 뭉치지 않는다. 따라서 원색을 더 생생하게 강조하고 싶은 사진에 Vibrance를 사용하면 좋다.

• **예제 사진** : cd-part3 〉 ch2-3 〉 예제파일 〉 04.jpg

01 [Hue/Saturation](Ctrl+U)에서 Saturation을 강조한 결과 색이 부자연스럽게 포화되고 뭉치는 현상이 발생한다.

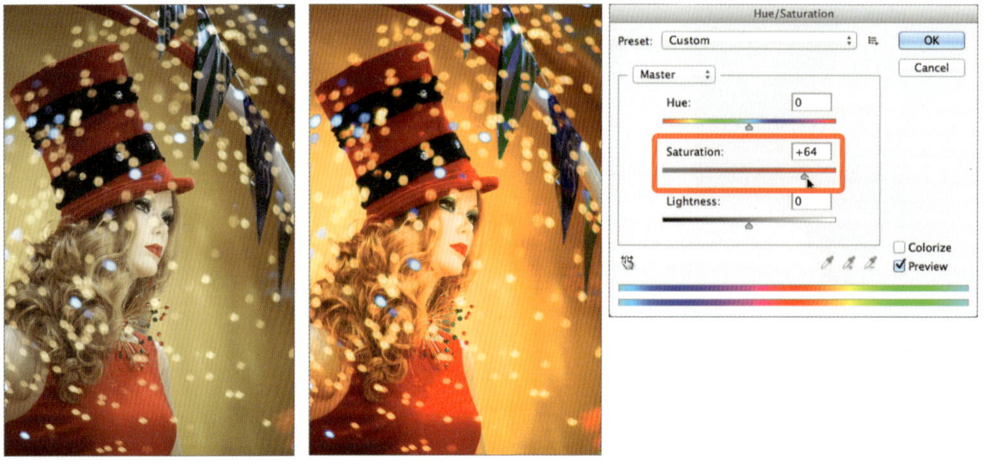

02 Vibrance는 [Image]〉[Adjustments]〉[Vibrance] 메뉴로 실행할 수 있다.

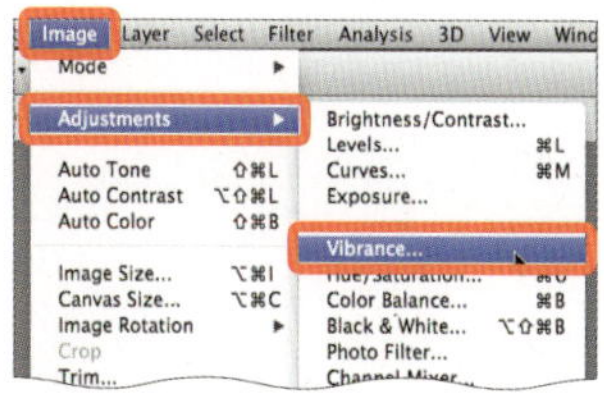

03 Vibrance를 조절해 색을 강조하니 원색만 생생하게 강조된다.

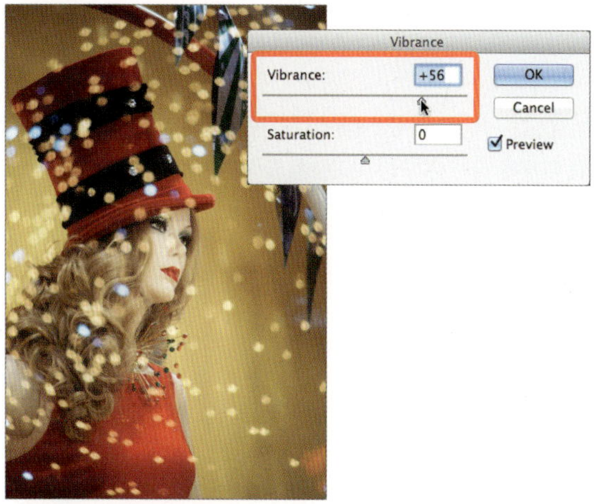

04 Vibrance와 Saturation과의 조합을 통해 독특한 느낌의 사진을 만들 수도 있다.

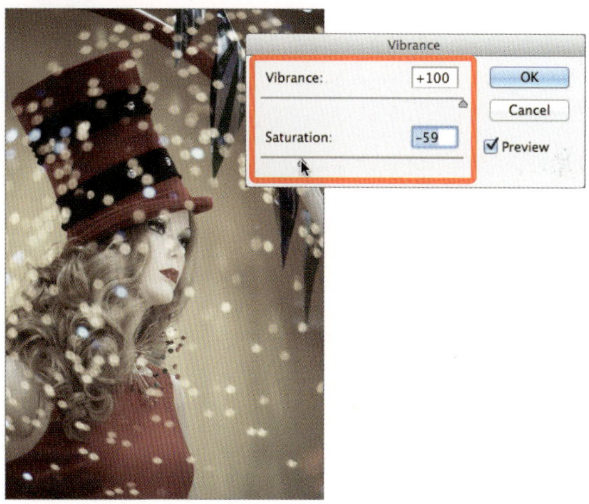

특정 색상을 정밀하게 조절하는 Hue/Saturation

[Hue/Saturation](Ctrl+U)은 색조와 채도, 밝기 정보를 각 색상별로 조정할 수 있기 때문에 다방면에 이용할 수 있다. 예를 들어 건축 사진이라면 색조나 색의 밝기에 따라 실내 인테리어가 어떻게 변화하는지 쉽게 알 수 있다. 특정 색이 포화된 사진이라면 이 툴을 사용해 채도를 낮추어줄 수 있고, 흑백 사진 변환에도 사용할 수 있어 그 효과는 다양하다.

• 예제 사진 : cd-part3 〉 ch2-3 〉 예제파일 〉 05.jpg

01 [Image]〉[Adjustments]〉[Hue/Saturation] 메뉴를 실행한다.

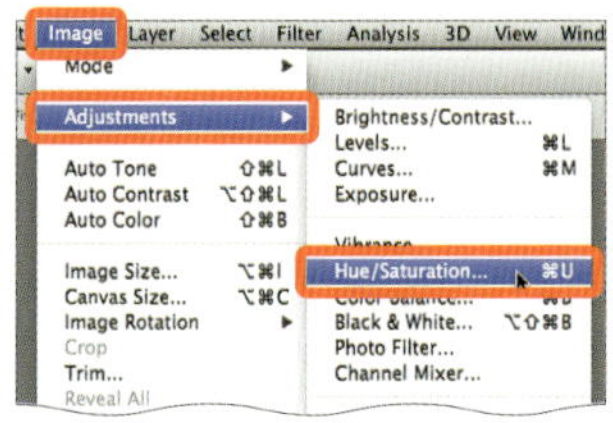

02 [Hue/Saturation] 대화상자에서 왼쪽 아래에 있는 손 모양 아이콘을 클릭하여 사진에서 수정하고자 하는 색을 클릭한다.

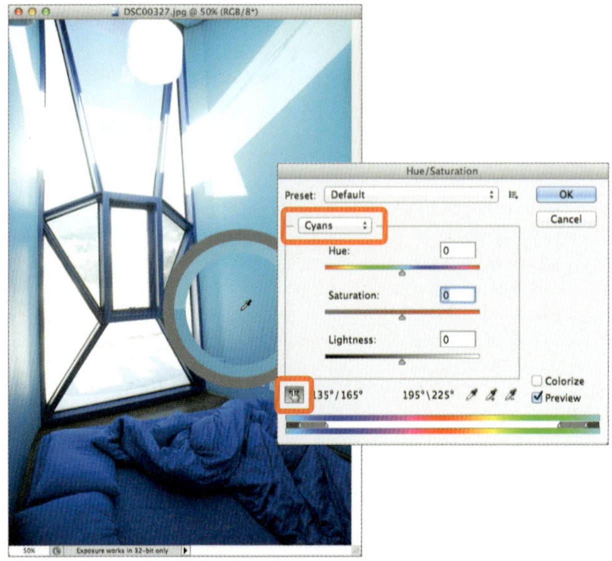

03 파란색 벽을 좀 더 밝게 하고 싶다면 Lightness를 + 방향으로 이동한다. 그러면 파스텔 톤 하늘색 느낌으로 만들 수 있다.

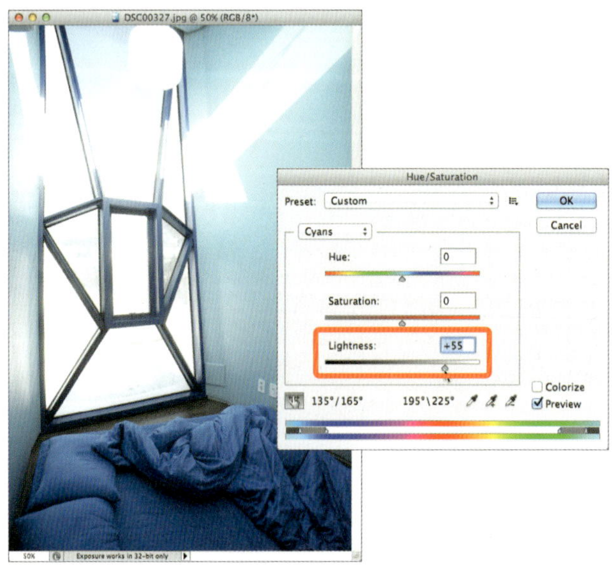

04 Hue를 이용해 색조를 조절하면 페인트 색을 바꾸었을 때 어떤 느낌인지 가늠할 수 있다.

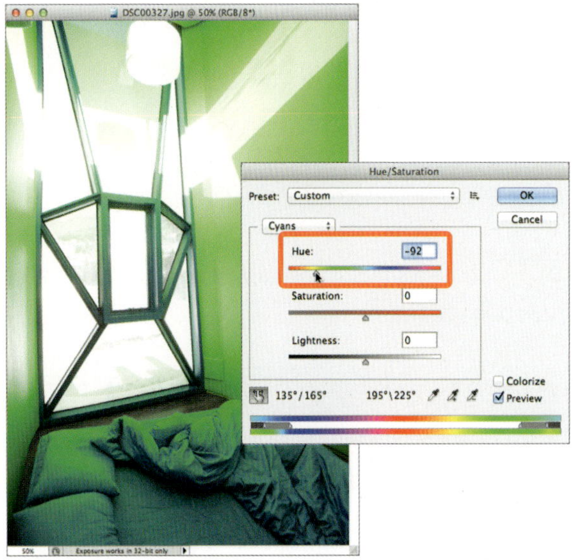

05 만약 회색 침구류를 썼다면 어떤 느낌일까? 파란색 침구를 클릭한 뒤 Saturation을 −100으로 해서 채도를 낮추고 아래의 스펙트럼 바를 이용해서 색의 범위를 지정해준다. 스펙트럼 바의 밝은 회색으로 표시된 부분은 효과가 점진적으로 나타나는 구간이고 짙은 회색은 효과가 100% 반영되는 구간이다.

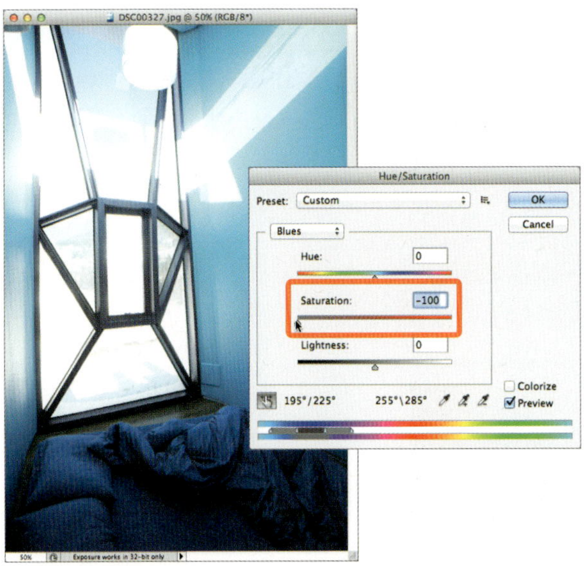

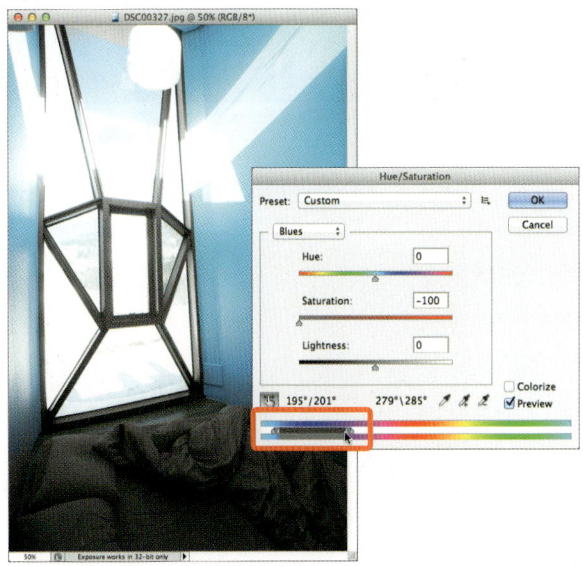

(특정 색만 바꾸는 Replace Color)

특정한 색만 쉽게 바꿀 수 있는 [Replace Color]는 [Hue/Saturation]에서의 기능과 비슷하지만 활용도에 따라 재미있는 사진을 만들 수 있다.

• **예제 사진** : cd−part3 〉ch2−3 〉예제파일 〉06.jpg

01 [Image]〉[Adjustments]〉[Replace Color] 메뉴를 실행하여 [Replace Color] 대화상자를 띄운다. 사진에서 빨간색 의자를 클릭한다.

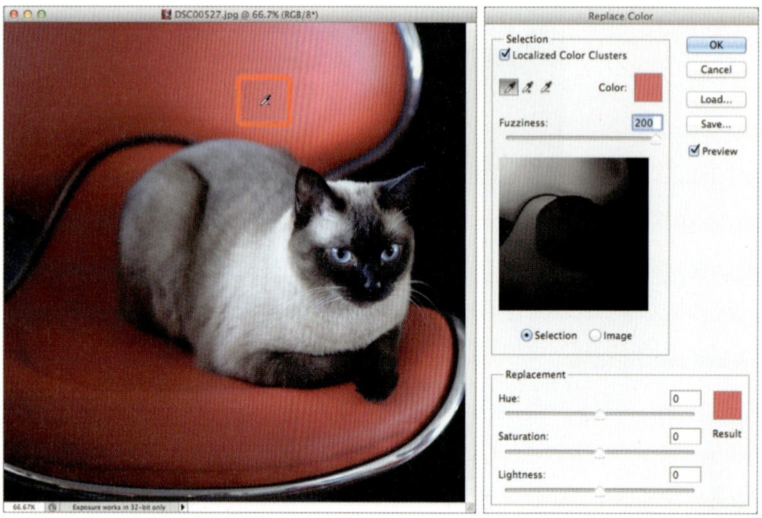

02 Hue를 조정하여 원하는 컬러로 바꿀 수 있다.

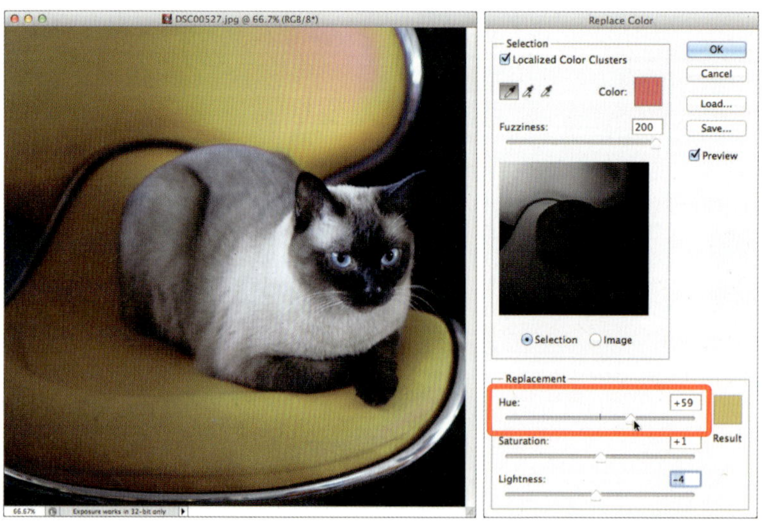

색 변환을 쉽게, Photo Filter

[Photo Filter]는 카메라 렌즈 앞에 끼우는 컬러 필터의 역할을 수행한다. 색 보정에 자신 없는 사용자라도 클릭 한 번으로 사진을 수정할 수 있으며 각종 포토 필터에 따라 달라지는 느낌을 쉽게 확인할 수 있다.

• **예제 사진** : cd−part3 〉ch2−3 〉예제파일 〉07.jpg

01 예제 사진을 열고 [Image]〉[Adjustments]〉[Photo Filter] 메뉴를 실행하여 [Photo Filter] 대화상자를 띄운다. Filter 항목을 펼치면 다양한 필터를 선택할 수 있다.

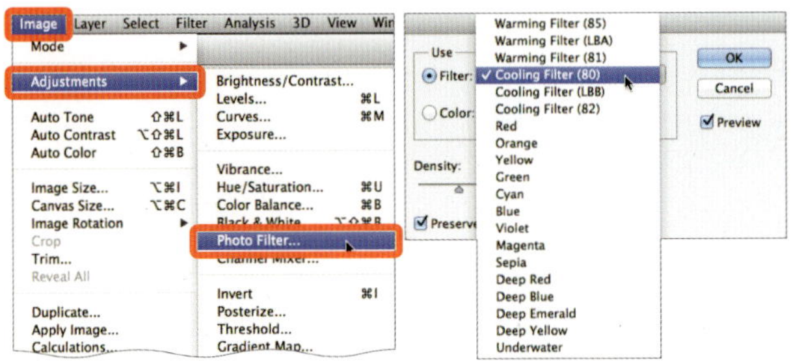

02 각종 포토 필터를 선택할 때마다 색의 변화를 쉽고 빠르게 알 수 있다.

원본 이미지

Cooling Filter (80)

Cyan

(레이어와 커브를 이용해 하늘색을 더 생생하게)

하늘색을 좀 더 파랗고 진하게 표현하고 싶을 때는 보통 카메라 렌즈 앞에 CPL 필터를 장착해 촬영한다. 하지만 CPL 필터를 장착하면 화상이 실제보다 어둡게 맺히는 경우가 있다. 게다가 저가 필터라면 오히려 화질이 나빠지는 역효과까지 생긴다. 포토샵에서는 하늘 부분만 따로 선택하여 생생하고 강렬한 하늘색으로 표현할 수 있다. 물론 이 방법은 특정 톤을 선택해 수정하는 방식이므로 하늘뿐 아니라 다른 부분의 색을 강조할 때도 응용할 수 있을 것이다.

• **예제 사진** : cd-part3 〉ch2-3 〉예제파일 〉08.jpg

01 하늘 부분만 따로 선택하기 위해 Magic Wand Tool(W)을 선택한다. Magic Wand Tool(W)은 특정 톤을 선택 부분으로 만들 수 있는 매우 유용한 툴 중 하나다.

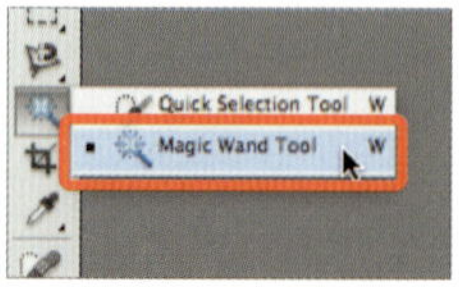

02 Magic Wand Tool(W)로 하늘 부분을 클릭하면 한 번에 다 선택되지 않는다. 이때는 Shift 를 누른 채 원하는 부분까지 계속 선택해나가면 된다. 혹시 작업하다가 실수했을 때는 Alt 를 누른 채 다시 클릭하면 선택 부분을 해제할 수 있다.

03 선택 부분이 너무 선명하면 수정 할 때 어색한 효과가 난다. [Select]〉[Modify]〉[Feather] 메뉴를 선택하여 대화상자를 띄우고 Feather Radius를 0.5 정도 주어 경계부분을 부드럽게 한다.

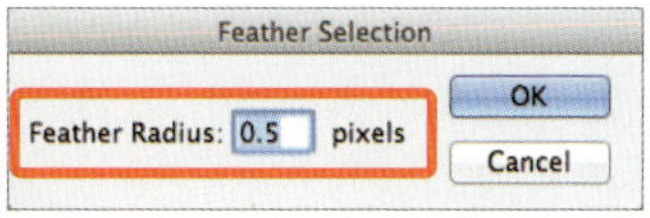

04 선택된 하늘 부분을 레이어로 복제(Ctrl + J)한다. Alt 를 누른 채 레이어 팔레트 아래에 있는 Create new fill or adjustments layer 를 눌러 Curves를 추가한다.

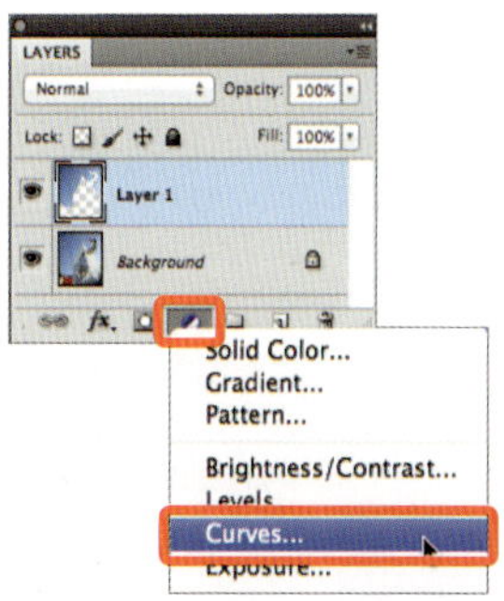

05 [New Layer] 창이 열리면 Use Previous Layer to Create Clipping Mask를 선택한다. 이 옵션은 특정 레이어에만 효과를 줄 때 사용한다. 여기서는 선택되어 복제된 하늘 부분에만 효과를 주게 된다.

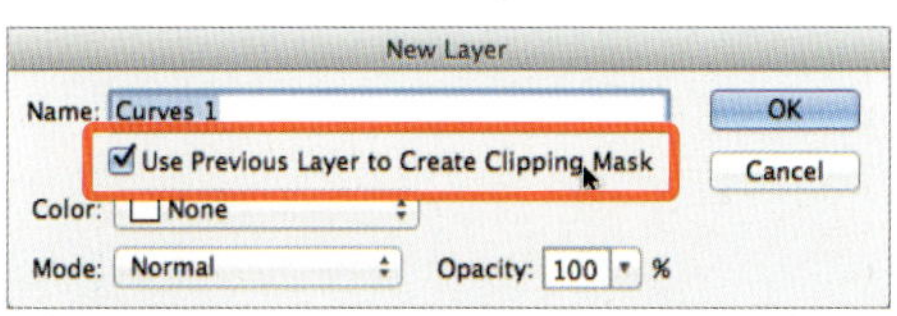

06 커브의 RGB 채널을 아래로 내리면 하늘 부분이 어두워지는 효과가 난다.

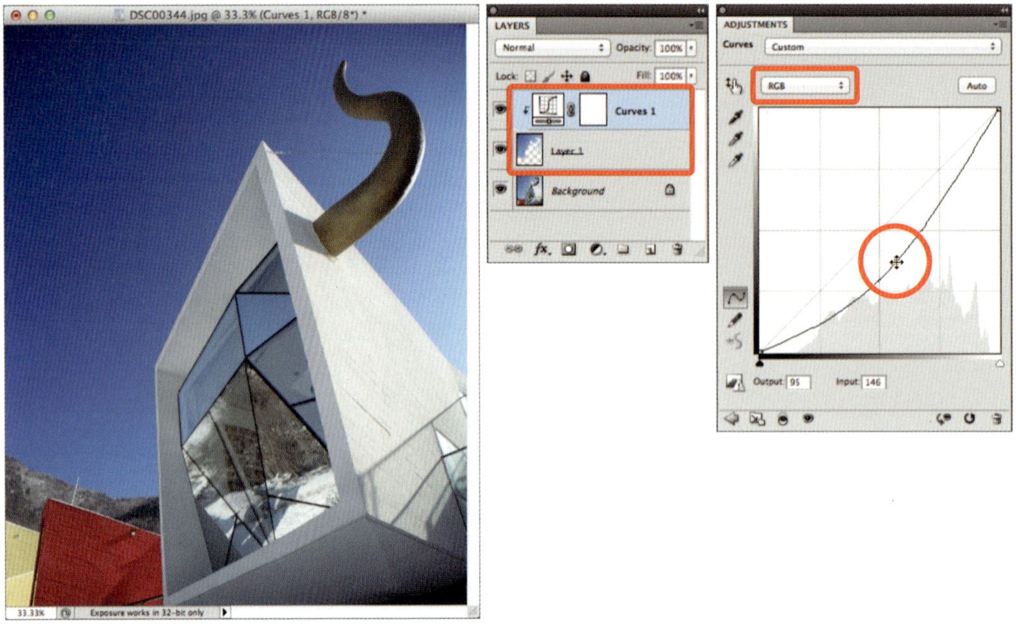

07 만약 파란색을 더 추가하고 싶다면 Blue 채널을 선택해 곡선을 위쪽으로 올려주면 Blue가 추가된다.

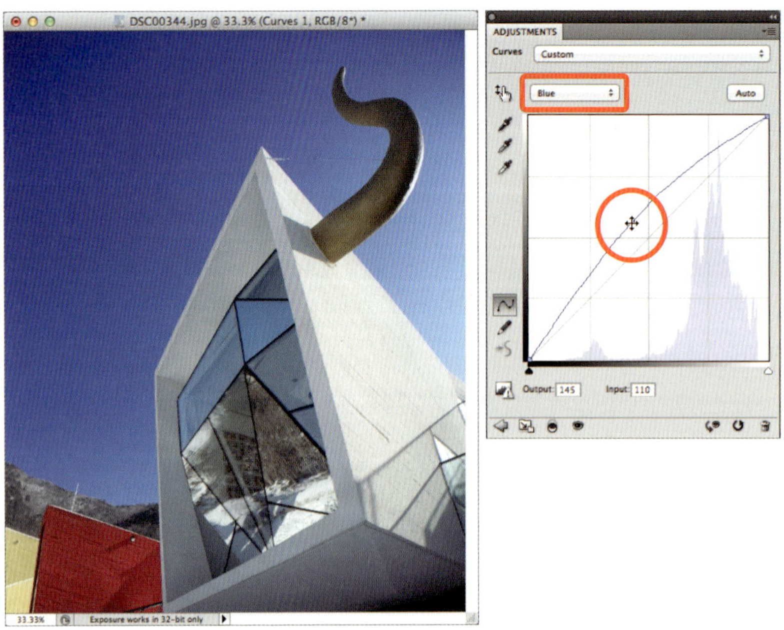

주제를 돋보이게 하는 수정 방법

사진 속에는 항상 주제가 되는 피사체가 있다. 내 가족을 촬영했다면 가족은 사진 속의 주된 피사체, 즉 주인공이다. 배경은 가족 사진을 어디서 찍었는지, 즉 유원지인지 여행지인지 집인지 등을 알려주는 부제가 된다. 주제를 부각시키는 방법은 다양하다. 단순히 콘트라스트를 높여 만드는 쨍한 사진만 주제가 돋보이는 사진은 아니라는 말이다. 구도, 구성, 노출, 색감, 콘트라스트, 부분적인 디테일, 샤프닝 등 다양한 요소를 조절함으로써 주제를 돋보이게 할 수 있다. 다양한 상황에서 촬영한 예제 파일을 통해 주제를 부각시키는 방법과 자신의 사진에 적용할 만한 기법을 익혀보자.

(알아서 채우기, Content-Aware)

포토샵 버전이 계속 업그레이드되면서 생긴 가장 주목할 만한 기능 중 하나가 바로 Content-Aware이다. 이 기능은 포토샵이 사진의 어떤 부분을 알아서 채워주는 역할을 한다. Content-Aware를 이용해 가장 기본적으로 사용할 수 있는 수정 방법을 알아보자.

• **예제 사진** : cd-part3 > ch2-4 > 예제파일 > 01.jpg

01 예제 사진은 친구 부부를 바닷가에서 촬영한 것이다. 그런데 이 부부와 상관 없는 왼쪽 아이는 사진 속에서 지우고 싶다. 먼저 아이가 있는 부분을 선택하기 위해 Marquee Tool 중 Rectangular Marquee Tool(M)을 선택한다.

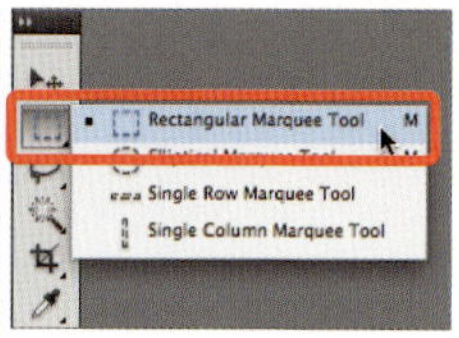

02 Rectangular Marquee Tool(M)로 지우고 싶은 부분을 선택한다. Content-Aware는 이렇게 단순한 바다나 지평선 배경에서 효과가 높다. 너무 복잡한 패턴은 적용이 잘 안 될 수도 있다.

03 [Edit]〉[Fill]을 선택해 대화상자를 띄운다. Contents 항목의 Use를 Content-Aware로 선택하고 OK 버튼을 누른다.

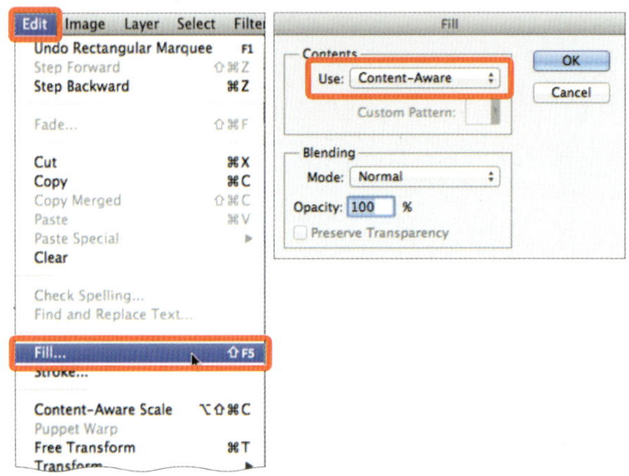

04 첫 시도에서 하늘 부분은 잘 채워졌지만 바위 부분이 어색하다.

05 [Edit]>[Fill](Shift+F5)을 한 번 더 실행해 채워준다. Content-Aware를 적용하여 한번에 자연스럽게 되지 않을 때는 이렇게 여러 번에 걸쳐 적용하면 좀 더 자연스러워진다.

(선택과 집중, Color Range+High Pass 콘트라스트)

때로는 사진 전체를 보정하는 것보다 사진 속의 특정 부분을 선택해 강조해주면 이미지 손상도 적고 주제가 훨씬 더 부각되어 보이는 효과가 생긴다. 이것을 일명 눈속임이라고 하는데, 원래부터 피사체가 그런 느낌이었던 것처럼 사진에 양념을 살짝 더해주는 것이다.

- **예제 사진** : cd-part3 > ch2-4 > 예제파일 > 02.jpg

01 예제 사진 속의 노란색 꽃을 녹색 배경보다 더 부각시켜 보자. 사진 속의 특정 색을 선택할 수 있는 툴이 [Color Range]이다. [Select]>[Color Range] 메뉴를 실행한다.

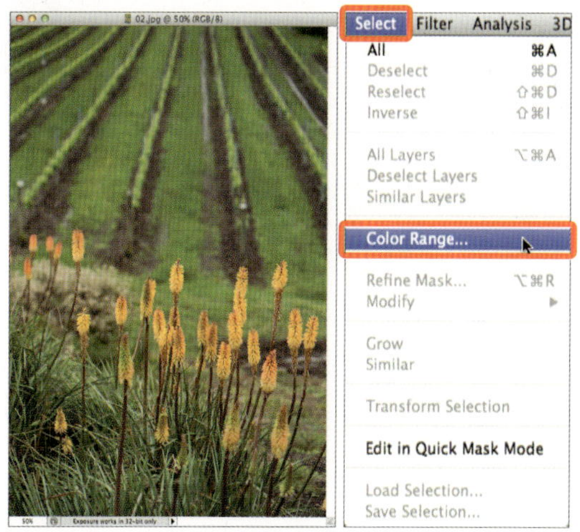

02 [Color Range] 대화 상자가 열리고 마우스가 스포이드 모양으로 바뀐다. 스포이드로 노란 꽃 부분을 클릭하면 미리 보기 화면에 흰색 영역으로 보여진다.

03 더 넓은 부분을 선택하려면 Fuzziness와 Range를 늘려준다. 미리 보기 화면에서 흰색으로 강조되어 보이는 부분에 효과가 적용된다. OK 버튼을 누르면 노란색 꽃 부분만 선택된다.

04 선택 부분의 경계선을 자연스럽게 다듬어주기 위해 [Select]>[Modify]>[Feather](Shift+F6) 메뉴를 실행한다. 대화상자가 열리면 Feather Radius에 0.5를 입력한 뒤 OK 버튼을 누른다.

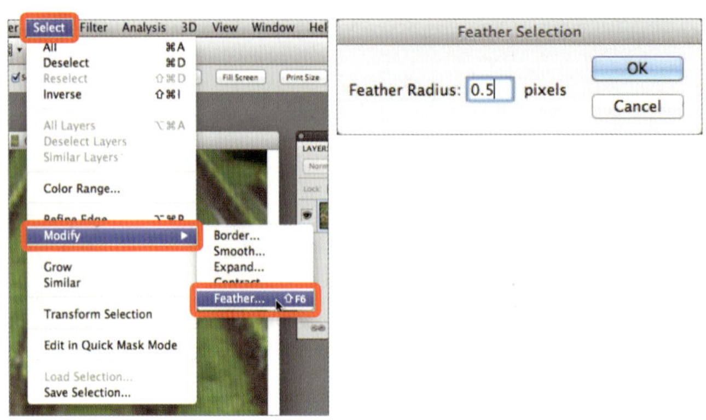

05 선택 부분을 레이어로 복제(Ctrl+J)한 뒤 블렌딩 모드를 Overlay로 바꾼다. [Filter]〉[Other]〉[High Pass]를 실행해 Radius를 20 정도 적용한다. Overlay 레이어에 High Pass를 강하게 적용하는 것을 '하이패스 콘트라스트 기법'이라 한다.

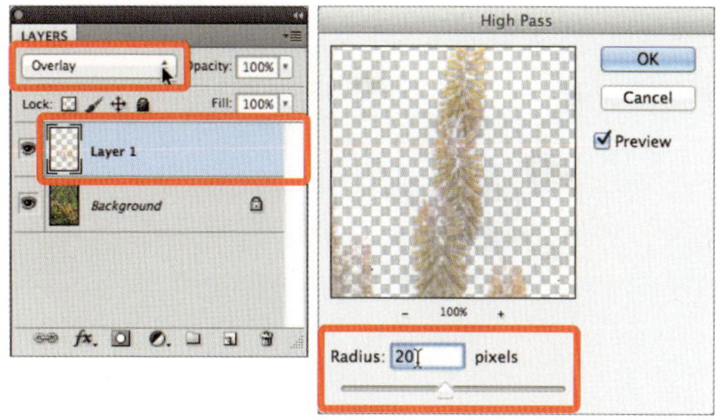

06 효과를 적용한 뒤에 레이어의 눈 아이콘을 껐다 켰다 하면서 효과를 비교한다. 만약 효과가 너무 강하다면 레이어의 Opacity를 조절해준다.

(너무 쉽고 편리한 이미지 편집, Smart Objects)

초창기 포토샵 리터칭에서는 대부분 레이어, 마스크, 필터 등으로 작업해야 했고 각 기능들을 외우고 있지 않으면 초보자들이 이미지 편집에 어려움을 느꼈다. 그러나 Camera Raw 플러그인과 Smart Objects는 누구나 쉽고 빠르게 이미지 편집을 할 수 있도록 도와준다.

• **예제 사진 :** cd-part3 〉 ch2-4 〉 예제파일 〉 03.CR2

01 예제 사진을 Camera Raw 플러그인에서 열고 하단의 'Adobe RGB~'를 눌러 [Workflow Options] 대화상자를 연다. Open in Photoshop as Smart Objects를 체크해 포토샵에서 Smart Object로 열릴 수 있도록 한 다음 Open Object를 누른다.

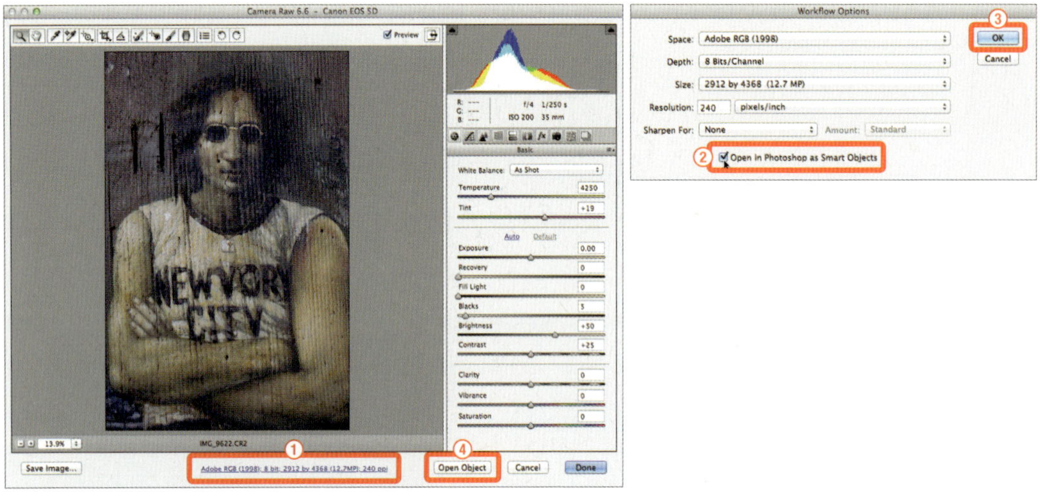

02 Smart Object 상태의 사진이 포토샵에서 열린다.

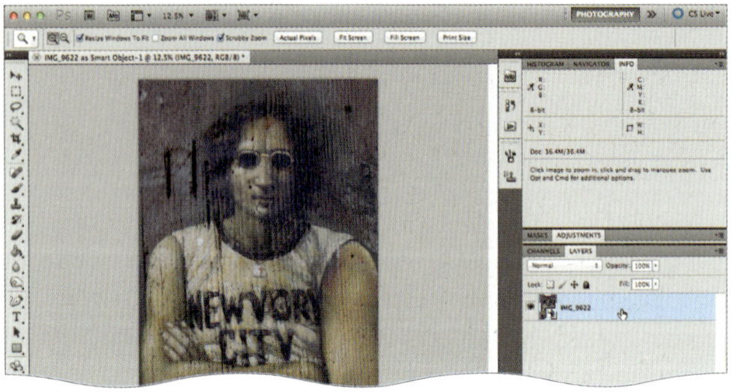

03 먼저 [Layer]〉[Smart Objects]〉[New Smart Object via Copy]로 Smart Object 레이어를 복제한다. Smart Object를 Ctrl + J 로 복제할 경우, 위쪽에 있는 레이어를 편집하면 아래쪽에 있는 원본 레이어도 같이 편집되는 현상이 발생하므로 주의한다.

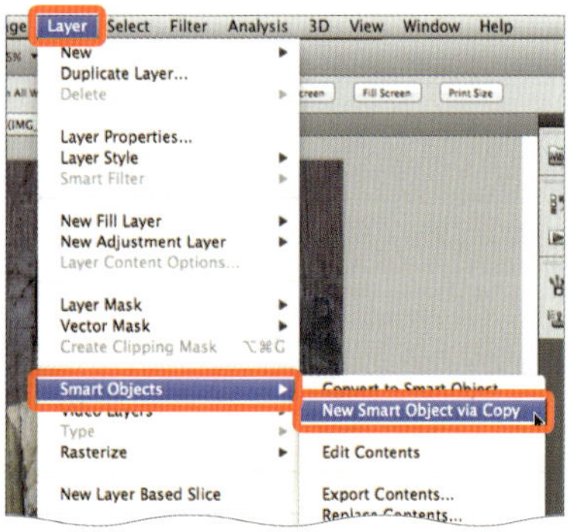

04 복제된 레이어의 썸네일을 더블클릭하면 Camera Raw 플러그인 창이 뜬다. 여기서 이미지를 재수정할 수 있다.

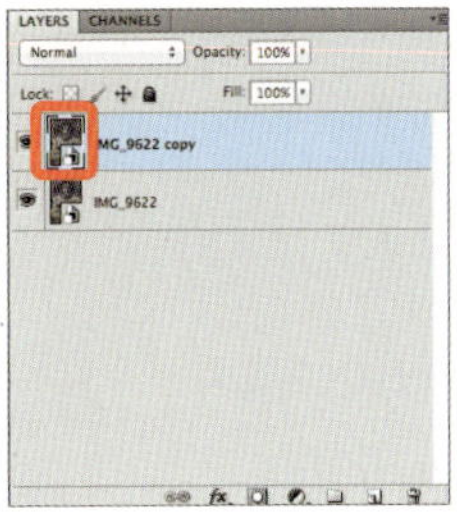

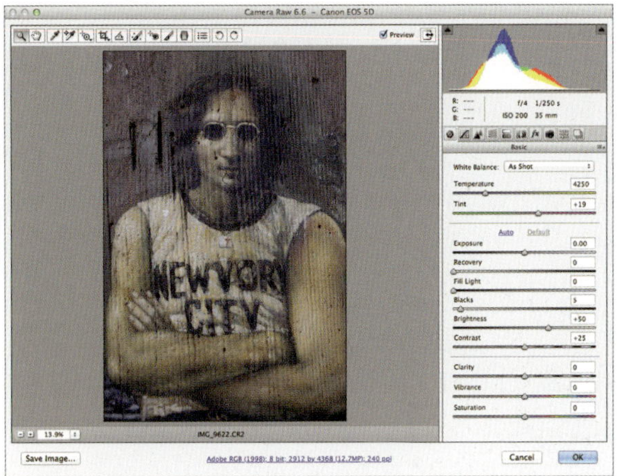

05 복제된 레이어를 자신이 원하는 대로 수정하고 OK 버튼을 누르면 보정 내용이 반영된다.

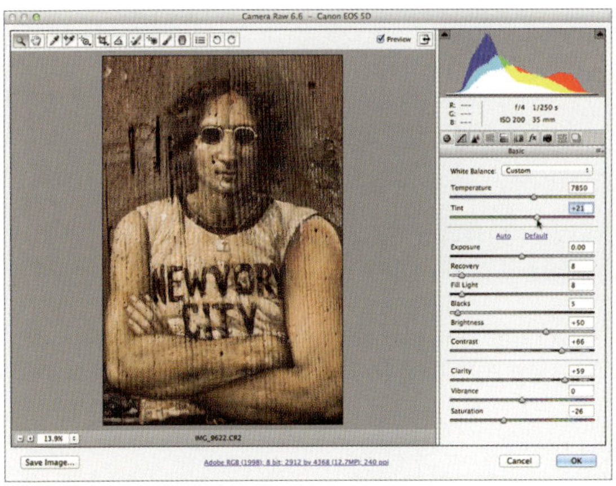

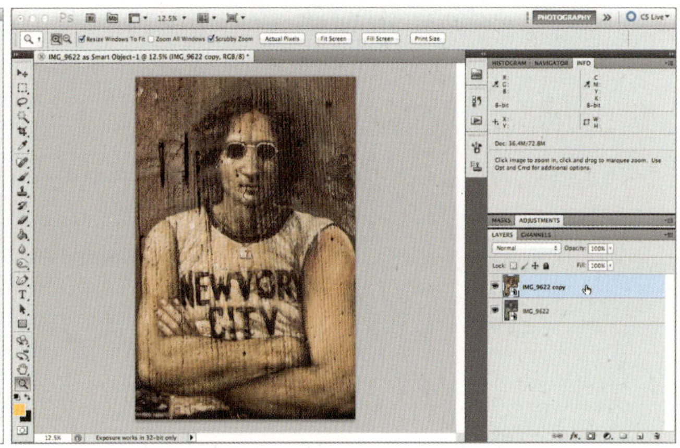

06 Alt 를 누른 채 레이어 팔레트의 Add layer mask 를 눌러 검은색 마스크를 추가해 복제 레이어의 효과를 없앤다.

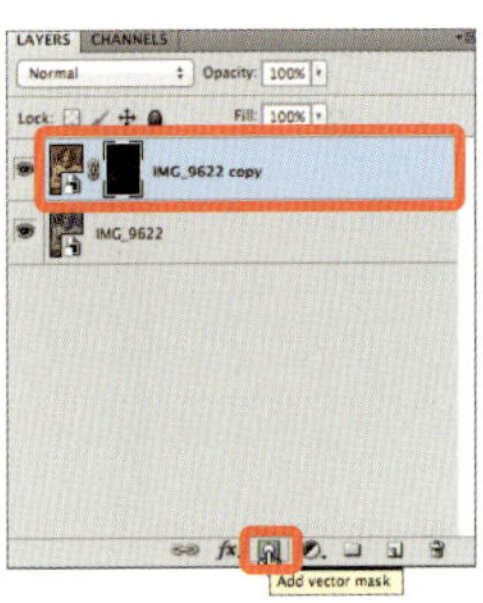

07 Brush Tool(B)을 선택하고 상단의 옵션에서 Brush의 Opacity를 35% 정도로 설정한다.

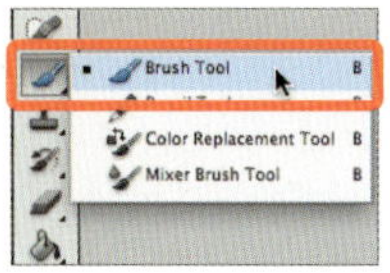

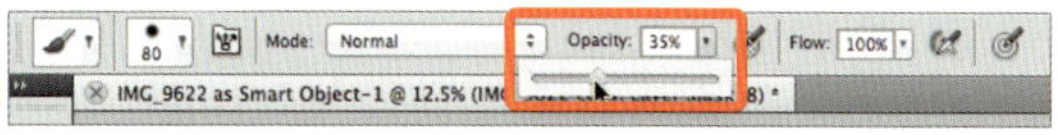

08 앞서 검은색 마스크를 만들었기 때문에 전경색을 흰색으로 바꾸어준다. 전경색과 배경색을 바꾸는 단축키가 X 이므로 외워두면 편리하다.

09 마스크 썸네일을 선택한 다음 [,] 로 브러시 크기를 조절하며 사람 부분을 칠하면 수정한 효과가 반영된다. 배경과 컬러를 분리하니 더욱 입체적인 느낌이 든다.

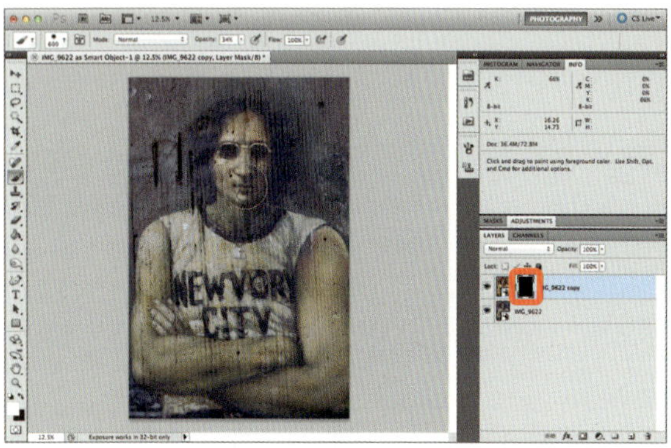

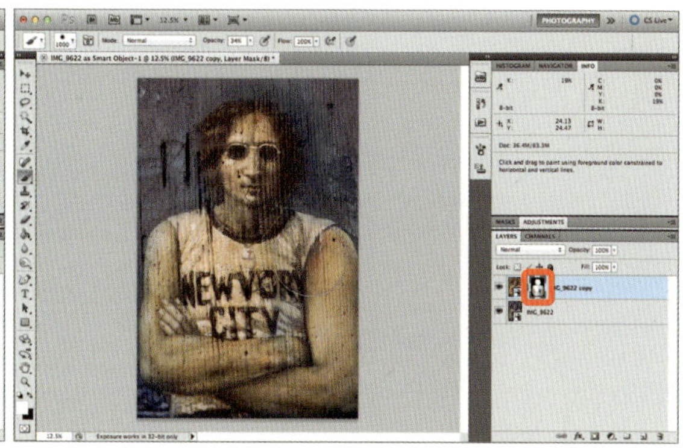

10 복제 레이어의 이미지 썸네일을 더블클릭하면 Camera Raw 플러그인 창이 뜬다. Smart Objects의 장점은 이렇게 무한정 수정할 수 있다는 점이다.

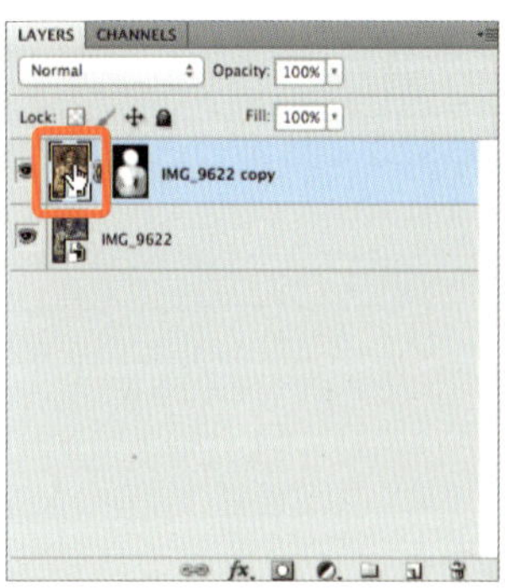

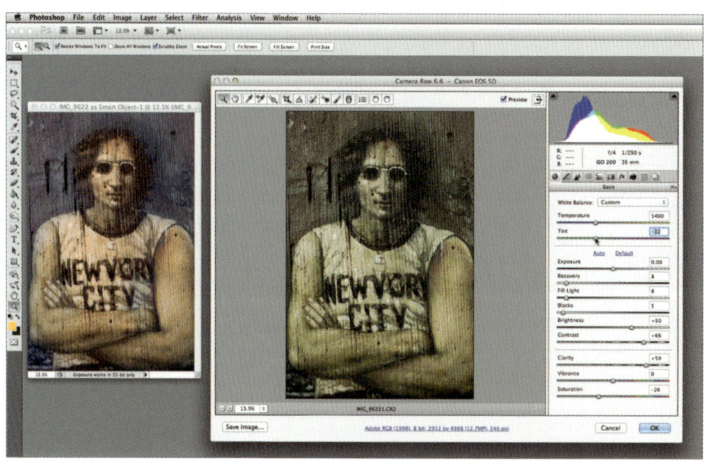

11 사람 부분에만 마스크가 씌워진 상태이므로 [Detail] 탭에서 샤프닝 효과를 좀 더 줘서 이미지를 강조해보았다.

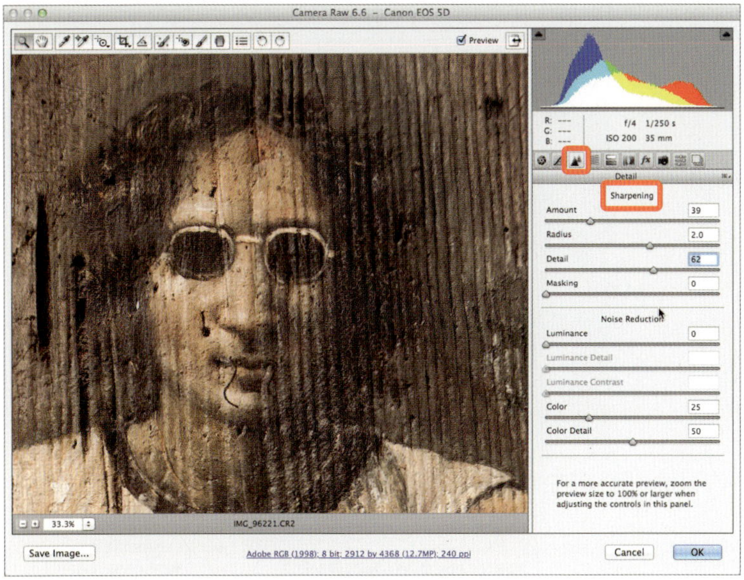

(피사체 분리하기, Camera Raw 플러그인+Adjustment Brush)

사진이 밋밋해 보이는 이유 중 하나는 특정 색이 이미지 전체를 덮고 있는 듯한 뿌연 느낌, 즉 컬러 캐스트 때문이다. 컬러 캐스트는 빛과 화이트 밸런스의 영향이 가장 크다. 화이트 밸런스를 조절할 때 Blue나 Yellow를 조정해서 강조하다 보면 특정한 색이 사진 전체를 덮어버리게 된다. 때로는 특정한 부분의 색만 살짝 바꾸면 전체적인 조정을 하지 않고서도 훌륭한 효과를 얻을 수 있다.

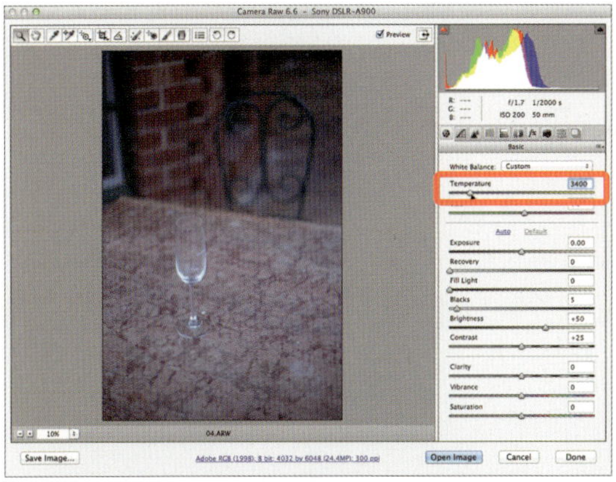

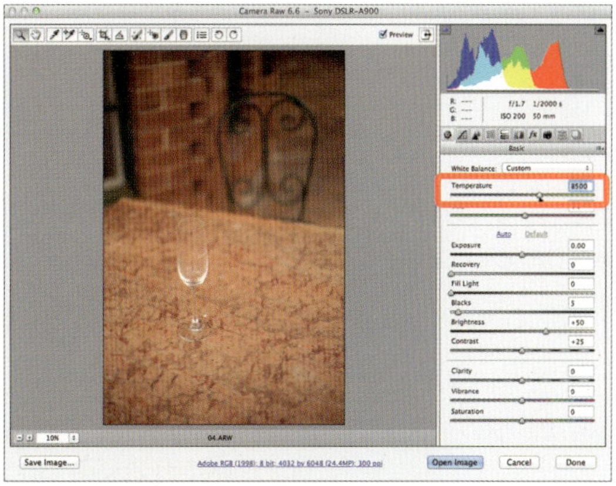

• **예제 사진** : cd-part3 〉 ch2-4 〉 예제파일 〉 04.ARW

01 사진 속에서 투명한 유리잔이 테이블의 색상에 묻혀 돋보이질 않는다.

02 부분적인 보정을 할 때는 상단의 Adjustment Brush (K)를 사용한다. 유리잔을 입체적으로 부각시키기 위해 Clarity를 100으로 조정한다. 유리잔에 비치는 배경의 노란 색조를 없애고 싶다. Color 항목 오른쪽에 있는 박스를 클릭한다.

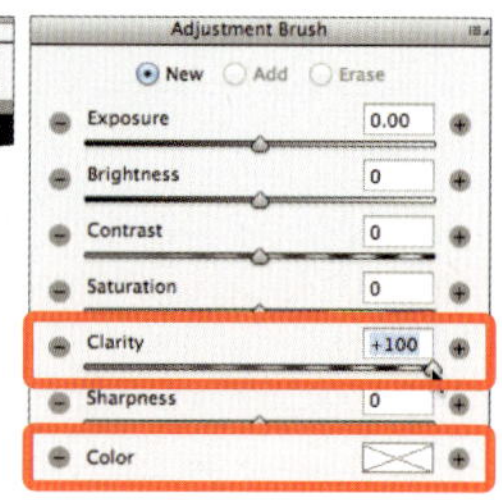

03 Color Picker 창이 열리면 푸른 색조를 선택한 후 OK 버튼을 누른다. 이 부분은 적용한 후에 마음에 들지 않으면 다시 선택할 수 있기 때문에 걱정하지 않아도 된다.

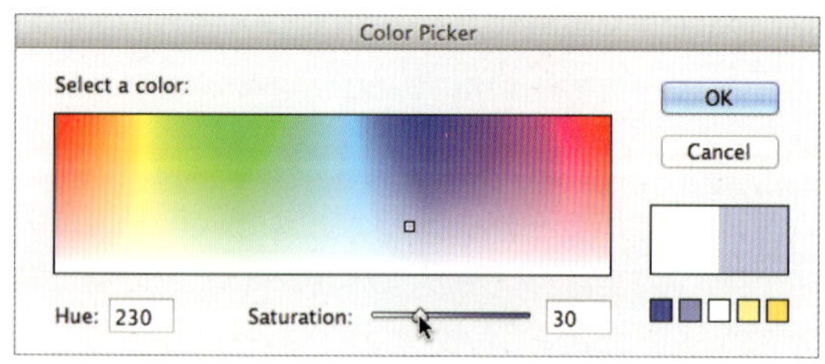

04 [Adjustment Brush] 탭 아래쪽의 브러시 옵션에서 Density를 50 정도로 적용해 부드럽게 터칭할 수 있게 설정한다.

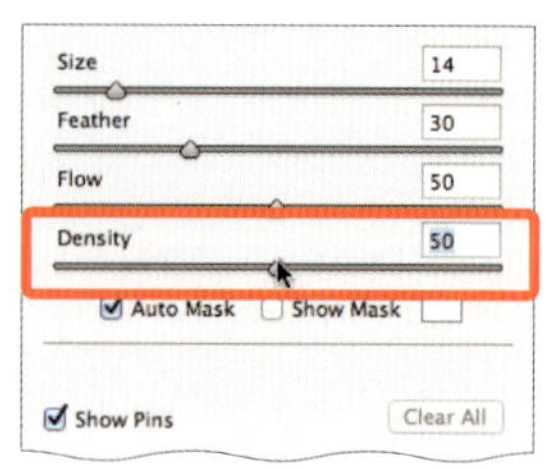

05 예제 이미지의 유리잔처럼 작은 부분은 화면을 크게 확대해 작업하는 것이 좋다. 브러시로 세밀하게 터치해나간다.

06 브러시로 효과를 적용하다가 조금 더 수정하고 싶다면 화면의 녹색 점을 더블클릭해 재수정한다.

07 수정을 하기 전 상태를 보고 싶다면 [Basic] 탭에서 오른쪽에 있는 펼침 메뉴를 클릭하여 Camera Raw Defaults를 선택한다. 수정한 후의 모습을 확인하려면 Custom Settings를 선택한다. 수정한 이미지는 유리잔의 노란 색조가 없어지고 경계선이 명확해져서 훨씬 또렷하게 보인다.

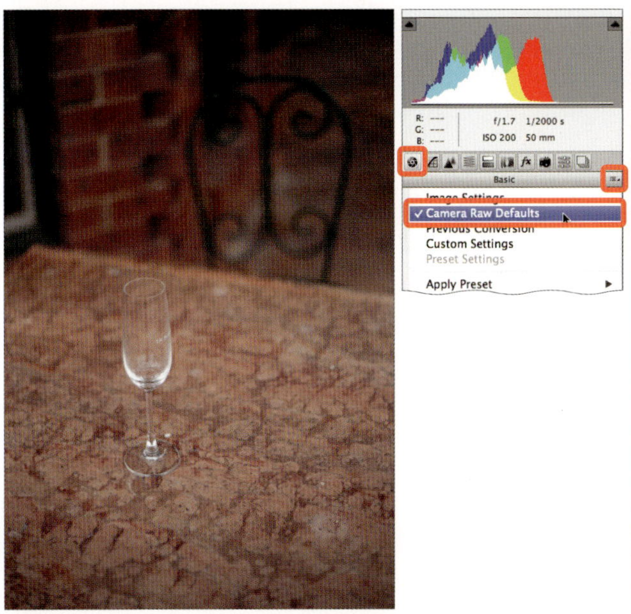

Before

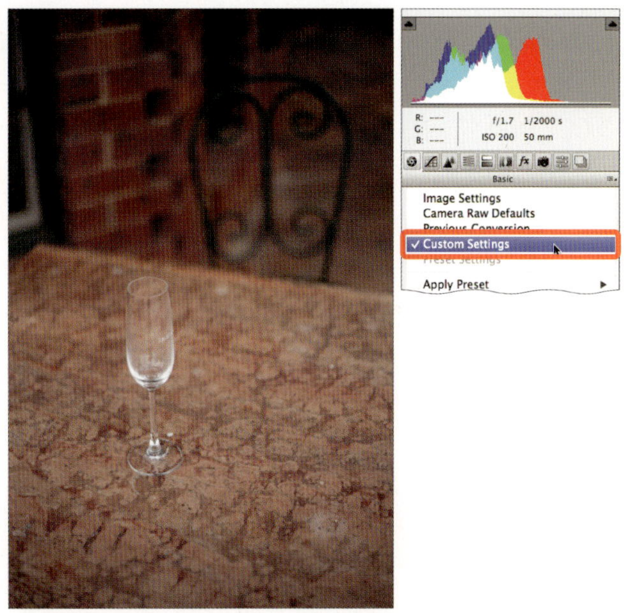

After

(똑딱이 카메라로 촬영한 이미지도 또렷하게, Targeted Adjustment)

흔히 똑딱이 카메라로 불리는 소형 디지털카메라도 요즘은 대부분 RAW 파일을 지원하므로 RAW로 촬영하고 보정하는 습관을 들이면 훌륭한 결과물을 얻을 수 있다. 하지만 소형 디지털카메라의 RAW 파일은 DSLR로 촬영한 사진에 비해 어딘가 밋밋한 느낌이 든다. 그렇더라도 RAW 파일로 촬영하고 보정한 사진은 DSLR 사진처럼 뛰어난 화질과 컬러를 보장할 것이다. RAW 파일로 보정할 때 Targeted Adjustment Tool(T)을 사용하면 부분적으로 색상과 색조, 콘트라스트를 변화시켜 뛰어난 결과물을 만들어낼 수 있다.

• **예제 사진** : cd-part3 〉ch2-4 〉예제파일 〉05.DNG

01 예제 사진은 리코 사의 GR Digital이란 카메라로 촬영한 RAW 파일 이미지다. 어딘가 밋밋해 보이는 느낌이다.

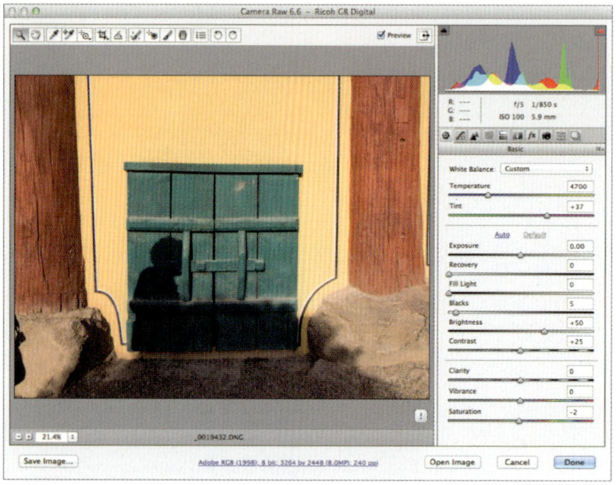

02 좀 더 강한 느낌으로 보정하기 위해 [Basic] 탭의 Exposure 슬라이더를 움직여 노출을 약간 낮춘다.

03 메뉴에서 Targeted Adjustment Tool(T)의 Hue를 선택한다.

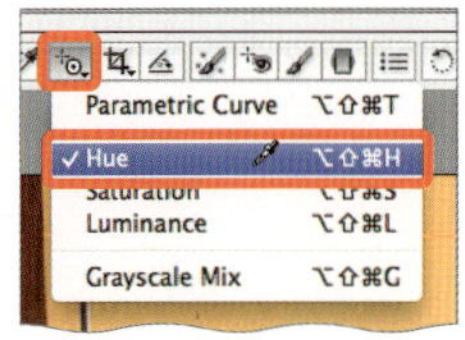

04 Targeted Adjustment Tool(T)로 원하는 부분을 드래그하며 색조를 변화시킬 수 있다. 원색을 또렷이 하기 위해 각 색들의 컬러 캐스트를 없애는 방향으로 드래그했다.

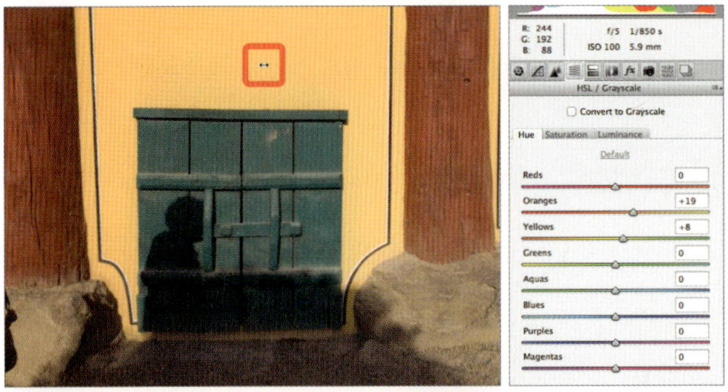

05 이번에는 Targeted Adjustment Tool(T)에서 Parametric Curve를 선택해 콘트라스트를 강화하는 작업을 한다.

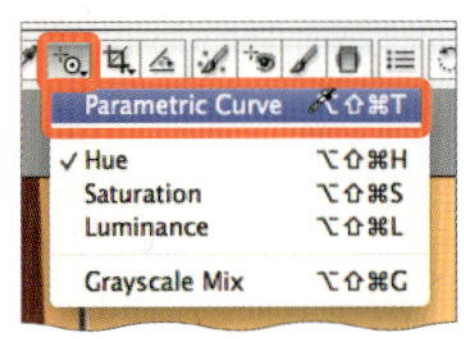

06 역시 마우스 드래그만으로 콘트라스트를 조절할 수 있다. 화면을 보면서 밝은 곳은 약간 더 밝게, 어두운 곳은 약간 어둡게 수정하여 콘트라스트를 높인다.

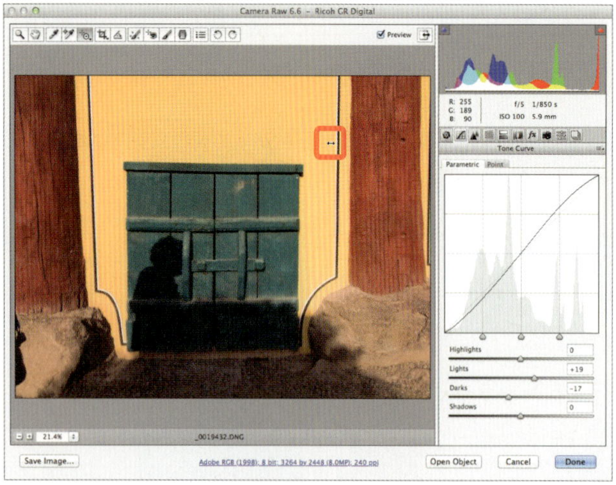

07 Graduated Filter(G)를 선택하여 사진 아래의 밝은 부분을 어둡게 수정해 이미지에 집중도를 높이는 작업을 한다. 먼저 Graduated Filter(G) 옵션에서 Exposure를 낮춘다.

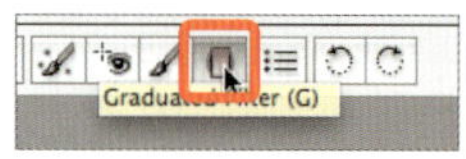

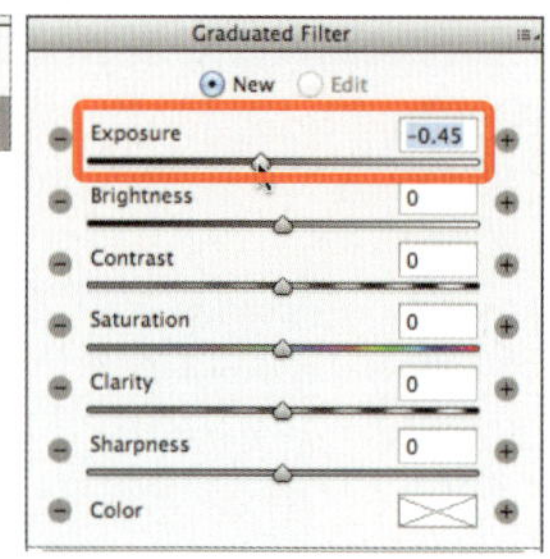

08 화면 아래에서 위로 그어주면 그림자 부분이 더 짙어진다.

09 다른 곳에도 적용하고 싶다면 New 버튼을 누른 다음, 노출을 어둡게 한 Graduated Filter(G)로 가장자리를 그어준다.

10 Adjustment Brush(K)를 선택하여 녹색 문의 입체감을 높일 수 있도록 Clarity 값을 올린 후 문 부분을 칠해준다.

11 수정을 하고 난 뒤 원본 사진의 밋밋한 느낌이 사라졌다.

Before

After

흑백 사진의 다양한 수정 방법

포토샵에서 컬러 사진을 흑백 사진으로 바꾸는 방법은 여러 가지다. 카메라 자체에 흑백 모드가 있지만 그다지 추천하고 싶지 않다. 카메라의 흑백 모드로 촬영하면 RAW 파일이 아닌 JPG 파일이 생성된다. 또한 흑과 백의 톤을 카메라 자체에서 마음대로 해석해 만들기 때문에 어떤 톤을 더 밝게 하거나 어둡게 하기 어렵다.

RAW 파일로 촬영한 데이터는 Camera Raw 플러그인에서 기본적인 흑백 작업을 하고 포토샵으로 불러와 이미지의 특정 부분을 밝게 하거나(닷징) 어둡게 하는(버닝) 작업을 하면 된다. JPG로 촬영한 이미지라면 포토샵의 다양한 수정 방법을 이용해 흑백으로 변환하는 과정을 거쳐야 한다. 컬러 사진도 그러하지만 흑백 사진을 수정할 때의 즐거움은 사진에 해석을 더할 수 있다는 것이다. 피사체를 더욱 강조할 수도 있고, 부제를 살짝 감추어 이야기를 더 확연히 드러내 보일 수도 있다.

여기서는 기본적인 흑백 변환 방법과 함께 흑백 사진을 더 돋보이게 하는 여러 프로세스를 소개한다. 물론 정답은 없다. 이 방법들을 익혀 자신의 사진에 맞는 수정 방법을 개발해보는 것도 흥미로운 일일 것이다. 흑과 백, 단순한 두 가지 색이지만 그 속에 수만 가지 색보다 다양한 이야기를 담을 수 있다. 그럼 예제를 통해 흑백 사진의 여러 가지 수정법을 알아보자.

(Hue/Saturation을 이용한 기본 흑백 사진 변환 방법)

• **예제 사진** : cd-part3 〉ch2-5 〉예제파일 〉01.jpg

01 컬러 사진을 흑백 사진으로 바꾸는 간단한 방법은 [Image]〉[Adjustments]〉[Hue/Saturation](Ctrl+U) 메뉴를 실행하는 것이다.

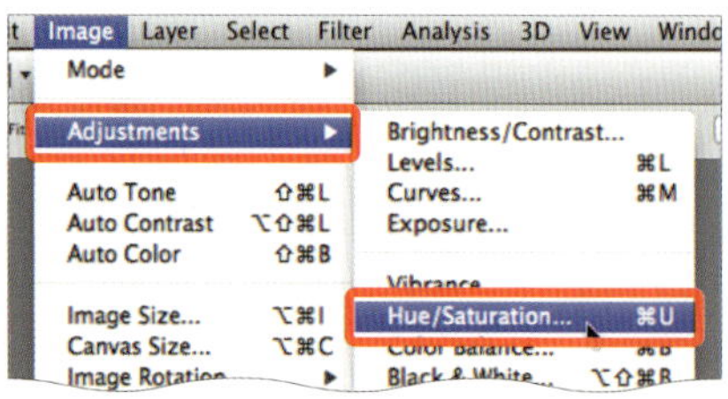

02 Saturation 슬라이더를 왼쪽 방향으로 끌어 당기면 흑백 사진이 된다.

03 만약 Colorize를 체크한다면 다양한 색조의 흑백 사진으로 만들 수 있다. Colorize를 사용할 때는 완전한 흑백 상태가 아닌, 어느 정도 Saturation이 적용된 상태에서 Hue를 움직여 여러 색조를 만들 수 있다. Colorize는 보통 세피아 톤의 사진을 만들 때 많이 사용한다.

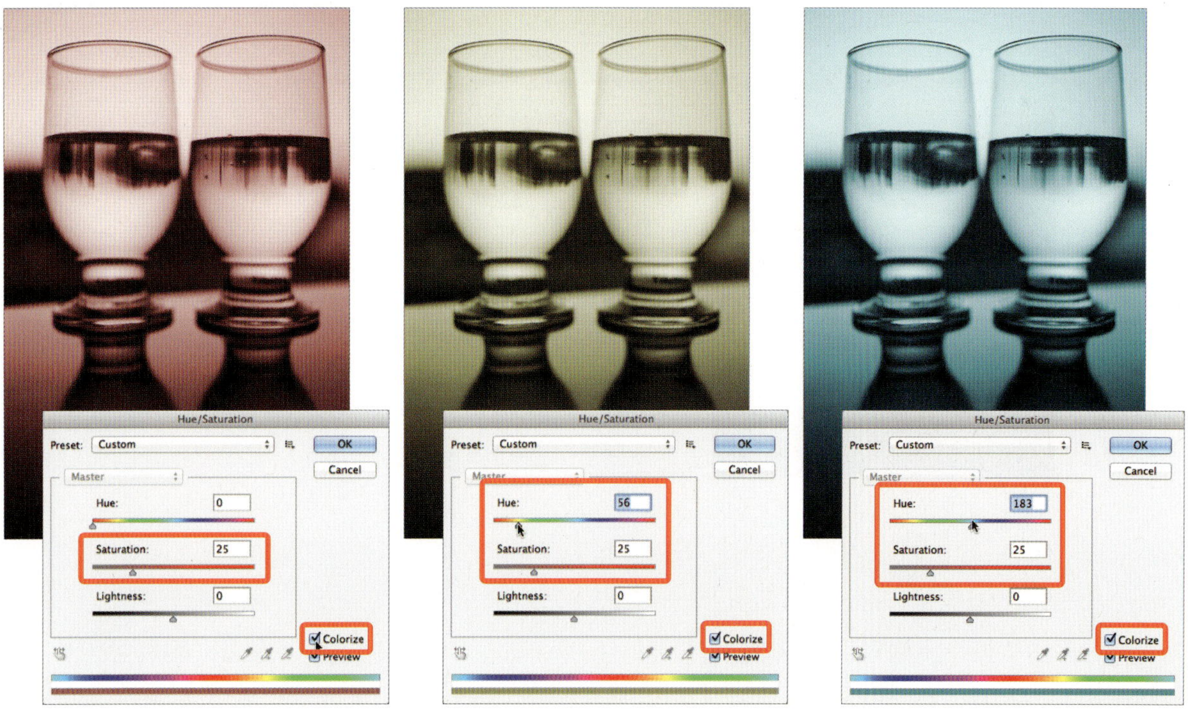

(Channel Mixer를 이용하여 원하는 톤의 흑백 사진 만들기)

• **예제 사진** : cd-part3 〉ch2-5 〉예제파일 〉01.jpg

01 [Hue/Saturation]이 사진을 단순히 흑백으로 바꾸는 데 그친다면 [Image]〉[Adjustments]〉[Channel Mixer] 메뉴로는 Red, Green, Blue 톤을 분석하여 자신이 원하는 톤의 흑백 사진을 만들 수 있다.

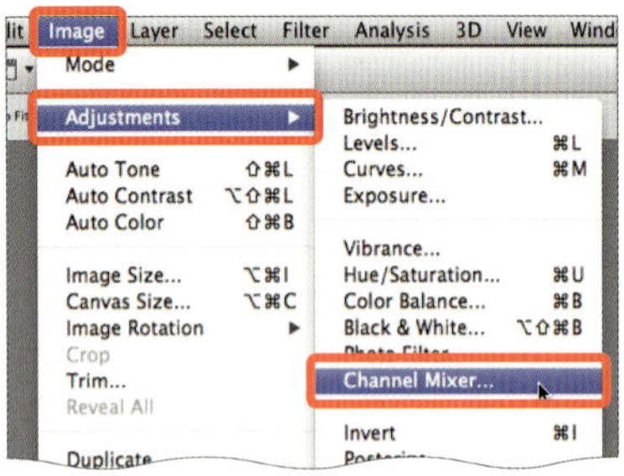

02 Channel Mixer를 실행한 후 Monochrome을 체크하면 사진이 흑백으로 변환되며 Red, Green, Blue의 슬라이더를 움직여 흑백 사진을 만들 수 있다. 주의해야 할 것은 Red+ Green+Blue의 합이 100을 넘지 않게 조작해야 이미지 손상이 적다는 점이다. 일정 수치를 넘기면 특정 톤의 콘트라스트가 급격히 상승하기도 하는데, 자신의 의도에 맞게 사용하면 된다.

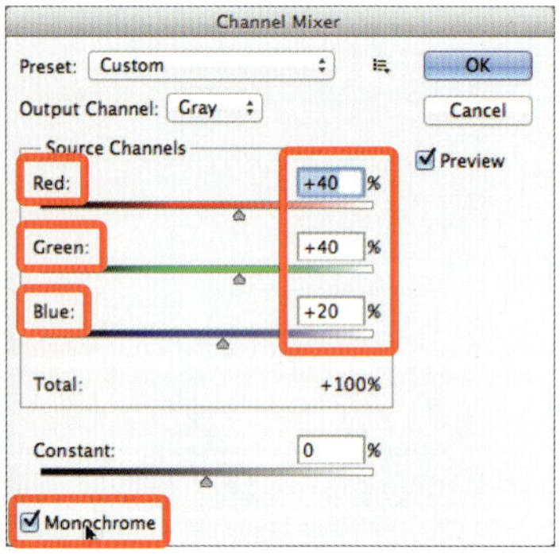

03 Channel Mixer에서는 쉽게 선택할 수 있는 다양한 Preset을 제공하므로 사진에 반영된 톤을 보면서 원하는 것을 선택할 수도 있다.

Black & White, 흑백 전환을 더 쉽게

• **예제 사진** : cd-part3 〉ch2-5 〉예제파일 〉02.jpg

01 간단하게 흑백 전환을 할 때 [Hue/Saturation]이나 [Channel Mixer]를 많이 사용하지만 흔히 사용하는 방법은 [Black & White]이다. [Image]〉[Adjustments]〉[Black & White](Alt + Shift + Ctrl + B) 메뉴를 실행한다.

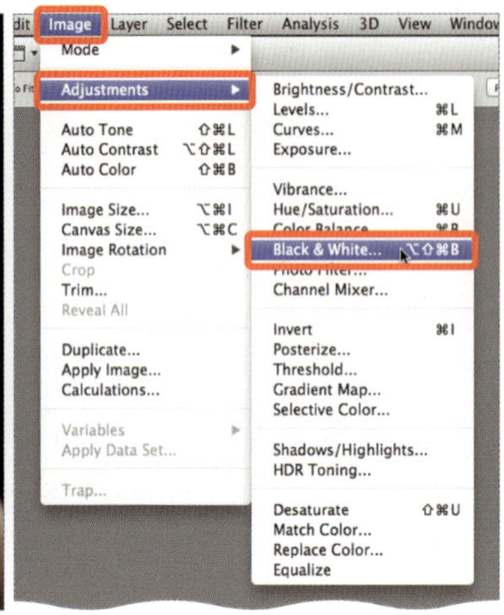

02 [Black & White]의 특징은 Red, Yellow, Green, Cyan, Blue, Magenta의 총 6개 슬라이더로 톤을 조절할 수 있다는 점이다. 각 컬러는 특정한 밝기를 가지는데 흑과 백으로 전환될 때 특정 컬러의 톤을 더 밝게 하고 싶다거나 어둡게 하고 싶을 때 [Black & White] 기능을 이용하면 편리하다.

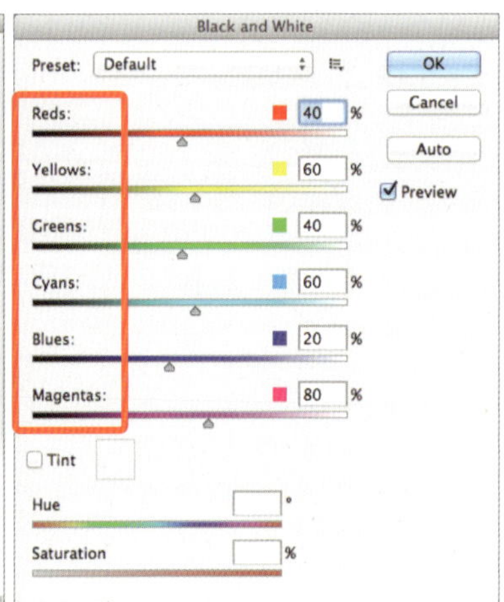

03 조작 방법도 간단하다. 사진의 특정 톤이 있는 위치에서 마우스를 오른쪽이나 왼쪽으로 드래그하면 특정 컬러의 슬라이더가 움직인다. 이 사진에서는 붉은색이 많이 포함된 손 위에서 마우스를 움직이자 Reds 슬라이더가 움직인 것을 알 수 있다.

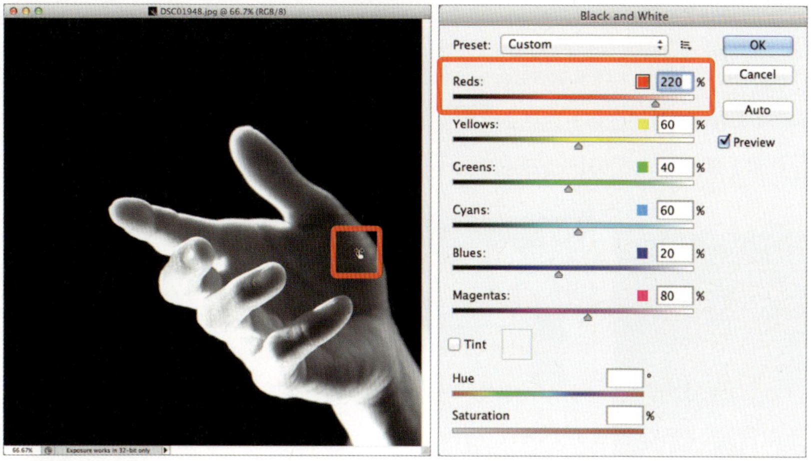

04 [Black & White] 역시 각종 Preset을 제공하기 때문에 초보자들은 Preset을 선택하는 것만으로 원하는 톤의 흑백 사진을 만들 수 있다.

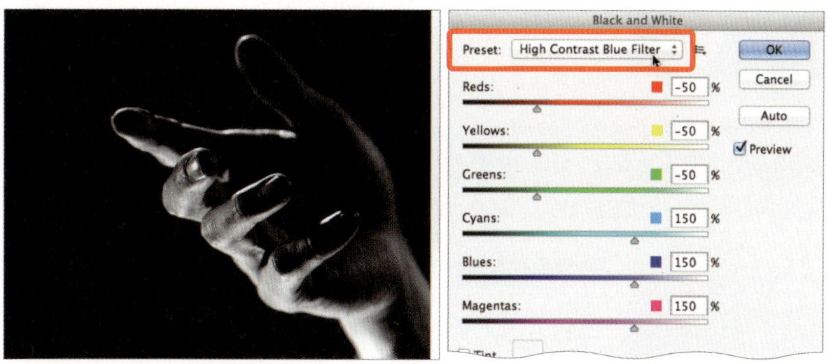

05 Tint에 체크하고 Hue와 Saturation 슬라이더를 조절해 흑백 사진을 여러 색조로 바꿀 수 있다.

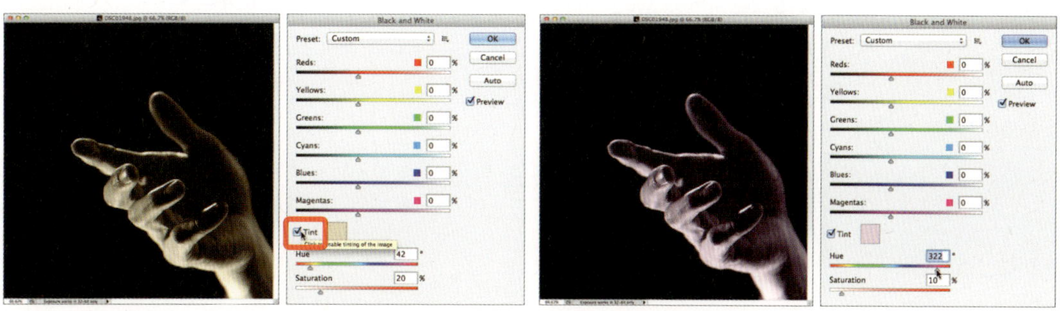

(흑백 사진을 더 강렬하게, High Pass 콘트라스트 기법)

• **예제 사진 :** cd-part3 〉 ch2-5 〉 예제파일 〉 02.jpg

01 밋밋한 흑백 사진의 중간 톤을 더 강렬하게 해서 입체감을 강조하는 기법이 바로 하이 패스 콘트라스트 기법이다. 우선 [Image]〉[Adjustments]〉[Black & White](Alt + Shift + Ctrl + B) 메뉴를 실행하여 예제 사진을 흑백으로 변환한 뒤 레이어를 복제(Ctrl + J)한다. 복제된 레이어에 [Filter]〉[Other]〉[High Pass]를 적용한다.

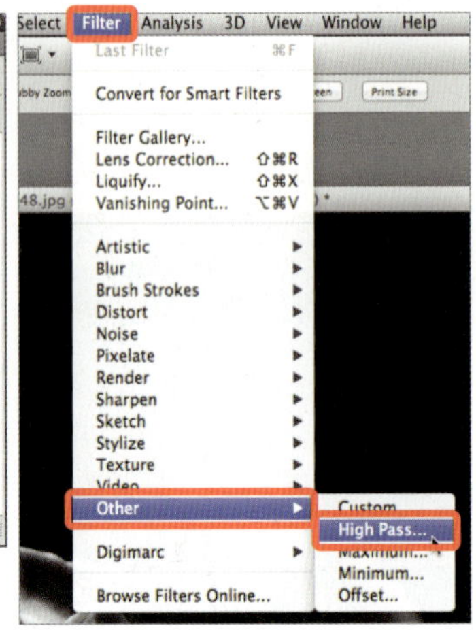

02 Radius 수치를 낮게 적용하면 강한 샤픈 효과가 나고 수치를 높게 적용하면 중간 톤의 경계가 뚜렷해진다. 이미지 크기에 따라 수치가 달라지므로 자신의 사진에 맞는 수치를 찾아본다. 필자는 보통 20~50 사이로 사용하는 편이다.

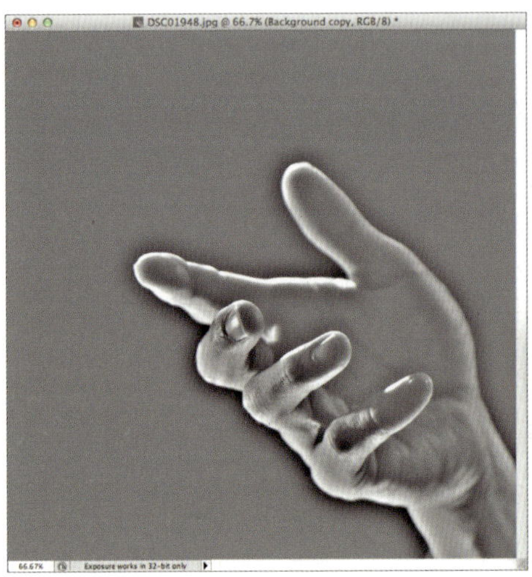

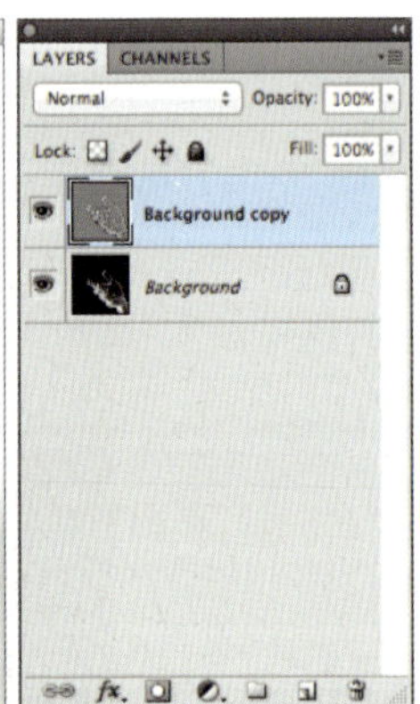

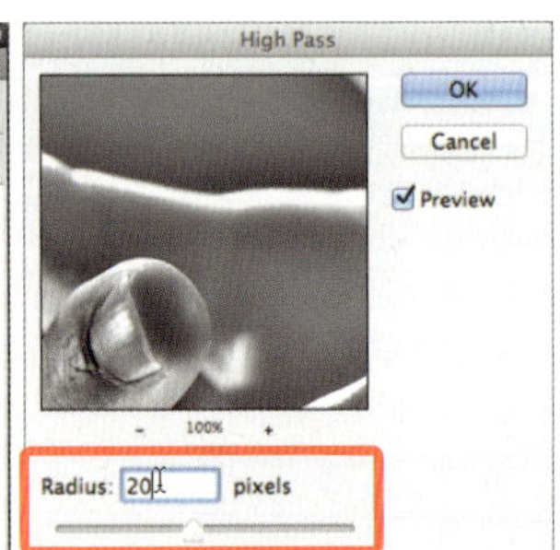

03 하이 패스가 적용되면 레이어 모드를 Overlay로 변경한다. 효과가 조금 과하다고 느껴지면 Opacity를 조절한다.

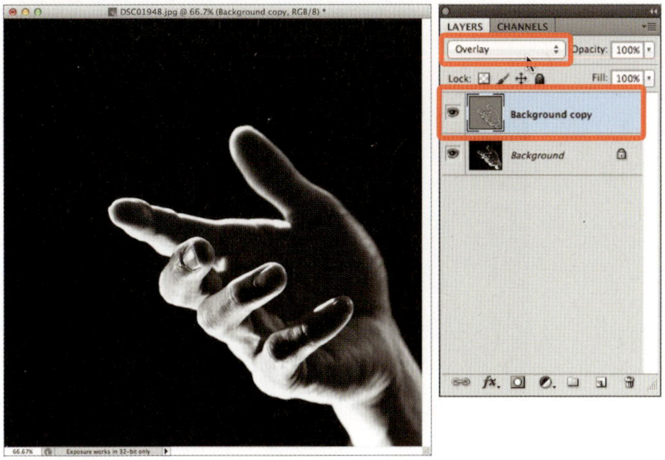

(HDR Toning으로 흑백 사진의 디테일 살리기)

밋밋한 흑백 사진을 다양한 방법으로 수정할 수 있게 하는 HDR Toning을 사용해보자. HDR Toning은 원래 HDR 사진을 수정할 때 사용하는 툴이지만 잘 응용하면 흑백 사진에서도 훌륭한 효과를 나타낸다.

• **예제 사진** : cd–part3 〉ch2–5 〉예제파일 〉03.jpg

01 [Image]〉[Adjustments]〉[Black & White](Alt+Shift+Ctrl+B) 메뉴를 실행하여 예제 사진을 흑백으로 변환한 뒤 [Image]〉[Adjustments]〉[HDR Toning] 메뉴를 실행한다.

02 [HDR Toning]에는 적용할 수치들이 너무 많아 처음 사용할 때 어렵게 느껴질 수도 있다. 그러나 자신의 사진에 맞는 스타일을 화면을 보면서 조작할 수 있고, 하나의 창 안에서 다양한 옵션을 설정할 수 있기 때문에 익숙해지면 이것만큼 편리한 방법도 없다.

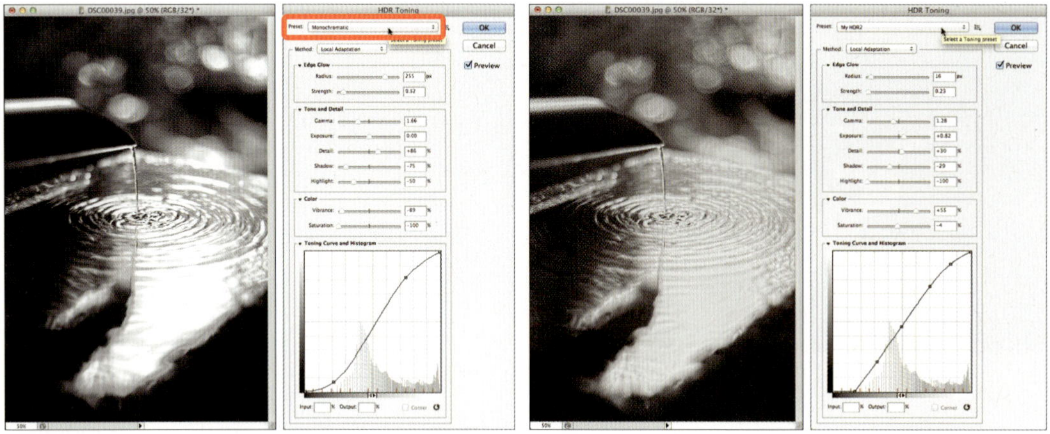

입체감 있는 흑백 사진, 듀오톤 만들기

하이라이트와 섀도우에 은은한 색조가 들어간 흑백 사진은 단순한 흑과 백으로 이루어진 사진보다 훨씬 더 깊이가 느껴진다. 이런 사진을 두 가지 색이 들어간 듀오톤 흑백 사진이라 한다.

• **예제 사진** : cd-part3 〉 ch2-5 〉 예제파일 〉 03.jpg

01 [Image]〉[Adjustments]〉[Black & White](Alt+Shift+Ctrl+B) 메뉴를 실행해 흑백으로 변환한 사진에서 Ctrl+Alt+2를 눌러 이미지의 밝기 정보를 선택한다. 선택된 밝기 정보를 레이어로 복제(Ctrl+J)한다.

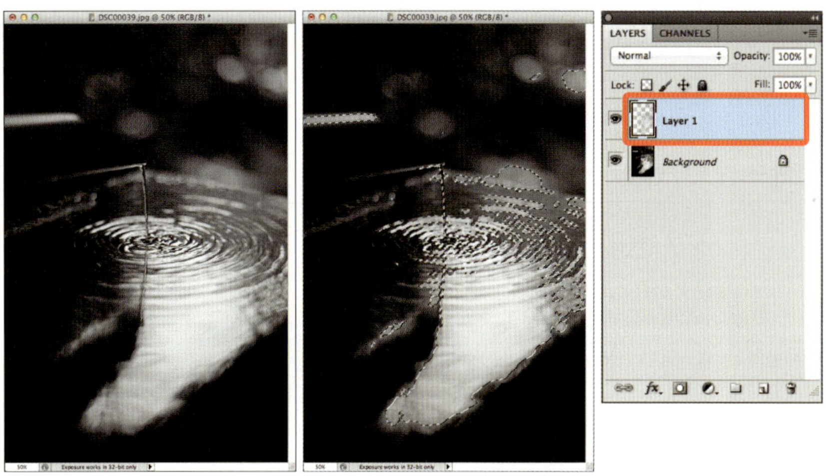

02 [Image]>[Adjustments]>[Color Balance](Ctrl + B)를 실행해 이미지의 밝은 부분에 Red와 Yellow를 더한 뒤 레이어를 합친다(Ctrl + E).

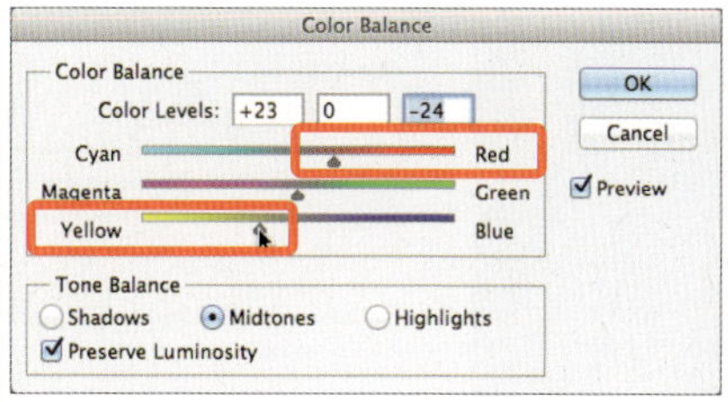

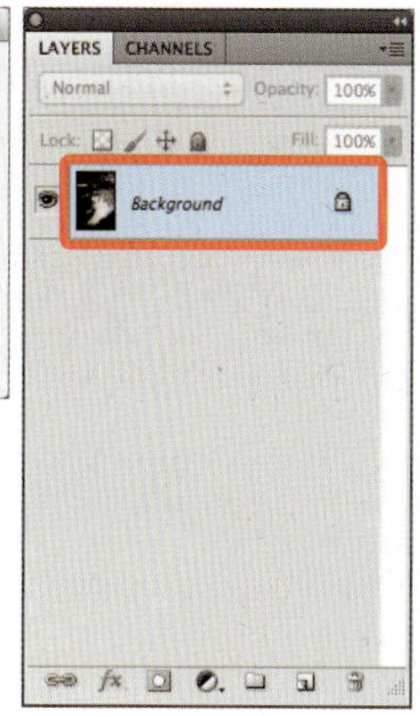

03 이번에는 이미지의 어두운 부분을 선택하기 위해 Ctrl + Alt + 2 를 누른 다음 선택 영역을 반전(Ctrl + Shift + I)시킨다. 역시 이미지의 어두운 부분을 레이어로 복제(Ctrl + J)한다.

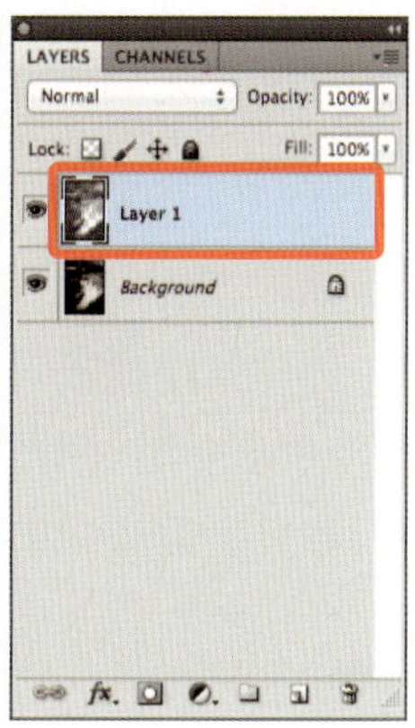

04 [Color Balance](Ctrl+B)를 실행해 이미지의 어두운 부분에 Cyan과 Yellow를 더한 뒤 레이어를 합친다(Ctrl+E).

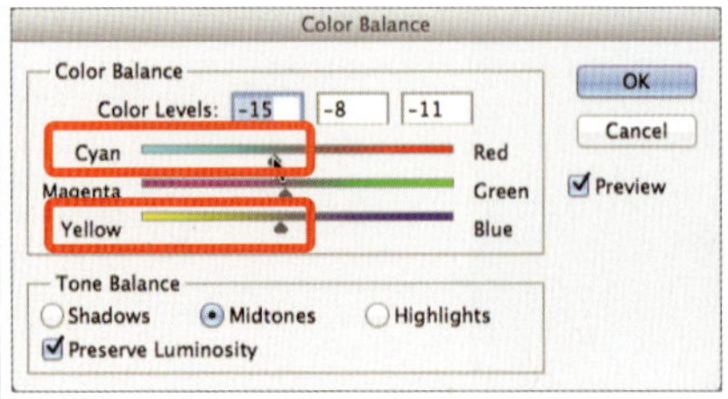

듀오톤 흑백 사진을 만들 때 색을 첨가하는 것에 대한 정확한 기준은 없지만 보통 밝은 부분과 어두운 부분에 상반된 색조를 섞어 미묘한 톤 변화를 만든다. 색을 어떻게 섞느냐에 따라 다양한 듀오톤 사진이 만들어지므로 자신만의 듀오톤을 만들어 보도록 하자.

(Overlay 레이어를 이용한 흑백 사진의 닷징과 버닝)

컬러 사진의 경우 색 정보가 다양해서 입체감이 느껴지지만 사진을 흑백으로 바꾸면 단순한 톤 변화로 인해 사진이 밋밋하게 느껴지는 경우가 있다. 이때 닷징과 버닝이라는 방법을 써서 이미지에 명암을 더할 수 있다. 닷징은 이미지의 특정 부분을 밝게 하는 것이고 버닝은 어둡게 하는 것이다.

• **예제 사진** : cd-part3 〉 ch2-5 〉 예제파일 〉 04.jpg

01 예제 파일을 열고 [Image]〉[Adjustments]〉[Black & White](Alt+Shift+Ctrl+B)를 실행해 흑백으로 변환한다. 닷징과 버닝 작업을 하기 위해서 레이어 팔레트에서 Alt를 누른 채 Create a new layer를 클릭해 [New Layer] 대화상자를 띄운다.

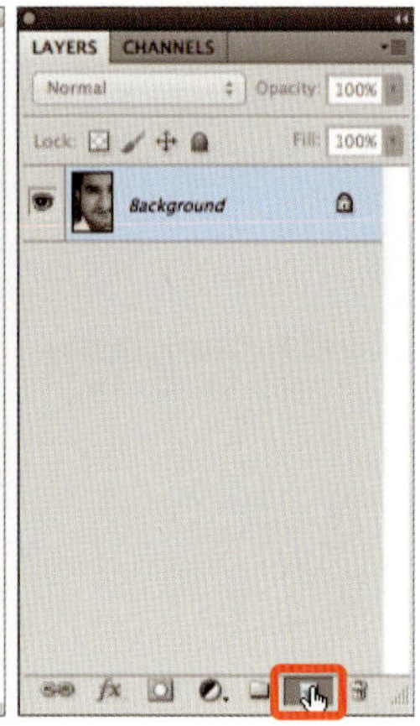

02 [New Layer] 대화상자가 뜨면 Name에 Dodge&Burn을 입력하고 Mode는 Overlay를 선택한다. Fill with Overlay–neutral color (50% gray)에 체크한다.

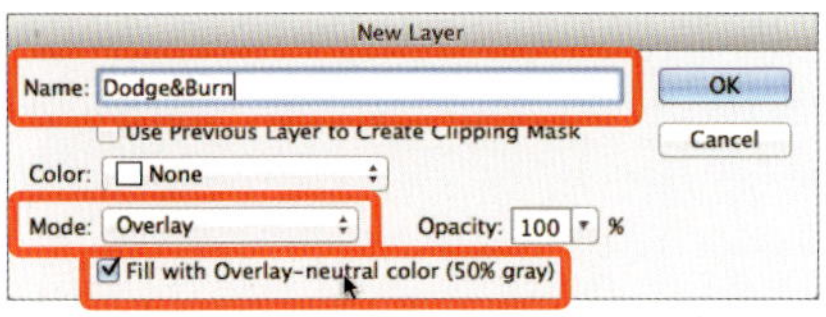

03 Overlay 레이어를 이용한 닷징/버닝 작업에서 사용되는 도구는 Brush Tool(B)이다. 전경색이 흰색일 때는 닷징 작업, 전경색이 검은색일 때는 버닝 작업을 할 수 있으므로 X를 눌러 전경색과 배경색을 바꿔 가며 작업한다.

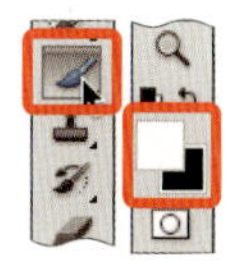

04 옵션 바에서 브러시의 Opacity를 15% 정도로 약하게 설정한다. 그래야 자연스러운 효과를 얻을 수 있다. 이미지에서 밝은 부분을 흰색 브러시로 부드럽게 칠해 닷징 효과를 낸다.

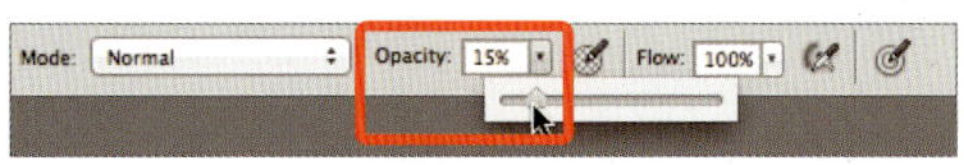

닷징 전 이미지

닷징 후 이미지

01 이번에는 전경색을 검은색으로 바꾸고 브러시로 어두운 부분을 칠해 버닝 효과를 낸다.

버닝 전 이미지

버닝 후 이미지

02 닷징/버닝 작업을 한 뒤에는 레이어 팔레트의 Opacity를 조절해 자연스러운 효과를 얻는 것이 중요하다.

수정할 때 항상 염두에 두어야 할 것은 원래 촬영된 사진이 그랬던 것처럼 자연스럽게 수정하는 것이다. 이 사진은 단순히 흑백 전환한 사진보다 훨씬 더 톤의 깊이가 있는 사진이 되었다. 그러나 원본의 느낌을 크게 훼손하지 않는 방향으로 수정했기 때문에 그리 표가 나지 않을 수도 있다. 작업을 어느 정도까지 진행할지는 각자의 몫이지만 조미료가 덜 첨가된 음식이 자극적이지 않고 깊은 맛이 우러난다는 사실을 기억하라.

Before

After

흑백 사진 작업의 프로세스 익히기

보정 작업을 할 때 결과물을 만들어내는 흐름은 매우 중요하다. 여러 수정 방법을 익히고 그것들을 적절하게 사용할 때 좋은 결과물이 나온다. 필자는 보통 '흑백 전환〉닷징과 버닝〉톤 작업〉샤프닝' 정도의 순서로 작업을 진행한다. 이 순서가 정석은 아니지만 결과물을 도출하는 과정을 생각해보면 '대상 관찰하기〉촬영하기'의 과정과 '이미지 관찰하기〉해석하기'의 과정이 흡사하다는 것을 알 수 있다. 어떤 방법으로 수정을 거치는지 살펴보고 자신만의 프로세스를 만들어보자.

• **예제 사진** : cd-part3 〉 ch2-5 〉 예제파일 〉 05.jpg • **완성 사진** : cd-part3 〉 ch2-5 〉 완성파일 〉 05-완성.jpg

01 금방이라도 집어 삼킬 듯한 푸른 파도와 흐린 날의 모습이 굉장히 강렬하게 느껴지는 사진이다. 이 사진을 부드럽고 뽀송한 느낌의 흑백 사진으로 수정한다면 그 느낌을 살리지 못한 것이다. 사진에서 느껴지는 강렬함을 부각시키는 방향으로 수정해보자. 레이어 팔레트에서 Create new fill or adjustment layer 를 클릭해 Black & White 레이어를 추가한다.

02 흑백으로 바뀐 사진을 관찰하고 사진에서 살리고 싶은 주제에 맞게 톤을 조절한다. ADJUSTMENTS 팔레트의 왼쪽 상단에 있는 아이콘을 클릭한다.

03 사진에서 마우스를 드래그하며 톤을 조절한다.

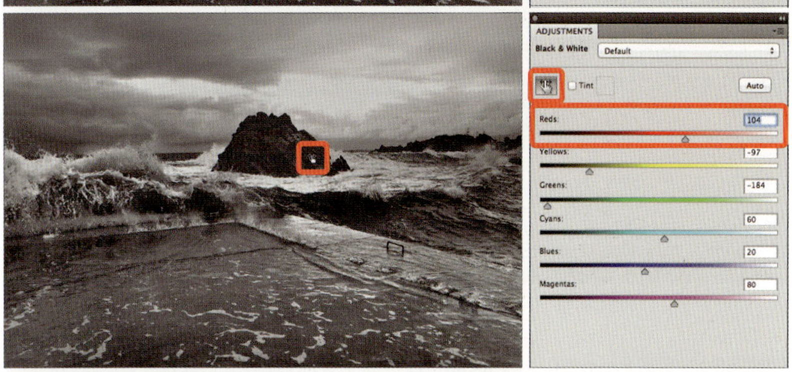

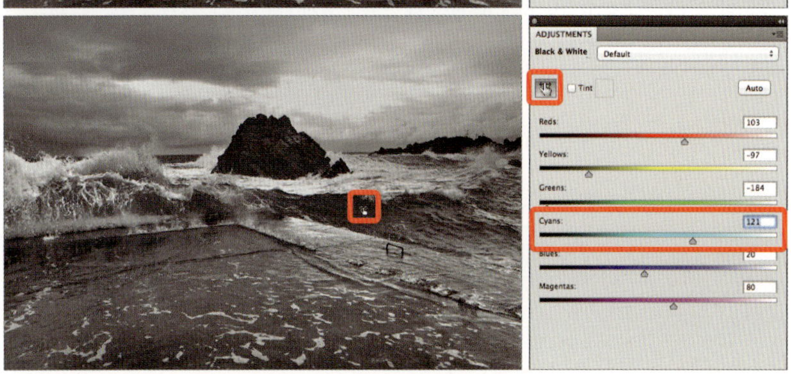

04 Black & White 레이어에서 기본적인 조절이 끝났다면 Curves 레이어를 추가해 버닝 작업을 진행한다.

05 어둡게 하고자 하는 톤에 맞춰 커브를 조정한다.

06 커브로 어둡게 만든 효과를 없애기 위해 Paint Bucket Tool(G)을 선택한 뒤 X 를 눌러 전경색을 검은색으로 선택한다.

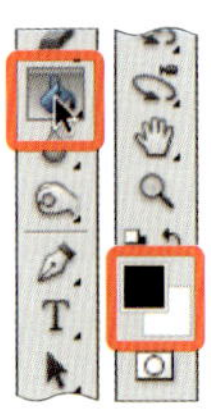

07 사진을 클릭해 마스크를 검은색으로 만들어 효과를 없앤다.

08 Brush Tool(B)을 선택하고 [X]를 눌러 전경색을 흰색으로 선택한다.

09 사진에서 어둡게 하고 싶은 부분을 브러시로 칠해 버닝 작업을 진행한다.

10 이번에는 닷징 작업을 하기 위해서 Curves 레이어를 추가한다.

11 커브를 밝게 한 뒤 전경색을 검은색으로 바꾼다(X). Paint Bucket Tool(G)로 사진을 클릭해 마스크를 검은색으로 만든다.

12 다시 전경색을 흰색으로 바꾸고(X) Brush Tool(B)을 선택해 닷징 작업을 진행한다.

13 Alt 를 누른 채 레이어 팔레트의 옵션에서 Merge Visible을 실행하면 현재까지 적용된 모든 효과가 병합된 레이어가 만들어진다.

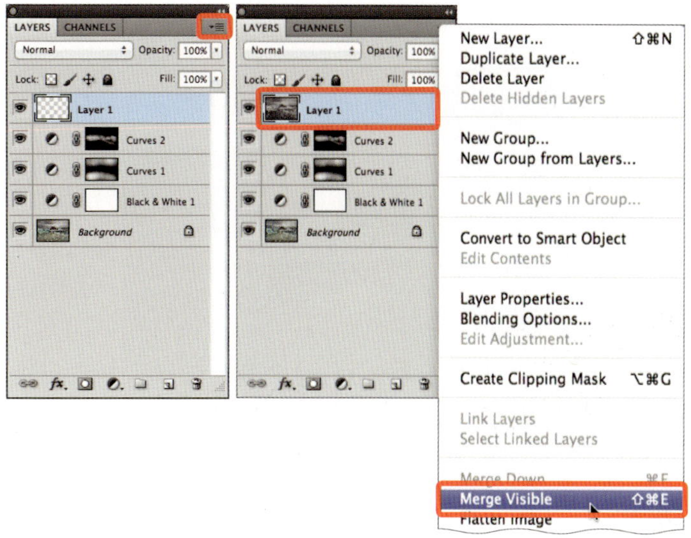

14 레이어의 블렌딩 모드를 Overlay로 변경한다.

15 [Filter]〉[Other]〉[High Pass] 메뉴를 선택하여 [High Pass] 대화상자를 띄운다. Radius를 43 정도 지정해 High Pass 콘트라스트를 적용한다.

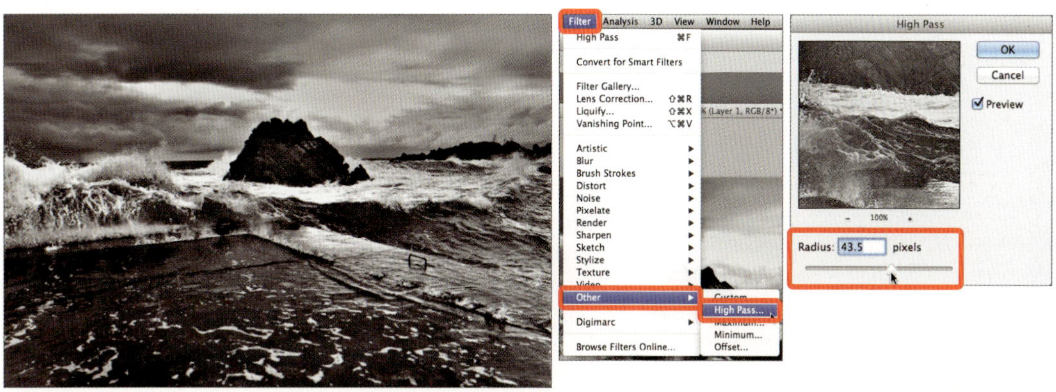

16 Alt 를 누른 채 Add layer mask 를 클릭해 레이어 마스크를 검은색으로 만들어서 효과를 없앤다.

17 전경색을 흰색으로 선택하고(X) Brush Tool(B)로 좀 더 입체적으로 보이고 싶은 부분을 강조한다.

18 전체적인 보정을 하기 위해 [Image]>[Adjustments]>[HDR Toning] 메뉴를 실행한다. "HDR Toning을 진행하려면 모든 레이어를 합쳐야 한다"는 내용의 메시지 창이 뜨면 Yes를 선택한다.

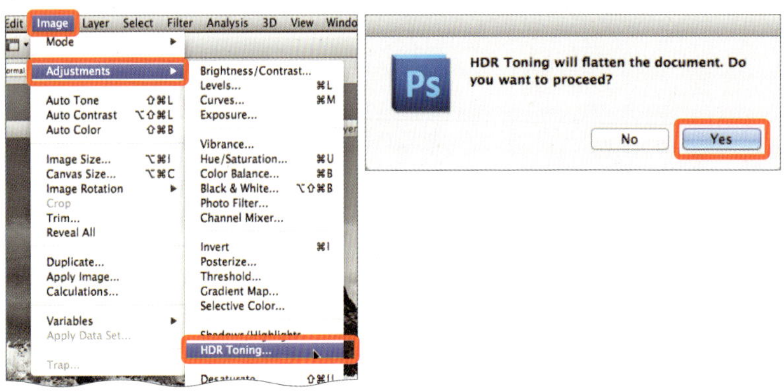

19 [HDR Toning]의 각 슬라이더를 조정해 자신이 원하는 톤으로 수정한다.

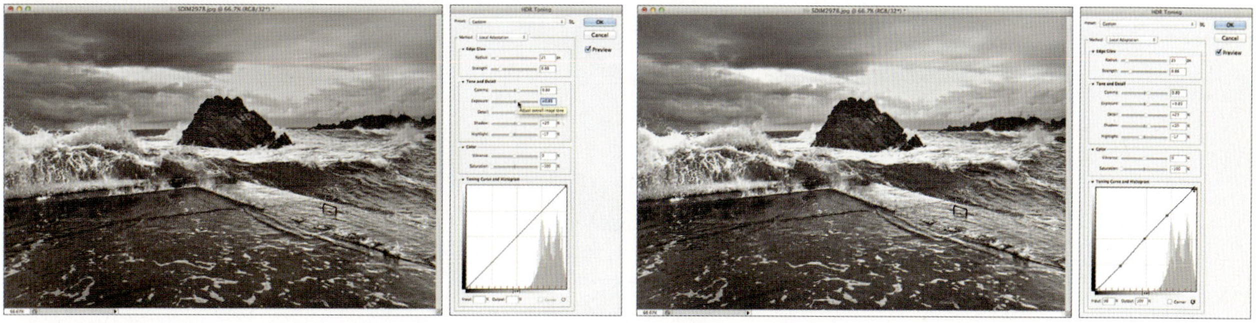

20 아래 오른쪽 사진은 컬러 사진에서 느꼈던 강렬한 느낌을 흑백 사진의 다양한 수정법을 이용해 작업한 결과물이다. 이 사진에서는 'Black & White를 이용한 흑백 변환〉커브 레이어를 이용한 닷징과 버닝 작업〉High Pass 콘트라스트를 이용한 입체감 살리기〉HDR Toning를 이용한 미세한 톤 디테일 작업'의 순서로 진행되었다.

밋밋한 왼쪽 사진이었다면 강렬한 느낌이 잘 살지 않았을 것이다. 항상 풍경에서 느낀 것을 해석하여 사진 속에 반영하는 것이 중요하다.

Before

After

(Part)

04

리터칭/시크릿

촬영 정보

소니 A900 _
50mm 렌즈 _
조리개 10 _
셔터 속도 1/100초 _
ISO 200 _

촬영 & 보정 포인트

봄꽃이 흐드러지게 피던 경남 하동에서 촬영한 사진으로, 아침 햇살이 벚꽃을 비추어 더 따뜻한 느낌이 들 때 촬영했다. 벚꽃에 노출을 맞추다보니 멀리 산 쪽의 노출이 약간 밝게 촬영되어 Camera Raw에서 Highlight 슬라이더로 하이라이트 노출을 조정했고 Vibrance 슬라이더를 이용해 원색의 생생함을 더 강조했다.

(Chapter) 01 인물 사진 성형 기법

사진을 받아보는 사람은 사진 전체보다 눈에 띄는 한두 곳의 결점 때문에 실망하는 경우가 많다. 그래서 인물 사진을 수정할 때는 사진에 찍힌 사람의 마음이 되어서 수정하는 것이 좋다. 너무 과도하게 수정해서 전혀 다른 사람이 되거나 어색하게 수정하여 원본보다 못한 결과를 낼 수 있기 때문에 인물 사진 수정은 항상 '잘' 해야 한다. 잘 한다는 것은 표가 나지 않게 수정하는 것, 즉 받는 사람이 원래 그런 아름다움을 지니고 있었던 것처럼 느끼도록 일종의 눈속임을 하는 일이다. 혹자는 사진이 있는 그대로 찍힌다고 생각하지만 잘못된 노출이나 빛 방향, 이상한 포즈 때문에 그 인물의 아름다움이 퇴색하는 경우도 충분히 있다.

이번 챕터에서 다룰 내용에는 인물 사진 수정 방법만 있는 것이 아니다. 포토샵에서 인물 사진을 수정할 때는 여러 툴을 동시에 사용하게 되는데 그 툴들의 사용법을 익히고 자신의 사진에 이용할 수 있는 방안을 공부해보자. 툴들은 유기적으로 연동되므로 인물 사진에서 나타날 수 있는 여러 상황 예제를 준비했다.

스튜디오처럼 흰색 배경 늘리기

• **예제 사진** : cd-part4 〉ch1 〉예제파일 〉01.jpg

01 촬영이 항상 스튜디오에서만 진행되는 것은 아니다. 흰 배경지와 스트로보 조명만 있어도 스튜디오 못지 않은 세트를 만들 수 있다.

02 흰색 배경지의 너비가 넉넉하지 않아 인물을 중앙에 두고 촬영했다. 이런 경우 주변부를 늘려주는 작업이 필요하다. Zoom Tool(Z)을 사용하여 화면 사이즈를 약간 줄이면 훨씬 수월하게 작업할 수 있다.

03 툴 박스에서 사각형의 Marquee Tool(M)을 선택한다. 왼쪽의 지저분한 배경과 흰색 배경을 어느 정도 같이 선택한다. 선택된 배경을 레이어로 복제(Ctrl + J)한다.

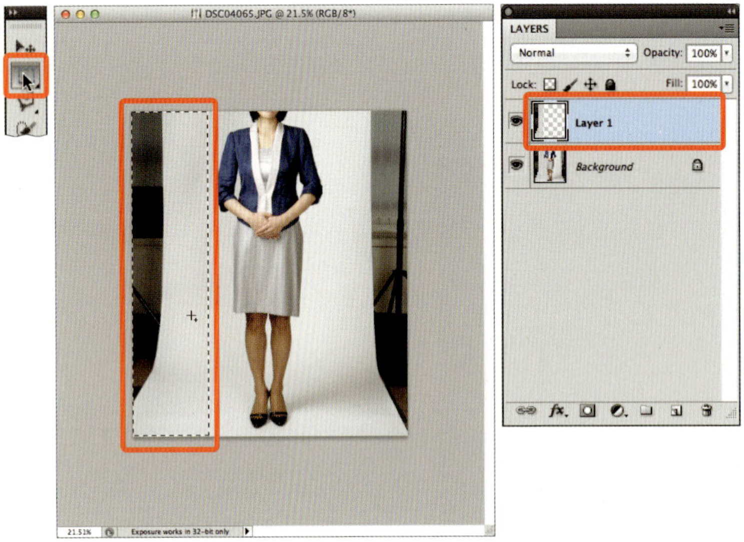

04 [Edit]>[Free Transform](Ctrl + T) 메뉴를 선택하여 자유 변형 상자를 띄운다. 자유 변형 상자를 왼쪽 방향으로 드래그하여 배경을 자연스럽게 늘여준 다음 Enter 키를 누른다. 그리고 레이어를 합친다(Ctrl + E).

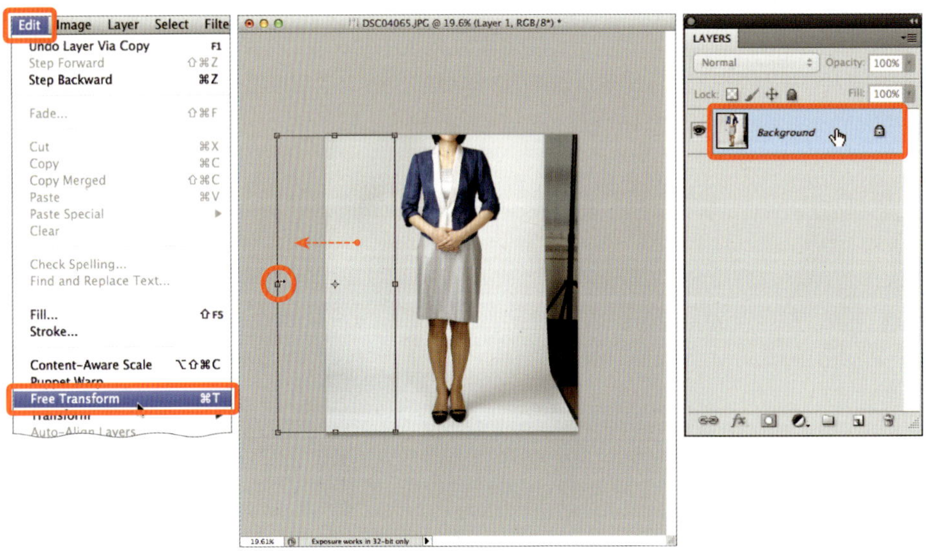

05 같은 방법으로 오른쪽 배경을 선택하고 늘려준다.

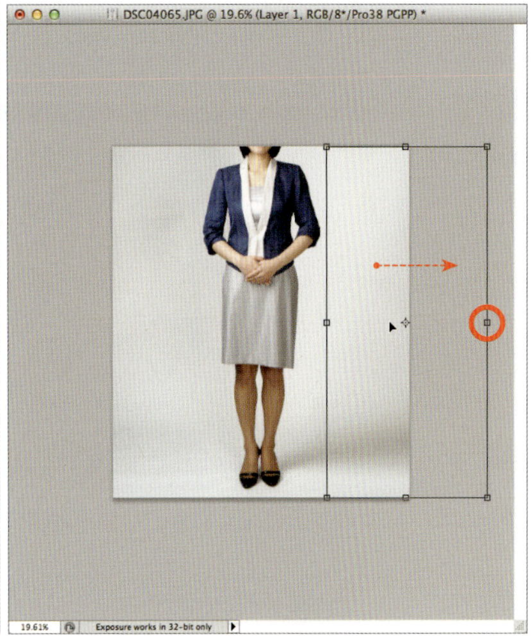

Before

After

(날씬한 롱다리로 늘리기)

• **예제 사진** : cd-part4 〉ch1 〉예제파일 〉02.jpg • **완성 사진** : cd-part4 〉ch1 〉완성파일 〉02-완성.jpg

01 다리를 늘리는 작업을 할 때는 허벅지와 종아리를 동시에 늘려줘야 자연스럽게 보인다.

02 먼저 [Image]〉[Canvas Size] Alt + Ctrl + C 메뉴를 실행한다. [Can-vas Size] 대화상자가 뜨면 Anchor를 상단 가운데로 선택하고 Height를 20 정도 적용하여 캔버스의 아랫부분을 늘린다.

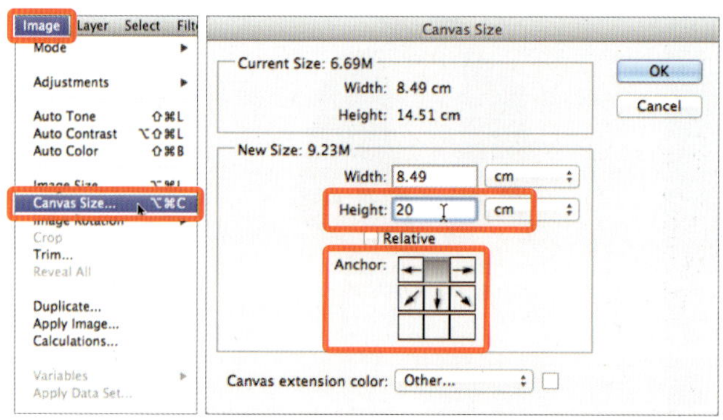

03 선택 작업을 하기 위해 사각형의 Marquee Tool(M)을 사용한다. 먼저 종아리의 중간 아랫부분을 선택한 다음 레이어로 복제(Ctrl + J)한다.

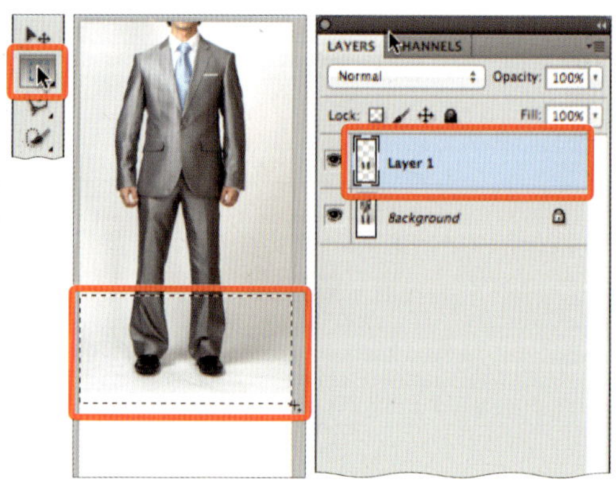

04 [Edit]〉[Free Transform](Ctrl+T) 메뉴를 선택한다. 자유 변형 상자가 뜨면 아랫쪽으로 드래그하여 종아리를 늘린 뒤 레이어를 합친다(Ctrl+E).

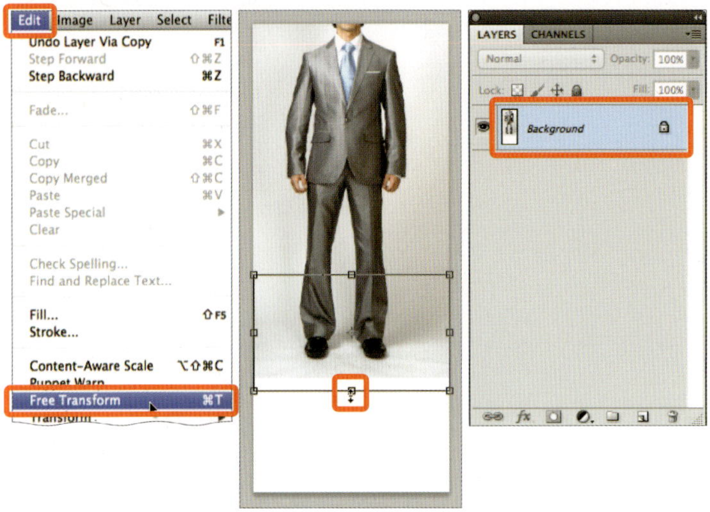

05 이번에는 허벅지 부분까지 선택하고 늘려준 뒤 레이어를 합친다.

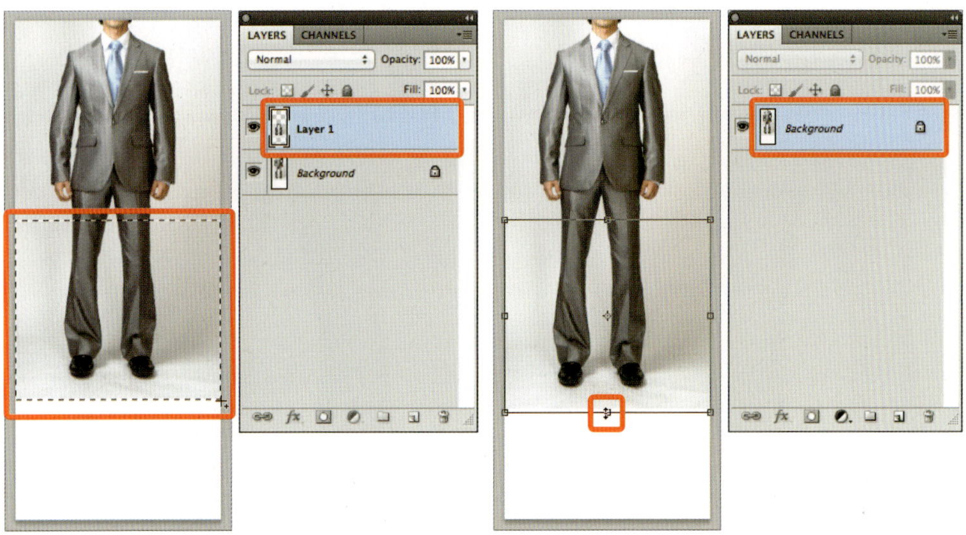

06 Crop Tool(C)을 선택한 다음 캔버스의 대각선 방향으로 드래그한다. 모서리 부분을 드래그하여 알맞은 크기로 조정한 다음 Enter 를 눌러 불필요한 부분을 잘라준다.

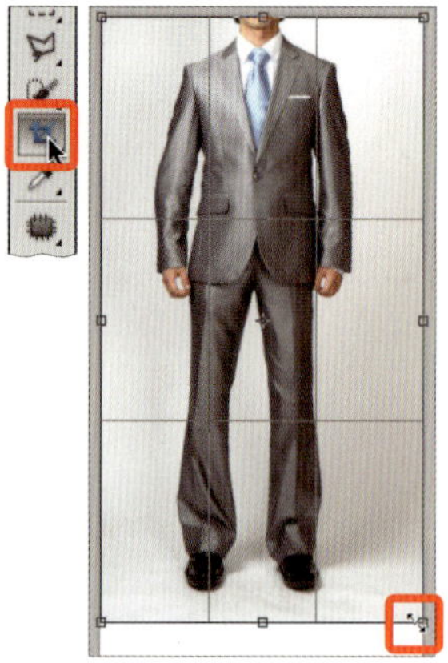

Before

After

(입술 라인 교정하기)

• **예제 사진** : cd-part4 > ch1 > 예제파일 > 03.jpg • **완성 사진** : cd-part4 > ch1 > 완성파일 > 03-완성.jpg

01 미소를 지으면서 이가 살짝 드러났다. 입술을 다문 모습이 훨씬 더 잘 어울릴 것이다.

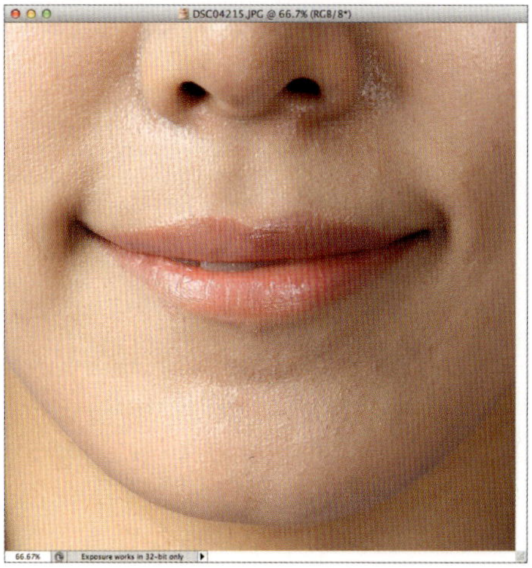

02 이런 작은 부분을 정교하게 선택하기에는 Pen Tool(P)이 적당하다. 펜 툴을 사용할 때는 점을 찍으면서 원하는 부분을 선택해야 한다. 입술 부분을 복제해 사용할 것이므로 이는 선택하지 않았다. 펜 툴을 사용할 때는 첫 번째 점과 마지막 점이 일치해야 한다. 일치하는 순간 실선으로 변하는데 이것은 잘 선택되었다는 의미다.

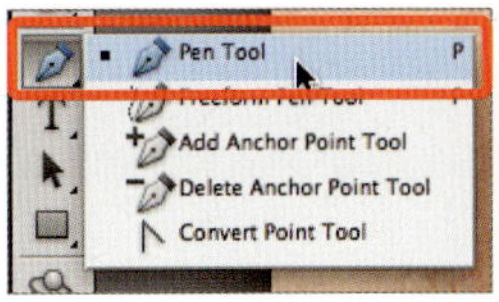

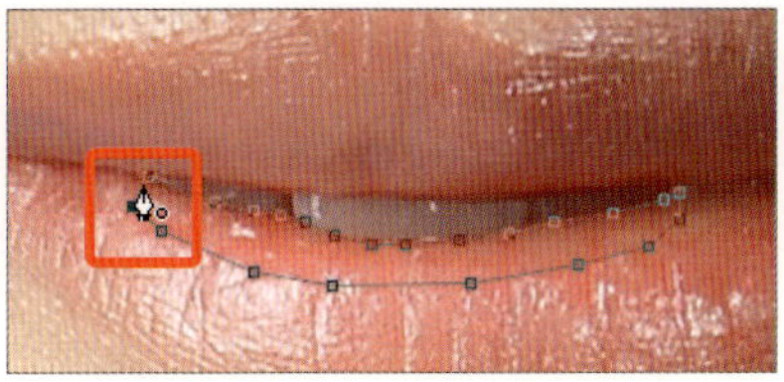

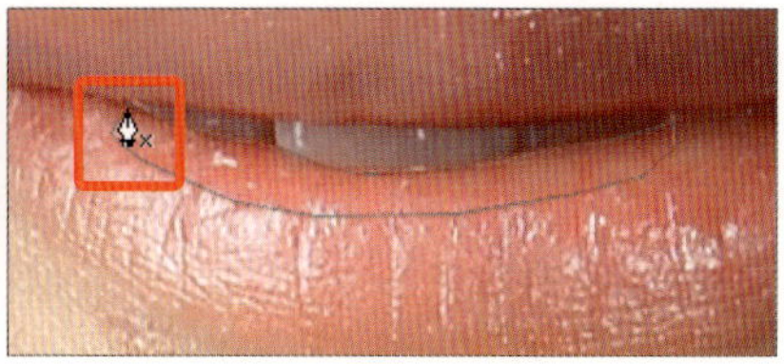

03 마우스 오른쪽 버튼을 눌러 Make Selection을 선택하면 선택 영역으로 활성화된다. [Make Selection] 대화상자에서 Feather Radius를 0.5 정도로 부드럽게 지정해 준다.

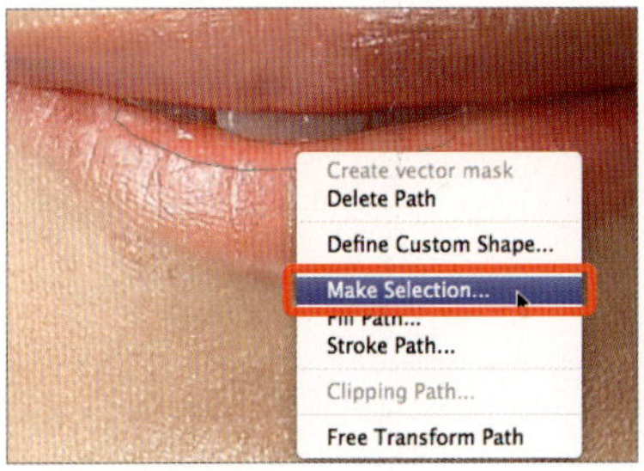

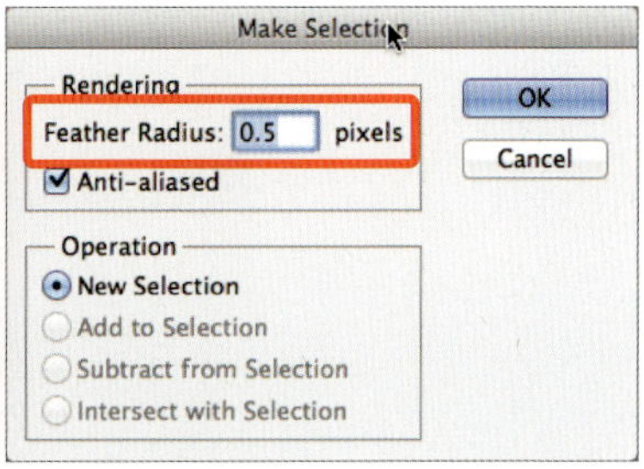

04 선택 영역을 레이어로 복제(Ctrl+J)한다.

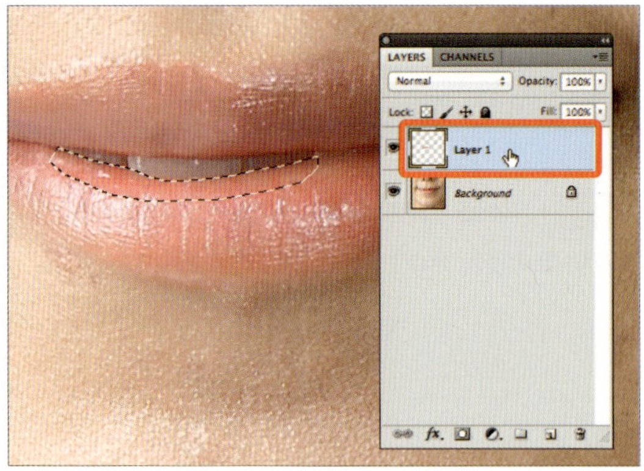

05 [Edit]〉[Free Transform](Ctrl+T) 메뉴를 실행한 뒤, 상단의 옵션 바에서 Warp 모드 아이콘을 누른다. Free Transform의 Warp 모드는 휘어짐 교정도 가능하다.

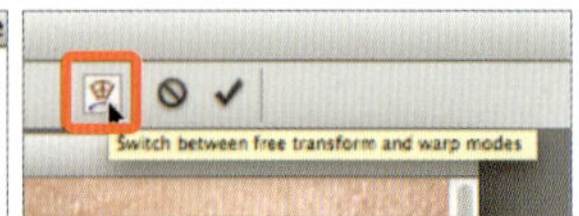

06 치아를 덮을 수 있도록 각 점을 움직인 다음 Enter를 누른다.

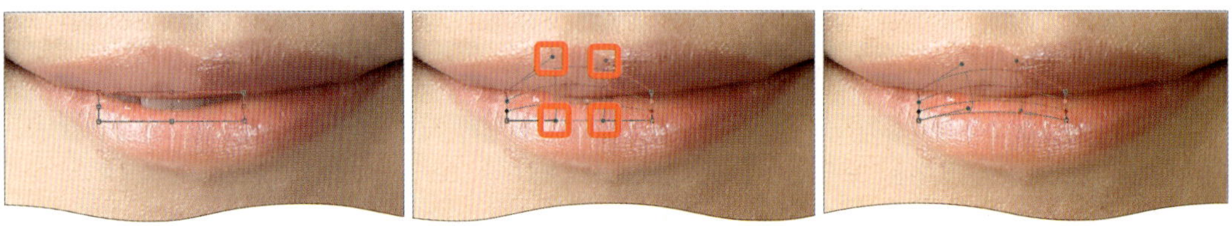

07 복제된 입술이 치아를 적당히 덮었다.

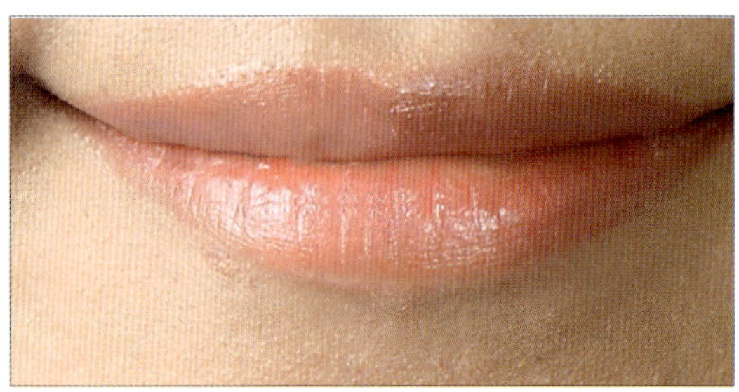

08 레이어 팔레트에서 Add layer mask 를 눌러 마스크를 추가한다. X 를 이용해 전경색을 검은색으로 만들고 Brush Tool(B)을 선택하여 어색한 부분을 지워준다.

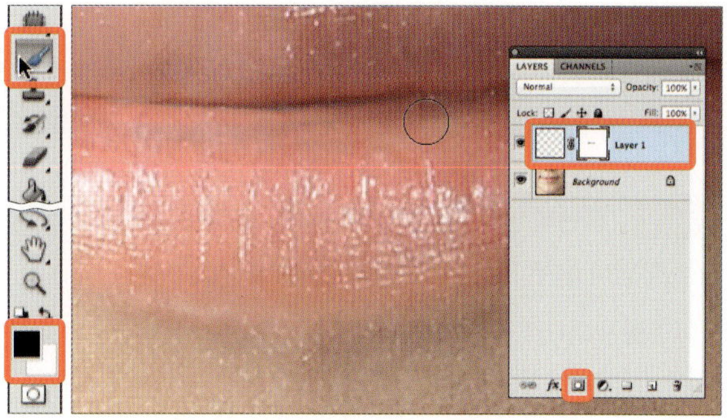

09 레이어 팔레트의 Create a new layer 를 클릭해 빈 레이어를 추가하고 Stamp Tool(S)을 선택한다. 상단의 블러시 옵션 바에서 Mode는 Lighten, Opacity는 10~15% 정도로 지정하고 All Layers를 선택한다. Alt 를 눌러 주변부를 복제한 뒤 어색한 입술 부분을 클릭하면 깔끔하게 수정된다.

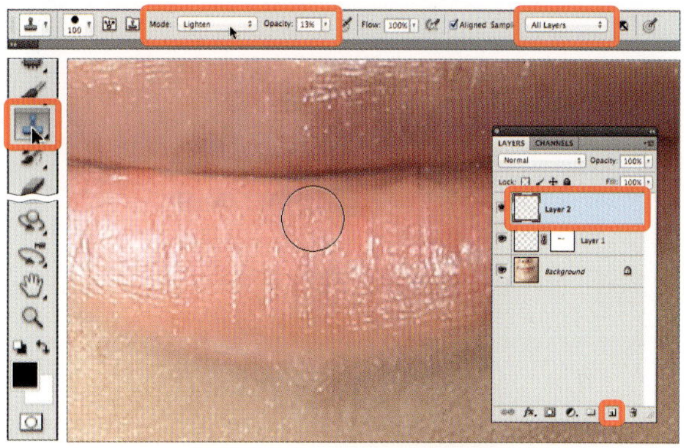

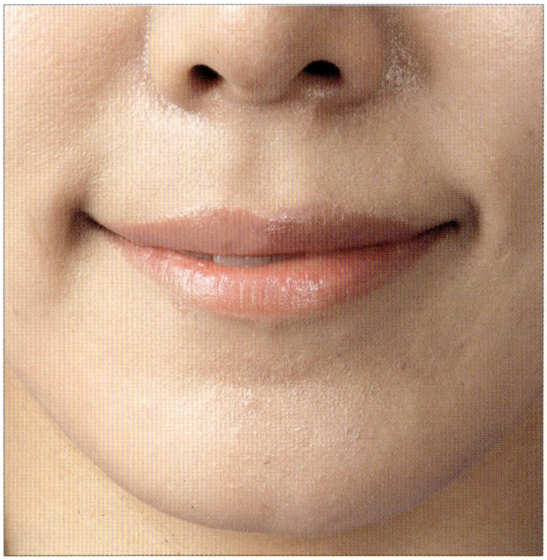

Before

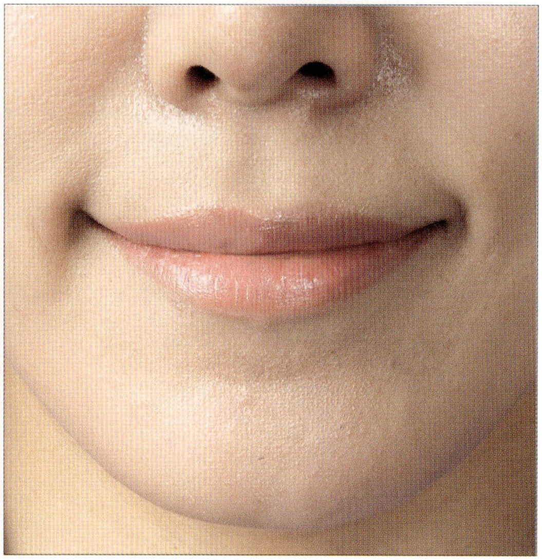

After

늘어진 목 주름 없애기

• **예제 사진** : cd-part4 〉ch1 〉예제파일 〉04.jpg   • **완성 사진** : cd-part4 〉ch1 〉완성파일 〉04-완성.jpg

01 중년의 남자들을 촬영하다 보면 와이셔츠 사이로 힘 없이 삐져나온 목 부분의 주름이 거슬린다. 스탬프나 힐링 브러시로 작업하기는 까다로운 편이다.

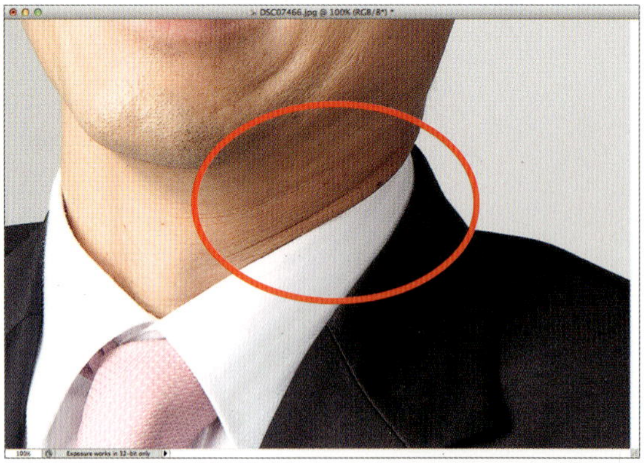

02 먼저 레이어를 복제(Ctrl+J)하고 블렌딩 모드를 Lighten으로 바꾼다.

03 Move Tool(V)로 복제 레이어를 이동하면 주름이 감춰지는 부분이 있다. Lighten 모드로 변경된 상위의 레이어가 아래의 어두운 주름 부분을 살짝 덮게 하는 것이다.

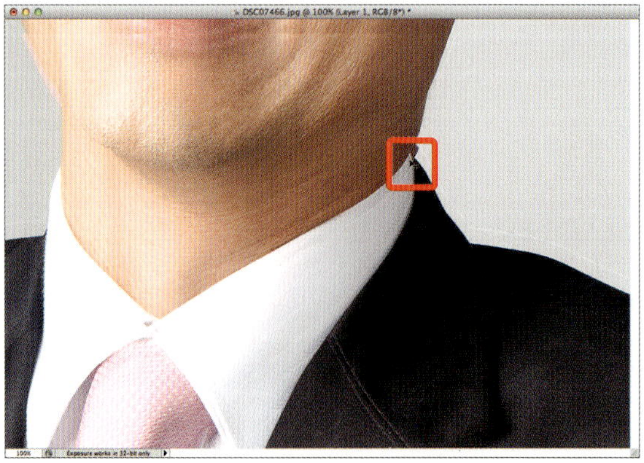

04 적당히 이동되었다 싶으면 Alt 를 누른 채 Add layer mask 를 눌러 효과를 감춘다.

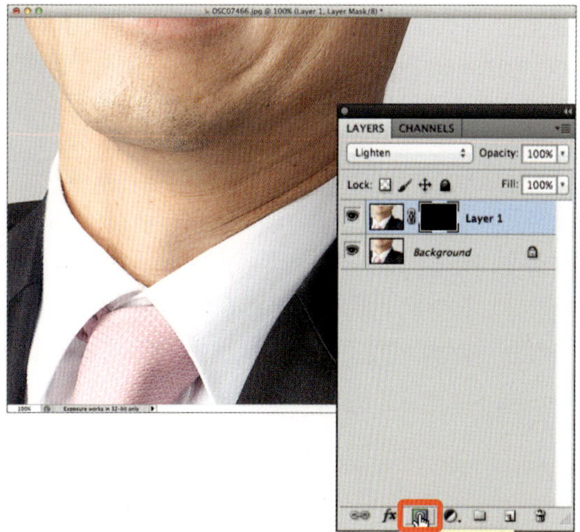

05 X 를 눌러 전경색을 흰색으로 바꾸고 Brush Tool(B)을 선택한다. 옵션 바에서 브러시의 Opacity를 20% 정도로 조정한 다음 주름 부분을 살짝살짝 터치한다. 레이어의 눈 아이콘을 껐다 켰다 하면서 수정 전과 후를 비교해본다.

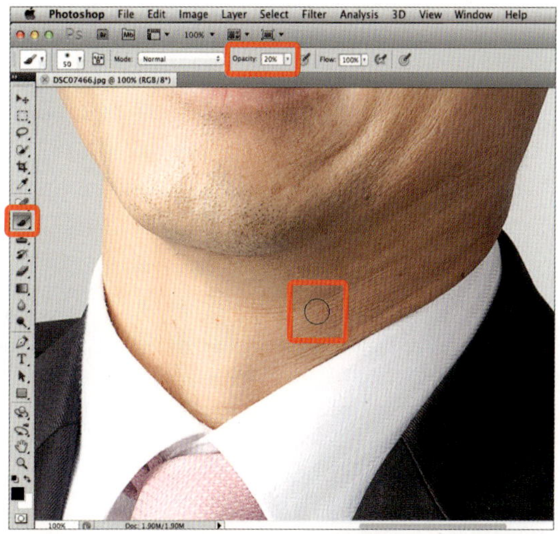

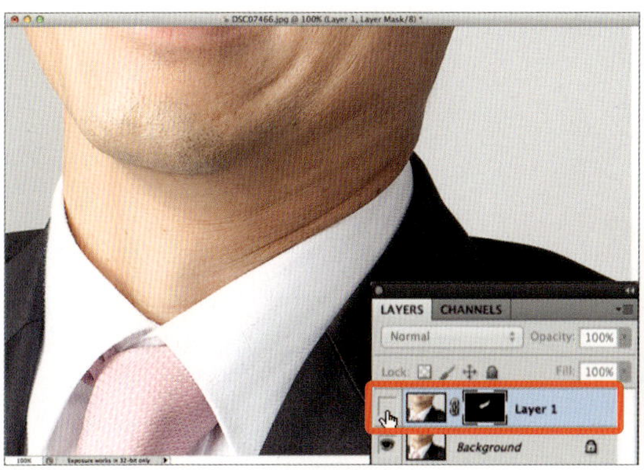

수정 전 이미지

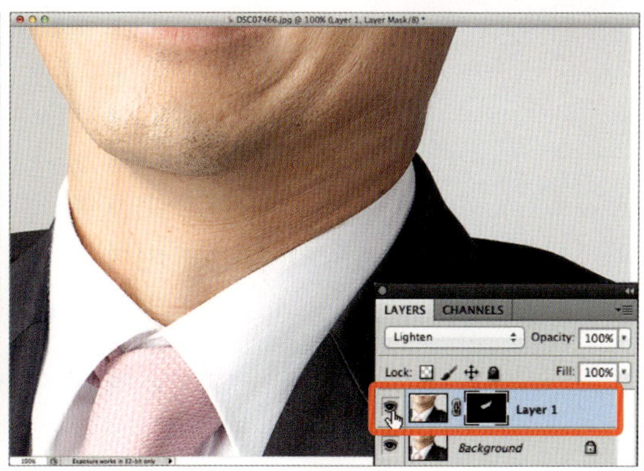

수정 후 이미지

06 작업을 마치면 레이어를 합친다(Ctrl+E). 이번에는 삐져나온 목 부분의 살을 정리하기 위해 [Filter]〉[Liquify](Shift+Ctrl+X) 메뉴를 실행한다.

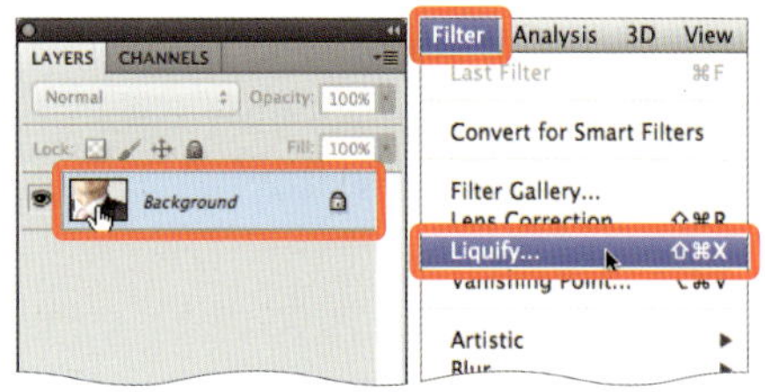

07 [Liquify] 옵션 창이 뜨면 왼쪽 툴 바의 맨위에 있는 Forward Warp Tool(W)을 사용하여 어색하게 나온 목 부분을 왼쪽으로 밀어준다. [,]로 브러시의 크기를 조절하고 밀어 넣고자 하는 부분에 반원을 걸쳐 작업하면 효과적이다. 작업을 끝내면 OK 버튼을 눌러 효과를 적용시킨다.

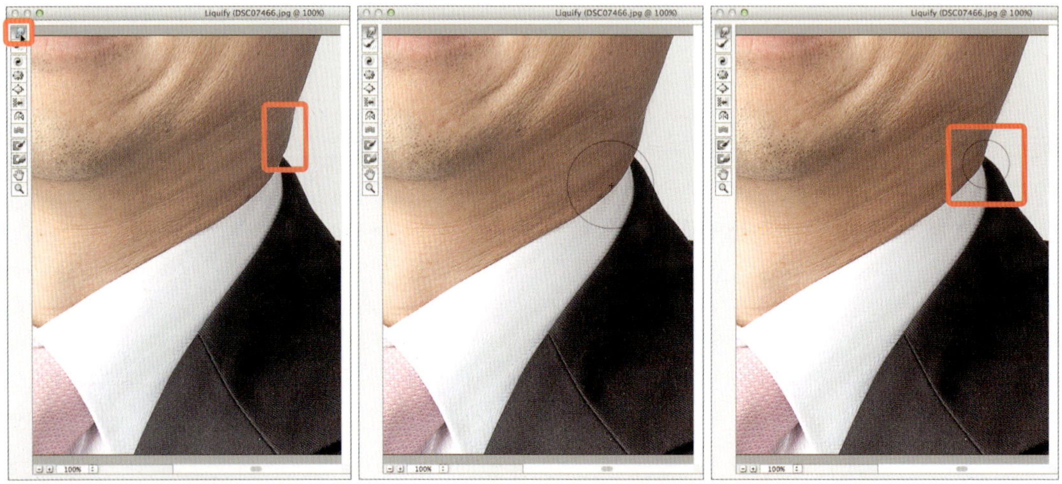

Before

After

균형이 안 맞는 얼굴 교정하기

• **예제 사진** : cd-part4 〉 ch1 〉 예제파일 〉 05.jpg • **완성 사진** : cd-part4 〉 ch1 〉 완성파일 〉 05-완성.jpg

01 이 인물 사진을 보면 왼쪽 턱 부분이 크게 보이고 오른쪽 상단으로 입술이 올라가 있다.

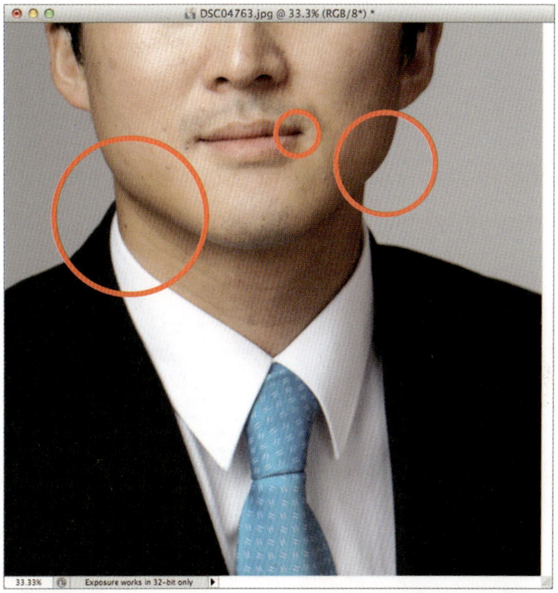

02 먼저 오른쪽 턱 부분을 교정하기 위해 Lasso Tool(L)을 이용해 넓게 선택한다. Lasso Tool로 작업하는 이유는 Liquify를 로딩할 때 더 빠르게 작업할 수 있으며 주변부에 영향을 미치지 않게 하기 위해서다.

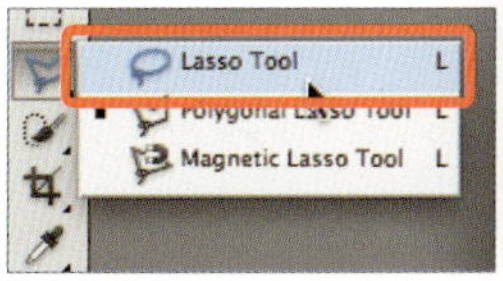

03 [Filter]>[Liquify](Shift + Ctrl + X) 메뉴를 실행한다.

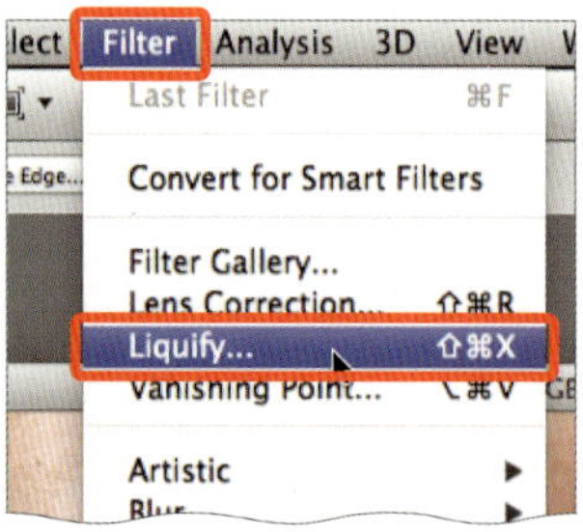

04 [Liquify] 옵션 창이 뜨면 툴 바 맨 위에 있는 Forward Warp Tool(W)을 사용하여 턱 부분을 안쪽으로 밀어 좀 더 부드럽게 만들어준다.

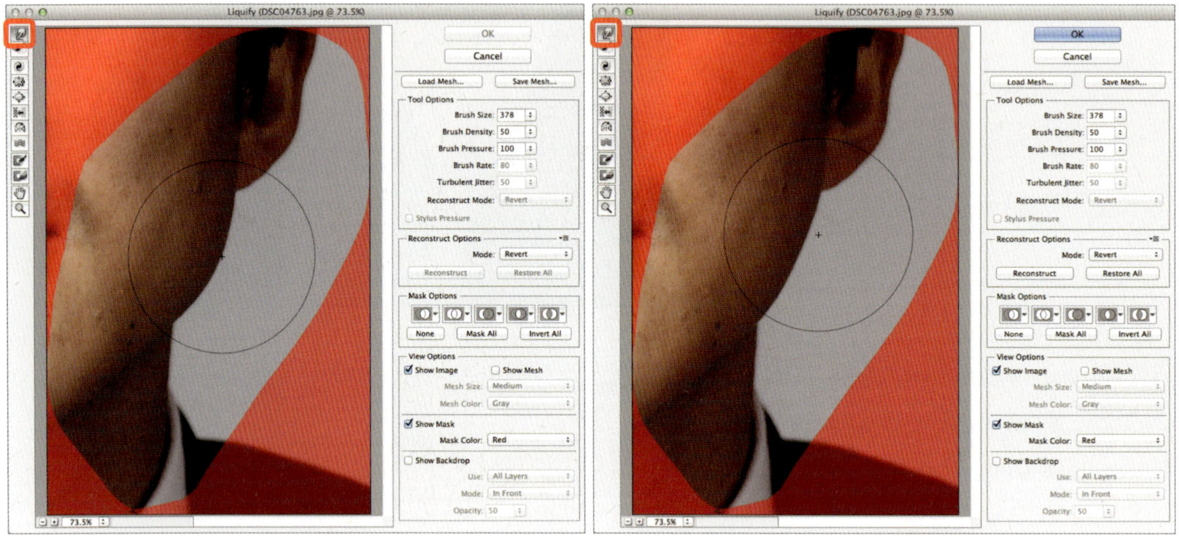

05 OK 버튼을 눌러 효과를 적용시키고 [Select]>[Deselect](Ctrl + D) 를 실행해 선택 부분을 해제한다.

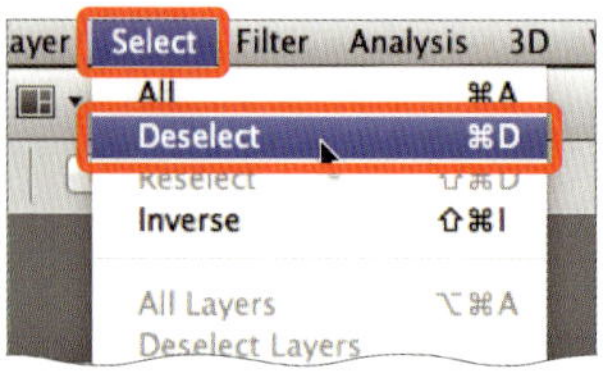

06 같은 방법으로 Lasso Tool(L)을 이용하여 왼쪽 턱 부분을 선택한다. [Liquify] 메뉴를 실행하여 옵션 창에서 왼쪽 턱을 교정하는 작업을 진행하고 OK 버튼을 눌러 효과를 반영한다.

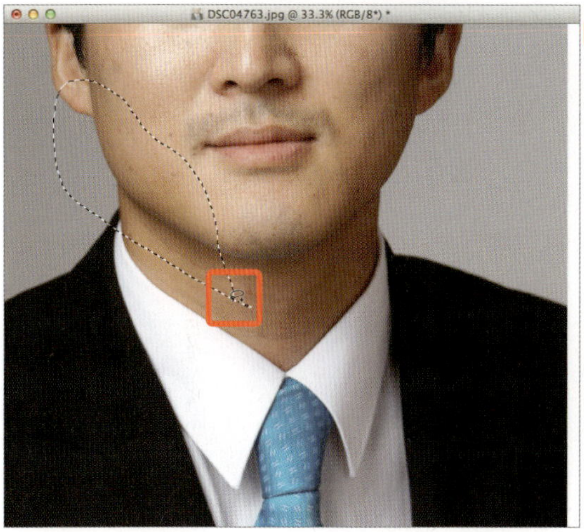

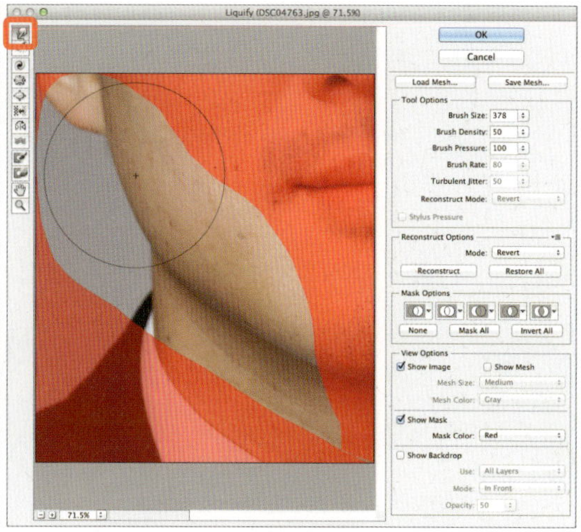

07 이번에는 비뚤어진 입술을 교정해보자. Pen Tool(P)을 사용하여 입술보다 좀 더 크게 턱까지 선택한다. 마우스 오른쪽 버튼을 눌러 Make Selection을 선택한다. 대화창이 뜨면 Feather Radius 값을 0.5로 주고 선택 영역으로 만든 다음 레이어를 복제(Ctrl + J)한다.

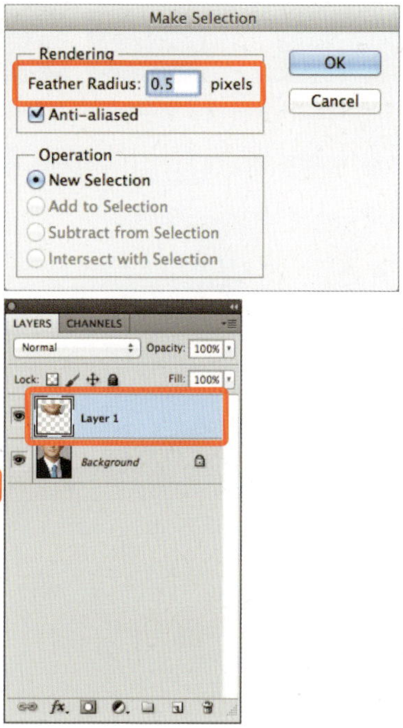

08 [Edit]>[Free Transform](Ctrl+T) 메뉴를 실행하여 옵션 바에서 Warp 모드를 선택한다.

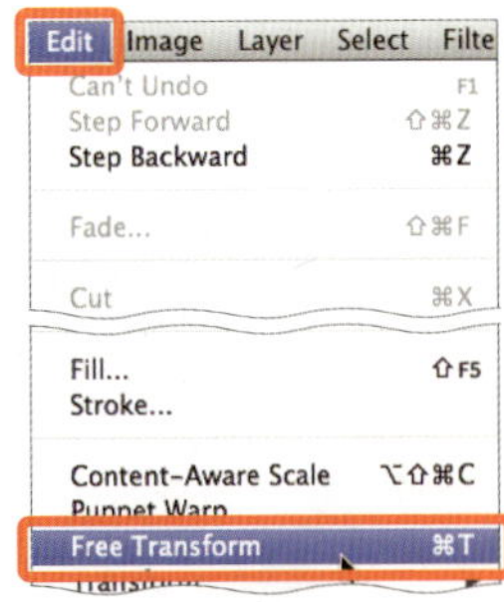

09 각 점들을 조정해 입술 라인을 자연스럽게 수정한다.

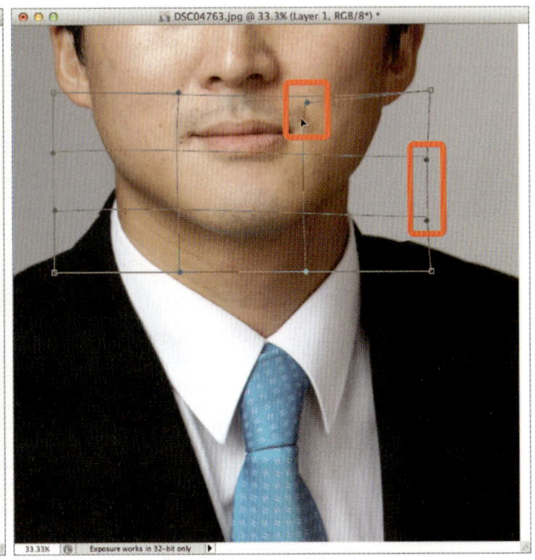

10 레이어의 눈 아이콘을 껐다 켰다 하면서 수정 전과 후를 비교해본다.

수정 전 이미지

수정 후 이미지

11 레이어 팔레트에서 Alt 를 누른 채 Add layer mask를 클릭해 검은색 마스크를 만든다. Brush Tool(B)을 선택하고 X 를 눌러 전경색을 흰색으로 설정한다. 입술 부분만 브러시를 칠해 복원한다.

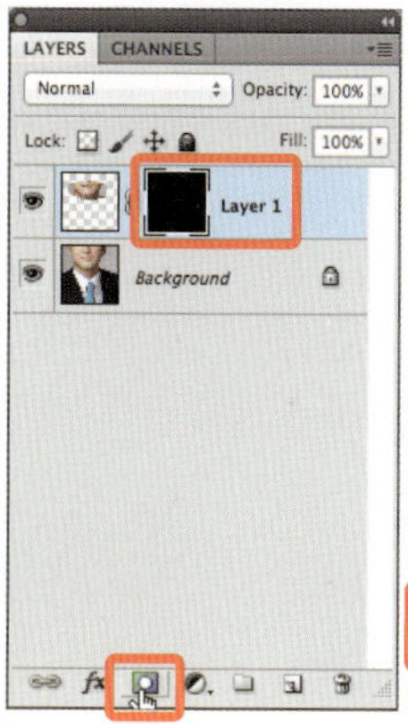

Before

After

질감을 살리는 피부 리터칭

• **예제 사진** : cd-part4 〉ch1 〉예제파일 〉06.jpg • **완성 사진** : cd-part4 〉ch1 〉완성파일 〉06-완성.jpg

01 예제 사진은 피부 질감을 뭉개는 것보다 짙은 그림자 부분의 톤을 완화해주면 훨씬 보기 좋은 사진이 된다.

02 레이어 팔레트에서 Alt 를 누른 채 Create a new layer 를 누른다. [New Layer] 대화상자에서 Mode를 Overlay로 선택하고 Fill with Overlay–neutral color(50% gray)를 선택해 닷징/버닝 작업을 준비한다.

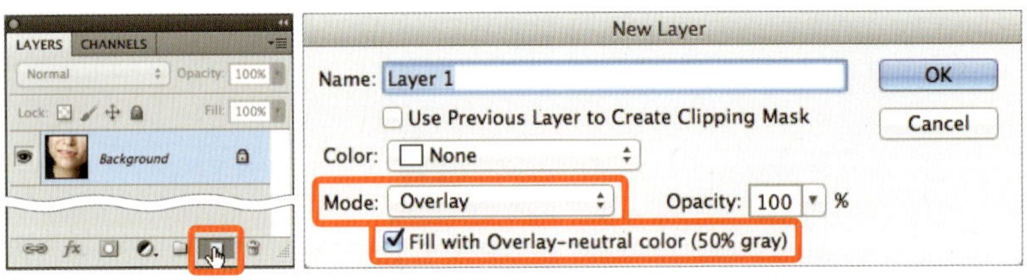

03 닷징/버닝 작업에선 X 를 눌러 전경색이 흰색인 브러시와 검은색인 브러시를 사용하여 밝게 하거나 어둡게 할 수 있다. 효과가 너무 강하게 적용되지 않도록 브러시의 Opacity를 5%로 조절한다.

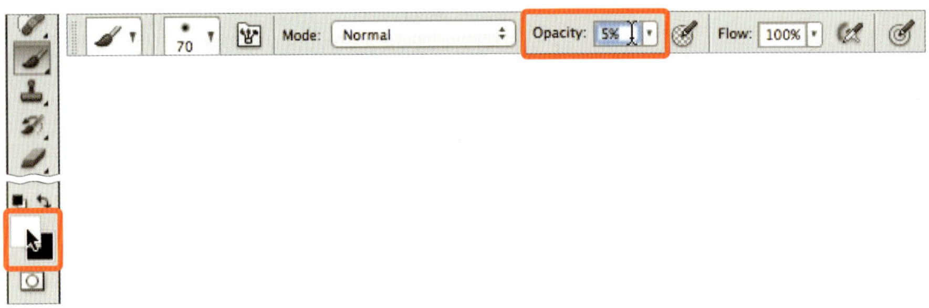

04 그림자 부분을 흰색 브러시로 살살 터치하면 그림자가 옅어진다.

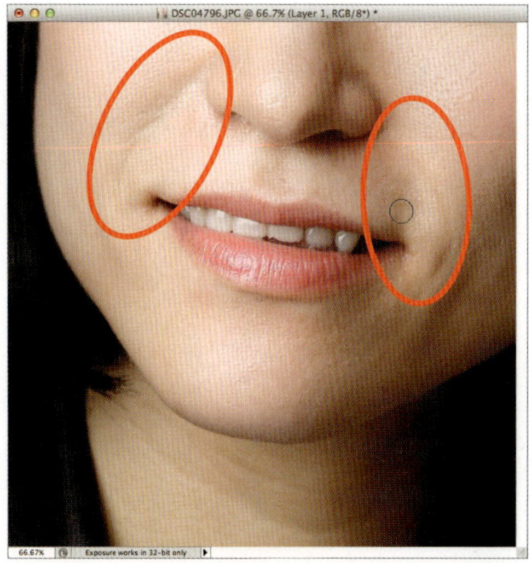

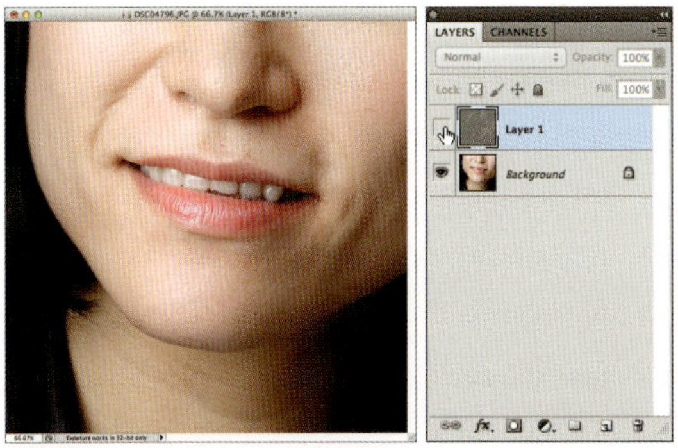

닷징 작업 전 이미지

닷징 작업 후 이미지

05 그림자를 완화하는 작업이 끝나면 레이어를 합쳐준다(Ctrl + E). 그리고 레이어 팔레트에서 Create a new layer 를 눌러 빈 레이어를 하나 추가하고 Stamp Tool(S)을 선택한다.

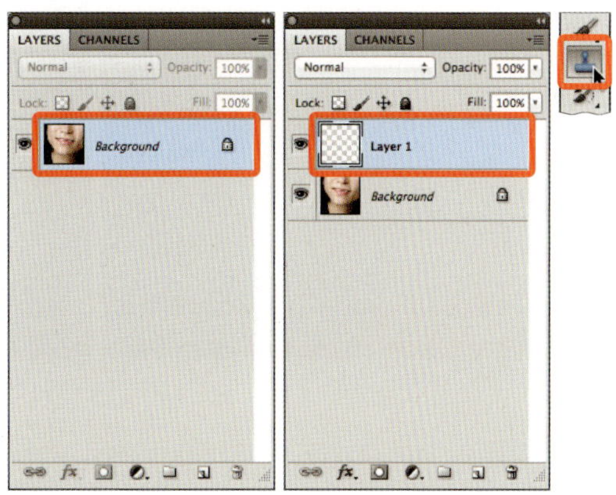

06 Stamp Tool(S)의 옵션 바에서 Mode는 Lighten, Opacity는 10~15% 정도로 지정하고 All Layers를 선택한다.

07 Stamp Tool(S)을 사용할 때는 Alt 로 주변 톤을 복제하고 마우스를 여러 번 클릭해 피부 톤을 완화할 수 있다. 톤 보정 작업을 마치면 자연스러운 효과를 내기 위해 레이어의 Opacity를 조절해준다.

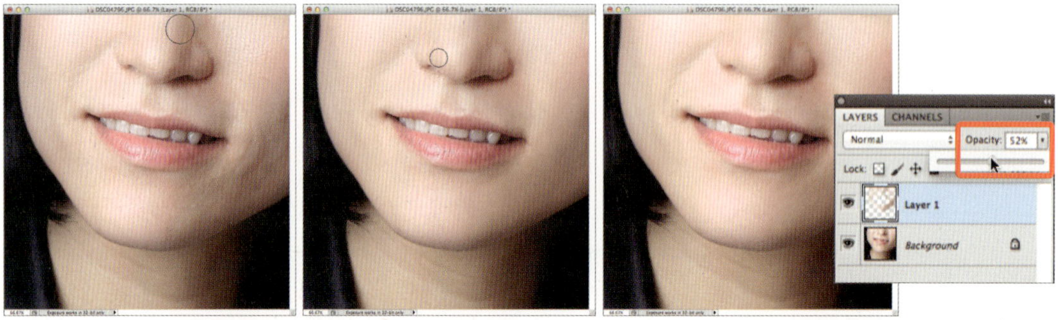

Before

After

(헤어 리터칭)

• **예제 사진** : cd-part4 〉ch1 〉예제파일 〉07.jpg • **완성 사진** : cd-part4 〉ch1 〉완성파일 〉07-완성.jpg

01 염색을 하지 않고도 포토샵으로 쉽게 염색 효과를 낼 수 있다. 염색한 머리라면 다른 색으로 바꿀 수도 있다.

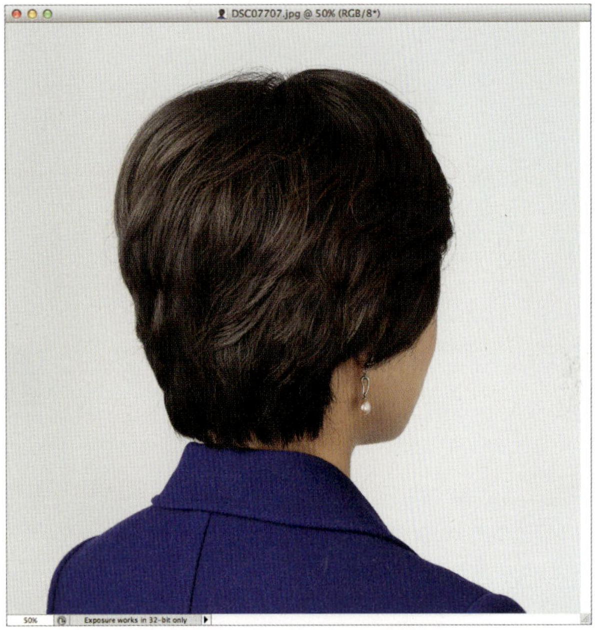

02 레이어 팔레트에서 Create a new layer 를 눌러 빈 레이어를 추가하고 레이어의 블렌딩 모드를 Color로 바꿔준다. Brush Tool(B)을 선택한 다음 전경색을 클릭하여 Color Picker 창이 나타나면 염색하고 싶은 색을 선택한다.

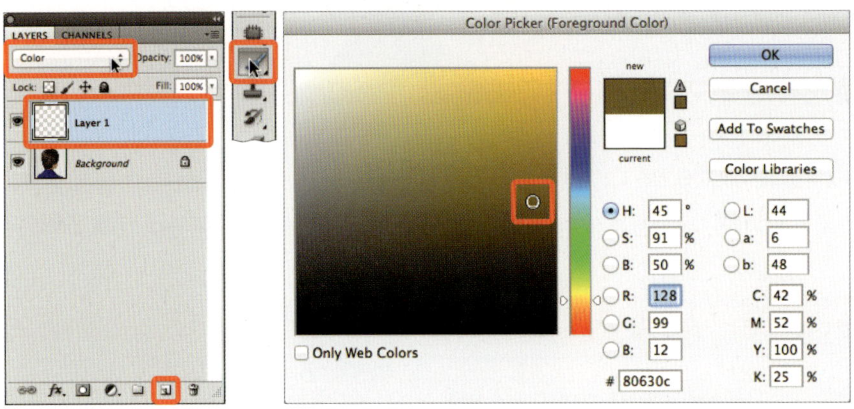

03 브러시로 머리 부분만 칠해주면 염색 효과가 난다.

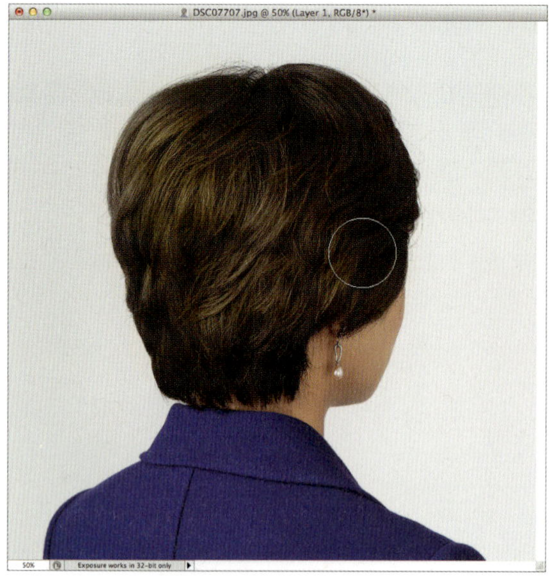

04 [Hue/Saturation](Ctrl + U)을 열어 Hue를 변화시키면 머리 색깔을 쉽게 바꿀 수 있다. 완전한 검은색으로 만들고 싶다면 Saturation을 −100으로 조절하면 된다.

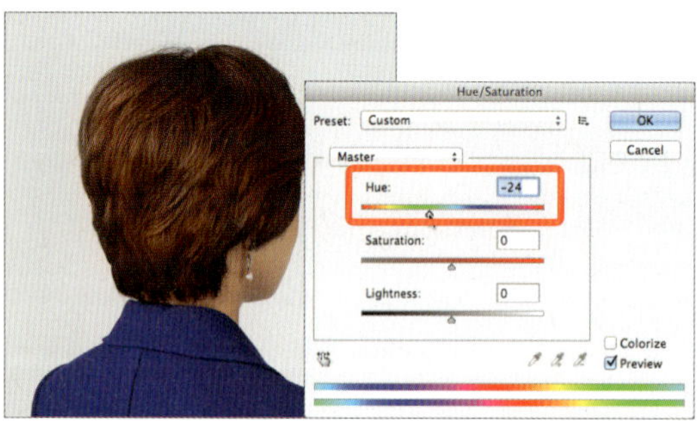

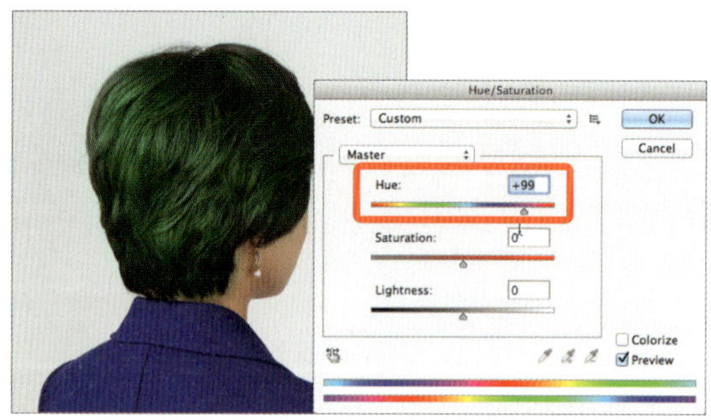

05 적당한 색으로 염색했다면 레이어를 합친 다음(Ctrl + E), Alt 를 누른 채 Create a new layer 를 누른다. [New Layer] 대화상자가 뜨면 Mode를 Overlay로 선택하고 Fill with Overlay–neutral color(50% gray)를 선택해 닷징/버닝 레이어를 만든다.

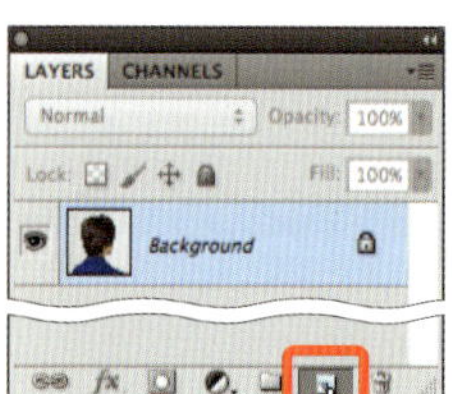

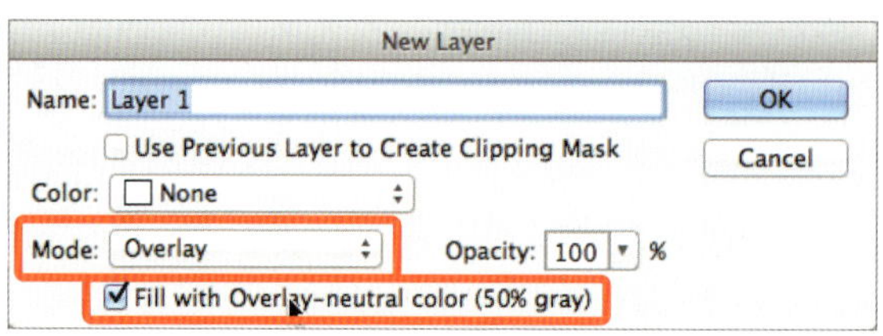

06 X를 이용해 흰색과 검은색 브러시를 번갈아 사용하여 머리를 터칭해주면 윤기가 흐르는 효과를 더할 수 있다.

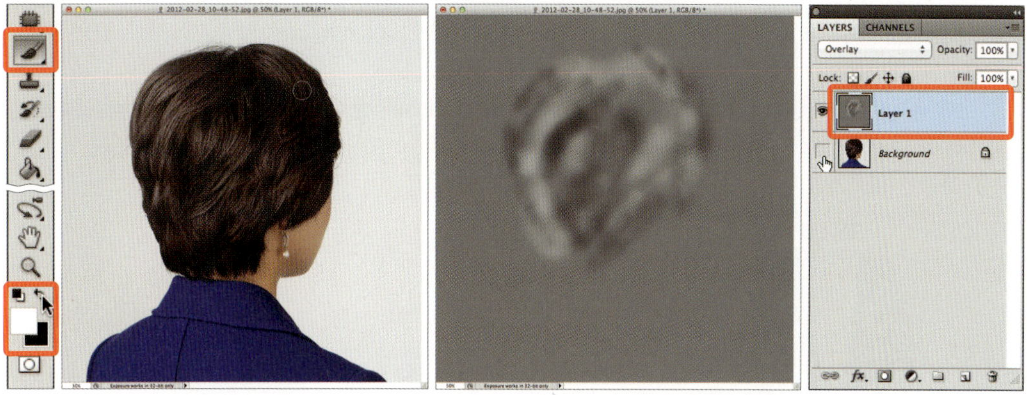

Overlay 닷징/버닝 레이어를 이용해 터칭한 부분

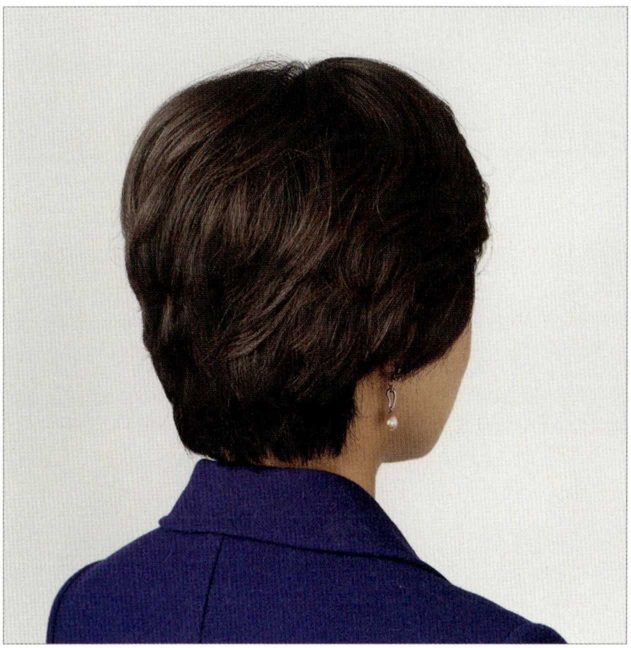
Before

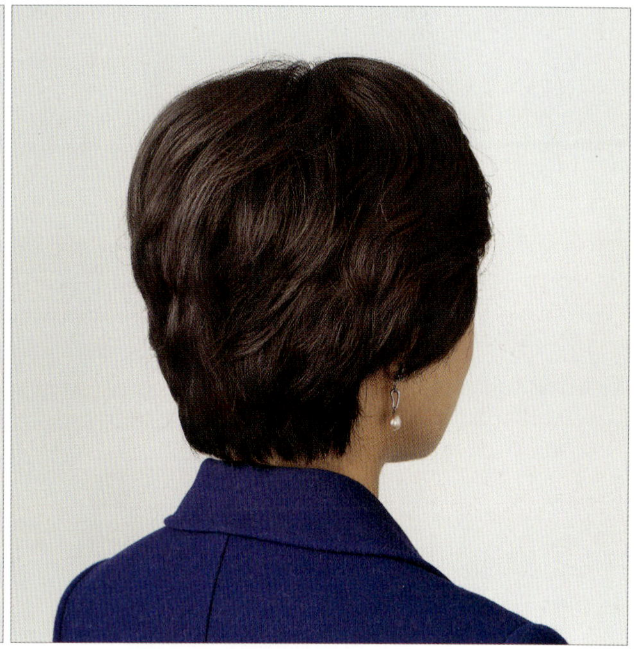
After

(피부 톤 맞추기)

• **예제 사진** : cd-part4 〉ch1 〉예제파일 〉08.jpg • **완성 사진** : cd-part4 〉ch1 〉완성파일 〉08-완성.jpg

01 모델이 갈색 스타킹을 신었고 위쪽보다 아래쪽 조명이 약해 다리의 피부 톤이 검게 표현되었다. 다리 부분의 피부 톤을 팔 부분과 비슷하게 맞춰본다.

02 보통 빠른 선택을 하기 위해서 Quick Selection Tool(W)을 사용하는데 정교하게 잘 선택되지 않을 때가 많다.

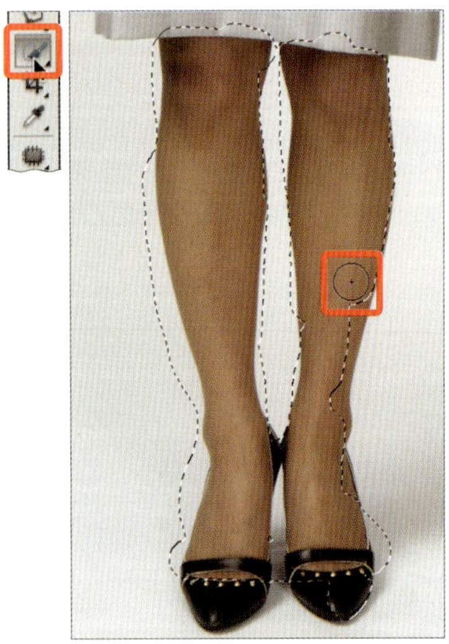

03 이때는 가상의 채널인 알파 채널을 이용해 선택 작업을 하면 편리하다. 알파 채널로 작업하기 위해 채널 팔레트에서 가장 톤 대비가 심한 Blue 채널을 선택한다. 채널 팔레트 아래에 있는 Create new channel 아이콘으로 Blue 채널을 드래그하면 Blue copy라는 알파 채널이 만들어진다. 알파 채널은 가상의 채널이므로 선택 작업에만 사용할 뿐 이미지에는 전혀 영향을 끼치지 않는다.

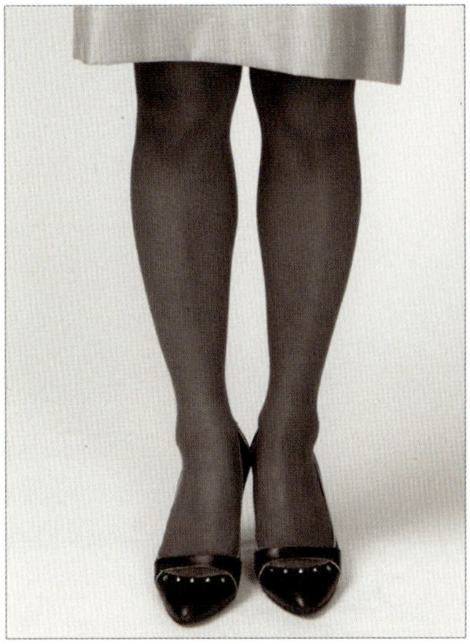

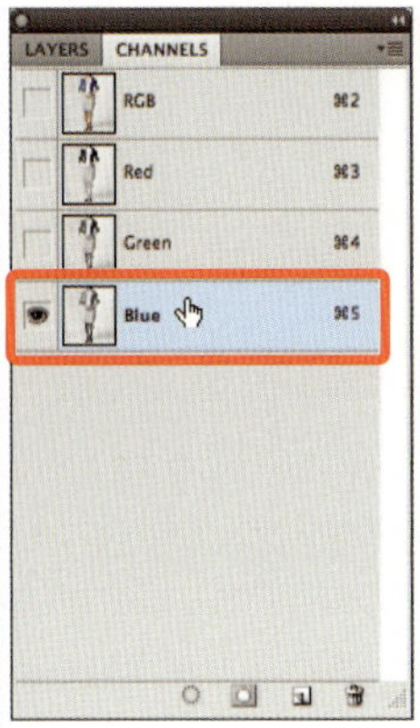

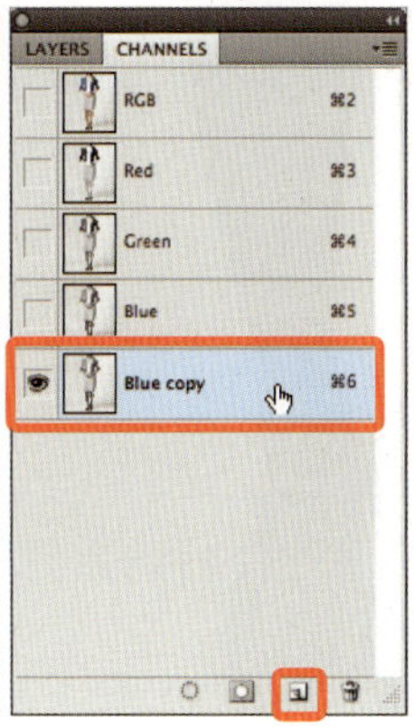

04 [Levels](Ctrl+L)를 열고 Input Levels의 슬라이더를 움직여 Blue copy 채널의 콘트라스트를 증가시킨다.

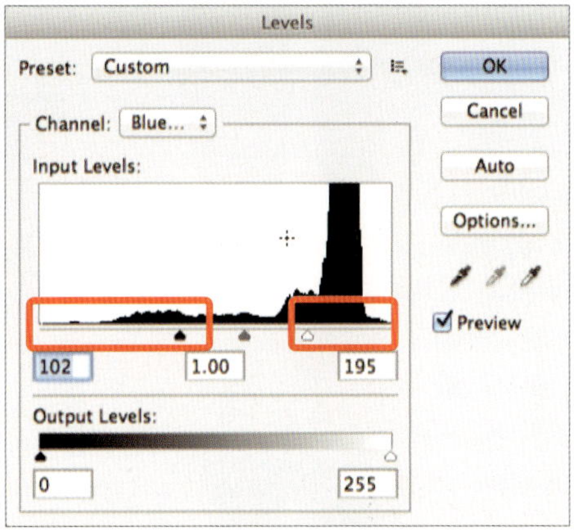

05 이제 Quick Selection Tool(W)을 선택하고 검게 된 다리 부분을 선택해보면 훨씬 정교하게 선택될 것이다.

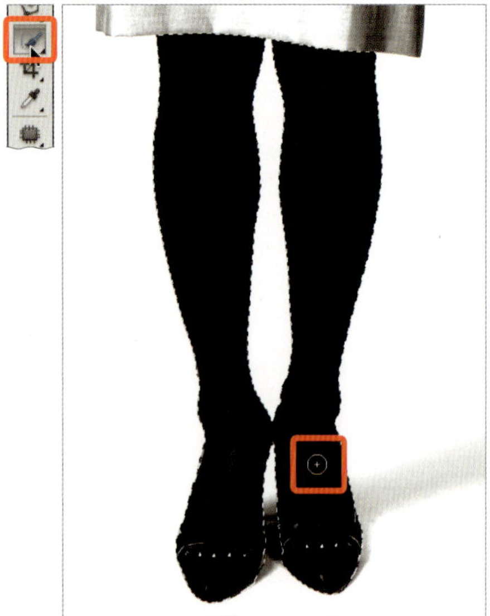

06 채널 팔레트에서 RGB 채널을 선택하여 알파 채널에서 빠져나온다. 다시 레이어 팔레트로 돌아온다.

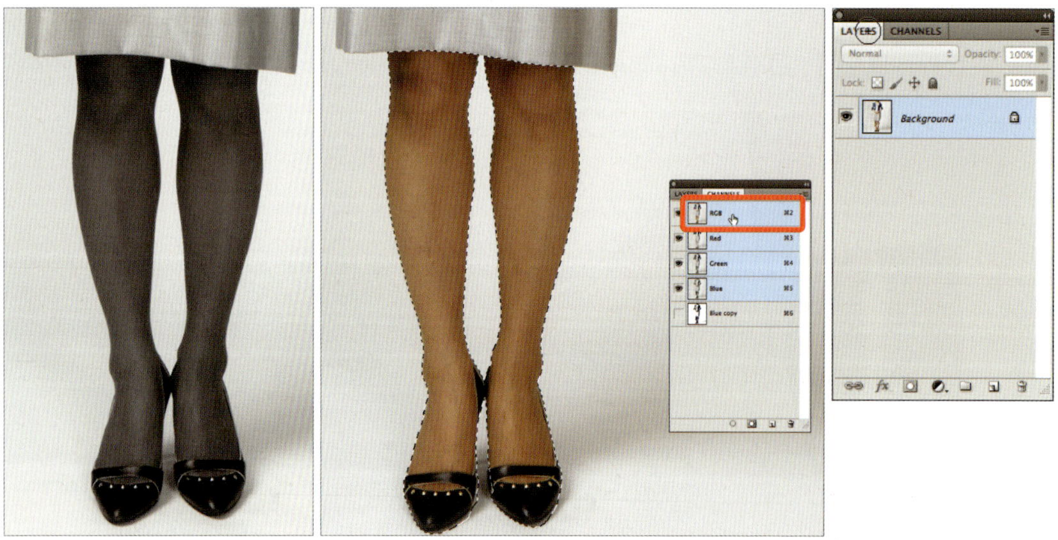

07 선택 영역을 좀 더 부드럽게 하기 위해서 [Select]〉[Modify]〉[Feather] 메뉴를 선택하여 Feather Radius를 0.5 정도 적용한다. 선택된 다리 부분을 레이어로 복제(Ctrl + J)한다.

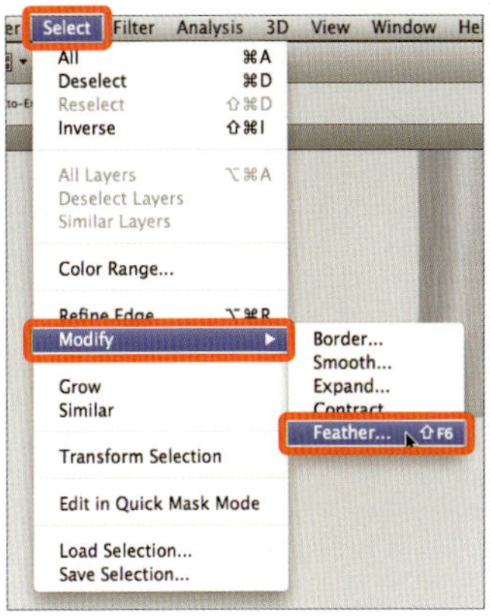

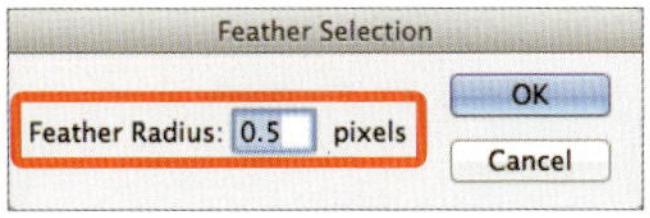

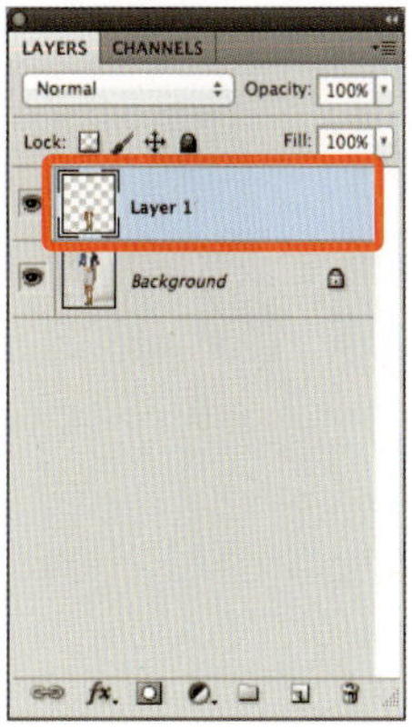

08 Color Sampler Tool(I)을 선택하여 손등과 다리 쪽에 점을 추가해 샘플링한다. 손등 부분을 측정한 결과 #1 RGB가 242, 207, 189로 나타났고, 다리 부분인 #2는 185, 139, 106으로 나타났다. 다리 부분이 손등 부분에 비해 어둡고 붉은 색이 많이 포함된 것을 알 수 있다.

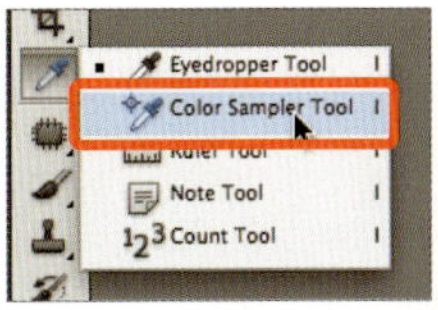

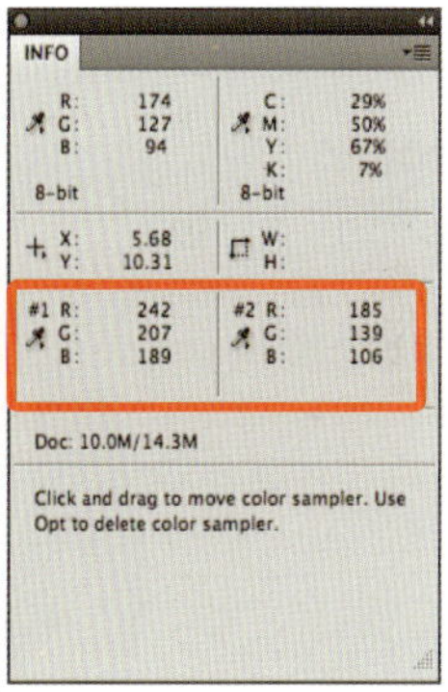

09 다리 부분의 색을 교정하는 작업을 진행해보자. [Curves](Ctrl+M)를 연 다음 Shift+Ctrl을 누른 채 #2 지점을 클릭하면 RGB 각 채널에 점이 추가된다.

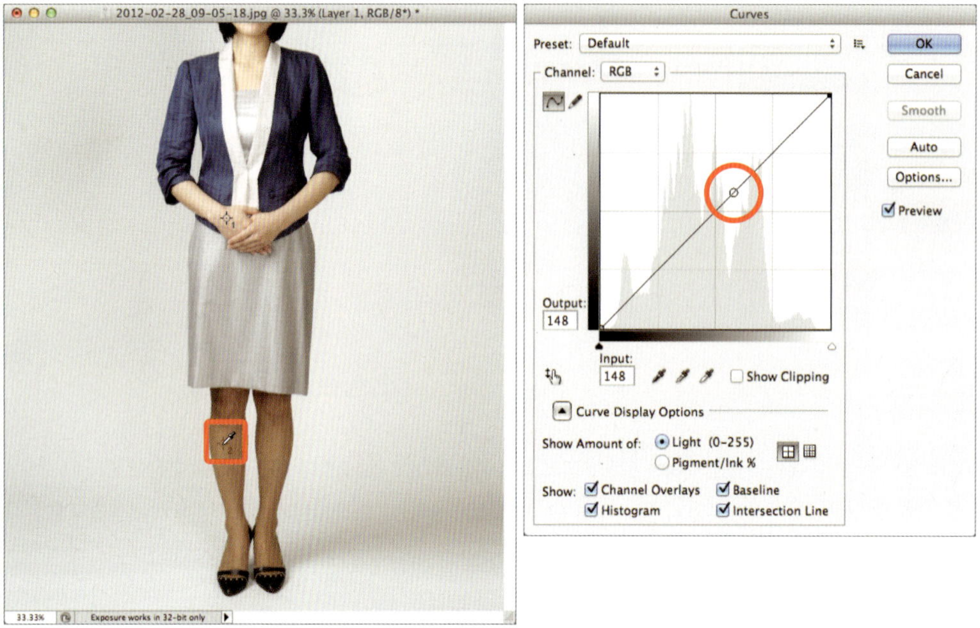

10 Red 채널을 열어 #1의 Red 채널 측정 값 242를 Output에 입력한다.

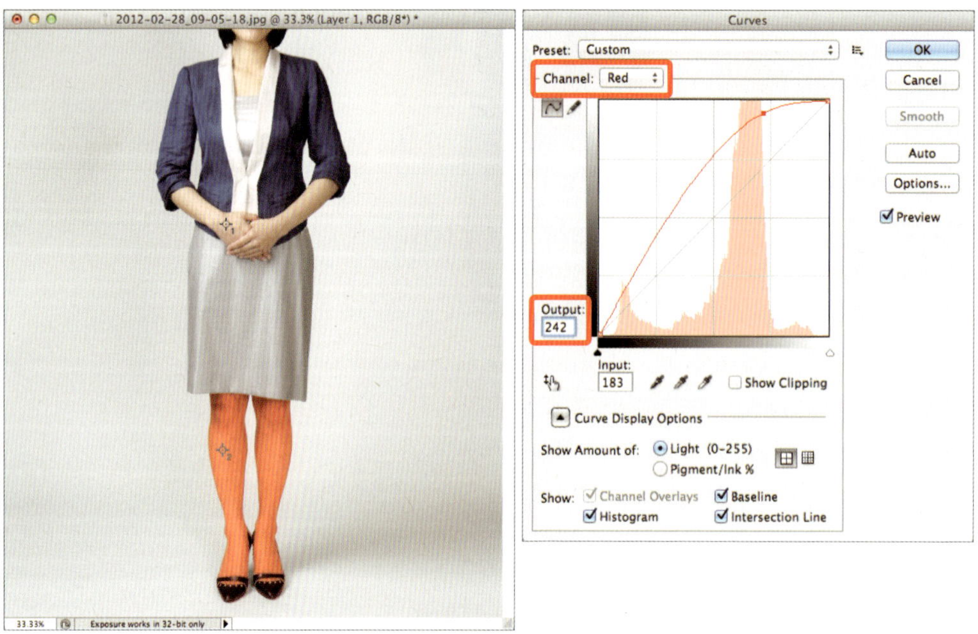

11 Green 채널을 열어 #1의 Green 채널 측정 값 207을 Output에 입력한다.

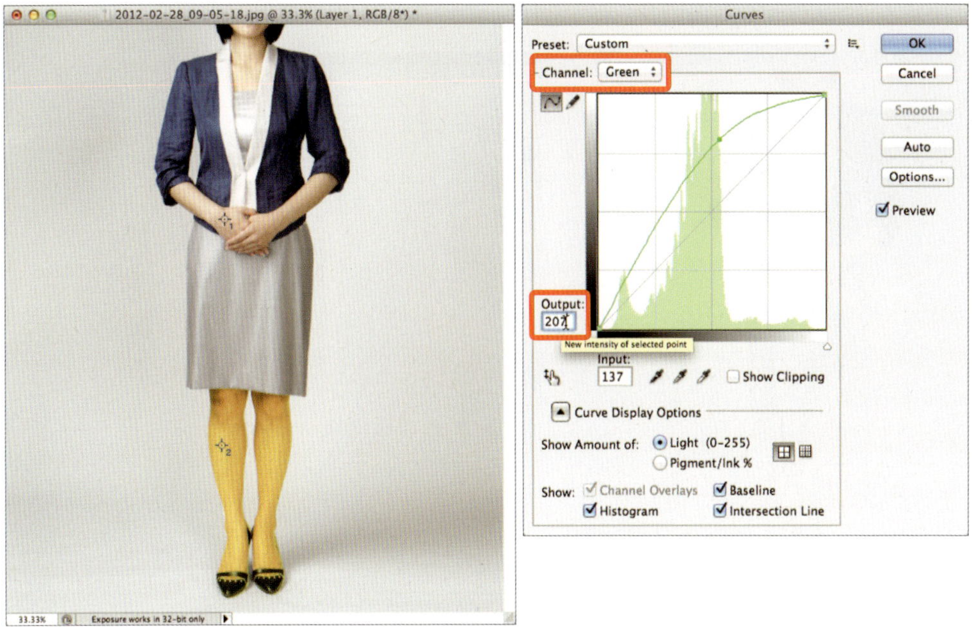

12 Blue 채널을 열어 #1의 Blue 채널 측정 값 189를 Output에 입력한다.

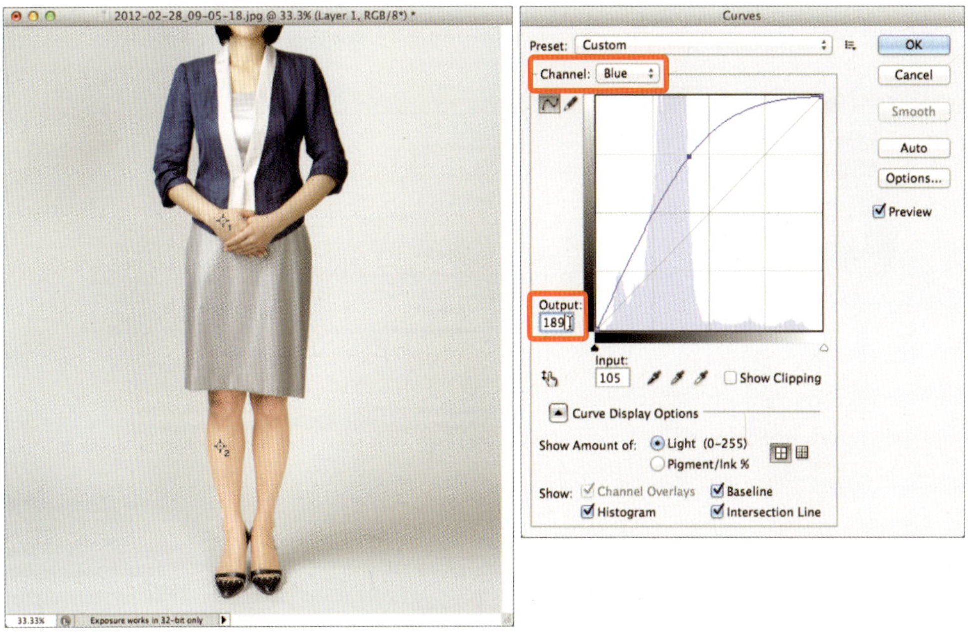

13 다리의 밝기는 교정되었으나 너무 밝아 좀 어색한 느낌이 든다. 레이어의 Opacity를 조절하여 자연스러운 느낌을 낸다.

14 [Hue/Saturation](Ctrl+U)에서 손 조절 모양 아이콘을 선택해 다리 부분을 클릭하면 Reds 채널이 선택될 것이다. 다리 부분의 톤을 보면서 Hue −1, Saturation −15, Lightness −5로 조정해 붉은 톤을 수정한다.

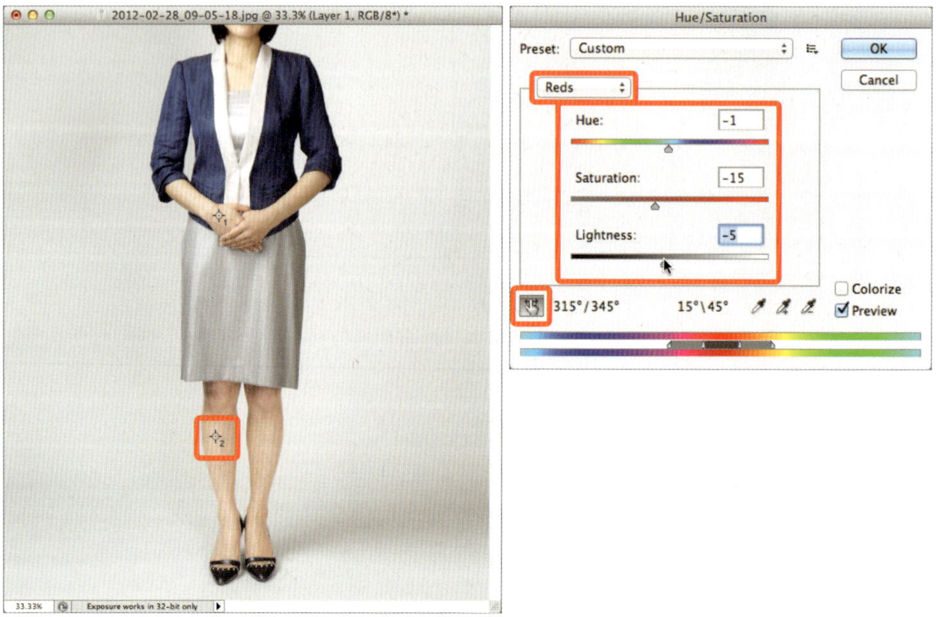

Before

After

(Chapter) 02 인물 사진 고급 수정법

앞서 '인물 사진 성형 기법'에서 상황에 따른 예제를 통해 각 툴의 사용법 및 응용 방법을 배웠다면 이번 챕터에서는 인물 사진 수정에서 좀 더 고급 기법으로 알려진 방법들과 컬러나 배경의 수정과 합성을 통해 자신만의 느낌을 만들어가는 과정을 배워본다. 더 복합적인 툴을 사용하게 되므로 글로만 읽다보면 방향을 잃고 헤매기 쉽다. 예제 사진을 포토샵에서 열어 직접 따라해봐야만 각 툴의 효과 및 수정 방향을 익힐 수 있다는 점을 염두하자.

패턴 힐링 브러시, 피부 톤 보정을 더 쉽게

요즘 디지털카메라들이 너무 고해상도로 제작되다보니 모델을 촬영할 때 불필요한 디테일까지 확연히 드러나면서 작업하기 까다로워졌다. 인간의 피부처럼 부드러운 질감과 톤을 가진 피사체는 만나기 어렵다. 그런 만큼 잘못 수정하면 단백질 인형처럼 어색한 인물 사진을 만들게 마련이다. 패턴 힐링 브러시 작업으로 까다로운 피부 수정을 효율적으로 해보자.

· 예제 사진 : cd-part4 〉 ch2 〉 예제파일 〉 01.jpg **· 완성 사진 :** cd-part4 〉 ch2 〉 완성파일 〉 01-완성.jpg

01 피부 수정을 할 때 가장 먼저 해야 할 일은 큰 결점을 제거하는 일이다. 포토샵에서 예제 파일을 열고 Background 레이어를 Create a new layer 로 드래그하여 복제한다.

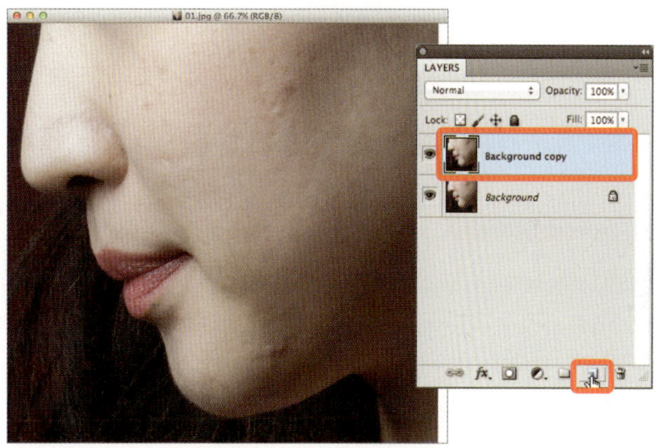

02 Spot Healing Brush Tool(J)을 선택하고 얼굴의 결점 부분을 살짝살짝 클릭하여 감춰준다.

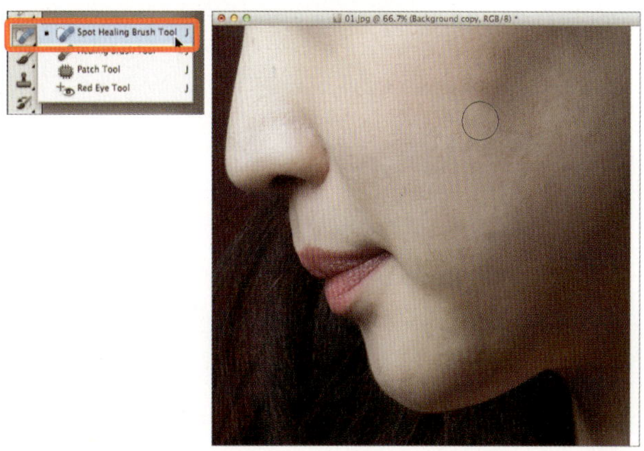

03 [File]〉[New](Ctrl+N) 메뉴를 실행하여 100×100 pixels, 300ppi의 새로운 문서를 만든다. 이 작업은 좀 더 쉽게 인물의 피부톤을 보정하는데 필요한 과정이다. 작은 정사각형 모양의 새 문서가 만들어졌다.

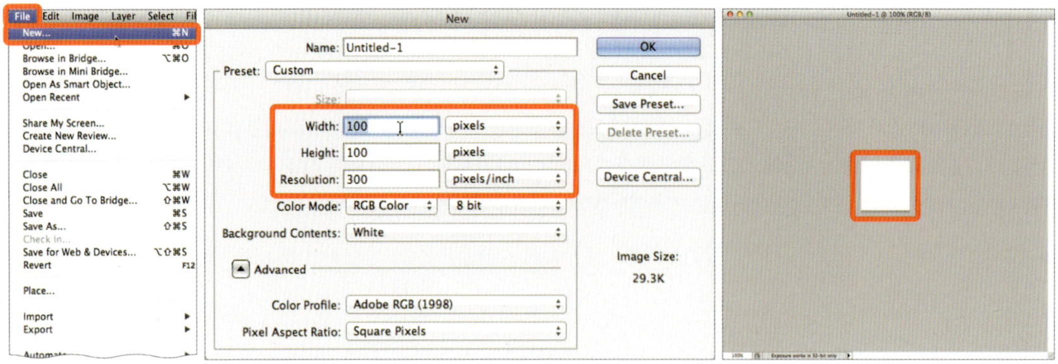

04 [Edit]〉[Fill](Shift+F5) 메뉴를 실행하여 대화상자를 띄운다. Contents 항목의 Use에서 50% Gray를 선택한다.

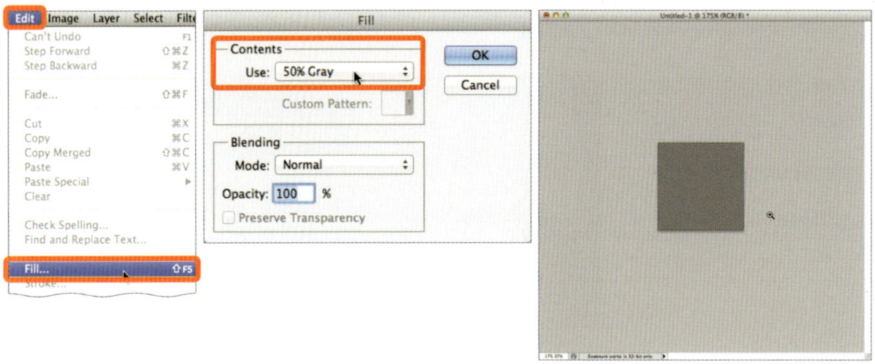

05 [Filter]〉[Artistic]〉[Film Grain] 메뉴를 실행하여 옵션 창을 띄운다. 오른쪽 Film Grain 옵션에서 Grain은 1, Highlight Area는 0, Intensity는 5를 입력한다. Film Grain을 추가하는 이유는 힐링 브러시 작업을 할 때 피부 질감을 어느 정도 만들기 위해서다.

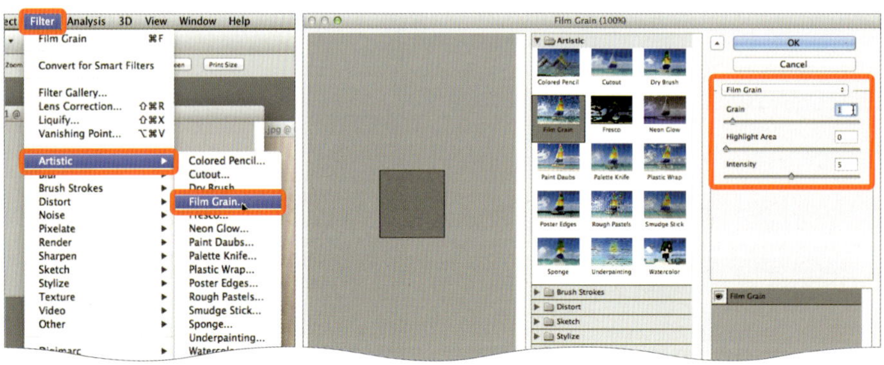

06 500%로 확대한 50% Gray+Film Grain 문서다. [Edit]〉[Define Pattern] 메뉴를 실행하여 이 문서를 패턴으로 저장한다. [Pattern Name] 대화상자가 뜨면 Name에 SkinTone_01을 입력한다.

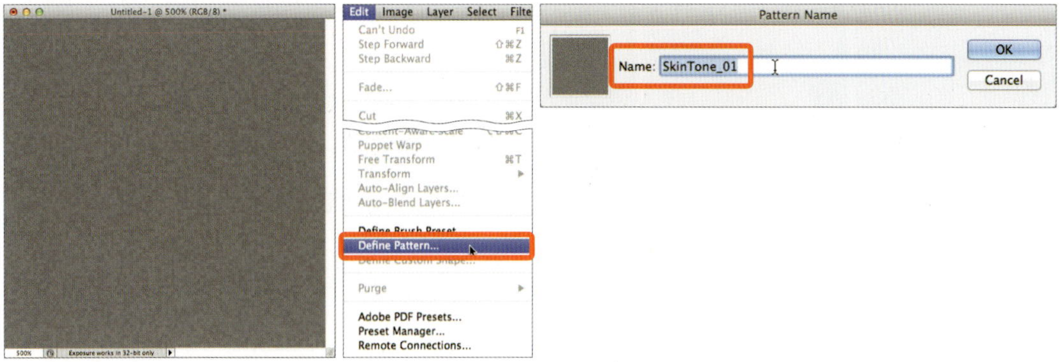

07 Healing Brush Tool(J)을 선택한다. 옵션 바에서 Pattern을 선택하고 조금 전에 만든 회색 패턴을 선택한다. 사용자의 필요에 따라 필름 그레인이나 다양한 패턴을 저장해 두고 사용해도 좋다.

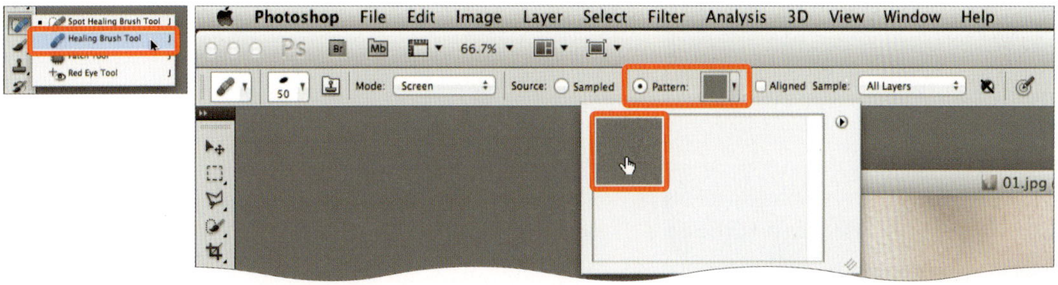

08 힐링 브러시의 모드를 Screen으로 선택해 어두운 피부의 픽셀들을 밝게 만드는 작업을 할 것이다. 만약 밝은 톤을 제거하고자 한다면 모드를 Multiply로 변경하여 작업한다.

09 브러시를 클릭하여 브러시 앵글을 오른쪽 사선 방향으로 약간 기울게 설정한다. 빛의 방향에 따라, 피부 질감에 따라 이 기울기를 바꿔가면서 작업해보자.

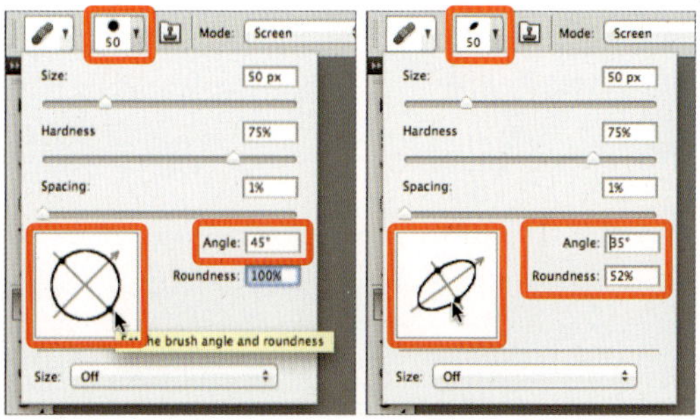

10 [,] 로 힐링 브러시의 크기를 조절한 뒤 상단에서부터 붓으로 칠하듯 피부에 힐링 브러시 패턴을 입힌다. 작업 후에 강도를 조절할 것이므로 너무 부드럽게 느껴지더라도 상관 없다.

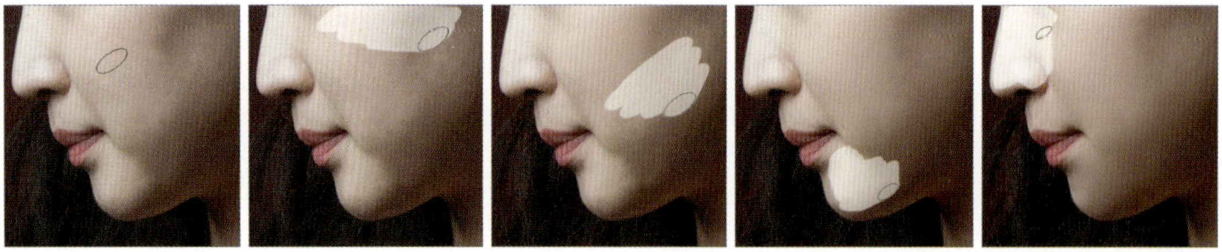

11 피부 질감을 자연스럽게 나타내기 위해 레이어의 Opacity를 적당히 조절하여 아래 레이어에 있는 질감이 자연스럽게 드러나도록 한다.

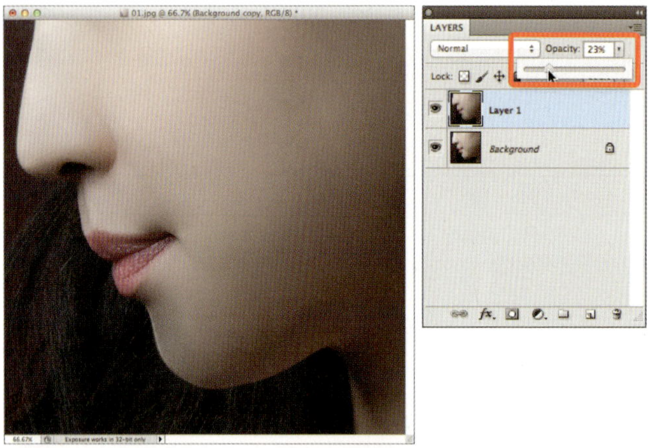

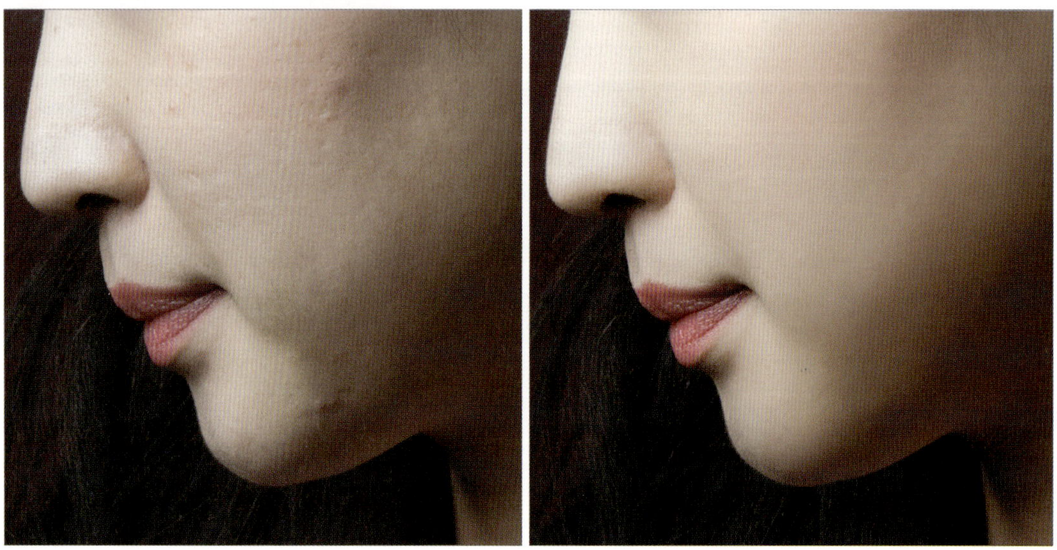

Before　　　　After

Selective Color와 High Pass 필터를 활용해 주근깨와 기미를 자연스럽게 완화시키기

햇빛을 받아 나타나는 기미, 주근깨 등은 힐링 브러시 작업으로 보정하기는 까다롭다. 이런 주근깨 류의 잡티는 입체감이 있는 것이 아니라 피부 톤보다 약간 어둡다는 사실을 기억하라. 대부분의 잡티는 실제 피부보다 약간 검거나 붉게 나타나므로 색을 교정하고 피부 톤을 정리하는 두가지 과정을 거치게 된다.

• **예제 사진** : cd-part4 〉ch2 〉예제파일 〉02.jpg • **완성 사진** : cd-part4 〉ch2 〉완성파일 〉02-완성.jpg

01 인물 수정 작업 전에는 레이어를 복제(Ctrl+J)하고 Spot Healing Brush Tool(J)로 큰 결점들을 감춰주는 것부터 시작한다.

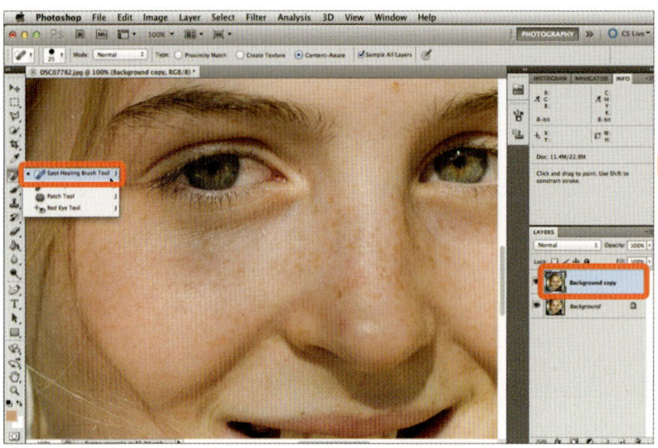

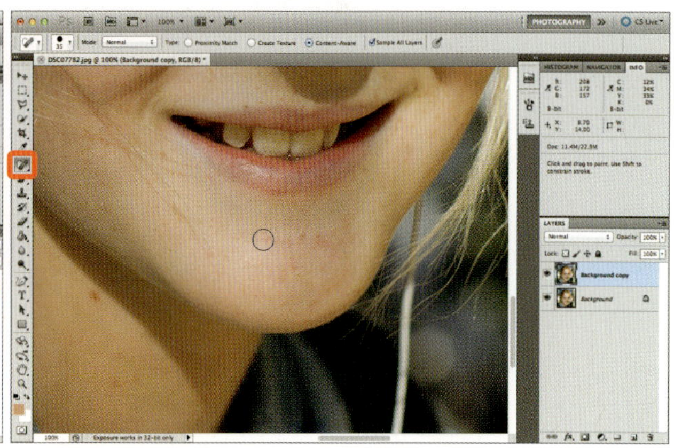

02 레이어 팔레트에서 Alt 를 누른 채 Create new fill or adjustment layer를 선택해 Selective Color 레이어를 추가한다. [New Layer] 대화상자가 나타나면 Use Previous Layer to Create Clipping Mask에 체크한다. 이 옵션은 복제한 레이어에만 효과를 주고 싶을 때 사용한다.

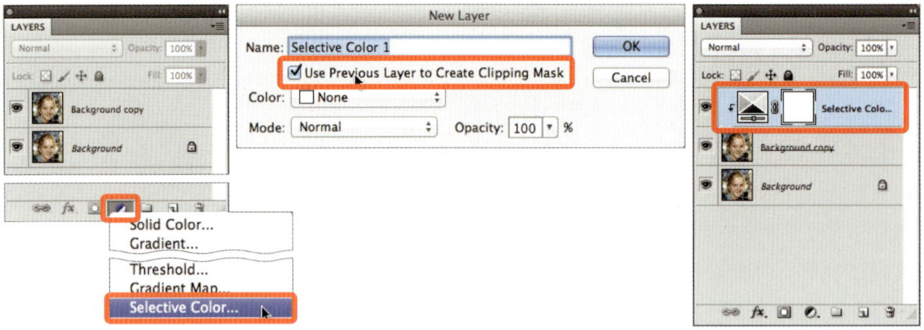

03 ADJUSTMENTS 팔레트에서 Colors 항목을 Reds로 선택하고 사진을 보면서 Black을 −100으로 설정한다. 전체 인물 톤이 밋밋하게 변했고 주근깨가 훨씬 부드러워진 것을 알 수 있다.

04 전경색을 검정으로 바꾸고(X) Paint Bucket Tool(G)로 이미지를 클릭해 Selective Color 레이어를 검은색으로 만들어 앞서 실행한 효과를 가린다.

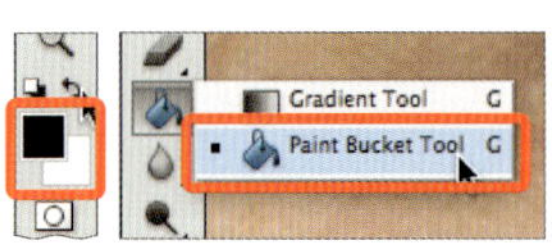

05 Brush Tool(B)을 선택하고 Opacity를 20%로 설정한 다음 전경색은 흰색으로 설정한다.

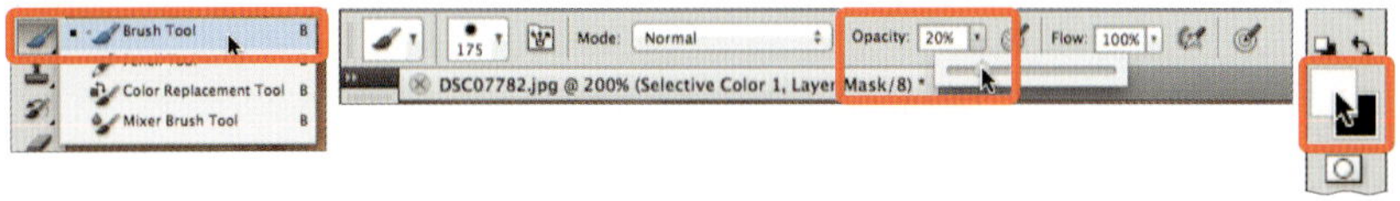

06 얼굴의 주근깨 부분을 터치하면 앞서 실행한 효과가 자연스럽게 반영된다.

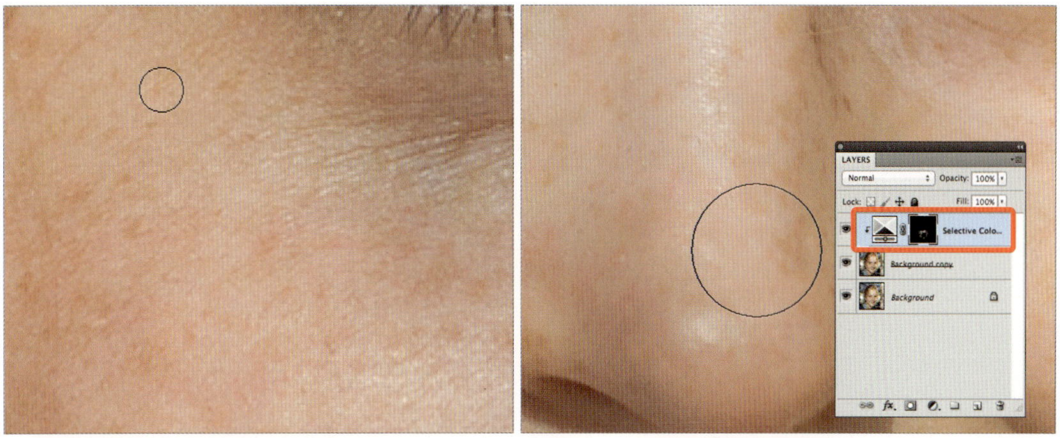

수정 전 이미지

수정 후 이미지

07 Alt 를 누른 채 레이어 팔레트의 옵션에서 Merge Visible을 실행한다. 현재까지 작업된 레이어가 제일 상단에 만들어졌다.

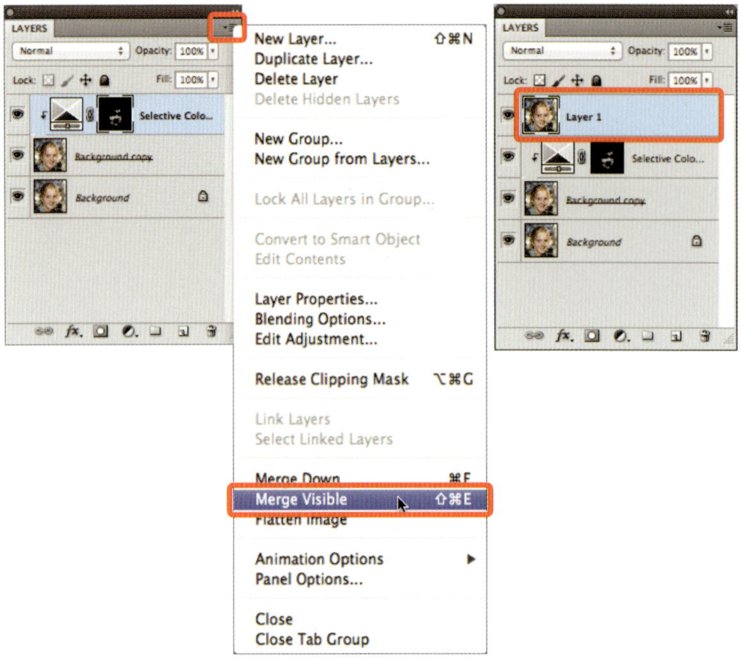

08 [Image]>[Adjustments]>[Invert](Ctrl + I) 메뉴를 실행하여 이미지를 반전시킨다.

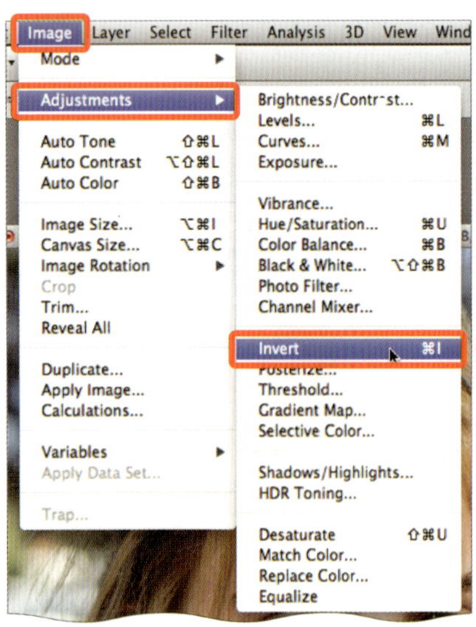

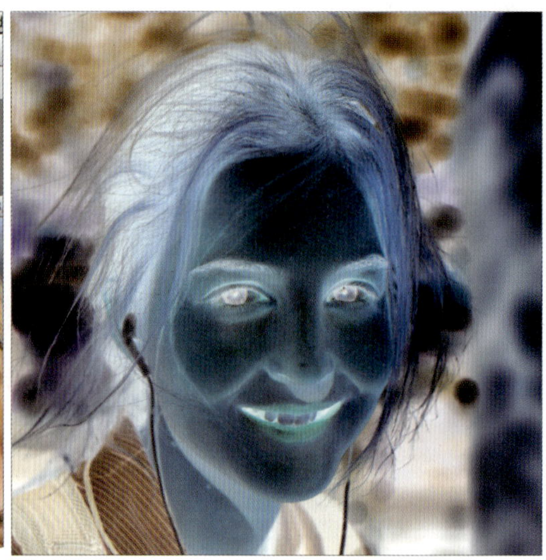

09 [Filter]〉[Other]〉[High Pass] 메뉴를 실행하여 Radius를 10 정도 적용한다.

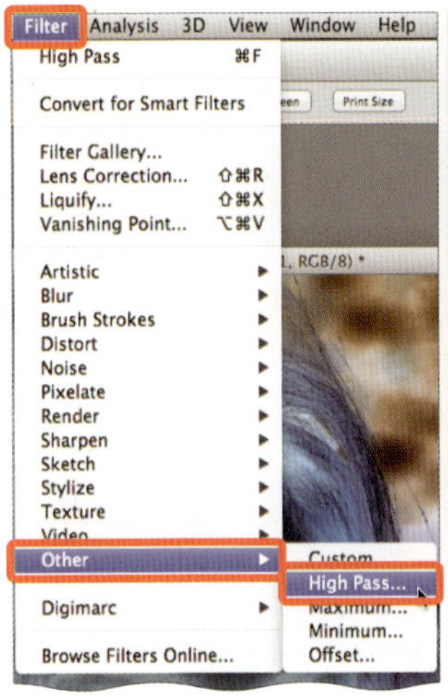

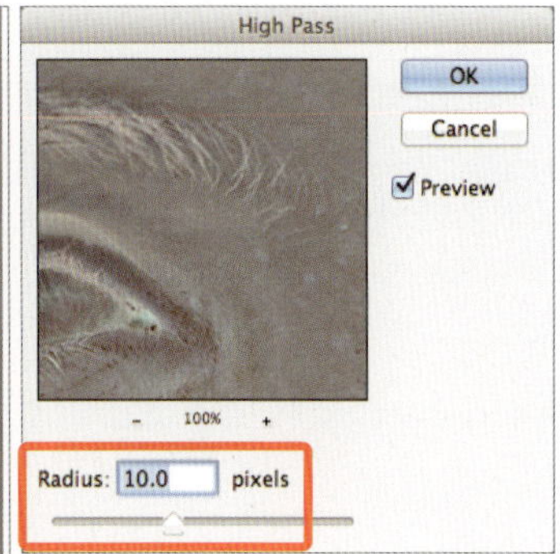

10 레이어의 블렌딩 모드를 Overlay로 변경한다. Alt 를 누른 채 Add layer mask 를 선택해 검은색 마스크로 효과를 감춘다.

11 전경색이 흰색인 Brush Tool(B)을 사용하여 피부에 칠해주면 부드러운 톤의 피부로 수정할 수 있다. 이 작업은 High Pass 콘트라스트 작업과 흐름이 비슷하지만 Invert 효과 때문에 부드럽게 적용된다.

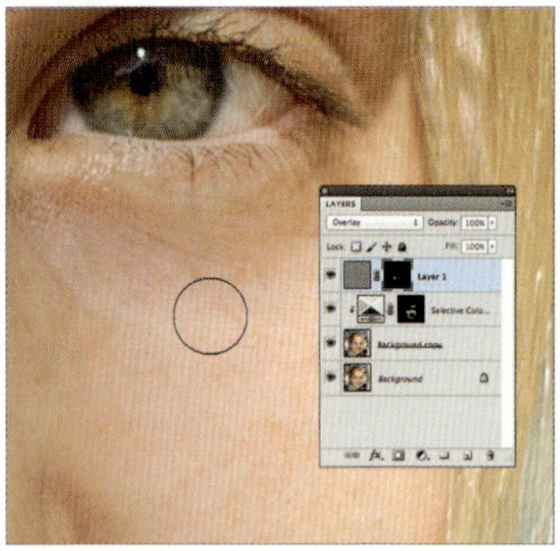

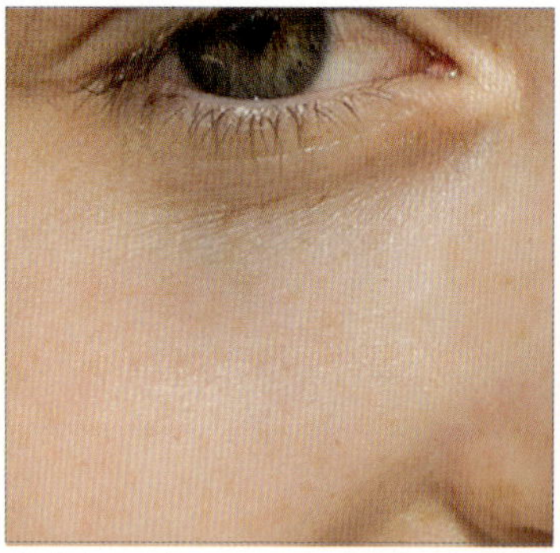

수정 전 이미지

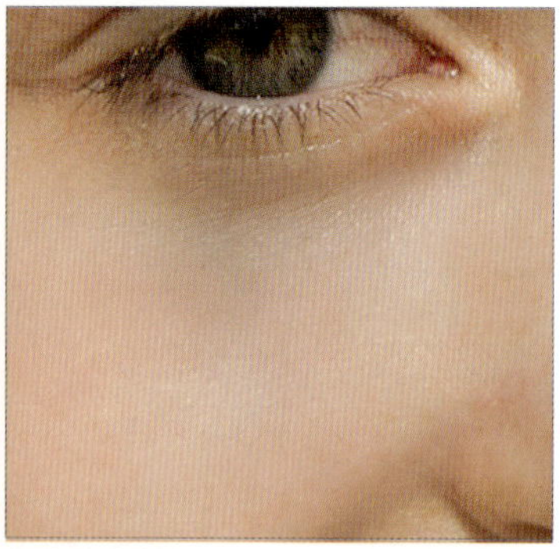

수정 후 이미지

Before

After

Lab Color 모드를 활용해 하이라이트 디테일 복구하기

디지털 사진에서는 늘 노출을 주의해야 한다. 노출에 있어 관용도가 좋은 RAW 파일이라면 Camera Raw 플러그인에서 하이라이트나 섀도우를 쉽게 복구할 수 있다. 하지만 예제 사진과 같이 JPG 파일로 촬영한 사진에 노출 오버가 있을 때 하이라이트 디테일을 복구하기는 쉽지 않다.

• **예제 사진** : cd-part4 〉ch2 〉예제파일 〉03.jpg • **완성 사진** : cd-part4 〉ch2 〉완성파일 〉03-완성.jpg

01 만약 피부의 하이라이트 디테일을 측정한 RGB 값이 250, 250, 250 이상으로 넘어가지 않았다면 어느 정도의 톤 디테일을 가지고 있다는 의미다. 만약 255, 255, 255로 나타난다면 완벽한 흰색이 되므로 복구하기어렵다.

02 채널 팔레트에서 디테일을 시각적으로 가장 먼저 확인할 수 있다. 각 채널을 선택해보면 Red 채널이 가장 심하게 손실되었고 그 다음으로 Green, Blue 순이다.

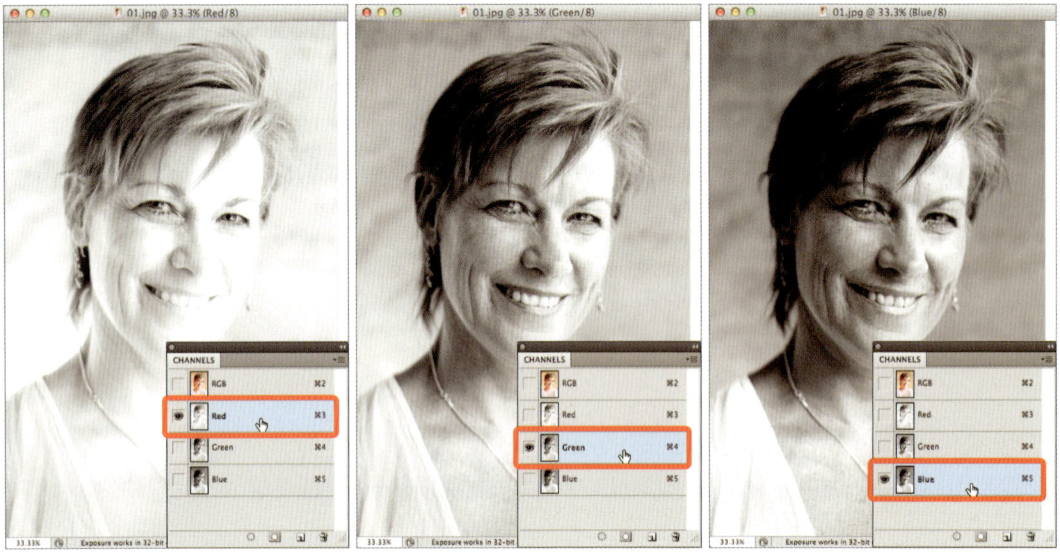

03 [Image]〉[Mode]〉[Lab Color]로 변경한다. Lab Color 모드는 밝기 채널과 색상 채널이 분리되어 있으므로 밝기만 따로 조정하기 좋다. 레이어 팔레트에서 Create new fill or adjustment layer 를 눌러 Levels 레이어를 추가한다.

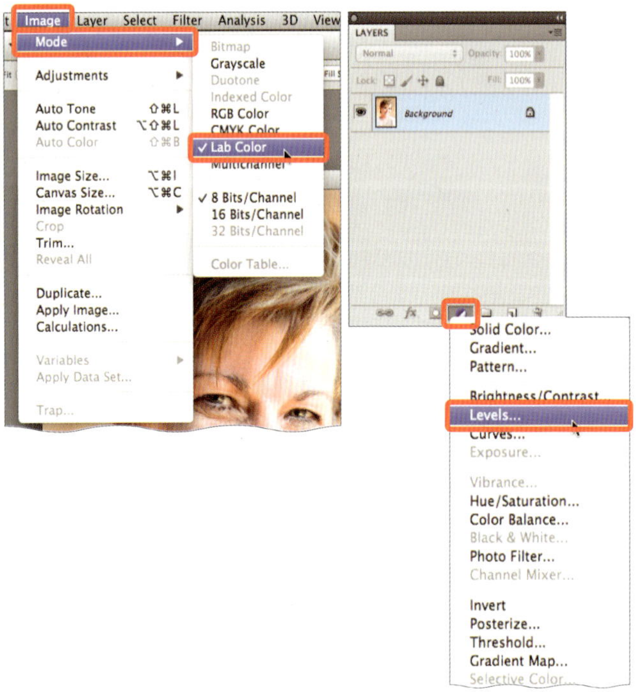

04 하이라이트 디테일을 확인하면서 Lightness 채널에서 중간 톤 슬라이더를 오른쪽으로 움직인다. 이때 색상이 변해도 상관 없다. 우리가 가져오고자 하는 것은 하이라이트의 디테일이기 때문이다. X를 눌러 전경색을 검정으로 바꾸고 Paint Bucket Tool(G)을 선택해 사진을 클릭한다. 마스크가 검은색으로 바뀌면서 효과가 사라질 것이다.

05 브러시를 선택한 후 전경색을 흰색으로 설정하고 Opacity를 10%로 조절한다.

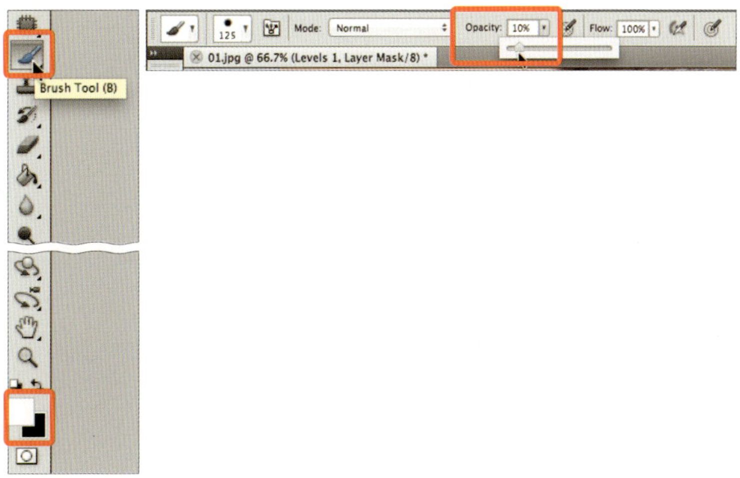

06 하이라이트 부분만 브러시로 칠해 밝기 정보를 복구한다.

07 밝기 정보를 복구한 후에 색상이 변한 것을 복구해줘야 한다. 레이어 팔레트의 Create a new layer 를 눌러 빈 레이어를 추가하고 레이어 블렌딩 모드를 Color로 변경한다.

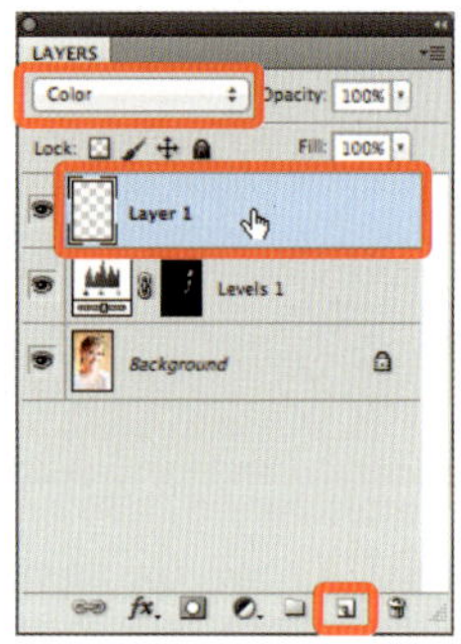

08 Brush Tool(B)을 선택하고, Alt 를 누른 채 정상적인 컬러의 피부 톤을 클릭하여 샘플링한 뒤 하이라이트 부분에 칠해준다. 한 번에 잘되지 않을 수 있으니 주변부 색상과 어울리는 색을 자주 샘플링하며 시도한다.

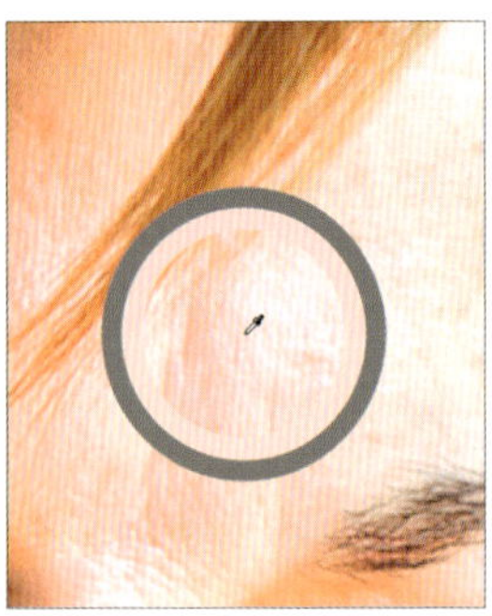

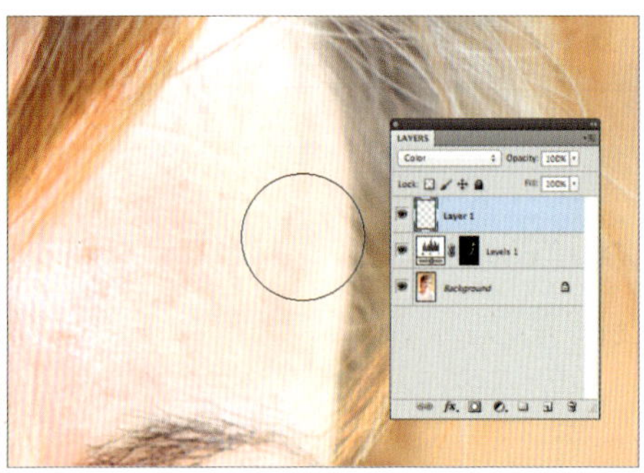

09 왼쪽이 하이라이트 디테일을 복원한 사진이고 오른쪽은 그 위에 Color 모드로 색을 입힌 사진이다. 레이어의 눈 아이콘을 껐다 켜보며 적용된 효과를 확인해본다.

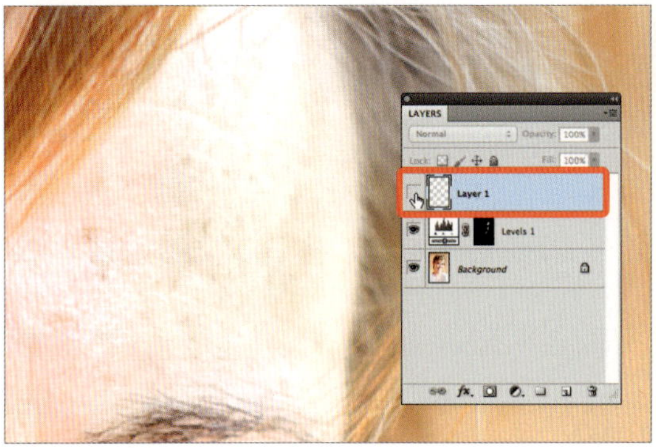

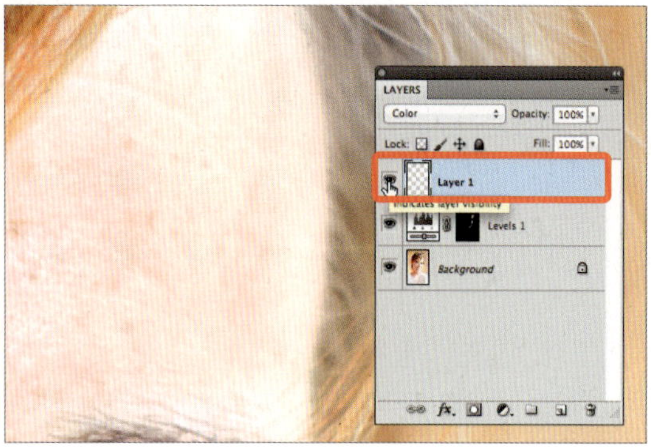

10 밝기와 색을 수정한 사진이다. 하이라이트 디테일은 복원되었으나 정상적인 피부에 비해 약간 어색하게 느껴진다. 레이어 팔레트에서 Levels 1을 클릭하여 Opacity를 조절한다.

11 전체 레이어를 합친다(Ctrl + Shift + E). 이어서 [Image]〉[Mode]〉[RGB Color]로 모드를 변경한다. Eyedropper Tool(I)로 수정한 부분의 정보를 확인해 보니 RGB 값이 252, 238, 229로 측정된다. 하이라이트 디테일이 복구된 것을 알 수 있다.

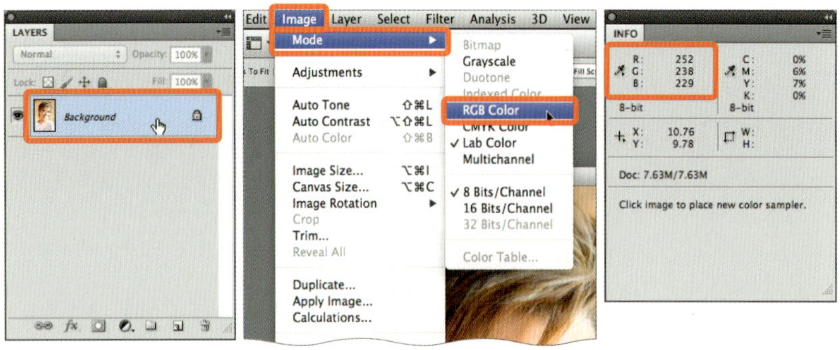

Before

After

스튜디오 배경을 깨끗하게

스튜디오의 흰색 배경에서 인물을 촬영하면 발이 닿는 아랫부분은 빛이 덜 가거나 먼지 따위가 쌓여 깔끔하지 않게 촬영되는 경우가 있다. 이 아랫부분과 위쪽의 노출을 맞추면 수정이 쉽게 될 수 있으나 인물의 발을 제외하고 작업해야 하므로 까다로운 편이다. 알파 채널을 활용하여 흰색 배경을 깨끗하게 수정해보자.

• **예제 사진** : cd-part4 〉 ch2 〉 예제파일 〉 04.jpg

01 예제 파일을 연다. 우선 채널 팔레트에서 Red, Green, Blue 채널 중 가장 대비가 심한 채널을 확인한다. 보통 Blue 채널의 대비가 가장 심하게 나타난다.

02 [Image]〉[Calculations] 메뉴를 실행한다. [Calculations]는 레이어나 채널을 각 모드별로 합치거나 더해 새로운 채널을 생성해서 작업하기 좋은 툴이다. 여기서는 가장 대비가 심한 Blue 채널에 Blue 채널을 Multiply로 입히고 그 결과를 새로운 Alpha 채널로 생성하도록 옵션을 지정했다.

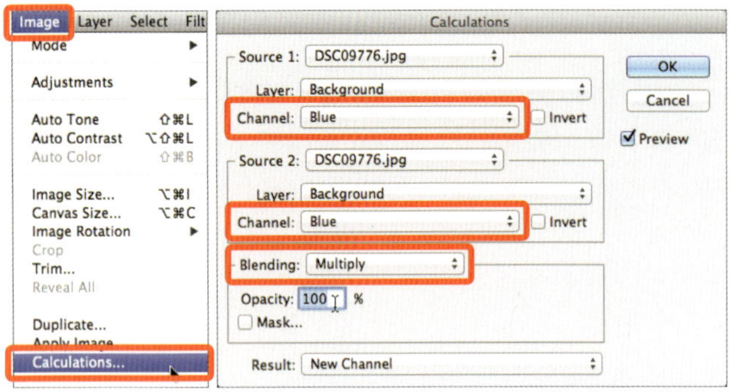

03 [Image]〉[Calculations]를 한번 더 실행해서 이번에는 Alpha 1 채널에 Alpha 1 채널을 Multiply 모드로 더해 한 번 더 강한 콘트라스트를 적용한다.

04 채널 팔레트에서 Alpha 2 채널을 선택한다. [Levels](Ctrl+L)를 실행해 콘트라스트를 더욱 강하게 만든다.

05 Quick Selection Tool(W)로 사람을 선택하면 강한 콘트라스트 효과 때문에 쉽게 선택 영역으로 만들 수 있다.

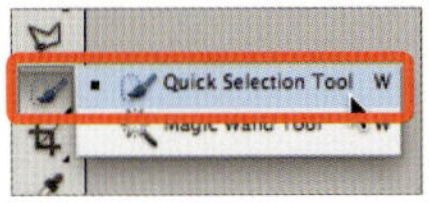

06 [Select]〉[Modify]〉[Smooth] 메뉴를 선택하여 대화상자를 띄운다. Sample Radius를 2 정도 적용해 선택 영역을 부드럽게 한다.

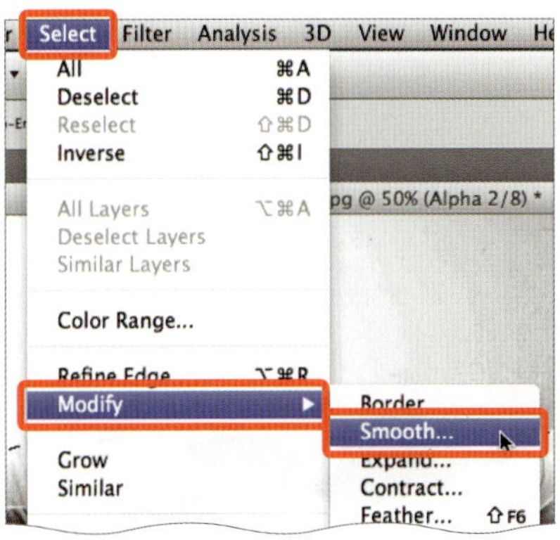

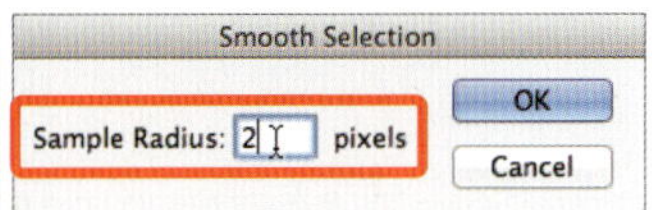

07 채널 팔레트에서 RGB 채널을 선택한다. [Select]〉[Inverse](Ctrl+Shift+I)를 실행하여 선택 영역을 반전한다.

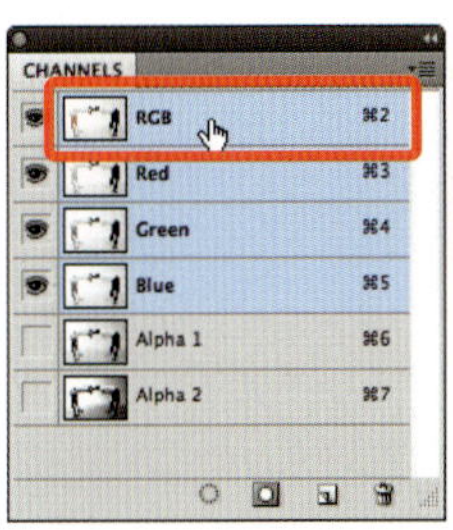

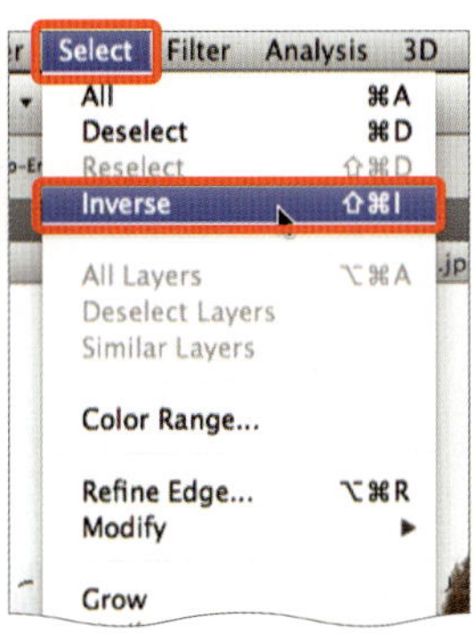

08 선택 영역을 복제(Ctrl + J)하면 흰색 배경 부분만 선택된다.

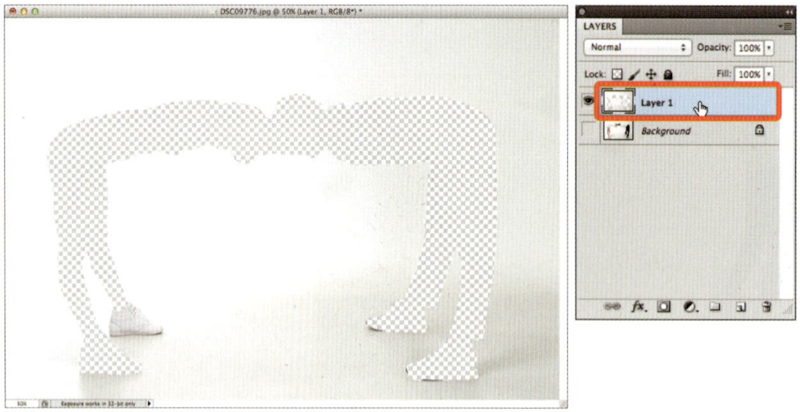

09 레이어 팔레트에서 Alt 를 누른채 Create new fill or adjustment layer 를 클릭해 Levels 레이어를 추가한다. [New Layer] 대화상자가 뜨면 Use Previous Layer to Create Clipping Mask를 체크해 흰색 배경에만 효과를 미치는 Levels 레이어를 만든다.

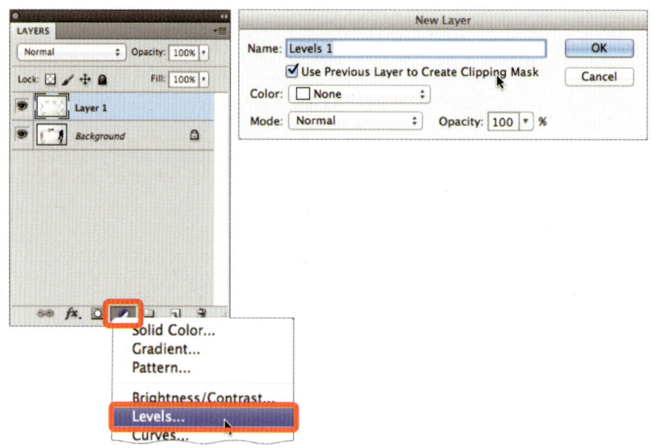

10 흰색 배경 부분을 보면서 Levels를 밝게 조정한다.

11 혹시 선택이 잘 되지 않아 배경과 함께 밝게 된 부분이 있다면 전경색을 검정으로 하고(X) Brush Tool(B)을 선택해 칠해준다.

Before

After

Refine Edge로 하는 정교한 인물 합성

포토샵 초창기 버전에서는 합성 작업을 할 때 Path Selection Tool(A)로 픽셀을 일일이 선택하여 작업해야 했다. 이런 작업을 일명 '누끼' 작업이라고 부르기도 하는데, Refine Edge 기능은 합성 작업을 좀 더 쉽고 간편하게 할 수 있도록 도와주는 툴이다. 복잡한 머리카락의 디테일이나 옷자락같이 섬세한 부분을 선택해야 할 때 Refine Edge 기능을 사용하면 브러시로 칠해주는 것만으로 쉽게 선택할 수 있다. 인물을 촬영했는데 배경이 마음에 들지 않거나 다른 배경에서 촬영한 것처럼 합성하고 싶을 때 유용하게 사용할 수 있다.

• **예제 사진 :** cd-part4 〉ch2 〉예제파일 〉05.jpg • **완성 사진 :** cd-part4 〉ch2 〉완성파일 〉05-완성.jpg

01 예제 파일은 필자의 조카를 촬영한 사진이다. 뒷배경을 다른 사진과 합성하여 야외에서 촬영한 사진처럼 만들어보도록 한다.

02 쉽게 선택 영역을 지정할 수 있는 Quick Selection Tool(W)을 이용하여 인물을 선택한다. 머리카락처럼 섬세한 부분은 [Refine Edge]를 사용하여 수정할 것이므로 너무 정교하게 선택하지 않아도 된다.

03 [Select]>[Refine Edge](Alt+Ctrl+R) 메뉴를 실행하여 대화상자를 띄운다. 왼쪽에 있는 브러시 아이콘을 선택하고 Edge Detection에서 Smart Radius에 체크한다.

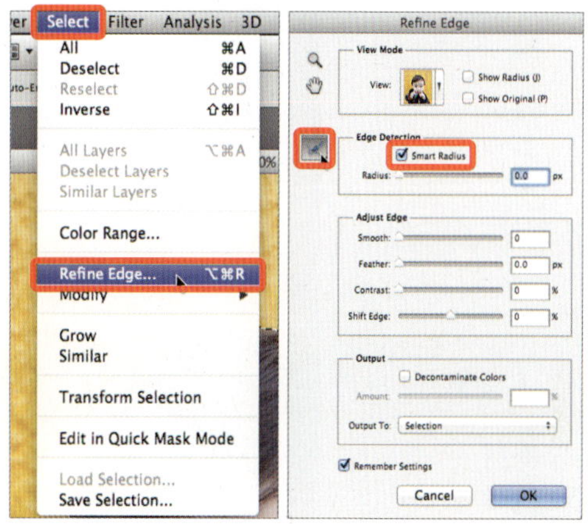

04 [Refine Edge]를 사용하는 법은 간단하다. Brush Tool(B)로 배경과 맞닿은 인물의 실루엣을 칠해주기만 하면 된다. [,]로 브러시 크기를 조절한다. 약간 넓은 브러시를 선택하는 것이 좋다.

05 브러시로 선택 작업이 끝났다면 View Mode를 변경해 잘 선택되었는지 확인할 수 있다.

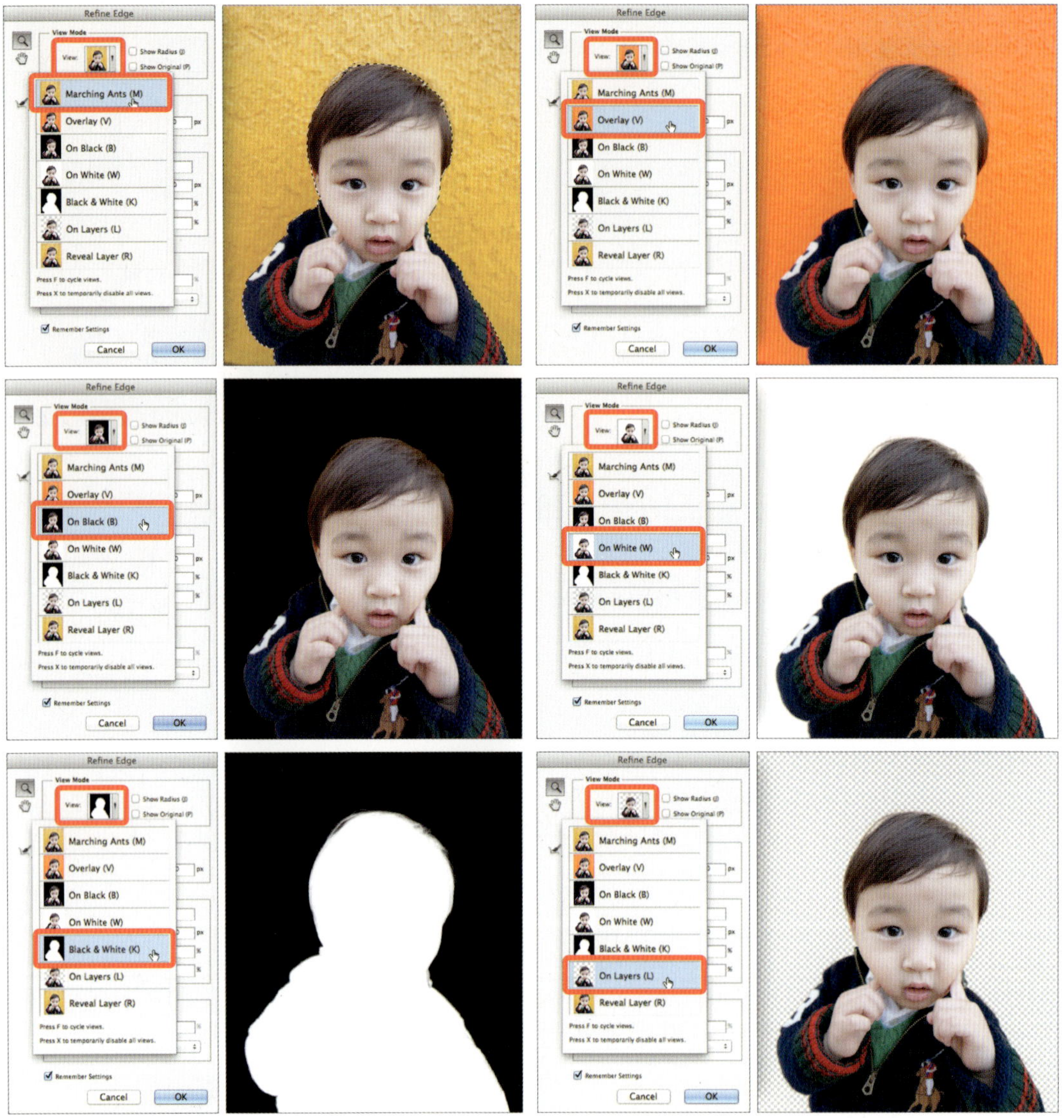

06 On Black(B) 모드에서 확인하니 머리 부분이 정교하게 선택되지 않아 다시 한번 브러시로 머리 부분을 칠해줬다. Refine Edge를 사용하여 정교하게 선택되지 않을 때는 이미지를 확대하여 여러번 선택하는 것도 한 방법이다.

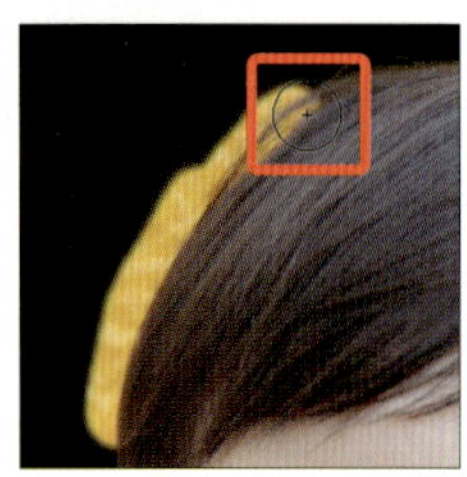

07 Refine Edge로 선택이 끝났다면 OK 버튼을 눌러 빠져나온 다음 선택된 부분을 레이어로 복제(Ctrl+J)한다.

08 Background 레이어의 눈 아이콘을 꺼둔다.

09 단풍 배경의 예제 파일 'cd-part4〉ch2〉예제파일〉06.jpg'를 불러온다.

10 [Filter]〉[Blur]〉[Gaussian Blur] 메뉴를 실행하여 대화상자를 띄우고 Radius를 20 정도 적용해 아웃 포커싱 효과를 낸다.

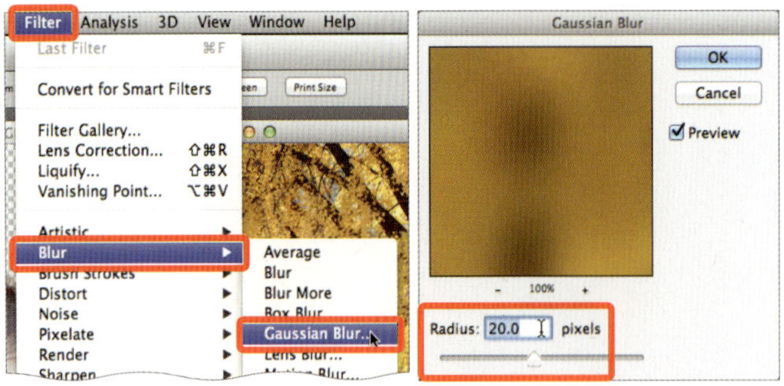

11 Move Tool(V)을 선택해 단풍 사진을 아이 사진쪽으로 드래그한다. 레이어 팔레트를 보면 Layer 2가 생성된 것을 알 수 있다.

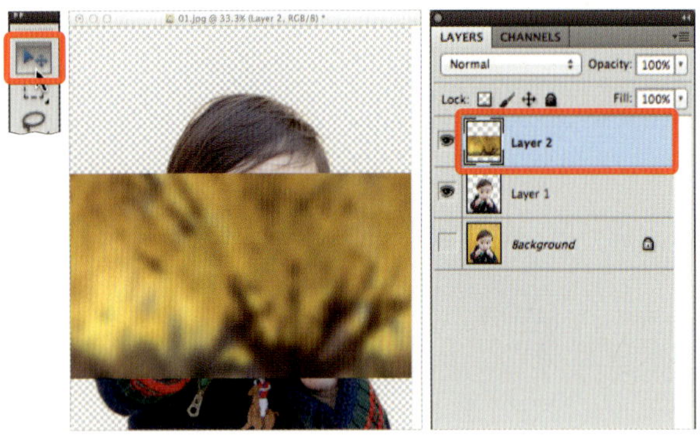

12 Layer 2를 Layer 1 아래로 드래그하여 두 레이어의 위치를 바꾼다.

13 Layer 2를 선택한다. [Edit]〉[Free Transform](Ctrl+T) 메뉴를 실행하여 배경을 캔버스에 맞게 늘려준다. 이때 Alt를 누른 채 마우스 휠을 움직여 사진을 작게 줄여 보면서 작업하면 효과적이다.

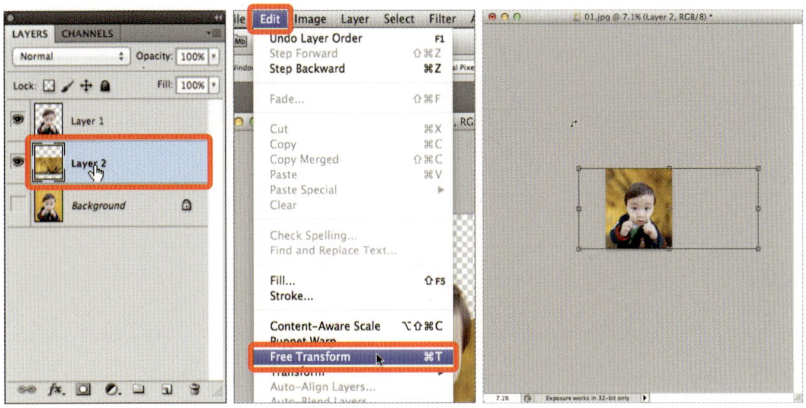

14 배경과 인물이 적절히 합성되었다.

15 서로 다른 환경과 배경의 색온도에서 촬영된 사진을 합성하면 약간 어색하게 느껴진다. Layer 1에서 Create new fill or adjustment layer 를 클릭해 Color Balance 레이어를 추가하고 Yellow 쪽으로 슬라이더를 움직여 색을 조절한다.

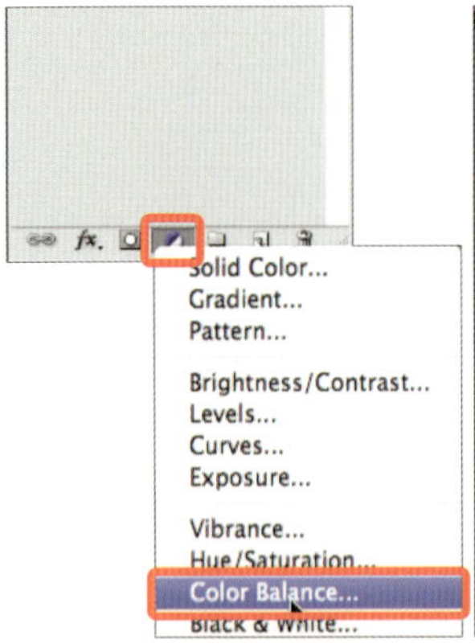

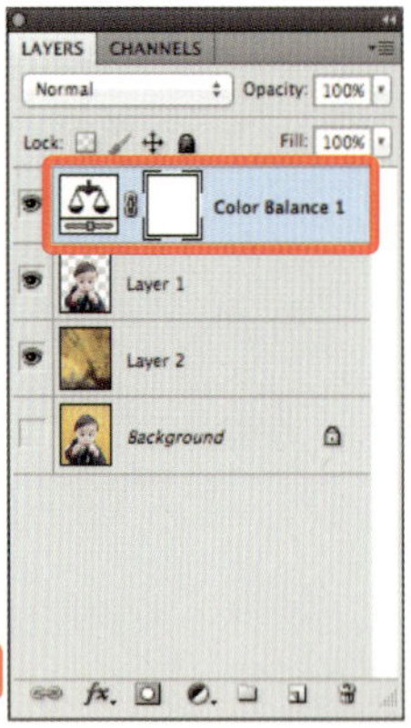

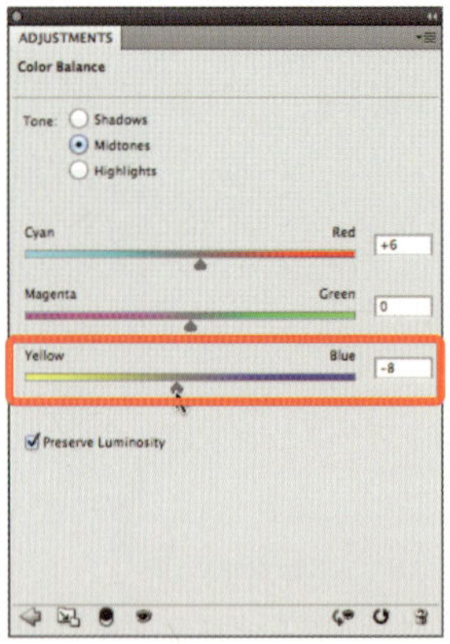

Before

After

채널 대비를 이용한 합성 작업

합성 작업을 하는 방법은 여러가지다. Path Selection Tool(A)을 이용한 선택 작업이 전통적인 합성 방법이었다면 Refine Edge를 이용한 선택 작업은 복잡하고 정교한 이미지를 선택하기에 알맞다. 모든 합성의 기본은 선택 작업에 있다. 이 책에서는 합성할 이미지를 가장 빠르고 섬세하게 선택할 수 있는 방법을 제시하고 있으니 자신의 필요에 맞는 합성 방법을 찾는 것이 중요하다. 이번에 소개할 방법은 채널의 톤 정보를 이용하는 방법이다.

• **예제 사진** : cd-part4 〉ch2 〉예제파일 〉07.jpg • **완성 사진** : cd-part4 〉ch2 〉완성파일 〉07-완성.jpg

01 외국인들에게 부채를 설명하기 위해 촬영한 기사용 사진인데, 뒷배경이 복잡해 피사체가 부각되지 않는다. 채널 팔레트에서 Red 채널을 선택해 Create a new layer 로 드래그하여 복제한다. Red copy 채널이 생성되었다.

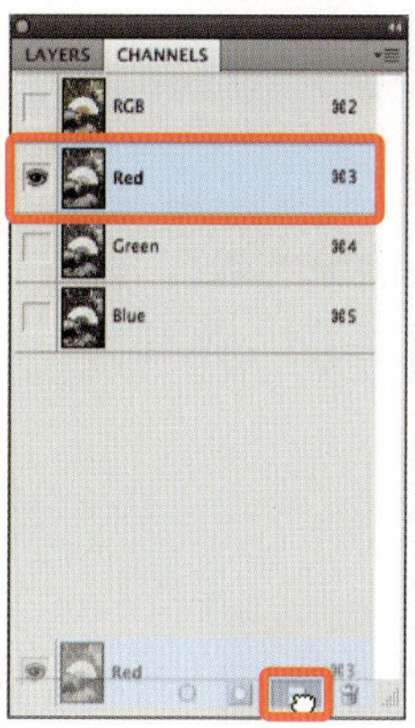

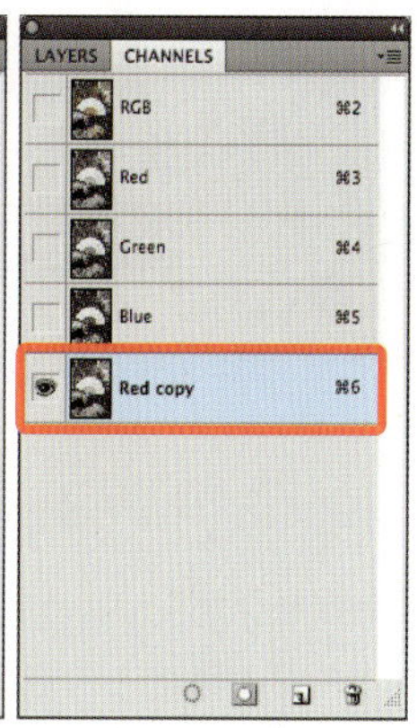

02 [Image]〉[Adjustments]〉[Invert](Ctrl + I)를 실행하여 Red copy 채널을 반전시킨다.

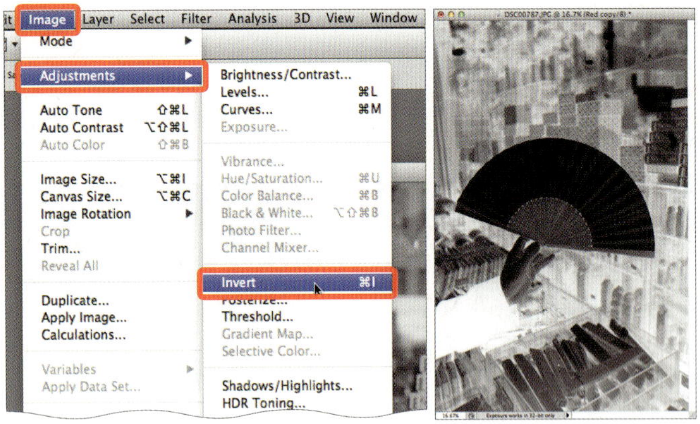

03 [Levels](Ctrl + L)를 실행하여 콘트라스트를 강하게 한다.

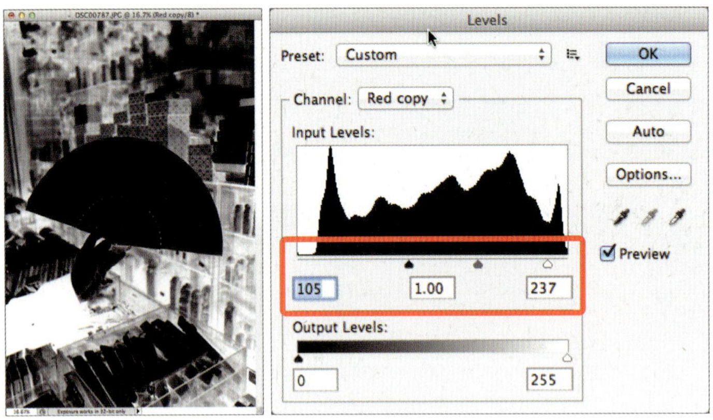

04 Quick Selection Tool(W)을 선택하고 부채와 손 부분을 선택한다.

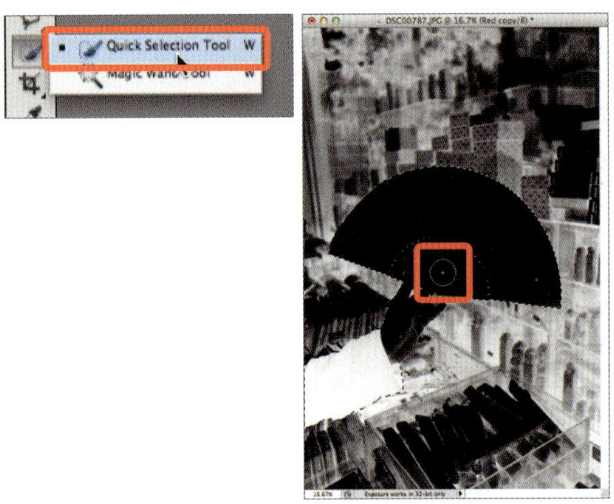

05 RGB 채널을 선택한 다음 선택된 손 부분을 레이어로 복제(Ctrl + J)한다.

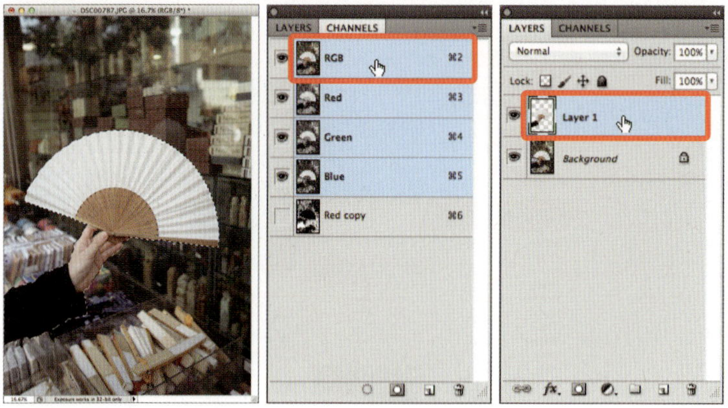

06 예제 파일 'cd-part4〉ch2〉예제파일〉08.jpg'의 한옥 이미지를 불러온다.

07 Move Tool(V)을 이용하여 한옥 이미지를 부채 이미지 쪽으로 드래그한다. Layer 2가 생성되었다.

08 Layer 1을 Layer 2의 아래로 드래그하여 위치를 바꾼다. 한옥 이미지가 담긴 Layer 2를 선택한 다음 [Filter]〉[Blur]〉[Gaussian Blur] 메뉴를 선택하여 Radius를 10 정도 적용해 아웃 포커싱 효과를 낸다.

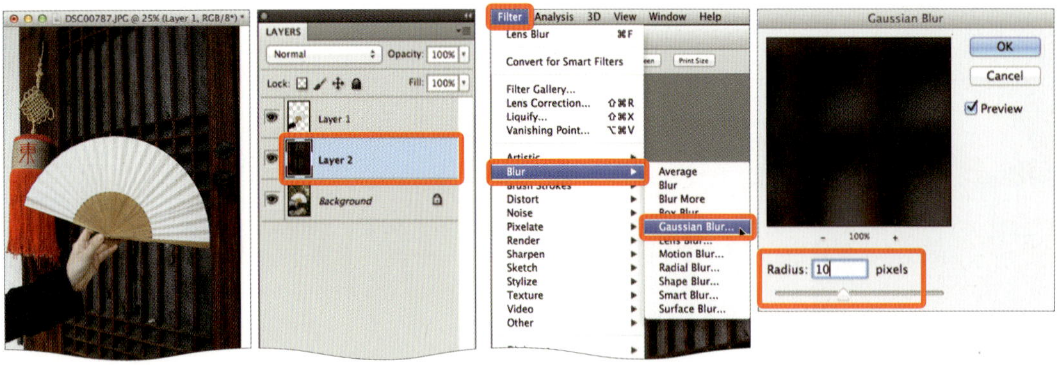

09 Free Transform(Ctrl+T)을 이용하여 부채와 배경 이미지를 적당한 크기로 조정한다.

10 레이어 팔레트에서 Create new fill or adjustment layer를 클릭해 Curves 레이어를 추가하여 콘트라스트와 색상을 수정한다.

11 이미지를 확대해서 보니 부채 이미지의 경계가 너무 선명하여 어색한 느낌이 든다. Layer 1을 선택하고 [Ctrl]을 누른 채 썸네일을 클릭하면 부채 이미지가 선택 영역으로 지정된다.

12 선택 영역을 부드럽게 하기 위해 [Select]〉[Modify]〉[Smooth] 메뉴를 실행한다. 대화상자가 뜨면 Sample Radius에 4를 적용한다.

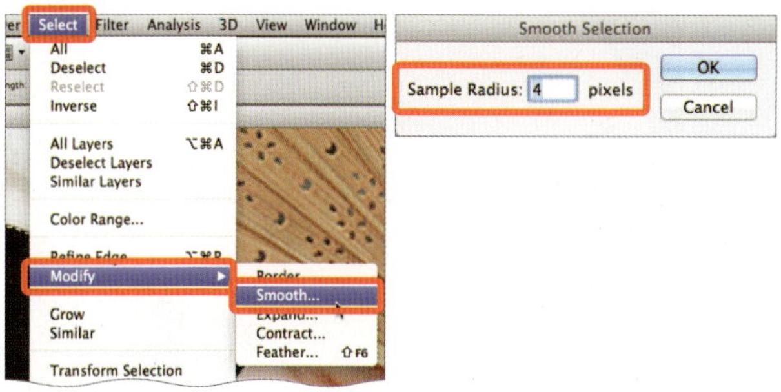

13 Blur Tool을 선택하고 옵션 바에서 Strength를 15%로 설정한다.

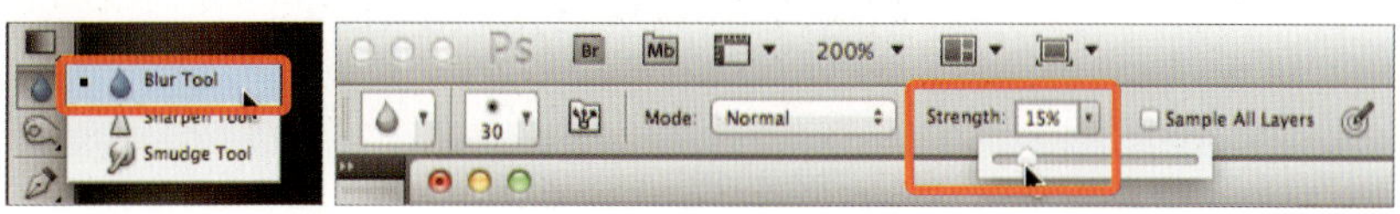

14 Blur Tool로 선택된 경계 부분을 칠해주면 경계가 부드러워진다.

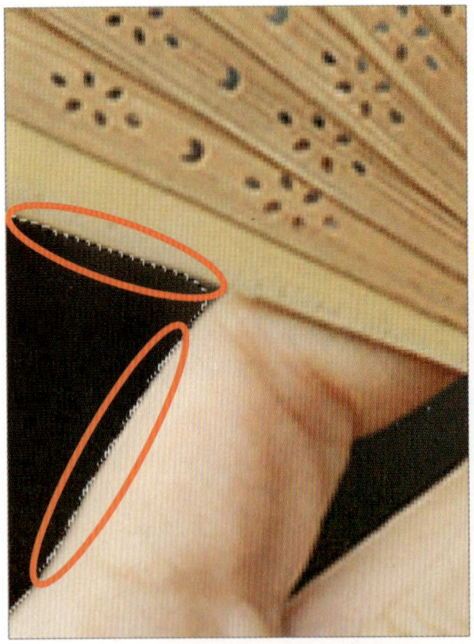
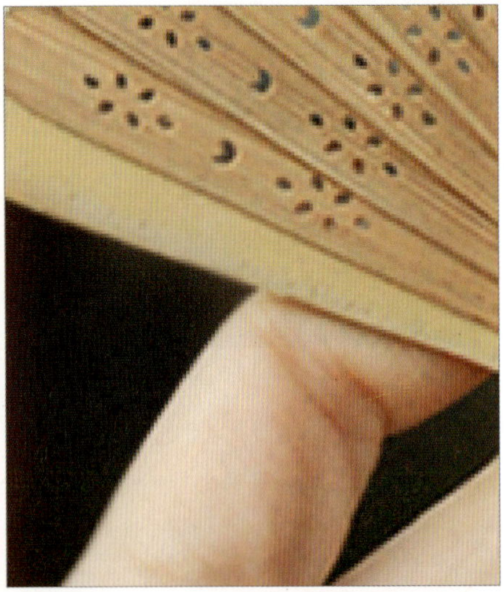

Before

After

아름다운 역광 사진을 만드는 Lens Flare 효과

역광 촬영시 발생하는 렌즈 플레어 효과는 이미지를 흐릿하게 만드는 요인이 된다. 하지만 인물을 촬영할 때 오히려 그 효과를 이용하여 따뜻하고 부드러운 느낌을 얻을 수 있다. 렌즈 플레어(Lens Flare)를 이용해 촬영할 때는 프레임 끝에 해를 살짝 걸치는 듯한 느낌으로 촬영하면 된다. 포토샵에서는 Lens Flare 필터로 이와 같은 효과를 줄 수 있으며, 역광으로 촬영한 사진에서 빛이 들어오는 방향으로 배치했을 때 효과가 좋다.

• **예제 사진 :** cd-part4 〉ch2 〉예제파일 〉09.jpg

01 반역광의 빛과 플레어를 이용해 촬영하긴 했지만 조금 약하게 느껴진다. 좀 더 따뜻한 느낌을 더해보자. [Select]〉[Color Range] 메뉴를 실행하여 Highlights 영역을 선택한후 OK를 누른다.

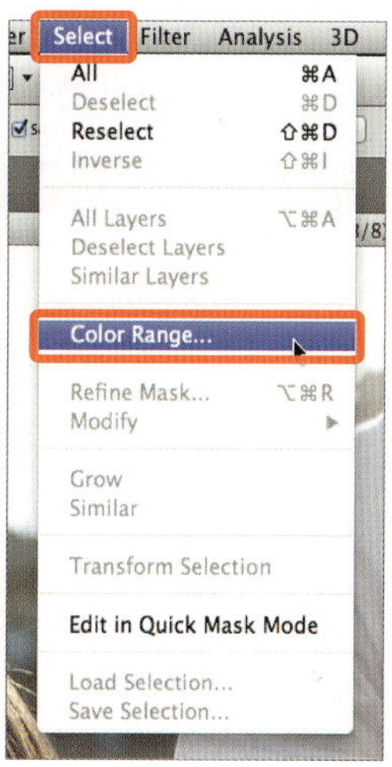

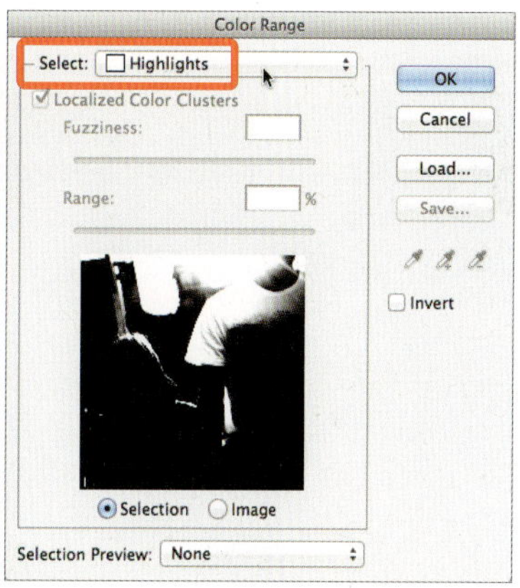

02 [Select]〉[Modify]〉[Feather](Shift + F6) 메뉴를 실행하여 대화상자를 띄운다. Feather Radius를 30 정도 적용하여 선택 영역의 경계를 부드럽게 한다.

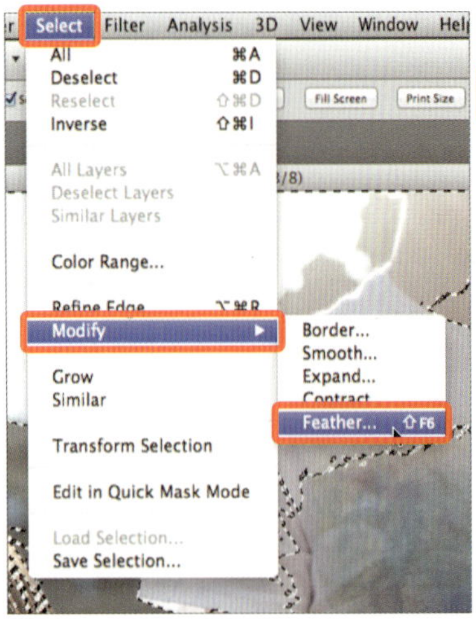

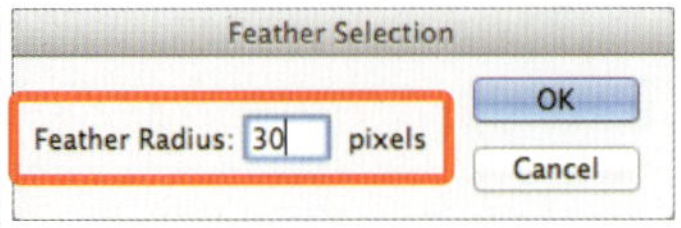

03 선택된 하이라이트 영역을 레이어로 복제(Ctrl + J)한다. [Layer]〉[Smart Objects]〉[Convert to Smart Object] 메뉴를 실행하여 복제된 레이어를 스마트 오브젝트로 변경한다. 스마트 오브젝트로 변경하면 필터 효과를 줬을 때 스마트 필터가 적용되기 때문에 적용 효과를 보면서 재수정할 수 있다.

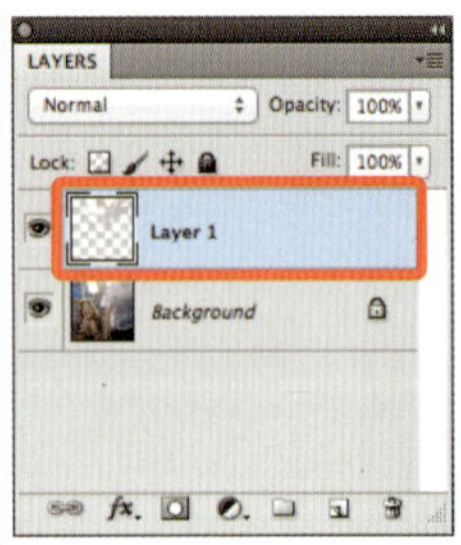

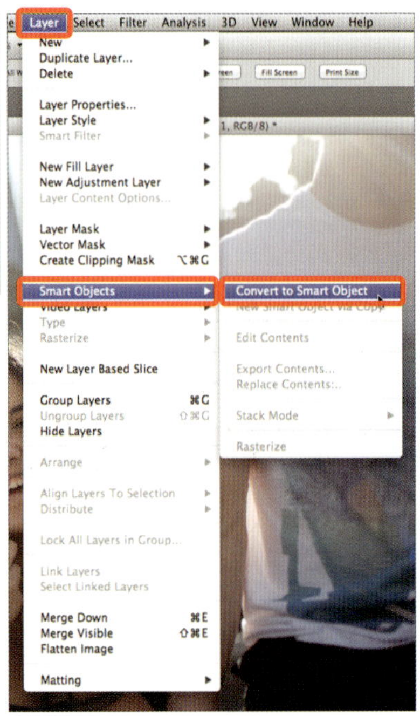

04 [Filter]>[Render]>[Lens Flare] 메뉴를 실행하여 렌즈 플레어 효과를 더한다. 이때 빛의 방향을 지정할 수 있으므로 미리 보기 화면을 보면서 원하는 지점에 클릭하자. 여기서는 빛이 들어오는 오른쪽 상단을 선택했다. 렌즈 플레어에서는 50-300mm Zoom, 35mm Prime, 105mm Prime, Movie Prime의 네 가지 렌즈 타입을 선택할 수 있다. 또 Brightness로 밝기를 조절하여 빛의 강도를 지정할 수 있다. 여기서는 35mm Prime으로 선택하여 일반 표준 렌즈에서 나타나는 렌즈 플레어 효과를 주었다.

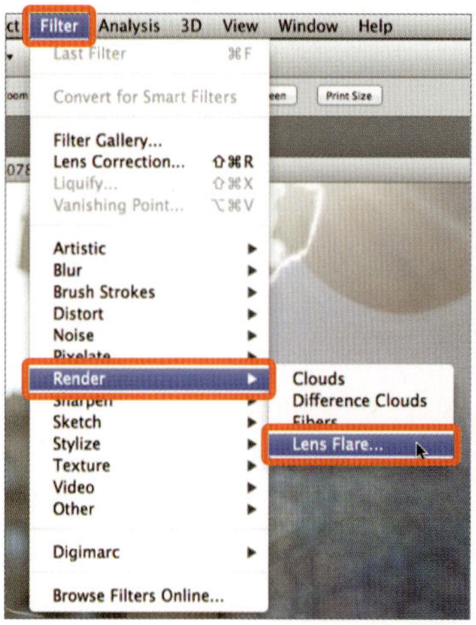

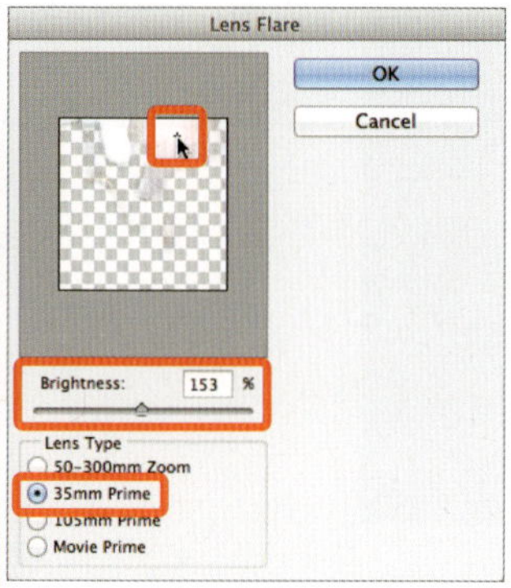

05 Alt 를 누른 채 Create new fill or adjustment layer 를 클릭해 Photo Filter 보정 레이어를 추가한다. 대화상자가 뜨면 Use Previous Layer to Create Clipping Mask에 체크한다.

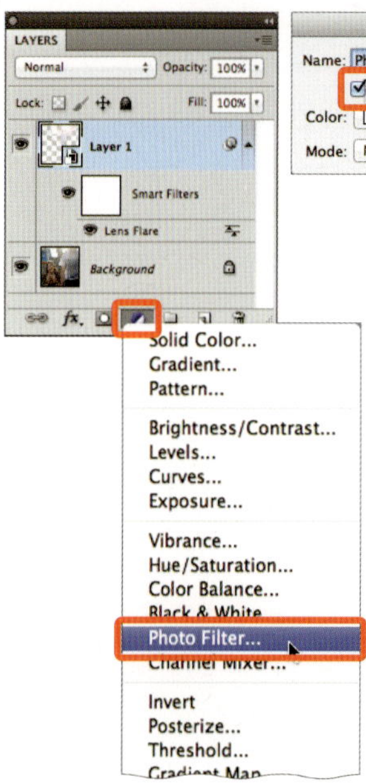

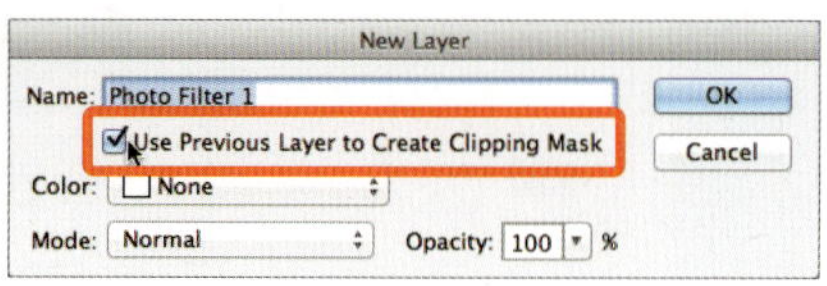

06 Photo Filter의 필터 중 Warming Filter(81)을 적용하여 렌즈 플레어 효과를 더했다.

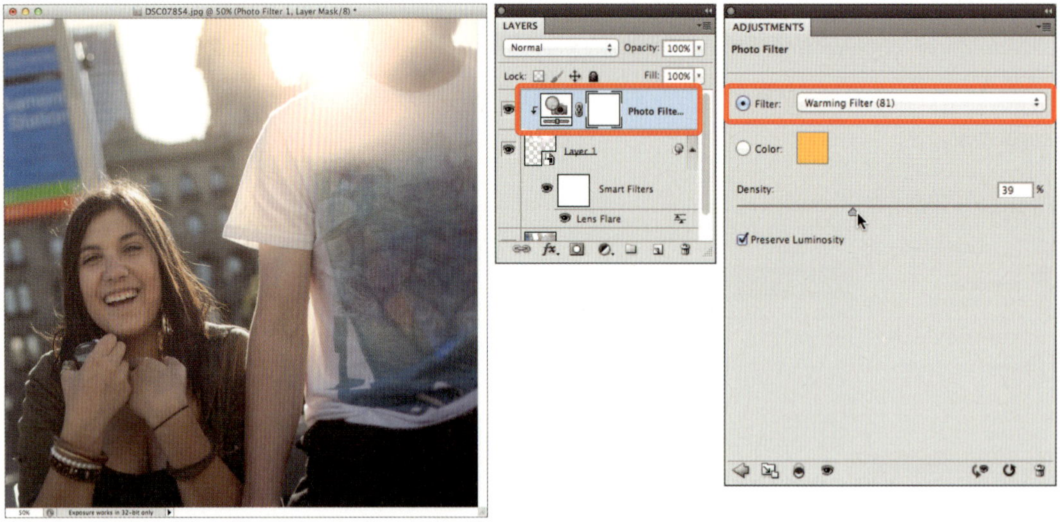

07 스마트 필터로 지정된 Lens Flare 레이어를 더블클릭하면 효과를 재수정할 수 있다.

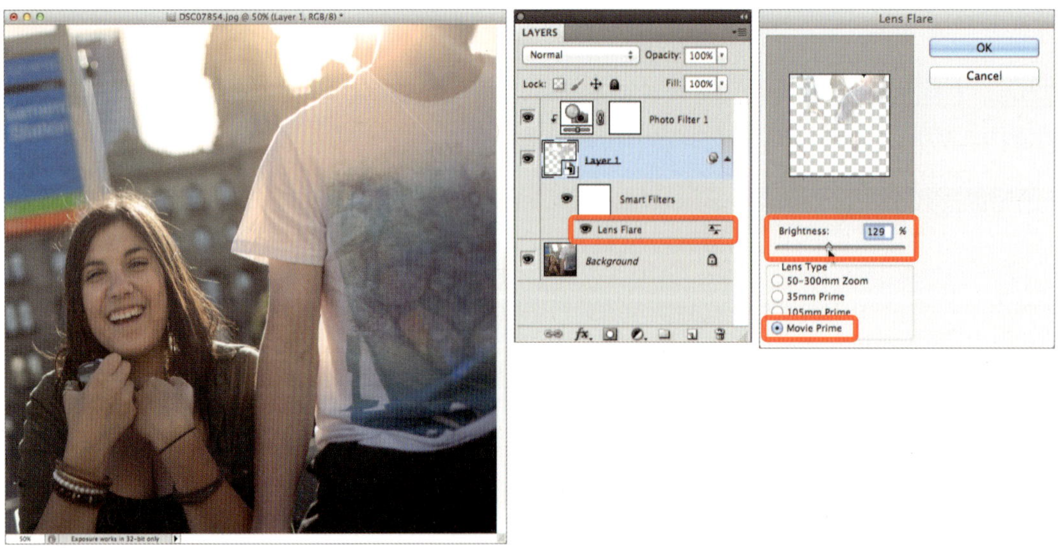

감성적인 파스텔 톤 사진 만들기

사진 느낌에 어울리는 색이 있다. 그 색은 보는 사람의 감성을 자극한다. 슬라이드 필름처럼 어둡고 강렬한 톤에서 오는 강한 느낌의 사진이 있는가 하면, 네거티브 필름처럼 부드러운 톤에서 오는 감성적인 느낌이나 여성적인 느낌이 어울리는 사진도 있다. 노출을 약간 오버시키고 조리개를 개방하여 밝은 느낌의 사진을 담은 뒤 포토샵에서 파스텔 톤 컬러를 입히면 나만의 감성적인 사진을 만들 수 있다.

· **예제 사진 :** cd-part4 〉ch2 〉예제파일 〉10.jpg · **완성 사진 :** cd-part4 〉ch2 〉완성파일 〉10-완성.jpg

01 파란 하늘과 구름, 하늘을 향해 곰 인형의 팔을 활짝 벌린 여성의 모습이 밝은 느낌 주는 사진이다. 이 사진을 파스텔 톤의 사진으로 만들어보자.

02 먼저 할 일은 어두운 부분의 톤을 밝게 해주는 일이다. [Alt]+[Ctrl]+[2]를 눌러 밝기 정보를 선택한 다음, [Ctrl]+[Shift]+[I]를 실행하여 선택 영역을 반전시켜 어두운 영역을 선택한다. 선택한 어두운 영역을 레이어로 복제([Ctrl]+[J])한다.

03 [Levels]([Ctrl]+[L])를 실행하여 Output Levels의 검은색 슬라이더를 오른쪽으로 이동하면 블랙 톤의 농도를 조절할 수 있다.

04 Input Levels의 중간 톤 슬라이더를 왼쪽으로 이동하여 전체적으로 밝고 부드러운 톤의 사진으로 수정했다.

05 Create a new layer 를 눌러 빈 레이어를 하나 추가한다. Paint Bucket Tool(G)을 선택하고 전경색을 클릭한다.

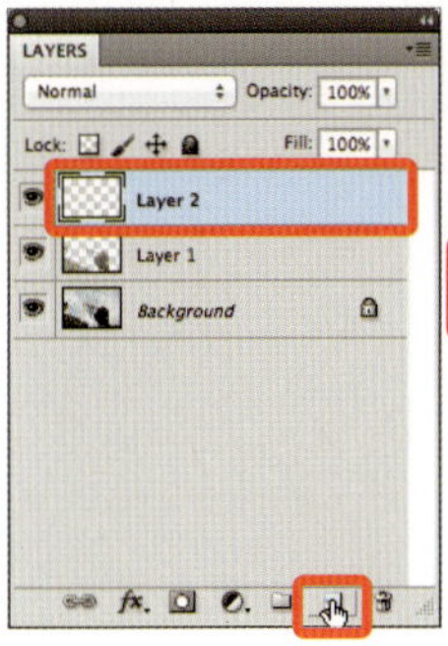

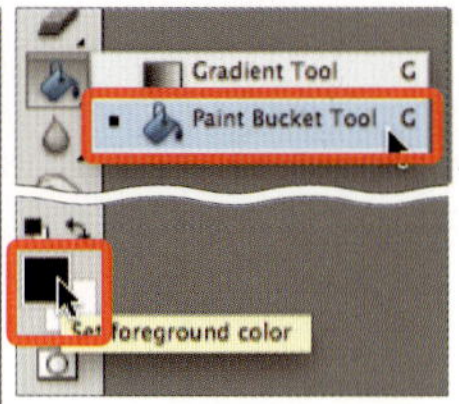

06 Color Picker 창이 나타나면 전경색을 원하는 대로 선택한다. 자신이 만들고 싶은 파스텔 톤을 화면에서 클릭하면 Color Picker에 반영된다. 이 사진에서는 곰인형의 노란색 부분을 클릭했다.

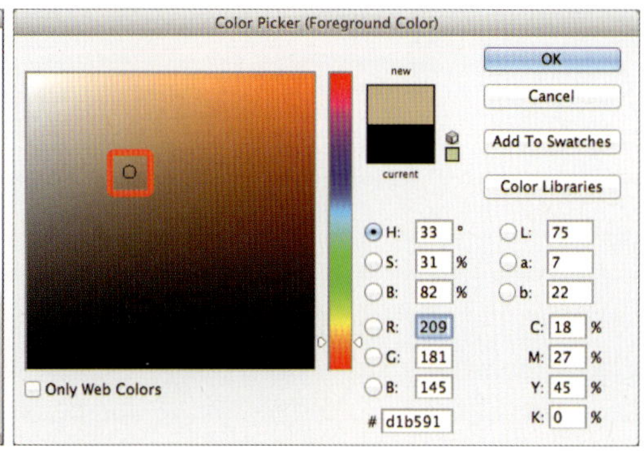

07 가장 상단의 흰색과 인접한 부분을 선택하면 파스텔 톤이 선택된다. 파스텔 컬러는 보통 원색에 흰색을 다량 섞어서 사용한다. OK 버튼을 누른다. Paint Bucket Tool(G)로 화면을 클릭하면 파스텔 톤이 채워진다.

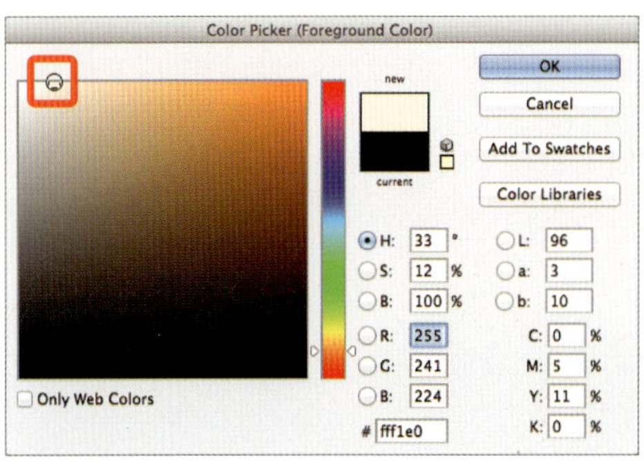

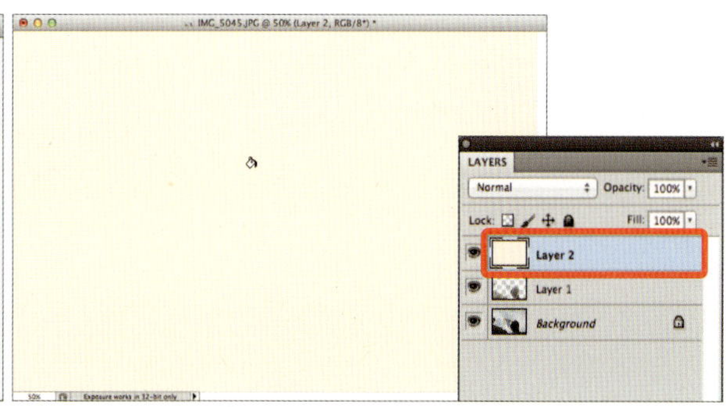

08 Layer 2의 블렌딩 모드를 Color Burn으로 지정하면 파스텔 색상이 사진에 입혀진다.

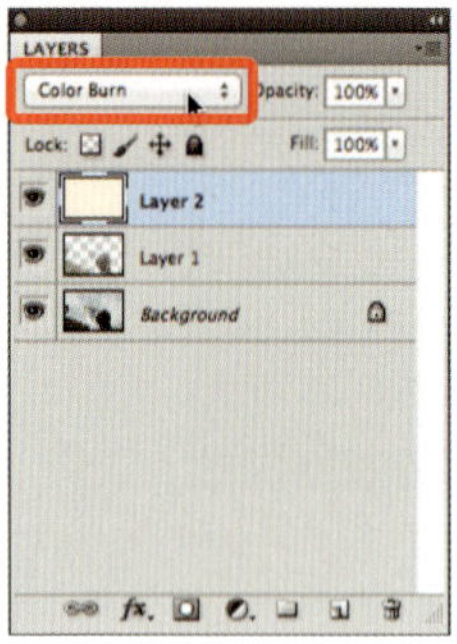

09 Alt를 누른 채 Create new fill or adjustment layer 를 클릭해 Hue/Saturation을 선택하여 대화상자를 띄운다. Use Previous Layer to Create Clipping Mask에 체크하고 OK 버튼을 누르면 Hue/Saturation 레이어가 추가된다.

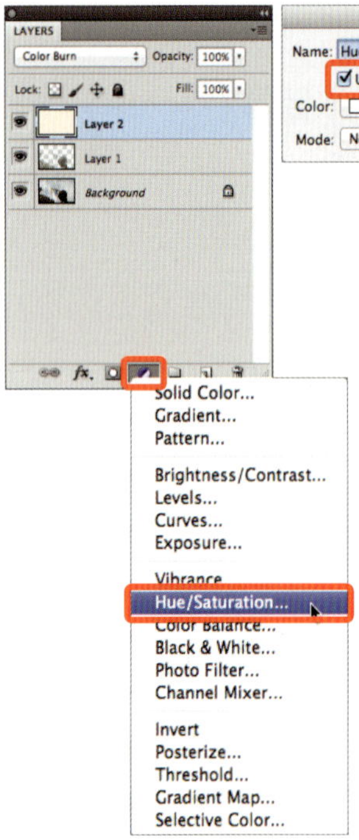

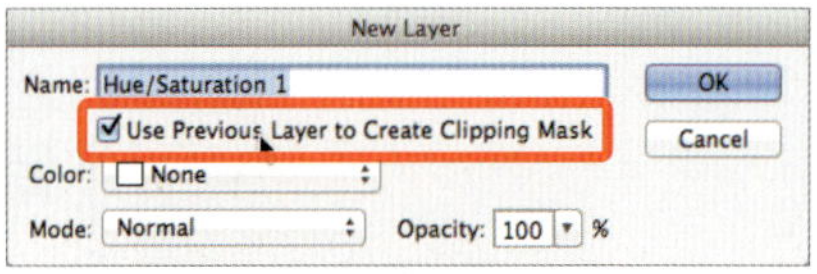

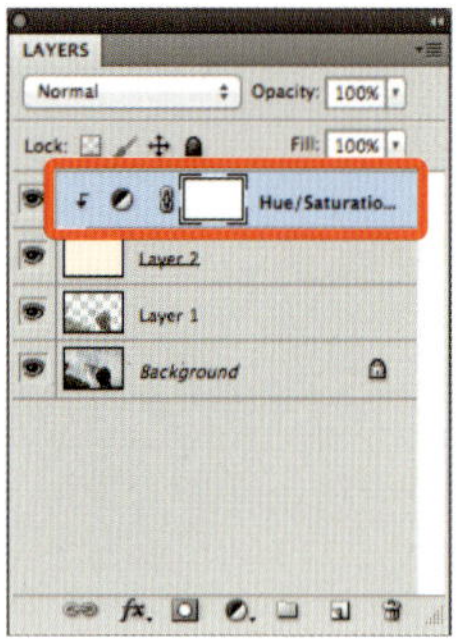

10 마우스로 Hue 값을 이동하면 원하는 파스텔 톤의 사진을 쉽게 만들 수 있다.

11 마지막으로 Curves를 추가하여 콘트라스트를 살짝 올려주면 훨씬 자연스럽다.

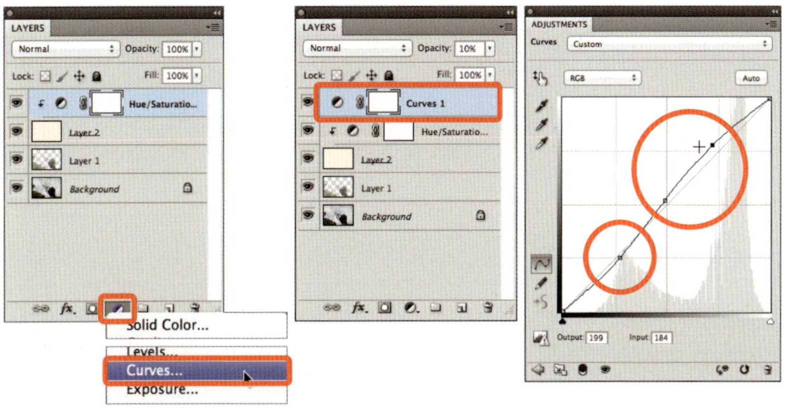

Before

After

(Chapter) 03

풍경 사진 고급 수정법

현대의 풍경 사진은 단순히 풍경 자체만으로 아름다움을 표현하지 않는다. 사진작가가 작품을 만드는 과정에 적극적으로 개입하여 충분한 아이디어를 담고 계획을 세워 만들어낸다. 어떤 사진은 더 좋은 디테일과 계조를 확보하기 위해서 HDR(High Dynamic Range) 기법을 써서 톤을 극대화하기도 한다. 풍경을 분할 촬영한 뒤 한 장으로 만들어 카메라의 해상력을 수십 배 더하는 파노라마 사진도 있다. 또 풍경에 작가의 감성과 느낌을 담은 개성 있는 컬러를 더해 독특한 사진을 만들기도 한다. 많은 사진작가들이 항상 자신의 사진을 차별화할 수 있는 전략을 세우고 사진이 스스로 말할 수 있도록 해석하고 수정하는 작업에 많은 열정을 쏟아 붓는다.

풍경 사진 고급 수정법에서는 풍경의 디테일을 극대화하거나 풍경 사진을 찍으면서 발생하는 문제, 풍경 사진에서 의미를 확장하기 위한 방법들을 제시하고자 한다. 물론 풍경 사진뿐 아니라 인물 사진, 도시 풍경 등 여러분이 응용할 만한 기법들이 많이 있다. 다양한 풍경 사진 수정의 세계로 떠나보자.

와이드 프레임으로 변환하기

일반 디지털카메라로 파노라마 와이드 프레임 촬영을 할 때는 한번에 여러 컷을 촬영해야 하고 움직이는 물체가 있거나 셔터 속도가 떨어지는 상황에서는 꼭 삼각대를 사용해야 하는 단점이 있다. 하지만 포토샵에서는 한 장의 사진이라도 선택 툴을 이용해 쉽게 와이드 프레임으로 변환할 수 있다.

• **예제 사진** : cd-part4 〉ch3 〉예제파일 〉01.jpg • **완성 사진** : cd-part4 〉ch3 〉완성파일 〉01-완성.jpg

01 촬영한 그대로도 아름다운 사진이지만 이 사진을 포스터의 배경 소스로 쓰거나 그래픽 이미지로 사용하고자 할 때, 파노라마 카메라로 촬영한 듯한 와이드프레임으로 바꾸어준다면 더 훌륭한 소스가 될 것이다.

02 먼저 [Image]>[Canvas Size](Alt+Ctrl+C) 메뉴를 실행하여 캔버스 크기를 변경한다. 대화상자가 열리면 크기를 확인하고 확대하고 싶은 만큼 숫자를 입력한다. 여기서는 Width를 20cm로 입력한다. 늘리고자 하는 방향으로 Anchor를 선택한다.

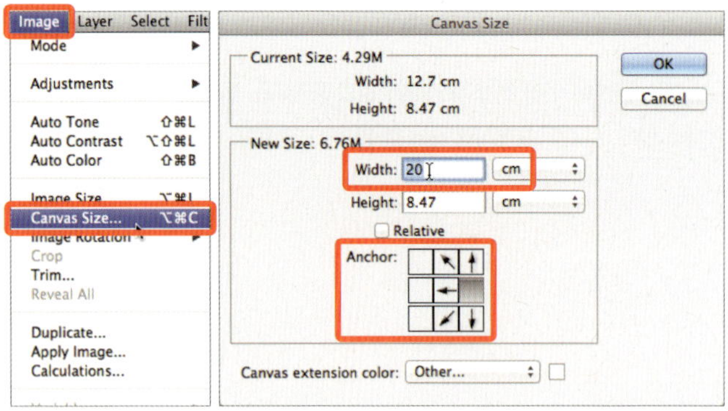

03 캔버스가 늘어난 만큼 흰색의 빈 구역이 생긴다. 이 부분을 오른쪽 이미지를 이용해서 차츰 넓혀본다. 넓게 하기 위해 마우스를 스크롤해 이미지를 약간 작게 보면 좋다.

04 정사각형의 Marquee Tool(M)을 선택하고 화면의 왼쪽 끝에서 오른쪽의 늘릴 부분까지 선택한다. 선택한 영역을 레이어로 복제(Ctrl + J)한다.

05 [Edit]>[Free Transform](Ctrl + T)을 이용하여 왼쪽으로 약간 늘려주고 레이어를 합친다(Ctrl + E).

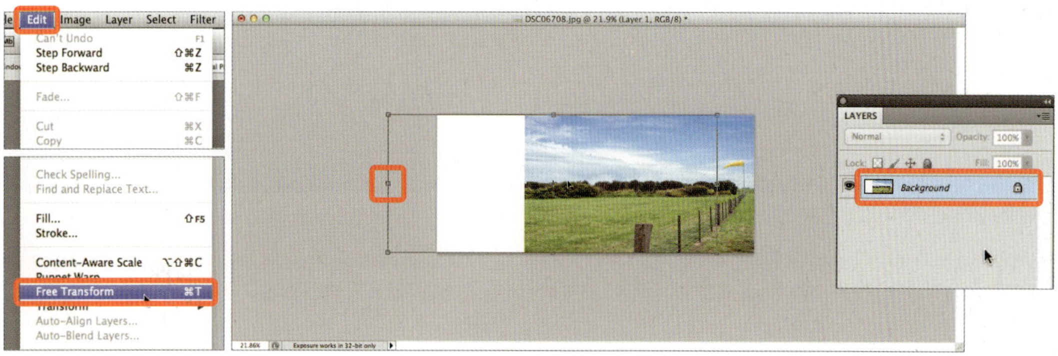

06 역시 같은 방법으로 넓은 영역을 Marquee Tool(M)로 선택하여 레이어를 복제(Ctrl + J)한 다음, [Free Trans-form](Ctrl + T)을 이용해 왼쪽으로 조금 늘려준다.

07 눈썰미 있는 독자들은 눈치챘겠지만 반복되는 효과로 사진을 조금씩 늘리면서 실제 촬영된 것처럼 만드는 작업을 진행했다. 한번에 큰 영역을 선택해 늘려주면 쉽겠지만 그만큼 어색한 효과를 내기 때문에 영역을 조금씩 확장하여 이미지를 늘려주는 것이다.

수정 후 이미지

Lab Color를 이용한 빈티지한 색감 만들기

포토샵에서 콘트라스트를 조정하거나 샤프니스 작업 등을 할 때 미세하게 컬러가 변화되는데 Lab 컬러 모드는 밝기 채널 L과 a, b 색상 채널로 분리되어 있기 때문에 컬러만 따로 조정하거나 밝기만 따로 조정하기 좋은 모드다. a 채널에서는 녹색과 빨간색, b 채널에서 파란색과 노란색을 조절할 수 있으며 콘트라스트나 밝기를 조절할 때는 색상에는 전혀 영향을 미치지 않는 L 채널을 이용해 작업할 수 있다.

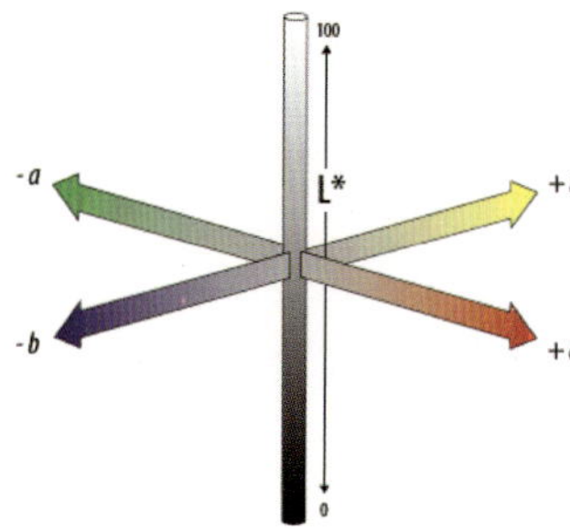

• **예제 사진** : cd–part4 〉ch3 〉예제파일 〉02.jpg • **완성 사진** : cd–part4 〉ch3 〉완성파일 〉02–완성.jpg

01 예제 사진을 Lab 컬러 모드를 사용하여 오래된 풍경의 느낌이 나도록 빈티지한 색감으로 바꿔보자. Lab 컬러 모드로 변환하는 방법은 간단하다. [Image]〉[Mode]〉[Lab Color] 메뉴를 실행하여 모드를 바꾸면 된다. RGB Color에서 Lab Color로 이동할 때 색상 손실 등은 전혀 없다.

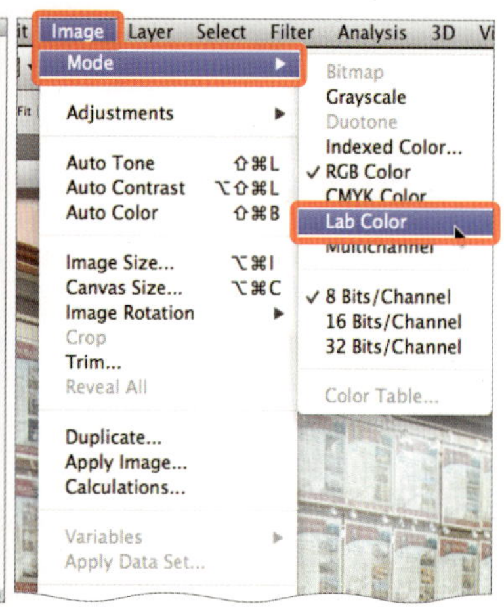

02 [Curves](Ctrl+M)를 열면 Lightness 채널이 먼저 보인다. 섀도우 쪽의 디테일을 향상하기 위해 아래 왼쪽 부분을 위로 당겨주었고 전체 밝기 조정을 위해 중간 부분을 위로 올려주었다.

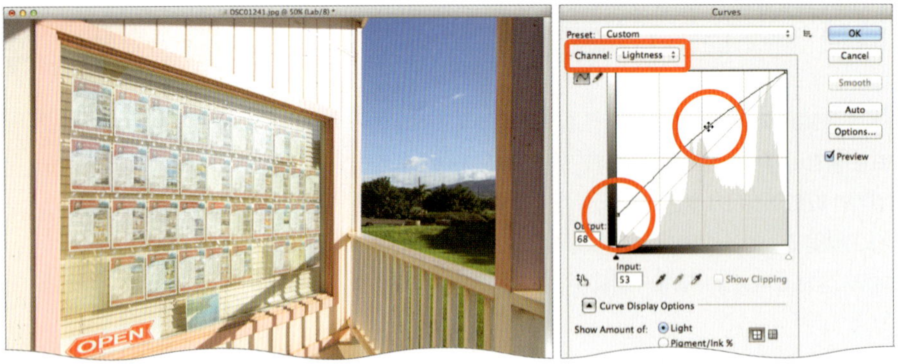

03 a, b 채널을 이용하여 하이라이트와 섀도우 영역에 서로 다른 색조를 조합하여 입체감 있는 컬러로 바꾸는 작업을 진행한다. a 채널을 선택하고 하단부를 아래로 당겨주자 Green이 첨가된다.

04 a 채널의 상단 부분을 위로 올려주면 Red가 첨가된다.

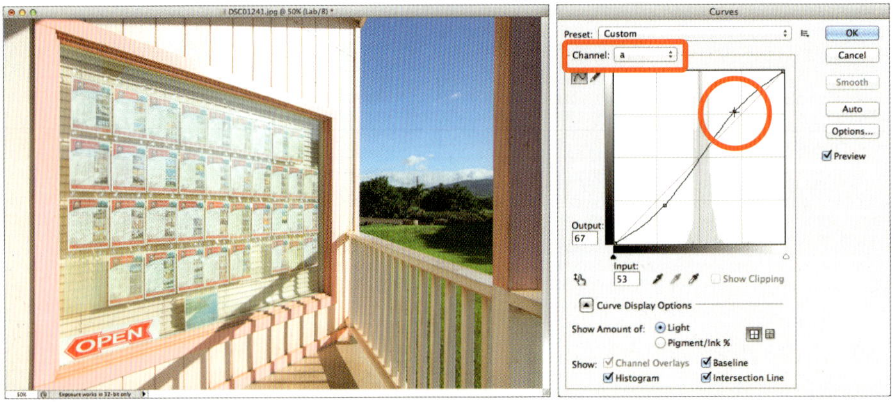

05 b 채널을 선택하고 하단 부분을 위로 올려주면 Yellow가 첨가된다.

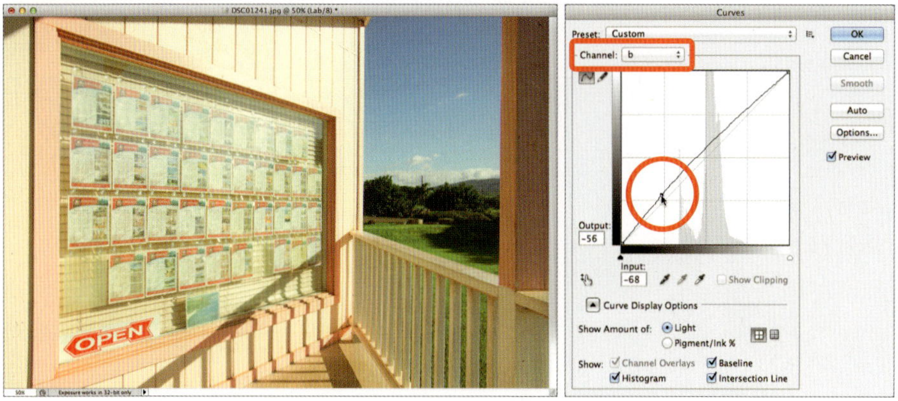

06 b 채널의 상단 부분을 아래로 내려주면 Blue가 첨가된다.

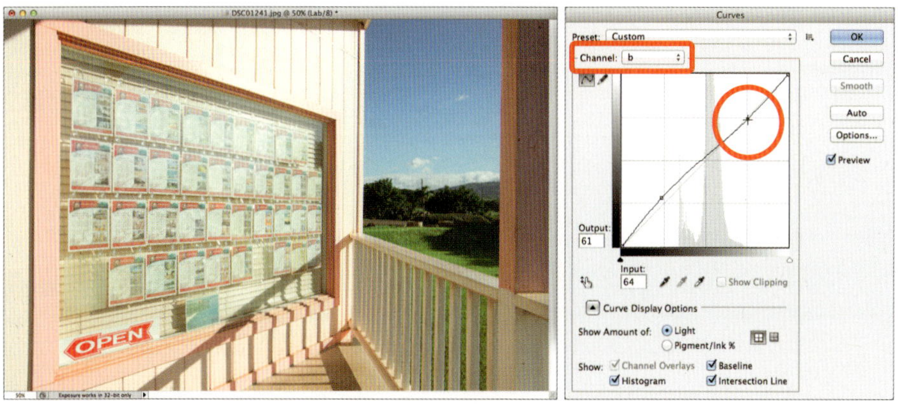

07 [Hue/Saturation](Ctrl + U)을 열어 손가락 모양 아이콘을 클릭한다.

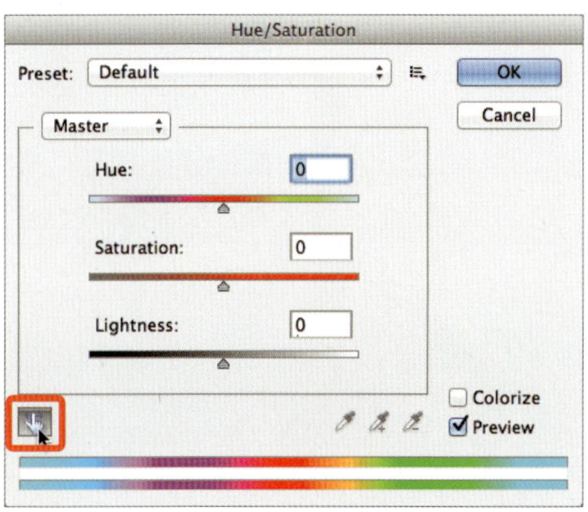

08 하늘 부분의 색조를 바꾸어보자. 하늘 부분을 클릭하여 색상을 선택한 다음 Hue를 변화시켜 Cyan이 첨가된 컬러로 변화시킨다.

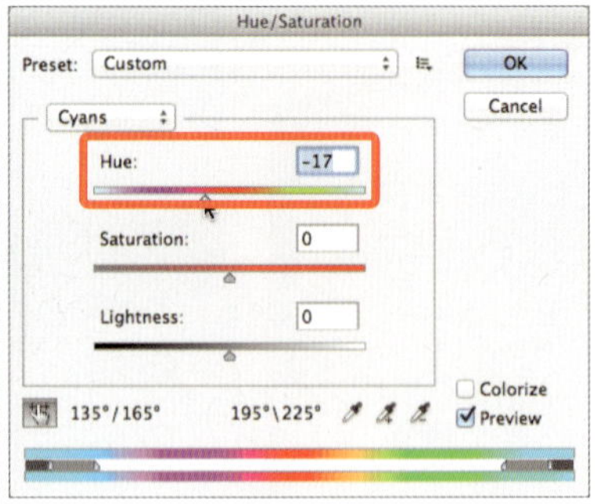

09 Lab Color 작업 후에는 항상 RGB Color 모드로 바꾸어야 한다.

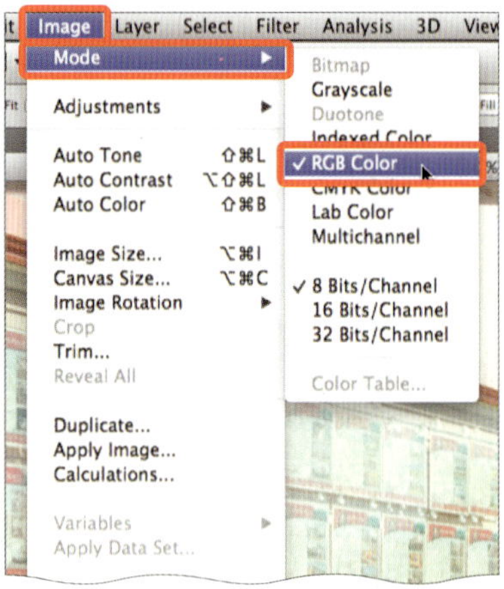

Before

After

음식 사진을 더 맛깔나게

음식 사진은 보통 반역광에서 촬영하면 컬러가 생생하게 담긴다. 그러나 밝은 부분에 비해 어두운 부분에는 대부분 푸른 색조가 끼게 마련인데 이 색조를 보완해주면 훨씬 더 생생한 컬러의 음식 사진을 만들 수 있다. 이 역시 Lab Color를 이용해서 쉽게 작업할 수 있다.

• **예제 사진** : cd-part4 〉ch3 〉예제파일 〉03.jpg • **완성 사진** : cd-part4 〉ch3 〉완성파일 〉03-완성.jpg

01 예제 파일을 열고 이미지의 밝기 정보를 선택(Alt + Ctrl + 2)한다.

02 [Select]〉[Inverse](Ctrl + Shift + I) 메뉴를 실행한다. 선택 영역이 반전되어 어두운 영역이 선택된다. 선택 영역을 부드럽게 하기 위해 [Select]〉[Modify]〉[Feather] 메뉴를 실행하여 대화상자를 띄운다. Feather Radius에 10을 적용한다.

03 선택된 어두운 영역을 레이어로 복제(Ctrl + J)한다. Lab Color 모드에서 색상을 수정하기 위해 [Image]〉[Mode]〉[Lab Color] 메뉴를 선택한다. "레이어를 합치겠습니까"라고 묻는 메시지 창이 뜬다. Don't Flatten 버튼을 클릭하여 무시하고 진행한다.

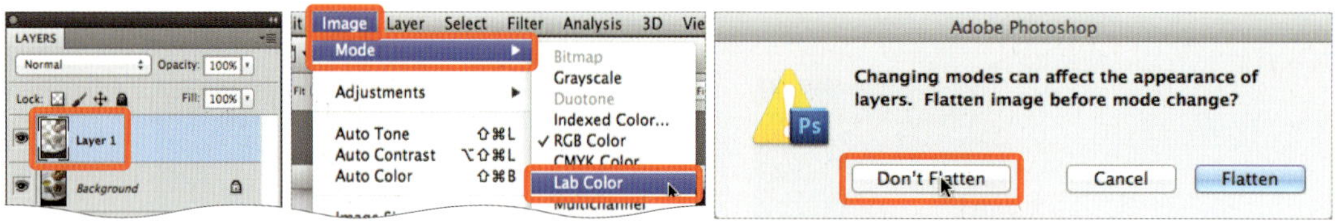

04 [Image]〉[Adjustments]〉[Curves](Ctrl + M) 메뉴를 실행한다.

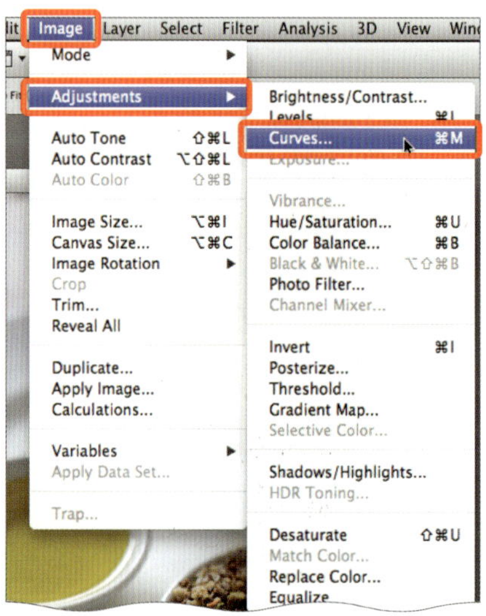

05 Lab Color의 채널 곡선에서 중간 조절점을 지나지 않고 위와 아래를 같은 각도로 꺾어주면 해당 컬러의 선명도와 채도가 증가하는 효과가 나타나고 경사가 급해질수록 효과가 더욱 강해진다. a 채널을 열어 효과를 적용한다.

06 b 채널 역시 위와 같은 방법으로 조절해 색상 선명도를 높인다.

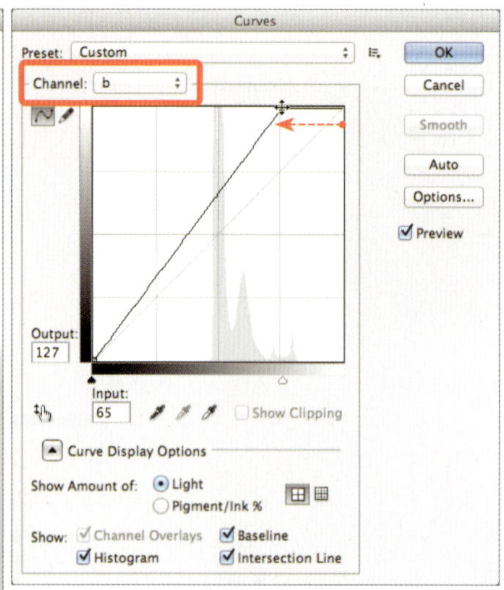

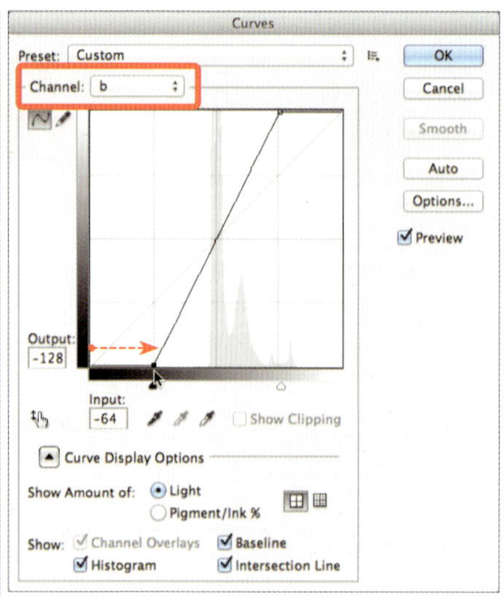

07 Lightness 채널에서 어두운 부분과 중간 톤을 위로 당겨 섀도우의 디테일을 살려 좀 더 밝게 수정한다.

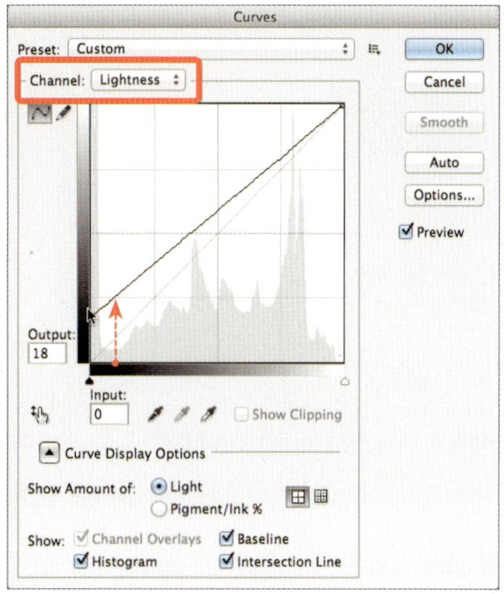

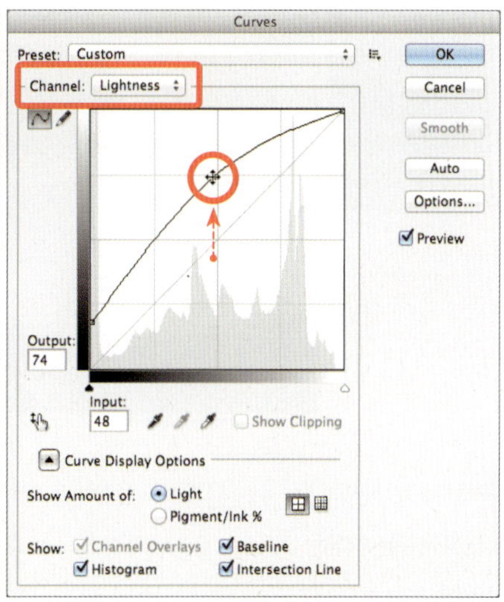

08 작업이 끝나면 레이어를 합친다(Ctrl + E).

09 [Image]〉[Mode]〉[RGB Color]로 변환해준 다음, 이미지의 밝기 정보를 선택(Alt + Ctrl + 2)한다. 선택 영역을 부드럽게 하기 위해 [Select]〉[Modify]〉[Feather] 메뉴를 실행해 Feather Radius에 10을 적용한다.

10 밝기 정보를 레이어로 복제(Ctrl + J)한다. 전경색과 배경색을 검은색/흰색으로 바꾼다. 이렇게 바꾸는 이유는 Diffuse Glow라는 빛나는 효과를 줄 때 배경색을 기반으로 빛 효과를 주기 때문이다.

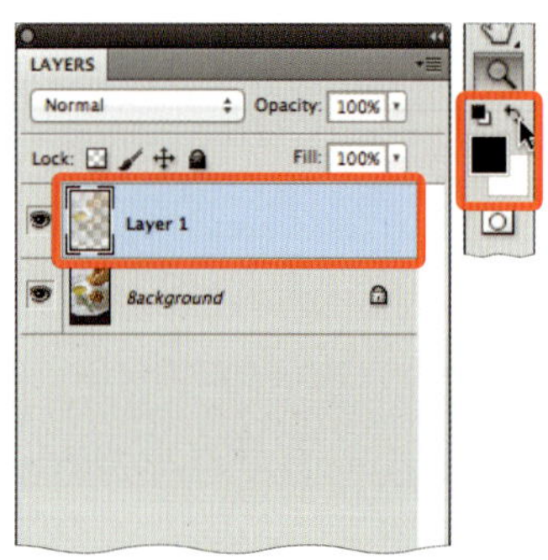

11 [Filter]>[Distort]>[Diffuse Glow] 메뉴를 실행하고 미리 보기 화면을 보면서 빛 효과를 지정한다. Graininess는 2, Glow Amount는 3, Clear Amount는 3을 지정했는데 이 효과들은 사진에 따라 달라지니 미리 보기를 보며 수치를 지정해야 한다.

12 Diffuse Glow 효과로 역광의 빛이 반사되는 느낌이 든다. 레이어의 Opacity를 조절하여 자연스럽게 효과를 적용한다.

13 [Color Balance](Ctrl+B)에서 Red와 Yellow 쪽으로 슬라이더를 움직여 따뜻한 느낌으로 수정했다.

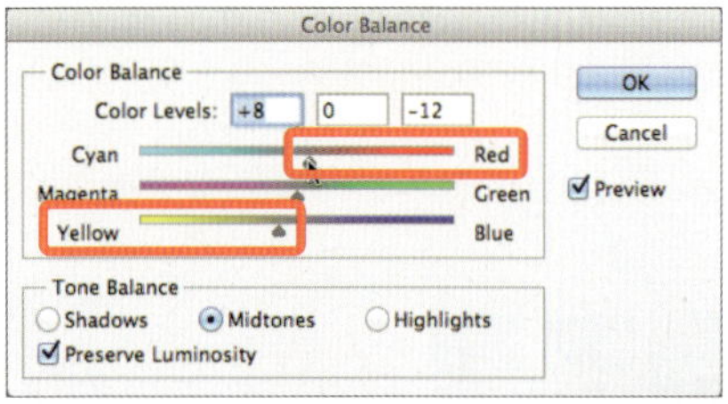

Before

After

Smart Objects를 이용하여 장면 합성하기

바깥과 안쪽의 노출과 색온도가 극심하게 다른 상황에서 카메라는 우리 눈에 보이는 풍경을 그대로 담지 못한다. 이럴 때는 카메라를 삼각대에 고정하고 창 밖 풍경과 컬러에 맞춰 사진을 한 장 찍고 안쪽 풍경과 컬러에 맞춰 사진을 한 장 찍어 합성하는 방법이 있다. 하지만 삼각대가 없거나 상황이 여의치 않다면 RAW 파일로 촬영하고 Camera Raw 플러그인에서 수정한 후 포토샵의 Smart Objects를 사용해 편집하면 훌륭한 효과를 얻을 수 있다.

• **예제 사진** : cd-part4 〉ch3 〉예제파일 〉04.ARW • **완성 사진** : cd-part4 〉ch3 〉완성파일 〉04-완성.jpg

01 예제 사진은 호주에서 촬영한 사진이다. 이 장면을 촬영할 때 창 너머의 풍경에 노출을 맞추니 커튼 안쪽이 너무 어두워지고 또 창 안쪽의 따뜻한 느낌을 살리자니 바깥 풍경이 밋밋하게 보였다.

02 창 밖과 창 안쪽에 각각 노출을 맞춰보았다.

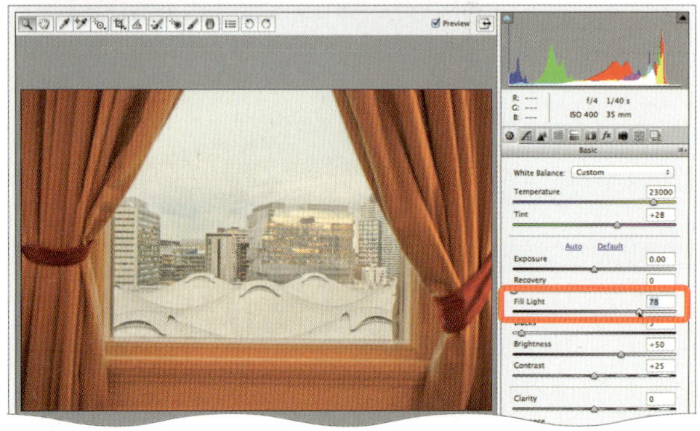

03 창 밖 풍경에 화이트 밸런스를 맞춘 상황과 안쪽에 화이트 밸런스를 맞춘 상황의 상반된 컬러를 조화시키면 어떨까?

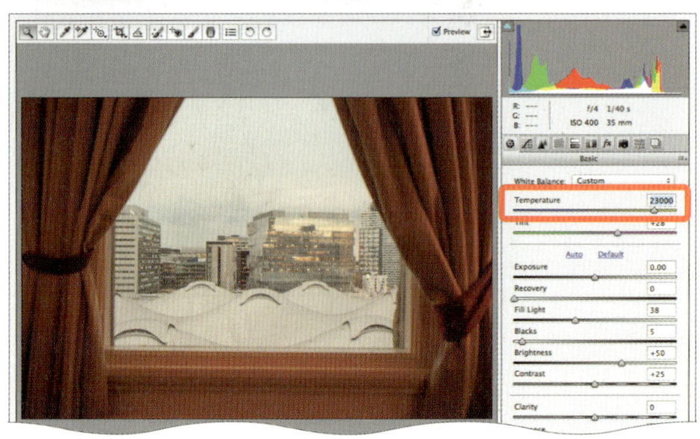

04 일단 바깥 풍경에 초점을 맞추어 Recovery와 Fill Light로 수정을 진행한 후, 아래쪽에 있는 'Adobe RGB~'를 누른다.

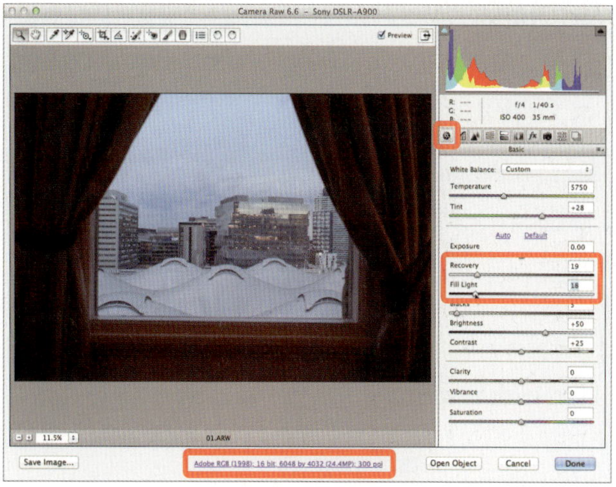

05 [Workflow Options] 대화상자가 열리면 Open in Photoshop as Smart Objects를 체크해서 포토샵에서 스마트 오브젝트로 이미지를 편집할 수 있게 한다.

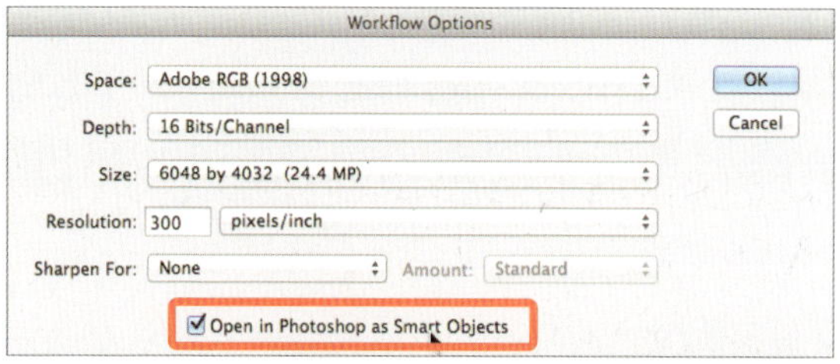

06 Open Object를 눌러 포토샵으로 사진을 불러온다. [Layer]〉[Smart Objects]〉[New Smart Object via Copy] 메뉴를 실행하여 새로운 스마트 오브젝트로 복제한다. Ctrl + J 로 레이어를 복제하는 것과는 다르게 New Smart Object via Copy는 독립된 레이어로 복제되어 Camera Raw 플러그인에서 수정할 수 있다.

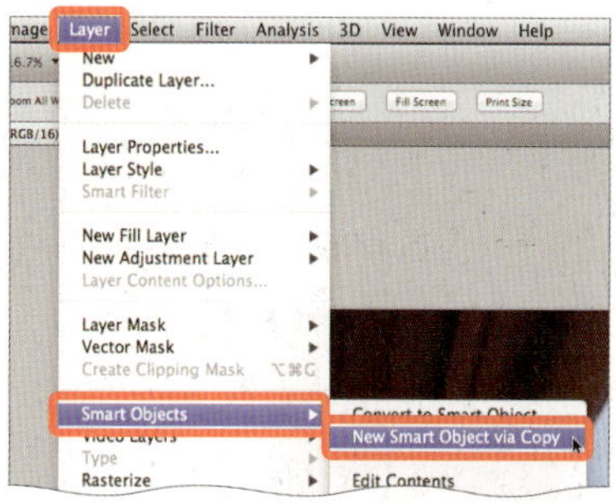

07 Quick Selection Tool(W)을 이용하여 바깥 풍경을 선택해 준다.

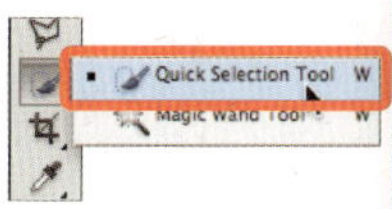

08 [Select]〉[Modify]〉[Feather] 메뉴를 실행한다. Feather Radius에 3을 적용하여 선택 부분을 부드럽게 한다. Alt 를 누른채 Add layer mask 를 눌러 마스크를 추가한다. Quick Selection Tool로 선택한 부분만 검은색이 된 것을 볼 수 있다.

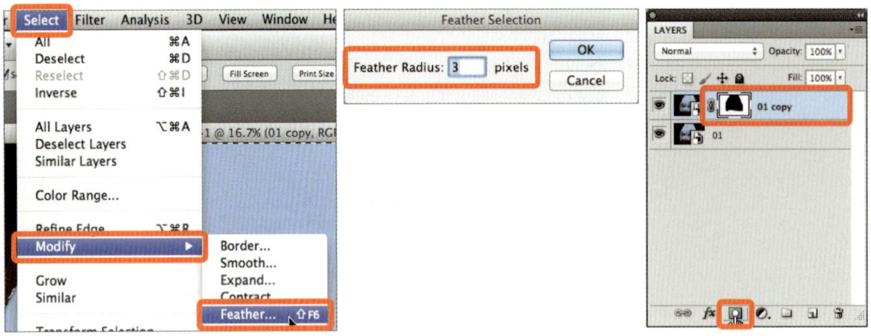

09 복제 레이어를 더블클릭하면 Camera Raw 플러그인에서 편집할 수 있다. 이때 마스크의 검은색 부분, 즉 바깥 풍경 쪽에는 영향을 미치지 않고 작업할 수 있다.

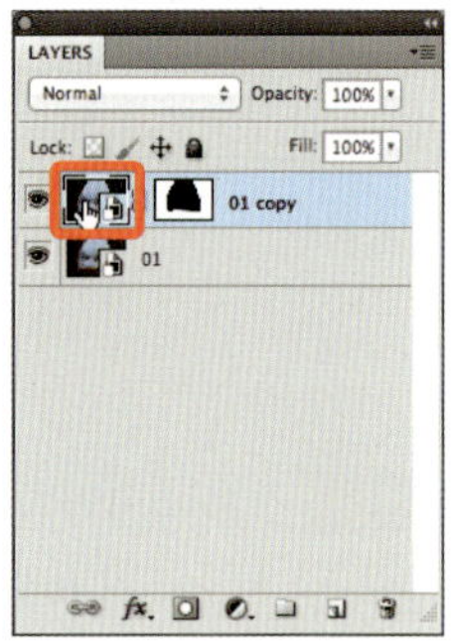

10 Camera Raw 플러그인에서 안쪽 풍경만 보며 수정을 진행한다.

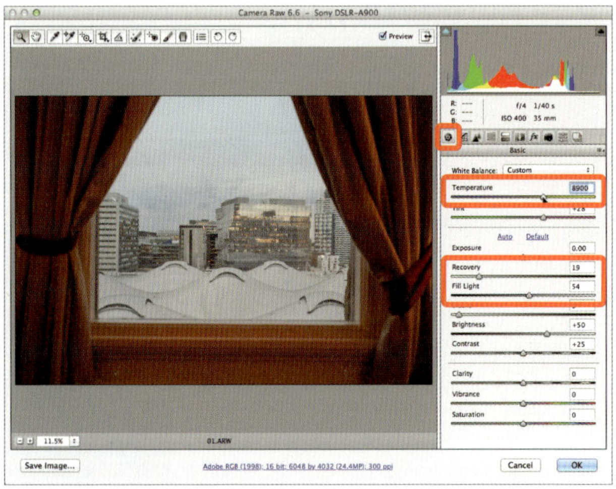

11 이 작업을 할 때 Camera Raw 플러그인 창을 작게 하여 포토샵에서 열려 있는 사진을 보며 어느 정도 효과를 반영할 것인지 결정하면 좋다. Camera Raw 플러그인에서 수정이 끝나면 OK 버튼을 눌러 효과를 반영한다.

12 Smart Objects로 작업할 때 메모리가 충분치 않으면 다음과 같이 Progress 창이 작업 중간에 보일 수 있다.

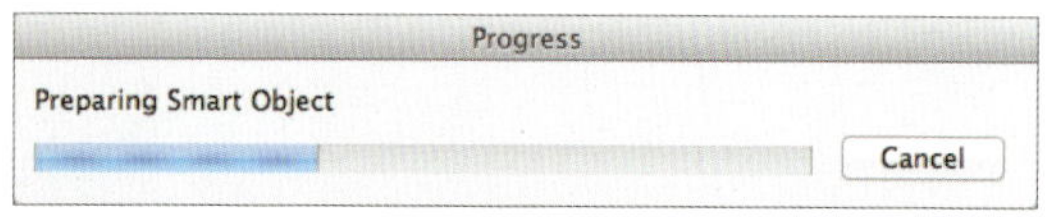

13 자연스러운 효과를 내기 위해서 레이어의 Opacity를 조절한다.

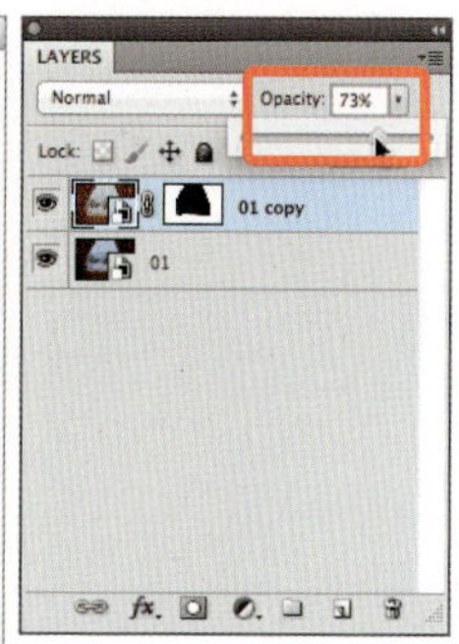

14 작업을 마치고 레이어를 합치면(Ctrl+E) 스마트 오브젝트 상태가 아닌 일반 레이어로 변환된다.

15 Free Transform(Ctrl+T)을 이용하여 비뚤어진 수평을 교정했다.

Before

After

틸트-시프트 효과로 미니어처 사진 만들기

TS(Tilt-Shift)렌즈는 건축 사진 촬영 등의 특수한 목적을 위해 만들어진 렌즈로, 일반적인 광각렌즈로 건축물을 촬영할 때 발생하는 왜곡을 줄여준다. 렌즈를 상하좌우로 움직일 수 있어 원하는 곳에 임의로 초점을 맞출 수 있고, 건물 왜곡이나 원근 효과를 제거할 수 있다. TS렌즈는 건축물 촬영 외에도 인물 사진이나 광고 사진에서 미니어처 효과를 내기 위해 사용하기도 한다. 포토샵에서 TS렌즈로 촬영한 것처럼 미니어처 느낌을 내려면 일반적인 눈높이보다 높은 곳에서 촬영한 사진으로 작업하는 것이 유리하다. 심도를 다르게 하면서 생기는 아웃 포커싱 효과를 내기에 좋기 때문이다. 쉽게 말해, 인형을 접사했을 때 배경이 아웃 포커싱 되는 듯한 효과를 현실 세계에 구현하는 것이다.

니콘의 TS렌즈

핫셀블라드 H4D II와 80mm 렌즈, TS 어댑터를 사용해 촬영한 사진

• **예제 사진** : cd–part4 〉 ch3 〉 예제파일 〉 05.jpg • **완성 사진** : cd–part4 〉 ch3 〉 완성파일 〉 05–완성.jpg

01 예제 파일을 열고, 흐림 효과를 내기 위해 먼저 레이어를 복제(Ctrl + J)한다.

02 [Filter]>[Blur]>[Lens Blur] 메뉴를 실행한다.

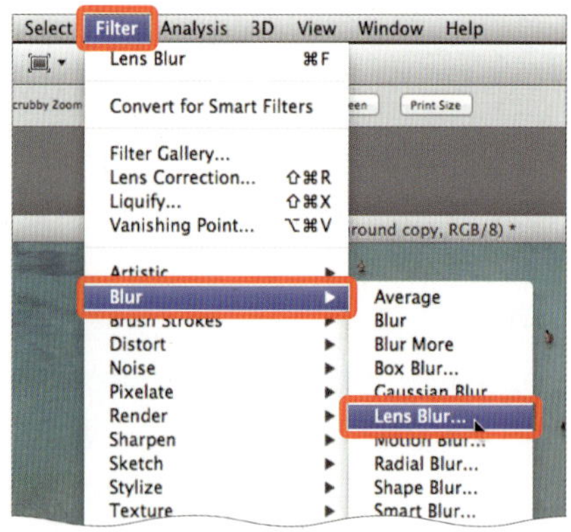

03 [Lens Blur]는 렌즈의 아웃 포커싱 효과를 구현할 수 있다. Radius를 10 정도 적용해 전체에 흐림 효과를 냈다.

04 Add layer mask 를 눌러 레이어 마스크를 추가한다.

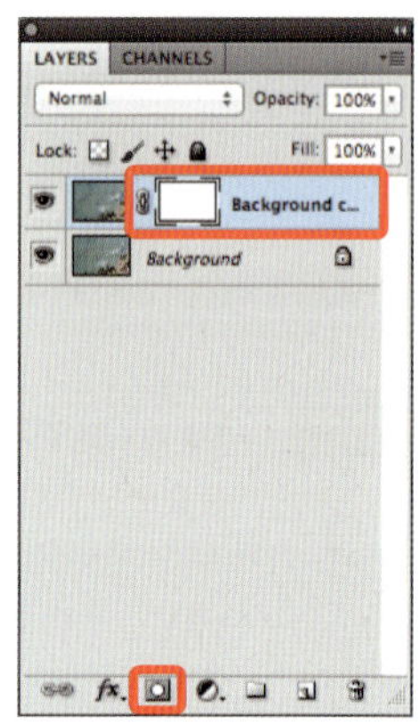

05 둥근 모양의 Marquee Tool(M)을 선택하고 옵션 바에서 Feather 값을 100으로 설정한다.

06 초점이 중간 부분에만 맞은 듯한 효과를 내기 위해 Marquee Tool로 중간 부분을 넓게 선택한다. 물론 다른 곳에 초점이 맞은 듯한 효과를 내고 싶다면 선택 영역을 바꾸어도 된다.

07 Paint Bucket Tool(G)과 검은색 전경색을 선택한다. 선택 부분을 클릭하면 초점이 맞은 영역이 만들어진다.

08 [Select]>[Deselect](Ctrl+D) 메뉴를 선택해 선택 영역을 해제한 다음 레이어를 합친다(Ctrl+E).

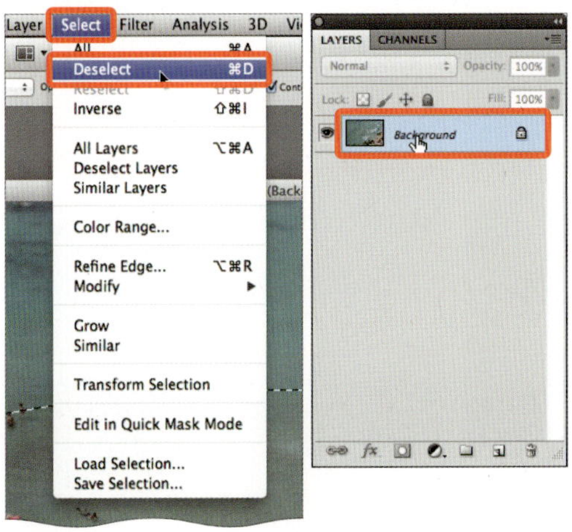

09 색상을 수정하기 위해 레이어 팔레트의 Create new fill or adjustment layer 를 클릭해 Vibrance 레이어를 추가한다.

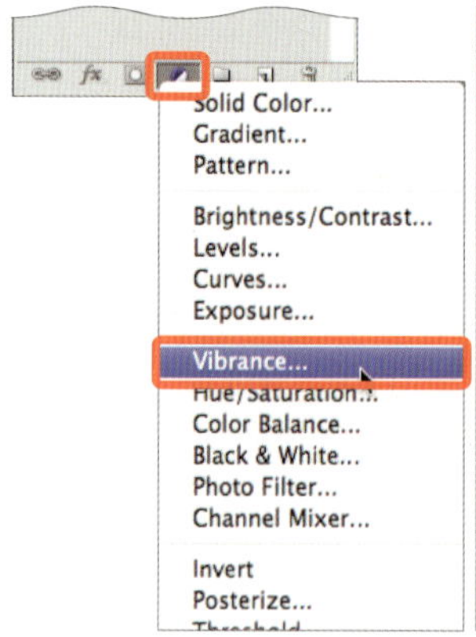

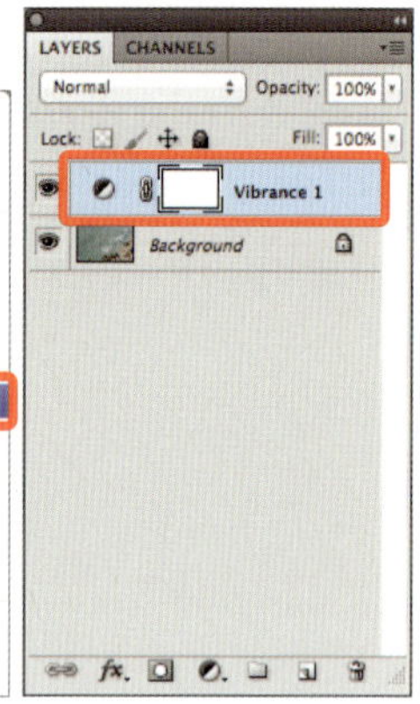

10 형광색의 장난감 같은 느낌을 주기 위해서 Vibrance를 최대치로 한 다음 Saturation을 약간 내려 채도를 조절한다.

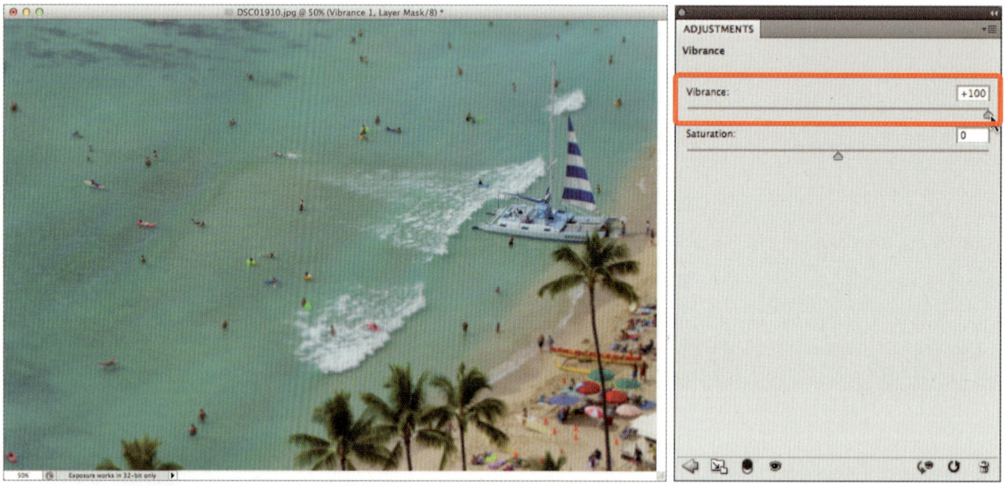

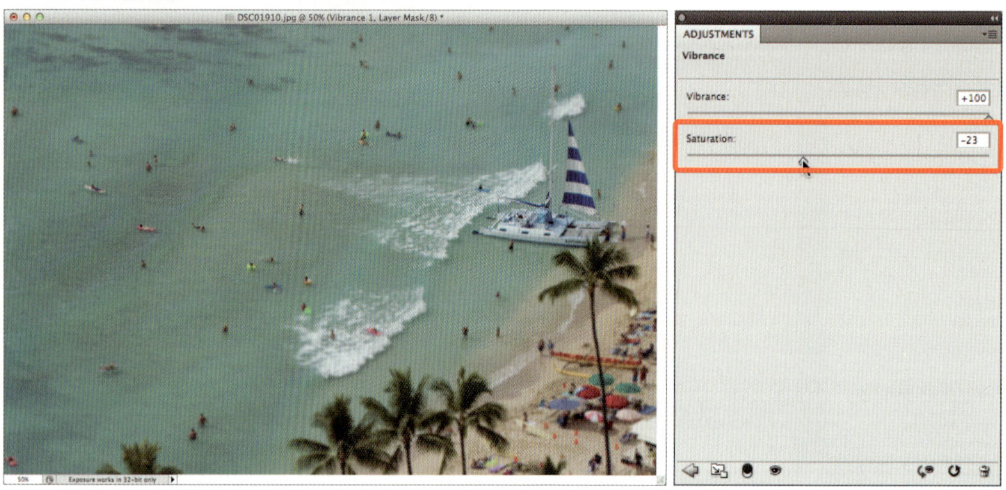

11 레이어를 합치고(Ctrl+E), [Image]>[Adjustments]>[Shadows/Highlights] 메뉴를 실행한다. 섀도우 영역의 톤을 밝게 해서 미니어처 같은 느낌이 나게 한다.

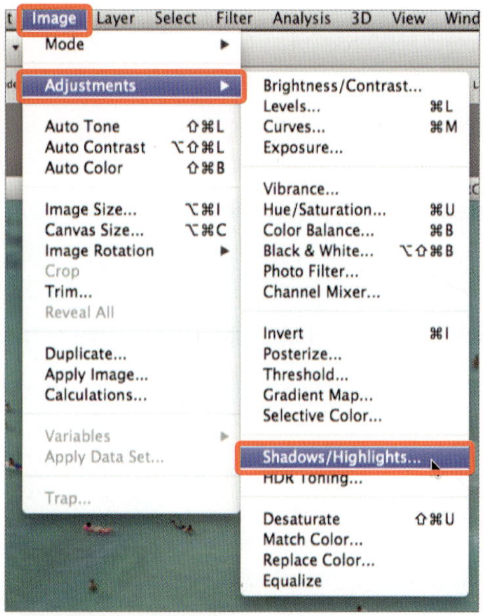

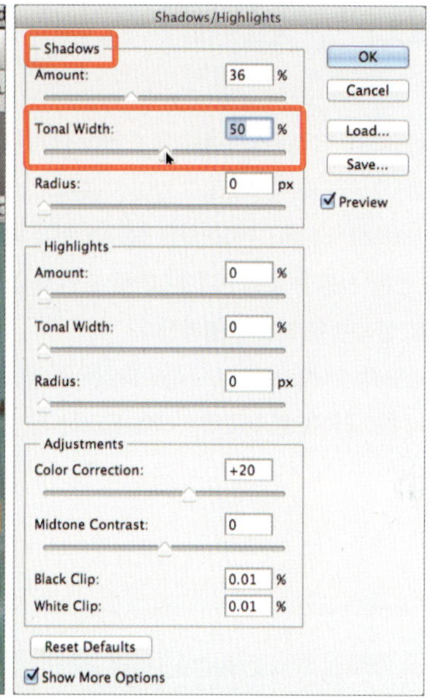

Before

After

넓은 풍경을 한 프레임에, 파노라마 사진 만들기

파노라마 작업은 넓은 풍경을 한번에 담기 위한 목적으로 사용되지만, 여러 장의 사진을 결합하여 디지털 이미지의 해상력을 극대화시키기 위한 방법으로도 많이 사용된다. 파노라마 촬영을 할 때 주의할 것은 실제 한 순간에 촬영된 것처럼 노출 초점, 컬러 등이 일치해야 작업이 수월하다는 점이다. 보통 파노라마 촬영을 할 때는 삼각대에 카메라를 고정시키고 수평을 맞추는 작업부터 한다. 그다음 노출을 측정하고 조리개를 조인 뒤 선명하게 표현하고자 하는 영역에 초점을 한번 맞추고 렌즈는 MF(매뉴얼 포커스) 상태로 설정한 뒤 여러 장 촬영한다.

파노라마 작업을 할 때 RAW 파일로 촬영하면 해상력을 더 극대화할 수 있으며, 보정 작업을 할 때 미세한 노출 차이를 보정하거나 하이라이트를 복구하는 데에 유리하다.

- **예제 사진** : cd-part4 〉ch3 〉예제파일 〉06-1.jpg/06-2.jpg/06-3.jpg/06-4.jpg/06-5.jpg
- **완성 사진** : cd-part4 〉ch3 〉완성파일 〉06-완성.jpg

01 먼저 Camera Raw 플러그인에서 기본적인 보정을 마친 사진을 저장한 뒤, 포토샵에서 [File]〉[Automate]〉[Photomerge] 메뉴를 실행한다.

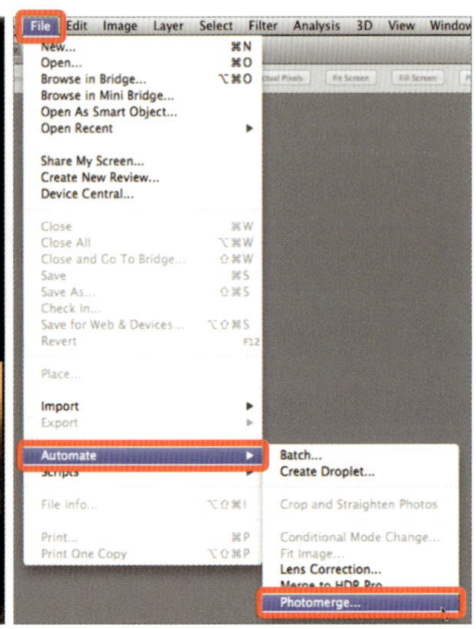

02 [Photomerge] 창이 나타나면 Layout은 Auto로 설정하고 Browse 버튼을 눌러 사진을 불러온다.

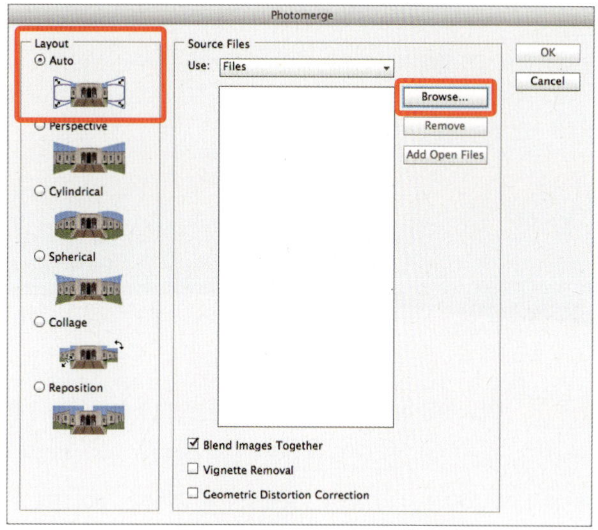

03 사진을 불러 올 때 Ctrl 을 누른 채 촬영한 순서대로 선택하는 것이 좋다.

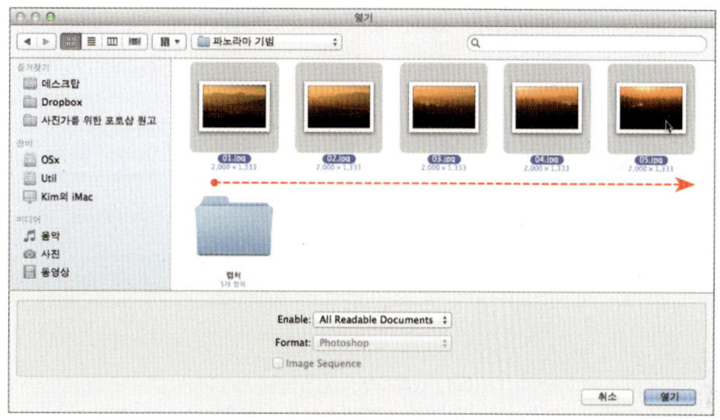

04 다섯 장의 이미지를 불러왔으면 OK 버튼을 누른다. 보통 파노라마 작업을 할 때는 Layout을 Auto로 설정하면 무난한데, 가끔 제대로 작업되지 않을 때가 있다. 이럴 때는 Perspective, Cylindrical, Spherical 등 다른 옵션을 선택하도록 한다.

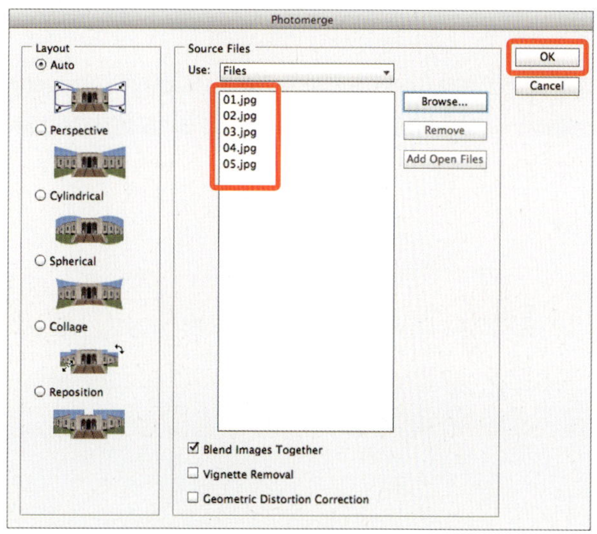

05 Photomerge는 여러 장의 사진을 합치는 작업이므로 사양이 낮은 컴퓨터에서는 시간이 오래 걸릴 수 있다. 메모리를 충분히 확보하기 위해 작업 중에는 다른 프로그램을 꺼 두는 것이 좋다.

06 각 사진을 이어 붙이는 방식으로 진행되므로 작업이 끝난 후에는 모든 레이어를 합쳐준다(Ctrl+Shift+E). 이어서 [Select]〉[All](Ctrl+A) 메뉴로 전체를 선택한다. 위쪽과 아래쪽의 불필요한 부분을 바로 잘라내도 좋지만 사진 프레임이 너무 넓어지므로 위아래를 조금 늘려준 뒤 잘라주는 것이 좋다.

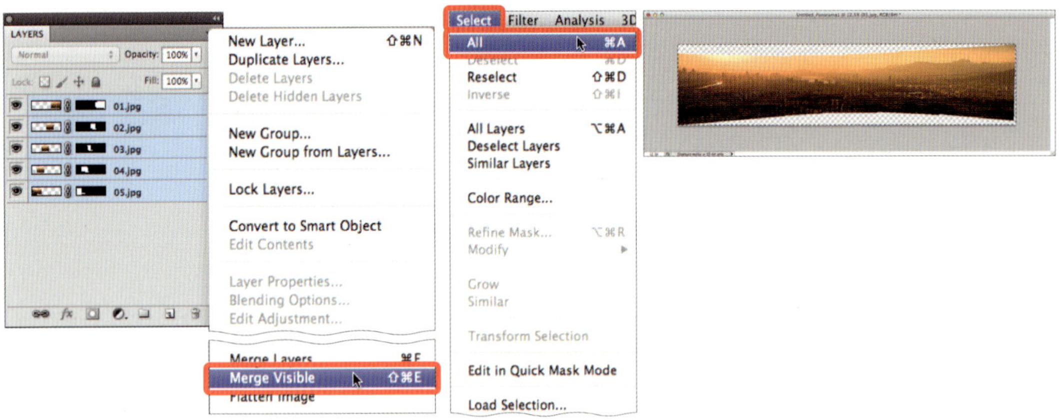

07 [Edit]〉[Content-Aware Scale]를 선택한다. Content-Aware Scale을 선택해서 사진을 늘리면 Free Transform으로 크기를 변경하는 것보다 이미지의 왜곡이 적다.

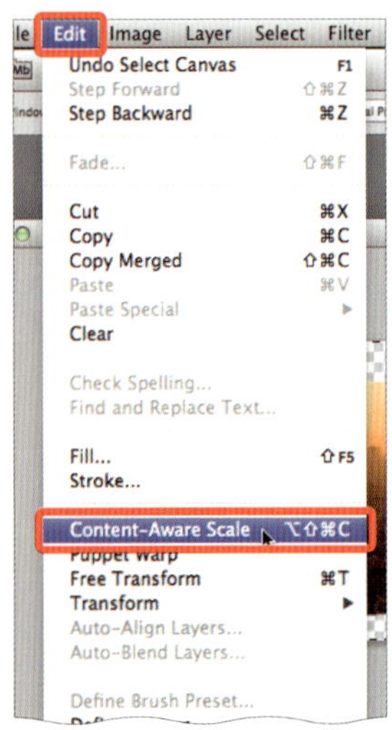

08 상단을 먼저 늘려준 뒤 하단을 늘려준다. 작업을 마치면 Enter 를 누른다.

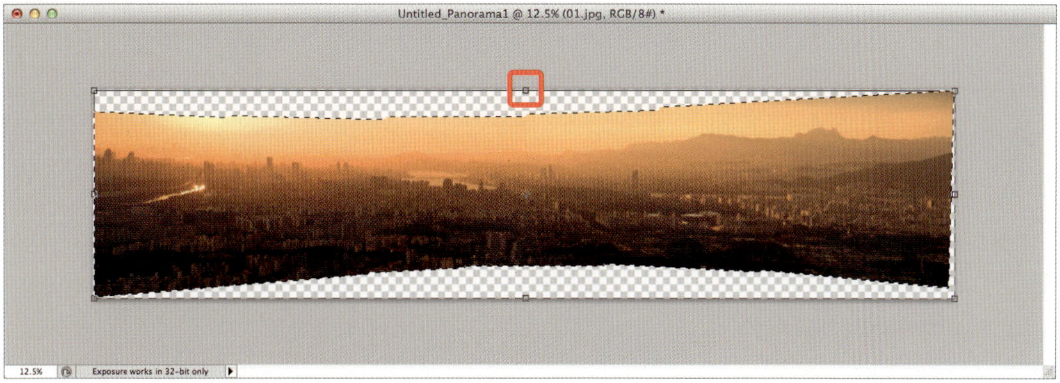

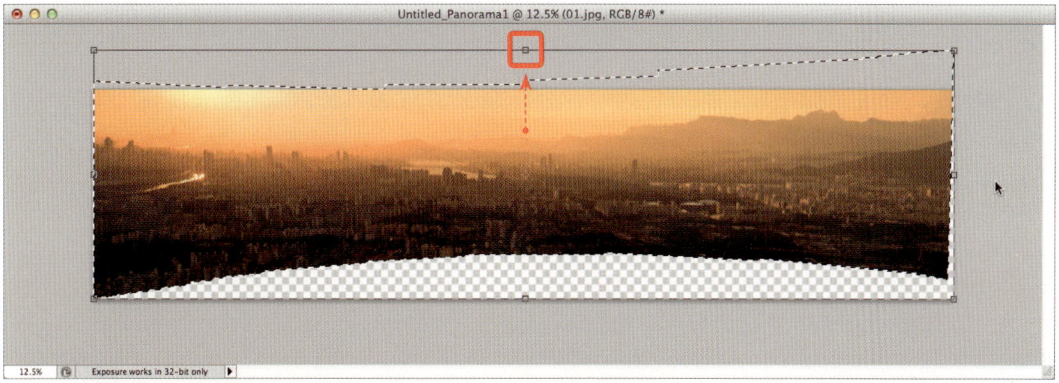

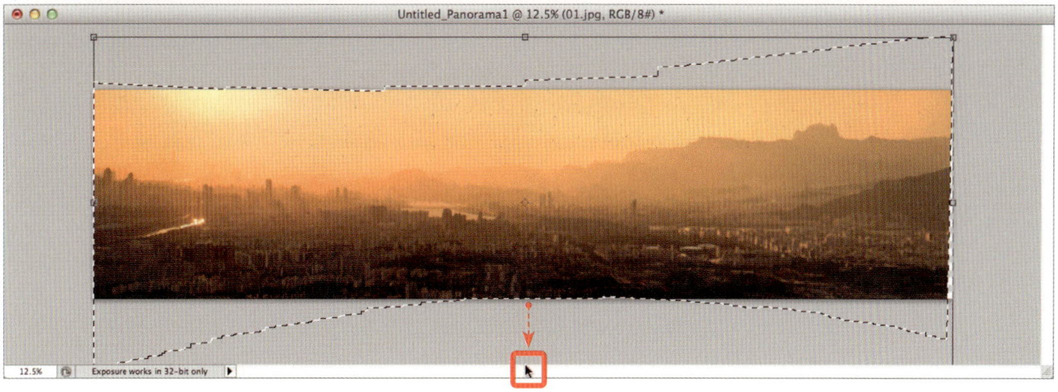

09 [Select]〉[Deselect](Ctrl + D) 메뉴를 선택하여 선택 영역을 해제한다.

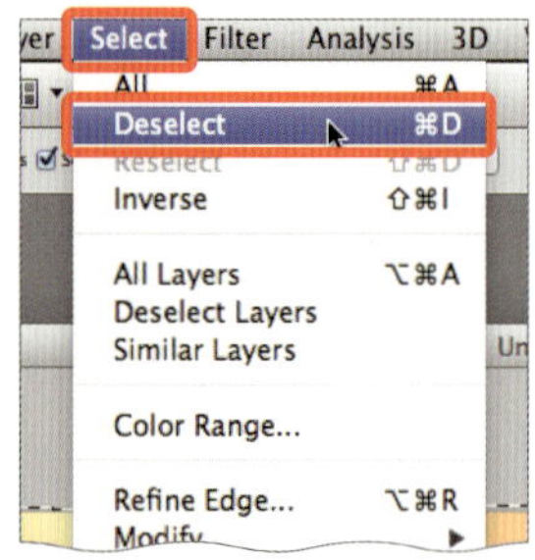

10 Crop Tool(C)을 선택한다. Crop Tool을 사용할 때 옵션 바의 Clear 버튼을 한번 눌러주면 이전에 입력해 두었던 수치들이 사라져 자유롭게 자를 수 있다.

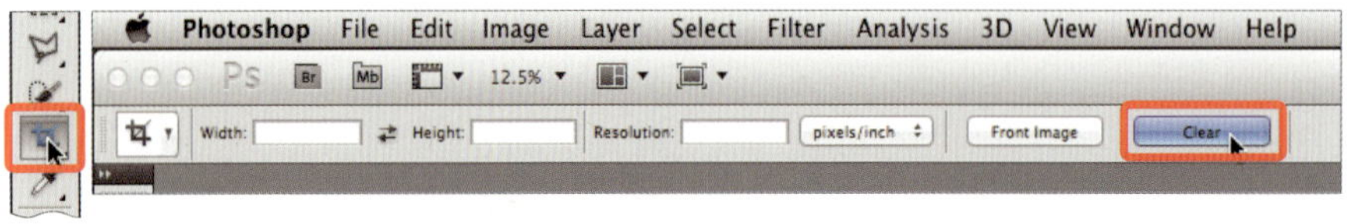

11 Content-Aware Scale로 늘려주는 작업을 했기 때문에 주변 여백을 잘라주면 화질의 저하가 훨씬 적다.

12 [Image]〉[Image Size] 메뉴를 실행하여 이미지 크기를 확인해보자. 이미지의 크기는 7590×1740으로 약 9천 3백만 화소의 이미지가 되었다. 이 사진은 예제 파일로 제공하기 위해 가로 크기를 2000픽셀로 줄인 사진이며 실제 원본의 가로 크기는 6048픽셀로 약 25000픽셀 이상의 파노라마 사진을 만들 수 있다.

이렇게 가로로 촬영하기도 하지만 세로로 촬영하거나 위에서 아래로 여러 장을 촬영하여 대형 카메라 못지 않은 해상력의 이미지를 만드는 사진가들도 있다. 활용하기에 따라 여러분이 가진 카메라의 해상력을 극대화할 수 있는 작업이 바로 파노라마 사진 작업이다.

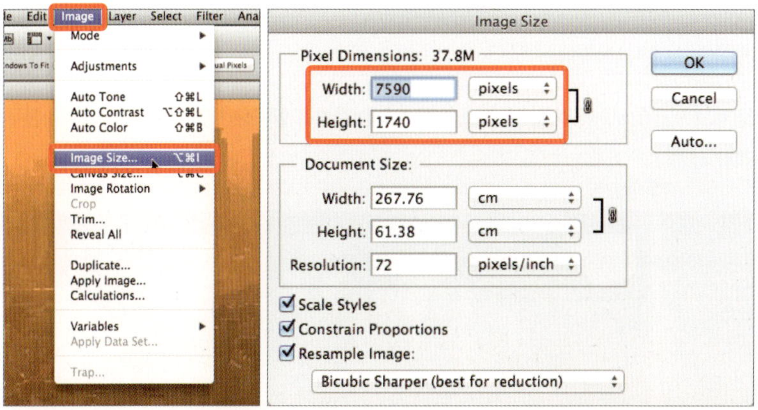

완성된 파노라마 사진

High Dynamic Range(HDR) 이미지로 계조 극대화하기

우리는 창이 있는 실내에서 바깥 풍경과 안쪽의 풍경을 노출 차 없이 한번에 인식할 수 있지만, 디지털카메라는 계조 표현 능력에 한계가 있기 때문에 안쪽에 노출을 맞추면 바깥 풍경이 밝게 날아가거나 바깥에 노출을 맞추면 안쪽이 어두워지는 현상이 발생한다. High Dynamic Range, 즉 높은 계조의 이미지를 생성하는 방법인 HDR은 보통 카메라를 삼각대에 놓고 브라케팅(노출이 다른 사진을 여러 장 찍는 것)해 섀도우의 계조가 풍부한 사진, 미드톤이 풍부한 사진, 하이라이트의 계조가 풍부한 사진을 합치는 것이다. HDR 이미지를 활용하면 이런 계조의 차를 극복할 수 있기 때문에 충분한 디테일을 얻을 수 있다. HDR 이미지는 32비트 편집을 지원하는데 RAW 파일로 촬영했을 때 훨씬 좋은 디테일을 보장한다.

- **예제 사진** : cd-part4 〉 ch3 〉 예제파일 〉 07-1.CR2/07-2.CR2/07-3.CR2
- **완성 사진** : cd-part4 〉 ch3 〉 완성파일 〉 07-완성.jpg

01 예제 파일 세 장은 삼각대를 두고 -2, 0, +2의 카메라의 자동 노출 브라케팅으로 촬영한 사진이다. 가장 어두운 톤부터 중간 톤, 밝은 톤을 세 장의 사진에 각각 담았다.

02 HDR 이미지를 생성하기 위해 [File]〉[Automate]〉[Merge to HDR Pro] 메뉴를 실행한다.

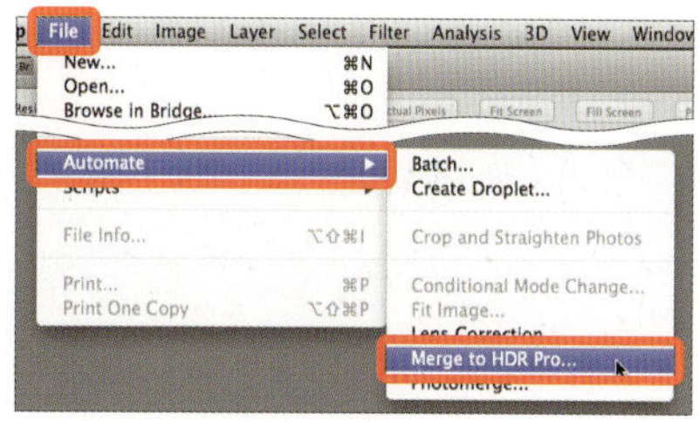

03 [Merge to HDR Pro] 창이 열리면 Browse 버튼을 눌러 세 장의 사진을 불러온다. 이어서 OK 버튼을 누르면 HDR 이미지 생성 작업이 시작된다.

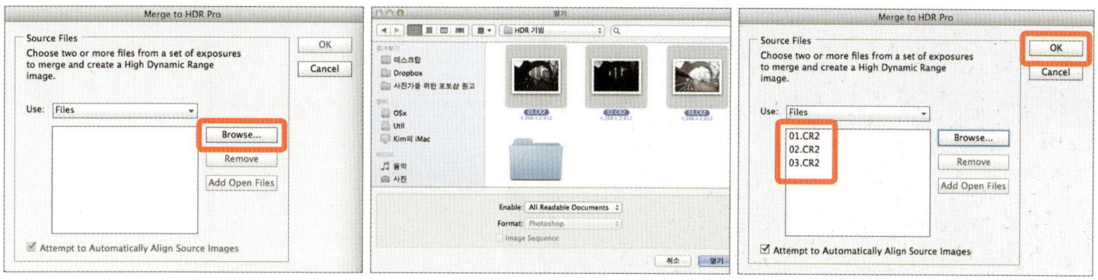

04 HDR 이미지가 생성되면 나타나는 화면이다. 일종의 미리 보기 화면으로 실제 이 창에서 편집을 진행할 수는 없다. 오른쪽의 히스토그램 슬라이더를 움직이면 하이라이트와 섀도우의 디테일을 확인할 수 있다.

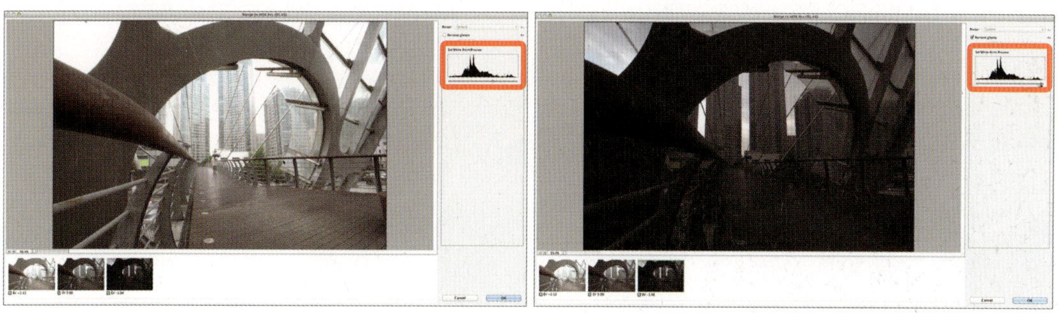

05 Remove ghosts에 체크하면 움직이는 피사체의 디테일을 보정해준다.

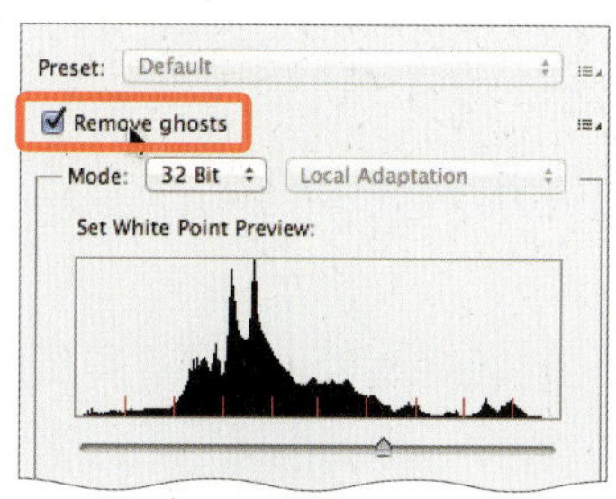

06 시스템 성능에 따라 HDR 이미지를 만드는 시간이 오래 걸릴 수도 있다.

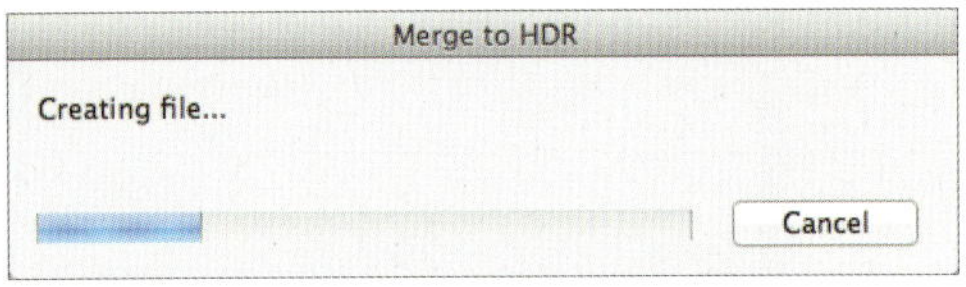

07 HDR 이미지가 포토샵에서 열리면 대부분 밋밋한 느낌에 실망하게 된다. 이 이미지는 편집을 기다리는 '날것' 상태의 이미지라 할 수 있다. [Image]>[Adjustments]>[HDR Toning] 메뉴를 실행하여 HDR 편집을 시작한다.

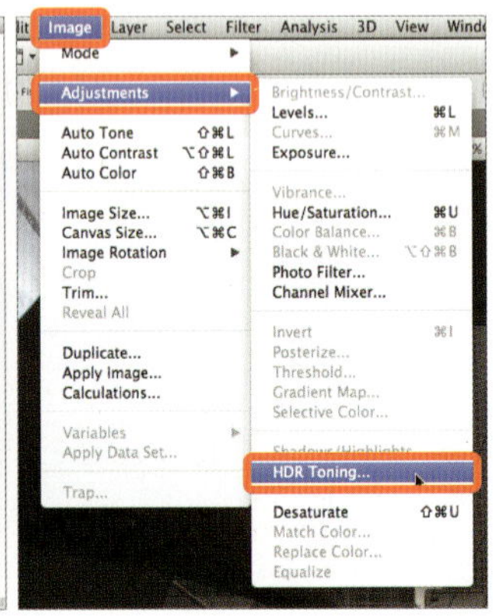

08 [HDR Toning] 메뉴가 열리면 작업 슬라이더가 너무 많아 초보자들은 어렵게 느낄 수도 있겠다. 상단의 Preset을 선택해 원하는 것을 선택해도 되나 필자의 생각으로는 너무 디지털적이고 강한 이미지로 세팅된 것이 아닌가 싶다.

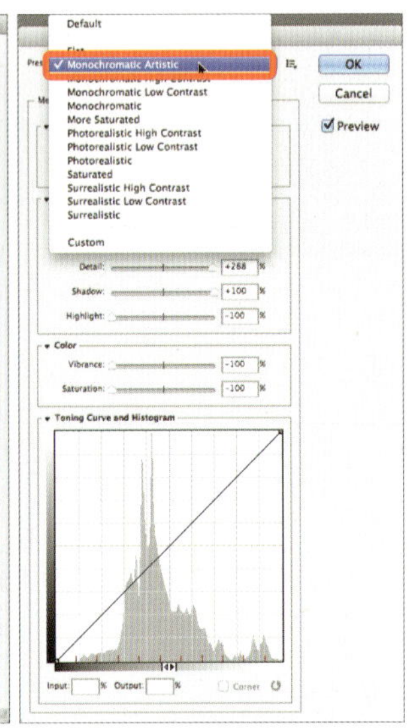

Monochromatic Artistic

More Saturated

Surrealistic High Contrast

09 자신이 원하는 방향으로 이미지의 톤을 조절하려면 실제 사진을 보면서 작업해보는 수밖에 없다. 필자는 Color 항목에서 Vibrance로 색상을 교정한 후 Tone and Detail 항목에서 위에서 아래의 순서로 이미지를 편집해 나간 뒤 제일 아래의 커브 곡선을 이용해 최종 수정을 했다. 물론 여기서 끝나는 것은 아니다. 이 부분은 가장 기본적인 수정을 한 것이다.

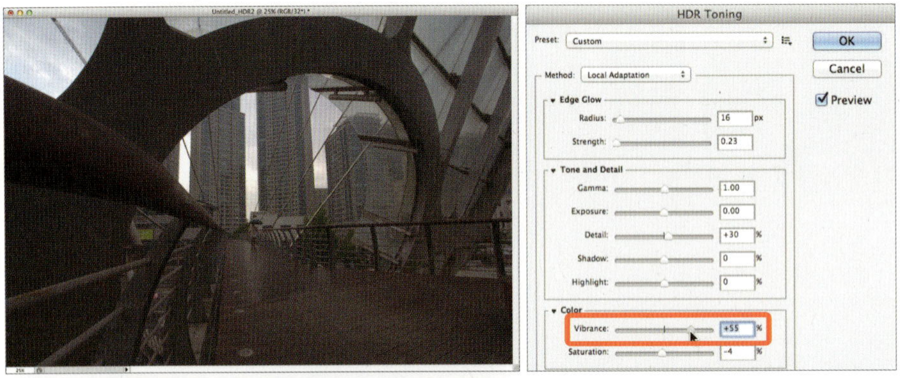

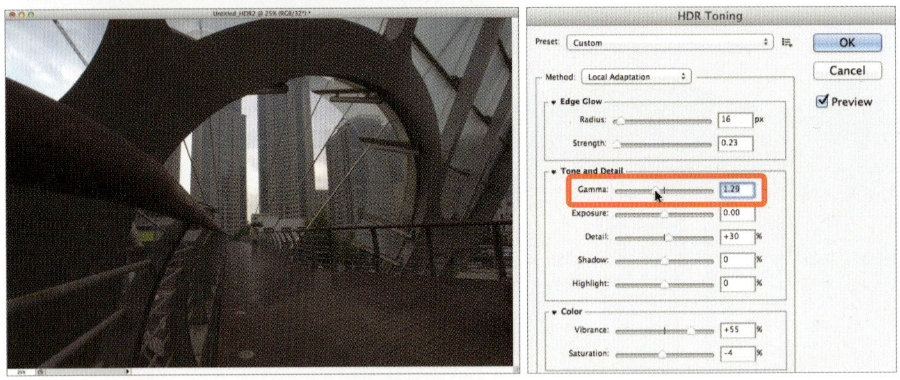

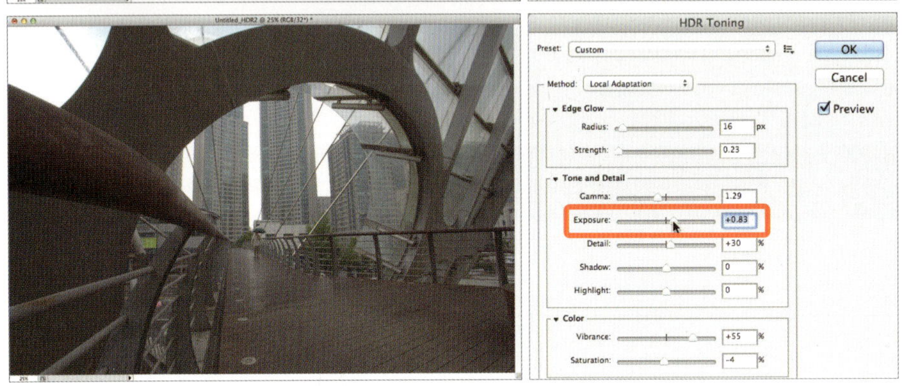

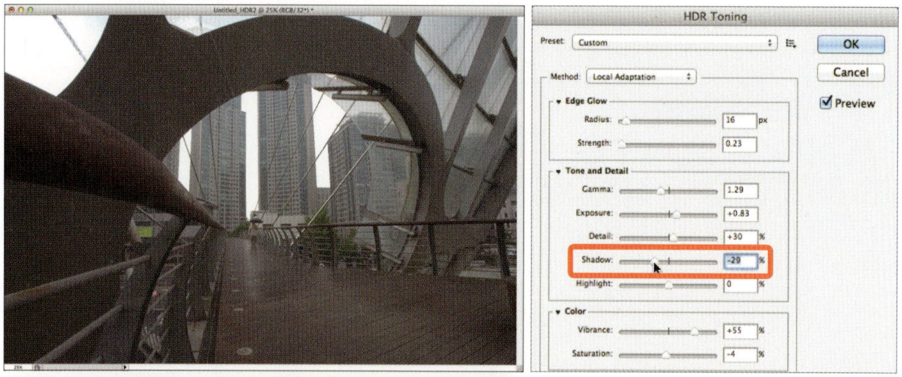
HDR Toning
Preset: Custom
OK
Cancel
Preview
Method: Local Adaptation
Edge Glow
Radius: 16 px
Strength: 0.23
Tone and Detail
Gamma: 1.29
Exposure: +0.83
Detail: +30 %
Shadow: -29 %
Highlight: 0 %
Color
Vibrance: +55 %
Saturation: -4 %

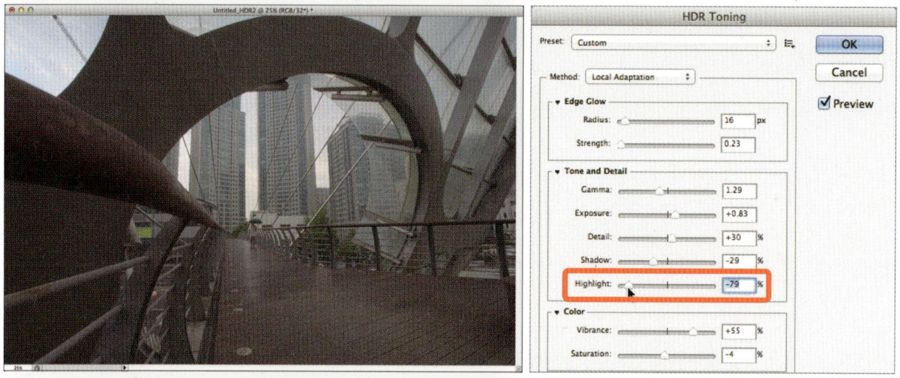
HDR Toning
Preset: Custom
OK
Cancel
Preview
Method: Local Adaptation
Edge Glow
Radius: 16 px
Strength: 0.23
Tone and Detail
Gamma: 1.29
Exposure: +0.83
Detail: +30 %
Shadow: -29 %
Highlight: -79 %
Color
Vibrance: +55 %
Saturation: -4 %

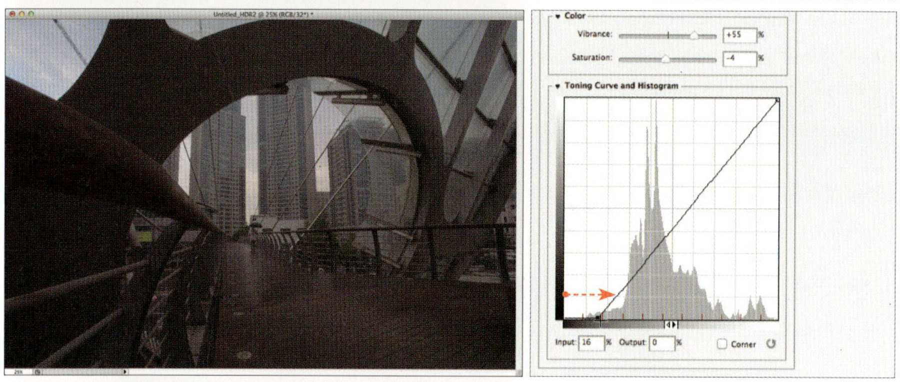
Color
Vibrance: +55 %
Saturation: -4 %
Toning Curve and Histogram
Input: 16 %
Output: 0 %
Corner

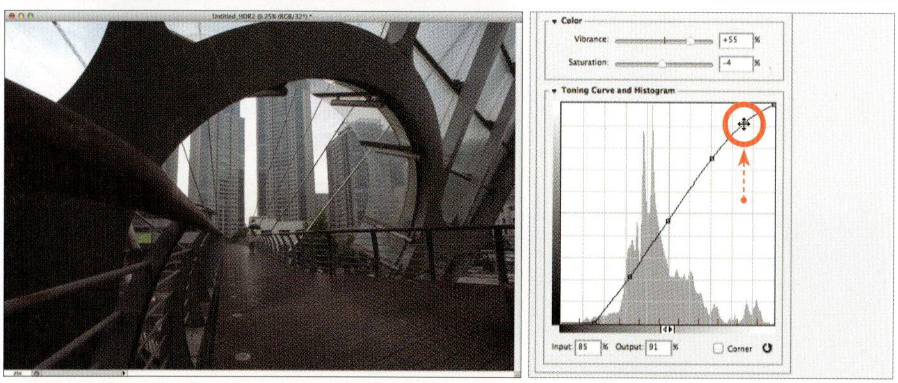
Color
Vibrance: +55 %
Saturation: -4 %
Toning Curve and Histogram
Input: 85 %
Output: 91 %
Corner

10 이렇게 한번 편집한 데이터를 Save Preset으로 저장해두면 다음에 그대로 불러와 작업할 수 있어 편리하다.

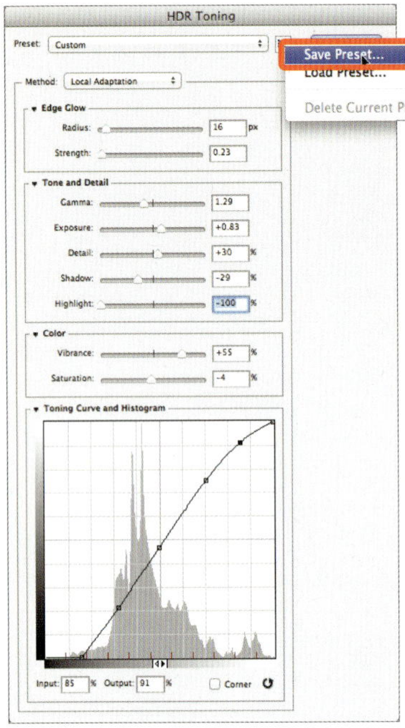

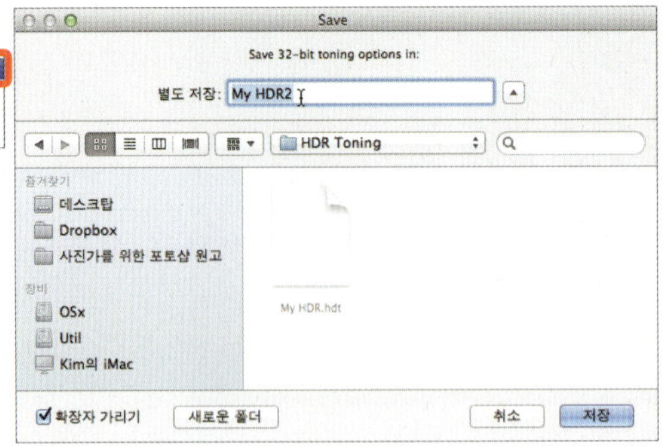

11 편집을 마친 뒤 OK 버튼을 누르면 HDR 이미지로 컨버팅된다.

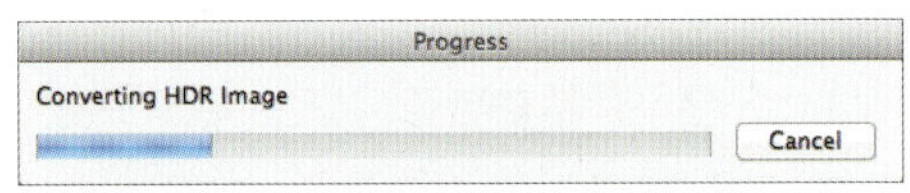

12 현재 32비트 이미지 상태이므로 이 상태에서는 Adjustments의 몇 가지 기능을 사용할 수 없다는 것을 알 수 있다. 포토샵에서는 아직 32bit 이미지의 완벽한 편집을 지원하지 않는다. 아마 미래의 카메라들이 32bit RAW 파일을 지원하기 시작하면 이 기능들을 모두 사용할 수 있을 것이다.

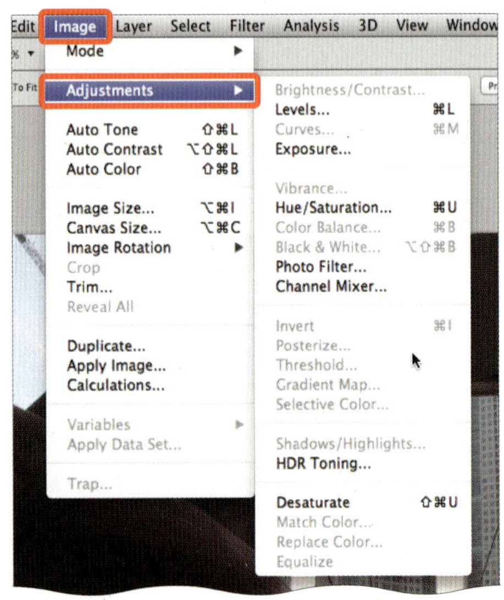

13 [Levels](Ctrl+L)를 열어 콘트라스트와 색상을 수정했다.

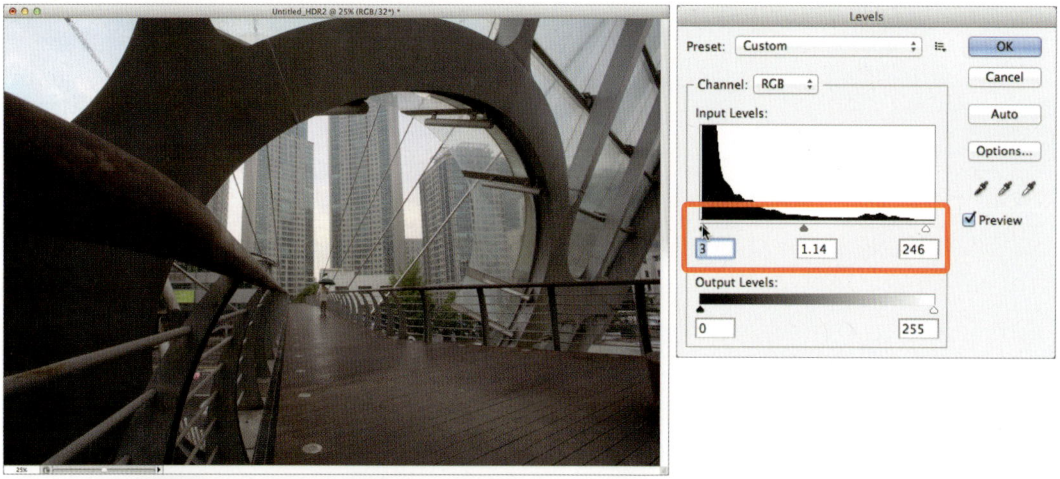

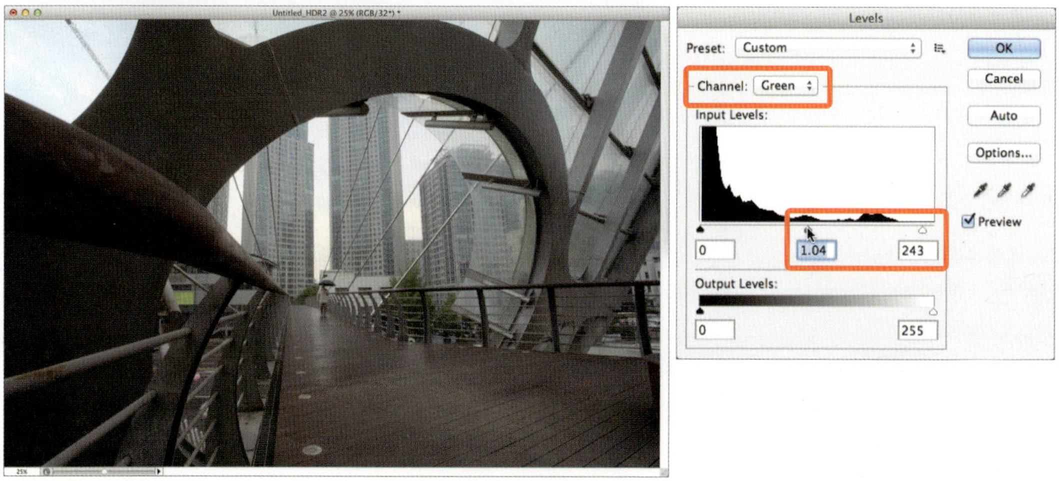

14 32비트 이미지 상태에서 기본적인 수정을 마쳤다면 16비트 이미지로 전환해야 한다. [Image]>[Mode]>[16 Bits/Channel]로 전환한다.

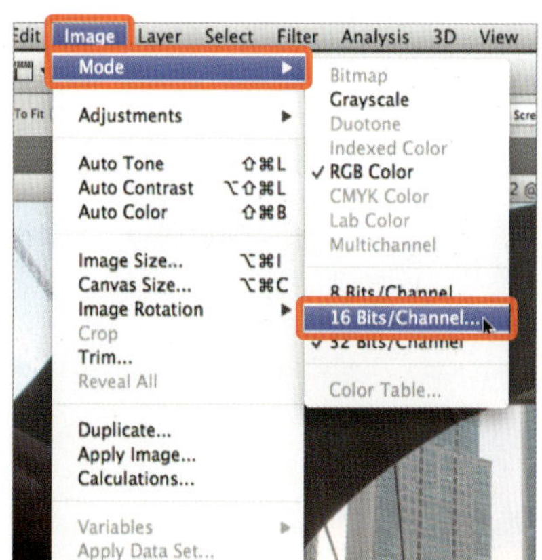

15 다시 [HDR Toning] 창이 나타나 기존에 수정했던 모습이 사라져도 걱정할 필요 없다.

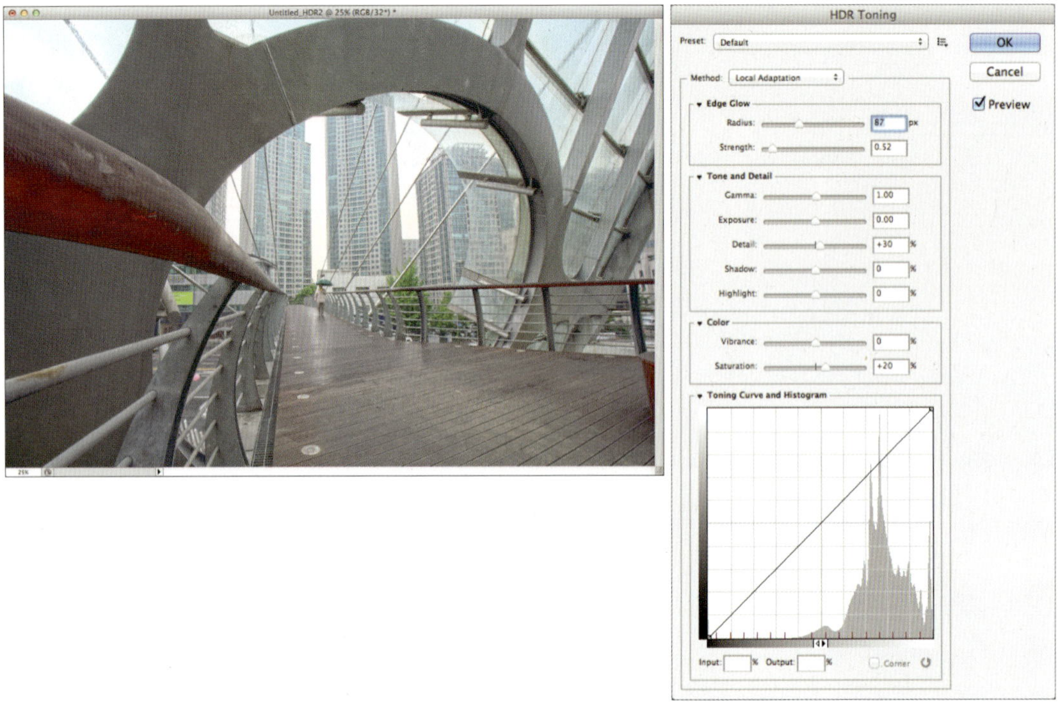

16 Method 항목에서 Exposure and Gamma를 선택해주면 다시 복귀된다.

17 32bit 이미지에서 16bit 이미지로 변환되었으므로 이제 포토샵의 모든 기능을 사용할 수 있다. [Curves](Ctrl + M)를 열어 중간 톤을 향상하는 작업을 진행했다.

18 레이어를 복제(Ctrl + J)하고 [Filter]〉[Other]〉[High Pass] 메뉴를 실행하여 Radius를 10 적용한다.

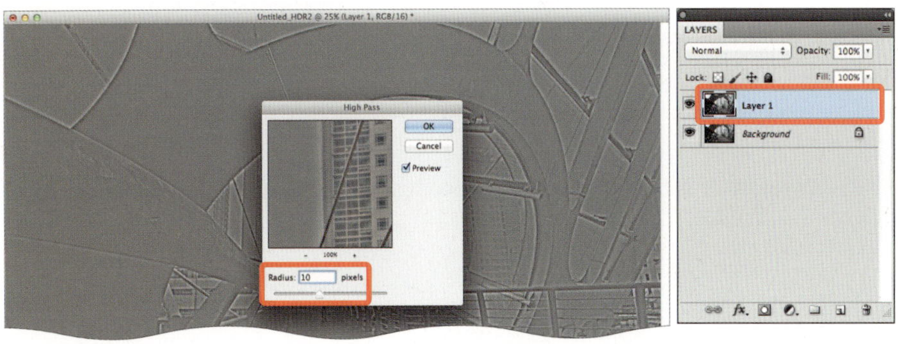

19 복제한 레이어의 블렌딩 모드를 Overlay로 변경한다.

20 레이어의 Opacity를 줄여 효과를 자연스럽게 반영했다.

완성된 HDR 사진

21 한 장의 RAW 파일로도 HDR 분위기와 비슷하게 느낌을 낼 수는 있다. 그러나 외관만 비슷할 뿐 디테일의 차이는 크다. 중간 톤 영역보다 하이라이트와 섀도우 디테일을 비교해 보면 그 효과를 확연히 알 수 있다.

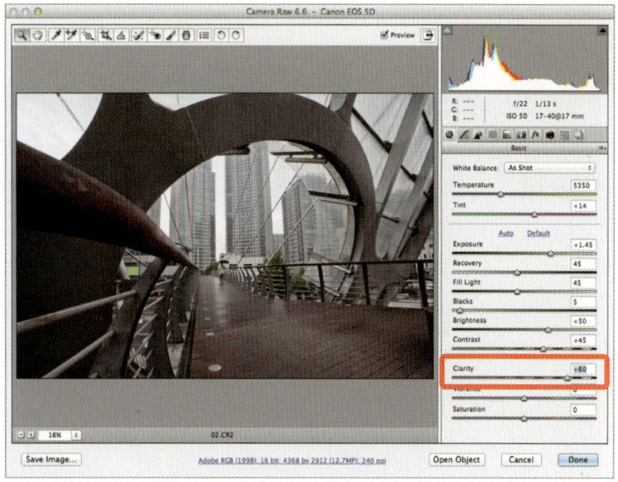

22 왼쪽은 한 장의 사진으로 만든 이미지이고 오른쪽은 HDR 작업으로 만든 이미지다.

23 사진을 확대하여 왼쪽 사진과 오른쪽 사진의 하이라이트 디테일을 비교해보자. HDR 이미지인 오른쪽 사진의 하이라이트 디테일이 훨씬 풍부하다.

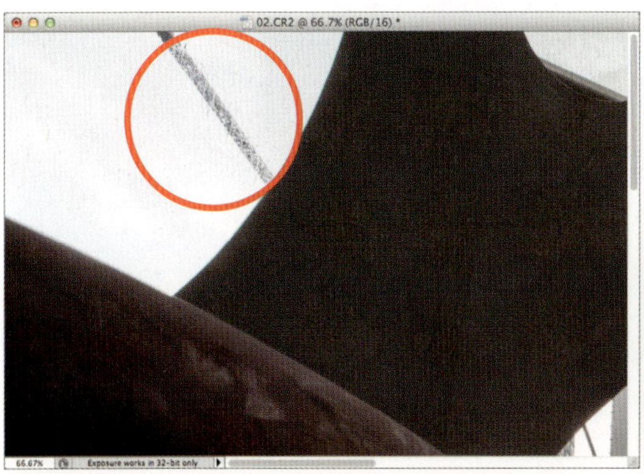

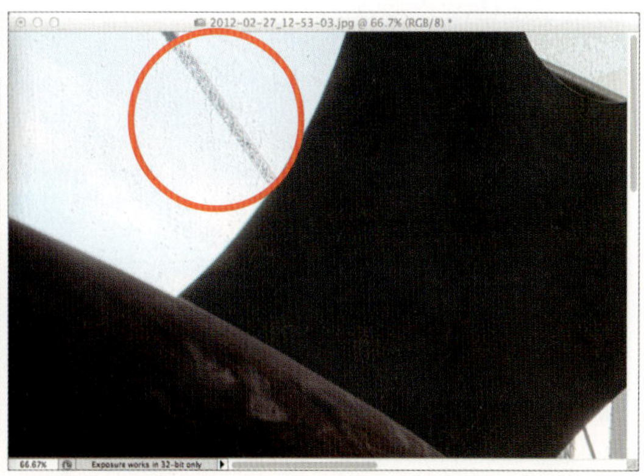

24 사진을 확대하여 섀도우 디테일을 비교해보자. HDR 이미지인 아래쪽 사진의 섀도우 노이즈가 훨씬 적다.

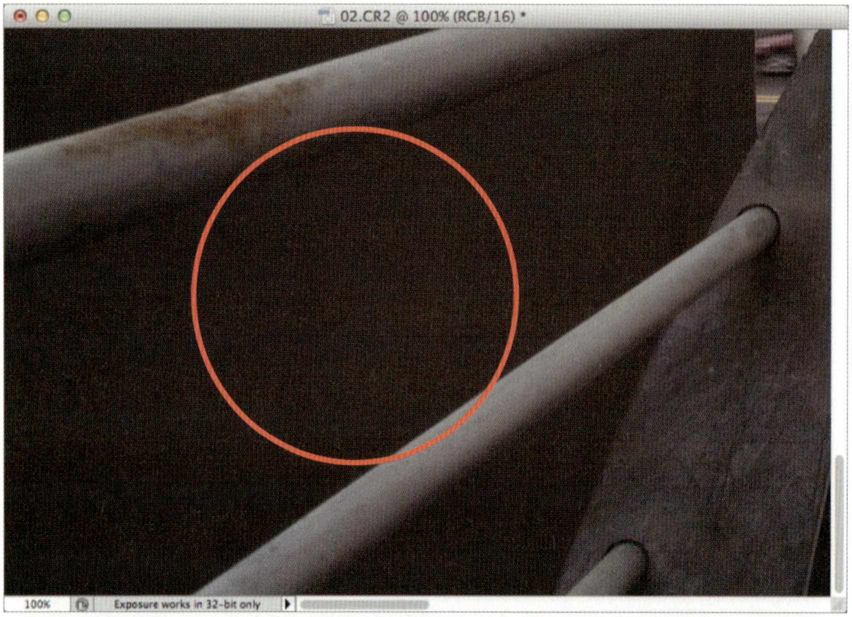

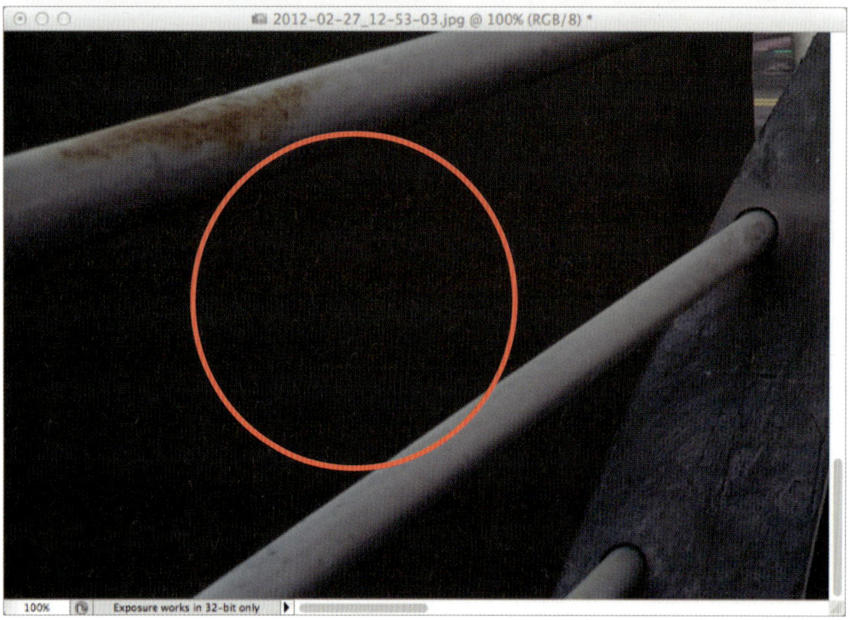

빗나간 초점 교정하기

가만히 정지해 있거나 옆으로 움직이는 피사체를 촬영할 때는 초점이 잘 맞지만 촬영자 쪽으로 빠르게 다가오는 피사체를 촬영할 때는 초점이 잘 맞지 않는 경우가 많다. 필자는 이런 대상을 만날 때면 꼭 연속 촬영을 해두는 편인데, 연속된 컷 중 한두 컷은 꼭 초점이 맞아 있기 때문이다. 포토샵에서는 선택 툴을 이용하여 복제하는 방법으로 빗나간 초점을 쉽게 교정할 수 있다.

- **예제 사진** : cd-part4 〉 ch3 〉 예제파일 〉 08-1.jpg/08-2.jpg
- **완성 사진** : cd-part4 〉 ch3 〉 완성파일 〉 08-완성.jpg

01 촬영자 쪽으로 다가오는 고양이를 50mm 렌즈로 촬영한 사진이다. 왼쪽 사진의 구도가 마음에 들지만 브릿지에서 돋보기로 확인해보니 왼쪽 사진은 미세하게 초점이 나갔고 오른쪽 사진은 고양이 얼굴에 정확히 초점이 맞았다.

02 초점이 맞은 고양이의 얼굴을 복제하기 위해 사각형의 Marquee Tool(M)을 선택한다.

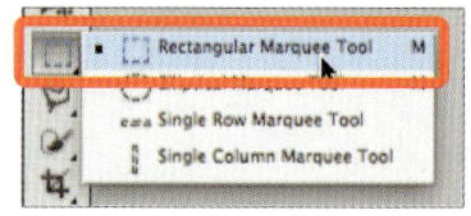

03 초점이 맞은 고양이의 얼굴을 Marquee Tool로 넉넉하게 선택하고 [Edit]>[Copy](Ctrl+C) 메뉴를 실행하여 복사해둔다.

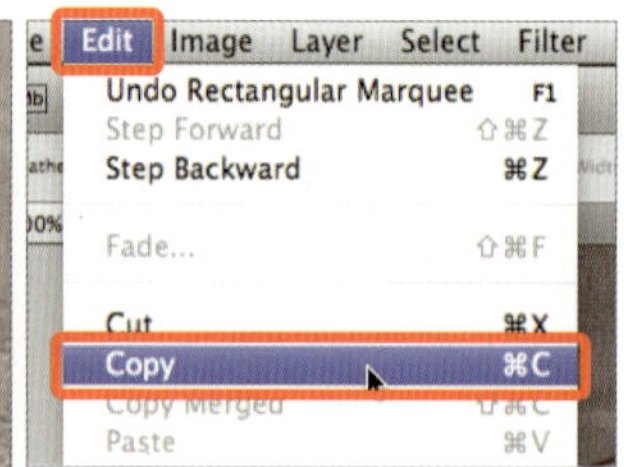

04 복사한 초점이 맞는 얼굴을 흐릿한 사진 위에 붙여 넣기(Ctrl+V) 한다.

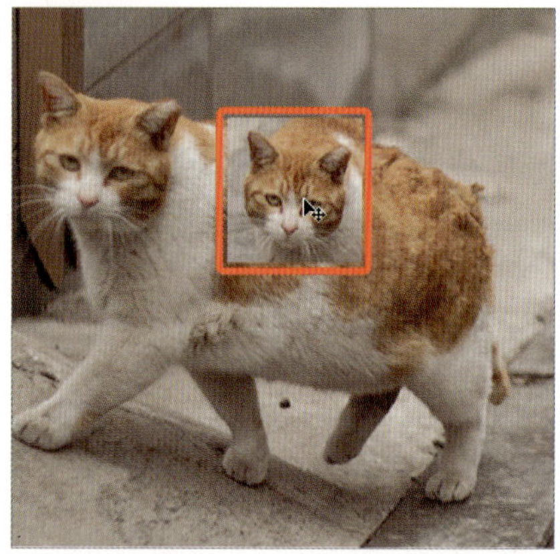

05 Move Tool(V)을 이용하여 붙여 넣은 이미지를 고양이 얼굴 부근으로 가져가 자리를 잡는다.

06 레이어의 Opacity를 조금 줄여 작업하면 원하는 위치에 쉽게 자리 잡을 수 있다.

07 [Edit]〉[Free Transform](Ctrl + T) 메뉴를 실행하여 얼굴 부분에 일치하도록 크기와 방향을 조정한 다음, Enter 를 눌러 선택 영역을 해제한다.

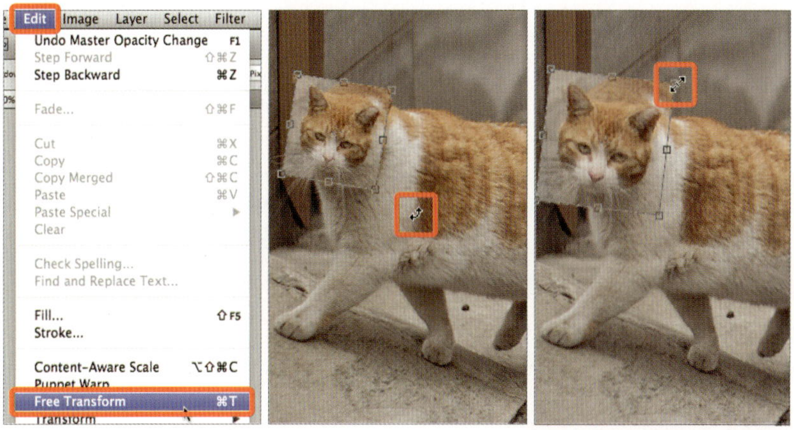

08 Alt 를 누른 채 레이어 팔레트의 Add layer mask 를 누른다. 검은색 마스크가 추가되면서 효과가 사라진다.

09 전경색을 흰색으로 바꾸고 Brush Tool(B)을 선택한다. 옵션 바에서 Opacity를 40%로 설정한다.

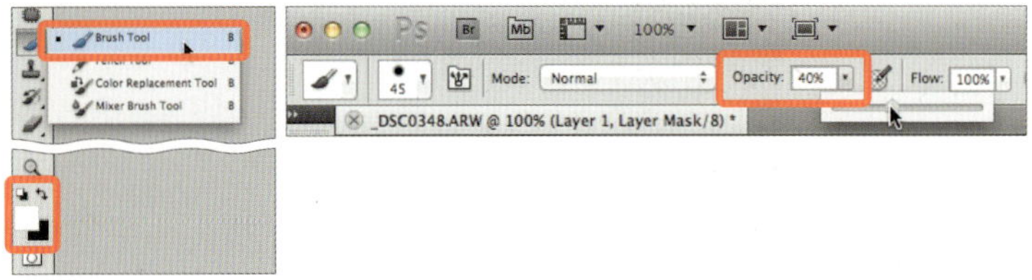

10 브러시로 얼굴 부분만 칠해주면 초점이 맞은 얼굴이 드러난다. 위치가 맞지 않을 때는 Move Tool(V)로 다시 정확한 위치를 잡아준 뒤 레이어를 합친다(Ctrl + E).

11 [Filter]>[Other]>[High Pass] 메뉴를 실행하여 대화상자를 열고 Radius를 1 적용한다.

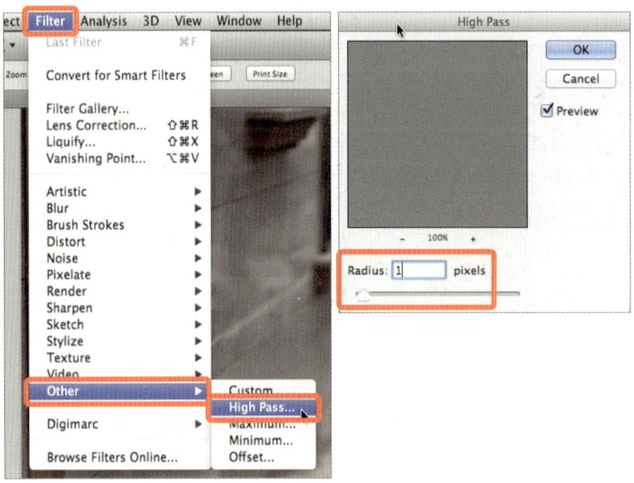

12 레이어의 블렌딩 모드를 Overlay로 변경하고 Alt 를 누른 채 Add layer mask 를 눌러 검은색 마스크를 추가한다. 전경색을 흰색으로 바꾸고 Brush Tool(B)로 얼굴 부분을 칠해주면 초점이 명확해진 효과를 얻을 수 있다.

Before

After

방해 요소를 제거하여 주제를 명확하게

사진 촬영을 하다 보면 방해되는 요소가 유난히 눈에 띄어 '아, 저것만 없었으면 완벽했을 텐데.'라는 생각이 들 때가 있다. 스톡 사진이나 광고용 이미지 소스를 제작할 때라든지 상업 사진의 합성 소스를 만드는 작업을 할 때는 방해 요소를 제거하고 원하는 이미지를 만드는 작업이 비일비재하게 이루어진다. 그러나 다큐멘터리 사진에서는 이런 일이 금기시되기도 한다. 필자 역시 있는 그대로의 모습을 사진에 담는 편이며 방해 요소가 있다면 피해서 촬영한다. 하지만 건축 사진이나 인테리어 사진 등 상업적으로 사용되는 사진에서는 방해 요소를 제거하고 클라이언트에게 보내는 편이다. 항상 1~2%의 나쁜 점이 사진의 지적 대상이 되거나 자신의 사진을 나쁘게 평가하는 기준이 된다는 사실을 기억하자.

• **예제 사진** : cd-part4 〉 ch3 〉 예제파일 〉 09.jpg • **완성 사진** : cd-part4 〉 ch3 〉 완성파일 〉 09-완성.jpg

01 이 사진 역시 사진 오른쪽의 흰색 물체와 관리되지 않은 잔디가 유난히 눈에 띈다. 흰색 물체를 제거하고 마당에 푸른 잔디가 무성한 것처럼 수정해보자.

02 사각형의 Marquee Tool(M)로 흰색 물체 주변을 선택해 레이어로 복제(Ctrl+J)한다.

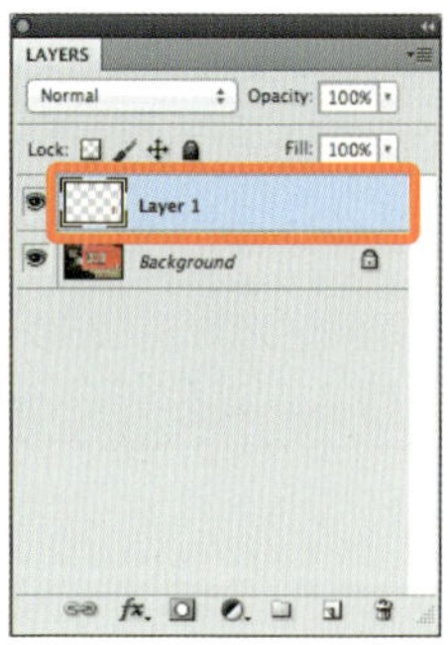

03 Move Tool(V)로 복제한 레이어를 옮겨 흰색 물체 위에 덮는다. Free Transform(Ctrl+T)으로 크기를 맞춘 다음, 마스크 작업으로 방해 요소를 제거한다.

04 Pen Tool(P)로 자동차의 그림자 부분을 선택해준다.

05 마우스 오른쪽을 눌러 Make Selection을 선택해 대화상자를 띄운다. 선택 영역을 부드럽게 하기 위해 Feather Radius를 1 적용한다.

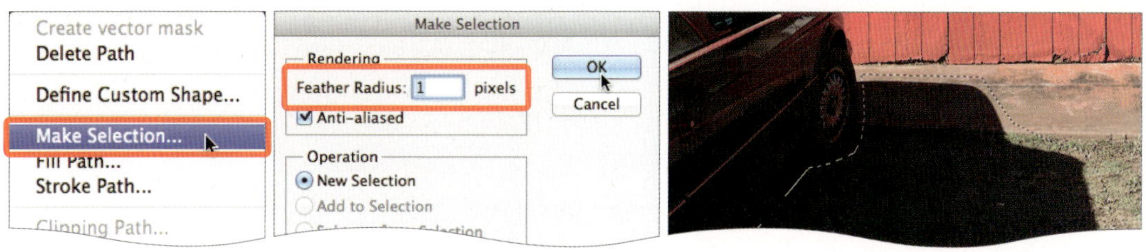

06 레이어 팔레트에서 Create a new layer 를 눌러 빈 레이어를 추가한다. Stamp Tool(S)을 선택하고 옵션 바에서 Opacity는 100%, Sample은 All Layers를 선택한다.

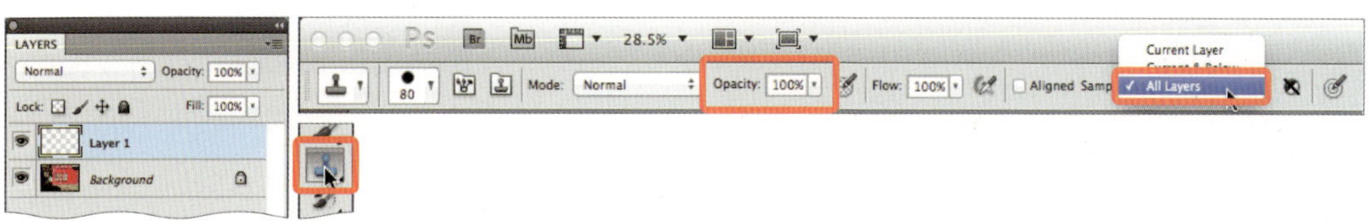

07 선택 영역 바깥을 [Alt]를 눌러 소스로 복제한 뒤 선택 영역 안쪽으로 드래그하며 그림자를 없앤다.

08 [Select]>[Deselect]([Ctrl]+[D]) 메뉴를 실행하여 선택 영역을 해제한다.

09 잔디를 복제하기 위해서 [Select]>[Color Range] 메뉴를 실행하여 대화상자를 띄운다. 오른쪽 잔디 부분을 클릭하면 Color Range에서 미리 보기 화면으로 어느 정도 선택되었는지 확인할 수 있다. Fuzziness 값을 낮추면 잔디의 녹색 부분을 선택할 수 있다.

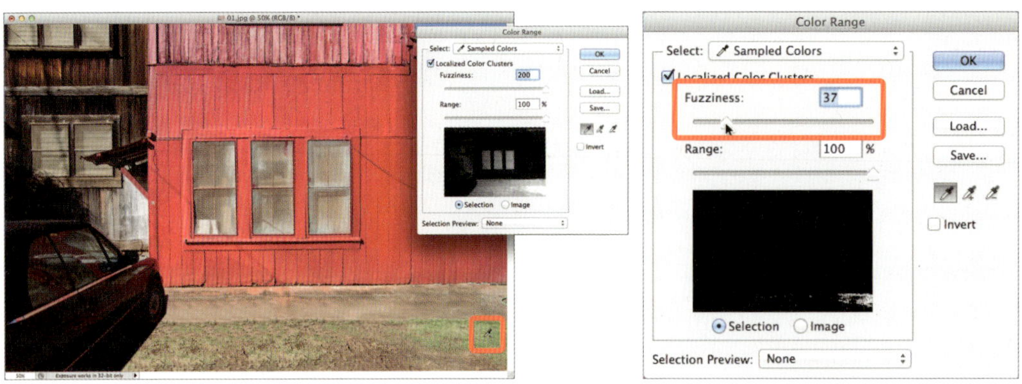

10 선택 부분을 부드럽게 하기 위해 [Select]〉[Modify]〉[Feather] 메뉴를 실행하여 Feather Radius를 0.5 적용한 다음, 레이어로 복제(Ctrl + J)한다.

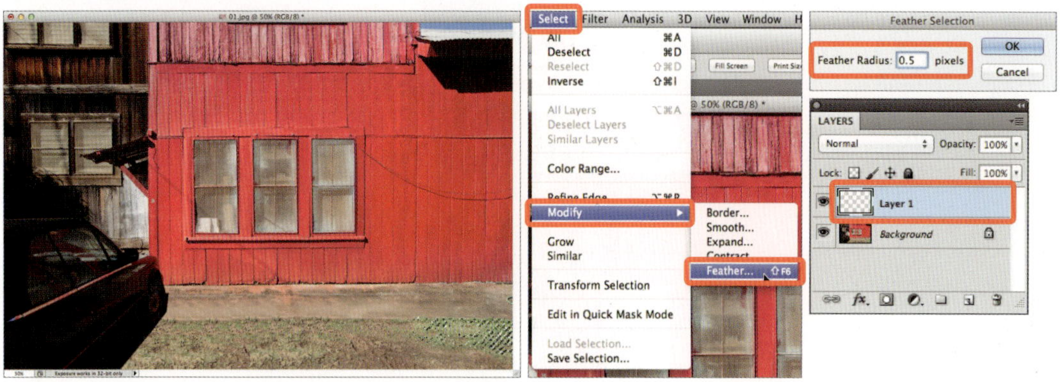

11 Ctrl + J 를 눌러 레이어를 계속 복제한 다음 Move Tool(V)로 복제된 잔디 레이어를 주변부로 옮긴다. 실제로는 선택된 녹색 부분이 주변을 계속 덮음으로써 잔디가 만들어진 것처럼 보인다.

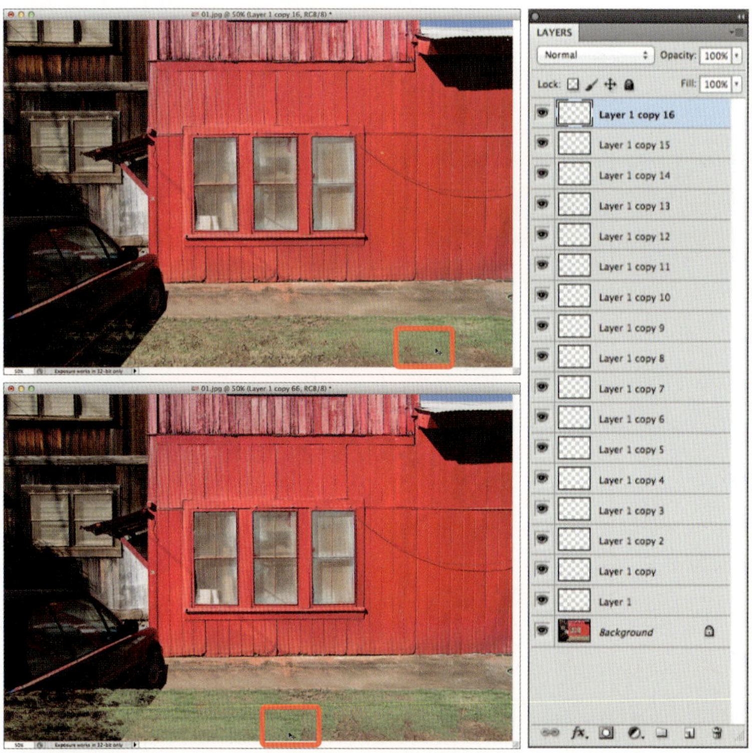

12 필자는 총 193개의 레이어로 잔디를 복제했다. 이때 자동차를 덮은 잔디는 제거해주어야 한다.

13 레이어 팔레트에서 맨 위에 있는 레이어를 선택하고 Shift 를 누른 채 잔디가 처음 복제된 Layer 1 copy를 선택한다. 이렇게 하면 그 사이에 있는 전체 레이어가 선택된다. 레이어를 합친다(Ctrl + E).

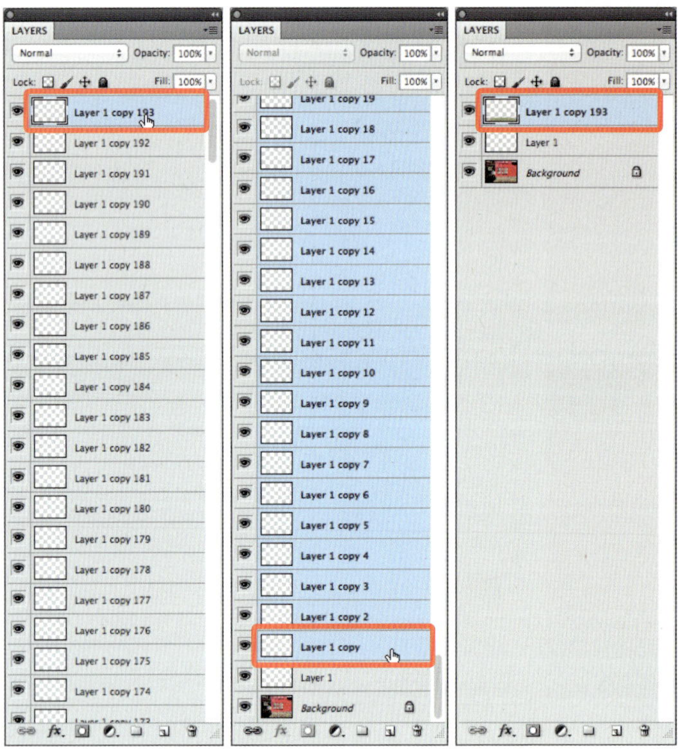

14 레이어 팔레트에서 Add layer mask를 클릭해 마스크를 추가하고 전경색을 검은색으로 바꾼(X) 후 Brush Tool(B)을 선택한다.

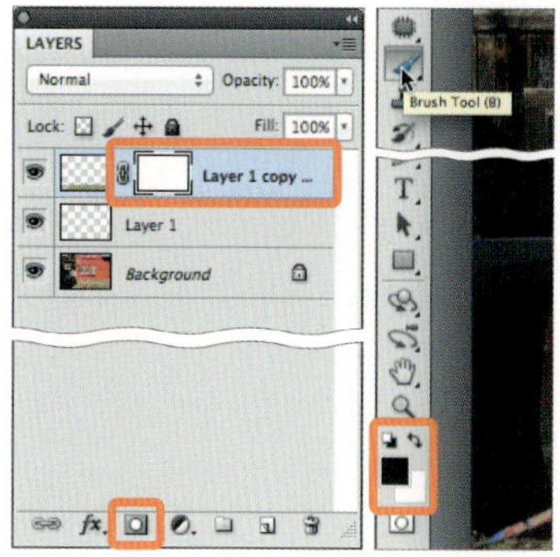

15 자동차 부분에 덮여 있던 잔디를 제거한다.

Before

After

(Part)

05

프로페셔널 리터칭 / 워크플로우

촬영 정보

후지필름 X-PRO1 _

60mm 매크로 렌즈 _

조리개 2.4 _

셔터 속도 1/1500초 _

노출 보정 -2 _

ISO 200 _

촬영 & 보정 포인트

봄 햇살을 받던 진달래를 촬영한 사진이다. 진달래의 밝은 부분을 측광하여 배경을 어둡게 표현해서 진달래를 더 돋보이게 했다. 컬러로 촬영한 사진을 포토샵의 Black & White를 이용해 흑백으로 변환했고, 진달래가 빛을 받는 느낌을 더 강조하기 위해 커브와 마스크를 이용하여 주변부를 어둡게 버닝 처리했다.

지금까지 이 책을 통해 포토샵의 여러 기능을 배웠겠지만 정작 자신의 사진에 각종 기법을 응용하고자 할 때 도대체 어디서부터 시작해야 하는지, 어떤 순서로 진행해야 하는지 헤매게 될 수도 있다. 리터칭을 할 때 순서가 정해져 있는 것은 아니지만 결국 자신이 생각하는 이미지의 결과물을 향해 가는 과정에 대한 노하우가 없다면 아무리 다양한 기법을 익힌다고 해도 결과는 중구난방이 될 것이다. '프로페셔널 리터칭 워크플로우'에서는 풍경 · 인물 · 다큐멘터리 · 흑백 사진 4가지의 RAW 예제 파일을 준비했다. 각 이미지를 최종적인 프린트를 위한 결과물로 이끌어내는 과정과 노하우를 풀고자 한다. 물론 여기 사용된 방법들은 필자가 작업을 하면서 주로 사용하는 방법이지만, 여러분의 사진을 창조적으로 변화시킬 자신만의 워크플로우를 만드는 중요한 길잡이가 되리라 생각한다.

빈티지
영화 필름 효과

포토샵에서 색상 수정을 할 때는 원본의 색상을 교정하는 작업과 자신의 느낌을 더하는 작업으로 나뉜다. 어떤 것이 옳다고 말할 수는 없지만, 디지털 사진의 세계에서는 대부분 개인의 자유로운 표현에 초점을 둔다. 예전 영화와는 다르게 요즘 영화에서는 디지털 편집 기술의 발전과 함께 매우 다양한 톤과 컬러의 작품을 만날 수 있다. 이런 효과들을 연구하고 자신의 사진에 적용시켜보는 것도 표현의 자유를 넓혀 줄 것이다.

• **예제 사진** : cd–part5 〉 예제파일 〉 01.ARW • **완성 사진** : cd–part5 〉 완성파일 〉 01–완성.jpg

01 호주의 프리멘틀이라는 곳에서 촬영한 사진이다. 신랑 신부와 들러리 친구들을 태운 클래식 웨딩 자동차가 지나는 장면을 포착했다. 이번 예제에서는 사진의 일반적인 톤을 옛 영화 필름을 보는 듯한 빈티지한 느낌으로 수정하는 것이 목표다. 작업은 '전체적인 색감 작업〉부분적인 디테일 작업'의 순으로 진행된다. 색감을 만들어가는 과정을 눈여겨보기 바란다.

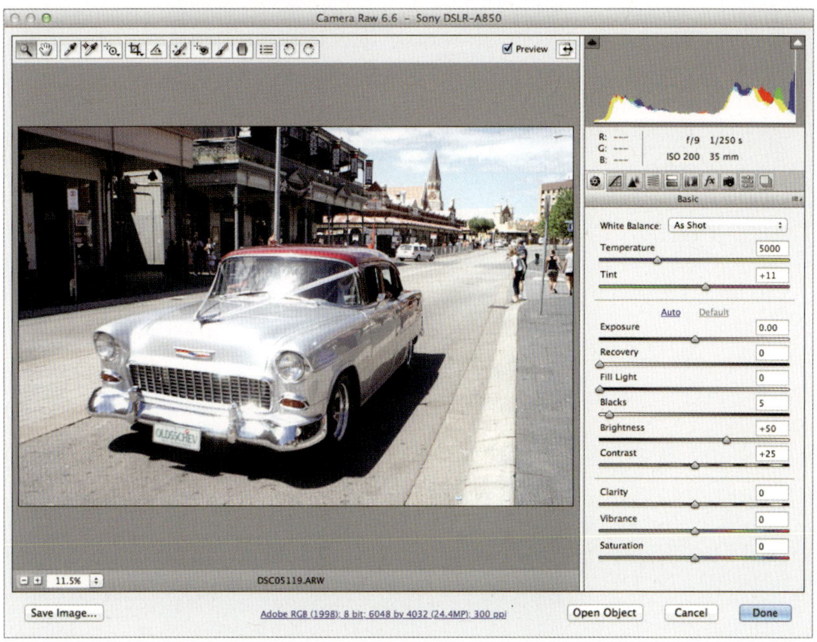

02 콘트라스트가 약한 부드러운 느낌을 얻기 위해 [Basic] 탭의 Exposure 슬라이더를 왼쪽으로 당긴 다음 Brightness 값을 최대로 올린다. Fill Light 값을 올려 회화적인 느낌을 주고 Recovery로 하이라이트를 억제한다. 다시 Exposure의 슬라이더를 오른쪽으로 움직여 전체적인 노출과 톤을 결정했다.

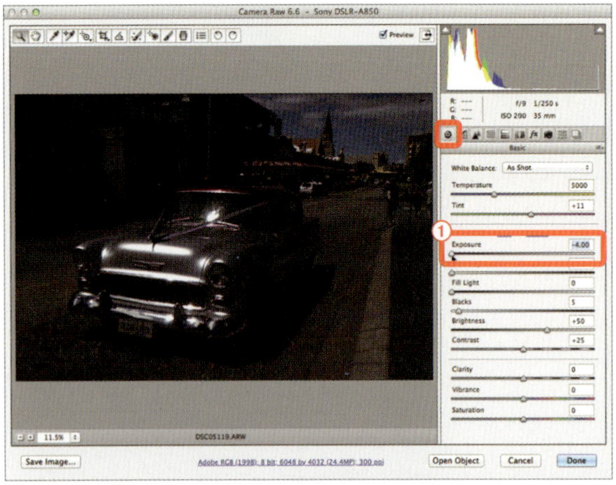

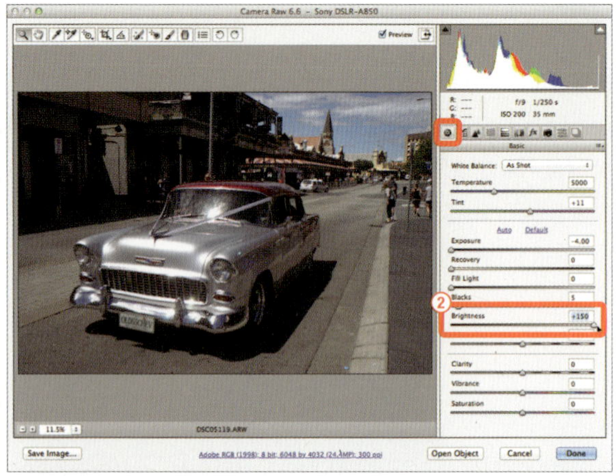

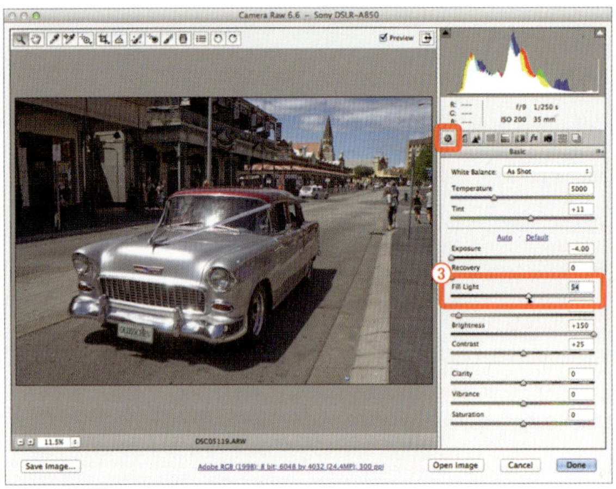

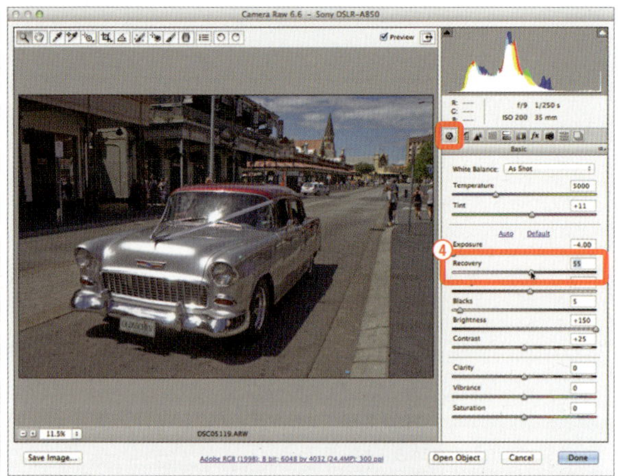

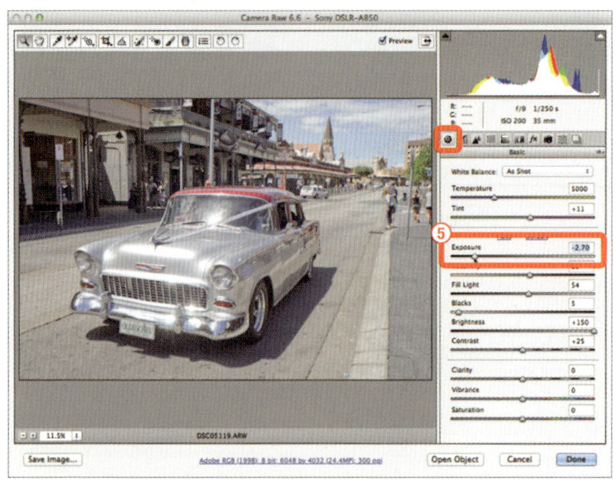

03 Vibrance를 최대치인 +100으로 올려 원색을 강조한 뒤 Saturation을 낮춰 물 빠진 듯한 느낌을 연출했다.

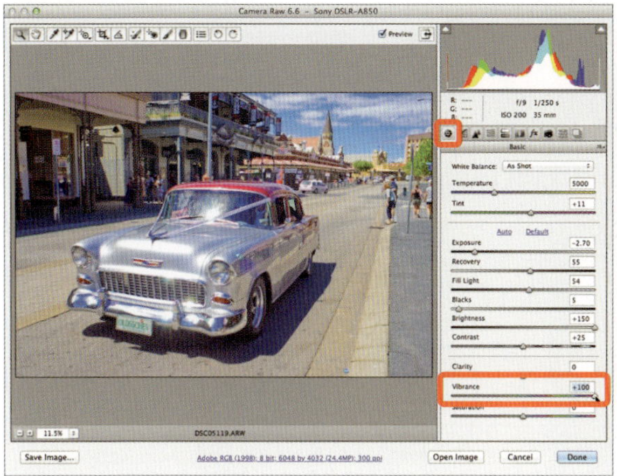

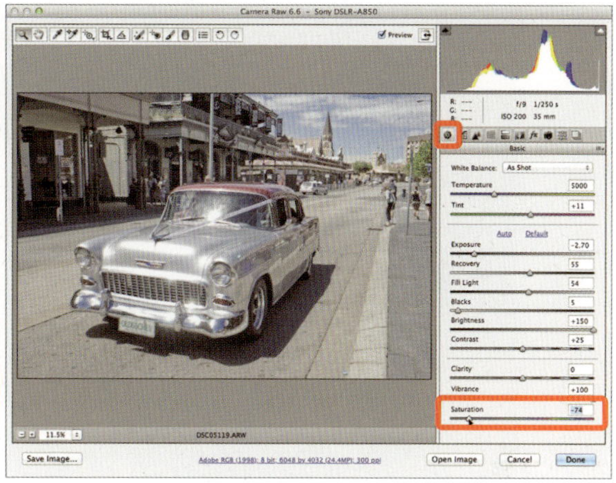

04 [Split Toning] 탭으로 이동하여 Shadows 영역에 Green 색조를 추가하고 Highlights 영역에 Yellow를 추가하여 빛 바랜 사진 느낌으로 수정한다.

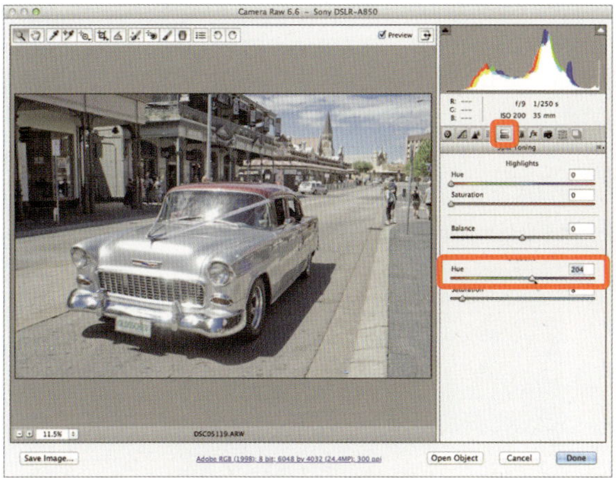

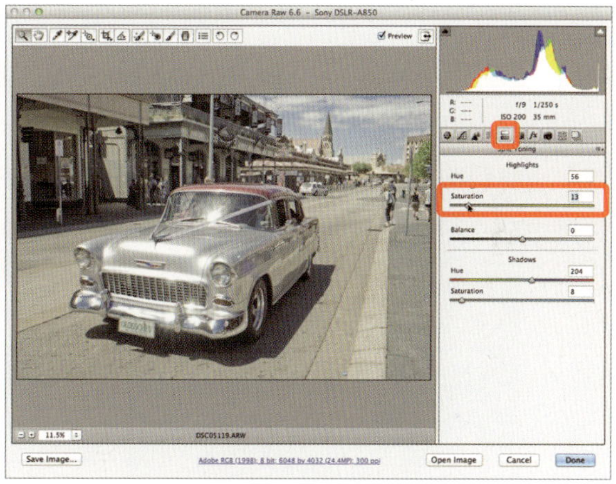

05 [Camera Calibration] 탭으로 이동하여 Blue 톤에 Cyan을 더해 하늘의 색조를 수정한다.

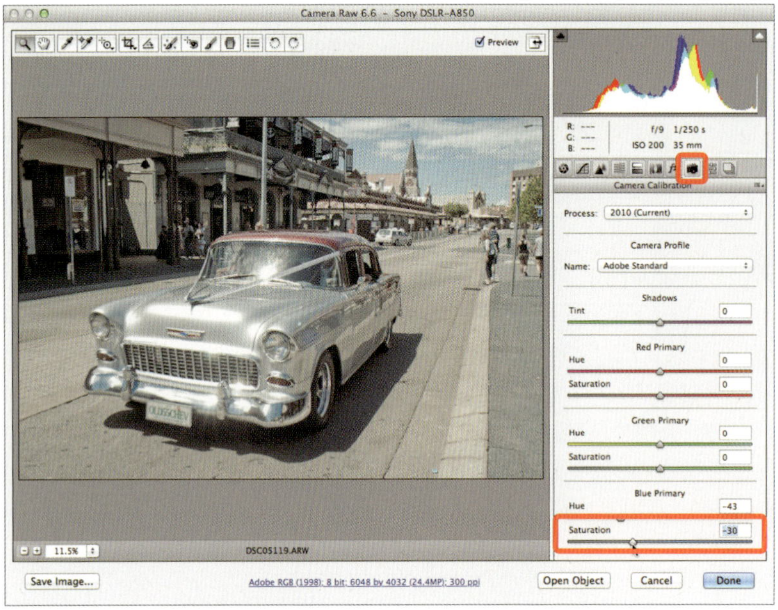

06 다시 [Basic] 탭으로 이동하여 Temperature에 Yellow와 Tint에 Green을 좀 더 추가했다. 여기까지 해서 전체적인 색상 조절은 거의 끝났다고 할 수 있다. 필자는 빈티지한 색감을 낼 때 Cyan, Yellow, Green 등의 색상을 즐겨 사용하는데 빛바랜 사진 등을 보고 힌트와 아이디어를 얻어 조색을 하는 편이다.

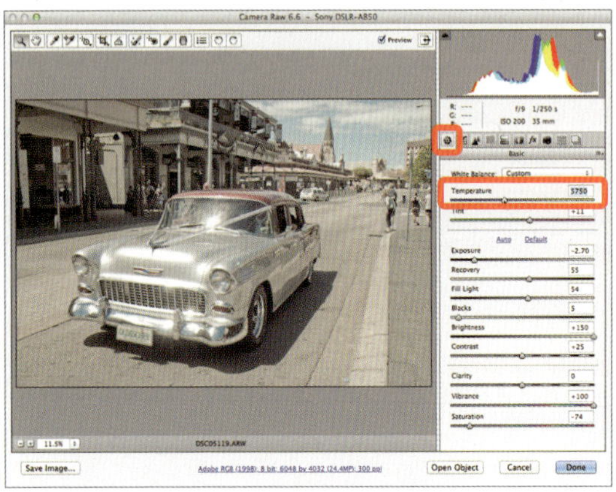

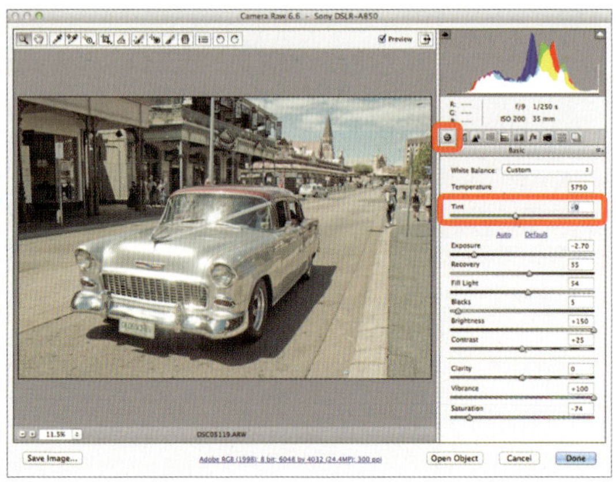

07 Adjustment Brush(K)를 선택하여 Clarity와 Sharpness를 강조한 브러시를 만들어 주제가 되는 피사체인 자동차를 강조했다.

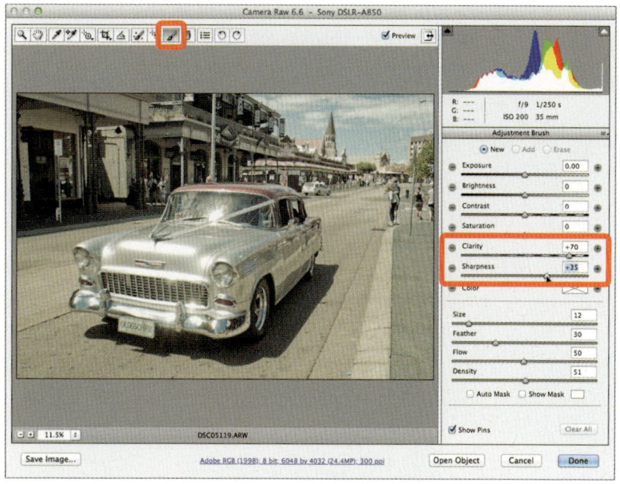

08 실내에 있는 사람이 좀 더 잘 보이도록 노출을 낮춘 Adjustment Brush를 사용하여 창문 쪽을 칠해줬다.

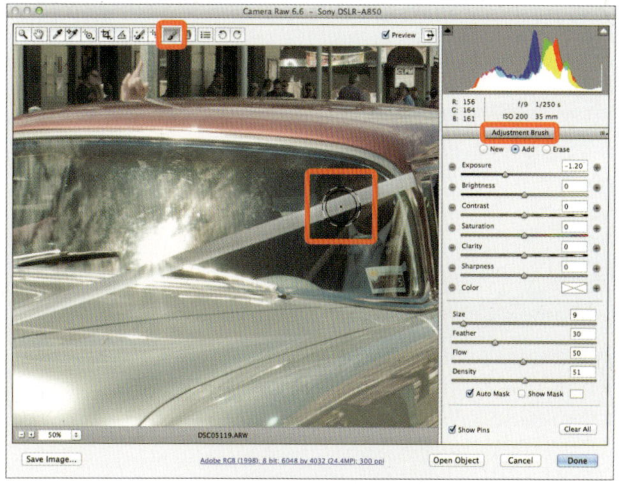

09 [Tone Curve] 탭으로 이동하여 중간 톤과 콘트라스트를 향상시키는 작업을 한다.

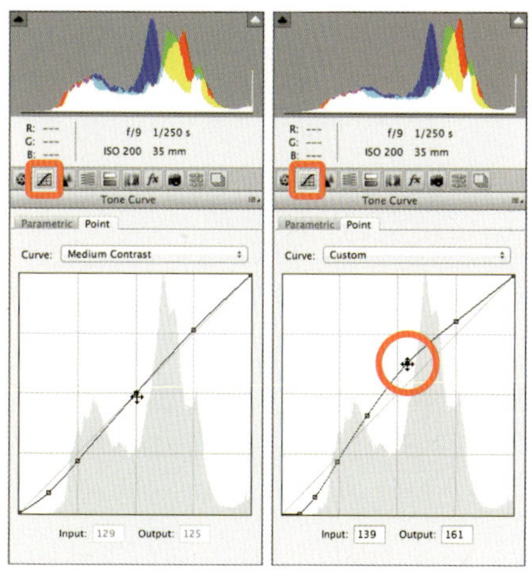

After ▲

호주	2011	
소니 A900	35mm 렌즈	f9
1/250초	iso 200	노출 보정 +2

Before ▶

광고 인물 사진 수정

Camera Raw 플러그인의 구버전에서 기본적인 노출과 색감 조정 등만 가능했다면 최신 버전에는 Adjustment Brush 기능이 추가되어 대부분의 인물 수정 작업이 가능하다. Adjustment Brush의 Clarity를 이용해 피부 질감을 살리면서 부드럽게 하는 작업을 할 수 있다는 것만으로도 Camera Raw 플러그인을 써야 할 이유는 명백해 보인다.
이번에 배워볼 예제에서는 인물 수정에 Camera Raw 플러그인의 각 기능을 어떻게 사용하는지, 인물 수정은 어떤 방법으로 진행되는지 익히는 것이 포인트다.

• 예제 사진 : cd-part5 〉 예제파일 〉 02.CRW **• 완성 사진 :** cd-part5 〉 완성파일 〉 02-완성.jpg

01 기본적인 노출 향상 작업을 진행한다. 피부 톤 노출 향상 작업을 할 때는 RGB 값을 확인하면서 진행하면 좋다. 그리고 노출은 피부 톤에 영향을 미치므로 시각적인 판단과 RGB 데이터 확인은 동시에 이루어져야 한다. 정상적인 피부 톤은 하이라이트의 RGB 값을 측정했을 때 그 크기가 'R〉G〉B'의 순서로 나타나며 R의 값이 250을 넘지 않는 것이 보통이다. 하이라이트는 빛을 받은 밝은 쪽 광대나 콧등을 측정해 보면 알 수 있다.

02 피부를 수정할 때 가장 기본이 되는 작업은 제일 크게 드러나는 문제점을 수정하는 것이다. 이미지를 확대하고 Spot Removal(B) 툴로 큰 잡티를 없애는 작업을 먼저 진행한다.

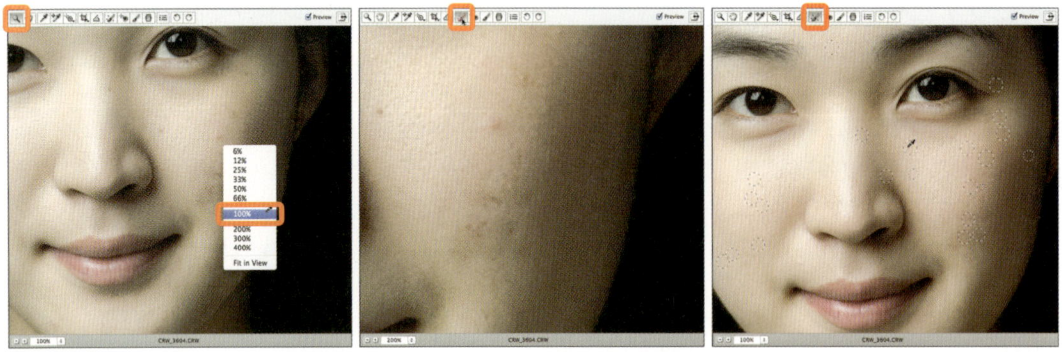

03 Adjustment Brush(K)를 선택하고 Clarity를 낮춘다. 브러시로 피부를 문지르면 피부의 질감을 살리면서 부드럽게 수정된다. 수정 상태를 보고 싶다면 피부 위의 녹색 점에 마우스를 올리면 된다. 수정을 하다 잘못된 부분은 Alt 를 누르며 브러시로 칠하면 고칠 수 있다.

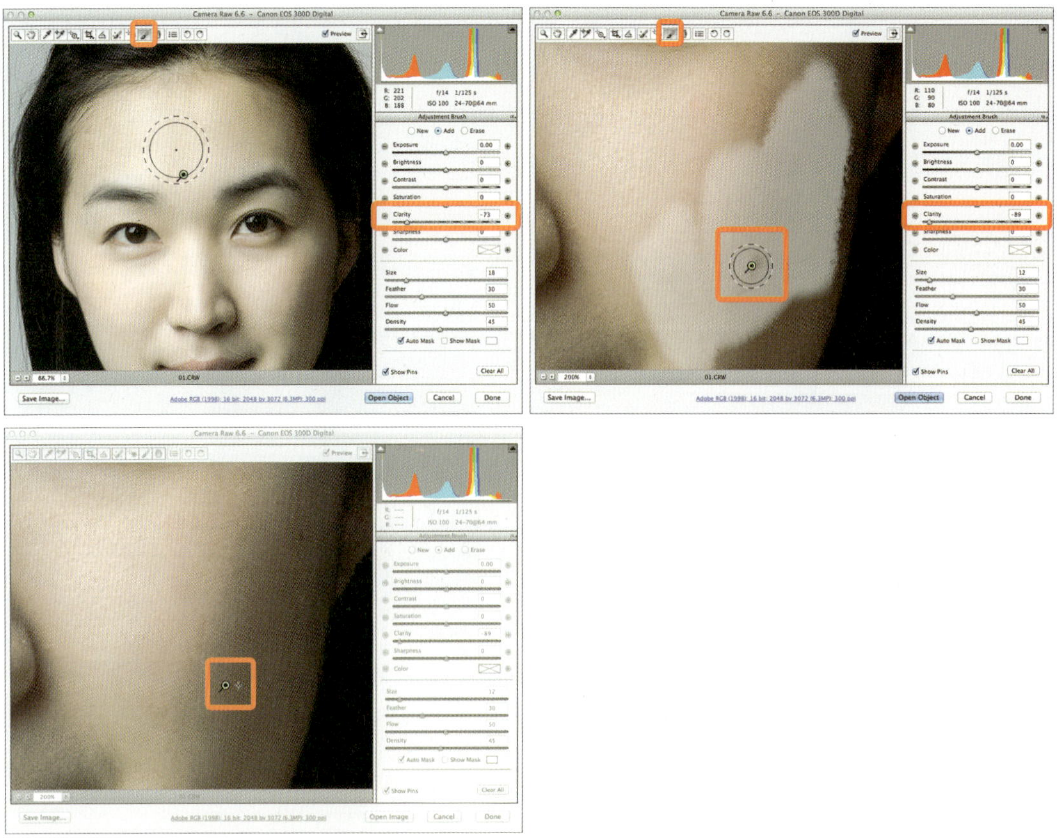

04 New 버튼을 눌러 새로운 Adjustment Brush를 추가한다. Brightness를 높인 뒤 눈의 흰자위를 칠해주어 눈빛을 맑게 한다.

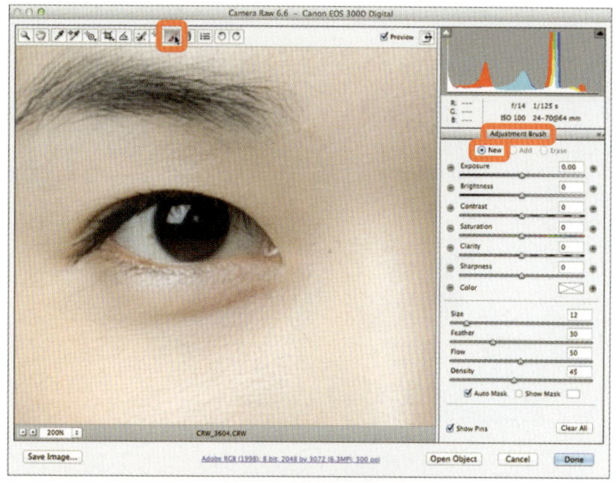

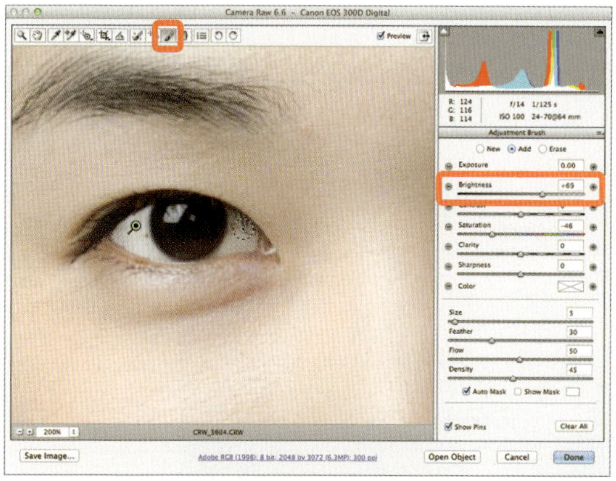

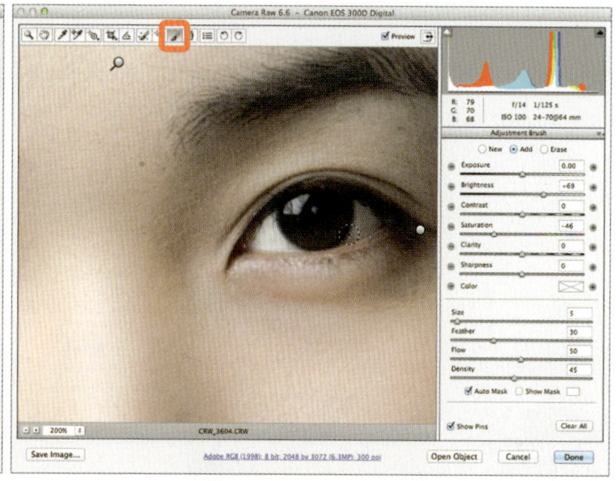

05 New 버튼을 눌러 새로운 Adjustment Brush를 추가한다. Saturation은 낮추고 Brightness를 높인 브러시로 회색 배경을 밝게 하는 작업을 진행한다. 만약 작업 도중 좀 더 수정하고 싶다면 녹색 점을 잡고 오른쪽이나 왼쪽으로 드래그해서 추가 수정을 할 수 있다.

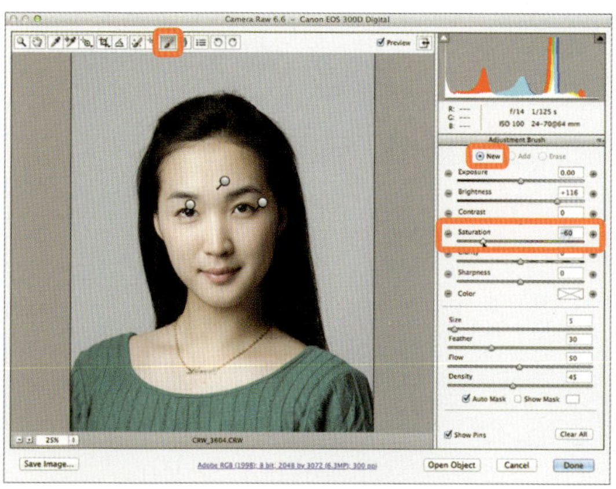

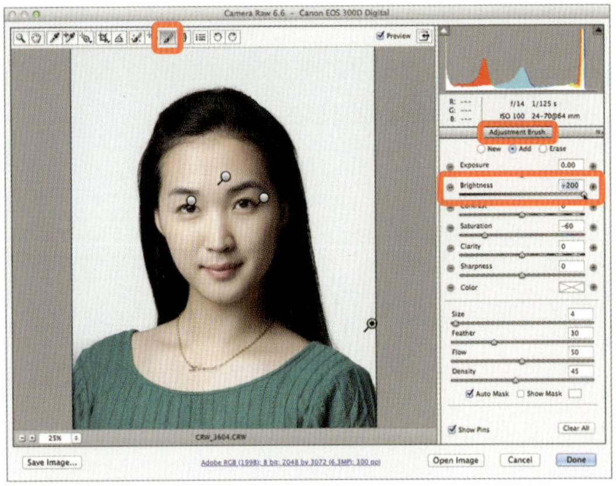

06 New 버튼을 눌러 새로운 Adjustment Brush를 추가하고 Clarity와 Sharpness를 향상시킨 브러시로 눈의 라인과 입술 라인 등을 선명하게 하는 작업을 한다.

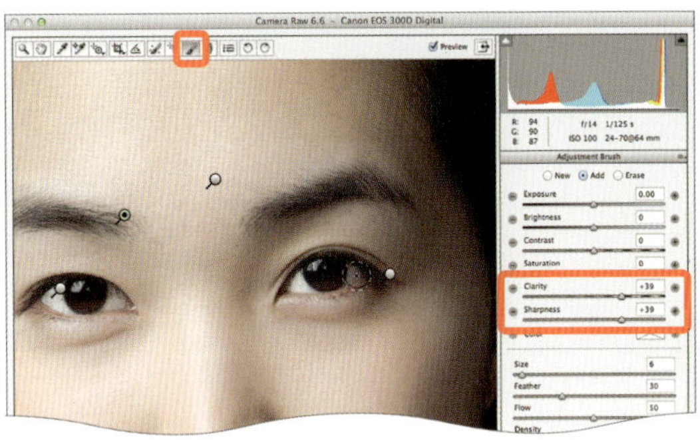

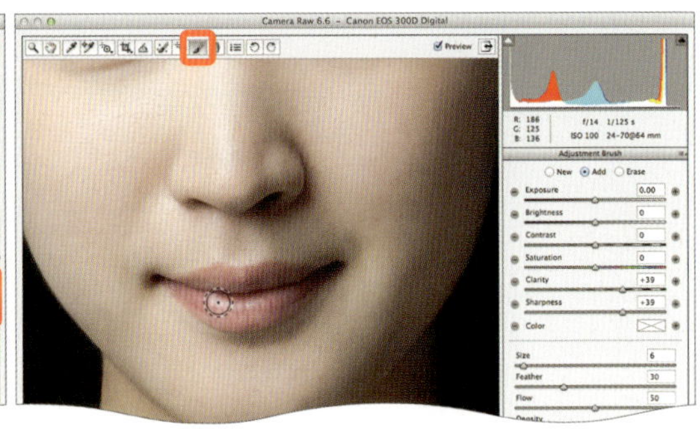

07 Camera Raw 플러그인의 단점 중 하나가 어느 정도 작업을 진행한 후에는 이전 과정으로 돌아갈 수 없다는 것이다. [Snapshots] 탭에서 오른쪽 하단에 있는 New Snapshot 아이콘을 눌러 중간중간 스냅샷을 찍어두면 클릭만으로 이전 단계로 돌아갈 수 있다. 수정에 익숙하지 않은 초보자들은 이 스냅샷 기능을 충분히 활용하기 바란다.

08 피부 톤을 수정하는 작업이다. [Camera Calibration] 탭에서 Red Primary 항목의 Hue를 조정하면 피부 톤을 쉽게 수정할 수 있다. Hue의 슬라이더를 오른쪽으로 이동하면 Yellow가 많아져 피부가 탁해지고 왼쪽으로 이동하면 Magenta가 많아져 맑은 느낌이 난다. 이 사진에서는 Hue를 −17로 지정해 맑은 느낌으로 수정했다.

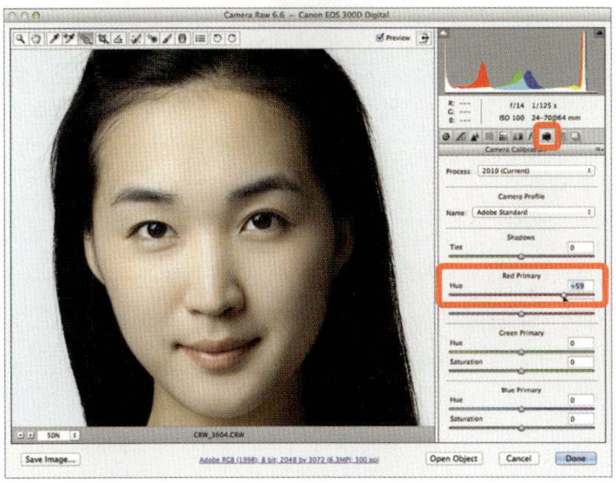

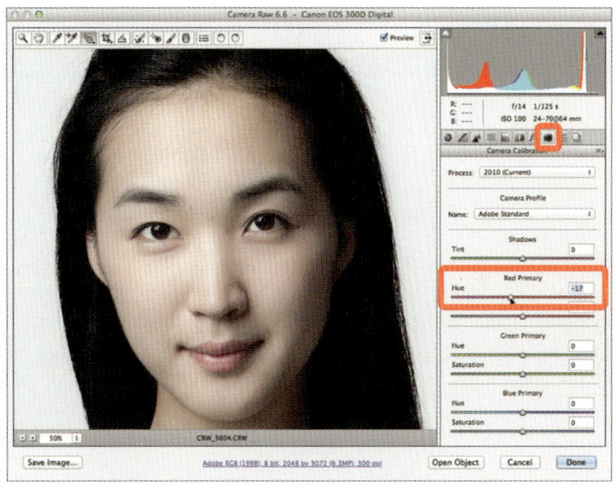

09 [Split Toning] 탭에서 Highlights 항목의 Hue에 Yellow를 더한다. 이렇게 하면 앞서 했던 작업의 Magenta와 혼합되어 따뜻한 붉은색으로 수정된다.

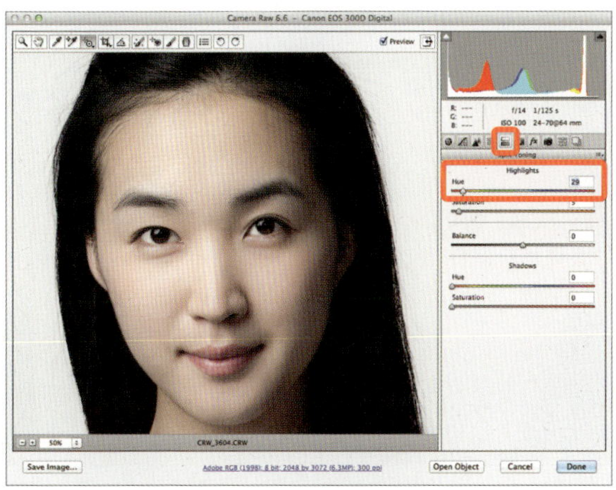

10 Targeted Adjustment Tool(T)을 클릭해 Parametric Curve를 선택하고 인물의 Highlights 영역을 드래그해 콘트라스트를 높였다.

11 섀도우 영역을 좀 더 밝게 수정하기 위해 [Basic] 탭의 Fill Light를 조정했다.

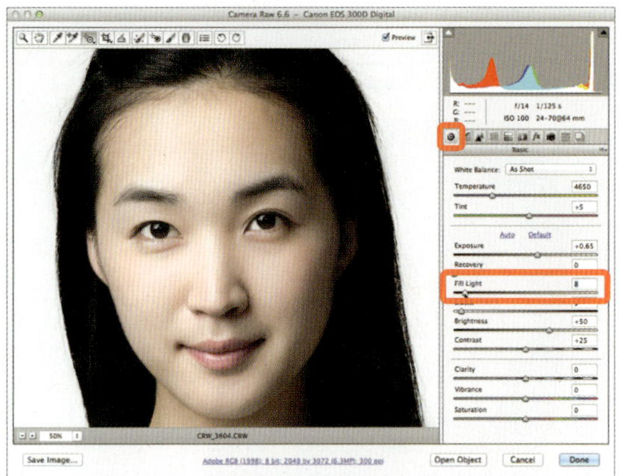

12 최종 작업은 Sharpening이다. [Detail] 탭을 열어 피부 질감이 거칠어지지 않는 선에서 Sharpening 항목의 슬라이더를 조정하고 마무리한다.

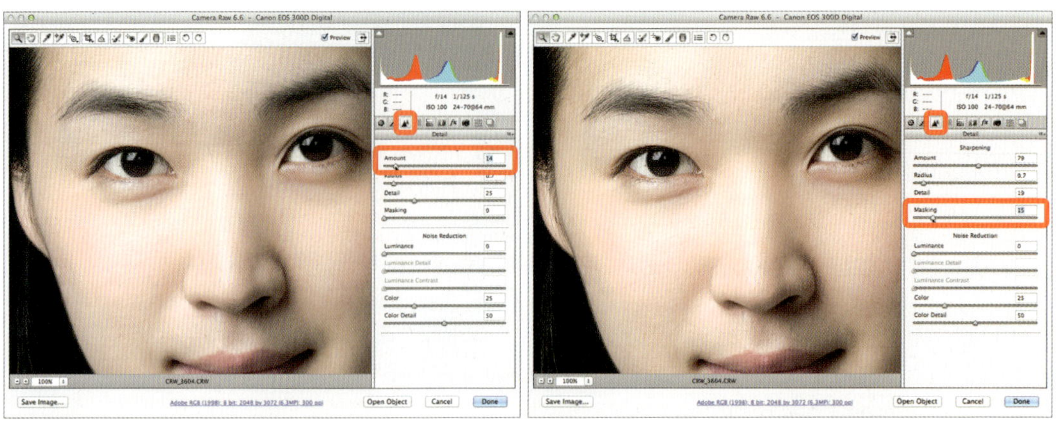

After ▸

| 캐논 EOS 300D | 24-70mm 렌즈 |
| f4 | 1/125초 |
| iso 100 |

Before ▾

컬러 다큐멘터리 사진 수정

흔히 하는 오해 중 하나가 다큐멘터리 사진은 전혀 수정을 거치지 않는다고 생각하는 것이다. 내셔널 지오그래픽 같은 잡지에는 디지털 이미지를 인쇄에 맞게 리터칭하는 전문 리터쳐가 존재한다. 이들은 기사의 목적과 사진가의 의도에 맞게 사진 이미지를 분석하고, 독자에게 현장의 분위기와 정서를 전달하기 위해 정교한 수정 작업을 진행한다. 물론 우리도 전문 리터쳐를 두고 사진만 열심히 찍으면 좋겠지만 대부분의 사정은 그러하지 못할 것이다.

흑백과 달리 컬러 다큐멘터리 사진의 리터칭은 좀 더 까다로운 편이다. 흑백은 흰색과 검은색의 계조만 가지고 있어 닷징/버닝 작업으로 충분히 분위기를 만들 수 있지만 컬러 사진은 색을 보는 감각, 현장의 색을 이끌어 내는 능력까지 요구하기 때문이다. 외국의 유명 다큐멘터리 사진 콘테스트에서는 디지털 리터칭을 심하게 했거나 현장의 리얼리티를 조작한 사진 등은 심사 대상에서 제외하는 편이다. 다큐멘터리 사진의 목적은 그곳의 분위기를 사진을 통해 생생하게 전달하고 말하고자 하는 것이다. 컬러 다큐멘터리 사진의 수정 과정을 살펴보자.

• **예제 사진** : cd-part5 〉 예제파일 〉 03.CR2 • **완성 사진** : cd-part5 〉 완성파일 〉 03-완성.jpg

01 사진을 보고 현장에서 촬영한 느낌을 떠올려보는 것이 좋다. 현장의 생생한 컬러들은 화이트 밸런스, 노출, 카메라 센서의 종류, 렌즈 등에 의해서 쉽게 왜곡되기 때문이다. 그리고 사진이 말하고자 하는 분위기와 정서를 생각하며 결과물을 상상해본다. 이 사진은 따뜻한가? 이 사진 속의 주인공은 누구인가? 전체의 톤과 콘트라스트 색감이 사진의 분위기와 잘 어울리는가? 이런 질문들에 대한 답을 바탕으로 사진 작업을 계획하는 것이다. 먼저 [Basic] 탭의 Exposure 슬라이더를 움직여 노출을 밝게 조정한다. 노출은 주된 피사체인 책 읽는 승려가 잘 드러나도록 결정했다.

02 노출을 밝게 하면서 하늘의 하이라이트가 날아갔다. Recovery로 하이라이트를 복구한다. Fill Light로는 승려에게 남아 있는 어두운 톤을 거둬낸다.

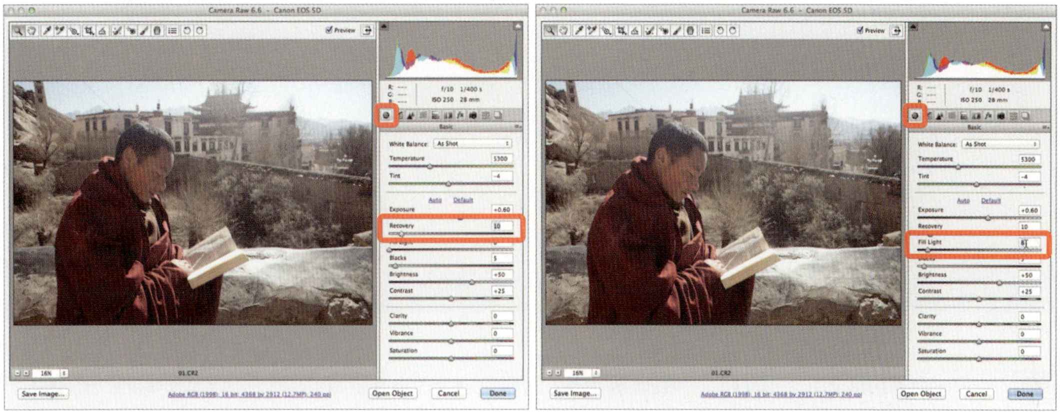

03 Adjustment Brush(K)를 선택한다. Color 항목에서 승려의 옷에 드리운 푸른 색조를 제거할 따뜻한 붉은 컬러를 선택한다.

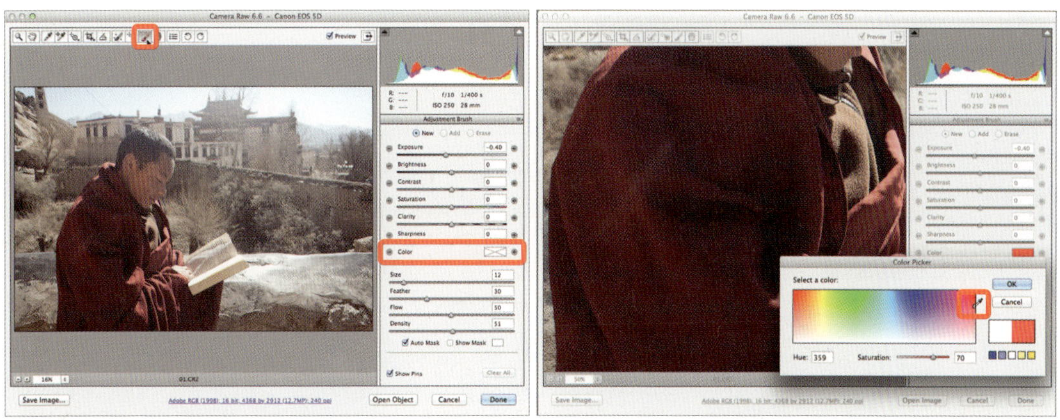

04 Adjustment Brush에서 Exposure와 Clarity를 높인 뒤 승려의 붉은색 옷 부분을 터치해 간다.

05 왼쪽은 수정 전 사진이고 오른쪽은 수정 후 사진이다. 오른쪽 사진에서 승려의 옷 색깔이 훨씬 따뜻해진 느낌이다.

06 Adjustment Brush에서 New 버튼을 클릭한다. Brightness를 밝게 한 브러시로 승려의 얼굴 부분을 닷징한다.

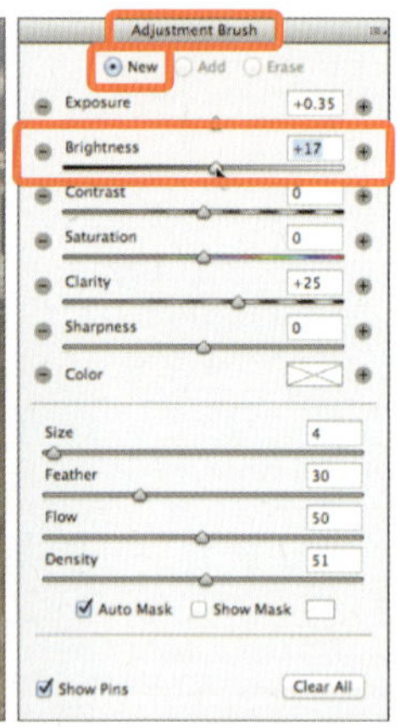

닷징 전 이미지

닷징 후 이미지

07 다시 New 버튼을 클릭한다. 노출을 낮춘 브러시로 승려가 읽고 있는 책의 하이라이트를 복원한다.

08 Graduated Filter(G)를 선택하고 New 버튼을 클릭한다. 노출을 낮추고 Color를 파란색으로 선택한다.

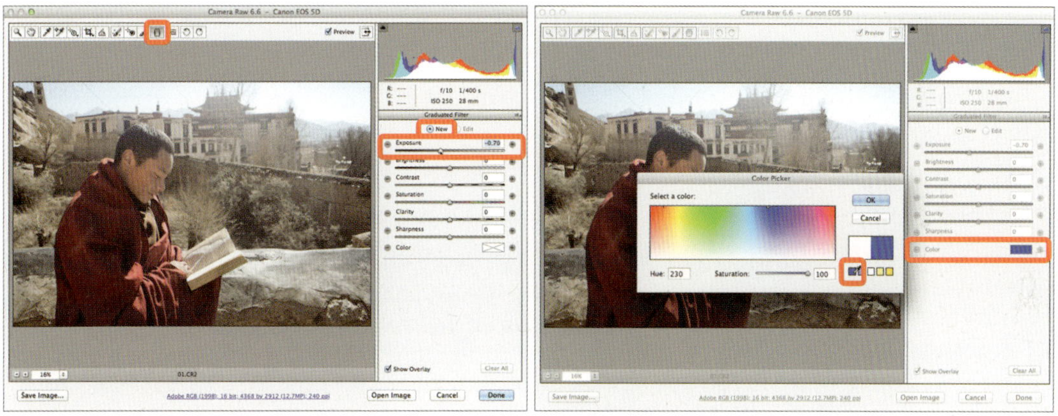

09 파란색으로 하늘색을 향상시키고 Saturation을 낮춰 시선을 아래로 집중하게 했다.

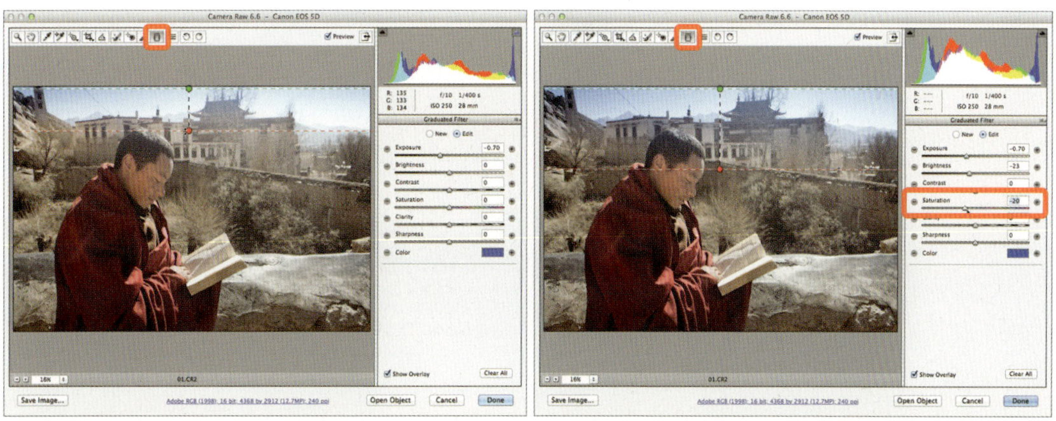

10 Color를 제거하고 노출을 낮춘 Graduated Filter(G)로 주변부를 어둡게 한다.

11 오른쪽 상단의 카메라 먼지가 눈에 띈다. 화면을 확대하고 Spot Removal(B)을 이용하여 먼지를 제거한다.

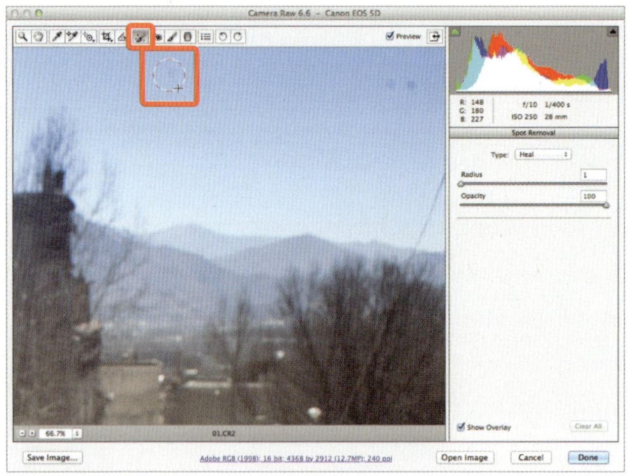

12 [Camera Calibration] 탭을 열어 Shadows 항목에서 Magenta를 10 추가하여 붉은 톤을 가미한다.

13 다시 [Basic] 탭에서 Clarity를 강하게 하여 입체감을 살린다.

14 Vibrance로 색을 강조한 뒤 Saturation을 낮추어 중후한 느낌으로 수정한다.

15 [Detail] 탭에서 Sharpening을 조절한다.

After ▲

티베트	2006	
캐논 EOS-5D	28mm 렌즈	f10
1/400초	iso 250	노출 보정 -1

Before ▶

흑백 다큐멘터리 사진 수정

디지털 흑백 사진을 수정하는 방법은 아날로그 암실 작업에서 빌려온 것이다. 포토샵에서 구현하는 효과 역시 암실에서 사용하던 방법이다. 단지 아날로그에서 디지털로, 암실에서 포토샵으로 옮겨와 작업한다고 생각하면 좋겠다. 디지털 흑백 암실의 장점은 아날로그 암실과는 달리 어두운 방에서 약품 냄새를 맡으며 하지 않아도 된다는 점과 시간 제약을 받지 않고 작업할 수 있다는 점이다. 따라서 실력이 조금만 숙련된다면 암실 테크닉 못지 않은 결과물을 만들 수 있다.

결국 사진 자체에서 결과물을 도출하는 방식은 디지털이냐 암실이냐의 문제는 아니다. 내가 표현하고자 하는 주제를 사진 속에서 얼마나 잘 구현할 수 있는지가 흑백 다큐멘터리 사진 수정의 핵심일 것이다.

• **예제 사진 :** cd–part5 〉 예제파일 〉 04.ARW • **완성 사진 :** cd–part5 〉 완성파일 〉 04–완성.jpg

01 호주의 증기 기관차 기사를 촬영한 사진이다. 사라져가는 증기 기관차를 모는 청년의 당당함과 자부심 같은 것이 느껴진다. 흑백으로 리터칭했을 때 이 사진은 더욱 강렬한 효과를 발휘할 것이다. 메인 피사체가 되는 청년의 웃음, 창 사이로 보이는 기관차 내부, 기관차의 금속성, 뒤쪽 증기 연기 등에 주목해 리터칭해보자.

02 [Basic] 탭에서 Saturation을 -100으로 하면 간단히 흑백 사진이 만들어진다. 하지만 흑백 사진의 매력은 이렇게 흑백으로 바로 만드는 데 있지 않다. 말하고자 하는 주제를 강조하고 때로는 부제를 살짝 감추어 사진을 보는 사람들이 '흑백의 맛'을 느끼게 하는 데 있다.

03 먼저 [Basic] 탭에서 Fill Light로 어두운 영역의 디테일을 살렸다. 기본적인 작업을 끝내고 Open Object를 누른다.

04 포토샵으로 사진을 불러왔다. 흑백 사진의 경우 포토샵에서 작업을 진행하면 훨씬 정교하게 수정할 수 있다.

05 Alt 를 누른 채 Create a new layer 를 추가하면 [New Layer] 대화상자가 뜬다. Mode를 Overlay로 선택하고 Fill with Over-neutral color(50% gray)를 체크하면 닷징/버닝용 레이어가 만들어진다.

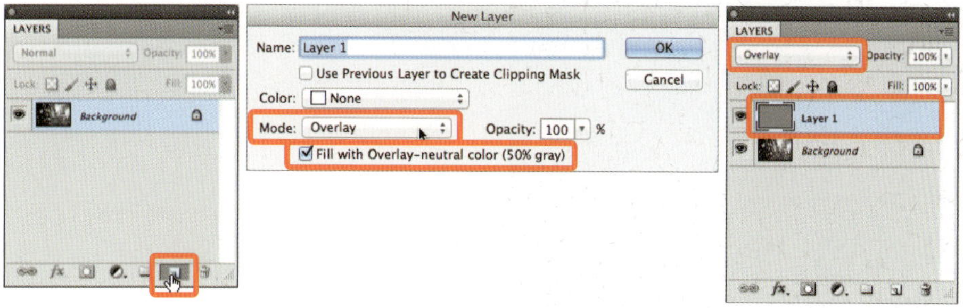

06 Brush Tool(B)을 선택하고 전경색을 흰색/검은색으로 바꾸어가며(X) 닷징/버닝 작업을 진행한다. 닷징/버닝 작업을 할 때 주로 드러내고 싶은 곳은 닷징을 하고, 감춰두고 싶은 곳은 버닝하는 것이 포인트다. 드러내고 싶은 곳은 주 피사체, 감추고 싶은 곳은 부 피사체다. 다만 그 효과를 알아챌 수 없도록 자연스럽게 해주는 것이 좋다.

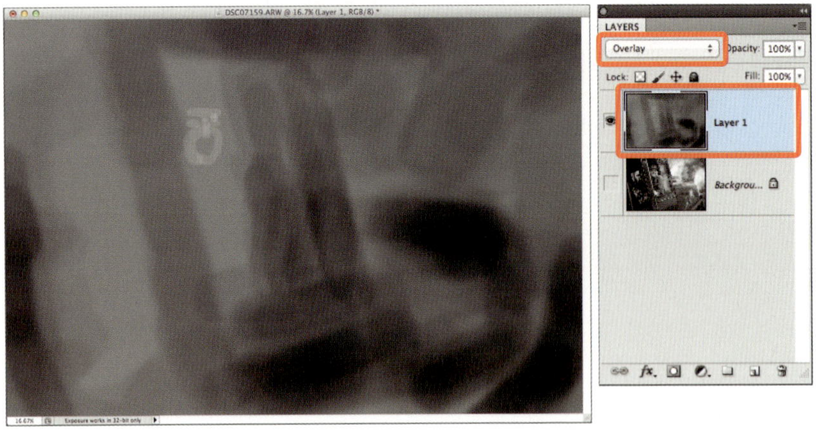

07 작업이 끝나면 레이어를 합치고(Ctrl+E), 레이어를 복제(Ctrl+J)한다.

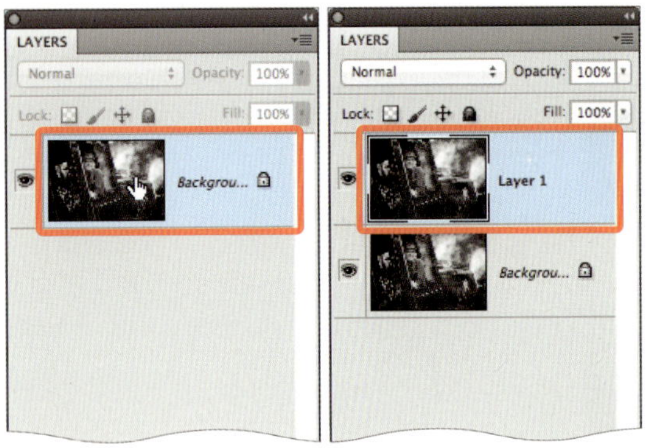

08 [Curves](Ctrl+M)를 열어 커브 곡선을 피라미드 모양으로 꺾어준다. 이 커브 곡선은 금속성을 드러내기 좋은 모양이다.

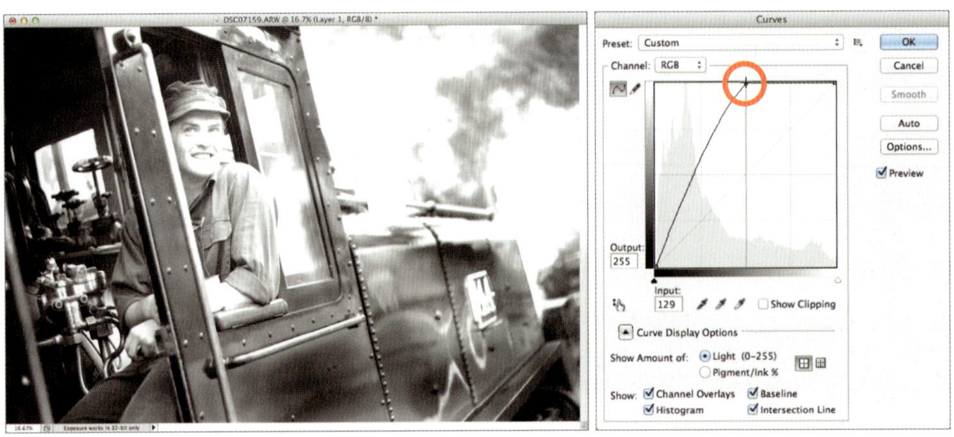

09 Alt 를 누른 채 Add layer mask 를 추가해 효과를 없앤다.

10 전경색을 흰색으로 선택하고(X) Brush Tool(B)로 금속성의 반짝이는 부분에 칠해주면 금속성이 강조된다.

수정 전 확대 이미지

수정 후 확대 이미지

수정 전 이미지

수정 후 이미지

11 레이어를 합친(Ctrl+E) 다음, 레이어를 복제(Ctrl+J)한다.

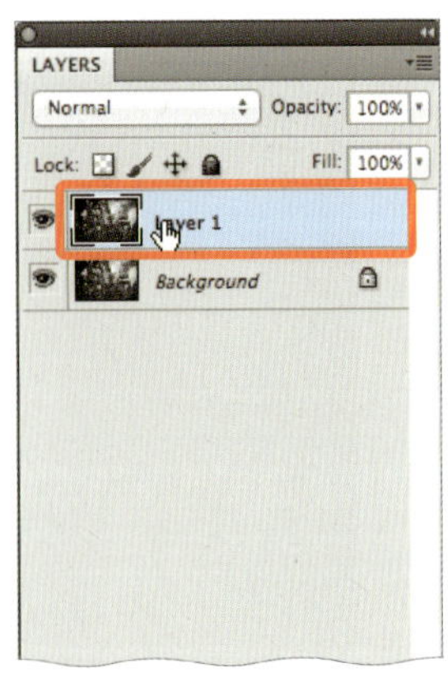

12 [Filter]>[Other]>[High Pass] 메뉴를 실행하여 대화상자를 띄우고 Radius를 10 적용한다. 레이어의 블렌딩 모드를 Overlay로 변경하여 하이패스 콘트라스트 효과를 낸다.

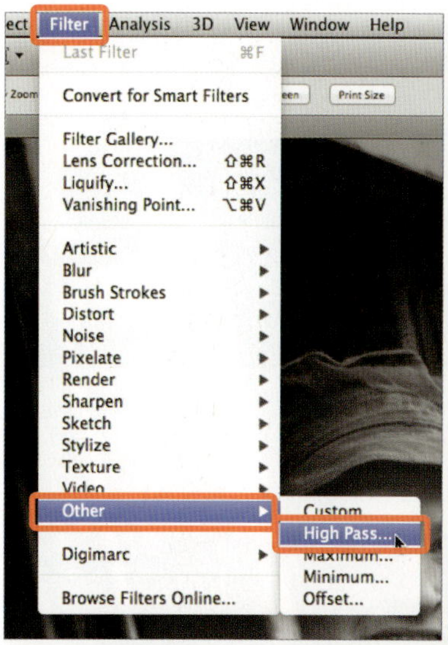

13 Alt 를 누른 채 Add layer mask 를 눌러 검은색 마스크를 추가하여 효과를 감춰둔다.

14 전경색을 흰색으로 선택하고([X]) Brush Tool(B)을 이용하여 인물의 얼굴, 코, 입, 옷 등 강한 선 부분을 리터칭하면 입체감이 살아난다. 레이어의 눈 아이콘을 껐다 켜보며 효과를 확인한다.

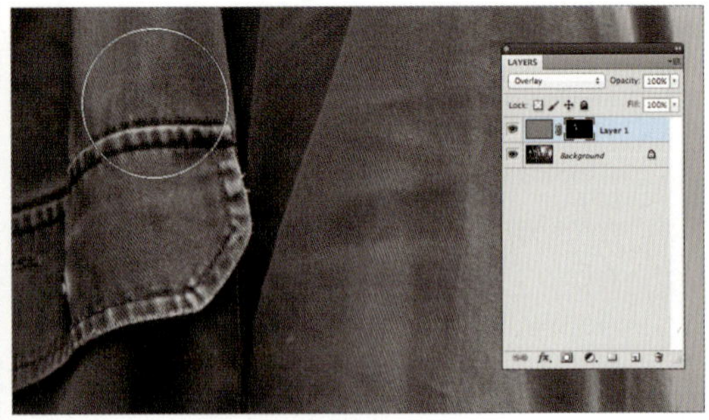

수정 전 이미지

수정 후 이미지

15 레이어를 합친([Ctrl]+[E]) 다음, 레이어를 복제([Ctrl]+[J])한다.

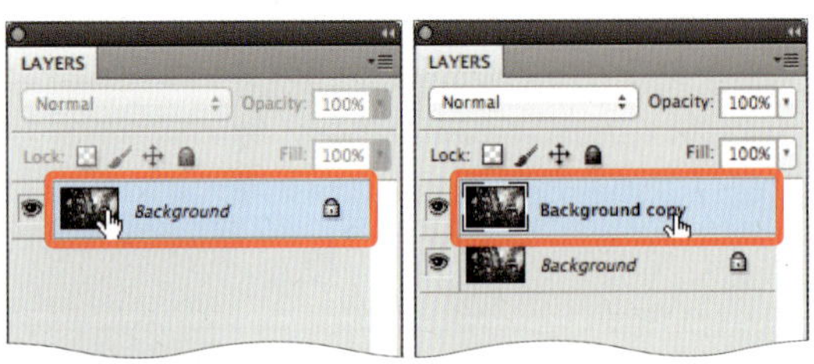

16 [Filter]〉[Other]〉[High Pass] 메뉴를 실행하여 대화상자를 띄우고 Radius를 50으로 적용한다. 레이어의 블렌딩 모드를 Overlay로 변경하여 강력한 하이패스 콘트라스트 효과를 낸다.

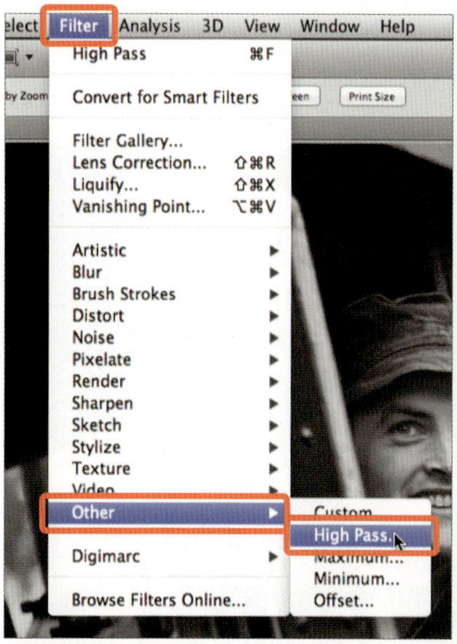

17 Alt 를 누른 채 Add layer mask 를 눌러 검은색 마스크를 추가하여 효과를 감춰둔다.

18 전경색을 흰색으로 선택하고(X) Brush Tool(B)을 이용하여 좀 더 강한 선들의 입체감을 살린다.

수정 전 이미지

수정 후 이미지

19 채널 팔레트에서 Ctrl을 누른 채 Red 채널을 선택하면 Red 채널의 밝기 정보가 선택된다.

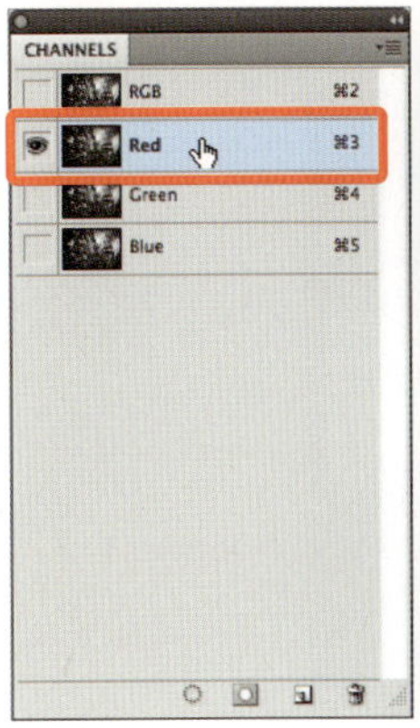

20 [Filter]>[Artistic]>[Film Grain] 메뉴를 실행하여 1, 0, 5의 수치를 적용한다. 이 작업은 흑백 필름의 입자감을 내는 과정이다.

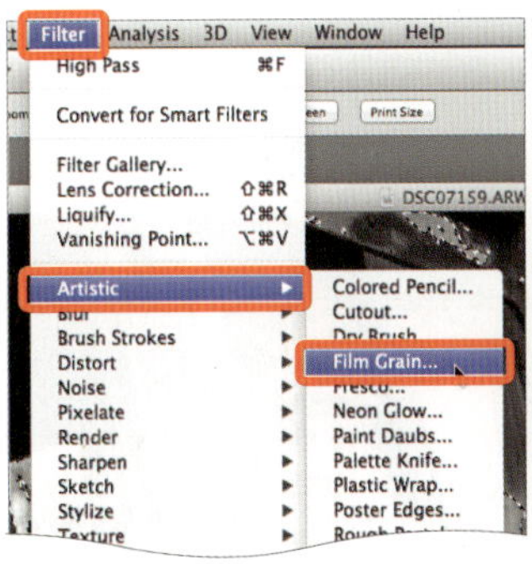

21 필름 그레인이 추가되면서 밝기 영역의 하이라이트도 동시에 강해진다.

22 [Edit]〉[Fade Film Grain] 메뉴를 실행하여 대화상자를 연다. Opacity를 10으로 조정하면 자연스러운 필름의 입자감을 만들 수 있다.

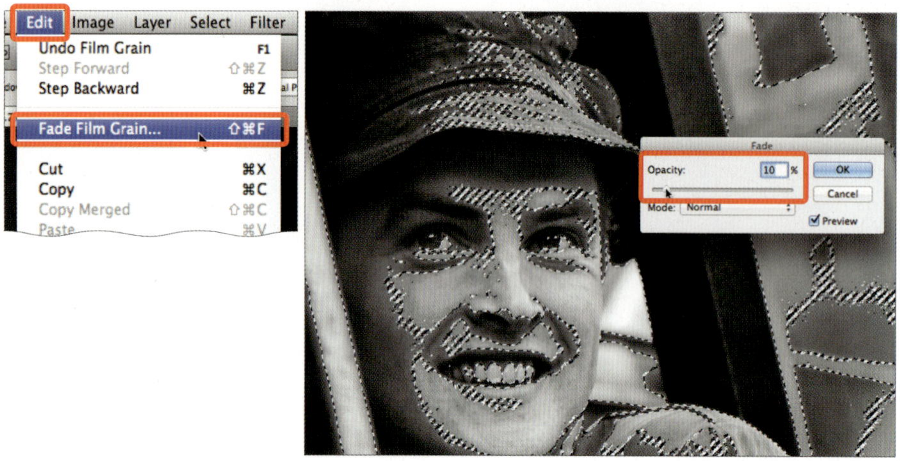

23 [Select]〉[Deselect](Ctrl+D)로 선택 영역을 해제한다.

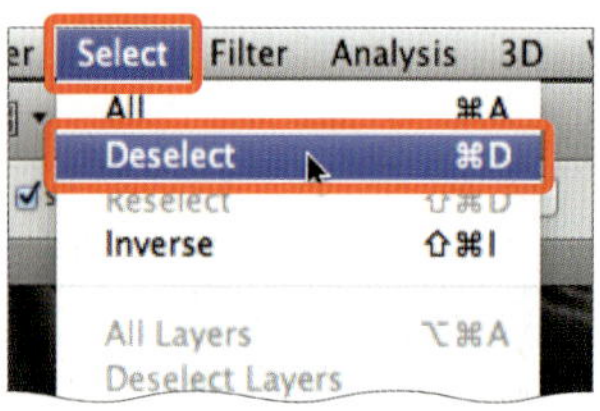

24 RGB 채널을 선택한 후 [Image]〉[Adjustments]〉[Hue/Saturation](Ctrl+U) 메뉴를 실행하여 대화상자를 띄운다. Saturation을 −100으로 지정하여 한 번 더 흑백 작업을 진행해 혹시 남아 있을지 모르는 컬러 정보를 제거한다.

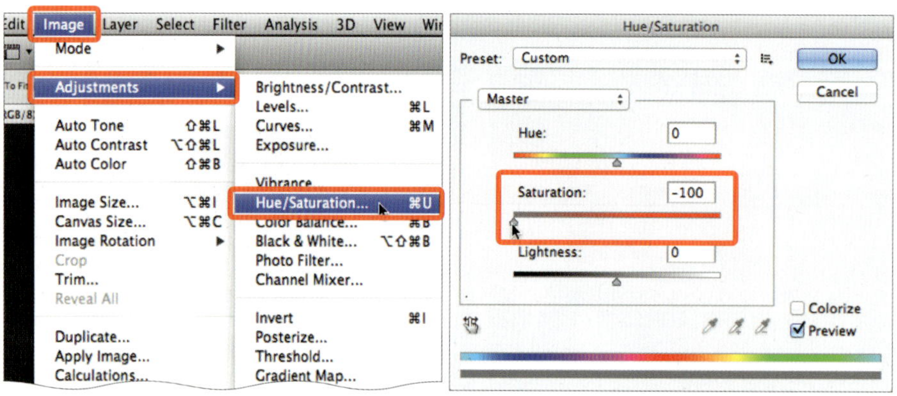

After ▲

| 호주 | 2010
| 소니 A900 | 50mm 렌즈 | f2
| 1/500초 | iso 200

Before ▶

(P a r t)

06

작품 프린트의 / 즐거움

@ 인천 검암동, 2012

촬영 정보

후지필름 X-PRO1 _

35mm 렌즈 _

조리개 8 _

셔터 속도 1/100초 _

ISO 400 _

촬영 & 보정 포인트

작업실 주변의 안개가 낀 아침 풍경을 촬영한 사진으로, 거리에 따라 대상이 흐려지는 대기 원근법을 활용했다. 안개를 촬영하면 사진 속에 잘 나타나지 않고 흐린 느낌이 드는데, 라이트룸에서 Grain을 더해 안개의 입자감을 묘사했다. 거친 입자감이지만 멀리서 보면 연필로 그린 세필화 느낌이 나서 오히려 부드럽게 느껴진다.

여러분이 촬영한 이미지를 컴퓨터나 인터넷에만 모셔두는 것은 사진을 통해 얻을 수 있는 즐거움의 절반도 누리지 못하는 것이 된다. 자신의 작품을 스스로 프린트해 가까운 지인에게 선물하거나 전시회를 통해 다른 이들과 함께 공유한다면 즐거움이 배가 될 뿐 아니라 자신의 작품을 좀 더 잘 이해하고 확장할 수 있는 계기가 된다. 디지털 프린트는 아날로그 프린트의 한계를 너머 리터칭 방식과 용지의 종류와 크기에 따라 작품을 훨씬 더 가치 있게 만들 수 있는 방법이다. 그러나 프린트를 할 때도 꼭 확인해야 할 사항이 있는 법. 자신이 모니터에서 보는 결과물이 정확하게 인쇄될 수 있도록 포토샵의 여러 사항을 체크하는 것은 필수다. 이 책의 마지막 파트인 '작품 프린트의 줄거움'에서는 좋은 프린트 결과물을 위해 꼭 알아야 할 사항들을 정리했다.

Digital Photography Workflow

아래 그림은 필자가 사진 전시를 하기 위해 작품을 만드는 과정을 순서도로 만들어본 것이다. 물론 다른 사진작가들도 이와 비슷한 흐름으로 작품을 만들 것이다. 사진 작가를 크게 두 부류로 나누면 전시나 작품 활동을 주로 하는 사진작가와 이미지 판매, 잡지나 매체를 위한 원고 제공 등의 상업 작품을 주로 하는 작가로 나눌 수 있다. 갤러리에 거는 작품이든 매체에 제공되는 작품이든 결국 종이에 인쇄한다는 것은 똑같다.

작가가 말하고자 하는 주제를 작품에 담아 최상의 품질로 만들려면 잘 촬영된 이미지, 모니터 캘리브레이션, 포토샵 리터칭, 프린트 등의 과정이 필요하다. 순서도에 보면 이 과정이 1~4 단계로 표현되어 있다. 이 중 '4. Print'는 전문가 영역이긴 하지만 정확히 캘리브레이션된 모니터만 있다면 요즘 많이 저렴해진 잉크젯 프린터를 구입하여 프린트 과정에 도전해보는 것도 자신의 사진 실력을 키우는 일이 된다.

이제 좋은 프린트를 위한 디지털 이미지 작업 흐름에 대해 알아보자. 순서도와 함께 보면 도움이 될 것이다.

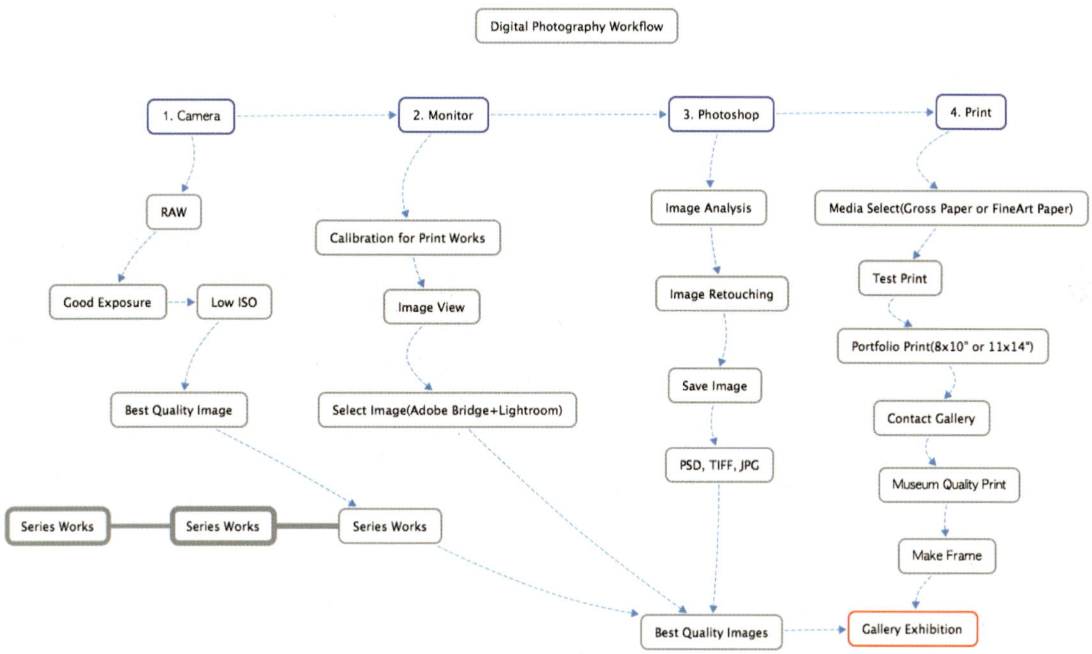

(Camera)

삼각대를 사용하면 사진의 선명도를 높일 수 있다.

이미지를 촬영하고 만드는 과정인 이 단계가 굉장히 중요하다. 좋은 프린트를 원한다면, 좋은 작품을 원한다면 RAW 촬영을 하라. 그리고 올바른 노출과 저감도로 사진 품질을 높여야 한다. 필요하다면 삼각대를 사용해 출력물에서 미세한 선명도를 높일 수 있다. 갤러리 전시를 염두에 둔다면 한 장의 사진이 아니라 여러 장의 사진을 같은 품질로 만들 수 있어야 한다. 이렇게 촬영하는 것을 '시리즈 작업'이라고 한다.

(Monitor)

아무리 좋은 카메라가 있어도 품질이 떨어지는 모니터에서 작업한다면 무용지물이다. 스파이더 등의 모니터 캘리브레이션 기기가 많이 저렴해졌으므로 자신의 작품을 위해 투자하는 것도 한 방법이다. 그리고 캘리브레이션된 모니터에서 사진을 관찰하고 선택하는 작업을 진행한다. 사진을 관찰, 선택하는 작업에는 어도비 브릿지나 라이트룸 같은 소프트웨어를 사용한다.

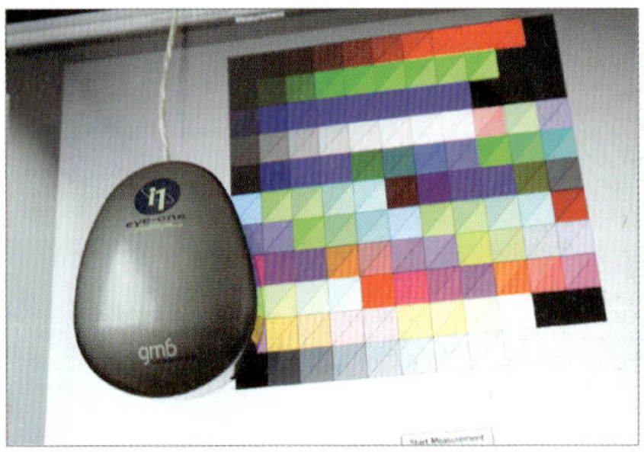

모니터 캘리브레이션

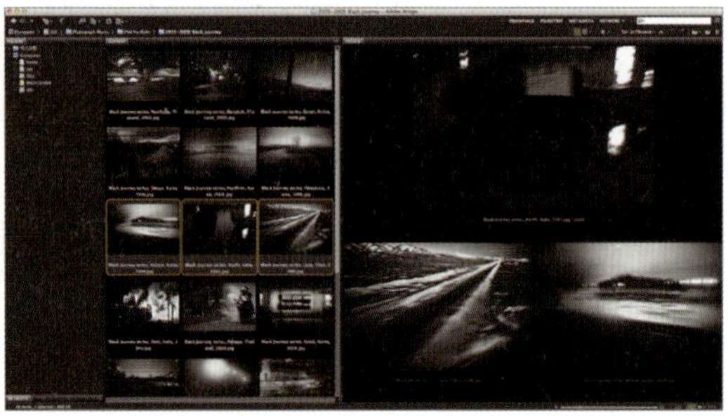

어도비 브릿지

(Photoshop)

선택된 사진들을 분석하고 작업할 방향을 결정한다. 예를 들어 흑백으로 할 것인지 콘트라스트를 높일 것인지 등은 작가가 결정해야 할 방향성이다. 만약 이 단계에서 헤매게 된다면 아직 방향성이 없거나 자기 철학이 없는 것이다. 리터칭을 할 때는 올바른 색 공간을 설정해야 하고, 사진의 품질을 떨어뜨리는 리터칭이 되지 않도록 주의한다. 이런 작업들을 올바르게 진행하려면 이미지와 그

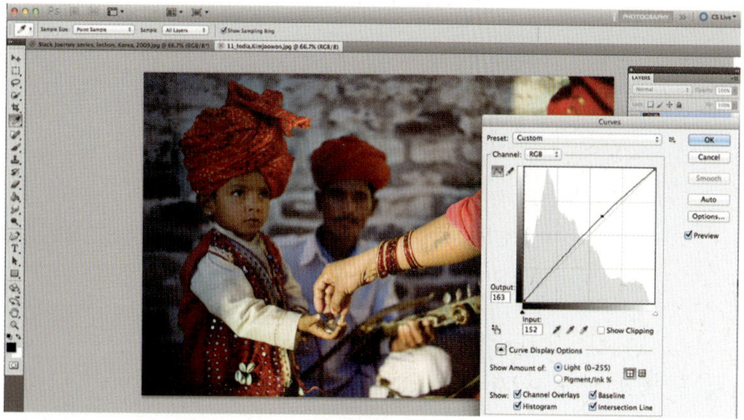

작업 방향을 결정하고 그에 따라 포토샵 리터칭을 진행한다.

결과물, 포토샵에 대한 이해와 공부가 필요하다.
최종 리터칭된 이미지는 PSD, TIFF, JPG 등의 RGB 상태로 저장한다. 이 단계에서 CMYK 모드로 변환하는 실수는 하지 않아야 한다. 프린터로 출력할 때는 RGB 상태의 이미지를 자동으로 CMYK 상태로 변환하여 출력해 주기 때문이다. 잡지 등의 인쇄 원고로 보낼 사용자들 역시 CMYK 이미지로 변환하지 않고 보내는 것이 좋다. CMYK 변환은 인쇄할 종이, 인쇄소 등에 따라 결정되며 이 부분은 보통 디자이너의 몫으로 둔다.

(Print)

잉크젯 프린트를 한다면 광택지에 할 것인지 파인아트 용지에 할 것인지를 결정해야 한다. 최근에는 한지나 천에 인쇄하여 독특한 느낌의 작품을 만드는 경우도 있다. 특별한 용지를 사용한다면 프로파일을 만드는 작업을 직접 해야하고 잘못 출력할 경우 헤드를 손상시킬 위험도 있으므로 전문 프린트 랩에 맡기는 것이 좋다. 보통은 출력 미디어에 맞는 테스트 프린트를 거치고 8×10인치, 11×14인치 등의 포트폴리오를 만들어 갤러리에 접촉하는 과정을 거친다.
물론 전시하기로 예정된 갤러리가 있다면 바로 뮤지엄 품질의 프린트를 만들어 액자 제작에 들어간다. 액자는 전시 작품 제작을 전문으로 하는 곳에서 만드는 것이 좋다. 액자가 결국 모든 작품의 마무리가 되기 때문에 시간이 지나면서 변하거나 틀어지는 등의 문제가 생기면 안되기 때문이다.

작품 출력 후 액자를 제작하는 과정

작품을 액자에 담아 전시한 모습

프린트 전
점검해야 할 사항

리터칭을 마치고 프린터로 이미지를 전송하면 뚝딱하고 좋은 품질의 프린트가 나올 것 같다. 하지만 먼저 색 공간, 이미지 저장, 샤프닝, 소프트 프루핑, 해상도 체크, 사이즈 결정, 미디어 선택 등의 확인 과정을 거쳐야 한다. 이 과정을 거치지 않으면 아무리 리터칭을 잘했어도 프린트가 엉망으로 나오게 된다. 프린트 전 선행되어야 할 사항을 항목별로 차근차근 살펴보자.

(작품 출력을 위한 프린터 선택하기)

프린팅 방법은 크게 전문 프린트 업체에 맡기는 방법과 직접 잉크젯 프린터를 구매하여 셀프 프린팅을 하는 방법이 있다. 초대형 사이즈의 인화나 4×6인치 정도의 작은 사이즈를 다량 인화해야 할 경우에는 온오프라인 인화 전문 업체에 맡기는 것이 좋다.

셀프 프린팅을 경험하고 싶다면 저가형의 포토 프린터보다 엡손, 캐논, HP의 중저가형 잉크젯 프린터를 마련하면 좋다. 프린터는 한번 마련하면 최소 5년 이상은 사용하게 된다. 따라서 프린터의 가격을 보고 구입하는 것보다 경제성, 색재현 능력, 색 일관성, 내광성, 용지 호환성, AS 유무 등을 따져보고 결정하는 것이 좋다. 또 가능하다면 중고 제품이 아닌 새 제품을 구입하는 것이 좋다. 프린트 부품 중에서 가장 고가인 헤드는 수명이 있기 때문에 중고 제품을 구입했다가는 AS나 내구성에서 문제가 발생할 수 있다.

엡손 스타일러스 Pro 3880 프린터

추천할 만한 개인용 프린터 중 엡손의 '스타일러스 Pro 3880'은 백만 원 초반대의 가격과 대용량 잉크를 장착하고 있어 경제적이다. 스타일러스 Pro 3880은 총 9개의 대용량 잉크를 사용해 경제적일 뿐 아니라 자연스러운 색상의 그라데이션 표현, 각종 미디어와의 호환성, 쉬운 유지보수로 많은 사진작가들이 선호하고 있는 기종 중 하나다. 엡손의 최상위 기종이나 대형 프린터군의 제품과 비교해도 사이즈 출력에만 한계가 있을 뿐 품질면에서는 동일하기 때문에 인기있는 기종이다.

PSD 파일 형식 활용하기

리터칭이 끝난 이미지는 PSD 파일로 저장해두면 효과적이다. PSD 파일은 작업한 레이어를 그대로 불러올 수 있을 뿐 아니라 TIFF에 비해 용량도 작다. 만약 샤프닝 작업까지 다 끝낸 JPG 파일로 저장한다면 샤프닝 효과는 더 이상 되돌릴 수 없다. 이미지 원본을 다시 열어 처음부터 편집해야 하는 것이다. PSD 파일과 Smart Filter를 이용한다면 저장한 후에도 이미지를 열어 샤프닝 작업이나 기타 다른 작업을 수행할 수 있다. 또 JPG 파일은 8비트로만 저장할 수 있지만 PSD 파일은 16비트로 저장할 수 있기 때문에 더 좋은 그라데이션의 사진으로 프린팅할 수 있다.

최종 리터칭을 마친 이미지

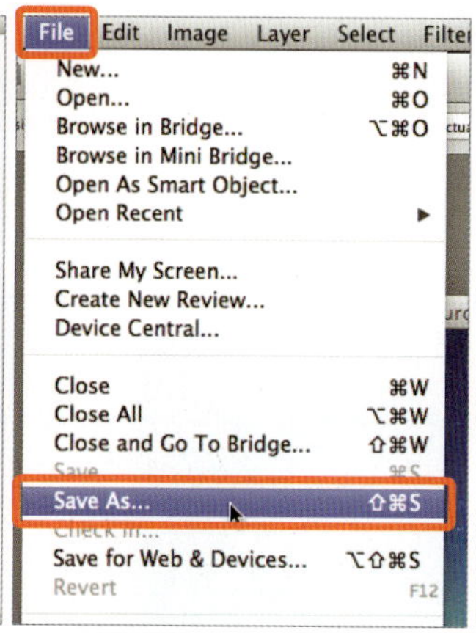

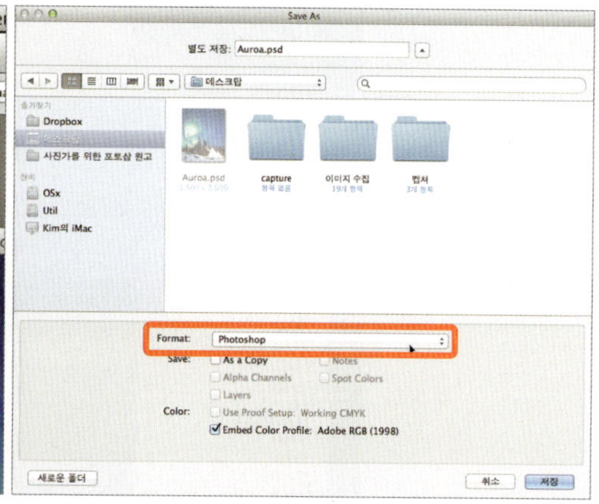

[File]〉[Save As] 메뉴를 실행하여 PSD 파일로 저장한다.

PSD 파일과 Smart Filter로 샤프닝 조절하기

필자는 최종 리터칭이 끝난 이미지에 샤프닝 효과를 주지 않고 PSD 파일로 저장해둔다. 인화 용지, 인쇄 용도, 파일 사이즈에 따라 샤프닝 효과를 다르게 주기 때문이다. 샤프닝 효과를 너무 많이 주었을 때는 이미지에 불필요한 노이즈가 생기기도 하며 인쇄시에 모아레 현상이 발생하기도 한다. 최종 리터칭 이미지를 PSD 파일로 저장해두었다가 잡지사에서 요청해 올 경우에는 인쇄에 맞는 좀 더 강한 샤프닝 효과를 주어 보내고, 개인 작품 전시회를 열게 된다면 샤프닝을 조금 줄여 부드러운 느낌으로 프린팅하여 전시한다. 이때 스마트 오브젝트와 스마트 필터 기능을 사용해 작업한다.

샤프닝을 하지 않은 PSD 이미지

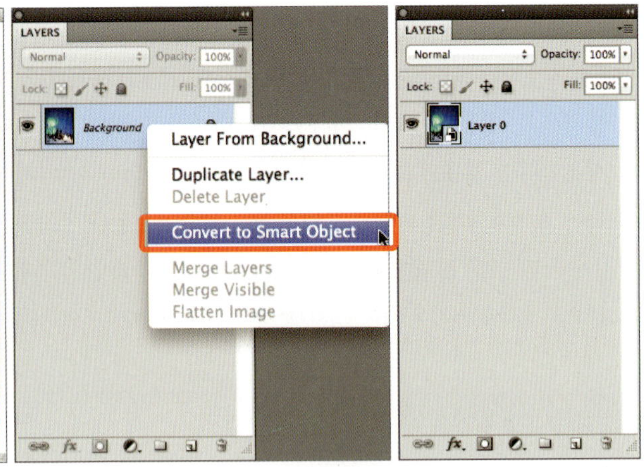

레이어 팔레트에서 마우스 오른쪽 버튼을 눌러 Convert to Smart Object로 변환한다.

[Filter]〉[Sharpen]〉[Smart Sharpen] 메뉴를 적용한다.

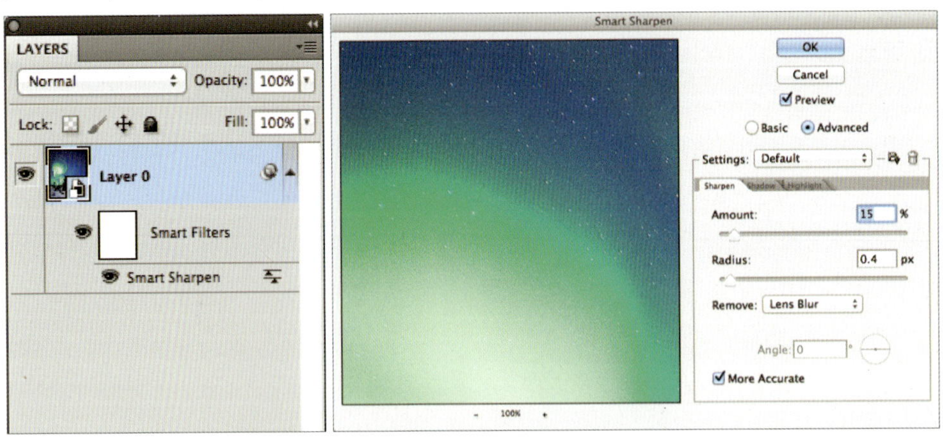

레이어가 Smart Object인 상태에서 필터 효과를 적용하면 Smart Filters라는 이름으로 지정된다. Smart Sharpen 필터를 더블클릭하면 샤프닝 효과를 재조정할 수 있다.

거리에 따라 달라지는 이미지의 해상도 확인하기

최종 작품을 출력하기 전에 이미지를 꼼꼼히 확인하는 것이 좋다. 필자는 하네뮬레 파인아트 용지를 즐겨 사용하는데, 용지 가격이 비싸기 때문에 대형 출력을 할 때 한번 실패하면 막대한 손해를 입게 된다. 또 경제적 손실 여부를 떠나서 최종 작품의 품질을 확인하는 것은 작품에 대한 책임의 문제다.

전시회장에 작품이 걸려 있다고 생각해보자. 작품 앞에 바짝 다가가 감상하는 사람이 있는가 하면 멀리서 작품을 보는 사람도 있다. 코 앞에서 보는 사람은 디테일을 세세히 확인하고자 하는 경우이고 멀리서 보는 사람은 작품의 전체를 보고자 하는 사람이다. 둘 다 맞는 감상법이다.

포토샵의 Zoom Tool(Z)을 이용하면 이런 효과를 경험할 수 있다. 즉 샤프닝까지 마친 이미지를 출력 전 100% 상태에서 관찰한 뒤 화면을 줄여가면 점점 멀리 떨어져 보는 것과 같은 효과를 낼 수 있다. 일단 100% 상태에서는 샤프닝 효과 등을 적용하면서 노이즈가 발생하지 않았는지 확인하여 실제 프린트를 바로 앞에서 보는 것 같은 효과를 얻을 수 있다. 이미지를 50% 정도까지 줄이면 작품이 실제 프린트되었을 때의 샤프닝 효과를 경험할 수 있다. 작품 전체를 볼 수 있을 만큼 이미지 사이즈를 줄이면 작품에서 멀리 떨어져 감상하는 효과를 얻을 수 있다. 물론 이 방법이 정석은 아니다. 전시장의 크기, 작품이 인화될 크기에 따라 조금씩 달라질 수 있기 때문이다. 필자의 WHITE 작품 중 세로 길이가 100cm 정도 되는 프린트의 원본을 관찰하는 과정을 살펴보자.

100% : 작품을 코 앞에서 보는 듯한 효과. 샤픈으로 인해 불필요한 노이즈가 발생하지 않았는지 체크한다. 이 작품은 거친 파인아트 용지에 인화하기에 조금 강한 샤픈을 주었다.

66.7% : 잡지 등에 인쇄할 때의 샤픈 정도를 관찰할 수 있다.

50% : 실제 인화될 작품을 가까이서 봤을 때의 해상도와 샤픈을 체크할 수 있다.

33.3% : 실제 인화될 작품을 약간 떨어져 봤을 때의 해상도와 샤픈을 체크할 수 있다.

25% : 작품이 인화되었을 때의 해상도를 확인할 수 있다.

16.7% : 전시장에서 작품을 약간 떨어져서 볼 때의 느낌이다.

12.5% : 전시장에서 작품을 멀리 떨어져 볼 때의 느낌이다.

(해상도, 비트 심도, 색 공간 확인하기)

잡지용 원고와 웹용 원고

잡지 등의 인쇄 원고로 사용될 이미지라면 해상도를 300으로 지정하고, CMYK로 전환될 때 색 손실이 적은 Adobe RGB 색 공간의 16비트 상태에서 이미지를 편집한다. 그리고 8비트의 TIFF 파일이나 JPG 최고 품질의 파일로 저장한다. 물론 웹용 원고를 보낼 때는 sRGB 상태로 변환해 보내야 색이 틀어져 보이지 않는다.

[Image]>[Image Size]를 실행해 Resample Image의 체크를 해제하고 Resolution을 입력한다. 인쇄용으로 사용할 때 기본으로 300을 지정해두면 필요에 따라 디자이너가 변경해서 사용하기도 한다.

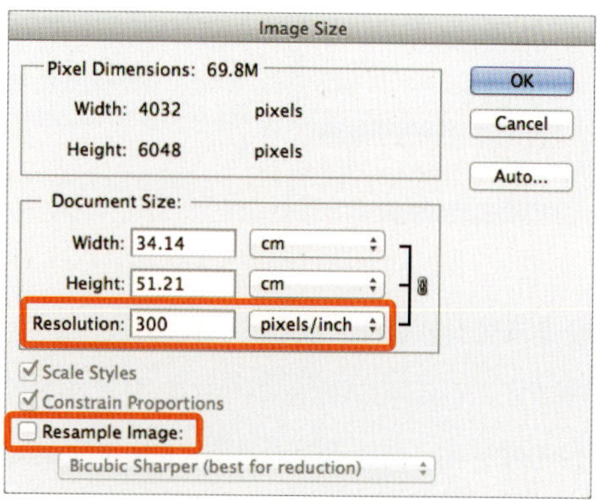

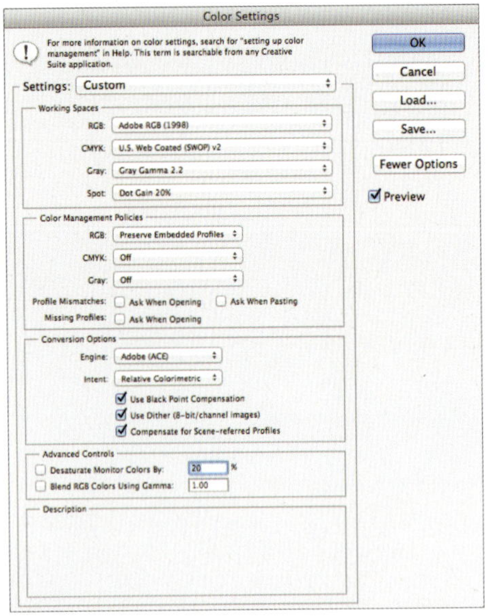

[Color Settings](Ctrl+K)를 열어 제대로 된 색 공간에서 편집하고 있는지 확인한다. 요즘 나오는 디지털카메라들은 색 공간이 달라도 색의 변화가 크지 않지만 구형 DSLR 카메라 같은 경우 색 공간이 다를 경우 이미지의 색상이 완전히 틀어져 보이기도 한다.

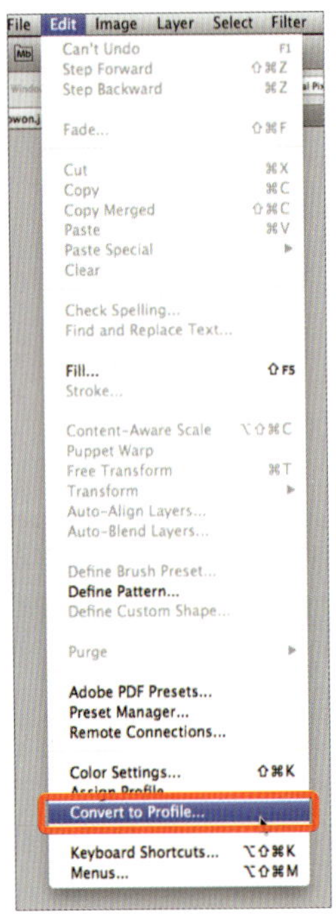

[Edit]>[Convert to Profile] 메뉴를 실행하면 현재 이미지의 프로파일을 확인할 수 있을 뿐 아니라 색 공간 변환도 가능하다. 넓은 색 공간(Adobe RGB)에서 좁은 색 공간(sRGB)으로 변환하는 것은 가능하나 좁은 색 공간에서 넓은 색 공간으로 바꿀 수는 없다. 인쇄용 이미지는 Adobe RGB 상태로 편집하고 웹용 이미지는 Adobe RGB 상태에서 편집한 후 sRGB로 변환해 전송한다.

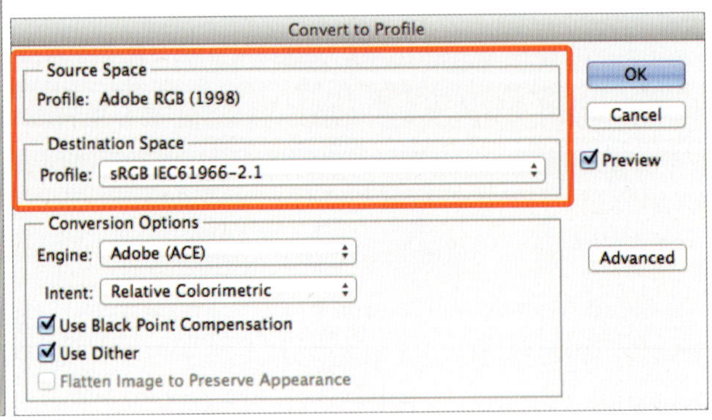

잉크젯 작품 출력용 원고

잉크젯 프린트는 CMYK 인쇄보다 훨씬 넓은 영역의 색 표현이 가능하다. 엡손의 스타일러스 Pro 3880에서 사용하는 울트라크롬 K3 잉크는 Matte/Photo Black, Light Black, Light Light Black,

Cyan, Light Cyan, Vivid Magenta, Vivid Light Magenta, Yellow 등 총 아홉 가지의 잉크를 사용해 디지털카메라가 나타낼 수 있는 거의 대부분의 색 표현이 가능하다. 일반적인 잉크젯 출력은 Adobe RGB의 16비트 상태의 이미지를 편집하여 파일을 저장하고 프린터로 전송하는 과정을 거쳐 진행된다.

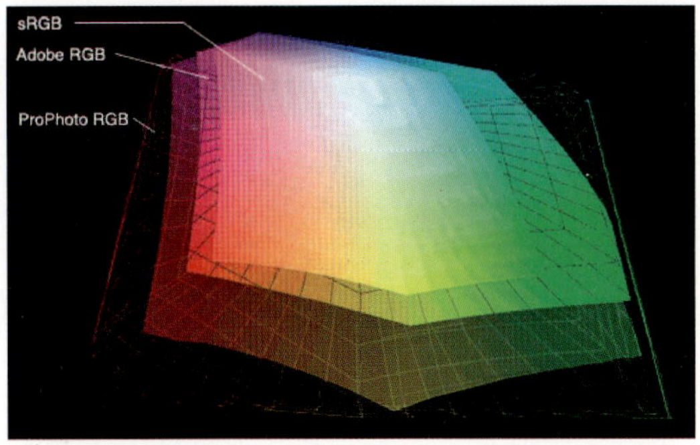

ProPhoto RGB, Adobe RGB, sRGB 색 공간의 비교

최근에는 Adobe RGB보다 더 넓은 ProPhoto RGB 색 공간도 주목받고 있다. Adobe RGB의 이미지가 인화되는 과정에 Yellow나 Green이 클리핑 되는데 반해 ProPhoto RGB는 거의 대부분의 컬러를 수용하기 때문이다. ProPhoto RGB를 이용하려면 우선 RAW 파일로 촬영해야 하고 16비트 상태에서 편집하고 이미지를 출력해야 한다(만약 8비트 상태에서 편집할 경우 계단이나 줄무늬 현상이 생긴다). ProPhoto RGB 이미지가 넓은 색 공간이라고 해서 무조건 사용해야 하는 것은 아니다. Adobe RGB 색 공간에서도 대부분의 색 표현이 가능하기 때문이다. ProPhoto RGB는 16비트 이미지에 대한 이해, 색 공간과 프로파일 등을 이해하고 좀 더 넓은 표현의 잉크젯 프린트를 원하는 사용자에게 알맞다. ProPhoto RGB 상태의 이미지를 잡지 원고로 보낼 때는 Adobe RGB의 8비트 이미지로 변환해 보내야 한다. 또 ProPhoto RGB의 16비트 이미지는 PSD나 TIFF로 저장해야 한다.

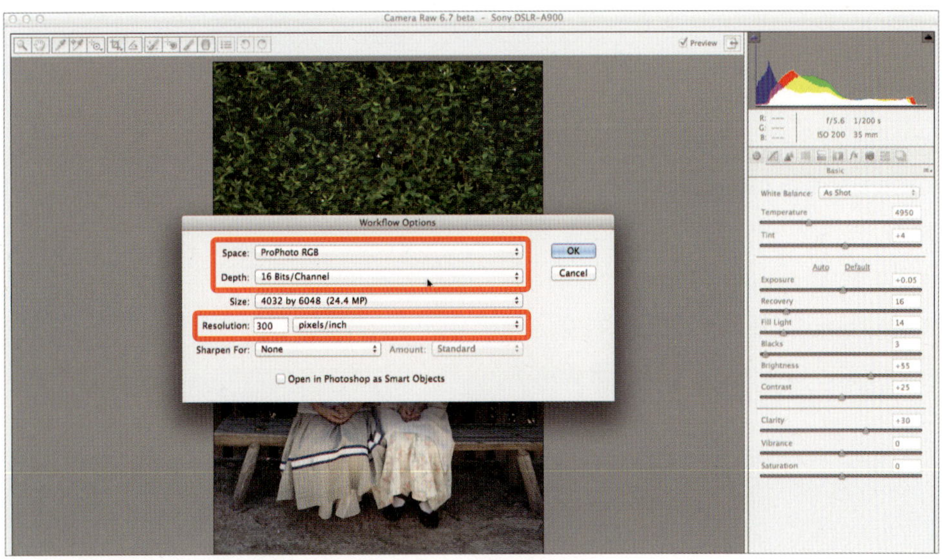

RAW 파일로 촬영한 후 ProPhoto RGB, 16비트 모드, 300PPI로 설정한다.

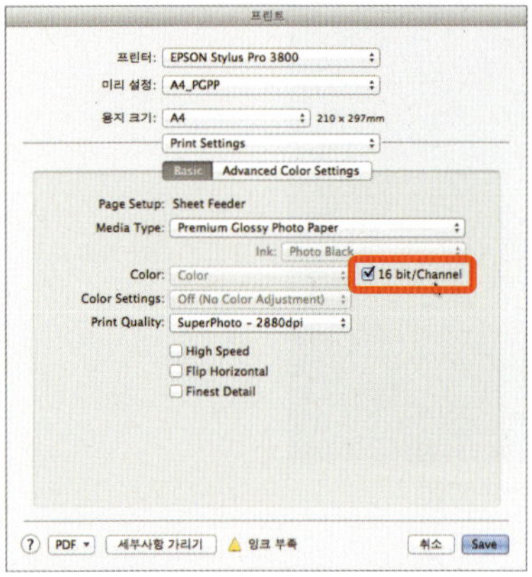

고급 잉크젯 프린터는 16비트 출력을 지원하기 때문에 프린트 드라이버에서 16비트 출력을 체크해야 한다.

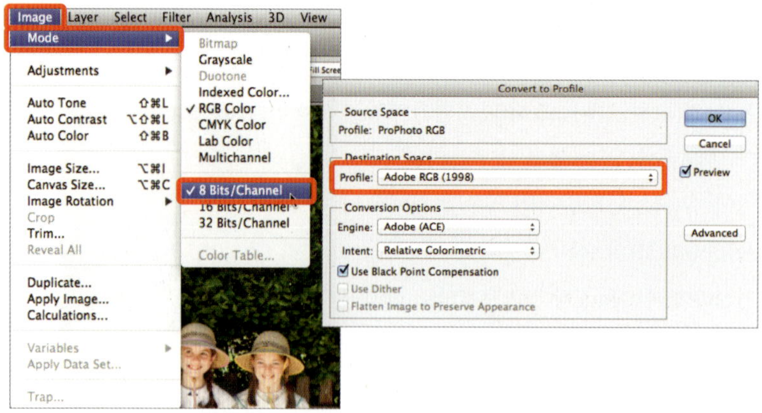

인쇄용 잡지 원고로 보낼 때는 8비트 모드의 Adobe RGB 색 공간으로 변환해 보내야 한다.

(컬러 세팅과 프로파일 체크)

프로파일은 이미지 자체에 따라다니는 주소 같은 역할을 한다.

포토샵의 [Color Settings](Ctrl+K)를 열어 Color Management Policies에서는 프로파일에 관한 세 가지 항목을 설정할 수 있다. 이 항목들을 체크해 두면 자신이 제대로 된 색 공간에서 이미지를 보고 편집하고 있는지 확인할 수 있다.

Profile Mismatches의 Ask When Opening, Ask When Pasting은 현재 작업하고 있는 색 공간과 맞지 않는 파일을 열었을 때 경고를 해주거나 한 이미지에서 다른 이미지로 붙여 넣기를 할 때 프로파일이 맞지 않으면 경고를 해준다. 또 Missing Profiles에서 Ask When Opening를 체크하면 프로파일이 아예 없는 이미지를 열 때 경고해 준다.

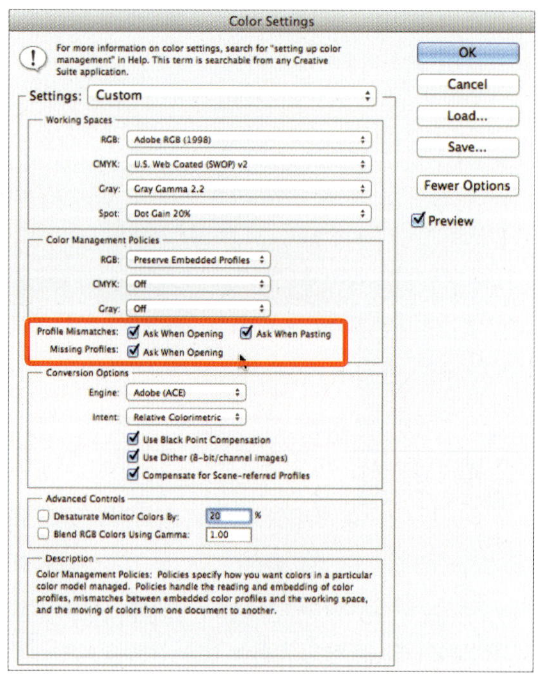

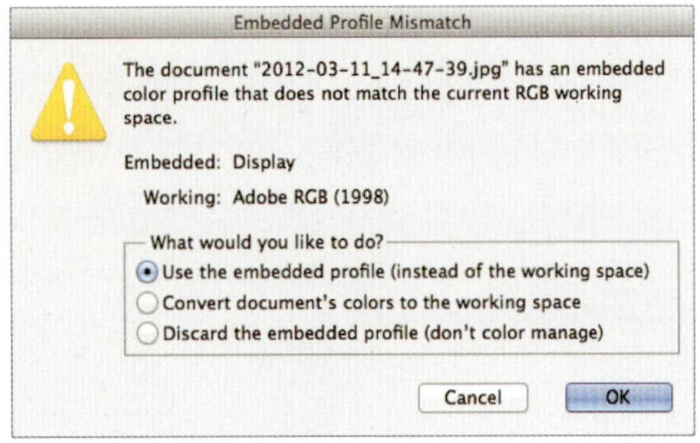

• **Embedded Profile Mismatch** : 포토샵 Adobe RGB의 작업 공간에서 이미지 파일을 열었는데 이미지에 첨부된 프로파일은 Display라는 프로파일을 가지고 있어 맞지 않다는 경고다. 세 가지 옵션 중 Use the embedded profile은 Display라는 프로파일을 계속 사용할 것이라는 의미이고, Convert document's colors to the working space는 Display 프로파일을 Adobe RGB 프로파일로 바꾸겠다는 의미이고, Discard the embedded profile은 Display 프로파일을 삭제하겠다는 의미다.

만약 Adobe RGB 프로파일을 가진 이미지를 sRGB 색 공간에서 열었다면 세 가지 옵션 중 첫 번째 것을 사용하고 포토샵의 [Color Settings](Ctrl+K)를 열어 색 공간을 Adobe RGB로 변경해야 제대로 된 컬러로 이미지를 편집할 수 있을 것이다.

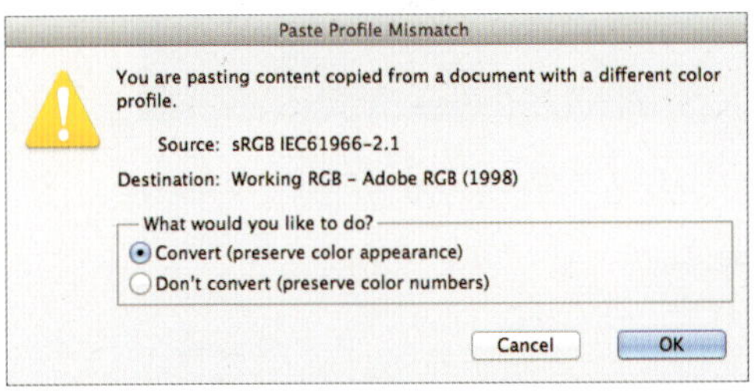

• **Paste Profile Mismatch** : 서로 다른 프로파일을 가진 이미지를 붙여 넣기 할 때 나타나는 경고다. 소스 파일은 sRGB 파일인데 붙여 넣기를 하는 이미지는 Adobe RGB 프로파일을 가지고 있어 경고를 나타냈다. Convert는 Adobe RGB 색공간으로 바꾸면서 붙여 넣기를 하겠다는 의미이고, Don't convert는 프로파일을 변환하지 않고 sRGB를 그대로 사용하겠다는 의미다. 붙여 넣기 등의 작업을 할 때도 프로파일을 일치시켜 작업하지 않으면 Paste Profile Mismatch 경고가 나타난다.

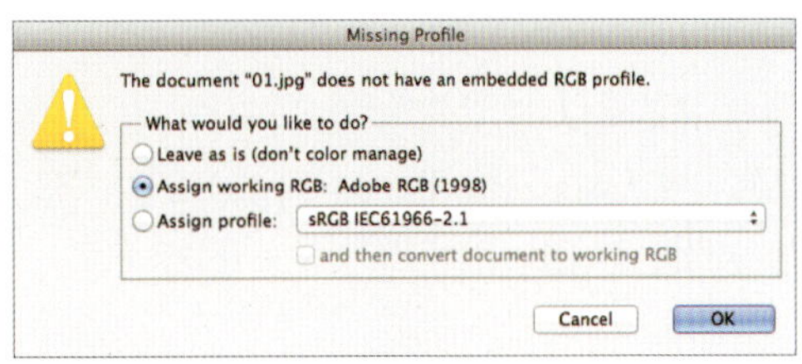

• **Missing Profile** : 프로파일 자체가 없을 때 나타나는 경고다. Leave as is는 컬러 매니지먼트를 사용하지 않겠다는 의미이고, Assign working RGB는 현재 작업 색 공간으로 변경하겠다는 의미이다. Assign profile는 자신이 원하는 프로파일로 할당하겠다는 의미다.

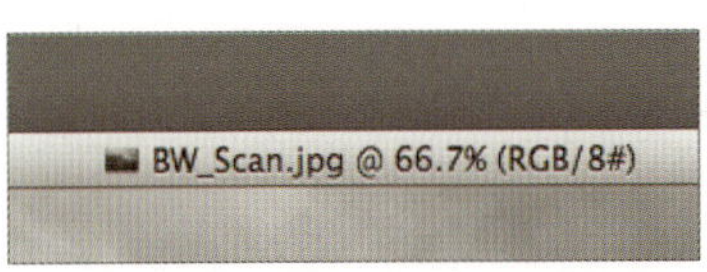

Missing Profile 경고는 가끔 흑백 필름 사진 등을 스캔했을 때 스캐닝 프로그램에서 프로파일을 할당하지 않았을 때 발생한다. 작업 색 공간과 프로파일이 다를 때 이미지 자체에서 확인하는 방법은 이미지 창 상단의 파일 이름 옆에서 확인할 수 있다. 왼쪽 그림의 '(RGB/8#)'이라고 나타난 부분에서 #은 프로파일이 맞지 않을 때 나타나는 경고이다.

흑백 스캔한 이미지에 프로파일이 할당되어 있지 않을 때는 [EDIT]〉[Assign Profile]로 프로파일을 할당해준다. [Assign Profile] 대화상자에서 Don't Color Manage This Document는 프로파일을 할당하지 않겠다는 의미이고, Working RGB는 현재 작업 중인 색 공간의 프로파일로 할당하겠다는 의미이다. Profile에는 자신이 원하는 프로파일을 할당할 수 있다.

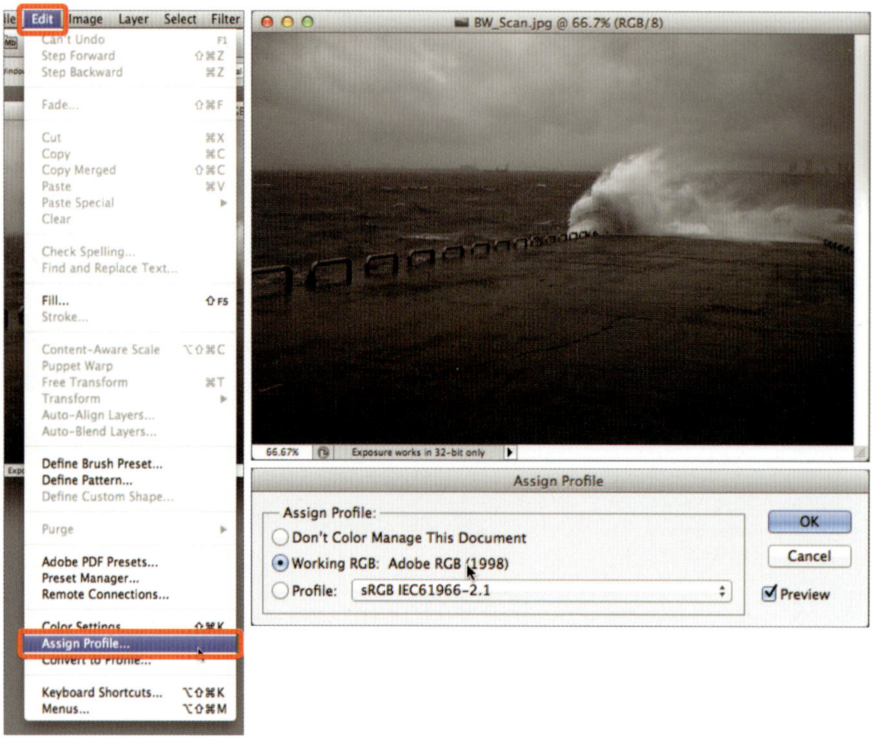

현재 작업 중인 색 공간에 맞는 Adobe RGB 프로파일을 이미지에 Assign Profile 했더니 '(RGB/8)*'로 보이는 것을 확인할 수 있다.

좋은 프린트를 위한 준비

좋은 프린트를 하기 위해서는 몇 가지 점검해야 할 사항이 있다. 프린트 사이즈와 자신의 작품에 어울리는 용지를 선택해야 하고, 용지에 맞는 프로파일을 선택해야 한다. 무조건 크다고 좋은 작품도 아니며 특이한 용지에 프린트한다고 해서 작품이 뛰어나 보이는 것은 아니다. 자신의 작품에 알맞은 크기와 용지가 있으며 꾸준한 사진 촬영과 프린트를 통해 스타일을 찾는 것이 중요하다.

작품 전시를 위한 필자의 포트폴리오 프린트

빈티지 프린트와 모던 프린트

사진을 작품이라 부를 때는 이미지 그 자체로 있을 때가 아니다. 리터칭을 마친 파일이 포토샵을 거쳐 제대로 된 컬러와 톤, 작가가 의도하는 정확한 방향으로 프린트되고 작가가 작품의 앞이나 뒷면에 서명까지 하고 나면 그때 '작품'이라 부른다. 또 굳이 전시를 위한 목적이 아니더라도 작품 자체를 보관하기 위해 프린트하는 경우도 있다.

프린트에는 빈티지(Vintage) 프린트와 모던(Modern) 프린트가 있다. 빈티지 프린트는 보통 이미지를 촬영하고 5년 이내에 인화된 사진이나 작품 자체의 완성도가 뛰어났던 시기의 사진을 말하고 모던 프린트는 전시 등의 목적으로 비교적 최근에 인화된 사진을 말한다. 여러분이 현재 아마추어 작가지만 꿈을 가지고 열심히 작업을 했다고 치자. 지금 차근차근 인화해둔 사진은 여러분이 유명한 작가가 된 20~30년쯤 지나서 보면 빈티지 프린트라고 할 수 있다. 그러나 지금 열심히 작업한 사진을 전시하기 위해 30년 후에 인화를 한다면 그것은 모던 프린트다.

시간이 흘러 색이 바래고 퇴색한 빈티지 프린트를 예술 시장에서는 더 가치 있는 것으로 본다. 그만큼 희소성이 있다고 판단하기 때문이다. 무엇이 좋고 나쁘다고 할 순 없지만 잘 인화된 사진을 시간이 지나 보는 것도 큰 의미로 다가올 것이다.

갤러리에서 전시를 할 때는 작품에 에디션을 붙여 전시한다. 상업 화랑의 경우 작품 옆에 빨간 스티커를 붙여 에디션에 따른 판매 현황을 보여주기도 한다.

또 작품에는 에디션이라는 개념이 있는데 사진 자체의 특성상 무한 복제가 가능해 그만큼 많이 복제되어 돌아다닐 경우 가치가 떨어지기 때문이다. 이것은 작가가 예술 시장에서 지키고자 하는 약속으로, 만약 내가 한 사진을 평생 동안 10점만 뽑겠다면 작품을 같은 퀄리티와 같은 사이즈로 한 날 한시에 10점을 뽑아둔다. 그리고 작품 앞면이나 뒷면에 작품을 촬영한 연도와 제작년도, 자신의 사인을 넣고 '1/10, 2/10, 3/10~10/10'과 같이 에디션을 붙인다.

전시를 할 때 희소성이 있는 에디션의 뒷번호일수록 더 가치가 올라가고, 작가가 더 유명세를 탈수록 가격이 천정부지로 높아지는 경우도 있다. 물론 이 룰은 전시나 작품 활동을 하는 작가들에게 통용되는 프린트의 개념으로 지금 이 책을 읽는 모든 이들에게 해당되는 것은 아닐 것이다. 사실 디지털 이미지 자체는 파일일 뿐 작품은 아니다. 하지만 수십 년이 지난 가족 앨범을 봤을 때 발견하는 낡은 사진 한 장, 어쩌면 그것이 진짜 소중한 빈티지 프린트 아닐까? 여러분의 추억, 기억을 잘 보존할 수 있는 좋은 프린트 만드는 방법을 알아보자.

(프린팅 미디어 선택과 작품 사이즈 결정)

잉크젯 프린트를 하는 가장 큰 재미 중 하나가 바로 다양한 미디어(용지)에 프린트하고 용지에 따른 여러 효과를 경험할 수 있다는 것이다.

용지는 그 프린터 제조 회사의 전용지(엡손, 캐논, HP 등)를 사용하는 방법과 시중에 다양하게 나와 있는 용지를 선택하는 방법이 있다. 그리고 용지는 크게 광택이 있는 Grossy 용지와 회화의 판화 용지와 흡사한 Fineart 용지, 천으로 제작된 Canvas 용지로 나뉜다.

Grossy 용지는 일반적인 컬러 사진 인화에 많이 사용되고 Finart 용지는 좀 더 색다른 느낌을 주기 위한 용도로 많이 사용된다. 용지를 선택할 때의 첫 번째 조건은 자신의 사진과 어울리는 용지여야 한다는 것이고 작품의 보전성 등을 위해 공인된 용지를 선택해야 한다는 점이다.

용지는 다양한 크기로 생산된다. Grossy 용지나 일반 프린트 용지는 작은 크기부터 다양하게 사용할 수 있지만 Fineart 용지는 작은 크기는 생산되지 않고 A3 이상의 크기만 생산되는 경우도 있으니 작품에 맞는 사이즈를 선택해야 한다.

엡손의 잉크젯 프린트 용지

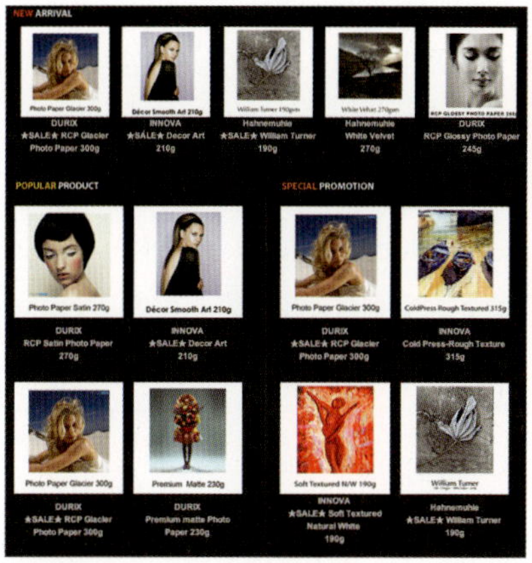

각 제조사의 다양한 잉크젯 용지들

제조사에서 제공하는 용지별 샘플

프린터 드라이버와 ICC 프로파일 설치

ICC 프로파일은 <프린터 종류_제조사_용지 종류.icc>와 같은 이름이 붙는다.

잉크젯 프린터를 구입하면 따라오는 CD에서 제공되는 프린터 드라이버보다 제조사의 홈페이지를 검색하여 최신 프린터 드라이버를 설치하는 것이 좋다. 프린터 드라이버가 업그레이드되면서 프린트의 성능을 향상시킬만한 요소가 추가되고 OS와의 호환성도 향상되기 때문이다.

제조사의 드라이버를 설치할 경우 제조사에서 생산하는 용지에 대한 ICC 프로파일이 같이 설치되는 편이다. 그러나 다른 제조사에서 제공하는 특수한 파인아트 용지 같은 것을 사용할 때는 용지 제조사에서 제공하는 ICC 프로파일을 설치해야만 제대로 된 색상으로 프린트할 수 있다. 보통 용지 제조사의 홈페이지에서 ICC 프로파일 다운로드 서비스를 제공하는 편이며 다운로드한 파일은 'OOOO.icc'라는 이름이 붙는다. 이 ICC 프로파일을 각 OS의 디렉토리에 복사해야 프린터 드라이버에서 사용할 수 있다.

- **Glossy FineArt**
  - Baryta FB, 350 g/m²
  - FineArt Baryta, 325 g/m²
  - FineArt Pearl 285, g/m²
  - Photo Rag® Baryta, 315 g/m²
  - Photo Rag® Pearl, 320 g/m²
  - Photo Rag® Satin, 310 g/m²
- **Matte FineArt - Smooth**
  - Photo Rag® Duo 276 g/m²
  - Rice Paper, 100 g/m²
  - Natural Art Duo, 256 g/m²
  - Photo Rag® Ultra Smooth, 305 g/m²
  - Photo Rag® Bright White, 310 g/m²
  - Photo Rag®, 188 · 308 · 500 g/m²
  - Bamboo, 290 g/m²
- **Matte FineArt - Textured**
  - William Turner, 190 · 310 g/m²
  - Torchon, 285 g/m²
  - Sugar Cane, 300 g/m²
  - Museum Etching, 350 g/m²
  - German Etching, 310 g/m²
  - Albrecht Dürer, 210 g/m²
- **Canvas FineArt**
  - FineArt Canvas, 350 g/m²
  - Leonardo Canvas, 390 g/m²
  - Monet Canvas, 410 g/m²
  - Goya Canvas, 340 g/m²
  - Daguerre Canvas, 400 g/m²
  - Canvas Artist, 340 g/m²

용지에 따른 프로파일은 제조사의 홈페이지에서 다운로드할 수 있다.

해당되는 OS 별 경로는 아래와 같다.

Windows	Windows 2000, XP, Vista, 7	C:/windows/system32/spool/drivers/color
	Windows 95, 98	C:/windows/system/color
	Windows NT	C:/winNT/system32/color
Mac	Mac OS 8-9x	System Folder > Color Sync Folder
	Mac OS X	- HD > User > Library > ColorSync > Profiles

한국의 Bom Gallery에서 전시한 영국 작가 Evangelia Voutsaki의 작품

또 제조사에서 제공하는 프로파일로 프린팅했을 때 결과가 만족스럽지 않다면 스파이더 프린트 같은 프린트 프로파일 기기로 프로파일을 직접 만들어서 작업하는 것도 한 방법이다. 몇몇 사진작가들은 용지에 따른 독특한 느낌을 표현하기 위해 프린터 프로파일 기기를 이용하여 한지 같은 특수한 용지의 프로파일을 만들어 전시하기도 한다.

어떤 용지를 써야할지 모르겠다면 작가들의 전시회 등을 찾아 용지에 따른 사진의 느낌을 관찰하는 것도 한 방법이다. 최근에는 보존성이나 작품의 가치 등을 보증하기 위해 작품 옆에 에디션, 크기, 용지의 종류를 명시하는 작가도 많다.

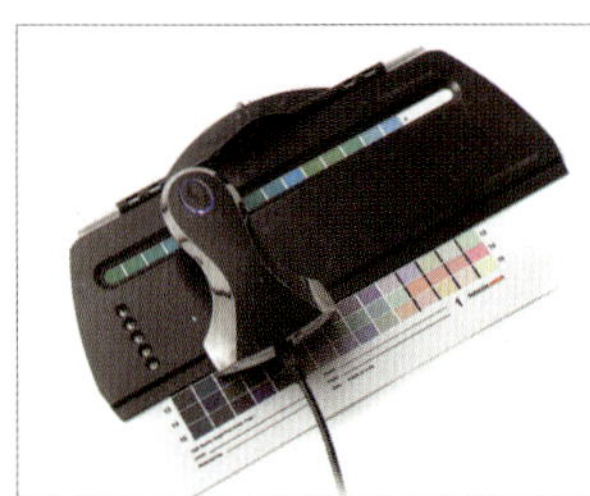
프린트 프로파일을 제작할 수 있는 스파이더 프린트(Spyder Print)

고품질 프린트를 위한 설정

이제 마지막 단계다. 잘 리터칭된 이미지 파일, 캘리브레이션 된 모니터, 좋은 프린터, 내게 알맞는 용지. 그러나 이 마지막 단계에서 설정을 잘못하면 아무리 좋은 기기와 이미지가 있어도 실패하게 된다. 고품질 프린트를 위해서는 우선 출력물을 포토샵에서 미리 예상하는 소프트 프루프(Soft Proof)와 RGB 디지털 이미지를 CMYK 잉크로 종이에 인쇄할 때의 올바른 전환 방법, 제대로 된 프린터 드라이버 설정이 필요하다. 이 단계는 모니터에서 보던 이미지를 종이라는 매체에 옮겨 놓는 작업이며, 오차를 줄이고 근접하게 옮기기 위한 설정이다.

(출력될 결과를 예상하기, Soft Proof)

01 프린트로 사진을 보내기 전에 포토샵에서 용지에 따른 결과물을 예측할 수 있는데 이것을 소프트 프루프라고 한다. [View]〉[Proof Setup]〉[Custom] 메뉴를 실행한다.

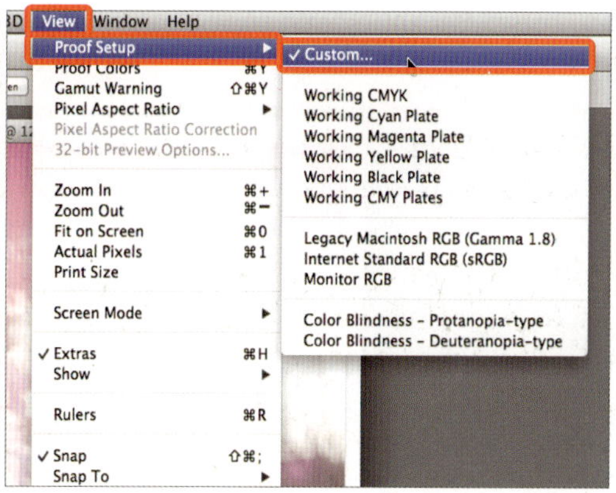

02 Device to Simulate에서 자신이 사용하고자 하는 용지에 맞는 프로파일을 지정한다. 물론 프린터 드라이버와 용지의 ICC 프로파일을 먼저 설치하고 이 작업을 진행해야 한다.

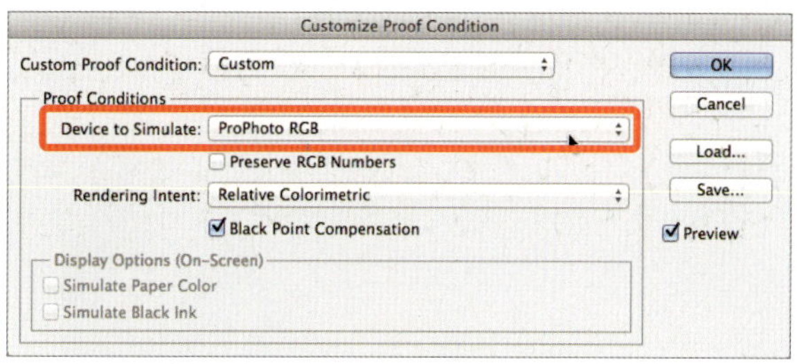

03 엡손 프린터의 드라이버를 설치하면 일반적으로 기본 엡손 전용 용지의 프로파일이 같이 설치된다. Pro38 PGPP라는 이름은 엡손 스타일러스 Pro 3880 프린터의 Premium Grossy Photo Paper를 사용한다는 의미다. 엡손 용지의 경우 USFAP(Ultra Smooth Fine Art Paper), PLPP(Premium Luster Photo Paper) 같이 각 단어의 앞 글자를 프로파일 명으로 하는 경우가 많다.

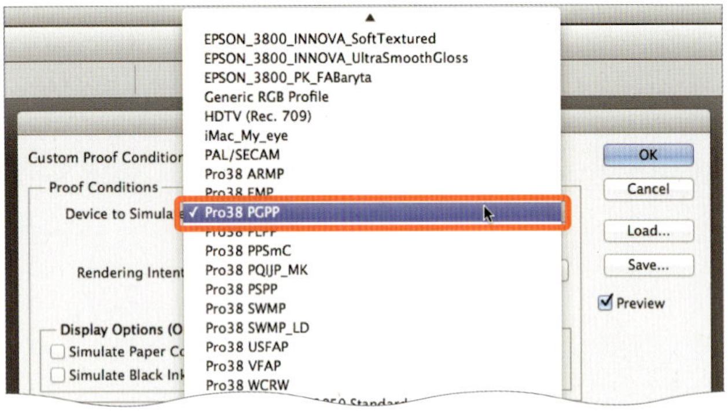

04 드라이버 설정이 되었다면 Rendering Intent를 설정해야 한다. Rendering Intent는 디지털 이미지를 인쇄 이미지로 옮길 때 변환 옵션이라고 생각하면 된다. 보통은 Perceptual이나 Relative Colorimetric을 많이 사용하며 미리 보기를 통해 자신의 이미지에 맞는 변환 방법을 선택하면 된다. Black Point Compensation 옵션은 섀도우 디테일을 향상시키는 역할을 하므로 항상 켜둔다.

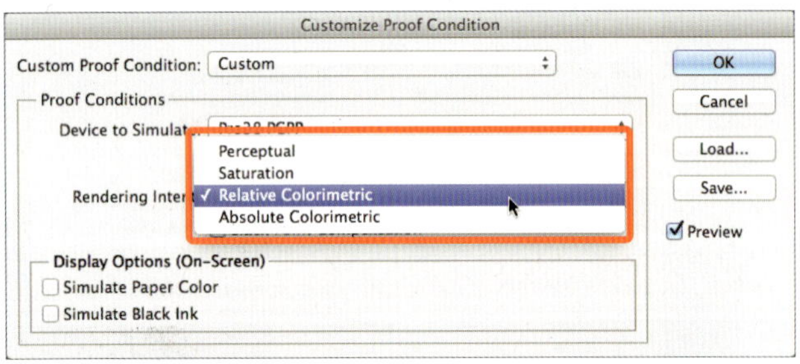

05 각 용지가 가지고 있는 반사율과 색감에 따른 표현을 보고 싶다면 Simulate Paper Color를 체크하면 된다. Simulate Paper Color는 용지에 따른 효과를 시뮬레이션 해주는데 실제보다 약간 탁하게 보여지거나 색감이 다르게 느껴질 수도 있다. 그 효과를 조금 과도하게 보여주기 때문인데 필자의 경험으로는 Simulate Paper Color를 체크했을 때의 50% 효과 정도가 출력에 반영되는 듯하다. 또 Grossy 용지의 경우 차가운 색깔이 나타나고 Fineart 용지의 경우 따뜻한 색이 가미된다. 절대적인 사항은 아니므로 예측을 위한 참고 사항으로 보면 좋겠다.

06 [View]>[Proof Setup]>[Custom] 메뉴를 실행하여 자신이 자주 사용하는 용지와 Rendering Intent 등을 체크해 두면 다음에는 Ctrl + Y 의 단축키로 Soft Proof를 실행할 수 있다. Soft Proof를 실행하면 파일의 상단 이름 끝 부분에 현재 예측을 하고 있는 용지의 이름이 나타난다.

아래 사진은 INNOVA Smooth Cotton Paper의 프로파일을 예측한 결과다. 만약 Soft Proof 단계에서 색이 만족스럽지 않다면 Soft Proof를 켜 두고 이미지를 약간 더 보정해 프린트한다.

(제대로 된 색으로 표현하기, Rendering Intent)

RGB에서 CMYK로 변환할 때 원본 이미지의 모든 색이 표현되는 것은 아니다. 어느 정도의 손실이 있거나 프린터나 용지에 따라 색이 약간씩 달라질 수 있는데 Rendering Intent는 이렇게 전혀 다른 색역의 컬러들을 어떻게 변환시킬 것인지를 정의하는 역할을 한다. 소프트 프르프 과정에서 자신의 사진과 용지에 맞는 Rendering Intent를 선택해야만 제대로 된 프린트로 출력할 수 있다.

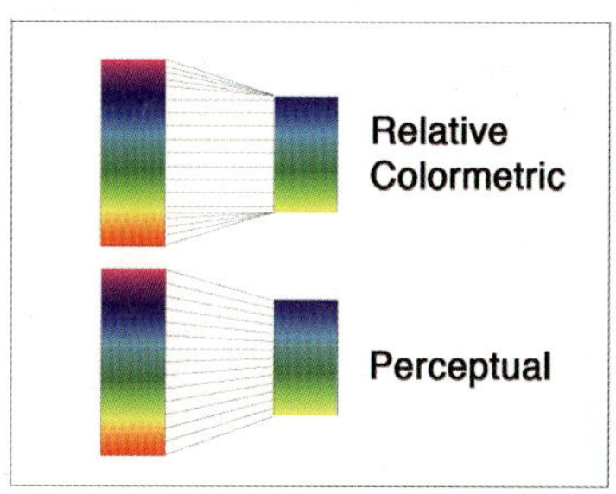

Relative Colorimetric와 Perceptual 비교

가장 많이 사용되는 Relative Colorimetric을 먼저 선택한 후 만족

스러운 색이 나타나지 않는다면 Perceptual, Saturation, Absolute Colorimetric의 순으로 Rendering Intent를 선택해본다.

• **Perceptual(지각 인텐트)** : 사진에 주로 사용되는 렌더링 인텐트 방법 중 하나다. 색역을 벗어난 컬러를 압축해 실제 작업 공간 속의 컬러로 편입시켜 시각적인 컬러들의 변화는 인간이 거의 감지를 못하게 된다. Perceptual는 용지나 잉크의 표현 한계를 넘는 영역이 많을 때 주로 사용된다.

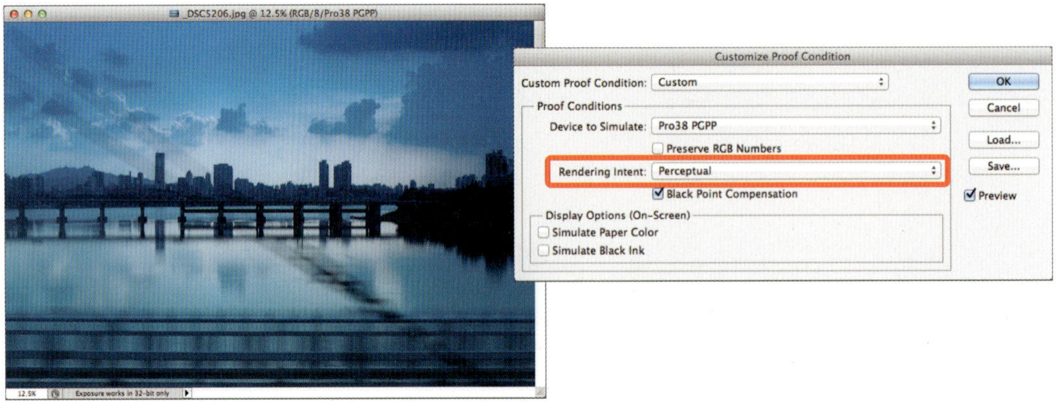

• **Saturation(채도 인텐트)** : Saturation은 사진에서 많이 사용되진 않는다. 색조, 밝기 등은 변하지만 색 영역을 벗어날 컬러의 채도는 그대로 유지하는 방식이다. 이 방식은 주로 프리젠테이션 자료, 그래픽 이미지를 변환할 때 알맞다.

• **Relative Colorimetric(상대 색도 인텐트)** : 사진 잉크젯 프린트에서 많이 추천하는 방식으로 공통적으로 표현할 수 있는 색과 밝기 등은 일치 시키고 표현 영역 밖의 컬러는 가장 유사한 컬러로 변환시키는 방식이다. 우리가 일상적으로 접하는 대부분의 컬러는 Relative Colorimetric로 변환했을 때 좋은 결과를 얻을 수 있다. Relative Colorimetric으로 변환했을 때 좋은 결과를 얻지 못했다면 Perceptual으로 변환하여 출력해보길 권한다.

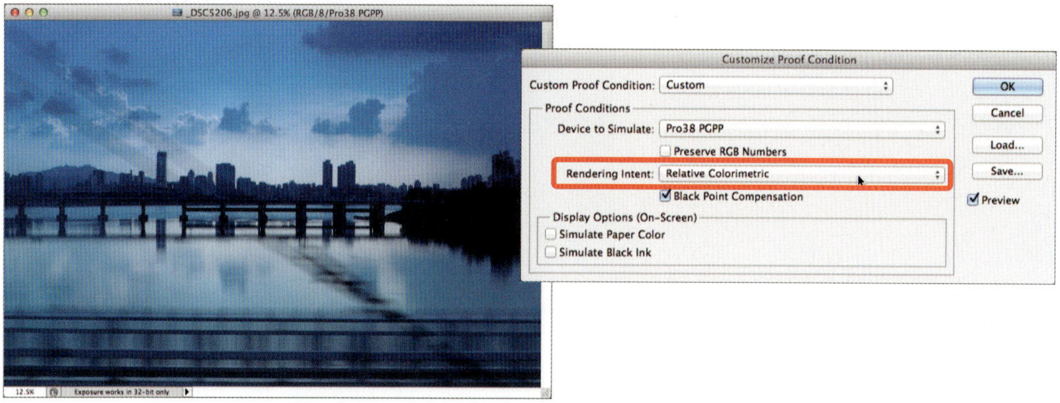

• **Absolute Colorimetric(절대 색도 인텐트)** : 서로 다른 색 공간 사이의 컬러들을 정확하게 지정해주는 렌더링 기법이다. 광고용 로고 등에서 채도, 밝기를 정확하게 유지하면서 변환해야 할 때 유용하지만 사진에는 많이 사용되지 않는다.

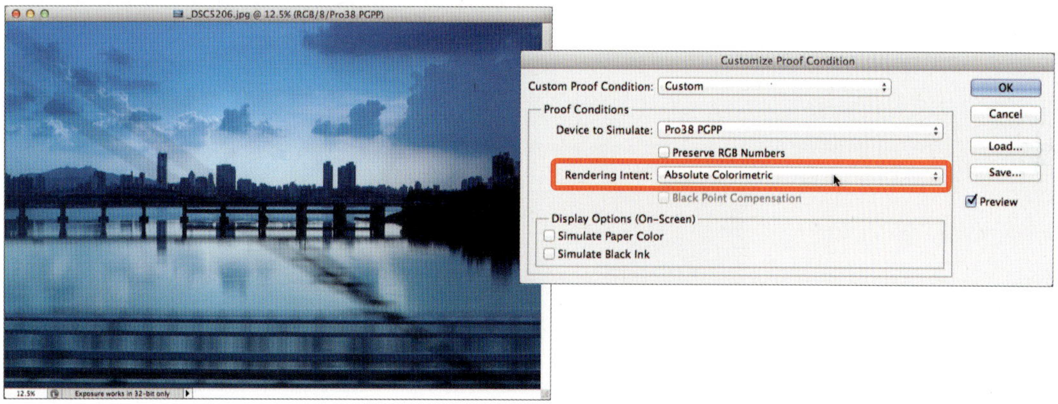

(Duplicate로 Soft Proof를 쉽게)

소프트 프루프(Soft Proof)는 실행 전과 후만 비교할 수 있어 원본과 얼마나 달라졌는지 확인하기가 어렵다. 이미지를 복제하여 소프트 프루프를 하면 원본과 비교할 수 있어 훨씬 편리하다.

01 원본 이미지를 복제하기 위해 [Image]>[Duplicate] 메뉴를 실행한다.

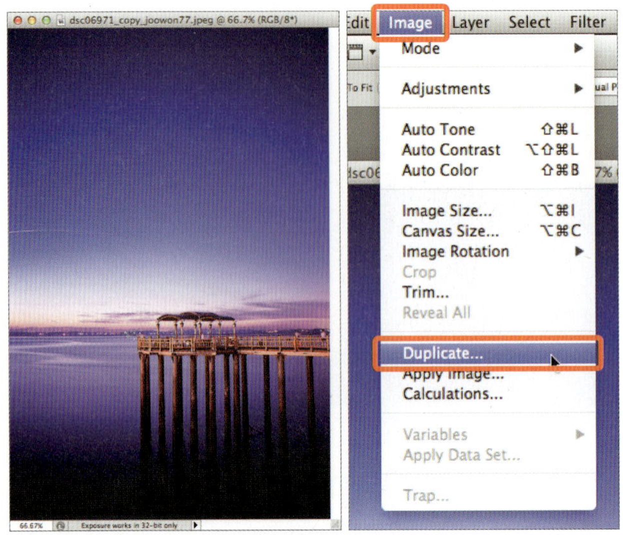

02 복제할 이미지의 이름을 Soft Proof로 입력한다.

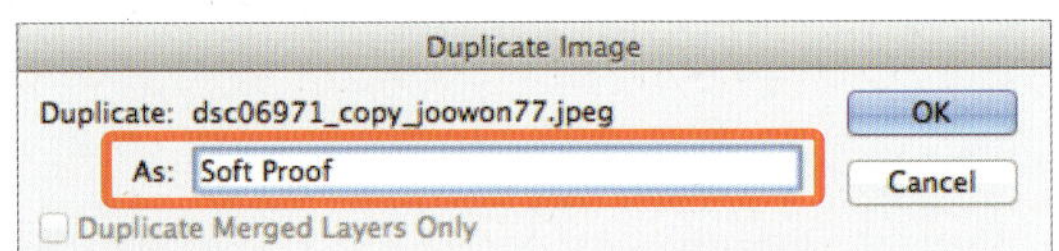

03 원본 파일과 소프트 프루프용 복제 이미지가 만들어졌다.

04 [View]>[Proof Setup]>[Custom] 메뉴를 실행한다.

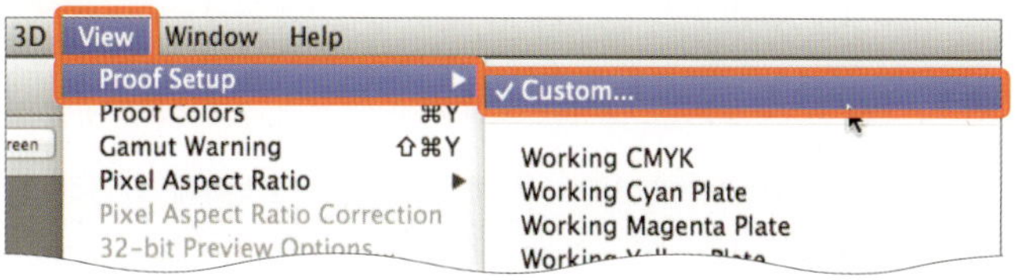

• **이미지를 Perceptual로 변환했을 때** : 원본과 비교해볼 때 하늘의 푸른색 컬러가 바뀌는 것을 알 수 있다.

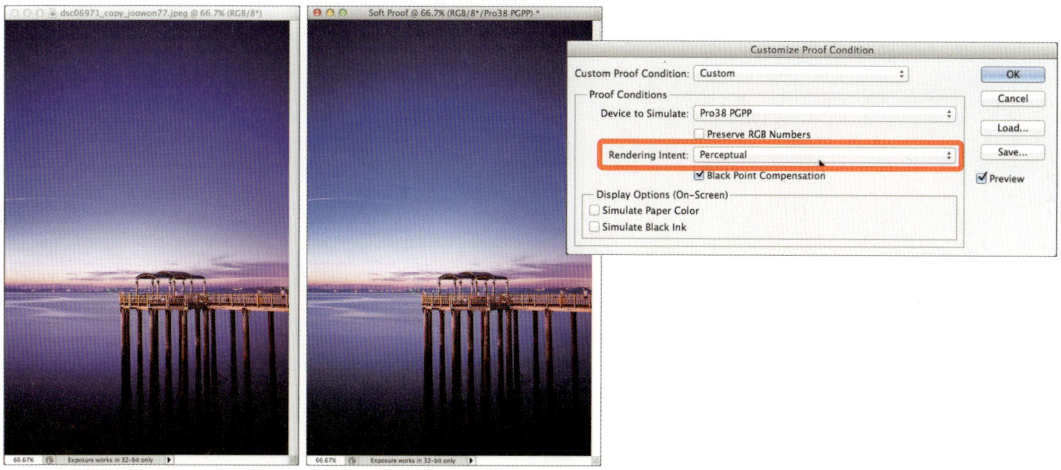

• **이미지를 Relative Colorimetric로 변환했을 때** : 원본과 비교했을 때 색이 거의 변하지 않았다. 따라서 이 이미지는 Relative Colorimetric 방식이 알맞다.

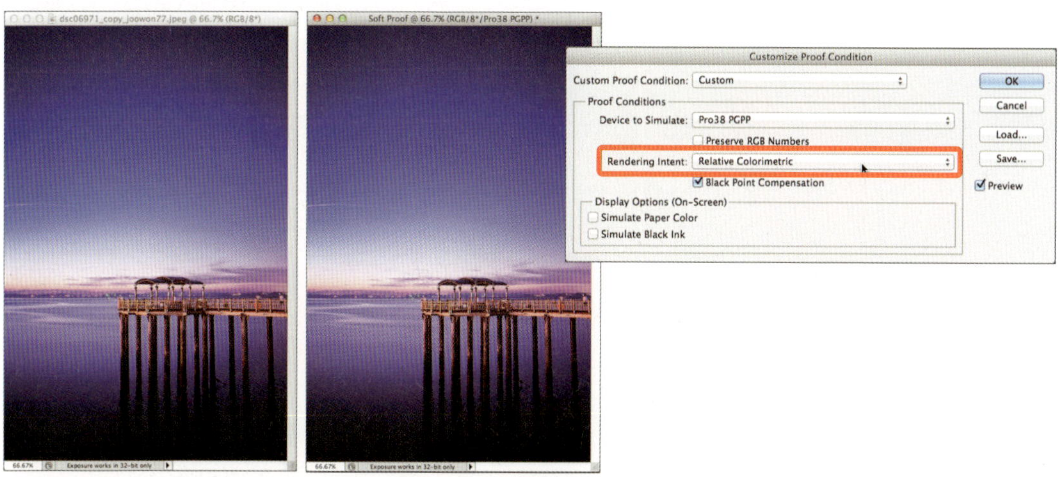

Gamut Warning으로 색역을 벗어난 컬러 체크하기

프린트에서 표현하기 어려운 색 중 하나가 바로 채도가 높은 색이나 형광색 등이다. 주로 꽃을 촬영한 사진이나 형광색 옷을 촬영한 사진을 출력하면 종이와 잉크의 표현 영역을 벗어난 부분에선 잉크가 뭉쳐서 디테일이 사라지는 클리핑 현상이 발생한다. 포토샵의 Gamut Warning(색상 영역 경고) 기능으로 이미지를 먼저 체크하고 수정한다면 이런 현상을 막을 수 있다.

01 [View]>[Gamut Warning] 메뉴를 실행한다. Gamut은 색 영역에 사용되는 말이다. Gamut을 확인하기 전에 Proof Setup에서 용지 프로파일과 Rendering Intent가 먼저 설정되어 있어야 한다.

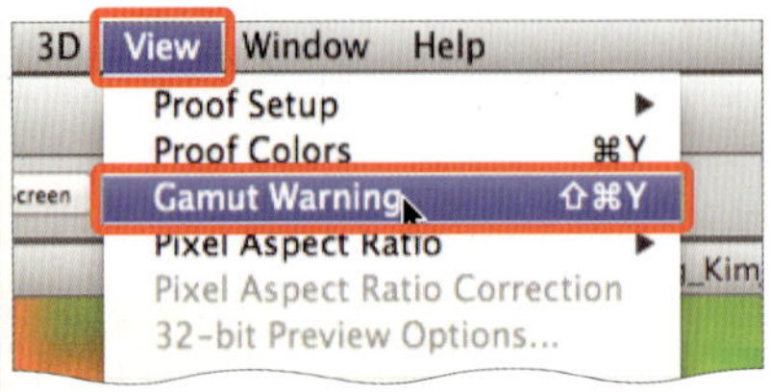

02 이 이미지에서 색 영역을 벗어난 부분을 회색으로 표현해준다. Gamut Warning을 켜둔 채 [Hue/Saturation](Ctrl+U)을 실행하여 회색 부분을 클릭한 후 Reds의 Lightness를 약간 감소시키자 회색 경고가 없어졌다.

PPI 설정으로 출력 사이즈 결정하기

01 프린트에 사용할 용지의 종류와 크기를 결정했다면 용지에 어느 정도의 크기로 출력할 것인지를 결정해야 한다. 이 설정은 [Image]>[Image Size]에서 실행하며 Resample Image를 반드시 끄고 작업하도록 한다. 자신이 보유한 디지털카메라의 일반적인 고해상도 출력물의 크기를 알고자 한다면 Resolution에 300을 입력한다. 그러면 자동 계산된 Width와 Height의 수치를 알 수 있다. 대형 사진의 경우에는 멀리 떨어져 보기 때문에 180~200PPI로 설정해도 좋은 결과물을 얻을 수 있다. 물론 해상도가 높고 작은 사이즈의 결과물이 더 선명하게 보인다.

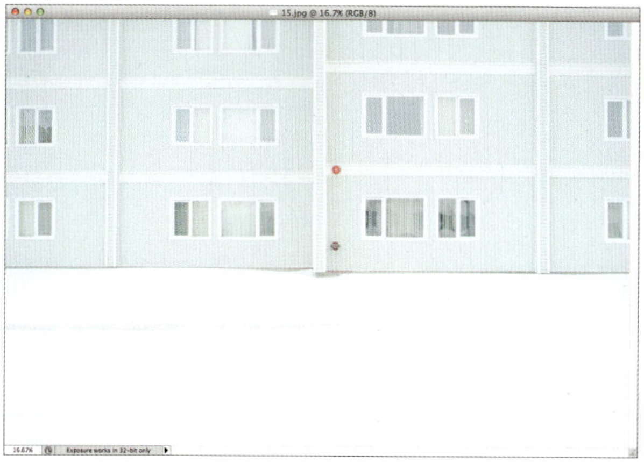

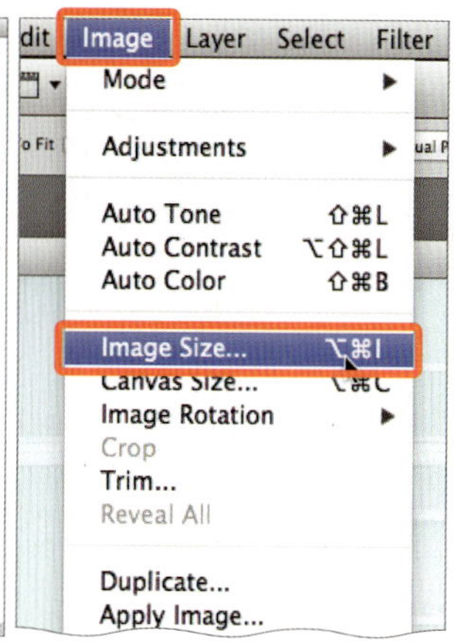

02 위의 이미지는 5938×3959로, 약 2천 3백만 화소의 이미지다. 200PPI일 때 75×50cm, 300PPI일 때 50×33cm, 360PPI일 때 41×27cm 크기의 이미지로 출력할 수 있다는 결과가 나온다. 작품을 프린트할 때 자신이 출력하고자 하는 용지의 크기가 있으므로 원하는 PPI를 입력하거나 Document Size의 Width나 Height를 수동으로 입력하면 PPI는 자동 결정된다. 사실 디지털 이미지에서 PPI와 DPI의 개념은 많이 혼동되어 사용되는데 이는 옵셋 인쇄에서 디지털 인화로 넘어오면서 생긴 문제다. 디지털 이미지에서는 PPI의 수치보다 Pixel의 크기가 얼마나 큰지가 얼마나 큰 프린트를 만들 수 있는지를 결정한다. 간혹 잡지 인쇄 등의 원고로 보낸 이미지에서 픽셀 크기는 충분한데 해상도가 너무 낮다고 말하는 디자이너들이 있는데 디지털 카메라 설정에서 기본으로 입력된 PPI가 72로 지정된 경우가 많기 때문이다. 이땐 [Image Size]에서 300PPI로 입력하고 이미지를 보내면 된다.

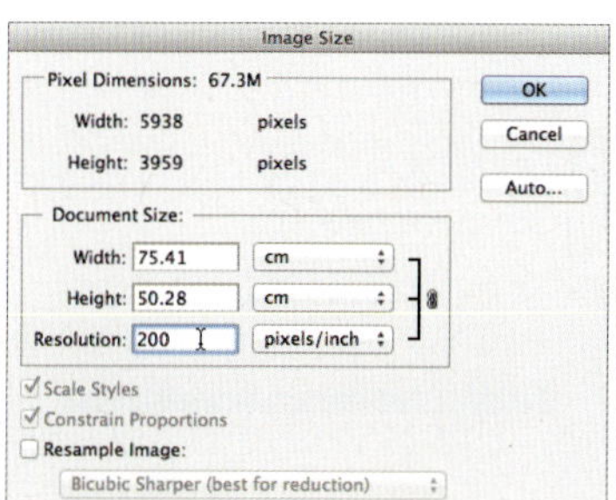

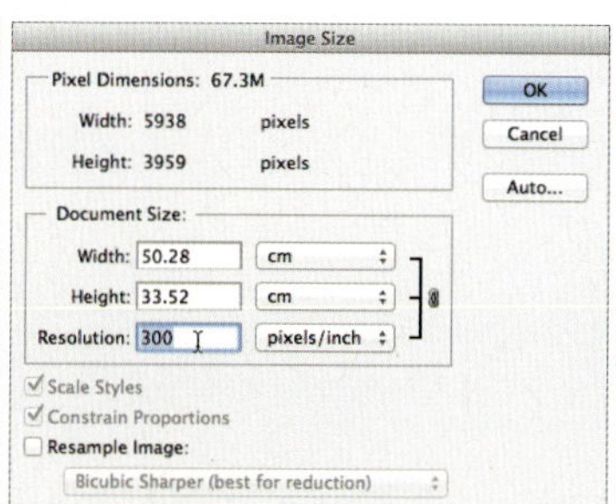

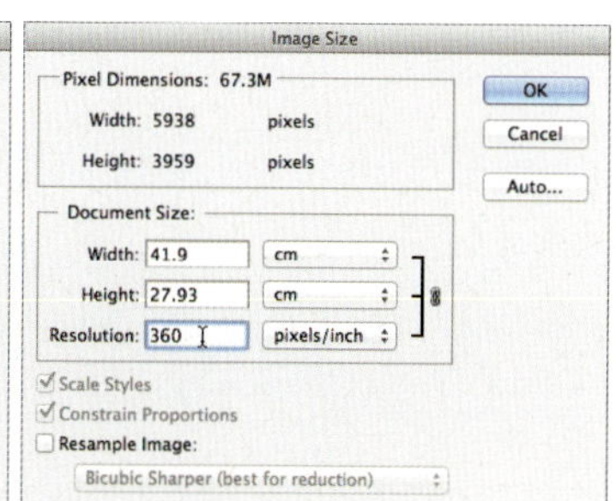

올바른 프린트를 위한 드라이버 설정

01 [File]>[Print](Ctrl + P)를 실행하면 포토샵의 프린트 창이 뜬다. 프린트 창에서 설정해야 할 중요한 항목들이 있으므로 꼭 체크하고 출력하도록 한다.

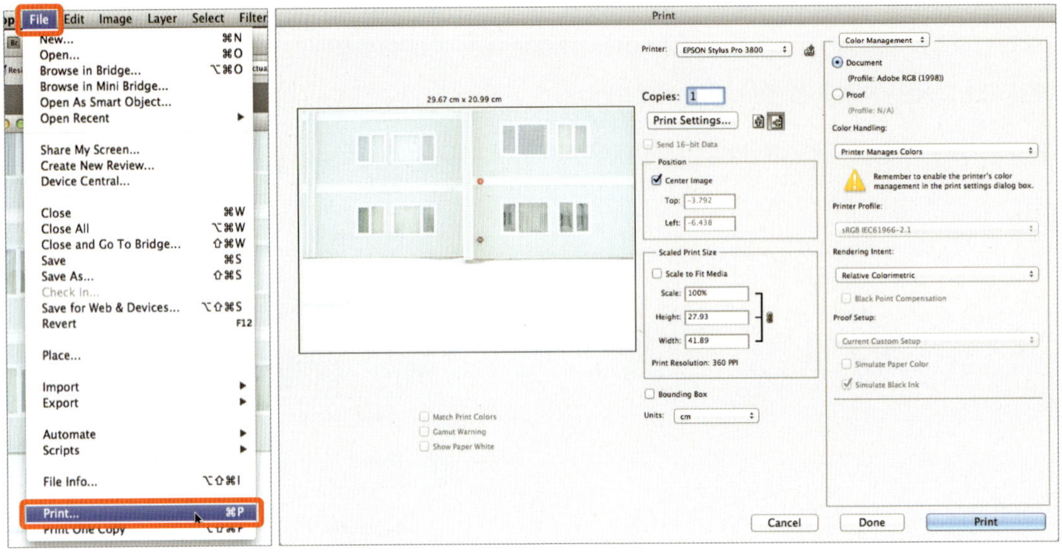

02 가장 중요한 항목이다. Color Handling에서 Photoshop Manages Colors(포토샵에서 색상 관리)를 선택해야만 제대로된 컬러로 프린트할 수 있다. Printer Manages Colors를 설정하면 프린터가 알아서 색상을 출력하라는 의미로, 의도되지 않은 결과물을 얻게 된다.

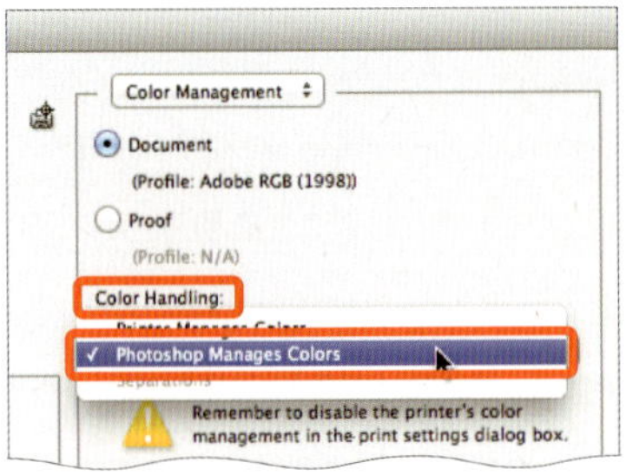

03 Printer Profile에서 용지에 맞는 프린터 프로파일을 선택한다.

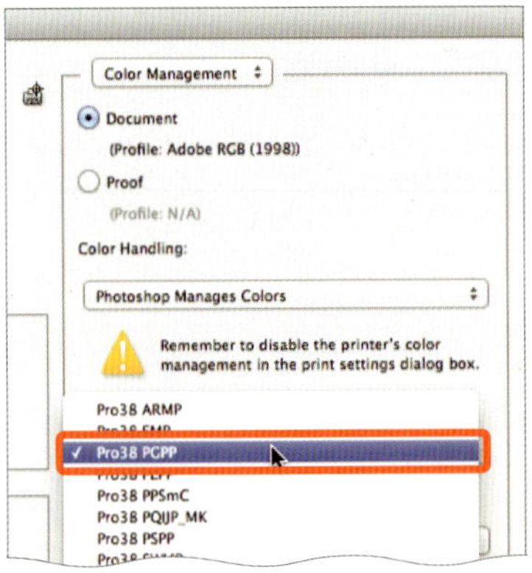

04 자신의 용지와 사진에 맞는 Rendering Intent를 설정한다. 이 과정은 소프트 프루프 과정에서 확인해야 하는 사항이다.

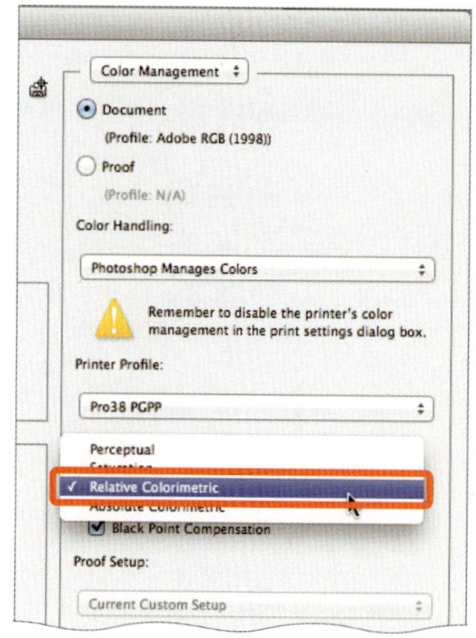

05 Black Point Compensation을 꼭 체크해야 검은색의 디테일이 사라지지 않는다.

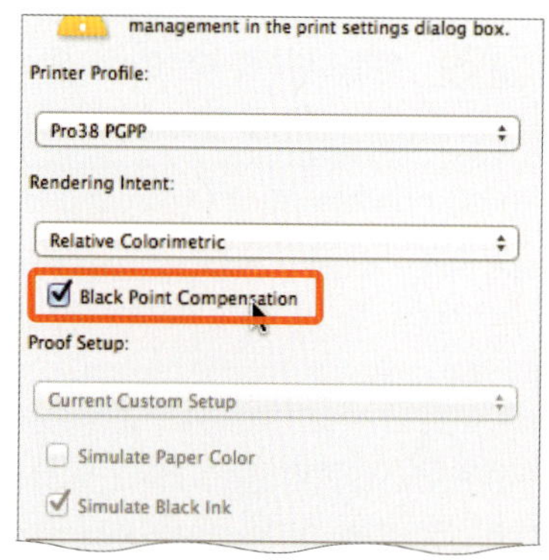

06 기본 세팅을 마쳤다면 Print Settings로 들어간다. 물론 이 부분은 필자가 사용하는 엡손 스타일러스 Pro 3800 드라이버에 맞춰진 설정이므로 프린터의 종류에 따라 조금씩 다를 수 있다는 점을 감안하길 바란다.

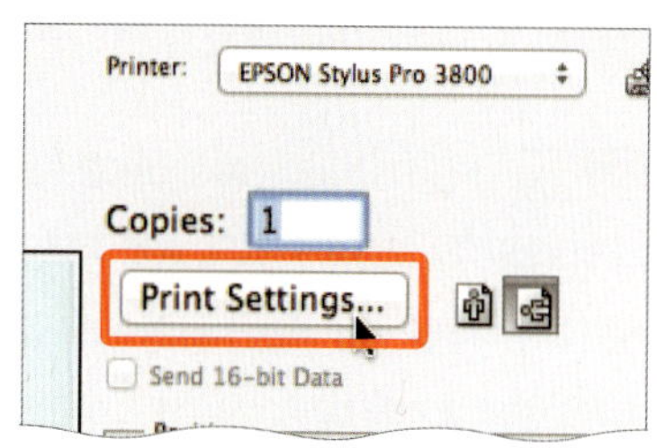

07 자신이 프린트할 용지의 크기를 먼저 설정해야 한다. 여기서는 A2 용지를 선택했다.

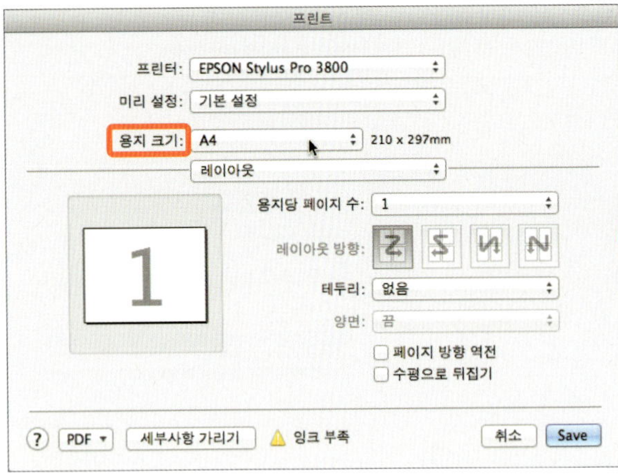

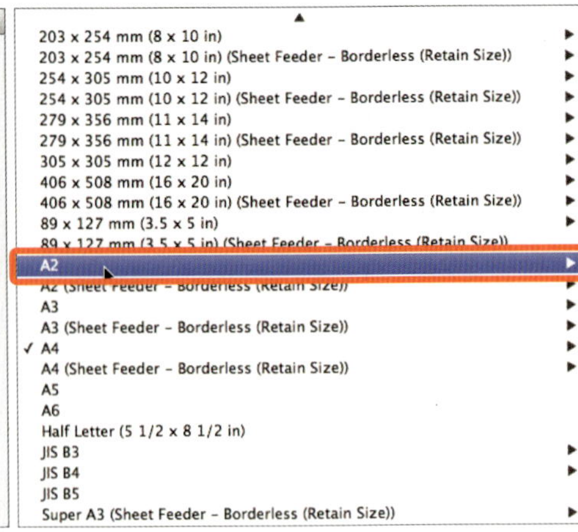

08 엡손 프린터의 경우 Color Settings에서 Off(No Color Adjustment)로 되어 있는지 꼭 확인해야 한다. 앞서 Photoshop Manages Colors를 선택했기 때문에 프린터에서 더이상 컬러를 관리하지 않겠다는 의미다.

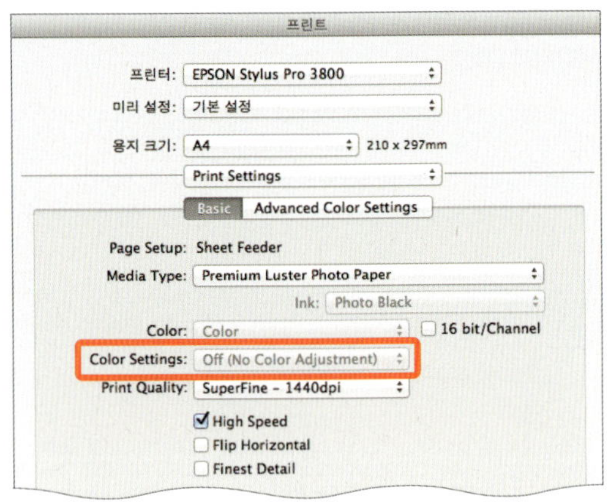

09 Print Quality에서 dpi를 지정한다. 엡손 프린터의 경우 최대 해상도를 2880dpi까지 설정할 수 있다. 물론 최대 해상도로 지정할수록 잉크의 소모가 심하다. 일반적인 사진을 뽑을 때는 1440dpi로 설정해도 선명한 프린트를 얻을 수 있으나 전시 목적으로 출력할 때는 해상도를 높여 고품질의 프린트를 만든다.

10 High Speed를 꺼주면 헤드가 양방향 인쇄가 아닌 단방향 인쇄를 하면서 출력 속도는 느리지만 좀 더 고품질의 프린트를 얻을 수 있다.

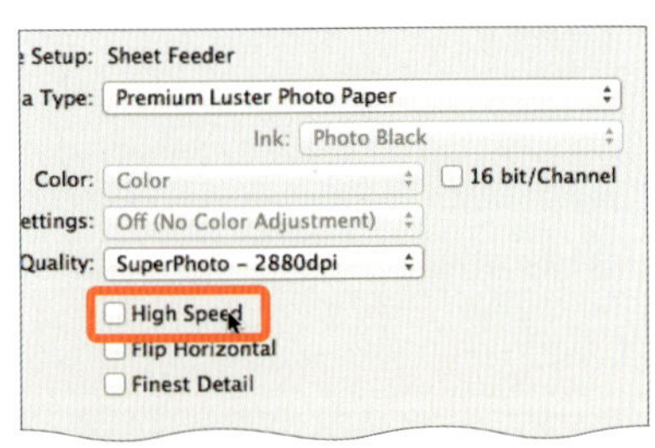

11 Media Type에서 용지 종류를 설정해줘야 한다. 프린터에 따라 광택 용지와 파인 아트 용지의 삽입 방향이 다르고 Photo Black, Matte Black 등 검은색 잉크를 다르게 사용하므로 정확히 지정해야 한다.

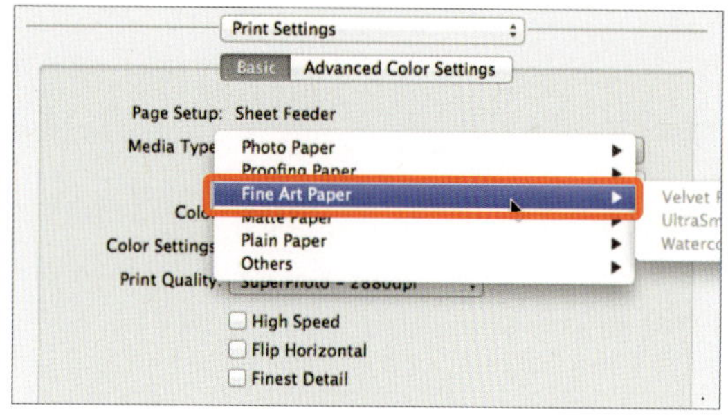

12 프린트 창에서 용지의 가로 세로 방향을 바꾸거나 Position, Scale 등을 조절하면 좀 더 색다른 느낌의 프린팅을 할 수 있다.

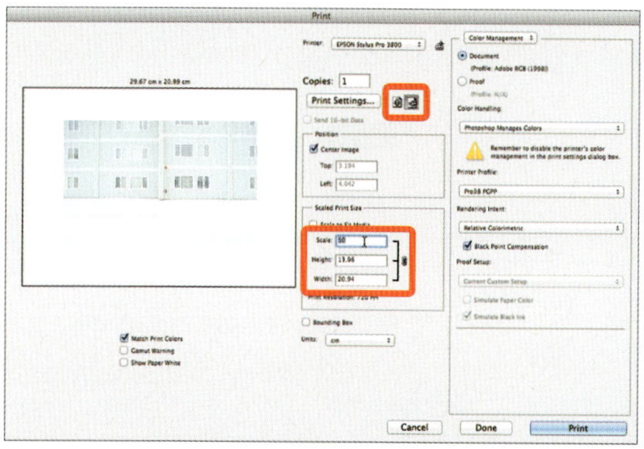

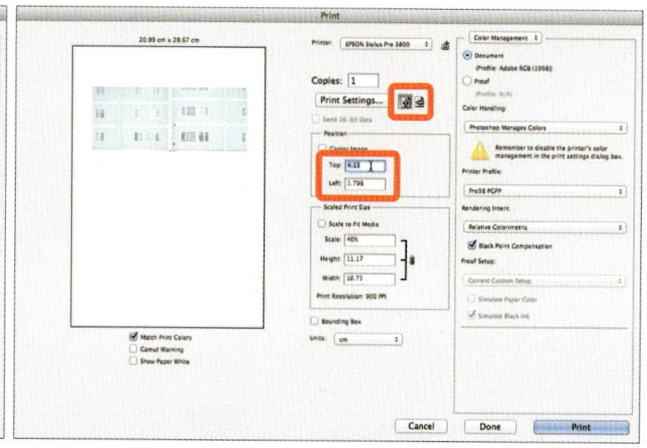

13 Show Paper White를 체크하면 소프트 프루프에서처럼 용지의 흰색 정도에 따른 결과물을 예측할 수 있다. 물론 약간 과장되어 나오는 것을 감안해서 참고 사항으로 봐야 한다.

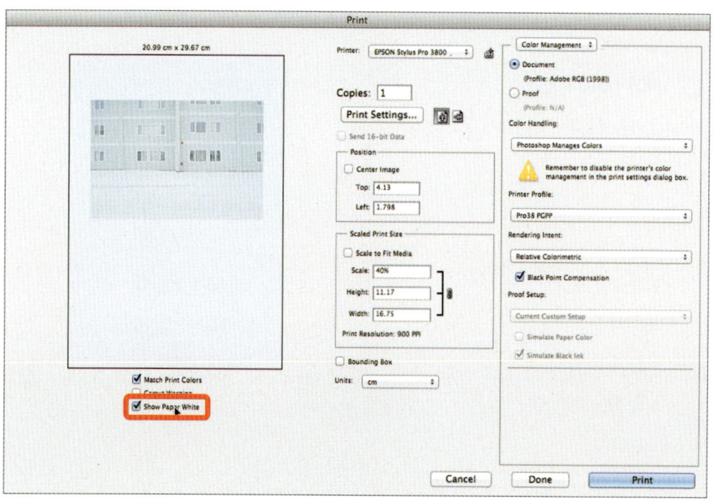

Index

Index

Index

Index

Index

Index